Buch

Barbara Hutton, die Enkelin des Kaufhaus-Tycoons F. W. Woolworth und eine der faszinierendsten wie auch tragischsten Frauen unserer Zeit, war schon zu Lebzeiten eine Legende. Der amerikanische Schriftsteller Truman Capote nannte sie »das unglaublichste Phänomen unseres Jahrhunderts«, die *Los Angeles Times* erklärte: »Selbst die blühendste Phantasie kann sich ein so verschwenderisches, glamouröses und dekadentes Leben nicht ausdenken«, und das Nachrichtenmagazin *Time* schrieb: »Barbara Huttons Leben ist der reinste Fortsetzungsroman: aufregend, beneidenswert, absurd, romantisch, beinahe unwirklich.«

Barbara Huttons Leben war geprägt von schmerzhaften Brüchen und Widersprüchen. Sie, die in unvorstellbarem Reichtum geboren wurde, starb mit gerade noch dreieinhalbtausend Dollar auf dem Konto. Sie, die eine fürsorgliche Mutter war, versäumte beinahe die erste Hochzeit ihres Sohnes. Sie, die scheinbar alles hatte, was man sich nur erträumen kann, die Schönheit, Geld und Juwelen besaß, der glanzvolle Bälle und Parties offenstanden und die von den Männern begehrt wurde, war, wie kaum eine andere Frau, doch ihr Leben lang auf der Suche nach ein wenig Glück und Liebe.

»Eine faszinierende und mitreißende Lektüre. Heymann verschweigt nichts, aber auch gar nichts – gottlob! *(New York Daily News)*

»... ein ganz außerordentliches Buch.« *(Esquire)*

Autor

C. David Heymann lebt in New York. Er ist Autor zweier weiterer Bücher.

C. DAVID HEYMANN
ARMES, KLEINES REICHES MÄDCHEN
Leben und Legende der Barbara Hutton

Aus dem Amerikanischen von
Kollektiv Druck-Reif

GOLDMANN VERLAG

Deutsche Erstveröffentlichung
Die amerikanische Originalausgabe erschien unter dem Titel
»Poor Little Rich Girl. The Life and Legend of Barbara
Hutton«

Für Renee,
Jeanne und
Chloe Heymann

Der Goldmann Verlag
ist ein Unternehmen der Verlagsgruppe Bertelsmann

Made in Germany · 3. Auflage · 11/92
Copyright © 1983, 1984 by C. David Heymann
Copyright © der deutschsprachigen Ausgabe 1989 by
Wilhelm Goldmann Verlag, München
Umschlaggestaltung: Design Team München
Umschlagfoto: Farrah Fawcett als Barbara Hutton; Inter-Topics, Hamburg
Satz: Fotosatz Glücker, Würzburg
Druck: Presse-Druck Augsburg
Verlagsnummer: 9552
Lektorat: Kollektiv Druck-Reif/AK
Herstellung: Gisela Ernst/sc
ISBN 3-442-09552-2

Inhaltsverzeichnis

Pour little rich girl,
You're a bewitched girl,
Better beware!

Laughing at danger,
Virtue a stranger,
Better take care!

NOEL COWARD
»Poor Little Rich Girl«

Vorwort

Im Mai 1977, zwei Jahre vor ihrem Tod, schrieb ich Barbara Hutton über ihre New Yorker Rechtsanwaltskanzlei, Cahill, Gordon and Reindel, an und äußerte meinen Wunsch, eine Biographie über sie zu schreiben und mich deshalb mit ihr zu unterhalten. Offen gesagt, hatte ich wenig Hoffnung auf Erfolg, machte mir wenig Aussichten auf eine persönliche Zusammenkunft und am wenigsten auf die Vielzahl von Zusammenkünften, die, wie ich wußte, für jegliche Art guter Darstellung wichtig waren.

Es sprach alles gegen dieses Unternehmen. Soweit ich überhaupt bekannt war, war ich es als Autor von Buchbesprechungen und Literaturbiographien. Von dort ist es ein weiter Weg zu der Welt des Jet-sets, in der Barbara Hutton einmal gelebt hatte. Außerdem wurde mir aus sicherer Quelle berichtet, daß sie nicht mehr im Blickpunkt der Öffentlichkeit stehe, daß sie gebrechlich und fast völlig vereinsamt sei und ihre Hotelsuite im zehnten Stock des Beverly Wilshire in Beverly Hills nie verlasse. Überdies war es Jahre her, daß sie sich mit einem Reporter getroffen oder ein längeres Interview gegeben hatte. Was für Aussichten hatte ich da schon, daß sie einwilligen würde, sich mit einem Möchtegernbiographen zu treffen und sich mit ihm zu unterhalten?

Das einzige, was mir einen kleinen Schimmer Hoffnung gab, waren die Offenheit, in der ich meine erste Anfrage abgefaßt hatte, und ein kleiner Poesieband, den ich schon vor mehreren Jahren geschrieben und jetzt in einem gesonderten Kuvert geschickt hatte. Barbara war selbst eine Art Poetin, da sie früher zwei ihrer eigenen Gedichtbände veröffentlicht hatte. Es waren ganz offensichtlich meine Gedichte – und nicht mein unverschämter Vorschlag, eine Biographie schreiben zu wollen –, was bei ihr eine Reaktion auslöste. Eines ergab das andere. Ende 1978 waren mir nicht nur eine Reihe von Interviews zugesichert worden, sondern ich hatte auch schon den interessanteren Teil einer ganzen Wagenladung voller Erinnerungsschätze von Barbara Hutton gesichtet – eine ganze Sammlung Zeitungs- und Zeitschriftenausschnitte, Gedichte (veröffentlichte und unveröffentlichte), Notizbücher, Papierfetzen, Entwürfe, Schnappschüsse und Briefe. Barbaras Niederschriften, zwar weder chronologisch geordnet noch literarisch besonders wertvoll, stellten doch ein wichtiges persönliches Dokument dar, ein wildes Durcheinander von Worten über die Liebe, die Ehe, die Kindheit, den Reichtum, die Nächstenliebe, den Schmerz und die Freundschaft. Dadurch bekam ich einen Eindruck von Barbara Hutton, der ihrer wahren Persönlichkeit viel näher kam als das schimmernde Bild, das sich die Öffentlichkeit mit Hilfe von 50 Jahre langer Sensationsberichterstattung zusammengestückelt hatte.

Wertvoll sind Barbaras Niederschriften vor allem aufgrund ihrer Liebe zum Detail, sie geben Anekdoten, Szenen und Gespräche wieder, die sonst für immer verloren gewesen wären. Diese Erinnerungen bilden zusammen mit meinen Interviews mit Barbara und anderen, die sie kannten, den Rahmen dieses Buches. Falls es überhaupt möglich ist, eine endgültige Biographie über Barbara Hutton zu schreiben, kann man fast sagen, daß sie sie selbst geschrieben hat.*

C. David Heymann
New York City
January 1984

---

* Aufgrund der fragmentarischen Natur von Barbara Huttons Notizbüchern, hat sich der Autor die Freiheit genommen, sie dort zu zitieren, wo er es als passend empfand. Die Worte und Gedanken sind jedoch ihre eigenen.

1. Teil

Ein Kind der Gesellschaft

1

Ist Ihnen jemals der Gedanke gekommen, daß die Billigläden ein
indirekter Akt der Nächstenliebe
zum Nutzen aller Menschen sind?
Solange wir Geschäfte machen,
können wir Tausende von Menschen glücklich machen. Je mehr
Läden wir aufmachen, desto mehr
tun wir für die Menschheit.

F. W. WOOLWORTH, 1905

Zu Barbara Huttons frühesten Erinnerungen gehörte eine
60-Zimmer-Villa aus weißem Marmor in Glen Cove an der
Nordküste von Long Island. Das Anwesen im Stil der italienischen Renaissance trug den Namen Winfield Hall nach
seinem Besitzer Frank Winfield Woolworth, dem Begründer
der Woolworth-Kette. Es stand auf einem Grundstück von
72 000 Quadratmetern, neben dem Haus gehörten noch
Ställe, ein Gebäude für die Kutsche, eine offene Loggia mit
gewölbten Säulen, eine Garage für 18 Wagen, vier Wirt-
schaftsgebäude, Barockgärten, drei Gewächshäuser, ein
Swimmingpool und Tennisplätze dazu. Mit zehn großen
Schlafzimmern, einem prächtigen Ballsaal und den ge-
schwungenen Marmortreppen glich Winfield Hall einem
Museum für unterschiedliche Stilarten. Dieser Eindruck
wurde noch verstärkt durch die Goldbuchstaben an jeder
Schlafzimmertür, die über den Stil des jeweiligen Zimmers
Aufschluß gaben: Sheraton, Louis-quatorze, Louis-quinze,
Marie Antoinette. Für das Schlafzimmer von F. W. Wool-

worth im zweiten Stock hatte Napoleon Bonaparte Pate gestanden. In der Mitte stand des Kaisers mächtiges Bett mit einem goldgefaßten runden Baldachin und Vorhängen aus goldbesticktem rotem Samt.

Man schrieb das Jahr 1917, als die fünfjährige Barbara Hutton, ein pausbäckiges Kind mit goldblonden Haaren, funkelnden blauen Augen und einer Haut wie weißes Porzellan, nach Winfield Hall in die Obhut ihres Großvaters gegeben wurde. Mit seinen 64 Jahren war Woolly (wie jedermann ihn nannte) nicht mehr der vitale Industriemagnat, dessen Billigladenkette das Erscheinungsbild des gesamten amerikanischen Handels verändert hatte. Alter und Krankheit hatten seinen einst robusten Körper geschwächt, seinen buschigen roten Bart weiß gefärbt und sein rundes gerötetes Gesicht faltig werden lassen. Mit der Zeit zeigte er Zeichen stärker werdender Paranoia und Melancholie, längere Zeitspannen von Rückzug und Überspanntheit wechselten sich ab.

Barbara mußte nicht nur mit ansehen, wie sich der Zustand ihres Großvaters verschlechterte. Da war noch die Großmutter, die in ihrer eigenen kleinen Welt zu leben schien, Tag und Nacht in ihrem Schlafzimmer verbrachte und dort in ihrem altmodischen Schaukelstuhl aus Korbgeflecht hin- und herschaukelte. Jennie Creighton Woolworth stammte aus einer großen, verarmten kanadischen Familie und war als wenig ehrgeizige Kleinstadt-Näherin denkbar schlecht auf das luxuriöse Leben vorbereitet gewesen, das sie später zu führen gezwungen war. Je mehr ihr Ehemann sie mit Reichtum überschüttete, desto mehr schien sie sich zurückzuziehen, bis sie in mittleren Jahren Zeichen von Geistesschwäche zeigte, eine Krankheit, die schließlich nur noch einen sprachlosen Rest ihres früheren Selbst übrigließ.

Jennies Hausarzt bezeichnete ihre Krankheit als »verfrühte senile Demenz«, ein damals aktueller medizinischer Fachbegriff. Ihre Senilität, so bescheinigte er in Gerichtsunterlagen, »ist ähnlich der einer über 90jährigen Frau. Sie ist heiter, aber unfähig zu Denkprozessen. Sie kann nicht verstehen, was um sie herum vorgeht, benötigt rund um die Uhr Pflege und erkennt weder ihren Ehemann noch andere Familienmitglieder.«

Barbara selbst erzählte später von dem eindrucksvollen Schauspiel, das sich ihr bei den Mahlzeiten in Winfield Hall bot: »Es wurde elegant und pünktlich auf feinem Silbergeschirr und frischem Tafellinnen serviert, dazu wurden jeden Tag im Garten Blumen geschnitten, und alles war auf Hochglanz poliert. Zum Abendessen fanden sich sechs Personen in dem imposanten georgianischen Speisesaal ein: Großvater und seine Pflegerin, Großmutter und ihre Gesellschafterin, ich selbst und eine Erzieherin. Während der Mahlzeiten wurde kein Wort gesprochen. Woolly durfte nur noch Brei essen – zerdrücktes Gemüse oder überreife Bananen –, und Jennie hatte ständig ein entrücktes Lächeln auf den Lippen. In ihren Augen war nie auch nur der kleinste Schimmer des Erkennens zu sehen. Es war herzzerreißend und furchtbar. Jahrelang schleppte Woolly sie zu den besten Ärzten, zu Psychiatern, Psychologen, zu jedem Experten, von dem er gehört hatte. Schließlich kam der Tag, an dem er sich mit der grausamen Tatsache abfand, daß es für ihre Krankheit keine Heilung gab, daß es nur noch schlimmer werden konnte ...«

Barbara konnte sich auch an den bizarren Anblick erinnern, den Woolly bot, wenn er stundenlang in seinem Musikzimmer an den Tasten seines »Lieblingsspielzeugs«, einer elektronischen Orgel für 100 000 Dollar, saß. Wenn man einen Schalter betätigte, wurde der Raum in völlige Dunkelheit getaucht. Dann blitzte es ein paarmal grell, bevor ein gewaltiges Musikspektakel losbrach. Ein bernsteinfarbener Schein erleuchtete die hohe Zimmerdecke, verwandelte sich langsam in grünes, dann in tief malvenfarbenes Licht, wobei die Farben ständig, je nach Klang der mitreißenden Musik wechselten. Bei jedem neuen Musikstück erschien die gespenstische Silhouette des Komponisten aus der Dunkelheit und wurde auf eine speziell dafür angefertigte Leinwand projiziert. Zum Klang der schier unerschöpflichen Fülle von Musikstücken ließ Woolworth seine Finger über die Tasten gleiten.

»Ich saß immer zusammengekauert in meinem Schlafzimmer«, schrieb Barbara, »während die Musik durch das Haus hallte und es in seinen Grundfesten erschütterte. Die Kälte in meinem höhlenartigen Zimmer trug noch zu der schrecklichen Furcht bei, die jedesmal in mir hochkroch, wenn dieser Lärm das Gewölbe der Stille durchbrach. In meinem Zimmer gab es düstere dicke Teppiche und wuchtiges gotisches Mobiliar. In die Wände aus Kalkstein waren Cherubinen eingemeißelt, deren Gesichter durch ein schwachsinniges Lächeln verzerrt waren. Wenn die dunklen Vorhänge des Nachts im Winde wehten, wirkten sie wie Trauergewänder.«

Da war ihr Spielzimmer schon behaglicher, mit der Vitrine aus Eichenholz und Glas, in der eine Schatzkiste voller Überraschungen stand: silberne und goldene Ringe, schillernde Glasfläschchen, winzige geschnitzte Tierchen aus Elfenbein und Jade, Amulette und Medaillons, Miniaturen aus Porzellan, Schmuckstücke und Münzen. Sie hatte ein Schaukelpferd mit einem Rücken aus Samt, feurigen Nüstern und einer echten Mähne, das sich nach vorne neigte, wenn sie sich vorlehnte, und nach hinten, wenn sie an den Zügeln zog. Und da gab es auch ein fast zwei Meter hohes Puppenhaus mit winzigkleinen Bärenfellen und Kristallleuchtern. Auf dem Namenschild aus poliertem Messing am Eingang war Barbaras Name eingraviert. Möbliert war es mit verkleinerten Chippendale- und Adam-Möbeln.

Sie konnte sich an einen Tag mit ihrem Großvater erinnern, an dem er sie nach New York mitgenommen hatte, um ihr das Woolworth-Gebäude zu zeigen – den höchsten Wolkenkratzer der Welt, sein privates Herrschaftsgebiet und von allem, was er erreicht hatte, das, was ihn am meisten mit Stolz erfüllte. An diesem Tag schenkte er ihr einen mit Nerz eingefaßten Hut und Mantel und einen dazu passenden Muff, den sie an einer Schnur um den Hals tragen konnte.

»Woolly war immer ein bißchen verrückt, aber sehr nett zu mir«, schrieb Barbara. »Er war vor allem ziemlich sonderbar, wenn es um Geld ging; er gab sorglos große Summen aus und knauserte bei kleinen Beträgen. In seiner Brieftasche sammelten sich die uneingelösten Schecks, aber er ließ die Hausangestellten noch lange nach Mitternacht auf dem Boden herumrobben, wenn es galt, 25 Cent zu finden, die ihm aus dem Geldbeutel gefallen waren ...

Wenn er nachts nicht schlafen konnte, schlüpfte er manchmal in mein Zimmer, um sich mit mir zu unterhalten, obwohl ich mir heute nicht mehr vorstellen kann, über was wir gesprochen haben. Ich glaube, er erzählte mir von seinen Lieblingskomponisten oder beschrieb Ereignisse aus dem Ersten Weltkrieg, da er zu der Zeit in einem Präsidentschaftsausschuß für den Verkauf von Regierungsanleihen zuständig war. Ich kann mir vorstellen, daß er über seine Kindheit sprach, darüber, was es bedeutete, in ärmlichen Verhältnissen auf einer kleinen Farm in der Wildnis aufzuwachsen. Man erzählte sich, daß Woolly sein erstes Paar Schuhe im Alter von zwölf Jahren bekommen hatte. Reich wurde er erst später. Ich erinnere mich daran, daß er sagte, Reichtum mache die Menschen manchmal einsam. Er war sehr einsam, fühlte sich durchdrungen von persönlicher Schuld; er war gleichzeitig ein Genie und ein Ausgestoßener, ein Mann am Rande vieler Welten, der doch zu keiner richtig dazugehörte.«

Frank Woolworth gefiel es, sich selbst als einfachen Mann mit gesunden Einstellungen zu sehen, als den Sprößling einer Farmerfamilie, die aus Woolley in England stammte und sich im nördlichen Teil des Staates New York angesiedelt hatte. Sein Großvater, Jasper Woolworth, besaß eine Farm in Rodman, und dort wurde er 1852 als ältestes Kind von John und Fanny McBrier Woolworth geboren. Sein Bruder Charles Sumner (benannt nach dem bekannten Verfechter der Sklavenbefreiung aus Massachusetts) kam zwei Jahre später zur Welt.

Als die Knaben noch klein waren, erwarb ihr Vater ein eigenes Stück Land und beschloß, Milchwirtschaft zu betreiben. Dieser Arbeit überdrüssig, verließ Frank Woolworth im Alter von 18 Jahren die Farm und fand eine Stelle als Hauptverkäufer im Textilwarengeschäft von Augsburg & Moore im nahe gelegenen Watertown. Er wurde drei Monate auf Probe ohne Bezahlung eingestellt und arbeitete an sechs Tagen in der Woche insgesamt 84 Stunden. Nachdem er vier Jahre in diesem Laden gearbeitet hatte, verdiente er zehn Dollar die Woche und nahm an Abendkursen des örtlichen Handelskollegs teil. Zu diesem Zeitpunkt wurde er von der Konkurrenz in derselben Stadt abgeworben. Kaum hatte er seine neue Arbeitsstelle angetreten, wurde er von einer mysteriösen Krankheit befallen, die sich in hohem Blutdruck und Anfällen von Übelkeit äußerte. Um ihn wieder gesund zu bekommen, stellten seine Eltern die neue Näherin aus Watertown ein, ein süßes und zerbrechlich wirkendes Mädchen aus Nova Scotia mit Namen Jennie Creighton. Frank Woolworth verliebte sich in Jennie, und 1876 wurden sie auf der Farm seiner Eltern getraut. Woolworth begann wieder bei Augsburg & Moore zu arbeiten. Das Geschäft war expandiert und hatte sein Warensortiment um Haushaltsgeräte erweitert. Woolworth war für die Dekoration der Schaufenster und Ladenauslagen zuständig. Einmal benutzte er rote Stoffetzen, die er in der Mülltonne des Ladens gefunden hatte, um die im Fenster ausgestellten Töpfe und Pfannen so zu dekorieren, daß diese profanen Geräte in einem völlig anderen Licht erschienen. Diese Auslage löste eine Sperre in den Köpfen und Geldbörsen der Kunden. Nach einer Stunde standen kein Topf und keine Pfanne mehr auf dem Ladentisch«.

Die Eigentümer waren noch beim Zählen des Gewinns aus dem Verkauf der Küchenutensilien, als sie von dem Erfolg eines anderen Kaufmanns hörten, der Taschentücher zum herabgesetzten Preis von zwei statt fünf Cent verkauft hatte. Sie beschlossen, auch das auszuprobieren, und kauften verschiedene billige Kleinigkeiten im Wert von 100 Dollar. Woolworth baute die Ware sorgfältig auf zwei Ladentischen auf, dekorierte sie mit roter Sackleinwand und setzte ein Preisschild darauf. »Die Warenmenge schmolz wie Schnee im April«, notierte er später. Spätere Verkäufe von billigem Kleinkram erwiesen sich als ebenso gewinnbringend.

Nun hatte Woolworth eine zündende Idee. Er lieh sich von seinen Arbeitgebern Fünfcentartikel im Gesamtwert von 300 Dollar und eröffnete 1879 an Washingtons Geburtstag, dem 22. Februar 1879, den »Great 5 Cent Store« in Utica, New York. Doch die erste Woolworth-Filiale mußte angesichts der schlechten Lage bald wieder schließen.

Aber Woolworth ließ sich nicht abschrecken, er betrachtete das Risiko als eine Erfahrung, die er machen mußte, und suchte nach einer besseren Lage für sein Geschäft. Er fand sie in Lancaster, Pennsylvania. Der neue Laden eröffnete am 21. Juni 1879 und hatte sofort Erfolg. Der Name wurde umgeändert in »Woolworth's 5 and 10 Cent Store«, um Woolworths neue Festpreise zu zeigen. Innerhalb der ersten fünf Jahre baute Woolworth eine Kette von ungefähr 25 Läden in fünf Bundesstaaten auf, die einen Jahresumsatz von über einer Million Dollar erwirtschafteten. Im Jahre 1905 nahm die F. W. Woolworth Company 10 Millionen Dollar brutto ein. Zwölf Jahre später erreichte der Umsatz die 100-Millionen-Grenze, und die tausendste Filiale wurde eröffnet, das Flaggschiff der Flotte, das in New York an der Ecke Fifth Avenue und 40. Straße lag. 1939 stiegen die Verkaufszahlen der 2021 Läden in Amerika auf 319 Millionen Dollar an. Hunderte zusätzlicher Läden in Mexiko, Großbritannien, Frankreich und Deutschland erbrachten noch einmal 100 Millionen Dollar mehr in diesem Jahr. Diese Zahlen überstiegen Woolworths kühnste Träume.

F. W. Woolworth vereinte in sich die Fähigkeiten, ausdauernd und hart zu arbeiten, sich treffend auszudrücken und Ungenauigkeiten in den Bilanzen aufzuspüren; und er hatte eine stark darwinistisch geprägte Lebensphilosophie. Angeregt durch die protestantische Arbeitsauffassung, die Arbeit und Mühe mit Tugend gleichsetzt, stellte er Tausende von jungen Arbeiterinnen ein, viele von ihnen Immigrantinnen oder die Töchter von Einwanderern, und zahlte ihnen wenig Lohn für einen langen Arbeitstag. Er verteidigte sich mit dem Argument, daß er ungelernten Arbeiterinnen eine bezahlte Lehrzeit verschaffe. Immer wenn ihn jemand auf diesen Punkt ansprach, antwortete er, daß billige Arbeitskräfte notwendig seien, wenn die Firma die Preise auf einem vernünftigen Niveau halten wolle. In einem seiner regelmäßigen Berichte über das Management schrieb er: »Man kann tüchtige und ehrliche Mädchen schon für zwei oder drei Dollar in der Woche bekommen, und ich würde für eine Verkäuferin nur in Ausnahmefällen drei Dollar fünfzig bezahlen. Zwar mag es manchen von Ihnen hart erscheinen, so niedrige Löhne zu zahlen, aber es gibt viele Mädchen ... die zu stolz sind, in einer Fabrik oder in einem Haushalt zu arbeiten. Sie sind froh über die Chance, in einem Laden berufliche Erfahrung sammeln zu können, wenn schon nicht mehr für sie dabei herausspringt. Wenn sie genug Erfahrung gesammelt haben, können sie in einem Geschäft arbeiten, in dem man es sich leisten kann, einen besseren Lohn zu zahlen.«

Wie sehr Frank Woolworths Verkaufstheorien Erfolg hatten, läßt sich am besten an seinem ständig steigenden Vermögen und seinem veränderten Lebensstil ablesen. Das Ehepaar hatte inzwischen Kinder, drei Mädchen: Helena, geboren 1878; Edna (Barbara Huttons Mutter), geboren 1883; und Jessie, geboren 1886. Im Jahr 1895, als die Firma ihren Sitz nach New York verlegte, kaufte Woolworth ein Haus aus rotbraunem Sandstein in der Quincy Street in Brooklyns Park Lope Section. Fünf Jahre später zog er dann mit seiner Familie in nebeneinanderliegende Zimmer in dem prunkvollen neuen Savoy-Hotel Ecke Fifth Avenue und 59. Straße. Gegenüber lag die 137-Zimmer-Villa von Alice und Cornelius Vanderbilt II, das prächtigste Privathaus von New York. Alice hatte 33 Diener und 16 Lakaien mit Perücken und Knickerbockern und gab regelmäßig Bälle für 400 Gäste (eine Anzahl, die laut Ward Allister, eine Autorität in Fragen des guten Tons, als Optimum bei solchen Gelegenheiten zu gelten hatte).

Frank Woolworth war sich wohl bewußt, daß ein Kaufmann auf New Yorks unterster Gesellschaftsstufe rangierte, und so unternahm er Schritte, um diese Situation zu ändern. Er entwarf Pläne für seine eigene Villa, ein vier Stockwerke und 36 Zimmer umfassendes Gebäude in der Fifth Avenue 990 an der Nordostecke der Achtzigsten Straße. Das war die Gegend, in der Otto Kahn, Payne Whitney und Andrew Carnegie lebten, auch bekannt als die »Millionärsriege«. Das neue Haus wurde von dem Architekten Charles P. H. Gilbert entworfen; es hatte handgearbeitete Gipsdecken und vergoldete Wandtäfelungen, geschnitzte und vergoldete Sofas im Stil Louis-seize, dekorative, dick gepolsterte Stühle mit Gobelinstoff an den Rückenlehnen, Orientteppiche, bunte Glasfenster, mit poliertem Toyonholz ausgelegte Schlafräume, außerdem gehörten eine Gemäldegalerie alter Meister, eine Pferdekutsche, ein lavendelfarbenes Automobil von Renault und ein Chauffeur in farblich passender Uniform dazu.

Außer der Villa in der Fifth Avenue kaufte der Kaufmann Woolworth vier Häuser, die in einer Reihe an der Achtzigsten Straße Ost zwischen Fifth Avenue und Madison Avenue lagen; ein Quartett altmodischer Gebäude, die er abreißen und komplett neu aufbauen ließ. Eines davon wurde später als Wohnhaus für die Dienstboten genutzt. Die anderen drei schenkte er seinen drei Töchtern, als sie der Reihe nach heirateten. Somit bildeten die Häuser eine Art Familienkomplex. Im selben Jahr, in dem er in die Villa in der Fifth Avenue zog, erwarb er auch Winfield Hall in Glen Cove und gab gleichzeitig den Bau einer fünfstöckigen Villa mit weißer Frontseite in der 56. Straße West 33 in Auftrag, die vor allem für Besuche von leitenden Angestellten und Geschäftsführern gedacht war. Aber das Projekt, das am meisten Geld verschlang, war das 13,5 Millionen teure Woolworth Gebäude an der Kreuzung von Park Place und Broadway in Lower Manhattan. Der 60 Stockwerke und

255 Meter hohe Wolkenkratzer blieb der höchste der Welt, bis im Jahre 1930 das Chrysler Gebäude in New York errichtet wurde.

Das Gebäude wurde von Cass Gilbert (nicht zu verwechseln mit Charles P. H. Gilbert) entworfen, aber Woolworth selbst leitete die Bauarbeiten und hievte sich, elegant in einen tadellos gearbeiteten Anzug aus britischem Tweed gekleidet, auf das Gerüst, um direkt die Fortschritte der Arbeit zu begutachten. König Ludwig XIV, als er täglich das Fortschreiten der Arbeiten an Schloß Versailles beobachtete, konnte keine größere Freude gehabt haben als Woolworth, wenn er von Stockwerk zu Stockwerk kletterte. Die Fertigstellung des Woolworth Gebäudes wurde durch Präsident Woodrow Wilson in Washington, D. C., zelebriert, der den Schalter betätigte, der zum ersten Mal die über 90 000 Glühbirnen des New Yorker Wolkenkratzers erstrahlen ließ.

Obwohl Frank Woolworth wenig Hoffnung auf eigene Anerkennung in der Gesellschaft hatte, hoffte er sie doch für seine Kinder zu erreichen, deren Aufstieg in die Schichten des aristokratischen Amerikas nur durch das große Vermögen beschleunigt werden konnte, für das er so hart gearbeitet hatte. Aber von seinen drei Töchtern errang nur Helena, die Erstgeborene, den gesellschaftlichen Status, wie man ihn von einer Woolworth der späteren Generation erwarten würde. Helenas Aufstieg begann im Jahre 1904, kurz nach ihrer Heirat mit Charles E. F. McCann, dem stellvertretenden Justizminister des Staates New York, dessen Familie genauso reich wie mächtig war. Anfänglich hatte Woolworth zwei Einwände gegen seinen Schwiegersohn: Erstens war er der Neffe von Richard Croker, der als einer der korruptesten Manager von Tammany Hall bekannt war, und zweitens waren die McCanns römisch-katholisch, die Woolworths hingegen nichtpraktizierende Mitglieder der Episkopalkirche. Andererseits war McCann ein verantwortungsbewußter, fleißiger junger Mann mit einer soliden Position in seinem Metier; Woolworth muß auch die Vorteile erkannt haben, einen fähigen juristischen Kopf zu seiner Familie zählen zu können, da er McCann später die Leitung der Broadway-Park Place Corporation übergab, der Grundstücksverwaltung seines sich ausdehnenden Imperiums.

Die Ehe McCann-Woolworth war meist glücklich. Das Ehepaar lebte in Sunken Orchard, einem Landsitz in Oyster Bay, Long Island. Sie besaßen zwei Jachten, einen Wagen und einige Limousinen und waren Mitglieder in den exklusivsten Clubs am Ort. Ihrem Aufstieg zu gesellschaftlichem Ansehen, was unter anderem das Erscheinen ihres Namens in der Prominentenliste, dem *Social Register,* beinhaltete, stand nichts entgegen, da sie vorsichtig jene Art negativer Berichterstattung vermieden, die Barbara Hutton ein Leben lang verfolgte. Die McCannschen Kinder wurden untadelig erzogen und machten gute Partien. Constance McCann heiratete den bekannten Millionär Wyllys Rossiter Betts, 30 Jahre lang Direktor des naturgeschichtlichen Museums in New York. Helena heiratete den Anwalt, Industriellen und Zehn-Punkte-Polospieler Winston F. C. Guest, Cousin und Patenkind von Winston Churchill. Frazier Winfield McCann besuchte Princeton, wurde Gutsbesitzer und Pferdezüchter in West-Connecticut und lebte schließlich in New York als erfolgreicher Geschäftsmann und Philanthrop.

Jessie besaß nur einen Bruchteil der gesellschaftlichen Ambitionen ihrer Schwester Helena und schlug deswegen einen ganz anderen Weg ein. Sie war blond und kräftig gebaut, eine fröhliche, freigebige Frau mit extravagantem Geschmack und einem komischen Sinn für Humor. Am liebsten trug sie einen 75 000 Dollar teuren Zobelpelz und Romanov-Kronjuwelen. Juwelen liebte sie leidenschaftlich, vor allem Smaragde und Perlen, doch war sie nie zu fein, sich auch mit irgendwelchem Tand aus den Geschäften ihres Vaters zu schmücken.

Ihr Ehemann James Paul Donahue, den sie auf einer New Yorker Roller-Skate-Bahn kennenlernte, war ein lebhafter junger Amerikaner irischer Abstammung, dessen Vater eine große Familie durch die Verarbeitung von Fetten und Häuten in Manhattans Upper West Side ernährte. Wie Charles McCann war auch James Donahue katholisch, aber anders als er hatte er Schwierigkeiten bei allem, was er beruflich anpackte. Nachdem er und Jessie 1912 geheiratet hatten – F. W. Woolworth hatte verzweifelt, aber erfolglos versucht, dies zu verhindern –, begann Donahue für seinen Schwiegervater zu arbeiten, erwies sich aber bald als ziemlich unfähig und unzuverlässig. Danach wurde er Makler für die E. F. Hutton Company, scheiterte aber genauso kläglich. Schließlich eröffnete er eine eigene Maklerfirma in der Park Avenue 250. Seine Frau war seine einzige Kundin, und sogar sie meinte, er vergeude nur seine Zeit. Donahue war ein Verschwender, Alkoholiker und Spieler, dessen Verluste so groß waren, daß man eines Tages Jessie warnend sagen hörte: »Von nun an darfst du nicht mehr als 50 000 pro Nacht verlieren, Liebling.«

Die Donahues lebten für den Augenblick und genossen die Atmosphäre des schnellebigen Vergnügens und der Nachtschwärmer, die damals als Café-Gesellschaft bezeichnet wurden. Einmal unternahmen sie den Versuch, in die konventionelleren Fußstapfen der McCanns zu treten. Sie planten den Bau von Wooldon Manor, einem eine Million teuren Besitz in Southampton, direkt neben dem Southampton Beach Club. Aber die oberen Zehntausend in Long Island behandelten sie nur verächtlich, und so legten sie ihr Geld lieber in einen privaten Eisenbahnwaggon mit Namen »Japauldon« an, eine Abkürzung des Namens James Paul Donahue, und bauten ein kunstvoll ausgestattetes Haus in Palm Beach, Cielito Lindo, was »ein hübsches kleines Stück Himmel« bedeutet. Sie zogen in das Woolworth-Haus in der 56. Straße West, renovierten es, stellten eine große runde Theke aus Eichenholz im oberen Wohnzimmer auf und verwandelten das obere Stockwerk in ein Spielcasino. Dort gab es Tische für die Croupiers, Roulette- und Spieltische für Würfelspiel, Blackjack und Chemin de Fer. Innerhalb von sechs Monaten gelang es Donahue, Schuldscheine im Gesamtwert von drei Millionen Dollar auszustellen, und so mußte er zur Deckung seiner Schulden einen Großteil des Schmuckes seiner Frau verpfänden.

Die Donahues blieben nie länger als einige Wochen an einem Ort und reisten immer mit unglaublich viel Gepäck, darunter ihre eigenen Kopfkissen, Bettlaken, Wärmflaschen, in Flaschen abgefülltes Wasser und eine tragbare Hausbar. Jessie mußte ihre Kleidung nicht in normale Koffer stopfen. Kleider und Mäntel wurden in zwei mit Leder ausgeschlagenen fahrbaren Schränken untergebracht. Für jedes Ballkleid gab es einen eigenen Koffer. Hinzu kamen Hutschachteln, Schuhschachteln, eine Schatulle aus Krokodilleder für silberbeschlagene Bürsten, Kämme und Handspiegel und sogar ein langes und schmales Reisefutteral für Regen- und Sonnenschirme. Dann gab es noch einen Koffer mit dreifachem Verschluß, der so groß war wie ein durchschnittlicher Schrankkoffer und nur Jessies Schmuck enthielt, oder das, was davon übriggeblieben war, nachdem ihr Ehemann all seine Schulden bezahlt hatte.

Das Ehepaar wurde außerdem normalerweise von einem Kellner begleitet, denn Jessie wünschte, auch auswärts von ihrem eigenen Ober bedient zu werden. Er kannte ihre Lieblingsspeisen und stellte sicher, daß sie die Portionen bekam, die sie verlangte. Außerdem gehörten zu der Begleitgruppe noch eine Art Hofdame, ein Kammerdiener, der sich um Jessies Kleidung kümmerte, ein Diener für Donahue, zwei Lakaien, eine Kammerzofe für die Hofdame, ein Friseur, ein Privatsekretär, ein Leibwächter und eine Gouvernante und ein Kindermädchen für die Donahue-Kinder.

Sie hatten zwei Söhne, Woolworth (der oft Wooly genannt wurde, mit einem »l«, um ihn von seinem Großvater zu unterscheiden) und James Paul jr. (Jimmy). Sie waren ganz der Vater, verwöhnt und ganz anders als ihre verantwortungsbewußten Cousins, die McCanns. Ein entfernter Verwandter vermutete einmal, daß Wooly und Jimmy dazu erzogen worden waren, als Playboys Erfolg zu haben, aber selbst auf diesem Gebiet erwiesen sie sich als Versager.

Jessie Donahues Leben war angefüllt mit jenem leeren

Luxus, der sich schließlich erschöpft und unweigerlich seinen Tribut fordert. Am stärksten forderte er Tribut von ihrem Ehemann, der überzeugt war, daß er jedes gesellschaftliche Format ruiniert hatte, das seine Gattin jemals besessen hatte. Schuldgefühle, geschäftliche Mißerfolge und die Unfähigkeit, seiner Laster Herr zu werden (darunter auch eine Reihe unglücklicher homosexueller Liebesaffären), waren mehr als er ertragen konnte. Eines Abends während eines friedlichen Pokerspiels entschuldigte sich James Donahue, zog sich in sein Schlafzimmer zurück und spülte eine Flasche hochgiftiges Quecksilber hinunter. Vier Tage später starb er im Lenox Hill Hospital im Alter von 44 Jahren.

Jessie heiratete niemals wieder. Sie schloß das Haus in der 80. Straße Ost und verkaufte das in der 56. Straße West an einen Schmugglerring, der daraus den Club Napoleon machte. Schließlich erwarb sie ein prächtiges Doppelhaus in der Fifth Avenue 834 und lebte dort mit einer Gesellschafterin namens Yvonne in ihrer gewohnten Weise weiter, machte häufig Reisen ins Ausland und gab ihr Geld aus, als ob ihr Gatte niemals von ihr gegangen wäre.

Zu guter Letzt war da noch Edna, Frank Woolworths zweitgeborene Tochter und die hübscheste der drei, mit weichen blonden Haaren, blauen Augen, weißer Haut und einer attraktiven Figur. Sie war blaß, zart und vergeistigt, ihr Gesicht wirkte empfindsam und ausdrucksstark und paßte ausgezeichnet zu ihrer melodischen Stimme. Hätte sie ihre Stimme richtig trainiert, hätte sie eine erfolgreiche Karriere als Sängerin vor sich gehabt. Aber dies geschah nicht. Statt dessen hatte sie das Glück, eines Tages im Foyer des Savoy Hotels einem vierundzwanzigjährigen Makler namens Franklyn Laws Hutton zu begegnen. Dies war 1901, in dem Jahr, in dem die Woolworths eine Suite im Savoy bewohnten, bevor sie in ihr Haus in der Fifth Avenue zogen. Edna war 18 Jahre alt und in den Augen ihres Vaters zu jung zum Heiraten. So mußte sie sich mit einer langen Zeit des Werbens begnügen.

Die Beute, der sie nachjagte, Franklyn Hutton, war mittelgroß und breit gebaut, hatte ein Studium in Yale absolviert und arbeitete bei Harris, Hutton Company, einer Maklerfirma, die ihr Büro in der Wall Street 35 hatte. Der Mitbegründer dieser Firma war Franklyns älterer Bruder Edward Francis Hutton, ein Selfmademan und Finanzgenie, der mit 14 Jahren die Schule verlassen hatte und seither in der Wall Street arbeitete. Ein Jahr nachdem Franklyn Hutton Edna kennengelernt hatte, wurde die Firma seines Bruders zur E. F. Hutton Company, mit Franklyn als Vizepräsident und gleichberechtigtem Partner.

Frank Woolworths Einwände gegen diese Romanze wurden schwächer, als er erfuhr, daß die Huttons ebenfalls Mitglieder der Episkopalkirche waren und daß ihr Vater, James Laws Hutton, die elterliche Milchfarm in Ohio verlassen hatte und nach Cincinnati gegangen war, um in den schnell expandierenden Markt pharmazeutischer Erzeugnisse einzusteigen. Ein Verwandter, William E. Hutton, besaß eine Maklerfirma für Kapitalanlagen gleichen Namens in Cincinnati, und es war sein Einfluß, der Edward und Franklyn dazu gebracht hatte, ebenfalls diesen Beruf zu ergreifen. Nach sechs langen Jahren des Werbens, unterbrochen nur während des einen Jahres, als Edna sich auf einer Weltreise befand, gab Frank Woolworth dem Paar endlich seinen Segen. Sie wurden am 24. April 1907 in einer traditionellen Episkopalzeremonie in der Kirche des Himmlischen Friedens zwischen der Fifth Avenue und der 45. Straße getraut. Ihre Flitterwochen verbrachten sie in Paris. Danach kehrten sie nach New York zurück und zogen in das Woolworth-Haus in der 80. Straße Ost 2.

Auch wenn Franklyn Hutton nicht gerade das verkörperte, was sich Ednas Vater von einem Schwiegersohn erhofft hatte, so hatte Woolworth dennoch allen Grund, erleichtert zu sein: Franklyn war wenigstens kein europäischer Mitgiftjäger. Als der Billigladenbaron 1909 durch die Schweiz reiste, schrieb er an seinen Bruder folgende Zeilen: »... diese Ausländer hier mit ihren billigen Titeln sind alle hinter den amerikanischen Mädchen und ihrem Geld her. Man muß Respekt vor ihrem guten Urteilsvermögen haben, mit dessen Hilfe sie sowohl Geld als auch eine hübsche Frau zu bekommen hoffen. Aber die Eltern der Mädchen haben ihre Schwierigkeiten, wenn sie mit dieser Art von Werbung nicht einverstanden sind.«

Auf der gleichen Reise schrieb Woolworth seinem Bruder noch einmal, diesmal während eines Besuchs im Blenheim Palast, dem Sitz des Herzogtums Marlborough bei Woodstock in Oxfordshire, England. Der neunte und jüngsternannte Herzog Charles, mit Kosenamen »Sunny«, hatte seinen Titel als Tauschobjekt benutzt, als er Consuelo, die einzige Tochter von Willie K. und Alva Vanderbilt, heiratete. Dies hatte ihm eine Mitgift von 2,5 Millionen Dollar und 100 000 Dollar Zinsen jährlich eingebracht. Die Ehe, die Consuelo von ihrer titelbewußten Mutter aufgezwungen worden war, war erst kürzlich geschieden worden:

Dieser berühmte Besitz von 280 000 Quadratmeter Land ist ziemlich heruntergekommen, da der Herzog keine größeren Summen mehr von seinem amerikanischen Schwiegervater W. K. Vanderbilt erhält. Der Herzog gibt alles Geld, dessen er habhaft werden kann, für ein schnelles Leben in Paris und London aus. Er hat nicht die Kraft, sein Land oder große Kunstwerke, Skulpturen oder Möbel zu verkaufen. Wieviel besser wäre es für ihn gewesen, wenn er das Geschäft mit Fünf- und Zehncentartikeln für sechs Dollar die Woche gelernt hätte und ein Geschäftsmann geworden wäre, anstatt dessen, was er jetzt ist – für niemanden von Nutzen und unzufrieden mit sich selbst.

Welche Ironie in Woolworths gerader amerikanischer Einstellung gegenüber arbeitsscheuen Aristokraten lag, sollte sich immer wieder im Leben seiner legendären Enkelin Barbara Woolworth Hutton zeigen. Barbara, das einzige Kind von Franklyn und Edna Hutton, wurde am 14. November 1912 mit Hilfe von Dr. J. Clifton Edgar geboren. Sie hatte einen dicken Schopf hellblonder Haare und die strahlend blauen Augen ihrer Mutter. Ihre Geburt wurde von der Presse mit keiner Zeile erwähnt – »das einzige Mal in meinem Leben, daß sie es vorzogen, mich nicht zu beachten«, erzählte sie später einem Freund.

Barbaras fragmentarische Aufzeichnungen enthalten einige flüchtige Erinnerungen daran, daß sie schon als Kleinkind dazu gezwungen wurde, dreimal die Woche zwei Teelöffel Rizinusöl einzunehmen, und daß es ihr bis zum vierten Lebensjahr nicht erlaubt war, gekochtes Fleisch zu essen: »Ich sehe immer noch meine Gouvernante vor mir, wie sie mein erstes Steak in kleine Stücke zerschnitt, um mir so möglichst mageres und zartes Fleisch zukommen zu lassen.« An anderer Stelle erzählt sie, wie sie mit ihrem Vater in der Weihnachtszeit die Fifth Avenue entlangschlenderte. Die Helfer von Sankt Nikolaus standen an den Straßenecken und läuteten mit Kupferglöckchen über großen Kesseln, die mit Kleingeld gefüllt waren. Da waren Kinder mit roten Ballons, Girlanden an den Türen, Weihnachtskerzen, immergrüne Bäume, ein Steptänzer vor einem Kaufhaus, Blaskapellen, ein Leierkastenmann, eine Gruppe junger Leute, die Weihnachtslieder sangen, Eßkastanienverkäufer und Schaufenster, in denen es lebendig wurde, wenn die Puppen darin mit den Köpfen nickten und die Finger bewegten.

1915 wohnte die Familie Franklyn Hutton in einer Suite im fünften Stock des Plaza Hotels. Der Umzug aus der 80. Straße Ost geschah der Bequemlichkeit wegen: ein Büro der E. F. Hutton Company hatte kurz vorher im Hauptfoyer des Hotels eröffnet. Im Foyer selbst gab es einen Börsentelegraf, um den sich Aktionäre und Gäste drängten, um die Tageskurse zu lesen. Der Umzug bescherte Franklyn Hutton wieder die Bewegungsfreiheit seines Junggesellendaseins, die er mit seiner Heirat aufgegeben hatte. Diese neugewonnene Mobilität wurde eine unerträgliche Last für die Huttonsche Ehe, die sich als klassischer Fehlschlag erwiesen hatte. Franklyn war ein energischer, ruheloser und kämpferischer Mann, der viel trank und fast zwanghaft hinter den Frauen her war. Edna war wie ihre Mutter sehr häuslich, zu schüchtern und unsicher, um die Art von gesellschaftlichen Possen genießen zu können, die ihren Gatten so anzogen, und besaß zuwenig Selbstwertgefühl, um sich gegen Franklyns Affären zur Wehr zu setzen.

Rachegelüste und Einsamkeit trieben Edna schließlich in die Arme eines anderen Mannes. Bud Bouvier war der jüngste Bruder von John Vernon (»Black Jack«) Bouvier, Vater von Jacqueline Kennedy Onassis. Obwohl sie nie die Möglichkeit einer Heirat in Betracht zogen, entwickelte sich ihre Freundschaft allmählich zu einer leidenschaftlichen Romanze. Aber auf lange Sicht erwies sich diese Affäre für Edna als ebenso kummervoll wie ihre Ehe. Am Ende heiratete Bouvier eine jüngere Frau, Emma Louise Stone, und ging im Krieg als Soldat nach Europa.

Im Sommer 1916 mietete Edna für sich und ihre Tochter ein großes Haus in Bar Harbor, Maine. Franklyn Hutton verbrachte eine Woche bei ihnen und blieb den Rest des Sommers auf seinem Landsitz in Glen Cove, Long Island. Dieser Landsitz wurde zum Rückzugsort für Franklyns Freunde, die am Wochenende ihr Angelzeug packten und ihren Frauen erzählten, sie gingen fischen, während sie in Wirklichkeit freizügige Parties in Huttons Haus besuchten, zu denen auch immer eine Menge alleinstehender junger Frauen eingeladen waren.

Einer der Stammgäste dieser Wochenendfeste war eine überaus attraktive fünfundzwanzigjährige schwedische Schauspielerin, Monica von Fursten, deren Vater Gesandter in den Vereinigten Staaten war. Bald sah man Hutton und die Schwedin überall in der Stadt zusammen; sie besuchten Bälle, Dinnerpartys und öffentliche Veranstaltungen. Sogar im *Wall Street Journal* erschien eine Notiz über Huttons strahlend schöne neue Begleiterin und seine Fähigkeit, die Nächte nicht nur durchzutanzen, sondern »durchzuklappern«, und zwar mit einem Holzschuhtanz, bei dem der

Tanzende den Rhythmus mit den Holzschuhen auf dem Parkett erzeugte.

Keiner war enttäuschter und wütender über diese Situation als Frank Woolworth, der wiederholt vergeblich versucht hatte, seine Tochter zur Scheidung zu bewegen. Schließlich provozierte der Magnat selbst eine Aussprache mit Hutton und rang ihm das Versprechen ab, die Affäre zu beenden. Aber als Franklyn Ende März 1917 für vier Wochen geschäftlich nach Kalifornien ging, begleitete ihn Monica von Fursten. Einige Tage nach ihrer Ankunft in San Francisco wurden sie beim Tanzen auf einer Dinnerparty in einem Country Club fotografiert. Edna konnte das Foto unmöglich ignorieren, zumal es auf der Gesellschaftsseite der New Yorker Zeitung *Sun* erschien.

Franklyn Hutton war schon wieder nach New York zurückgekehrt und weilte in Bay Shore, als seine Frau zu ihrem letzten Racheakt ansetzte. Sie hatte sich einen Plan zurechtgelegt, sich eine kleine Flasche mit Strychnin besorgt und ihr schönstes Abendkleid zu diesem Zweck herausgesucht: ein gerade geschnittenes weißes Kleid aus Kunstseide, von der Taille bis zum Saum mit goldenen Schwertlilien bestickt. Sie trug dieses Kleid und eine doppelreihige Perlenkette, als man sie am 2. Mai in ihrem Schlafzimmer im Plaza Hotel fand. Die *New York Times* veröffentlichte einen kurzen und irreführenden Nachruf:

Mrs. Franklyn Hutton, 33, vormals Miß Edna Woolworth, Tochter von F. W. Woolworth, wurde gestern in ihrem Appartement im Plaza Hotel tot aufgefunden. Mrs. Hutton war die Ehefrau von Franklyn L. Hutton, Mitinhaber der Firma E. F. Hutton & Co und bekanntes Mitglied der Börse. Mrs. Hutton war wahrscheinlich schon einige Stunden tot, als sie von einem Zimmermädchen gefunden wurde. Laut Aussage des Untersuchungsrichters von New York City, David Feinberg, der später erklärte, eine Autopsie sei unnötig, war der Tod auf eine chronische Ohrerkrankung zurückzuführen, die die Ohrknochen verhärten ließ, was zu einer Kontraktion der Zungenmus-

keln und schließlich zum Tod durch Ersticken führte.

Mr. Hutton kehrte kurz nach dem Tode seiner Frau von einem Aufenthalt in seinem Sommerhaus in Bay Shore, L.I. ins Hotel zurück. Mrs. Hutton wurde am 24. April 1907 mit Mr. Hutton in der Kirche des Himmlischen Frieden getraut. Mrs. Hutton hinterläßt ein Kind, Barbara, im Alter von vier Jahren.

Es stimmte zwar, daß Edna an Mastoiditis litt, einer Krankheit, bei der sich die Knochen des Mittelohres verhärten, aber dies war schon einige Zeit vorher diagnostiziert und zum Stillstand gebracht worden. Wenn Edna erstickte, dann wahrscheinlich nicht als Folge der Mittelohrerkrankung, sondern an einer tödlichen Dosis Strychnin, einem Gift, das auf die Atmungsorgane und das zentrale Nervensystem wirkt. Laut Polizeibericht fand man im Badezimmer der Verstorbenen ein leeres Fläschchen mit Spuren dieses Gifts sowie ein Glas mit einem Bodensatz aus Strychninkristallen und Wasser. Die Polizei fand auch heraus, daß nicht das Zimmermädchen die Tote gefunden hatte, sondern Ednas Tochter.

Das merkwürdigste an Ednas Tod ist die Tatsache, daß der Untersuchungsrichter keine Autopsie oder Untersuchung der Todesursache anordnete. Der Totenschein, von David Feinberg unterzeichnet, gibt an, daß sie an einer Gehirnthrombose starb, mit Erstickung (durch die Mastoiditis) als begleitendem Faktor. Das gleiche Dokument enthält jedoch eine Einschränkung: *»Das Gesundheitsministerium bescheinigt nicht, daß die Angaben der Wahrheit entsprechen, da das Gesetz keine Untersuchung der Tatsachen vorschreibt.«* Die Presse nahm allgemein an, daß Frank Woolworth einige hohe Beamte bestochen hatte, um eine Untersuchung der Todesursache zu vermeiden, eine Untersuchung, die mit aller Wahrscheinlichkeit einen öffentlichen Skandal für die Familie bedeutet hätte. Diese Theorie erhärtete sich, als ein Jahr später aufgedeckt wurde, daß das Büro des Untersuchungsrichters von New York City mysteriöserweise die Akten zu diesem Fall verlegt hatte. Sie tauchten nie wieder auf.

Nach Ednas Tod gab es für Frank Woolworth nur noch wenige Augenblicke des Glücks, hervorgerufen durch die Anwesenheit seiner Enkelin auf Winfield Hall, deren Erziehung er nur zu gern übernahm, während ihr Vater weiter auf die Jagd nach Frauen und Abenteuern ging. Doch irgendwie entglitt Woolworth alles, vorbei waren der Reiz und das Wunder dieser phantastischen Nacht nur wenige Jahre vorher, damals, als Präsident Wilson all die Lichter einschaltete; in der ihm Charles M. Schwab von Bethlehem Steel, Elbert Gary von U. S. Steel, und Otto Kahn, der Finanztitan, bei einer Dinnerparty als dem Manne huldigten, der das höchste Gebäude der Welt gebaut und Millionen verdient hatte, indem er Waren für fünf Cent oder einen Vierteldollar verkauft hatte.

Eine seiner letzten Unternehmungen war der Bau eines 100 000 Dollar teuren Mausoleums in New Yorks Woodlawn Memorial Cemetery, kurz nach Ednas Tod. Das reich verzierte neoägyptische Grabmal aus Bronze und Marmor mit bombastischen Säulen und Sphinxen an der Vorderfront paßte so gar nicht zu einem Menschen, dessen typisch amerikanischer Erfolg auf dem Verständnis, wenn nicht sogar auf der Wertschätzung der schlichten Dinge und der einfachen Menschen basierte. »Die Pyramide«, wie Barbara Hutton das Mausoleum später nannte, war ganz einfach das Allerneueste, was es an Grabmälern gab.

Als Frank Woolworth am 8. April 1919 nur fünf Tage vor seinem siebenundsechzigsten Geburtstag starb, hatte er bereits damit angefangen, ein Testament aufzusetzen, in dem er bestimmte, daß ein großer Teil seines Vermögens an verschiedene karitative Einrichtungen fallen sollte und daß eine Reihe kleinerer, gemeinschaftlich verwalteter Gesellschaften zwischen seinen Kindern, Enkeln und seiner kranken Frau aufgeteilt werden sollten. Aber da dieses Dokument zum Zeitpunkt seines Todes unvollständig war und keine Unterschrift trug, mußten seine Anwälte auf ein zweiseitiges handgeschriebenes Testament aus dem Jahre 1889 zurückgreifen, in dem er alles Jennie hinterließ.

Was auch immer die Gründe dafür waren, daß er sein letztes Testament nicht mehr vollendete – das gültige Testament, das in Mineola, Nassau County, eröffnet wurde, machte theoretisch eine geistig umnachtete Frau, die ihre Umgebung nicht mehr wahrnahm, zur mehrfachen Millionärin und Hauptaktionärin der Woolworth Company. Charles Sumner Woolworth, der Bruder des Verstorbenen, wurde zum Direktor ernannt und Hubert Parson, ein vertrauenswürdiger leitender Angestellter, wurde Präsident der Abteilung für Inlandsgeschäfte, eine Stellung, die die Aufsicht über 1050 Filialen und die Lohnlisten von über 50 000 Angestellten einschloß. Parson wurde außerdem zusammen mit den beiden überlebenden Woolworth-Töchtern, Helena McCann und Jessie Donahue, zum Verwalter des Woolworth-Vermögens ernannt. Dies geschah gemäß eines rechtswirksamen Gesuchs, das Woolworth zu Lebzeiten diktiert hatte.

Die geistig umnachtete Jennie Woolworth überlebte ihren Gatten um genau fünf Jahre und 43 Tage. Ohne ein Testament zu hinterlassen, starb sie am 21. März 1924 auf Winfield Hall. Wäre sie 44 Tage früher gestorben, hätte man Millionen Dollar an Vermögens- und Erbschaftssteuer sparen können. Da sie ihren Gatten länger als die gesetzlich als kurz definierte Zeitspanne von fünf Jahren überlebt hatte, mußten die Woolworths noch einmal Steuern zahlen, zusätzlich zu den acht Millionen Dollar, die 1919 nach Woolworths Tod erhoben worden waren.

Nach Abzug der Steuern belief sich das Gesamtvermögen auf 78 317 938,47 Dollar oder 26 105 979,49 für jede der drei Erbinnen: Helena, Jessie und Barbara Hutton (als einzige Erbin von Edna Woolworth Hutton). Zusätzlich zur Hinterlassenschaft ihres Großvaters erbte Barbara 2,1 Millionen Dollar aus dem Vermögen ihrer Mutter – davon 411 000 Dollar in bar und den Rest in Aktien und festverzinslichen

Wertpapieren –, was ihr ein Gesamtvermögen von über 28 Millionen Dollar einbrachte, eine Summe, die in heutiger Währung annähernd zwanzigmal soviel wert wäre.

2

F. W. Woolworths Tod bedeutete für Barbara den Beginn einer langen unruhigen Zeit, in der ihre Pflegeeltern und ihr Zuhause ständig wechselten. Im Alter von sieben Jahren brachte man sie nach Altadena, einem Vorort von Los Angeles, in die Obhut der älteren Schwester ihres Vaters, Grace Hutton Wood. Tante Grace, die eine Zeitlang mit dem Geschäftsmann Benjamin Wood von der West Coast verheiratet gewesen war, war eine gesellige und freundliche Frau Anfang Vierzig, die sich hauptsächlich für Garten- und Dinnerparties, Nähzirkel, Buchklubs und Blumenausstellungen interessierte. Sie sammelte Kunstgegenstände und hatte eine Vorliebe für französische und orientalische Antiquitäten. Außerdem malte sie Landschaften und Stilleben, die sie an Freunde verschenkte oder auf Auktionen verkaufte, um das Geld dann für wohltätige Zwecke zu verwenden.

Ihr hektisches Leben voller gesellschaftlicher Verpflichtungen ließ ihr nur wenig Zeit für ihre Nichte. Mit Ausnahme einer altjüngferlichen Privatlehrerin namens Alice Day, die Barbara ein paarmal in der Woche unterrichtete, war das kleine Mädchen in seiner neuen Umgebung fast völlig isoliert, und so war sie froh über die Nachricht, daß sie bald mit ihrer Tante zu Franklyn Hutton nach San Francisco ziehen sollte, wo dieser gerade eine neue Zweigstelle der E. F. Hutton Company eröffnet hatte. Aber wie groß war die Enttäuschung, als sie erfahren mußte, daß sie und ihre Tante nicht beim Vater im Drake Hotel in San Francisco wohnen würden, sondern im außerhalb gelegenen Burlingham.

Das Grundstück, das Hutton für sie gemietet hatte, war

groß und besaß einen gut gepflegten Garten und hügelige Wiesen, aber hohe, efeubewachsene Steinmauern isolierten es von der Außenwelt. Monatelang war Barbaras einziger Spielkamerad ihr Shetlandpony, das sie zum neunten Geburtstag geschenkt bekommen hatte. Obwohl es ein männliches Pony war, nannte sie es Princess. Wenn auch in Burlingham einige Kinder wohlhabender Eltern wohnten, brauchte Barbara lange, bis sie die ersten Freundschaften schloß.*

Eine ihrer ersten und liebsten Spielgefährtinnen war ein rothaariges Mädchen namens Consuelo »Nini« Tobin (die spätere Mrs. Francis A. Martin), deren Großvater, M. H. de Young, ein bekannter Zeitungsverleger in Kalifornien war und auf diesem Gebiet Pionierarbeit geleistet hatte. Barbara freundete sich auch mit einem anderen Mädchen an, Harrie Hill (die zukünftige Mrs. Stanley Page), die Tochter des Eisenbahnbarons Harry Hill. Die drei Mädchen spielten zusammen auf den elterlichen Grundstücken und sahen in ihrer Phantasie mittelalterliche Bogenschützen und Ritter durch die umliegenden Wälder streifen; sie erfanden dramatische Heldengeschichten und erweckten sie mit Hilfe von Make-up und Erwachsenenkleidern zum Leben. In diesen Geschichten war Barbara immer die Königin oder Prinzessin, und Nini und Harrie spielten die Hofdamen.

»Barbara wurde der Rolle der Prinzessin niemals überdrüssig«, erzählt Harrie Hill Page. »Sie war eine komische Mischung aus Wildfang und verträumter Prinzessin. Sie kletterte auf Bäume und hielt sich doch für eine Märchenprinzessin. Ihr Großvater hatte sie auch immer ›Prinzessin‹ genannt. Das verlangte sie auch von den Dienstboten, und

---

* Für seine Aufgabe als Barbaras Vermögensverwalter erhielt Franklyn Hutton zwei Prozent vom Jahreseinkommen seiner Tochter, das vom Suffolk County Vormundschaftsgericht, Long Island, festgelegt wurde. Als sie sechs Jahre alt war, betrug ihr Einkommen 5000 Dollar jährlich, als sie sieben war, 7000 Dollar. Als sie neun Jahre alt wurde, beantragte ihr Vater beim Vormundschaftsgericht eine Anhebung auf 12 000 Dollar. Im Alter von 13 Jahren bekam sie 35 000, mit 16 Jahren 60 000 Dollar. Danach stieg ihr Einkommen kontinuierlich und erreichte 300 000 Dollar, bevor sie ihren 21. Geburtstag feierte.

wenn sie es vergaßen, weinte sie. Der Chauffeur ihrer Tante gewann ihr Herz, indem er sie mit ›Eure Königliche Hoheit‹ ansprach, und war lange Zeit ihr erklärter Liebling.

Sie war ein sehnsüchtiges, phantasievolles und einsames Kind, das keine Familie und wenig Freunde hatte. Ihr Vater überschüttete sie mit materiellen Dingen, aber er vernachlässigte ihre grundlegendsten Bedürfnisse. Er war fast nie zu Hause, worüber die meisten Nachbarn nur allzu froh waren. Dieser Mann war schrecklich launisch, und selbst die kleinsten Kleinigkeiten konnten ihn wütend machen – ein verlegter Schlüssel, ein Auto, das nicht ansprang, ein Staubkörnchen auf dem Boden. Wann immer er da war, blieben die anderen fern. Er war grausam und boshaft. Wahrscheinlich hatte er sehr viel Ahnung vom Maklergeschäft, aber er kannte kein Mitgefühl, schon gar nicht mit seiner Tochter. Nichts von dem, was sie tat, konnte ihn zufriedenstellen. Er war kalt, beklagte sich immer und schrie ständig jemanden an. Barbara hatte regelrecht Todesangst vor ihm. Sie wollte ihn beeindrucken, sein Wohlwollen erringen, aber gleichzeitig haßte sie ihn. Oft verhielt er sich starrsinnig und dogmatisch, und konnte er jemanden nicht mit seinen Argumenten überzeugen, wurde er laut. Franklyn Huttons schlimmste Eigenschaft war wohl seine Alkoholabhängigkeit.

Barbara hatte es wegen ihres Reichtums schwer, Freunde zu gewinnen. In der Nachbarschaft gab es einige Kinder aus wohlhabenden Familien, aber Barbaras Erbschaft gehörte in eine ganz andere Kategorie. Manche Kinder verspotteten sie deswegen. Sie wollten mit ihr befreundet sein, waren aber entweder eingeschüchtert oder neidisch. Sie war irgendwie so weit entfernt von ihnen und so reich, das erschreckte sie. Trotzdem fand sie schließlich ein paar Freundinnen: Christine Henry, Jane Christenson und Bobbie Carpenter. Zu diesem Zeitpunkt waren sie sich allerdings nicht so nahe wie in späteren Jahren. Bobbie und sie hatten sich zum Beispiel ziemlich aus den Augen verloren, bis Bobbie Mitte der dreißiger Jahre den Marineoffizier Carpenter Tennant heiratete. Da erhielt sie plötzlich wunderschöne Ohrringe mit Diamanten und Rubinen von der Frau, die nie etwas vergaß. Barbara hatte eine liebevolle Art, sich Dinge zu merken. Sie schaffte es, das Schlechte auszulöschen und sich nur an das Gute zu erinnern.«

Nicoll Smith, der Sohn der Gesellschaftskolumnistin Susan Smith, die für den *San Francisco Examiner* schrieb, lernte Barbara auch in dieser Zeit kennen: »Burlingham war ein Schickeria-Vorort mit vielen Parties und einer geschlossenen Clique. Jeder wußte alles über den anderen. Die meisten hatten Mitleid mit Barbara. Nie erfuhr sie, was Familienleben bedeutet. Ihr Vater war nur an Feiertagen zu Hause, und selbst dann gab es Probleme. Ich erinnere mich, daß er einmal mit Barbara am Heiligen Abend zu uns zum Essen kam. Beim Essen fing er plötzlich davon an, daß er nie wirklich ein Kind haben wollte. ›Sehen wir doch der Wahrheit ins Gesicht‹, sagte er, ›99 Prozent aller Menschen auf diesem Planeten entstanden wegen einer Flasche Whiskey an einem Samstagabend. Warum lügen?‹ Er sagte das vor Barbara. Natürlich war er in diesem Moment betrunken. Ich erinnere mich nicht, ihn je nüchtern gesehen zu haben.

Meine Mutter mochte Barbara und nahm sie immer mit, wenn wir einen Ausflug machten. Zu dieser Zeit zeigte man Stummfilme im Burlingham Country Club, und jeden Samstagnachmittag gingen wir hin und sahen Filme mit Theda Bara, den Gish-Schwestern, William Hart, Pearl White, Charlie Chaplin und anderen unsterblichen Leinwandhelden der damaligen Zeit. Barbara liebte das Kino. Sie fühlte sich zu allem Realitätsfernen stark hingezogen.

Sie hatte noch eine große Liebe – einen Laden in San Francisco mit Namen Gump's, ein prächtiges Schmuckgeschäft, das vor allem mit Juwelen aus dem Orient handelte. Der Geschäftsinhaber, Mr. A. L. Gump, war ein erstaunlicher Mann. Er war blind und doch ein Experte auf seinem Gebiet. Er erklärte Barbara, auf was man bei Jade achten muß, wie man ein echtes Schmuckstück von einer Fälschung unterscheidet und wie man Juwelen nicht mit den Augen, sondern mit den Fingerspitzen schätzt. Seit dieser Zeit bei Gump's interessierte sie sich für orientalischen Schmuck. Schließlich wurde sie Gump's beste Kundin.«

Barbara besuchte damals Miß Shinns Mädchenschule, wo ihr viele Klassenkameradinnen feindlich gesonnen waren. »Diese Mädchen sagten zu mir, daß mich die Leute aufgrund meines Reichtums immer hassen würden«, behauptete sie später. »Zu dieser Zeit hatte ich noch keine Ahnung, was Geld überhaupt bedeutet. Als mich Tante Jessie einmal besuchte, fragte ich sie, ob wir nicht all unser Geld weggeben könnten. Jessie versuchte mir zu erklären, warum das nicht gehe. Ich konnte es nicht verstehen und war so frustriert, daß ich mit einer Schere meine ganzen Kleider zerschnitt.«

Barbaras treueste Verbündete fanden sich unter den Haushaltshilfen, die ihr Vater einstellte. Es gab immer jemanden, der um sie herum war. Mehrere Monate lang war es Mrs. Jeanne Peterson, die die Wäsche für die Familie besorgte. Ihr schickte sie noch lange nach der Pensionierung Weihnachts- und Geburtstagspakete. Dann war da Sophie Malluck, ein deutschstämmiges Dienstmädchen, das später von Franklyn Hutton nach einer Auseinandersetzung um ihren Lohn gefeuert wurde. Eine andere Angestellte, die französische Gouvernante Germaine Tocquet, von der Familie nur Ticki genannt, wurde Barbaras engste Vertraute. Ticki, deren Aussehen irgendwie an ein Sahnewölkchen erinnerte, war eigentlich nur als Urlaubsvertretung für Barbaras Kindermädchen eingestellt worden. Als Ticki nach Ablauf der Vertretungszeit ging, gebärdete sich Barbara so wild, daß ihr Vater Ticki flugs wieder einstellte. Sie sollte von nun an ständig bei Barbara bleiben, erst als Gouvernante und Anstandsdame, später als Sekretärin und Gesellschafterin.

Barbara war elf Jahre alt, als Tante Grace Thomas Alston Middleton, einen Makler der E. F. Hutton Company, heiratete und mit ihm nach Pleasantville, New Jersey, zog. Franklyn Hutton kehrte nach New York zurück, und Barbara schickte man in die Santa Barbara Mädchenschule, die damals sehr in Mode war. Die Schule war eine halbe Tagereise von den wenigen Freunden entfernt, die sie gerade erst in Burlingham gewonnen hatte. Die zwei Semester in Santa Barbara waren eine Qual für sie. Ihre Hausmutter an der Schule, Mrs. George Coles, erzählte in einem Interview dem Zeitungsreporter Dean Jennings aus San Francisco (der Autor einer 1968 erschienenen Kurzbiographie über Barbara, *Barbara Hutton: A Candid Biography*), daß Barbara kein Interesse an ihren Klassenkameradinnen zeigte: »Sie war ein liebes kleines und sehr schüchternes Mädchen, das viel Zeit damit verbrachte, Gedichte zu schreiben, die sie niemanden lesen ließ. Niemand hat sie jemals in der Schule besucht, nicht einmal zu Weihnachten.«

Der einzig bemerkenswerte Zwischenfall in Santa Barbara, über den Jennings berichten konnte, hatte mit einigen Schülerinnen zu tun, die Barbara gerne hänselten, da sie darauf bestand, teure maßgeschneiderte Kleidung zu tragen. Einmal hörte Barbara, wie sie vor dem Schlafraum über sie redeten und kicherten. Sie öffnete die Tür und sah ihnen ins Gesicht: »Seid ihr gekommen, um mein hübsches Kleid anzusehen?« Die Mädchen stoben davon und belästigten sie von da an nicht mehr.

1926 kehrte die inzwischen vierzehnjährige Barbara nach New York zurück, wohnte dort bei den Donahues und besuchte Miß Hewitts Schule in Manhattan. Auch wenn ihr die steife Atmosphäre der Schule nicht zusagte, war sie froh, wieder an der Ostküste zu leben. Die Stadt war amüsant. Sie hatte etwas Aufregendes an sich, wohingegen Kalifornien (wie sie schrieb) »nur aus Grapefruit- und Orangenwäldern« bestand und »glatt und träge« war.

Zwei wichtige Dinge ereigneten sich in diesem Zeitabschnitt. Das erste Ereignis betraf Barbaras Vater. Hutton war des Junggesellendaseins müde geworden und heiratete wieder. Seine neue Frau kam aus Detroit, hieß Irene Curley, war geschieden und hatte früher als Geschäftsführerin eines

Schönheitssalons gearbeitet. Barbara empfand sie als ein wenig zu laut und grob, aber letztendlich mochte sie sie gern. Es gab wenig, was man an Irene nicht gern haben konnte. Sie war eine warme, mitfühlende, nicht unattraktive Frau, die die vergnüglichen Seiten des Lebens liebte und sich somit besser mit Huttons Lebensstil zurechtfand als seine erste Frau. Außerdem mochte sie Barbara sehr gern und war bei familiären Streitereien immer auf ihrer Seite. Auch in einem anderen Fall verhielt sie sich Barbara gegenüber wie eine leibliche Mutter. Sie legte ein Barbara-Hutton-Album an, das heißt, sie schnitt alle Artikel und Fotos aus, die über und von Barbara in der Presse erschienen, und klebte sie in ein ledergebundenes Album. »Diese Alben«, notierte Barbara, »waren die einzigen Bücher, die mein Vater im Haus duldete. Leuten, die Bücher schrieben, traute er nicht und Leuten, die Bücher lasen, erst recht nicht.«

Das zweite Ereignis war finanzieller Natur. Zu Beginn des Jahres 1926 hatte das Bankhaus Lehman Brothers aufgrund von Franklyn Huttons rechtzeitiger Empfehlung 50 000 Stammaktien aus Barbaras Beteiligung an der Woolworth Company auf den Markt gebracht. Das Angebot stellte einen der größten Geschäftsabschlüsse seiner Art dar. Die einzelne Aktie wurde für etwas mehr als 200 Dollar verkauft, und somit brachte das gesamte Aktienpaket einen Nettogewinn von zehn Millionen Dollar ein, den Barbaras Vater wieder in einem diversifizierten Portefeuille von Aktien, Anleihen und anderen Wertpapieren anlegte. Mit einem Teil des Geldes kaufte er bestverzinste Wertpapiere, und den Rest investierte er in Spekulationsgeschäfte mit Aktien der Elektronikbranche, von Versorgungsunternehmen und mit an der Warenbörse gehandelten Produkten.

Der Verkauf eines solch großen Stammaktienpakets hatte eine verheerende Wirkung auf den Markt im allgemeinen und auf die Woolworth Company im besonderen. Zwei Monate danach fiel der Nettowert der Aktie dramatisch, und diejenigen, die sich in die Firma eingekauft hatten, erlitten große Verluste. Für Barbara jedoch erwiesen sich der Verkauf und die nachfolgende Reinvestition als höchst lukrativ. Mit einem Teil ihres Gewinns wurden zwei zusammengehörende Maisonettes in der Fifth Avenue 1020 gekauft. Man beschloß, daß Barbara ihre eigene 26-Zimmer-Maisonette bewohnen sollte; in die andere zogen die Huttons ein.

Um die Kosten für Barbaras neue Wohnung aufbringen zu können, reichte ihr Vater ein Gesuch beim Vormundschaftsgericht ein. Das Dokument war in einem Ton abgefaßt, der bestenfalls als hochmütig bezeichnet werden kann:

Die beiden Tanten Barbaras mütterlicherseits, Mrs. McCann und Mrs. Donahue, sind wohlhabende Damen, deren Vermögen dem Barbaras gleichkommt, und auch mein Bruder (E.F. Hutton) und seine Ehefrau (Marjorie Merriweather Post) verfügen über außerordentlich großzügige Mittel. Jeder von ihnen besitzt ein großes und teures Grundstück in der Nähe der Wohnungen, die ich erworben habe.

Meine Tochter muß zu ihrer eigenen Sicherheit und ihrem Wohlergehen in späteren Jahren in dem Luxus und der Bequemlichkeit erzogen werden, wie ihr dies durch ihr Einkommen zusteht. Wenn sie ihr 21. Lebensjahr erreicht hat, von dem an sie selbst über ihr Vermögen verfügen wird, soll sie weder den Wunsch noch irgendeinen Grund haben, Geld für Dinge auszugeben, an die sie während ihrer Jugend nicht gewöhnt wurde.

Man sollte vielleicht wissen, daß die E.F. Huttons die obersten drei Stockwerke eines vierzehnstöckigen Appartementhauses in der Fifth Avenue 1107, Ecke 92. Straße, als Domizil in New York hatten. Die drei Stockwerke mit insgesamt 70 Zimmern bildeten die größte Wohnung in New York City und waren mit Swimmingpool, Ballsaal, Turnhalle, Bäckerei, Solarium und zwei privaten Aufzügen ausgestattet. Das Appartement, das sich Barbara wünschte, mutet in diesem Vergleich beinahe bescheiden an. Das Vormundschaftsgericht kam dem Gesuch ihres Vaters nach. Barbara wurden 90 000 Dollar bewilligt, um die Maisonette zu kaufen, 25 000

Dollar, um Renovierungsarbeiten und Umbauten vorzunehmen, und noch einmal 25 000 Dollar jährlich für die Instandhaltung.

Nach außen hin war in Barbaras Leben alles in Ordnung. Sie war attraktiv (wenn auch etwas pummelig), über die Maßen reich, intelligent, höflich und weltoffen. Sie lebte nun in ihrer eigenen Wohnung mit Louis-quatorze-Möbeln und eigenem Personal. Die Sommer verbrachte sie im Ausland. Außerdem hatte sie zusätzlich zu ihrer Stiefmutter in Ticki Toquet eine Ersatzmutter. Und doch war Barbara trotz all dieser offensichtlichen Vorteile ein desillusionierter Teenager. Aus den Eintragungen in ihrem Tagebuch zu dieser Zeit spricht die Sehnsucht nach etwas, was sie nicht genau definieren kann:

... Ich sehne mich nach einem Freund, nach jemandem, der mich versteht, nach einem Vertrauten, mit dem ich meine innersten Gedanken und Ängste teilen kann.

... Ich bin zu reserviert, habe zuviel Angst vor Menschen. Ich bin zu sensibel und zu stolz. Ich muß lernen, offener zu werden, nicht immer so zurückhaltend zu sein... Geliebt zu werden sollte mir das wichtigste sein.

... Tief im Inneren fühle ich mich minderwertig. Ich bin häßlich, fett und linkisch. Langweilig bin ich auch. Tante Jessie sagt, dies sei eine Todsünde. »Sei gemein, sei dumm, aber sei nicht langweilig!«

... Ich werde eine alte Jungfer werden. Niemand wird mich jemals lieben. Um meines Geldes willen schon, aber nicht um meiner selbst willen. Ich bin dazu verdammt. Ich werde immer allein sein.

Barbaras Gedichte aus der Kinderzeit offenbaren die andere Seite ihrer Persönlichkeit, ihre tiefen Konflikte und die zwiespältigen Gefühle gegenüber ihrem Reichtum und ihrer

privilegierten Stellung. »Warum?« – das sie mit 13 schrieb –
beschreibt in knappen Worten die unbeantwortbare Frage,
warum es solche Unterschiede wie arm und reich überhaupt
gibt.

> Warum haben manche alles,
> Andere aber nichts?
> Warum müssen Männer sich immer verstellen,
> Und Frauen sich mit Zweifeln quälen?

In einem anderen Gedicht aus dieser Zeit, »Große Geschäfte«, beschäftigt sie sich mit demselben Thema und
zeigt dabei eine gewisse Abneigung gegenüber den mehr
kommerziellen Seiten des Kapitalismus.

> Du hältst Dich für schlau, daran zweifle ich nicht,
> Machst große Geschäfte mit Deinem vielen Geld.
> Aber für mich und andere
> Bist Du einfach komisch.

> Armer Mensch, Du würdest brüllen vor Lachen.
> Wenn Du Dein Gesicht sehen könntest,
> Wie es aus dem Kragen herausschaut
> Wie ein Stiefel mit verbranntem Schnürsenkel.

> Aber das albernste von allem
> Für mich und all die Kinder
> Ist die Art, wie Du singst in der Kirche
> »Gott helfe mir armem Sünder«.

Mit 15 wurde Barbara von ihrer Tante Jessie der imponieren-
den und eleganten Cobina Wright vorgestellt, der Frau des
prominenten Börsenmaklers William May Wright. In ihrer
Autobiographie, *I Never Grew Up*, beschreibt Cobina einen
Lebensstil, der »nur Schein, der unwirklich war ... Materia-
lismus bis zum Gehtnichtmehr. Wir wollten beide, daß alles
größer und schöner war. Das war das Tempo, das Motto

unserer Zeit.«

Nichts demonstriert Cobinas Behauptung besser als die Erziehung ihrer Tochter Cobina junior auf dem Familiensitz Casa Cobina an der Nordküste von Long Island. Der Besitz wurde vervollständigt durch ein Spielhaus mit vier Zimmern für das Kind, einen Golfplatz für den Vater und ein mit Nerz ausgekleidetes Badezimmer für die Mutter. Wrights Chauffeur hatte angeblich auch einen eigenen Rolls-Royce mit Fahrer. Die Familie benutzte einen ihrer Rolls-Royce nur, um jeden Tag den Pudel zum Friseur zu bringen. Cobina junior hatte einen speziell für sie angefertigten Miniatur-Rolls-Royce, in dem sie von einem Liliputaner zu den Polospielen in Sands Point gefahren wurde. Sie nahm ihre Freunde zum Segeln auf der Jacht ihres Vaters mit, wurde von vierzehn Dienstboten umsorgt und besaß einen Stall voller Pferde.

In ihrem Haus am Sutton Place in der Stadt gaben die Wrights Parties, die nicht nur die Prominenz aus New York anzogen, sondern auch einige der führenden Entertainer, Schauspieler und Musiker dieser Tage. Die Namen auf einer typischen Gästeliste offenbaren eine besondere Mischung von Geld und Geist: Walter Chrysler, Tallulah Bankhead, Jules Bache*, Fred Astaire, Gertrude Vanderbilt Whitney, Arturo Toscanini, Bernard Baruch, Lawrence Tibbett, Mrs. Vincent Astor, Jimmy Durante.

Barbara Hutton besuchte einige dieser Parties und war auch sonst ab und zu Gast bei den Wrights. »Barbara sang dann gewöhnlich«, erinnert sich Cobina junior, »und Mutter begleitete sie auf dem Piano. Sie war kein Caruso, aber sie sang sehr gern. Sie war rundlich, aber sehr hübsch mit ihren ebenmäßigen Gesichtszügen und ihrer Alabasterhaut. Die Freunde meiner Mutter fanden sie schüchtern, aber angenehm. Manchmal brachte sie ihren Cousin Jimmy Donahue mit, den einzigen Menschen, der sie immer zum

---

* Jules Bache war der Gründer einer Maklerfirma in der Wall Street und ein Freund der Huttons. Nach F. W. Woolworths Tod hatte er die Woolworth-Villa in der Fifth Avenue 990 in New York gekauft.

Lachen bringen konnte. Sie waren ständig zusammen. Barbara war genauso alt wie Woolworth Donahue, Jimmys älterer Bruder, aber mit Jimmy verstand sie sich besser.«

Ein anderer häufiger Gast bei den Wrights war Doris Duke, ein großes, dünnes, gepflegtes Mädchen mit vorstehendem Kinn, das später durch eine Schönheitsoperation korrigiert wurde. Dee-Dee, wie Freunde sie nannten, war die Tochter von James Buchanan Duke, dem Gründer der American Tobacco Company und der Duke Universität. Ihr Vater starb, als sie dreizehn war, und hinterließ ihr mehr als 70 Millionen Dollar, mehrere Villen auf dem Land und in der Stadt, einen Eisenbahnwaggon mit dem Namen »Doris« und einige tausend Aktien als Beteiligung an dem Familienunternehmen.

Auch wenn sie Freundinnen werden sollten, hatten Barbara und Doris in bezug auf ihre jeweiligen Erbschaften vollkommen unterschiedliche Ansichten. Barbara verspürte nicht das geringste Interesse, ihre Finanzen zu überwachen, während Doris mit der Auffassung erzogen worden war, daß Geld eine große Verantwortung bedeute. Als Treuhänderin der einflußreichen Duke Stiftung (der noch heute die Duke Universität untersteht) besuchte sie die monatlichen Versammlungen, begutachtete ihre Arbeit und ging sogar so weit, daß sie auf dem Campus (in Durham, North Carolina) erschien. Um inkognito zu bleiben, trug sie abgerissene Kleidung und fuhr ein uraltes Auto. Die Geschäftsführer der Stiftung verwalteten ihre geschäftlichen Interessen, aber bei persönlichen Angelegenheiten behielt sie sich eine Kontrolle vor. Geld für wohltätige Zwecke verteilte sie durch eine speziell für diesen Zweck eingerichtete gemeinnützige Stiftung. Auch wenn Kritiker ihr Knausrigkeit vorwarfen, stellte sie doch Geld für ausgewählte Universitäten und Bildungsprogramme zur Verfügung und unterstützte eine Reihe von Kunst- und Musikvereinen. Einmal soll sie gesagt haben: »Wenn du reich und vorsichtig bist, kommst du leicht in den Ruf, geizig zu sein. Ich bin nicht geizig. Ich habe nur Angst, reingelegt zu werden. Niemand würde sein

Geld lange behalten, der nie nach dem Preis der Dinge fragt und sich nicht bei der Hälfte davon weigert, sie zu kaufen.«

Barbara, die später den Ruf besaß, ohne Unterlaß Geld auszugeben, war weniger praktisch orientiert als Doris und gab die ganze Verantwortung für ihre Geschäfte an Anwälte und Berater ab. Niemand hat sie je bei einem Vorstandstreffen der Woolworth Corporation gesehen. Trotz der starken Gegensätze zwischen den beiden Erbinnen wurden sie in der Presse immer zusammen genannt. Die Zeitungen nannten sie die »Goldstaubzwillinge« und »die armen reichen Mädchen«, die Mädchen, die alles hatten, nur keine Liebe.

3

Eine vor nicht allzu langer Zeit erschienene Broschüre beschreibt Miß Porters Mädchenschule in Farmington, Connecticut, als einen Ort, an dem die Schülerinnen »eng mit den sie betreuenden Erwachsenen zusammenarbeiten«, die sie ermutigen, »stolz auf ihre Rolle als Frau zu sein und Führungsqualitäten zu entwickeln, so daß sie aktiv und verantwortungsbewußt bei der Gestaltung einer neuen Welt mitwirken können«. Auch wenn Farmington (wie die Schule gewöhnlich genannt wird) inzwischen erweitert wurde, hat sich der Stil, den sich Miß Sarah Porter, eine Schuldirektorin vom klassisch neuenglischem Schlag, bei der Gründung im Jahre 1843 vorstellte, im Grunde nicht geändert. Obwohl Miß Porter selbst auf einer Konfessionsschule erzogen worden war, war ihre Schule stets an Reichtum und irdischen Dingen orientiert, an Eltern, die wünschten, daß ihre Tochter nach dem Schulabschluß nicht nur Bildung besaß, sondern sich auch in der Gesellschaft zu benehmen wußte.

Zum Zeitpunkt von Barbaras Immatrikulation in Farmington war die Atmosphäre deutlich geprägt von hoher Gesinnung, Korrektheit, Überlegenheitsgefühlen, Rivalität, Snobismus, Kälte und Willkür. Erstsemester mußten jeden

Sonntagabend Andachten in der Schulkapelle besuchen und durften ihre eigenen Pferde in den Schulställen unterstellen. Es gab keine Schuluniform, aber man erwartete, daß sich die Schülerinnen konservativ kleideten. Man durfte weder rauchen noch Alkohol trinken, Karten spielen oder Kaugummi kauen. Es war den Mädchen verboten, das Schulgelände während des Semesters zu verlassen, es sei denn, sie hatten eine Erlaubnis auf dem korrekten Dienstweg beantragt und bewilligt bekommen. Man versuchte sogar zu bestimmen, welche Bücher die Schülerinnen in ihrer knappen Freizeit lasen. Die bekannten zeitgenössischen Romane waren verpönt und verboten – eine Regelung, die Barbara ständig verletzte, was zu einigen Auseinandersetzungen mit Farmingtons Direktorin, Mrs. Rose Day Keep, führte.

Diejenigen, die mit Barbara Miß Porters Schule besuchten, erinnern sich an einen temperamentvollen, unnahbaren Teenager, der gerne alleine lange Spaziergänge in der Umgebung des Schulgeländes machte, eine Gegend mit alten Häusern und riesigen Ulmen. Auch wenn sie selten Umgang mit ihren Klassenkameradinnen pflegte, hatte sie den wohlverdienten Ruf einer »Modepuppe«, da ihre Kleidung immer der letzte Schrei war – Tweedröcke von Chanel mit eingenähten Falten, Rüschenblusen, Angorapullover mit Kragen und Manschetten aus Luchsfell und kurze »Franklyn-Strümpfe«. Das gefiel weder der Schulleitung noch ihren Klassenkameradinnen. »Es war, als ob sie es uns mal zeigen wollte«, sagte eine von ihnen dazu.

Die Häuser, in denen die über hundert Schülerinnen wohnten, waren ausnahmslos schmucklose, altmodische Neu-England-Häuser, von denen jedes nach der Familie benannt war, die zuletzt darin gewohnt hatte. In ihrem ersten Jahr wohnte Barbara im Lathorp-Haus, wo sie ein Zimmer mit Eleanor Stewart Carson teilte, einem ruhigen, anspruchslosen Mädchen, das im gleichen Jahr wie Barbara in die Gesellschaft eingeführt wurde und später den prominenten William B. Kraft jr. aus Haverford, Pennsylvania, heiratete. Eleanor starb 1972, aber Kraft erinnert sich, daß

Barbara und seine Ehefrau damals gute Freundinnen waren. »Eleanor hörte sich häufig Barbaras nächtliche Bekenntnisse an, die Erinnerungen an ihre Kindheit, in der sie von einem Verwandten zum anderen weitergereicht worden war, an die Vertrauensbrüche und den Alkoholismus ihres Vaters, an den mysteriösen Tod ihrer Mutter. Mehr als einmal erzählte sie von der schrecklichen Prophezeiung ihres Vaters, daß niemand sie heiraten würde, wenn sie einmal erwachsen sein würde.

Barbara kann man kaum für ihre Unsicherheit verantwortlich machen. Ihr Vater ließ keine Gelegenheit aus, sie zu tadeln. Als Barbara wieder einmal einen ihrer offenen Momente hatte, vertraute sie Eleanor an, sie sei überzeugt, ihr Vater würde sich freuen, wenn ihr etwas Schlimmes passieren sollte. Während des ersten Jahres in Miß Porters Mädchenschule mußte Barbara wegen einer dringenden Blinddarmoperation nach Hartford gebracht werden. Vor der Operation kritzelte sie ihr Testament auf ein Blatt Papier und gab es Eleanor zur Aufbewahrung. Sie wollte sichergehen, daß ihr Vater im Falle ihres Todes auch nicht einen Penny ihres Geldes bekam. Es war ein sonderbares Testament, das natürlich nicht gültig war, aber es verdeutlicht, wie stark Barbara ihrem Vater entfremdet war.

Es war ganz offensichtlich, daß sie Freunde suchte, aber sie selbst brachte es nicht über sich, die Initiative zu ergreifen. So redete sie sich ein, sie sei eben anders. Sie phantasierte viel. Die Wände ihres Zimmers waren immer voll mit Landkarten, die sie von *National Geographic* bestellte. Sie träumte davon, die fremden und exotischen Teile der Welt zu erforschen – Plätze, zu denen die Mädchen in Farmington niemals reisen würden und wo Geld keine Rolle spielte. Vielleicht ist das die Erklärung für ihre spätere nie endende Reiselust.

Barbaras Zwang ›anders zu sein‹, nahm verschiedene Formen an. Sie weigerte sich, zu dem Friseur im nahe gelegenen Hartford zu gehen, sondern schnitt und frisierte sich die Haare lieber selbst. Eine Zeitlang färbte sie sich die Haare goldblond, dann wieder platinblond. War Barbara in düsterer Stimmung, setzte sie sich an das alte Klavier im Gemeinschaftsraum und spielte Brahms. Um ihr Gewichtsproblem zu bekämpfen, hielt sie sich an Kaffee und Cracker. Schließlich rief sie Ticki in New York an und veranlaßte sie, Gymnastikrollen zu kaufen, in der damaligen Zeit eine beliebte Methode abzunehmen. Jeden Abend legte sie sich mit den beiden hölzernen Rollen auf den Boden des Schlafraums und quälte sich zur allgemeinen Erheiterung durch die schmerzhaften Übungen.*

Eine von Barbaras Klassenkameradinnen in Farmington war Cousine Helena McCann, deren Mutter oft auf den Campus kam und Jessie Donahue mitbrachte. Helena war in ihren teuren Pariser Modellkleidern nicht zu übersehen. Und doch war es Jessie mit ihrem dekorativen Schmuck, die den neuen Reichtum eindrucksvoller verkörperte. Für Barbara war es eine Sache, in der Schule die neueste Mode zu tragen, aber noch eine ganz andere, eine Tante zu haben, die in Kleidern und Juwelen herumstolzierte, die so nobel waren, daß sie jederzeit damit zu einer Premiere in der Met hätte gehen können.**

Eine andere Tante, Marjorie Merriweather Post, eine Frau mit großem Selbstbewußtsein und verbissenem Optimismus, gab Barbara wieder Hoffnung auf eine Zukunft. Marjorie wurde 1887 in Springfield, Illinois, geboren und war die Tochter von Charles William Post, der landwirtschaftliche Geräte reparierte und dazu eine Art fahrender Erfinder war. Er begann, von Tür zu Tür zu gehen und Hosenträger zu verkaufen. 1894 mußte er sich im Alter von 40 Jahren wegen nervlicher Erschöpfung in ein Sanatorium in Battle Creek, Michigan, begeben. Während seines Aufenthalts begann er sich für gesunde Ernährung zu interessieren. Nach seiner Entlassung vertrieb er koffeinfreien Kaffee-Ersatz,

* Siehe Dean Jennings, *Barbara Hutton*, S. 40
** Siehe Philip Van Rensselaer, *Million Dollar Baby*, S. 30

»Postum« genannt, und Frühstücksgetreideflocken, die unter dem Namen Grape-Nuts bekannt wurden. Diese beiden Produkte machten C. W. Post zu einem reichen Mann und bildeten die Basis der General Foods Corporation, die Muttergesellschaft solcher Firmen wie Jell-O, Swan's Down Cake Mix, Minute Tapioca und Bird's Eye Frozen Foods. Seit dem Tode ihres Vaters im Jahre 1914 leitete Marjorie Post das Unternehmen, unterstützt von ihrem ersten Mann, Edward B. Close, der aus einer prominenten Familie aus New England stammte. Ihre Ehe dauerte 15 Jahre, bis 1919, und ein Jahr später heiratete Marjorie den ebenfalls schon einmal verheirateten Edward F. Hutton. Dieser nahm Urlaub von seiner Maklerfirma, wurde Direktor von General Foods und machte daraus das größte nahrungsmittelverarbeitende Unternehmen der Welt. Die E. F. Huttons hatten eine Tochter, Nedenia, später bekannt geworden als Schauspielerin Dina Merrill. Deenie, wie ihre Eltern sie nannten, war Barbaras erste Cousine.

Edward F. (Ned) Hutton war etwas größer und weniger breitschultrig als sein Bruder Franklyn. Sein scharfes Profil und sein gewelltes, vorzeitig ergrautes Haar machten ihn über die Maßen anziehend für das andere Geschlecht. Die Ehe hielt E. F. Hutton niemals davon ab, bei anderen Frauen sexuelle Erfüllung zu suchen. Wie Franklyn protzte er mit außerehelichen Affären, als wären sie Trophäen, die er bei seinen Lieblingssportarten – der Tiefseefischerei und der Großwildjagd – gesammelt hatte. Beide Brüder waren gute Sportler. Beide besaßen weitläufige Waldgebiete und Wildgehege bei Charleston in South Carolina. Außerdem züchteten sie beide eine exotische ostindische Rebhuhnart, die doppelt so groß war wie das einheimische Rebhuhn.

Marjorie Post Hutton wurde dafür bekannt, daß sie ihren Reichtum übertrieben zur Schau stellte, daß sie ganz nach Laune viel Geld ausgab und daß sie sich vor allem mit drei Dingen beschäftigte: Macht, Parties und Besitz. Dennoch glaubte sie nicht nur an den schnöden Mammon. Mit Begeisterung war sie in Klubs tätig und erwies sich als selbstlose

Wohltäterin, die alle Arten von karitativen und erzieherischen Organisationen unterstützte. Am bekanntesten wurde die Hell's Kitchen Armenspeisung, die Tausende von New Yorkern während der Depression mit Nahrung versorgte.

Auf der anderen Seite war dies dieselbe Frau, die sich nichts dabei dachte, den ganzen Zirkus der Gebrüder Ringling oder das Ensemble eines Broadway-Stückes anzuheuern, wenn es galt, die Gäste auf einer ihrer riesigen Parties zu unterhalten. Sie besaß Grundstücke entlang der Nordküste von Long Island, in Greenwich, Connecticut, im Herzen der Adirondacks, in Palm Beach und die schon vorher erwähnte Wohnung in New York. Der palastartige Bau in Palm Beach, den sie und Hutton zusammen gebaut hatten, erhielt den Namen Mar-a-Lago, was, aus dem Spanischen übersetzt, soviel bedeutet wie »vom Meer zum See« – der passende Name, wenn man bedenkt, daß sich der 18 Morgen umfassende Besitz vom Lake Worth auf der einen Seite bis hin zum Atlantik auf der anderen erstreckte. Die 123-Zimmer-Villa wurde von der Architektin Marion Simms Wyeth und dem bekannten Konstrukteur Joseph Urban gebaut, kostete zehn Millionen Dollar und die Instandhaltung eine Million jährlich. Es war die zweitgrößte Privatresidenz in den USA; die größte war William Randolph Hearsts San Simeon in Kalifornien.

Als Barbara Hutton Mar-a-Lago zum ersten Mal besuchte – wahrscheinlich zur Zeit der Rezession im Frühjahr 1929[*] –, war sie am meisten beeindruckt von den Schalttafeln in jedem Gästezimmer. Jeder Knopf stand für einen bestimmten Service. Drückte man auf den einen, brachte ein Kellner ein Glas mit frisch gepreßtem Orangensaft; drückte man einen anderen, brachte ein Zimmermädchen eine Vase mit Blumen. Betätigte man einen dritten Summer, teilte dies dem Chauffeur mit, daß er den Gast zum Einkaufen in die Worth Avenue fahren solle.

[*] Philip Van Rensselaer beschreibt den Besuch in *Million Dollar Baby*, nennt aber als Datum die Weihnachtsfeiertage des Jahres 1928.

In diesem Jahr ging Barbara mit den Donahues, darunter ihre Cousins Jimmy und Woolworth, nach Palm Beach. Ihre Lieblingsbeschäftigung war angeblich Schwimmen, und zwar in den drei führenden Clubs dieses Ferienortes: im »Bath and Tennis« (der nur einen Häuserblock vom Mar-a-Lago entfernt war); im »Seminole« (dessen Präsident E. F. Hutton war); und im »Everglades« (Barbaras Lieblingsklub).

Barbaras Aufenthalt wurde gekrönt von einem Galadiner im »Bath and Tennis«, das Tante Marjorie zu Ehren des Großfürsten Alexander von Rußland gab, Schwager des früheren Zaren Nikolaus II. Auf der Gästeliste, die in mehreren Zeitungen veröffentlicht wurde, standen die Namen der Reichen und Berühmten: Seine Königliche Hoheit Prinz Cyril von Bulgarien, Lady Wavetree, Baron und Baronin von Einem, Mr. und Mrs. Edward A. Stotesbury, Mr. und Mrs. John S. Pillsbury. Was auch immer dieses Diner noch demonstriert haben mag, es zeigte vor allem, daß Marjorie Merriweather Post die richtigen Leute kannte und sich in ihrer Gesellschaft zu Hause fühlte.

Auch in Farmington hatte sich das Blatt gewendet. Barbara war nun im zweiten Semester und bekam einige zusätzliche Rechte zugestanden, darunter die Erlaubnis, Collegeveranstaltungen zu besuchen. Zwar durfte sie nicht über Nacht wegbleiben, aber die Ausgangszeiten wurden verlängert. So hatte sie mehrere vorher arrangierte Treffen mit Studenten der Yale-Universität. Zwei ihrer Begleiter waren Allen Hapke und Fred Gilmore, beide Mitglieder im Yale-Footballteam.

Dann war da noch Dick Bettis, ein Yale-Stipendiat, der beteuerte, wenig über die Woolworth-Millionen zu wissen. Er lud Barbara zum damaligen Leichtathletikwettkampf der drei Universitäten Yale, Harvard und Princeton in New Haven ein, und er und Barbara gingen ab und zu zusammen auf Picknicks. Als sie einmal am Wochenende Tante Marjorie besuchte, kam Bettis aus New Haven angereist, um Barbara ins Theater zu begleiten. Danach gingen sie im Embassy Klub in der 57. Straße Ost tanzen, wo Bettis geschmuggelten Wein trank und Barbara Limonade. Am nächsten Abend gingen sie ins Central Park Casino und tanzten dort zur Musik von Eddy Duchin.

Barbara mochte Bettis. Er war groß und hager und hatte regelmäßige, feine Gesichtszüge. Er stammte aus einer großen Familie in Neu-England, die eher an Literatur als an Geld interessiert war, was vielleicht erklärt, warum Barbara Interesse für ihn zeigte. Zu oft waren ihr Männer aufgezwungen worden, die den gleichen gesellschaftlichen Hintergrund hatten wie sie. Bettis war der erste Mann, mit dem es ihr halbwegs ernst war.

Das einzige Problem war der nahende Sommer des Jahres 1929. Wie in den vorhergehenden Jahren wurde von Barbara erwartet, daß sie ihre Eltern nach Europa begleitete. Plötzlich widersetzte sie sich diesem Plan und teilte ihnen mit, sie ziehe es vor, in New York zu bleiben. Hutton tat, was er konnte, um sie umzustimmen, und brachte unter anderem den üblichen elterlichen Einwand: Wenn es Dick Bettis wirklich ernst meine, würde er warten, bis sie zurück sei; falls er nicht warten würde, wäre er ihrer nicht wert. Um ihr die bittere Pille zu versüßen, führte er Barbara zu Cartier. Zwei Kästchen mit je 50 Rubinringen wurden vor sie hingestellt. Falls sie endlich ohne weiteres Aufheben mitfahren würde, würde er ihr den Ring kaufen, der ihr am besten gefiel. Barbara begutachtete die Ringe und zeigte dann auf einen.

»Bist du sicher?« fragte Hutton.

»Vollkommen sicher«, entgegnete Barbara.

Der Verkäufer strahlte. Barbara hatte sich den teuersten Rubin der ganzen Kollektion ausgesucht, einen der schönsten Rubine, die in den Cartiertresoren lagen. Als Hutton den Preis hörte, wich alles Blut aus seinem Gesicht. Er hatte damit gerechnet, höchstens 5000 Dollar auszugeben, nicht 50 000. Sein einziger Trost war die Erkenntnis, daß sich seine Tochter inzwischen, was Juwelen betraf, einen exquisiten Geschmack zugelegt hatte.

In Paris war Dick Bettis schnell vergessen, und nach einigen Wochen reisten Barbara und Ticki nach Biarritz, wo sie bei William und Beulah Fiske, Freunden von Franklyn Hutton, wohnten. Die Huttons blieben in Paris, um einige Geschäfte zum Abschluß zu bringen. Bei den Fiskes traf Barbara zum erstenmal Elsa Maxwell, die der Berufsbezeichnung nach Journalistin war. Ihr Ruhm jedoch basierte sowohl auf ihren Parties als auch auf ihren erfolgreichen Versuchen, Ehen zwischen reichen amerikanischen Erbinnen und verarmten, aber adeligen Europäern anzubahnen.

Elsa schrieb ihren anfänglichen Eindruck über Barbara in ihrer Autobiographie *R.S.V.P.*[*] nieder: »Als ich (bei den Fiskes) ankam, stand nur ein Mädchen auf der Terrasse, das ein zu enges Kleid trug. Es war zu heiß, um mit einem fremden Kind Konversation zu machen, das ich auf 15 oder 16 Jahre schätzte. Ich nickte ihr nur zu und wartete auf meine Gastgeber. Mit perfekter Gelassenheit kam das Mädchen auf mich zu, stellte sich als Barbara Hutton vor und erklärte mir, daß sie zur Zeit bei den Fiskes wohne ... Erst als sie eine Bemerkung über ihre Tante Jessie Donahue machte, konnte ich sie einordnen. Ihr Körper wirkte durch ihre winzigen Hände und Füße zu breit. Mir fielen auch ihre großen, strahlenden Augen auf, die seltsamerweise vollkommen ausdruckslos blieben, während sie drauflosschwatzte und dabei offenkundig versuchte, wie eine Erwachsene zu reden.«

Barbara unterhielt sich mit Miß Maxwell über Musik. Das Mädchen bewunderte George Gershwin, Noël Coward und Cole Porter und kannte viele ihrer Lieder auswendig.

»Für was interessieren Sie sich noch?« fragte Elsa.

»Für Poesie und chinesische Kunst«, erwiderte Barbara.

---

[*] Die folgenden Szenen mit Elsa Maxwell sind aus mehreren Quellen übernommen, unter anderem *R.S.V.P.* und Elsa Maxwells dreiteiligem Artikel in der *International Cosmopolitan*, »The Truth About Barbara Hutton« sowie *Barbara Hutton* von Dean Jennings.

Sie rezitierte eines ihrer Gedichte und sprach über China. Als die Fiskes erschienen, wurde das Abendessen serviert. Elsa, die bei dem Pariser Couturier Jean Patou wohnte, lud Barbara zu einer Cocktailparty in Patous Haus in Biarritz ein, die am kommenden Nachmittag stattfinden sollte. Barbara nahm die Einladung gerne an.

An diesem Abend gingen Elsa und Patou die Gästeliste noch einmal durch. Schließlich fiel Elsa ein Name ins Auge: Prinz Alexis Mdivani. Obwohl sie die meisten emigrierten russischen Prinzen kannte, konnte sie sich an diesen Namen nicht erinnern.

»Ist das ein legitimer Titel?« fragte sie.

Patou lachte und erklärte ihr, daß die Mdivanis aus Tiflis in Georgien kamen, einem Teil der Welt, wo jeder, der drei Schafe hatte, schon zur Aristokratie gezählt wurde. »Im Westen haben sie einen anderen Titel. Alexis und seine Brüder sind bekannt als ›die heiratslustigen Mdivanis‹. Serge Mdivani ist im Augenblick mit der Schauspielerin Pola Negri verheiratet. David Mdivani ist mit Mae Murray verheiratet, ebenfalls eine Schauspielerin. Und Alexis, der Jüngste, ist mit Louise Astor Van Alen, einer jungen amerikanischen Erbin, verlobt, deren Familienstammbaum vor Astors und Vanderbilts nur so strotzt. Louise hat zwei Brüder. Einer davon ist James Van Alen, der frühere amerikanische Amateur-Tennischampion.«

»Um auf die Mdivanis zurückzukommen«, warf Elsa ein, »– ist nicht jene Roussadana Mdivani, die der Anlaß war, daß sich der spanische Maler José Maria Sert scheiden ließ, ihre Schwester?«

»Genau!« rief Patou. »Roussie Sert ist eine große, graziöse, schmale Schönheit mit silberblonden Haaren und einem unfehlbaren Geschmack in Sachen Mode. Sie ist mindestens ebenso klug wie ihre Brüder, wenn nicht klüger. Der ganze Clan hat diese Eigenschaft. Da ist noch eine andere Schwester, Nina. Ihr Ehemann ist halb so alt wie sie: Charles Henry Huberich, ein amerikanischer Rechtsanwalt, der seine Kanzlei in Holland hat. Er ist das Genie, das hinter den Eheverträgen und den Scheidungsverhandlungen steckt. Sie mögen dir bösartig erscheinen, aber so schlimm sind sie wirklich nicht. Außerdem sind sie sehr *en vogue*.«

In Wirklichkeit waren die Mdivanis weder besser noch schlechter als hundert andere nach Europa emigrierte Familien aus Weißrußland. Ursprünglich kamen sie aus Imeritia, einem der drei georgischen Königreiche, die später von Rußland annektiert wurden. Der Name »Mdivani« (das »M« wird nicht gesprochen) wird abgeleitet vom persischen Wort *divan*, was soviel bedeutet wie »derjenige, der auf dem Divan sitzt«, eine orientalische Umschreibung für den »Sekretär eines Potentaten«. Der Name läßt vermuten, daß wahrscheinlich irgendein Vorfahr einem der ehemaligen moslemischen Herrscher in Georgien gedient hat. Zakharias Mdivani, der Patriarch unter den »heiratslustigen Mdivanis«, hatte in der georgischen Armee den Rang eines Obersts bekleidet und war einmal sogar Adjutant bei Zar Nikolaus II. gewesen. Anscheinend hat der Oberst den Zaren nur einmal getroffen. Von dieser Begegnung existierte ein Foto – Oberst Mdivani steht in Hab-Acht-Stellung vor Nikolaus, der wie ein Pfau auf seinem Thron sitzt. Dieses Foto hatten die Mdivanis bei ihrer Flucht aus Rußland herausgeschmuggelt und seitdem beim geringsten Anlaß herausgezogen, um ihre Zugehörigkeit zur Aristokratie zu beweisen.

Trotz der königlichen Aura, mit der sich die Mdivanis umgaben, waren sie keineswegs von so nobler Herkunft, wie sie vorgaben. Erst nachdem sie Rußland verlassen und sich nach dem Ersten Weltkrieg in Paris niedergelassen hatten, legten sie sich den Titel zu, um Zugang zu den feinen Salons der französischen Oberschicht zu finden. Nur der Oberst, der auf dem Wert seiner eigenen Leistungen beharrte, weigerte sich, diesen kleinen Schwindel mitzumachen. Es gibt viele Anekdoten über die Mdivanis. So antwortete der Vater jedem, der sie in Paris besuchte und nach einem Prinzen Mdivani fragte: »Sie müssen einen meiner Söhne meinen.« In einer ähnlichen Stimmung teilte er einmal der Presse mit, er sei der einzige Mann in der Geschichte, der einen Titel von seinen Kindern geerbt habe.

Ahnenforschung war an diesem sonnigen Sommernachmittag ganz gewiß nicht das Motiv für Barbara Huttons Besuch in Jean Patous Villa. Elsa Maxwell versuchte, sie in ein Gespräch zu verwickeln, aber Barbara zog sich schnell in eine entlegene Ecke zurück. Ihr Gesicht war zu einer Maske erstarrt und verriet nichts über ihre Gefühle.

Die Gäste waren über den großen Salon verstreut und standen in kleinen Grüppchen zusammen. Viele von ihnen waren nach der neuesten Freizeitmode gekleidet – eine Art lässiger Pyjama für alle Gelegenheiten. Patou hatte seine eigene Nachtwäsche kreiert, die auch tagsüber getragen werden konnte, und so lief man Tag und Nacht herum, als wolle man entweder an den Strand oder ins Bett gehen. Barbara schien damit zufrieden zu sein, einfach dazusitzen und Patous Gästen in ihrer fröhlich gemusterten Kleidung zuzusehen.

Dann passierte etwas Seltsames (schreibt Elsa Maxwell in *R.S.V.P.*) – *etwas so Seltsames, daß ich keine rationale Erklärung dafür geben kann. Ich stand in Barbaras Nähe und sah, wie sie vor innerer Anspannung zitterte, als ein riesiger Rolls-Royce vorfuhr, geschmückt mit einer Krone, die auch nicht auffälliger hätte sein können, wäre sie aus Neon gewesen. Prinz Mdivani... sprang aus dem Auto, und in diskretem Abstand folgte Miß Van Alen. Er blickte sich in dem großen Raum um, in dem sich sechzig Leute drängten – und ging geradewegs auf Barbara zu, als ob er eine Verabredung mit ihr hätte. Mdivani konnte unmöglich gewußt haben, daß Barbara auf die Party kommen würde. Weder Patou noch ich hatten irgend jemandem erzählt, daß sie eingeladen war. Außerdem hatte mir Barbara erzählt, sie habe Mdivani noch nie gesehen.*

Ganz einfach: Barbara hatte gelogen. Sie kannte nicht nur Alexis Mdivani, sondern auch Louise Van Alen, und zwar von Bailey's Beach in Newport, wo sich jeden Sommer die High Society traf. Da Barbara und Louise beide in New York aufgewachsen waren, hatten sie oft dieselben Parties und Veranstaltungen besucht.

Barbara war seit 1925 mit Alexis befreundet, seit sie einander durch eine gemeinsame Freundin, Silvia de Rivas (die spätere Silvia de Castellane), vorgestellt worden waren. Silvia war drei Jahre älter als Barbara und lebte mit ihrem adeligen spanischen Vater (Graf de Castille Jaet) und ihrer kolumbianischen Mutter in Paris. Das Mädchen und ihr älterer Bruder Philippe gehörten zu Barbaras ersten Bekanntschaften in Europa. Silvia, eine dynamische und selbstsichere junge Dame, stand im Mittelpunkt einer Clique von Jugendlichen, die zur internationalen Hautevolee gehörten. Jeden Sommer schien sich ihr Leben ausschließlich in Biarritz abzuspielen. Durch ihre Freundschaft mit Silvia fand auch Barbara schnell Zugang zu dieser fröhlichen und leichtlebigen Gruppe.

Alexis kam ebenfalls durch Silvia in die Gruppe hinein. Wie die meisten Mädchen ihres Alters war Silvia seinem entwaffnenden Charme erlegen. Er hatte ein breites russisches Gesicht, und die volle Unterlippe ließ seinen Mund wie einen Schmollmund wirken. Die Nase war klein und gerade, und seine tiefgründigen graugrünen Augen paßten zu dem gelockten, sandfarbenen Haar. Zudem besaß er eine kehlige und verführerische Stimme. Schon früh hatte er sich für den Polosport begeistert, was ihm schon in jungen Jahren ermöglicht hatte, in einigen der international führenden Mannschaften zu spielen. Seine Teampartner waren keine geringeren als der Prinz von Wales und Lord Louis Mountbatton. Auch in anderer Hinsicht war er frühreif. Seine erste sexuelle Erfahrung machte er im Alter von 14 mit Mistinguett, dem langbeinigen Star der Folies-Bergère. Diesem Erlebnis folgten eine kurze und heftige Affäre mit der amerikanischen Schauspielerin Kay Francis, eine vorübergehende Beziehung zu Louise Cook, einer farbigen Bauchtänzerin, und eine Romanze mit Evelyn Clark, einer

Debütantin der Newporter High Society. Aber in Silvia Rivas verliebte er sich.

Ihre Romanze warf Probleme auf. Silvias überängstliche und aristokratische Eltern waren gegen Alexis, den sie unter ihrem Niveau fanden. Als Silvias Vater zu Ohren kam, daß das junge Paar plante, zusammen zu fliehen, drohte er, seine Tochter zu enterben. Er heuerte einen Privatdetektiv an, der jeden ihrer Schritte überwachen sollte, und sprach persönlich mit Mdivanis Vater. Solch ein Verhalten jedoch spornte den eigensinnigen jungen Georgier erst recht an. Aber als im Jahre 1929 die New Yorker Börse zusammenbrach, hörte man kaum noch etwas von den Rivas. Silvias Eltern wollten, daß sie Henri de Castellane, Herzog von Valencay, heiratete – den alternden und tuberkulosekranken, aber reichen Neffen des berühmten Grafen Boni de Castellane, der zur Jahrhundertwende Anna Gould, die Tochter des Eisenbahnbarons Jay Gould, geheiratet hatte und auf diese Weise genauso erfolgreich wie zynisch gezeigt hatte, wie man als Mann sein Glück machen konnte.* Wie in romanischen Ländern üblich, wurde Silvias Heirat »arrangiert« und war eine überaus »passende Verbindung«.

Alexis wandte seine Aufmerksamkeit dann bald Louise Van Alen zu, mit deren Brüdern Jimmy und Sam er sich in England angefreundet hatte. Louise war nicht nur sehr viel wohlhabender als Silvia, sondern auch leichter zu haben. Auch dies sollte eine »arrangierte« Verbindung werden, ein Akt der Bequemlichkeit. Aber so opportunistisch Alexis auch war, er war ebenso romantisch. Am Morgen vor der Party bei Patou hatte er Barbara angerufen und ein Treffen mit ihr vereinbart, um mit ihr über seine frustrierende Beziehung zu Silvia zu reden. Niemand kannte Silvia besser als Barbara. Während ihrer gemeinsamen Sommerferien in

---

* Die Heirat zwischen Anna Gould und dem Grafen Paul Ernest Boniface de Castellane, kurz Boni genannt, verschaffte Anna einen Titel und Boni ein Vermögen. Nach ihrer Scheidung faßte Boni ihre Ehe wie folgt zusammen: »Es war ganz einfach – unsere Blicke trafen sich, unsere Hände, unsere Lippen und dann unsere Anwälte.«

Biarritz waren sie wie Schwestern geworden.

Barbara und Alexis hatten sich in eine Ecke des Patou-schen Wohnzimmers zurückgezogen und waren vollkommen in ihr Gespräch vertieft. Alexis hatte keinen Blick mehr für Louise, die irgendwo anders saß und versuchte, die Gleichgültige zu spielen. Elsa, die immer aufmerksame Gastgeberin, ging zu den beiden hin und fragte Barbara, ob sie nicht mit zu den anderen an den Swimmingpool kommen wolle. Barbara lehnte ab und wandte sich sofort wieder Alexis zu. Aber dieser war schon aufgestanden, nahm Barbaras Hand und küßte sie. Dann machte er auf dem Absatz kehrt und verließ das Haus, gefolgt von Louise Van Alen. Während seiner Anwesenheit hatte er nicht ein einziges Wort mit der Gastgeberin oder einem anderen Gast gewechselt. Eine Stunde lang hatte er nur mit Barbara gesprochen.

Nachdem Mdivani gegangen war, standen Barbara Tränen in den Augen. »Was ist denn los? Hat er dich etwa beleidigt?« fragte Elsa.

Barbara schüttelte den Kopf. »Nein, nein. Er war sehr nett«, sagte sie. »Ich – ich habe nur etwas im Auge.«

Elsa fühlte instinktiv, was Barbara nicht zugeben wollte. Alexis' herausforderndes Benehmen und sein gutes Aussehen hatten auch auf sie großen Eindruck gemacht. Ihre Verwirrung war nur zu offensichtlich. Niemals zuvor hatte sie sich für Alexis besonders interessiert. Warum auch? Er war mit Louise Van Alen verlobt und in eine von Barbaras engsten Freundinnen verliebt. Sie verließ Biarritz, ohne ihn wiedergesehen zu haben.

Mitte Juli kehrten Franklyn und Irene Hutton aus Paris zurück, machten in Biarritz Station, um Barbara und Ticki abzuholen, und reisten mit der Bahn weiter nach Cannes, wo sie im doppeltürmigen Carlton Hotel wohnten. Ein Foto von Barbara, das beim Krocketspielen aufgenommen wurde, zeigt ein plumpes junges Mädchen in einem engen Kleid und hochhackigen Pumps, das älter als 16 wirkt. Mit beiden Händen umklammert sie einen Schläger aus Ahornholz und zielt auf einen Krocketball. Ihr Haar ist kurz geschnitten und in der damals bei jungen Mädchen so beliebten Art gestylt. Ihre Gesichtszüge sind eher nett als schön. Auf anderen Fotografien jedoch erkennt man, wie gewinnend ihr Aussehen war. Alice-Leone Moats, die Autorin des Buches *The Million Dollar Studs*, beschreibt Barbara in dieser Zeit so: »Ihre regelmäßigen, feingeschnittenen Gesichtszüge und die graublauen Augen mit Augenbrauen wie große schwarze Samtstreifen, die einen wunderschönen Kontrast zu ihren blonden Haaren bildeten, machten sie von selbst zu einer Schönheit.«

Wenn Barbara nicht gerade Krocket spielte, las sie. Vor allem die moderne französische Literatur hatte es ihr angetan. Sie las ein Buch im Original an einem Tag durch, unterstrich unbekannte Wörter und Sätze und ging diese später mit Ticki noch einmal durch. Sie las, wo sie ging und stand – am Swimmingpool, am Strand, in ihrem Hotelzimmer.

Franklyn Hutton versuchte, sie zu zerstreuen, und meldete sie für private Tennisstunden an. Einer der Tennislehrer im Carlton, Peter Storey, war groß und schlank, hatte dunkle Locken, lebhafte blaue Augen, breite Augenbrauen und ein energisches Kinn. Storey, der in Cambridge studiert hatte, stammte aus der englischen Oberschicht. Barbara interessierte sich für ihn, und mit ihr ein Dutzend anderer Frauen und Mädchen, die bei ihm Tennisunterricht nahmen.

Eines Nachmittags lungerte Barbara nach ihrer Tennisstunde noch unter dem Vorwand im Klubhaus herum, sie wolle einen neuen Tennisschläger kaufen. Einige Minuten lang debattierte sie mit Storey das Für und Wider der verschiedenen Modelle. Ganz allmählich aber wurde die Unterhaltung persönlich.

Er sei in London geboren und aufgewachsen, erzählte er, aber seit seinem Abschluß an der Universität habe er in Paris gelebt und als Angestellter in der französischen Zweigfirma des familieneigenen Bankhauses gearbeitet. Erst vor kurzem habe er die Firma verlassen, um Schriftsteller zu werden.

Er arbeite gerade an einem Roman, verdiene seinen Lebens-unterhalt durch Tennisstunden und schreibe in der Nacht oder an freien Tagen.

Barbara meinte, das sei sehr romantisch, vor allem weil es so schwierig sei, als Autor Erfolg zu haben. Ob er es nicht bedauere, daß er seinen ursprünglichen Beruf aufgege-ben habe?

»Nein«, sagte er. »Ich bedauere es keinen Augenblick.« Er habe nur im Bankhaus gearbeitet, um seinen Vater zufrie-denzustellen, der selbst auch nur diesen Beruf ergriffen hatte, um wiederum *seinen* Vater zufriedenzustellen. Als er den Beruf aufgegeben hatte, habe er sich erleichtert gefühlt.

Cannes hielt er für einen Ort der privilegierten Ober-schicht, einen Zufluchtsort für die Reichen. Es habe ihm besser gefallen, als es noch ein kleines Fischerdorf gewesen sei und noch niemand davon gehört hatte. »Sobald ein Ort etwas Besonderes wird«, sagte er, »ist dort nichts Besonde-res mehr zu finden.«

Am nächsten Abend lud er Barbara in ein kleines, roman-tisches, abgelegenes Restaurant ein. Sie genossen es, auf der Terrasse zu sitzen, am Wein zu nippen und miteinander zu plaudern. Die letzten Strahlen der untergehenden Sonne verwandelten das Mittelmeer in schimmerndes Gold. Der Ober brachte mehr Wein. Später machten sie noch eine Fahrt in einer offenen Pferdekutsche. »Es war ein kühler und sternenklarer Abend«, schrieb Barbara in ihr Tagebuch. »Es war wirklich himmlisch: wir hielten Händchen, küßten uns und vergaßen für diese Zeit alle schlimmen Gedanken. Er legte seine Hände auf meinen Hals und meine Brust. Er war erregt und zärtlich, und ich war glücklich. ›Ich fühle mich wundervoll‹, sagte ich. ›Ich kann kaum glauben, wie wundervoll ich mich fühle.‹

›Das klingt überrascht‹, sagte er. Um ehrlich zu sein, ich glaube, das war ich auch.«

Am folgenden Abend lud er sie in seine Wohnung in Antibes ein, einige Meilen östlich von Cannes. Ticki lieferte ein Alibi. Sie erzählte den Huttons, sie und Barbara würden ins Kino gehen, und sah sich den Film allein an, während Barbara ihr Rendezvous hatte.

Antibes war ein winziges Dorf, sehr viel ruhiger als Cannes, mit Kiesstränden und kleinen Häusern auf den dunklen Hügeln, wo Gärten mit wilden Pflanzen die Hänge wie kleine bunte Punkte übersäten und Segelboote im Hafen träge auf den Wellen hin- und herschaukelten. Barbara und Peter aßen Käse und Cracker, hielten sich an den Händen und, wie Barbara sagte, »spielten mit den Füßen, während wir auf die See hinausschauten«. Alles war sehr aufregend, denn Barbara hatte das Gefühl, daß sie »diesen Mann verdient hatte, das Recht verdient hatte, mit ihm allein zu sein«.

Der Tagebucheintrag vom 2. August gibt Aufschluß darüber, was an diesem Abend noch geschah. »Das Haus war angenehm kühl, und Peter schlug vor, unter die Bettdecke zu kriechen. Er besteht fast nur aus Rippen und hat gar keinen richtigen Brustkorb. An seinen vorstehenden Knochen kann man sich richtig weh tun, aber seine Haut ist so weich wie die eines Babys. Es war meine erste Erfahrung mit einem Mann, der mich begehrte. Ich kann mich nicht erinnern, vorher jemals ähnliche Gefühle gehabt zu haben. Es ist, als würde man gefangen und ausgesaugt. Es ist überhaupt nicht angenehm und sicherlich auch nicht sehr würdevoll. Peter ist 26 und muß schon ziemlich viel Erfahrung haben . . .«

Barbara blieb bis zum Morgengrauen: »Es wurde gerade Tag, als wir am Meer entlang zum Hotel zurückfuhren. Die See war ruhig und die Vögel begannen zu singen. Die Farben waren gedämpft. Tau lag auf dem Gras – ein wunderschöner neuer Tag.«

4

Der Sommer des Jahres 1929 stellte einen Wendepunkt in Barbara Huttons Leben dar. Wie eine Raupe war sie in dem einengenden Kokon der Kindheit gefangen gewesen. Nun brach der Kokon auf, und so wie ein ausgeschlüpfter Schmetterling befreit seine Flügel ausbreitet und in eine ihm unbekannte Welt davonfliegt, fühlte sich Barbara in ihrem Dasein als junge Erwachsene. Männern kam eine völlig neue Bedeutung zu. Barbaras bisherige Erfahrungen erschienen wie eine Reihe zusammenhängender leidenschaftlicher Spiele, in denen sie selbst die Heldin war und der Mann (oder Held) als unerreichbares Ziel ihrer Träume agierte. Das Schauspiel währte nur so lange, wie der Held wirklich unerreichbar war, in dem Moment, in dem er kapitulierte und seine Gefühle offenbarte, wurde er verabschiedet und schließlich durch einen anderen ersetzt.

Dieses Verhaltensmuster hatte sich ganz tief in Barbara festgesetzt, und es fand erstmals in dem Herbst Anwendung, in dem Barbara aus Europa zurückkehrte. Dick Bettis war die Rolle des Kameraden zugewiesen worden, und Peter Storey war nicht mehr als eine Erinnerung. Die Erlebnisse in der Nacht mit Storey vertraute sie nur Ticki und ihrem Cousin Jimmy Donahue an. Ihnen erzählte sie auch von der Anziehungskraft, die Alexis Mdivani auf sie ausübte, der neueste Held in der Runde ihrer Ritter. Da sie Angst hatte, ihren rachsüchtigen Klassenkameradinnen in Farmington könnte etwas zu Ohren kommen, erzählte sie niemandem sonst davon, nicht einmal Eleanor Carson, mit der sie wieder einen Schlafraum teilte.

Wie im Jahr zuvor war Barbara in der Schule meist mürrisch. Ein Brief an einen Freund zeigt ihre Gefühle zu dieser Zeit: »Die letzten Schuljahre fangen da an, wo die Gouvernante aufgehört hat. Die Mädchen werden hierhergeschickt, um ein oberflächliches Wissen über Literatur, vor allem aber gute Umgangsformen zu erwerben. Wenn die Schülerin die Schule abschließt, weiß sie, wie sie einen Raum zu betreten und zu verlassen hat, wie sie eine bedeutungslose Unterhaltung mit Fremden führt und wie sie sich den Weg zum Herzen ihres Erwählten bahnt.«

Der Empfänger dieses bitteren Briefes war der Yale-Student Foster Blakely, dessen Bruder Jimmy ebenfalls ein Freund von ihr war. Die Brüder Blakely, Jimmy Donahue und ein anderes Geschwisterpaar, George und Louis Ehret, waren während dieser Zeit ihre engsten Bekannten. Daher wurde sie von allen fünf auf ihren Debütantinnenball im Jahr 1930 begleitet. Die Ehrets waren wie die Blakelys draufgängerische junge Lebemänner, hatten an den Privatuniversitäten der »Ivy League« studiert und kamen aus Familien, die ein Vermögen mit Öl und Grundstücken gemacht hatten.

»Zu dieser Zeit hatte Barbara wenig Freundinnen«, erinnert sich Louis Ehret. »Sie hatte nur gute Freunde und Verehrer. Es machte ihr Spaß auszugehen, sie liebte das Theater und Dinnerparties. Sie wirkte immer korrekt, war ganz die Lady, fühlte sich aber gerade von exzentrischen Charakteren angezogen. Ihr Cousin Jimmy Donahue, den sie anbetete, war ein heller Kopf und konnte sehr witzig sein, aber seine Art von Humor beschränkte sich auf schmutzige Witze und Anspielungen und war gespickt mit ordinären Ausdrücken. Ständig redete er über sämtliche Körperöffnungen und über das, was durch sie hineinging und wieder herauskam. Das war vor allem der Fehler seiner Mutter, Tante Jessie, die ihm bis zum Alter von acht oder neun Jahren nur Mädchenkleider angezogen hatte. Sein Bruder Wooly hatte ebenfalls einen ganz eigenen Humor. Zum Beispiel ging er schwimmen und schiß in den Swimmingpool. Aber wenigstens war er ehrlich. Jimmy war ein Fuchs. Barbara war von seinem Gerede angenehm erregt. Obwohl er noch so jung war, kannte er mindestens die Hälfte der namhaften Homosexuellen in New York, wie zum Beispiel den Klatschkolumnisten Maury Paul. Und er machte auch gar keinen Hehl daraus. Für Barbara war dies alles eine willkommene Ablenkung von ihrer strengen und verhaßten Schule.

»Sie hatte ein paar Freundinnen in New York – Doris Duke, Gretchen Upperçu und Virginia Warren – aber ihre engste Freundin zu der Zeit war wohl Jane Alcott, ein schlankes, sehr attraktives Mädchen mit braunen Haaren, das sie oft zu Hause in East Hampton besuchte. Jane klagte einmal darüber, daß Barbaras einzige Gesprächsthemen Diäten und Männer waren. Barbara kam mit den meisten Mädchen nicht zurecht, da sie eifersüchtig auf ihren Reichtum waren. Vielleicht war das aber nur eine Begründung, die Barbara sich einfallen ließ, um sich zu schützen.

Um Barbara gab es bald so viele Geschichten, daß man kaum mehr sagen konnte, was stimmte und was nicht stimmte. Es ist zum Beispiel falsch, daß sie und ihr Vater Todfeinde waren. Sie kamen nicht gerade gut miteinander aus, aber sicherlich haßten sie einander nicht. Er nannte sie ›Babykins‹ und ›Bobbie‹, was sie gar nicht mochte, aber sonst schienen sie sich zu vertragen.«

Ähnlich beschreibt J. D. Webb, ein Sportler aus Florida, der mit Franklyn Hutton befreundet war, das Verhältnis zwischen Barbara und ihrem Vater. »Ihre Beziehung besserte sich, als Barbara reifer wurde«, meinte Webb. »Barbara war sowohl körperlich als auch geistig frühreif. Als sie in den Weihnachtsferien 1929 mit ihrem Vater und ihrer Stiefmutter nach Palm Beach kam, war sie schon eine Frau. Ich sah sie allein vor einem Laden in der Worth Avenue stehen. Sie posierte wie ein Mannequin aus der *Vogue* und wirkte sehr erwachsen. Sie sah hinreißend aus. Über ihren Vater sagte sie nur nette Sachen.«

Trotz der gutgemeinten Behauptungen von Ehret und Webb, der Familienfrieden sei nicht gestört gewesen, gab es Anzeichen für ein andauerndes und sich sogar verschlechterndes gespanntes Verhältnis zwischen Barbara und ihrem Vater. Im Frühjahr 1930 geschahen einige seltsame Dinge, die verdeutlichten, wie wenig Barbara mit ihrer Familie gemeinsam hatte. Da war zunächst ein Ereignis Anfang Mai, als Barbaras letztes Semester in Farmington zu Ende ging, während eines Besuches bei den McCanns in Sunken Orchard. Irgendwann an diesem Wochenende besuchte sie mit einigen Freunden der McCann-Kinder eine Party in East Hampton. »Es war eine Art Picknick«, schrieb Barbara in ihr Tagebuch. »Es gab Maiskolben und (geschmuggeltes) Bier und eine laute Blaskapelle, deren Instrumente fürchterlich blechern klangen. Lauter langweilige Jungs waren da, meist Erstsemester von der Harvard-Universität und Zweitsemester von der Columbia-Universität, und die Unterhaltungen waren so geistlos, daß ich es bald nicht mehr aushielt. Also verließ ich die Party und lief durch die Straßen. Es war schon spät und vollkommen ruhig. Ich lief und lief, bis ich an eine Anlegestelle kam – und da sah ich das Boot.

Ich setzte mich auf die Mole und ließ die Beine ins Wasser hängen, das für diese Jahreszeit ungewöhnlich warm war. Das große weiße Boot, das ungefähr 45 Meter entfernt von mir verankert war, schien mir zuzuwinken. Ich mußte nicht lange überlegen. Ich ließ mich ins Wasser hinabgleiten und schwamm hinaus. Zu meiner Verwunderung waren die Segel nicht gesetzt, so daß ich sie erst hochziehen mußte. Dann rollte ich die Großschot auf, und das ganze Schiff drehte sich plötzlich um seinen Kiel und glitt davon. Ich muß schon eine Meile von der Anlegestelle entfernt gewesen sein, bis mir klar wurde, was ich da eigentlich getan hatte: ich hatte ein Boot gestohlen.

Ich weiß nicht mehr, was mir in diesem Augenblick durch den Kopf ging. Ich hatte mich vorher wohl für Boote interessiert, war aber noch nie selbst auf einem gewesen. Da ich bis auf die Haut durchnäßt war, wickelte ich mich in eine Decke, die ich an Bord gefunden hatte. Dann stellte ich den Kompaß ein, machte mir aber gleichzeitig Sorgen, ich könnte auf Felsen oder ein Riff laufen oder ein anderes Schiff rammen – und ich glaube, ich hatte vor allem Angst, auf die offene See hinauszutreiben. Entspannter wurde ich erst, als ich merkte, daß ich ganz gut mit dem Boot umgehen konnte. Ich lehnte mich zurück und genoß es. So hell waren mir der Mond und die Sterne noch nie erschienen. Ich hatte schon immer ein Forscher sein wollen. Ich dachte auch über ›Robinson Crusoe‹ nach, eins meiner Lieblingsbücher, und versuchte mir vorzustellen, wie es wäre, auf einer tropischen Insel Schiffbruch zu erleiden.

Es herrschte perfektes Segelwetter, der Wind war nicht zu stark und nicht zu schwach, und die Wellen schlugen sanft gegen die Seiten des 14 Meter langen Schiffes. Es machte mich richtig euphorisch, hier allein auf dem Wasser zu sein und auf den Sonnenaufgang zu warten. Die Nacht verging schnell. Im Licht der aufgehenden Sonne sah ich eine verstreute Schar Möwen. Die Sonne färbte alles glühend rot und der Sonnenaufgang war schöner und farbenprächtiger als auf jedem Gemälde. Ich saß in meinem Boot, und es war wunderschön, am frühen Morgen auf See zu sein. Alles glänzte, das Messing, das Mahagoni, alles war blitzblank und ohne Makel. Die weiße Farbe des Bootes wirkte wie gebleicht und der Mast neigte sich leicht in der Brise. Ich hielt es sogar für möglich, daß ich mit diesem Schiff den Atlantik überqueren könnte. Während ich das Steuer in der Hand hielt, stellte ich mir vor, was alles geschehen könnte. Ich stand auf einem Boot, und ich mußte nur das Steuer herumdrehen, und die Seile würden sich straffen und mich und das Schiff in eine ganz andere Richtung lenken.

Ich war immer noch ganz in meine Träume vom großen Abenteuer versunken, als ich backbord ein Boot der Küstenwache auf mich zufahren sah. Das Schiff war als vermißt gemeldet worden, und sie suchten schon seit Stunden danach. Sie waren sehr höflich und stellten keine Fragen, als sie mich an Bord nahmen und Vorbereitungen trafen, um zurückzufahren. Es hatte mich mehr als 15 Meilen von East Hampton abgetrieben. Ich duschte, aß ein reichhaltiges Frühstück und schlief auf der Stelle ein. Erst als wir an der Küste anlegten, wachte ich wieder auf.«

Auch wenn Barbara keinen Grund für Gewissensbisse sah, ihr Vater fand diese Geschichte gar nicht lustig. Dem Eigentümer des Schiffes zahlte er eine Entschädigung für kleinere Schäden, die während Barbaras spontanem Ausflug entstanden waren. Außerdem traf er Maßnahmen, um die ganze Sache aus der Presse herauszuhalten. Um seine rebellische Tochter etwas zu zügeln, wartete er, bis sie Miß Porters Schule beendet hatte, und heuerte dann einen Leibwächter an, der auf sie aufpassen sollte – was ihrer Meinung nach einen direkten Eingriff in ihre Privatsphäre darstellte.

Sie war sich sicher, daß ihr Vater ganz bewußt ihre gesellschaftlichen Aktivitäten überwachen und sie unter seinen Fittichen wissen wollte.

Innerhalb weniger Tage nach der Ankunft des Leibwächters gelang es ihr, ihn in ihrem Appartement in der Fifth Avenue zu verführen. Obwohl sie seinen Namen in ihrem Tagebuch nicht erwähnt, spart sie nicht mit anschaulichen Details: »Er war wild wie ein Stier, riß sich buchstäblich die Kleider vom Leib und stürzte sich dann auf mich. Es war bewundernswert, wie stark und ausdauernd er war. Wir liebten uns wieder und wieder, stundenlang. Danach war ich am ganzen Körper blau und grün, fühlte mich wund und zerfetzt und klebte von oben bis unten.«

Diese heiße Affäre – die zweite nur eine Nacht während Romanze, auf die noch viele ähnliche folgen sollten – war nichts als ein Aufbegehren gegen ihren Vater. Um auch sicherzugehen, daß er es erfuhr, »beichtete« sie es Irene Hutton, die es wiederum ihrem Ehemann mitteilte. Hutton reagierte, wie Barbara es erwartet hatte: »Zuerst redete er kein Wort mehr mit mir; er sah mich nur an, als ob ich ein widerliches Insekt wäre. Nach ein paar Tagen jedoch begann er, mich mit Fragen zu bombardieren – er wollte wissen, *warum* ich es getan hätte, *wie* ich das hatte tun können, und sagte, wie *unvorstellbar* das alles für ihn sei. Außerdem fand er es *abstoßend* und meinte, es passe so gar nicht zu mir. Dann wollte er noch wissen, ob ich jemals vorher mit einem anderen Mann zusammengewesen sei, und natürlich log ich und verneinte. Ich kann mir nicht vorstellen, daß er mir glaubte. ›Warum ein Leibwächter‹, fragte er, ›warum nicht ein Kaminkehrer oder ein Müllmann oder der Mann des Zimmermädchens? Du hast wirklich einen exklusiven Geschmack, meine Liebe.‹«

Nachdem Hutton den Leibwächter entlassen hatte, stellte er den Chauffeur Clinton Gardiner ein, der ein Auge auf Barbara haben sollte, wenn er auch seine Aufgabe nicht so gründlich erfüllen sollte wie sein Vorgänger. Gardiner war verheiratet, und seine Frau Lilian gehörte von nun an ebenfalls zu Barbaras ständiger Begleitung.

Nicht lange nach diesem Vorfall stellte Franklyn Hutton im Namen seiner Tochter einen Antrag an das Vormundschaftsgericht, in dem zu lesen war, daß Barbara dringend einen eigenen Eisenbahnwaggon benötige:

Ich habe die Schule abgeschlossen und werde bald auf einem großen Ball in die Gesellschaft eingeführt werden, den mein Vater zu diesem Anlaß im Ritz-Carlton gibt.

Zusätzlich zu unseren Appartements in der Fifth Avenue unterhält mein Vater ein Haus in Palm Beach, eine Plantage und ein Wildgehege in der Nähe von Charleston, South Carolina. Die Sommermonate verbringen wir gewöhnlich in Newport, Rhode Island, oder im Ausland. Während der nächsten Jahre wird mein Vater in Palm Beach, New York, Charleston und Newport Gesellschaften für mich geben, und unsere Familie wird diese Orte häufig besuchen. Dabei möchte ich sie mit eigenen Gästen begleiten. Mein Vermögen ist größer als das meines Vaters, und in Anbetracht der vielen Reisen, die die Familie in den nächsten Jahren unternehmen wird, habe ich den innigen Wunsch, daß mir mein Vater mit meinem Geld einen Eisenbahnwaggon kauft.

Wie mein Vater mir mitteilte – und ich bezweifle es nicht –, werden die Kosten des Waggons nicht höher als 120 000 Dollar sein, und die jährliche Instandhaltung wird nicht mehr als 36 000 Dollar betragen. Auch wenn diese Summe sehr hoch erscheint, so wird doch die Instandhaltung im ersten Jahr weniger als ein Zehntel meines Einkommens ausmachen.

Darüber hinaus wird der Kauf dieses Waggons sowohl mir als auch den anderen Familienmitgliedern so viel Freude bereiten, daß ich es für eine Frau meiner Position und meines Vermögens nicht als Verschwendung betrachte.

Meine beiden Tanten haben und unterhalten Eisenbahnwaggons, um damit hauptsächlich Fahrten zwischen Palm Beach und ihren Sommerhäusern zu machen. Der Kauf eines eigenen Waggons durch meinen Vater und Vormund würde mir nur etwas verschaffen, was andere Mitglieder der Familie längst besitzen, und würde gleichzeitig nur einen geringen Teil meines Einkommens verbrauchen und Arbeitsplätze für andere bieten, statt daß mein schon großes Vermögen nur noch größer wird.

Die sechsstellige Kaufsumme eines eigenen Eisenbahnwaggons durch die Behauptung rechtfertigen zu wollen, daß »Arbeitsplätze geschaffen« würden – und das angesichts der sich immer mehr verstärkenden finanziellen Krise –, wurde in der Presse ausführlich debattiert. Ein weiterer Zankapfel war eine zweite Bitte, die in demselben Dokument enthalten war und sich auf Barbaras Gesellschaftsdebüt bezog. Hier wurde das strittige Thema der Arbeitsbeschaffung wieder angeschnitten:

Ich bitte darum, daß mein Vater für die Ausgaben, die für mein Debüt nötig sind, 10000 Dollar aus meinem Vermögen zurückerstattet bekommen möge. Dieser Betrag wird im Namen meiner Familie der verdienstvollsten Wohlfahrtsorganisation (die sich um die Versorgung der Arbeitslosen kümmert) übergeben werden. Unterstützung für diese Art von Fürsorge liegt mir sehr am Herzen. Angesichts der hohen Arbeitslosigkeit glaube ich, daß es die Pflicht vermögender Leute – also auch meine Pflicht – ist, denjenigen zu helfen, die in einer weniger glücklichen Lage sind.

Die Spende von 10 000 Dollar erschien nur als bequemer Versuch, das Gewissen der Familie zu beruhigen. Das Unternehmen kam in den Verdacht der Vetternwirtschaft, als aufgedeckt wurde, daß die stellvertretende Vorsitzende der Organisation Barbaras Tante Marjorie Post-Hutton war. Unglücklicherweise hatte Franklyn Hutton die Bittschrift im Namen seiner Tochter aufgesetzt. Als Kritiker die Familie wegen Unterdrückung der Armen angriffen, erntete Barbara den größten Teil des Tadels.

Das konservative Gericht billigte die Bittschrift in allen Punkten. Der Eisenbahnwaggon wurde nach Franklyn Huttons Vorstellungen angefertigt. Für 125 000 Dollar baute die

Berwick Car Company in Berwick, Pennsylvania, einen komfortabel ausgestatteten Pullman-Waggon mit drei Schlafzimmern, drei Bädern, Speisesalon, Küche, einer mit Glas verkleideten Aussichtsplattform und einem Klubraum. Man nannte den Waggon »Curleyhut« – Curley war Irene Huttons Mädchenname; Hut war Franklyns Spitzname. »Curleyhut« erschien passend, da Franklyn und Irene den Waggon sehr viel häufiger benutzten als Barbara.

Der Reichtum der Huttons war so weitgestreut und klug angelegt, daß die Familie die große Depression ohne großen Schaden überstand. In dieser Hinsicht hatten sie mehr Glück als viele ihrer Freunde. Es gab zahlreiche Fälle, in denen Leute am Morgen noch als Millionäre erwachten und am Abend ohne einen Pfennig zu Bett gingen. Damen der gehobenen Gesellschaft, die ihre Pelzmäntel in den Hotelfoyers zum Verkauf anboten, waren kein seltenes Bild; Jachten, Poloponys und Rolls-Royce wurden verkauft, um schnell zu Geld zu kommen. So manche junge Dame der Gesellschaft fand sich plötzlich hinter dem Ladentisch oder der Kasse eines Kaufhauses wieder. Oder sie nahm eine Stelle als Serviererin in einem Restaurant an, arbeitete als Empfangsdame im Hotel oder als Schwester im Krankenhaus. Cobina Wright und ihre Tochter setzten sich Waschbärmützen auf, wie Daniel Boone eine getragen hatte, und inszenierten ein Singspiel in einem Klub. »*Die Wrights in Trapperkleidung: Die High-Society ist tot!*« war in einer Schlagzeile zu lesen. Cobinas Ehemann verlor sein ganzes Vermögen, die Ehe wurde geschieden, und sie zog mit ihrer Tochter nach Kalifornien, wo sie schließlich eine erfolgreiche Gesellschaftskolumnistin wurde. Darüber hinaus erhielt sie großzügige finanzielle Unterstützung durch ihre Freunde, zum Beispiel 50 000 Dollar von Jessie Donahue.

»Soc-i-i-i-i-i-ety«, wie es im 19. Jahrhundert die Gesellschaftskritikerin Julia Ward Howe ausdrückte, war allerdings noch nicht mausetot. Sie war lebensgefährlich verwundet und in einem Stadium ständiger Veränderung, aber sie existierte, wenn auch in weitgehend veränderter Form. Die-jenigen, die ihr Vermögen klug investiert hatten oder einfach genug Geld hatten, um den Zusammenbruch ohne größeren Schaden zu überleben, überlebten ganz gut. Im Gegensatz zu der verbreiteten Ansicht hatten die Reichen in Newport oder in der Millionärsriege wenig unter Entbehrungen zu leiden. Eher waren alteingesessene Familien, die sozusagen die Spitze des gesellschaftlichen Totempfahls bildeten, dazu gezwungen, ihre Position und ihre Prioritäten neu zu über-denken. Aus dem Schutt des Zusammenbruches erhob sich eine neue Klasse, eine wiedererstarkte Clique, die alles in sich vereinte: alteingesessene Gesellschaftsgrößen, Neurei-che, eine ganze Menge Filmstars, Klatschreporter, Promi-nente und Erbinnen. Weniger exklusiv, dafür aber um so auffälliger – das war die neue Clique, die unter dem Namen Café-Gesellschaft bekannt wurde. Die New Yorker Cafés, in denen sie Hof hielt, waren ehemalige Flüsterkneipen ohne Konzession, die nach Aufhebung der Prohibition im Jahre 1933 als schicke Restaurants oder Nachtklubs mit Lizenz zum Alkoholausschank wiedereröffneten: der Stork Club, El Morocco, 21 und das Copacabana. Plötzlich waren die Leute, die man früher übersehen hatte, diejenigen, die man kennen sollte: die High Society von früher existierte nur noch in einigen sentimentalen Broadway-Stücken und in den Gesellschaftsspalten der *New York Times*, wo sich ihre Anhänger einzig und allein an dem immer uninteressan-ter werdenden Wohltätigkeitsball hochhielten und dabei langsam alt und grau wurden.

Eine der wenigen Traditionen, welche die oberen Zehn-tausend weiterhin pflegten, war die sogenannte »Coming-Out-Party«, bei der man seine Tochter seinen Freunden vorstellte und sie somit in die Gesellschaft einführte. Wäh-rend Barbara im Herbst 1930 mit den Vorbereitungen zu ihrer eigenen Party beschäftigt war, erschien sie auf ungefähr 40 Empfängen, Essen und Dinnerbällen, unter anderem auch auf der Party ihrer Freundin Eleanor Carson. Barbara war auch bei Doris Dukes Debüt in Newport eingeladen.

Dieses Ereignis war Anziehungspunkt für die Astors, Bowdoins, Cushings, Rhinelanders und Winthrops, von denen viele mit Doris zusammen das New Yorker Elitemädchenpensionat Brearley besucht hatten. Dieselben Leute traf man auch bei Louise Van Alen, die ebenfalls in Newport ihr Debüt gab. Ihr Begleiter an diesem Abend war Alexis Mdivani.

»In seinem schwarzen Frack und dem weißen Pikeehemd war Alexis der attraktivste Mann des Abends«, schrieb Barbara, »während die anderen alle picklige Gesichter hatten, sich betranken und in ihre Zylinder erbrachen. Sie erbrachen sich auf den Treppen und überall sonst. Es war ekelhaft. Soviel Alkohol, wie man wollte ... Keiner wußte genau, was er trank, auf jeden Fall gab es viel Champagner. Die Mädchen tranken nicht viel. Meist tranken nur die Jungs, und das gründlich. Sie besuchten alle das College und waren nichts Besonderes. Alexis verglich das Ritual des Gesellschaftsdebüts mit dem Eintragen eines preisgekrönten Kanarienvogels bei der jährlichen Vogelschau im Madison Square Garden. Die Schlange der Gäste war einige Meilen lang. Louise mußte ständig ihren Hofknicks machen und sah dabei aus wie ein Puppenzelt, das im starken Wind zusammenknickt.«

Barbaras Debüt, das kurz darauf folgte, wurde in drei Abschnitten gefeiert. Zuerst fand in der Wohnung von Edward und Marjorie Hutton in der Fifth Avenue eine Teeparty mit 500 Gästen und dem Meyer Davis Orchester statt. Die zweite Veranstaltung im Central Park Casino beinhaltete ein Dinner und einen Ball für noch einmal 500 Gäste. Das Hauptereignis fand am 21. Dezember 1930 im Ritz-Carlton, Ecke 46. Straße und Madison Avenue statt, ein offizieller Ball für 1000 geladene Gäste, darunter Louise Van Alen (*ohne* Alexis Mdivani, der nach Paris zurückgekehrt war), Doris Duke, Silvia de Castellane (die zu diesem Anlaß aus Paris kam), die Brüder Blakely, die Brüder Ehret, Tony Biddle, Douglas Fairbanks jr., Bobby La Branche, Jane Alcott, Virginia Thaw, Gladys Rockefeller, Mary Pierre-

pont, Sarah Woolward, Peggy Moffett, Frederica Freling-
huysen, Edith Betts, John Jacob Astor, Alice Belmont, John
H. de Braganza, die Schwestern Torlonia, Peggy LeBoutil-
lier, Mr. und Mrs. Francis Hitchcock, Mr. und Mrs. Kenelm
Winslow und Brooke Astor, die die Party »zum Sterben
schön« und als den »Inbegriff des High Society Debüts«
bezeichnete.

Diese phantastische, 60 000 Dollar teure Party war das
herausragende gesellschaftliche Ereignis der Saison. Vier
Orchester, 200 Bedienungen, 10 000 amerikanische Beauty
Roses, 20 000 weiße Veilchen, 2000 Flaschen Champagner
(trotz der Prohibition), 1000 siebengängige Mitternachts-
soupés, 1000 Frühstücksportionen und ein Dschungel aus
Silberbirken, scharlachroten Weihnachtssternen, Bergheide
und tropischen Pflanzen (aus Florida und Kalifornien) waren die Zutaten zu diesem großartigen Spektakel.

Hunderte von Handwerkern brauchten zwei Tage und
Nächte, um das ganze unterste Stockwerk des Ritz in eine
üppige Laube aus Blumen und Bäumen zu verwandeln. Die
Pflanzen lieferte Max Schling, der tonangebende Florist aus
der Fifth Avenue. Schließlich war überall ein Meer von
Blumen; sogar die Treppen waren mit Rosen bestreut. Nicht
nur der große Ballsaal des Hotels war geschmückt, sondern
auch das weiträumige, ovale Restaurant, der kleine Ballsaal
und das Kristallzimmer. Die Balustraden der Marmortreppen waren gänzlich mit Girlanden aus Stechwinden und
Birkenzweigen umwunden. Dunkelblaue Gaze mit Sternen-
muster war an der Decke des Ballsaals angebracht und
bildete so einen Sternenhimmel. Das Firmament des Raumes
wurde durch einen elektrisch beleuchteten Mond und elektrische Sterne ergänzt. Hügel künstlichen Schnees waren am
Rand aufgetürmt und umhüllten sogar die Rezeption im
Foyer des Hotels.

Die eintreffenden Gäste wurden am Eingang von dem als
Sankt Nikolaus verkleideten Maurice Chevalier begrüßt.
Seine Helfer verteilten kleine Geschenke, juwelenbesetzte
Kästchen aus Gold, die ungefaßte Diamanten, Smaragde,

Rubine und Saphire enthielten. Für die musikalische Unterhaltung sorgten der Schlagersänger Rudy Vallee mit seiner Band und das Meyer Davis Orchester sowie das Orchester von Howard Lanin und ein russisches Ensemble, das während des Abendessens von Tisch zu Tisch ging. Lester Lanin, der an diesem Abend im Orchester seines verstorbenen Bruders Schlagzeug spielte, erinnert sich an den Ball als den herausragendsten seiner Karriere: »Ich spielte für Präsidenten, Könige, Königinnen und Maharadschas, aber ich habe niemals ein Fest wie dieses erlebt.«

Der einzige unangenehme Zwischenfall ereignete sich kurz nach dem Abendessen während eines Auftritts der spanischen Tänzerin Mme. Argentinita, deren exotischer Tanz die Gäste kaum interessierte. Marjorie Hutton, auf deren Veranlassung man die Tänzerin engagiert hatte, war über den mangelnden Respekt der Zuschauer so verärgert, daß sie das Orchester unterbrach, ans Mikrofon ging und die Gäste warnte, sie würde die Party beenden, wenn sie sich nicht bis zum Ende von Argentinitas Auftritt ruhig verhielten. Sonst jedoch lief alles wie am Schnürchen. Ein Gast bemerkte: »Über Nacht wurde aus der kleinen Barbara Hutton – die Debütantin, die Königin des Glamour, das Playgirl der westlichen Welt.«

Auch wenn der Ball aus künstlerischer Sicht ein Erfolg war, so war es doch nicht gelungen, einen passenden Partner für Barbara zu finden. Ein Problem war die Tatsache, daß die jungen Männer – Collegestudenten, Lehrlinge an der Wall Street, Gehilfen in Anwaltskanzleien – in Barbaras Gegenwart unsicher wurden. Da sie wußten, wie reich sie war, hatten sie Angst, man würde sie für Mitgiftjäger oder Gigolos halten. Ein möglicher Kandidat sprach für alle anderen, als er zu Dean Jennings sagte: »Sie ist attraktiv, ganz in Ordnung und ein nettes Mädchen, aber ich habe nicht genug Geld, um sie freizuhalten – und ich will verdammt sein, wenn je eine Frau für mich sorgen muß.« Barbara betrachtete sich allmählich selbst als »Pest-Prinzessin« – »ich brauchte einen anständigen, attraktiven Mann nur anzusehen, und er rannte davon, so schnell er konnte«.

Kurz nach ihrem Debüt lernte sie einen Mann namens Phil Morgan Plant kennen, ein Sportler und Playboy, der von seinem Stiefvater Commodore Morton Plant ein Vermögen von 25 Millionen Dollar geerbt hatte. Aus Barbaras Sicht war das interessanteste an Phil Plant seine frühere Ehefrau Constance Bennett, eine Schauspielerin, für die Barbara wegen ihrer grazilen Figur schwärmte. Sonst war an Plant nicht viel dran. Er war ein berüchtigter Spieler, Schürzenjäger und Trinker. Jede Nacht sah man ihn mit einem anderen Glamourgirl oder Filmsternchen in Nachtklubs, und dabei kümmerte er sich kaum um Fotografen oder Zeitungsgerüchte über bestehende Romanzen. Sehr oft entsprachen die Gerüchte der Wahrheit.

Franklyn war von Anfang an gegen die Beziehung zwischen Barbara und Phil Plant und tat alles in seiner Macht Stehende, um sie zu beenden. Als er erfuhr, daß Plant die Kühnheit gehabt hatte, seiner Tochter einen Heiratsantrag zu machen, arrangierte er eine Audienz beim König und der Königin von England, eine Ehre, die nur britischen und amerikanischen Debütantinnen von höchstem Stande zuteil wurde. Diese Strategie sollte nicht nur Barbaras gesellschaftliches Ansehen stärken, sondern sie auch ihrem derzeitigen Verehrer entziehen. Was Hutton nicht wußte – Plant hatte auf demselben Schiff eine Passage gebucht, das Barbara und ihre Stiefmutter nach England bringen sollte. Huttons Plan lief Gefahr fehlzuschlagen. Er reagierte schnell, nahm das nächste Schiff nach Europa und erreichte London nur einige Tage nach den anderen. Seine polternde Gegenwart muß Barbaras Bewunderer überzeugt haben, daß er hier nur seine Zeit vergeudete, denn er packte seine Koffer und kehrte nach New York zurück.

Am 19. Mai 1931 machte Barbara bei Königin Mary und König George V. im Buckingham Palast ihre Aufwartung. Sie trug ein schweres Abendkleid aus schimmerndem elfenbeinfarbenem Satin, das mit Staubperlen bestickt war und dessen sechs Fuß lange Schleppe um den Arm geschlungen werden mußte. Ihren Kopf schmückte ein Diadem aus glitzernden Diamanten. Barbara beschreibt dieses streng nach der Etikette ablaufende Ereignis so: »In einem vorher festgelegten Augenblick spielt die Militärkapelle ›God Save the King‹, und ihre Hoheiten treten mit ihren Dienern ein. Die königliche Familie nimmt ihren Platz auf einem Podium ein, das von einem Baldachin aus blutrotem Samt überspannt ist. Stehend nehmen sie zuerst die Huldigungen der Botschafterinnen und Botschafter entgegen. Daraufhin setzen sie sich, auf der einen Seite des Thrones die Ladies, auf der anderen die Gemahlinnen der Pairs. Dann werden die Besucher eingelassen, während das Orchester leise weiterspielt. Gelegentlich stolpert eine Debütantin oder tritt jemandem vor ihr auf die Fersen. Ein Heer von Wächtern bildet die Eskorte jeder Debütantin. Ihre Visitenkarte wird von einem zum anderen gereicht, bis sie schließlich vom Haushofmeister entgegengenommen wird, der Ihren Hoheiten den Namen nennt. Sie macht mit einem auf den Lippen festgefrorenen Lächeln einen Hofknicks, der meist ziemlich verunglückt. Der König neigt sein Haupt, die Königin neigt ihres – und das Spiel ist vorbei. Vielleicht hat es aber auch gerade begonnen.«

Als Barbara an die Reihe kam, war, wie ihr schien, der König schon halb eingeschlafen. »Sein Gesicht zeigte nur überhebliche Gleichgültigkeit. Er konnte kaum die Augen offenhalten.« Die rosige und einfach wirkende Königin Mary sah genauso müde aus, zwang sich aber dazu, die Sache durchzustehen, bis auch die letzte Debütantin an ihr vorbeigegangen und in Vergessenheit geraten war. »Und dennoch«, fügt Barbara hinzu, »ist es ohne Zweifel das Ritual dieser Art, das in der Welt das höchste Ansehen genießt.«

Auf Barbaras Vorstellung folgte am anderen Tage eine Gartenparty auf dem Gelände des Buckingham Palastes, an der auch Edward, Prinz von Wales, teilnahm. »Er war ein gewandter und leichtfüßiger Tänzer«, notierte Barbara in ihrem Tagebuch. »Er war auch sehr vergnügt, vielleicht ein bißchen zu vergnügt; wahrscheinlich war er beschwipst. Ich kann ihn mir nur schwer als späteren König von England vorstellen.«

Edwards Heiterkeit, so stellte sich später heraus, war wohl auf die erst kurze Zeit zurückliegende Bekanntschaft mit Wallis Warfield Simpson zurückzuführen, einer geschiedenen Amerikanerin mit bescheidenem Vermögen, deren zweite Ehe mit dem englischen Geschäftsmann Ernest Simpson gerade gescheitert war, als sie Edward kennenlernte. Diese Begegnung, die sich so günstig auf seine Stimmung auswirkte, sollte das Ende seiner Affäre mit Thelma Lady Furness und den Beginn einer Beziehung zwischen Edward und Wallis bedeuten. So bekam Barbaras Tagebucheintragung beinahe prophetische Bedeutung.

Für die britische Presse war Barbara allerdings interessanter als die wenig bekannte Mrs. Simpson, und so taten die Reporter ihr möglichstes, um einige Leckerbissen aus der Gerüchteküche des Buckingham Palastes zu erhaschen. So wurde aus einem unverfänglichen Tanz des Prinzen mit Barbara etwas gänzlich Unerhörtes. In London hielten sich hartnäckig Gerüchte, Barbara versuche, eine bestimmte Persönlichkeit aus dem Hochadel »an Land zu ziehen«. Der *Daily Express* gab Barbara den Titel »berühmte Debütantin« (im Amerikanischen »Celebutante«, zusammengesetzt aus den Wörtern »celebrity« für »Berühmtheit« und »debutante« für »Debütantin«) und verglich sie – was nicht gerade schmeichelhaft war – mit Margaret Wigham, der Tochter eines schottischen Industriellen, deren Debüt im Jahre 1930 das seit Jahren meistbeachtete gesellschaftliche Ereignis gewesen war. Auch sie hatte eine Audienz im Buckingham Palast bekommen. Margaret, die spätere Mrs. Charles Sweeny und danach Herzogin von Argyll, kannte Barbara von New York her. In England wurden sie Freundinnen – und beinahe Schwägerinnen –, hatten aber immer völlig unterschiedliche Ansichten. Margaret beschrieb ihr Debüt im Buckingham Palast als »einen Wirbel durch ein Wunderland«, wohingegen es Barbara als »einen kurzen Ausflug in den Hades« betrachtete.

Die britische Presse wühlte in Barbaras Vergangenheit und brachte einige ganz gute Geschichten zum Vorschein; keine von ihnen bezog sich jedoch direkt auf etwas, was die amerikanische Erbin getan oder nicht getan hatte. Am bedeutsamsten war für die Zeitungen die Entdeckung, daß die E. F. Huttons erst kürzlich eine neue Jacht erworben hatten, die *Huzzar V* (später umbenannt in *Meereswolke*), eine 122 Meter lange Hochseeversion von Mar-a-Lago. Das Schiff hatte eine Million Dollar gekostet, war mit vier Masten und vier Dieselmotoren ausgestattet und besaß Teppichböden, elektrische Kamine, Badezimmer aus rosafarbenem Marmor mit goldenen Armaturen, Schlafplätze für 280 Personen, einen Filmvorführraum, einen Friseur- und einen Schönheitssalon, einen Gymnastikraum, einen Raum für Spiele, ein Schulzimmer für ihre Tochter Dina und einen Ballsaal.

Die britischen Zeitungen starteten einen Generalangriff auf die Huttons wegen deren noch nie dagewesener Extravaganzen auf dem Höhepunkt der Depression. E. F. Hutton machte die Sache nur noch schlimmer, indem er wieder auf seine Standarderklärung zurückgriff – daß die Ausgaben unzähligen Menschen direkt oder indirekt Arbeit gaben. Dabei verschwieg er, daß die *Huzzar V* 1931 in einer deutschen Werft in Kiel gebaut worden und in den ersten Jahren mit einer deutschen Mannschaft gefahren war. Die Zeitung *Daily Mail* veröffentlichte ein ironisch gefärbtes Editorial, worin es hieß: »Es gibt wahrscheinlich keinen Reichen, der bei einem Glas Champagner nicht mit ehrlicher Freude an all die Winzer, Flaschenabfüller, Spediteure und Bediensteten denkt, denen diese simple Handlung den Lebensunterhalt garantiert.«

Solche Angriffe trugen natürlich wenig dazu bei, Barbaras zerbrechliches Selbstbewußtsein zu stärken, vor allem, weil sie nicht wußte, was sie auf die Anschuldigungen antworten sollte. Ende Juni verließ sie mit ihren Eltern London und ging mit ihnen nach Paris ins Ritz, wo sie die allgegenwärtige Elsa Maxwell trafen. Elsa, die sich gerade für ihre Abreise nach Biarritz vorbereitete, lud Barbara zu sich ein.

»Wird Alexis Mdivani auch dort sein?« fragte Barbara.

»Ich glaube schon«, antwortete Elsa. »Kürzlich hat er Louise Van Alen geheiratet, und ich glaube, sie verbringen in Biarritz ihre Flitterwochen.«

Plötzlich erinnerte sich Elsa an das Treffen zwischen Barbara und Alexis bei Jean Patou in Biarritz.

»Du weißt, daß sie geheiratet haben?« forschte sie.

Barbara nickte; sie wußte davon. Ihre Geldbörse war vollgestopft mit Briefen von Alexis. Die Verlobung mit Louise war am 10. Januar 1931 bekanntgegeben worden. Die Eheschließung fand vier Monate später in Newport statt, nur wenige Tage vor Barbaras Vorstellung bei Hofe.

Nach der Hochzeit waren die Flitterwöchner in London aufgetaucht, wo sie als erstes ein gemeinsames Konto einrichteten. Dann kauften sie Mdivanis Hochzeitsgeschenke: ein halbes Dutzend Poloponys, einen Satz Manschettenknöpfe aus Diamanten und Perlen und einen neuen Rolls-Royce. In Paris frönten sie weiter dem Kaufrausch, wobei sich der Bräutigam neu einkleidete – maßgeschneiderte Anzüge, Mäntel und Hemden sowie hundert Garnituren seidener Unterwäsche mit Monogramm. Alexis war nun bereit für Biarritz und vermutlich auch für Barbara Hutton. Doch blieb die Frage: War sie bereit für ihn?

2. Teil

Verzaubert

5

Barbara Hutton lebte wie im Märchen, einem zweitklassigen Märchen allerdings. Sie kam mir vor wie eine kleine Verkäuferin aus Cincinnati, die zum ersten Mal ins Kino geht, dort auf der Leinwand ein verzerrtes Bild der Wirklichkeit sieht und den Köder schluckt – mit Haken, Angelleine und Senkgewicht.

DOUGLAS FAIRBANKS, JR.

Oft verbrachte Alexis Mdivani die meiste Zeit seines Sommeraufenthaltes in Biarritz auf dem Polofeld. Unter den drei Brüdern Mdivani war er der bei weitem geschickteste Polospieler, und manchmal schien ihn nichts anderes zu interessieren. In diesem Sommer jedoch galt sein ganzes Interesse Barbara Hutton. Er und Barbara wurden oft miteinander gesehen, und bei zu vielen Gelegenheiten fehlte Louise Van Alen-Mdivani.

Alice-Leone Moats notierte während ihres Urlaubs in Cannes den Klatsch über Alexis und Barbara, der bis zu ihr an die Riviera vorgedrungen war: »Meine Mutter und ich stritten uns, als sie sagte: ›Du wirst sehen, er wird Louise verlassen und Barbara heiraten.‹ Ich warf ihr vor, sie sei zynisch, und beharrte darauf, daß Alexis ein netter Kerl sei und unmöglich zu einem so süßen und lieben Mädchen wie Louise so gemein sein könne.«

Die Gerüchteküche brodelte, aber Barbara genoß die Zeit

zu sehr, um dies zu bemerken. Es lag etwas in der Luft, und Barbara konnte die unbekümmerte Eleganz des Ortes förmlich spüren. Die Straßencafés in Biarritz waren ständig voller Menschen. Urlauber nippten an ihren Cocktails und betrachteten die Prozession der internationalen High-Society, die in der kühlen Meeresbrise auf der Uferpromenade an ihnen vorüberzog. Das Hotel du Palais war Treffpunkt vieler Berühmtheiten. Es gab ein Polofeld, eine Rennbahn und ein Spielcasino; da wurden Dinnerparties und Bälle veranstaltet. Wenn das den Touristen in Biarritz zu langweilig wurde, konnten sie immer noch ins nahegelegene St. Jean de Luz zum Picknicken fahren oder nach Lourdes, um die atemberaubend schöne Kathedrale zu bewundern.

Gegen Ende des Sommers 1931 reiste Barbara nach Italien, um einige Zeit in der riesigen Villa Madama zu verbringen, die Graf und Gräfin Carlo di Frasso als Residenz gewählt hatten. Alfred Hitchcock beschrieb die Villa der di Frassos mit den Raffael-Fresken und der großen Galerie mit Gemälden von Hubert Robert als »ein offenes Haus für Berühmtheiten, Würdenträger und Aristokraten und für andere geistesverwandte Persönlichkeiten«. Ein anderer häufiger Gast behauptete, es sei »kaum zu sagen, ob die Gräfin eine Party gab, die den ganzen Sommer dauerte, oder eine Reihe von Wochenendparties, die die ganze Woche dauerten. Die Gäste kamen und gingen einfach, als ob die Villa Madama ein Grand Hotel wäre.«

Gräfin Dorothy Dentice di Frasso (geborene Taylor) war eine Amerikanerin, ihr Großvater hatte im Staat New York das Amt eines Gouverneurs bekleidet. Ihr Vater Bertrand L. Taylor stellte Lederwaren her, war einer der alten Haie an der Wall Street und hatte ein Vermögen von 50 Millionen Dollar angehäuft. 1912 heiratete Dorothy den britischen Flieger Claude Graham White, der dadurch bekannt wurde, daß er mit dem Flugzeug auf dem Rasen des Weißen Hauses landete, um ihr zu imponieren. Sie wurden 1916 geschieden, kurz nachdem Dorothy eine Erbschaft gemacht hatte, die auf zehn bis 15 Millionen Dollar geschätzt wurde. Ihr Bruder Bertrand L. Taylor jr., Mitglied des Aufsichtsrates der New Yorker Börse, erbte den Rest des Vermögens.

1923 – Dorothy war Mitte Dreißig – heiratete sie einen verarmten, aber vornehmen römischen Adeligen, den Grafen Carlo di Frasso, 30 Jahre älter als sie, jedoch noch immer so aktiv, daß er den Titel »Master of the Roman Foxhounds« erhielt. Dorothy gab über eine Million Dollar aus, um den gräflichen Familiensitz, die im 16. Jahrhundert erbaute Villa Madama, zu renovieren. Sie verwandelte das Haus in einen internationalen Treffpunkt, wo sie regelmäßig Abendessen für 200 oder mehr Personen gab. Die di Frassos besaßen außerdem Häuser in London, New York und Beverly Hills.

Jedesmal, wenn Barbara die di Frassos traf, war sie von der Offenheit und Unbekümmertheit beeindruckt, mit der sie ihr Leben meisterten und die sie auch bei ihren vielen Seitensprüngen nicht verloren. Vor allem Dorothy war mit ihrem schwarzen Haar, den blauen Augen und der sinnlichen Figur eine Verlockung, der nur wenige Männer widerstehen konnten. Ein Reporter fragte einmal nach ihrer Vorstellung vom Paradies. Sie antwortete: »Für den englischen Schriftsteller Max Beerbohm war das Paradies ein Himmelbett mit vier Bettpfosten inmitten einer Wiese mit Mohnblumen und Maiäpfeln. Für mich hängt es davon ab, wer in diesem Bett liegt.« Bei Männern hatte Dorothy einen exklusiven Geschmack. Zu ihren Liebhabern gehörten der Schriftsteller Ben Hecht, der Gangster Bugsy Siegel und der Schauspieler Gary Cooper, dessen Ankunft als Gast des Hauses im Sommer 1931 der Beginn ihrer aufsehenerregendsten Affäre war.

Gary Cooper war in Wirklichkeit größer und kräftiger als auf der Leinwand. Er besaß nichts Elegantes, aber er wirkte kühl, zynisch und distanziert, was die Frauen faszinierte. Vor seiner Begegnung mit Dorothy di Frasso waren die stärksten und lebhaftesten Frauen in seinem Leben Clara Bow und Lupe Velez gewesen. Dorothy stach sie beide aus. Sie stach beinahe auch Gary Cooper aus, den sie mit der ihr eigenen Autorität durch Italien geleitete, worauf er mangels Erfahrung mit ähnlichen Frauen nicht mehr wußte, wie er sich verhalten sollte. Als es für ihn Zeit geworden war, Abschied zu nehmen, veranstaltete sie ihm zu Ehren ein Abschiedsfest in der Villa Madama, zu dem auch Seine Königliche Hoheit Prinz Umberto, Kronprinz von Italien, geladen war sowie Graf und Gräfin von Portarlington und Prinz Christopher von Griechenland. Auch Barbara Hutton war anwesend. In ihrer Begleitung befand sich der elegante italienische Adelige Prinz Girolamo Rospiglioso, der ihr von Gräfin di Frasso vorgestellt worden war. Sie wollte damit Barbaras Tante Marjorie Hutton einen Gefallen erweisen. Der italienische Prinz hatte einst 17 Paläste besessen, aber ihm fehlte das nötige Kleingeld, um sie zu unterhalten. Sofort nachdem er Barbara kennengelernt hatte, machte er ihr einen Heiratsantrag – »und er hörte nicht auf damit«, beklagte sie sich bei Dorothy. Gary Cooper machte einen stärkeren Eindruck auf sie – »gutaussehend, ruhig, lakonisch ... in jeder Hinsicht der Inbegriff des Amerikaners«.

Im September kehrte Barbara nach Paris ins Ritz zurück. Auch Alexis und Louise Mdivani hielten sich in Paris auf. Überall in der Stadt konnte man den Rolls-Royce der Familie Mdivani entdecken, der Prinz Alexis und seine junge Ehefrau zu kostspieligen Mittag- und Abendessen brachte, zu Sportveranstaltungen, Konzerten und Einkaufsbummeln, die meist damit endeten, daß das Ehepaar Mdivani Juwelen, Pelze und allerlei Putz im Wert von über 10 000 Dollar erwarb. Mdivanis Freude über seine neuesten Errungenschaften war schon beinahe rührend komisch. Alice-Leone Moats, die zu dieser Zeit in Paris lebte, schrieb: »Er mußte mit jedem neuen Gegenstand protzen. Vor einem Polomatch auf Bagatelle zog er seine Freundin Chico Kilvert in den Stall, um ihr seine Ponys zu zeigen. Die Pferdedecken waren mit runden Kronen verziert, die irgendwie aussahen wie Hexenkessel. Chico verzog keine Miene und fragte: ›Sind die Kronen nicht ein bißchen zu klein?‹ Das beunruhigte ihn. ›Meinst du wirklich?‹ entgegnete er.«

Er hatte zwar Schwierigkeiten, sich dafür zu interessieren,

was seine Frau fühlte und dachte, aber es machte ihm weit weniger Schwierigkeiten, sich für ihre Erbschaft zu interessieren. Das Ehepaar mietete ein Haus mit viel Personal am Place des Etats-Unis und gab ein Vermögen aus, um es zu renovieren. Die sich ansammelnden Rechnungen und das ständig davonschwimmende Geld beunruhigten Louises Mutter, die immer offen ihre Abneigung gegen Louises Wahl gezeigt hatte. Sie fuhr nach Paris, um ihrer Tochter ins Gewissen zu reden. Mrs. Van Alens Ankunft führte bei Mdivani zu einer Reihe von Wutausbrüchen; er schrie und tobte. Seine Auftritte zielten darauf ab, den Aufenthalt für seine Schwiegermutter unerträglich zu machen. Alexis hatte nicht vor zuzulassen, daß Mrs. Van Alen die Mittel seiner Frau im Tresor verschwinden ließ – und noch weniger hatte er vor, Louise gegen sich aufwiegeln zu lassen. Sein freches Auftreten wirkte. Mrs. Van Alen blieb nur eine Woche und reiste ab, ohne einen nennenswerten Eindruck auf ihre verliebte Tochter gemacht zu haben – und schon gar nicht auf ihren ins Geld verliebten Schwiegersohn.

Normalerweise hatte selbst Alexis' verrückter Hang zum Geldausgeben einen gewissen Charme, aber manchmal schlug auch er zu sehr über die Stränge. Alice-Leone Moats aß einmal allein mit dem jungen Paar zu Abend, als Alexis darauf bestand, das Essen solle an dem Tisch serviert werden, der für große Gesellschaften gedacht war. »Der Abendessentisch«, kommentierte Miß Moats, »hätte mit seiner Länge einem Vergleich mit einem Tisch im Buckingham Palast standgehalten, aber Alexis ließ es nicht zu, daß für dieses intime Treffen auch nur ein Teil des Tisches entfernt wurde ... Alexis saß an einem Ende des Tisches, Louise am anderen und ich in der Mitte. Wir waren so weit voneinander entfernt, daß wir Mikrofone gebraucht hätten, um uns zu unterhalten.«

Die Parties, die Mdivani und Louise in ihrem Haus am Place des Etats-Unis gaben, waren Anziehungspunkt für die gesamte Szene in Paris. Alle in der Stadt waren begierig, einen Blick auf den *nouveau arrivé* zu werfen, dessen Fähigkeit, reiche amerikanische Erbinnen zu betören, schon jetzt als legendär bezeichnet wurde. Barbara Hutton wurde zu diesen allwöchentlichen Festen eingeladen, wobei sie sich häufig von ihrem Freund Lord Warwick begleiten ließ. Die Begleitung Warwicks war oft nur eine List, um dem ständig schwelenden Streit mit ihrem Vater nicht neue Nahrung zu geben. Franklyn Hutton wollte auf keinen Fall dulden, daß seine Tochter auch nur in Mdivanis Nähe kam. Mit Warwicks Hilfe allerdings war das alles kein Problem.

Barbara und Alexis knüpften in Paris an ihr Verhältnis in Biarritz an und versuchten gar nicht erst, ihre gegenseitige Zuneigung zu verbergen. Auf den Parties bei den Mdivanis saßen sie zusammengekuschelt am offenen Kamin, während sich Louise in einem anderen Teil des Hauses befand, innerlich kochte und so tat, als bemerke sie nichts. Alle anderen bemerkten es sehr wohl.

Eine entscheidende Rolle in der Romanze zwischen Barbara und Alexis kam der Anwesenheit seiner Schwester Roussie Sert zu, die die Kunst beherrschte, andere zu manipulieren und zu betören. Da sich Roussie für das Wohlergehen ihres Bruders verantwortlich fühlte, versuchte sie, alles über Barbara herauszufinden, vom Gesamtwert ihres Vermögens bis hin zu intimen Details ihres Privatlebens. Roussie, die immer auf den Parties ihres Bruders dabei war, machte es sich zur Gewohnheit, Barbara beiseite zu nehmen und sie auszuhorchen. So erfuhr sie von Barbaras geheimen Versuchen, Gedichte zu schreiben, von der angespannten Beziehung zu ihrem Vater, dem Selbstmord ihrer Mutter, ihrem Haß auf Farmington und von all dem, was eine Bedeutung für ihre persönliche Entwicklung gehabt hatte. Barbara war von Roussies betörender Art hingerissen – ihr unaufhörlicher Redefluß, der hypnotisierende Blick, das fesselnde Lächeln, die hohe und schmale Gestalt, der Pagenkopf, der erlesene Geschmack, mit dem sie modische Kleidung und Schmuck auswählte. Wie beim Rest der Familie waren Roussies gute Umgangsformen nicht ererbt, sondern mühsam erworben. Durch ihr gewandtes, sicheres Auftreten gewann sie die Herzen der Reichen und Mächtigen. Sie hatte das Talent, bei jedem Gespräch eine vertrauliche Atmosphäre zu verbreiten. Ihre mit verschwörerischer Stimme gesprochenen, mißgünstigen Bemerkungen machten ihr jeden Gesprächspartner zum Verbündeten gegenüber all den anderen Gästen im Raum.

Diese gewinnende Art hatte Roussie auch den Weg zum Herzen des berühmten spanischen Malers José Maria Sert geebnet, der damals noch mit der genauso gefeierten Misia Sert, einer führenden Persönlichkeit der Pariser Kunstszene, verheiratet war. Es war bezeichnend für Roussies Manipulationsfähigkeit, daß sie es nicht nur zuwege brachte, Misia zu verdrängen und zu ersetzen, sondern auch, ihre Freundschaft zu gewinnen. Nun setzte sie diese Eigenschaft ein, um das heikle Gleichgewicht zwischen Barbara Hutton und Louise Van Alen aufrechtzuerhalten. Roussie konnte die Außenwelt davon überzeugen, daß zwischen den beiden amerikanischen Erbinnen alles in Ordnung sei, während diese in Wahrheit beide um Alexis Mdivanis Aufmerksamkeit buhlten.

Zu Louises großer Erleichterung reiste Barbara im Dezember 1931 nach London, um Morley und Jean Kennerley zu besuchen. Jean, die Tochter von Lord Alfred Simpson-Baikie, dem ehrenwerten Vizegouverneur der Orkney- und Shetlandinseln, hatte Barbara im Sommer 1926 in Biarritz kennengelernt. Jean war eine lebenslustige Frau, die gerne ausging; der Prototyp der aufsehenerregenden aristokratischen Debütantin der dreißiger Jahre. Morley Kennerley, früher der leitende Angestellte eines amerikanischen Verlags, der bei Faber und Faber in London Direktor geworden war, war vorsichtiger und konservativer als seine Frau. Beide übten eine beruhigende Wirkung auf ihre sehr emotionale und unberechenbare junge Freundin aus.

»Als uns Barbara 1931 besuchen kam«, erinnert sich Morley, »hatte sie nur Alexis Mdivani im Kopf. Er war charmant und alles, aber nicht besonders vermögend. Barbaras Interesse wurde meiner Ansicht nach durch seine Heirat mit

Louise Van Alen geweckt. Sie blühte auf, wenn sie sich um einen Mann bemühen mußte. Sobald einer immer für sie da war und keinen Widerstand zeigte, verlor sie das Interesse und suchte nach einer neuen Herausforderung. Wenn sie etwas sah, was ihr gefiel, versuchte sie eben, es zu bekommen. Wir rieten ihr, eine Reise zu machen und die Sache zu überdenken. Sogleich buchte sie für sich, Ticki und ihre Stiefmutter Passagen an Bord der *Empress*, um eine von diesen Kreuzfahrten nach dem Motto ›in 80 Tagen um die Welt‹ zu machen. Nach drei Monaten und 30 000 zurückgelegten Seemeilen kehrte sie, durcheinander wie eh und je, nach New York zurück.«

Barbara Hutton war nicht nur die junge Dame der New Yorker Gesellschaft, die am meisten reiste, sondern auch diejenige, über die am meisten geredet wurde. Noel Coward schrieb in den zwanziger Jahren das bekannte Lied »Poor Little Rich Girl« – »Armes reiches Mädchen«, das eine Warnung für Barbara enthielt: »Armes reiches Mädchen,/Du bist ein verhextes Mädchen,/Nimm dich besser in acht,/... sei besser vorsichtig!« Bing Crosby nahm das Thema in »I Found a Million-Dollar Baby (in a Five and Ten Cent Store)« auf, dessen Text von Billy Rose und Mort Dixon stammte – ein Hit, der wieder die Aufmerksamkeit auf Barbara lenkte. Marjorie Hutton hatte schon einen Plan gefaßt, um dieser negativen Werbung zu begegnen. In ihrer Position als Ehrenvorsitzende des jährlichen Wohltätigkeitsfaschings des New Yorker Hudson Gesundheitszentrums konnte sie ihrer Nichte die Hauptrolle in einem Singspiel anbieten, das im Madison Square Garden aufgeführt werden sollte.

Das Singspiel fand am 3. Mai 1932 vor 20 000 zahlenden Zuschauern statt. Barbara trat als »der Geist des Abenteuers« auf, die weibliche Hauptrolle in einer grandiosen Produktion mit Gesang und Tanz, bei der auch namhafte Darsteller mitwirkten, wie zum Beispiel Johnny Weismüller und Charles »Buddy« Rogers, der zukünftige Ehemann von Mary Pickford. Barbaras Bemühungen wurden nicht mißachtet. »Sie kann singen und tanzen«, schrieb der Kritiker des *Time Magazine*. Die Zeitung *Daily News* lobte ihr »strahlendes Lächeln, den mädchenhaften Charme, die großen blauen Augen und das dichte, wie Seide glänzende Haar«, geißelte dann aber das Singspiel als »eine weitere leere Geste der Reichen zur Beschwichtigung der Armen«.

Kurz darauf schifften sich Barbara und Irene Hutton nach Europa ein, verbrachten zwei Wochen in Madeira und folgten dann Franklyn Hutton ins Ritz nach Paris. Bei Barbaras Ankunft wartete ein Geschenk auf sie, ein Band mit Gedichten des bengalischen Dichters Rabindranath Tagore, dessen Werk in Europa populär geworden war. Die Gedichtsammlung enthielt eine handschriftliche Widmung von Alexis Mdivani. Einige von Barbaras Freunden erinnern sich daran, daß sie den ganzen Band innerhalb weniger Tage auswendig gelernt hat.

Einen Tag später bekam sie von Alexis und Louise Mdivani eine Einladung zum Abendessen. Barbaras Vater machte darüber nur abfällige Bemerkungen. Seine feindselige Haltung gegenüber den Mdivanis, durch die er seine Tochter auf lange Sicht nur zu ermutigen schien, war durch die Zeitungsberichte über die bevorstehende Scheidung von Pola Negri und Serge Mdivani noch erbitterter geworden. Beim Börsenkrach hatte Pola, deren Filmkarriere zu Ende ging, fast ihr ganzes Vermögen verloren. Der Opportunist Serge entledigte sich ihrer zugunsten einer neuen Geldquelle, der Opernsängerin Mary McCormick, eine in Texas aufgewachsene Primadonna, die ihre Jugend schon hinter sich hatte, aber immer noch als »Baby Diva« bekannt war – wahrscheinlich, weil sie mit ihrem Schmollmund das Bild jugendlicher Unschuld verkörperte.

Trotz der Proteste ihres Vaters besuchte Barbara die Party und revanchierte sich sogar, indem sie Ende Juni Alexis, Louise, Roussie, Serge, Mary McCormick und einige andere zum Abendessen ins Maxim und danach in einen kleinen Nachtklub am Montmartre einlud, wo Alexis seine Frau überhaupt nicht beachtete und versuchte, sich bei Barbara einzuschmeicheln. Je häufiger sich Barbara mit den Mdivanis traf, desto mehr zog ihr Vater über diese Familie her. Im Schlafwagen von Paris nach Biarritz, den Barbara mit ihren Eltern teilte, verfluchte er den ganzen Clan dieser »russischen Eindringlinge« und sparte sich seine schlimmsten Verwünschungen für Roussie auf, in seinen Augen eine gemeine Blutsaugerin, die junges und reiches Fleisch zum Vergnügen und zum finanziellen Nutzen ihrer Brüder heranschaffte.

In diesem Sommer erwarb Barbara einen eigenen dunkelblauen Rolls-Royce mit einer Innenausstattung aus Rosenholz und Elfenbein. Das Auto kam ihr sehr gelegen; war es doch ein probates Mittel, um den endlosen Hetzreden ihres Vaters zu entkommen. Einmal traf sie Alexis Mdivani und die Serts jenseits der spanischen Grenze in San Sebastián, einem luxuriösen Ferienort mit einer eigenen Clique aus Weltenbummlern und dort ansässigen Aristokraten. In San Sebastián war es ein absolutes Muß, den Stierkampf zu besuchen; Barbara hatte ihre Freude an der Farbenpracht, der schaulustigen Menge und den Fanfarenklängen, aber das blutige Abschlachten der Stiere stieß sie ab.

Beim nächsten Mal trafen sie sich in Pálamos an der Costa Brava, nicht weit von Barcelona, wo die Serts ein beeindruckendes Schloß namens Mas Juny besaßen. Um die erst kürzlich beendeten Renovierungsarbeiten zu feiern, gaben die Serts eine Reihe zwangloser Empfänge für Familienangehörige und Freunde. Auch Barbara erhielt eine Einladung. Als sie in Begleitung von Ticki, Clinton Gardiner (dem Chauffeur) und einem Bediensteten eintraf, wurde sie von Alexis und Louise Mdivani begrüßt, die in derselben Wohnung wie die Serts wohnten. Die anderen, Barbara eingeschlossen, wohnten nicht weit vom Haupthaus entfernt in Gästehäusern.

Zum ersten Mal trat die Feindschaft zwischen Louise und Barbara offen zutage. Louises unglaubliche Geduld hatte schließlich doch ein Ende. Sie nutzte jede Gelegenheit, um

Barbara die Einladung zu vermiesen. Aber Barbara war nicht auf den Mund gefallen. Bei einem bekanntgewordenen Wortwechsel fragte Louise Barbara, ob sie nicht Schwierigkeiten habe, passende Kleider zu finden. »Ein großer Busen ist doch nicht mehr in Mode«, meinte Louise. Barbara, die in bezug auf ihre Figur sehr empfindlich war, schlug zurück. »Besser einen großen Busen als gar keinen«, antwortete sie und spielte dabei auf die spindeldürre Figur ihrer Feindin an.

Danach ging Barbara Louise aus dem Weg. Entweder ging sie allein zum Schwimmen oder schloß sich den anderen Gästen an, wenn sie sich nach Barcelona aufmachten. Eigentlich wollte sie Mas Juny verlassen und den Kampf später wiederaufnehmen, aber Roussie überredete sie zum Bleiben – eine Entscheidung, die Barbaras Zukunft noch sehr beeinflussen sollte.

Ein paar Tage später beschlossen einige von Roussies Gästen – darunter Graf und Gräfin Vespucci aus Italien und Baron und Baroneß D'Antoine aus Frankreich – am späten Nachmittag, in die Stadt zu fahren, um noch einen Happen zu essen. Irgend jemand meinte, daß Barbara sie vielleicht begleiten wolle, und so gingen sie zu ihrem Gästehaus, um sie zu fragen. Sie platzten hinein und erwischten Barbara und Alexis bei einer heißen Liebesszene im Bett.

Selbst Alexis konnte nicht hoffen, sich aus dieser mißlichen Lage herauszureden. Barbara, die verzweifelt versuchte, einen ausgewachsenen Skandal zu verhindern, packte ihre Sachen und fuhr über Biarritz zurück nach Paris. Alexis, ganz der galante und entgegenkommende Ritter, tat unter diesen Umständen das einzig Richtige – er bot seiner Frau die Scheidung an. Zu diesem strategisch wichtigen Zeitpunkt trat Roussie Sert wieder auf den Plan und überzeugte Louise, daß Alexis ein unverbesserlicher Schurke war, der genau wie seine Brüder diesen verderblichen Hang zu Frauen hatte. Louise ließ sich nicht lange bitten. Sie hatte schon die weiße Fahne gehißt. Als der Anwalt Charles Huberich wie erwartet in Spanien eintraf, war Louise bereit, alle Papiere jeglicher Art zu unterzeichnen. Pola Negri und Serge Mdivani waren in Den Haag geschieden worden, und dieser Ort erschien allen als passend. So wurde die achtzehnmonatige Ehe zwischen Louise und Alexis Mdivani Ende November 1932 kraft Gesetzes beendet.

»Die Saga von Mas Juny«, wie Barbara später die vernichtende Episode in Pálamos nannte, wurde schließlich Teil ihres Repertoires; eine Geschichte, die sie *ad infinitum* jedem erzählte, der sie hören wollte. Lange nach diesem Geschehen kam Barbara zu dem Schluß, daß sie getäuscht worden war und daß es Roussies Idee gewesen war, an diesem langweiligen Sommertag nach Barcelona zu fahren und nach Barbara zu fragen. Dabei hatte sie genau gewußt, welches Bild sich den Eindringlingen in dem unverschlossenen Gästehaus bieten würde. Die Ironie dieser Situation lag in der Tatsache, daß es vor dem fraglichen Tag wenig oder keinen Körperkontakt zwischen Barbara und Alexis gegeben hatte. Sie hatten sich umarmt und geküßt, viel mehr war nicht passiert. Barbara hatte Mdivanis sexuelle Annäherungsversuche erfolgreich abgewehrt, indem sie ihn daran erinnerte, wie heilig ihr die Ehe war. Dieses Argument hatte mit der Zeit bedrückend fadenscheinig geklungen, vor allem seit Barbara und Louise nicht mehr vorgaben, die Freundinnen zu sein, die sie früher gewesen waren.

Im Herbst 1932 hielt sich Barbara in London auf und wurde beim Abendessen mit Prinz George (dem jüngeren Bruder des Prinzen von Wales), Lady Portarlington und dem ehrenwerten Major Piers Legh gesehen. An Barbaras linker Hand prangte ein beeindruckender Rubinring, und die Klatschkolumnisten erwarteten jeden Tag die Ankündigung ihrer Verlobung mit Prinz Alexis Mdivani.

Die Klatschkolumnisten täuschten sich. Nicht nur, daß es keine Verlobung gab – Barbara traf sich zu dieser Zeit mit einem anderen Mann, dem späteren Schauspieler David Niven, damals Offizier in der britischen Armee. In seinen

1972 erschienenen Memoiren *The Moon's a Balloon* beschreibt Niven die junge Barbara als »ein kleines, stupsnasiges, sehr hübsches amerikanisches Mädchen mit den kleinsten Füßen, die ich je gesehen habe ... Sie war eine fröhliche und sprühende Person, voller Leben und Lachen.« Diese Beschreibung wurde ihr nur teilweise gerecht. Die Reisen nach Europa und ihre unabhängige Geisteshaltung hatten aus ihr eine Frau voller Charme, Empfindsamkeit und Witz gemacht; sie vereinte Würde und Geschmack, besaß gute Umgangsformen und vermittelte zumindest den Eindruck, sich vollkommen unter Kontrolle zu haben. Nur wenige gute Freunde erkannten, daß dem nicht so war, und ganz wenige waren sich bewußt, daß sie sich tatsächlich überhaupt nicht unter Kontrolle hatte und es ihr außerdem an Selbstwertgefühl mangelte. Vor einer größeren Gruppe von Menschen hätte sie dies aber nie gezeigt.

Bevor Barbara am 25. November 1932 England an Bord der *Bremen* verließ, um in die Vereinigten Staaten zurückzukehren, lud sie Niven ein, seine nächsten freien Tage bei ihr in New York zu verbringen. Die Gelegenheit bot sich bald darauf in Form eines vierwöchigen Weihnachtsurlaubs, und so nahm Niven Barbara beim Wort und besuchte in der letzten Dezemberwoche zum ersten Mal die Staaten.

Barbara wartete an den Docks in New York auf ihn, und mit ihr waren ganze Wagenladungen voller Freunde gekommen. Nach einer stürmischen Begrüßung wurde Niven zum Hotel Pierre, 61. Straße Ecke Fifth Avenue, chauffiert, wo Barbara und ihre Familie in mehreren großen Suiten wohnten, während ihre beiden Appartements in der Fifth Avenue 1020 renoviert wurden. »Ich wurde in ein sehr schönes Zimmer in einer der Suiten einquartiert«, schreibt Niven, »und Barbara, ganz die perfekte Gastgeberin, bedeutete mir, sie hoffe, ich würde bleiben, solange ich wolle. Ich sollte ganz nach eigenem Belieben kommen und gehen und mich ihr oder ihrer Familie in keiner Weise verpflichtet fühlen.« Durch dieses Verhalten machte Barbara Niven deutlich, daß ihre Freundschaft platonisch bleiben würde.

Am nächsten Abend gab Barbara im Central Park Casino eine Party für Niven. Die Gäste wurden in zwei Dutzend Droschken zum Casino gefahren, das an der 72. Straße Ecke Fifth Avenue lag. »Wir lebten in der Zeit der Prohibition, aber das schien niemanden zu kümmern«, berichtet Niven. »Man versuchte nur, den Schein zu wahren und verbannte die Flaschen aus dem Blickfeld, und so gingen viele Leute eben ausgesprochen häufig zur Toilette oder zu ihren Autos.«

Den Weihnachtsmorgen verbrachte er mit Barbaras Familie und erhielt »haarsträubend großzügige« Geschenke. Er war nicht der einzige Glückliche. Auf Barbaras diesjähriger Geschenkliste standen nicht weniger als fünf der begehrtesten Junggesellen von New York: Tony Biddle, Bobby La Branche, Jimmy Blakely, Raymond und Winston Guest. Alle zusammen fuhren in einem gemieteten Eisenbahnwaggon nach Princeton, New Jersey, um das Fußballteam von Princeton beim Spiel um den »Ivy League«-Meistertitel anzufeuern.

Nivens restlicher Aufenthalt war ausgefüllt mit Parties, Parties und noch mehr Parties, unterbrochen von Sportveranstaltungen im Madison Square Garden, Broadway-Shows und Abendessen im Club 21, einer damals in Mode gekommenen Flüsterkneipe, in der man gute Drinks bekam. Niven war auch im vielbesuchten Cotton Club in Harlem, der wegen seiner guten Jazzgruppen und der lebhaften Tanzveranstaltungen sehr bekannt war. Barbara und ihre Clique waren dort häufig anzutreffen, meistens spät nachts.

Einer der auffälligsten Leute um Barbara war ein reicher Texaner namens Howard Hughes. »Man sah ihn immer mit den hübschesten Frauen«, schreibt Niven. »Hughes war groß, schüchtern, still, etwas taub und im Gegensatz zu uns sehr ernst.« Niven erweckt in seinen Memoiren den Eindruck, daß Hughes trotz seines Reichtums kaum jemals eine Rechnung zahlte. Sein Mangel an Freigebigkeit schien Barbara offensichtlich wenig auszumachen, deren Freundschaft mit Hughes bis Ende der dreißiger Jahre fortbestand, bis sich die Freundschaft für einen kurzen und betörenden Moment in etwas vollkommen Unerwartetes verwandelte.

Zur gleichen Zeit, als Niven nach England zurückkehrte (seine Schiffspassage wurde von Barbaras Cousin Woolworth Donahue finanziert; Barbara stiftete eine Kiste Champagner für unterwegs), war Alexis Mdivani auf dem Weg nach New York. Seine Schiffspassage hatte Louise Van Alen bezahlt, die die Mahnung ihrer Familie, das gemeinsame Konto zu sperren, einfach in den Wind geschlagen hatte. Alexis hatte prompt die gesamten Einlagen abgehoben und verwandte nun das Geld dafür, Barbara den Hof zu machen. Jean und Morley Kennerley, auf demselben Schiff wie Alexis, waren ebenfalls auf dem Weg zu Barbara. Unterwegs machte er ihnen klar, daß er die Absicht habe, so lange um Barbara zu werben, bis sie ihm ihr Jawort geben würde.

Rosemary O'Malley Keyes, ebenfalls zu Gast bei Barbara, holte die Kennerleys vom Hafen ab. Auf Mdivani wartete die Presse. Er beteuerte, daß er keinerlei Absichten bezüglich Barbara Hutton habe, und nahm ein Taxi zum Savoy Plaza, wo er ein Zimmer hatte reservieren lassen.

Barbara und ihre Familie hatten das Pierre verlassen und wohnten nun wieder in der Fifth Avenue. Als Mdivani am nächsten Tag bei Barbara anrief, war nicht nur Franklyn Hutton, sondern auch Barbara äußerst kühl. Nur der immer gut gelaunte Jimmy Donahue mit seinem sorglosen Geplapper war nett zu ihm. Barbara machte wenigstens einen Teil ihres Benehmens wieder gut, indem sie einige Tage später im Central Park Casino eine Party für Alexis gab.

Barbaras Familie verhinderte jedoch, daß sie mehr tun konnte. Vater, Stiefmutter, Tanten und Onkel versuchten der Reihe nach, Barbara diesen geldgierigen Mitgiftjäger auszureden. »Man kann schwer beurteilen, was Barbara fühlte«, bemerkte Jean Kennerley. »Sie war sehr launisch, und außerdem tat ihr Vater sein Bestes, um Mdivani von ihr fernzuhalten – mit einigem Erfolg, wie ich hinzufügen muß.«

Ein sensationshungriger Reporter suchte das Savoy Plaza auf und traf Mdivani beim Kofferpacken.

»Sind Sie mit Miß Hutton verlobt?« fragte er den Prinzen.

»Ich habe nichts zu sagen«, erwiderte Alexis verdrießlich.

»Ist es wahr, daß ihre Familie gegen die Freundschaft mit Ihnen ist?«

»Da sollten Sie besser sie fragen«, fauchte er.

Weitere Nachforschungen ergaben, daß Barbaras Familie der Meinung war, sie solle sich lieber einen attraktiven jungen Amerikaner aussuchen, als ihre Zukunft für einen zweifelhaften Titel aufs Spiel zu setzen. Franklyn Huttons Vorstellungen von einer passenden Verbindung waren zum Beispiel eine Heirat zwischen den Familien Payne und Whitney, Biddle und Duke, Mellon und Carnegie oder Cabot und Lodge – die dynastische Allianz von reich und reich.

Als Barbaras entmutigter Prinz endlich die Stadt verließ, brach im Lager der Huttons Jubel aus. Anscheinend kannten sie die Mdivanis nicht. Man konnte nicht leugnen, daß sie entschlossen und ausdauernd kämpften und taktisch klug vorgingen. Die Huttons mußten sich auch ganz unerwartet gegen einen anderen Feind wehren: Louise Van Alen, deren Bitterkeit inzwischen den Sättigungsgrad erreicht hatte. Sie war überzeugt, daß Barbara ihre Ehe aus reiner Bosheit zerstört hatte, und aus Bestürzung über Barbaras scheinbare Gleichgültigkeit unternahm sie etwas völlig Verrücktes. Roussie Sert hatte Louise eingeredet, Barbara habe die Scheidung provoziert, ohne Alexis jemals heiraten zu wollen. Louise trat Barbara gegenüber und drohte damit, die Geschichte der »Mas-Juny-Affäre« in ganz New York zu verbreiten, wenn Barbara Alexis nicht heiratete. Die ganze Sache war zwar nicht logisch, aber sie stellte eine Gefahr für Barbaras Ansehen dar, vor allem, wenn man die Einstellung der damaligen Zeit und die Feindseligkeit bedenkt, die das normale Volk gegenüber den legendär Reichen im allgemeinen und Barbara Hutton im besonderen hegte.

»Meine größte Schwäche«, wie Barbara später zugab, »ist meine Unfähigkeit, mit Verantwortung umzugehen. Wenn ich mit der Notwendigkeit konfrontiert werde, Entscheidungen zu treffen, ist meine erste Reaktion, davonzurennen. Ich werde wieder Kind, ein schwieriges, verwöhntes und rebellisches Kind.«

In diesem Fall wurde ihre Neigung durch einen glücklichen Zufall noch unterstützt: Nach Mdivanis Abreise sahen Barbara und Jean Kennerley im Kino einen Film über Bali. Als er zu Ende war, verkündete Barbara: »Ich gehe nach Bali. Du und Morley, ihr müßt mitkommen.« Natürlich bot ihnen Barbara an, die Reisekosten zu übernehmen.

»Barbara«, so Jean Kennerley, »war bekannt dafür, daß sie sich immer sehr spontan für einen Ortswechsel entschied. Sie benötigte keinen besonderen Grund, um ihre Koffer zu packen und zu gehen, obwohl sie dieses Mal einen Grund hatte – nämlich, so weit wie möglich von Louise Van Alen entfernt zu sein.«

So bestiegen Barbara, Jean, Morley und Ticki den Eisenbahnwaggon Curleyhut und reisten nach Los Angeles, wo sich ihnen ein weiterer Verehrer Barbaras anschloß, Graf Manolo Borromeo-d'Atta, zweifellos einer der anziehendsten blaublütigen Italiener, wenngleich auch er nicht vermögend war. Borromeo begleitete die Gruppe bis San Francisco, wo er mit einem Heiratsantrag herausplatzte. Barbara küßte ihn leidenschaftlich, versprach ihm, über seinen Antrag nachzudenken, und ließ ihn zurück, als sie und ihre Reisegefährten an Bord des Dampfers *Lurline* gingen. Die Ziele des Dampfers waren Hawaii, Neuseeland, Australien, Malaysia, Fiji, Samoa, Bali, Java und Siam.

Am 28. Januar 1933, dem Tag, an dem das Schiff auslief, erschien im *San Francisco Chronicle* ein Artikel, der sich ausführlich mit dem Beziehungswirrwarr auseinandersetzte, das in ein wahres Kopf-an-Kopf-Rennen der verschiedenen Verehrer ausgeartet war. Alexis Mdivani wurde als Außenseiter verworfen. Andere Bewerber um den Titel waren Graf Borromeo und Prinz Girolamo Rospigliosi, der sich die Freiheit genommen hatte, seine Verlobung mit Barbara in den italienischen Zeitungen bekanntzugeben. Noch ein weiterer hoch angesehener italienischer Adliger wurde oft in

Verbindung mit Barbara genannt: Graf Carlo Gaetani aus der alteingesessenen Familie Gaetani in Neapel. Carlo war mehrere Male bei Barbara in New York zu Gast gewesen und hatte zahlreiche Geschenke erhalten, darunter eine Weltreise, bei der Barbara alle Kosten übernahm. Dann war da Carlos Cousin, Graf Loffrado Gaetani-Lovatelli (auch Lolo genannt), der genau wie seine Mitstreiter mit seinen Heiratsabsichten bei Barbara auf Granit biß.

Das Dilemma, in dem sich Barbara befand, wurde durch ihre unklaren Gefühle gegenüber Raymond Guest, Winston Guests Bruder, nur noch vergrößert. Während seines letzten Jahres in Yale hatte der große, dunkelhaarige, hübsche Raymond, der ziemlich robust wirkte, einige Rendezvous mit Barbara gehabt. Sie empfand ihn als einfühlsam und liebenswürdig, und in seinen Augen war Barbara ungewöhnlich attraktiv, aber reicher, als ihr guttat, und zu oft in den Schlagzeilen. Er bezeichnete sie einmal als »den Traum eines jeden Klatschreporters«. Als die *Lurline* in Hawaii anlegte, sandte sie Guest ein Telegramm nach Palm Beach und lud ihn ein, die Gruppe auf der Kreuzfahrt zu begleiten. Da keine Antwort eintraf, fuhren sie ohne ihn weiter.

»Falls sie enttäuscht war«, so Jean Kennerley, »dann zeigte sie es jedenfalls nicht. Die Freude, auf hoher See zu sein, überdeckte alles andere. Sie war ziemlich seefest und liebte das Reisen. Jede Einzelheit der Fahrt interessierte sie. Darüber hinaus war sie sich nicht zu schade, die Hände schmutzig zu machen. Thunfisch und Lachs wurden direkt aus der Dose gegessen. Sie frisierte sich selbst, bügelte und manikürte ihre Nägel. Es blieb ihr auch gar nichts anderes übrig, denn unser Mädchen wurde seekrank und mußte nach Hause geschickt werden.«

Der eigentliche Grund der Reise war Bali, und Barbara fand dort alles, was sie erhofft hatte: Strände, Vulkane, Gärten, dunkle Dorfstraßen, in Terrassen angelegte Reisfelder, Hindutempel und -schreine. Alles war so exotisch und ließ das Bild ihres Zuhauses verblassen. »Kaum jemand besuchte damals Bali«, erzählte Jean Kennerley. »Es gab keine Touristen und keine Elektrizität. Die Einheimischen orientierten ihre Zeiteinteilung nach dem Sonnenstand. Und überall diese hübschen, immer lächelnden barbusigen Eingeborenenmädchen in ihren Sarongs. Für Morley war der schönste Teil der Reise Barbaras und meine Versuche, es den Eingeborenen gleichzutun. Barbara machte bei den zeremoniellen Tänzen mit und lernte schnell die feinen, graziösen Hand- und Augenbewegungen, die zur Musik eines Ensembles aus Bambusxylophonen, eines Gamelans, vollführt wurden.

In dem Dorf Ubud freundeten wir uns mit dem Maler und Lehrer Walter Spies an, der wie Gauguin aus Europa eingewandert war. Spies lebte in einem der schönsten Häuser der Insel. Es war primitiv, aber trotzdem sehr elegant. Man wusch sich, indem man Quellwasser in einen Beutel aus Leinwand goß, und man las beim Licht einer Kerosinlaterne. Spies hatte großes Talent, war beliebt bei den Eingeborenen und konnte sehr unterhaltsam erzählen.«

Just als Barbara mit ihrer kleinen Gruppe Bali in Richtung Java verließ, machte sich Alexis Mdivani von Paris aus zum selben Ziel auf. Das Geld für den kostspieligen Ausflug wurde von Roussie Sert beigesteuert, die an den Erfolg ihres Bruders glaubte. Nach einer langen Reise stellte Alexis sein Opfer in einem Hotelfoyer auf Java. Der Ort war richtig gewählt: er machte ihr einen Antrag, und sie nahm an. Man reiste weiter. Eine Woche später erhielt ein verblüffter Franklyn Hutton, der mit seiner Frau in Palm Beach Urlaub machte, einen Telefonanruf aus dem Büro des amerikanischen Konsuls in Bangkok.

»Entschuldigen Sie die Umstände, mein Herr«, begann der Diplomat, »aber ihre Tochter ist hier und möchte, daß ich sie mit einem gewissen Prinzen Alexis Mdivani traue. Sie ist noch nicht volljährig und braucht Ihre Einwilligung.«

Franklyn Hutton schäumte vor Wut. Er verlangte nach seiner Tochter, aber statt dessen kam Alexis an den Apparat und stellte seine Forderungen. Barbara habe seinen Heiratsantrag angenommen. Er werde sie auf der Stelle heiraten, ganz gleich, ob mit oder ohne jemandes Einwilligung, wenn Hutton nicht ihre Verlobung in der Presse bekanntgebe.

Franklyn bettelte, schrie, drohte und bezichtigte Mdivani schließlich der Erpressung. Als er merkte, daß Mdivani kühn genug war, die Drohung in die Tat umzusetzen, versuchte er, Zeit zu gewinnen. Er stimme der Verlobung zu, vorausgesetzt, sie würden die Hochzeit verschieben, bis ein angemessener Ort für dieses Ereignis gefunden sei. Mdivani war einverstanden, und in dieser Nacht wurde gefeiert.

»Alexis kaufte alle Blumen in Bangkok auf«, erinnert sich Jean Kennerley. »Jedesmal, wenn wir an einem Blumenverkäufer vorbeifuhren, sprang er aus dem Auto, kaufte dem Händler alles ab und warf die Blumen auf den Rücksitz. Später in der Nacht holte er ein ganzes Orchester aus einem Nachtklub, damit es bei uns in der Hotelsuite spielte. Am nächsten Tag kaufte er Hunderte von Spielzeugenten und setzte sie jedem in die Badewanne. Lauter kindisches Zeug, aber es tat niemandem weh.«

Alexis setzte dem Ganzen die Krone auf, indem er an Roussie Sert telegrafierte: BANGKOK. APRIL 14, 1933. HABE DEN PREIS GEWONNEN. GEBE VERLOBUNG BEKANNT.

Als die Rundfunksender Franklyn Hutton dazu befragten, druckste er herum. »Ich glaube nicht, daß meine Tochter irgendwelche Heiratspläne hat«, sagte er. »Ich stehe ständig mit meiner Tochter in Verbindung, die sich auf einer Weltreise befindet, und sie hat nichts geäußert, was auf Heiratsabsichten schließen läßt. Wenn sie wirklich heiratet, wird ihr Vater an ihrer Seite sein, so hoffe ich wenigstens.«

Einige Wochen nach dieser Erklärung folgte die Nachricht, daß das Ehepaar Hutton an Bord der *Europa* nach Paris segle, um die Sache dort mit Barbara zu bereinigen, die mit Alexis und den Kennerleys an Bord der *Chitral* von Bangkok zurückkam. Sollte Hutton noch einen schwachen Hoffnungsschimmer gehabt haben, seine Tochter umstimmen zu können – er verglimmte, als er den entschlossenen Ausdruck in Barbaras Augen sah.

Die Verlobung wurde am 21. Mai offiziell bekanntgegeben, und alle etwaigen Zweifel wurden durch Barbaras jüngste Bittschrift an das Vormundschaftsgericht ausgelöscht:

Ich ahnte nicht, daß ich heiraten würde, bevor ich volljährig bin. Nun jedoch bin ich mit Prinz Alexis Mdivani, wohnhaft in Paris, verlobt. Wir werden am oder um den 20. Juni 1933 dort in den Ehestand treten. Meine Heirat mit Prinz Mdivani und die Pläne, die im Zusammenhang damit für die Monate vor meiner Volljährigkeit gefaßt wurden, werden notwendigerweise zu hohen zusätzlichen Ausgaben führen, die ich oder mein Vater nicht voraussehen konnten.

Mein Vater und ich haben über die Höhe des benötigten Betrages gesprochen, und wir schätzen ihn auf mindestens 100 000 Dollar.

Auch mit Hilfe des zusätzlichen Geldes werde ich in dem Jahr bis zum Erreichen der Volljährigkeit nur einen Bruchteil meines Einkommens ausgeben. Mein Vermögen ist so groß, daß ich nicht einsehe, warum ich nicht sofort in dem Luxus leben soll, den mir ein Vermögen wie meines ermöglichen wird, wenn ich nach meiner Heirat selbst darüber verfügen kann.

Das Gericht stimmte sofort zu. Ein paar Wochen später wurde ein anderes Gesuch mit der Bitte um zusätzliche 156 000 Dollar eingereicht, um die Kosten und den Unterhalt für drei auf besondere Bestellung gebaute neue Rolls-Royce zu decken. Einer davon war ein Geschenk für ihren Vater. Zählte man zu ihrem derzeitigen jährlichen Taschengeld von 300 000 Dollar das Geld der beiden Anträge hinzu, so erhielt man die stolze Summe von 556 000 Dollar im Jahr – ein kleiner Bruchteil ihres gesamten Spargroschens, der damals mehr als 42 Millionen Dollar wert war und jährlich zwei Millionen Dollar abwarf.

Für diejenigen, die sich für Statistiken interessieren, haben wir hier die jährliche Zuwachsrate von Barbaras Vermögen aufgelistet, die wir den Büchern ihres Vaters entnommen haben:

1926	26 703 309,96 Dollar
1927	26 892 753,60 Dollar
1928	34 266 540,22 Dollar
1929	38 309 222,25 Dollar
1930	39 022 034,18 Dollar
1931	40 352 995,42 Dollar
1932	41 739 079,09 Dollar
1933	42 077 328,53 Dollar

Gerade weil Barbara so viel Geld hatte und es so leichtfertig ausgab, stand ihre Lebensgeschichte im Mittelpunkt des Interesses. Die Details aus ihrem Leben bildeten eine willkommene Abwechslung für die weniger begüterten Menschen und entführten sie in eine Welt, die sie nur aus Träumen oder Büchern kannten. Obwohl die Leute immer wieder ihre ausgesprochene Abneigung gegenüber einem solchen Lebensstil betonten, waren sie doch von Barbara Hutton fasziniert. Offensichtlich lag etwas Unwiderstehliches in dem Wissen, daß großer Reichtum nicht unbedingt gleichzeitig mit großer Freude verbunden war.

Barbara Hutton wurde genauso bekannt wie all die anderen Größen ihrer Zeit. Sogar die Männer in ihrem Leben erhielten durch die Verbindung mit ihr den Status einer Persönlichkeit des öffentlichen Lebens. Dale Carnegie war von der Geschichte der »heiratslustigen Mdivanis« so beeindruckt, daß er versuchte, das Geheimnis ihres Erfolgs in seinem Bestseller *How to Win Friends and to Influence People* zu analysieren:

Bei kritischen Menschen wirkt Schmeichelei meistens nicht. Allerdings hungern und dürsten manche Menschen so sehr nach Anerkennung, daß sie alles schlucken. Warum hatten die so oft verheirateten Mdivani-Brüder solch durchschlagenden Erfolg auf dem Heiratsmarkt? Warum war es diesen sogenannten »Prinzen« möglich, schöne und berühmte Leinwandstars zu heiraten, oder eine Primadonna, oder Barbara Hutton mit ihren Millionen aus der Billigladen-Kette?

Wenn Schmeicheleien dazu beigetragen hatten, Barbara Hutton zu erobern, so trugen sie nicht dazu bei, ihren Vater zu besänftigen. In einem Zeitungsinterview, das er in seiner Suite im Ritz gab, machte er seinen Gefühlen Luft:

»Es gibt ein altes Sprichwort«, meinte er, »das besagt, daß man sich seine Schwiegersöhne nicht immer aussuchen kann. Aber Barbara strahlt vor Freude, und das genügt.«

»Ist Mdivani hinter dem Erbe Ihrer Tochter her?« fragte ein Reporter.

»Ich weiß nicht, was in den Köpfen anderer Leute vorgeht«, sagte Hutton, »ich hoffe, nicht. Das war vielleicht am Anfang wichtig. Aber nun? Ich sehe mir die beiden an und denke nur, daß sie verliebt sind.«

Kurz vor dem Heiratstermin erfuhr Hutton etwas sehr Beunruhigendes: In Frankreich gab es ein Gesetz, nach dem das Eigentum einer noch minderjährigen Braut (in Frankreich wurde man erst mit 21 volljährig) vom Ehemann verwaltet werden mußte. Um dieses Gesetz zu umgehen, beauftragte Hutton die Anwälte der Familie, unverzüglich eine voreheliche Vereinbarung auszuarbeiten, die Barbaras finanzielle Interessen schützen sollte. Dann begann das Feilschen zwischen William S. Pauling-Emerich, der an dem Vertrag mitgewirkt hatte, und Charles Huberich, der Mdivani vertrat. Pauling-Emerich überzeugte Mdivani von der Notwendigkeit, ihn von dem Vorwurf eines Mitgiftjägers zu befreien. Er solle auf alle Rechte verzichten, die er durch die französische Gesetzgebung auf die Woolworth-Millionen haben würde. Man legte öffentlich fest, daß Alexis eine Mitgift von einer Million Dollar und ein beträchtliches jährliches Taschengeld bekommen solle, wenn er den Vertrag unterzeichne. Alexis, der bei der Scheidung von Louise Van Alen ebenfalls eine Million Dollar bekommen hatte, hatte bald den Ruf, nicht nur der Bestaussehende, sondern auch der Cleverste des Mdivani-Clans zu sein.

Es erwies sich als problematisch, einen Ort für die Trauungszeremonie zu finden. Franklyn Hutton wollte für seine Tochter eine kirchliche Trauung, während Alexis nur für eine standesamtliche plädierte. Schließlich erklärte sich Alexis mit beidem einverstanden, verlangte aber, daß die kirchliche Trauung in einer russisch-orthodoxen Kirche stattfinden sollte. »Meine Tochter ist kein Mitglied dieser Kirche«, bemerkte Hutton. Offensichtlich waren es die Mdivanis auch nicht. Alexis mußte erst auf den russisch-orthodoxen Glauben getauft werden, bevor die Kirche ihren Segen gab.

Auf den Formblättern, die er vor dem Erhalt der Heiratsurkunde unterzeichnen mußte, gab er als Berufsbezeichnung »Sekretär der georgischen Gesandtschaft« in Paris an. Seine dortige Arbeit schien einzig und allein darin zu bestehen, Fragen zur Authentizität des Mdivani-Titels zu beantworten. Der einzige Vorteil dieses Postens lag darin, daß er mit Diplomatenpaß reisen konnte; außerdem trug sein Rolls-Royce das Emblem »CD« (für »Corps Diplomatique«), was ihm spezielle Privilegien beim Parken verschaffte. Er teilte der Presse mit, die georgische Gesandtschaft sei das Hauptquartier der konterrevolutionären Bewegung. Auf die Frage eines Reporters, was er mit »konterrevolutionär« meine, murmelte er irgend etwas von der Wiedereinsetzung des Zaren. Franklyn Hutton gegenüber erwähnte er mehr als einmal seine »Arbeit« im Namen der Gesandtschaft, erklärte aber niemals genau, was es mit dieser Arbeit auf sich hatte. Sein Diplomatenpaß wurde Ende 1933 nach der Unterzeichnung eines französisch-russischen Nichtangriffspakts annulliert, der ein für allemal mit dem Mythos aufräumte, Georgien sei irgend etwas anderes als eine südliche und kleine Region der Sowjetunion.

Währenddessen arbeitete Barbara an ihrer Aussteuer. Sie verwandelte ihre Suite im Ritz in einen wahren Bazar, wo Vertreter und verschiedene Pariser Modehäuser ihre neuesten Waren auslegten – Abendkleider, Schmuck, Handtaschen und andere Accessoires. Bei Jean Patou bestellte sie 35 Komplets und das Hochzeitskleid für die kirchliche Trauung. In der ganzen Welt erschienen Fotos von dem Hochzeitskleid in den Zeitungen: Es war aus elfenbeinfarbenem Satin, mit an den Schultern gerafften Ärmeln. Dazu gehörte ein Spitzenschleier mit einem hellen Muschelkamm, dessen Ränder mit Diamanten besetzt waren. Die Diamanten bildeten kleine Blütenzweige und wiederholten somit das Blütenmuster der Spitze. Insgesamt hatte Barbara über 80 Komplets von den besten Pariser Modehäusern gekauft.

Die Weltpresse war fast einmütig empört über das unangemessene Aufbauschen dieses Ereignisses. Die New Yorker Zeitung *Daily News* griff die Prinzessin in spe in einer vernichtenden Kritik öffentlich an:

Unsere Glückwünsche und so weiter würden Miß Barbara Hutton sicherlich passen, die – keiner weiß genau, wie viele – Millionen von Fünf- und Zehncentstücken ausgibt, die aus den Geldbörsen armer Amerikaner stammen, und das in Erwartung einer Ehe mit einem Fremden, dessen Name uns entfallen ist.

Miß Hutton gibt ihre Fünf- und Zehncentstücke in die Hände französischer Modegangster... Die 80 Komplets, die sie mit amerikanischen Fünf- und Zehncentstücken gekauft hat, werden innerhalb einiger Wochen nicht mehr in Mode sein. Falls Miß Hutton diese Kleider wirklich braucht, würde ich als Amerikaner denken, daß sie all die Fünf- und Zehncentstücke auch in Amerika ausgeben könnte, wo man verzweifelte Anstrengungen unternimmt, Geld in Umlauf zu bringen. Das Gleiche gilt auch für die Wahl ihres Ehemanns.

Barbara, die die Wahl eines »ausländischen« Ehemanns damit zu begründen suchte, daß sie eine einzelne Person und nicht sein Land heirate, ließ eine Erklärung veröffentlichen, die eine große Auflage erreichte. »Alexis ist nett und feinfühlig. Er hört mir immer zu, wenn ich verletzt bin oder Probleme habe. Wenn ich versuche, ihm all meine verwirrenden Gedanken, Schmerzen und Ängste zu erklären, erscheint er nicht gelangweilt wie andere Leute sonst. Er tut meine Ängste nicht mit einem Lachen ab und sagt, daß jemand, der soviel Geld hat wie ich, sich keine Sorgen machen sollte.«

Die standesamtliche Trauung fand am 20. Juni 1933 im Rathaus des exklusiven Distrikts Passy im 16. Arrondissement statt. Barbara hatte ein konservativ geschnittenes, hellgrau bedrucktes Modellkleid von Chanel gewählt, dazu ein taillenlanges Cape aus dem gleichen Material, einen bildschönen breitkrempigen Hut aus grauem Organdy und eine Zobelstola. Sie trug eine Halskette aus ungeschliffenen Diamanten, ein goldenes Fußkettchen und den Verlobungsring aus Platin mit einer schwarzen Perle. Alexis hatte ihn mit dem Geld gekauft, das aus der Abfindung von Louise Van Alen stammte.

200 Reporter und 20 Fotografen drängten sich auf der Pressekonferenz. Eine Polizeikette hielt die Masse der aufgeregten Zuschauer zurück, die sich vor dem Rathaus versammelt hatten. Barbara wurde von ihrem Vater und ihrer Tante Jessie Donahue begleitet; Alexis hatte als seine Begleiter Maria Sert und Akaki Tchenkeli ausgewählt, den obersten Diplomaten der georgischen Gesandtschaft.

Die Fotos zeigen einen Alexis im feierlichen Anzug, der während der Hochzeitsrede des stellvertretenden Bürgermeisters von Paris, Daniel Maran, eingenickt war. Maran hob indessen »den Prinz und die Prinzessin« in den Himmel und gab seiner Freude darüber Ausdruck, daß sie Paris für diese bedeutsame Verbindung gewählt hatten. Schließlich verbreitete er sich in einer langatmigen Abhandlung über die Dauerhaftigkeit der ehelichen Verbindung. Zum Schluß wünschte er den Jungvermählten Glück, *bonne chance* und viele Kinder und bedankte sich bei Mr. Franklyn Hutton für die »großzügige Spende, die bei Gelegenheit unter den Armen verteilt werden wird«. Huttons Spende von 20 000 Francs war damals kaum 1000 Dollar wert, also kaum eine welterschütternde Summe für jemanden seines Standes.

Der zweite Teil der Hochzeitszeremonie, die kirchliche Trauung, die zwei Tage später stattfand, war im Vergleich dazu eine De-Mille-Produktion. Abgehalten wurde sie in der russischen Kathedrale zu St. Alexander Nevsky in der Rue Daru, dem Heim (so Alexis) »aller antibolschewistischen Exilgeorgier«. Beim Anblick der riesigen Zuschauermenge vor der Kathedrale hätte man meinen können, alle Einwohner von Paris hätten sich einen Tag freigenommen.

Die *New York Times* berichtete, daß die Kirche – obwohl sie 800 Gästen Platz bieten mußte, darunter führenden Mitgliedern aus Diplomatie und Gesellschaft – noch nicht so verstopft war wie draußen die kleine Rue Daru, wo 8000 ungeladene Gäste darum kämpften, einen Blick auf die liebreizende Braut in ihrem wunderschönen elfenbeinfarbenen Satinkleid und dem dazu passenden altmodischen Spitzenschleier werfen zu können. Schließlich überwältigten sie die Gendarmen und drängten zum Eingang. Unter diesen ungeladenen Gästen befanden sich bemerkenswert viele junge Französinnen und kleine Verkäuferinnen. Die meisten vergaßen über ihrer Neugierde jeden Anstand, schoben, zerrten, prügelten und versuchten, sich den Weg in die vordersten Reihen zu bahnen.

Als die Limousine der Braut eintraf, gab es erneut Geschrei und Gedränge. Für die Zeremonie waren ein Baldachin und ein roter Teppich herbeigeschafft worden. Das Innere der Kirche war mit Chrysanthemen und Lilien ausgeschmückt, deren gelb-weißes Muster an den Wänden mit smaragdfarbenen Palmwedeln unterlegt war. Im Mittelgang lag ein scharlachroter Teppich, und der Altar war durch Tausende weißer Kerzen in großen Bronzekandelabern erleuchtet.

Alexis ging seiner Braut zum Altar voran, vorbei an Kirchendienern in Knickerbockern und mit breiten Goldketten um den Hals. Ein aus 30 Sängern bestehender Chor sang die Hochzeitshymne. Während des stundenlangen Gottesdienstes mußten die Gäste stehen, denn aus Tradition gibt es in russisch-orthodoxen Kathedralen keine Kirchenbänke. Gemäß des russisch-orthodoxen Brauches fehlten auch die Brautjungfern. Barbara wurde lediglich von einem

Kirchendiener in Ornat begleitet, der ihre acht Fuß lange Schleppe trug. Die Gäste drängten sich eng um das Brautpaar, als der bärtige, golden gewandete Hohepriester, der von fünf weiteren Priestern umgeben war, die Hochzeitszeremonie in Russisch abhielt.

Geführt vom Hohenpriester, umrundeten Barbara und ihr Bräutigam zweimal den Altar, während Zeremonienmeister mit Cut und gestreiften Hosen die schweren, mit Juwelen besetzten Kronen über die Köpfe des Brautpaares hielten, was bedeuten sollte, daß sie mit dem höchsten Glück auf Erden gekrönt worden waren. Unter den Zeremonienmeistern, die sich beim Tragen der Kronen abwechselten, waren auch Barbaras Cousins Jimmy und Woolworth Donahue und Frazier McCann; des weiteren Graf Renault St. Croix, Victor Grandpierre, Prinz Theodor von Rußland (ein anderer ungewöhnlicher georgischer Titel), Morley Kennerley, der Maharadscha von Kapurthala (mit purpurfarbenem Turban) und der in Rußland geborene *premier danseur* Serge Litfar.

Die Zeremonie erreichte langsam ihren dramatischen Höhepunkt, als das Paar den heiligen Wein aus mit Ornamenten verzierten Kelchen trank, sich dann vor den Ikonen verbeugte (anstatt sie wie üblich zu küssen), die Ringe tauschte, mit Kerzen in der Hand umherschritt, vor dem Altar niederkniete, den Duft des Weihrauchs einatmete und das Gelöbnis sprach. An einer Stelle fragte der Priester: »Hat einer von euch jemand anderem zuvor die Liebe versprochen?« Ohne zu zögern, antwortete Alexis: »Nein«, was die ganze Zeremonie begreiflicherweise entkräftete. Zum Schluß legten Diakone einen rosafarbenen Zeremonienteppich auf den Boden und traten zurück. Einem alten russischen Brauch zufolge wird derjenige in der Ehe dominieren, der als erster auf den Teppich tritt. Alexis wollte wie gewöhnlich voller Elan zur Tat schreiten, aber Barbara war schneller und setzte ihre winzigen Füße einen Augenblick früher auf den Teppich.

Nach Ende des Gottesdienstes unternahm man erfolglose

Versuche, die Straße vor der Kirche zu räumen. Die Menge, die bestrebt war, die Braut noch einmal zu sehen, verteidigte eisern ihr Terrain, und 20 Minuten lang war es für die Neuvermählten unmöglich, zu ihrer Limousine zu gelangen. Als man schließlich die Limousine erst zum einen, dann zum anderen Eingang lenkte, entstand kurzzeitig ein freier Durchgang, und Braut und Bräutigam verschwanden im hinteren Teil des Wagens. Als das Auto anfuhr, winkte Barbara der jubelnden Menge zu. Als die beiden ein paar Minuten später zu einem Empfang mit Mittagessen im Ritz ankamen, wurden sie von der Menge bedrängt, die sich auf dem Place Vendôme eingefunden hatte.

Sie bekamen so viele Hochzeitsgeschenke, daß Barbara eine weitere Suite im Ritz mieten mußte, um sie unterzubringen. Prinz David Mdivani schenkte dem frischgebackenen Brautpaar eine mit Diamanten eingefaßte Uhr von Cartier. Serges Geschenk bestand aus einem goldenen und mit Rubinen verzierten Kosmetikkoffer für Barbara und aus goldenen Manschettenknöpfen für seinen Bruder. Nina Huberich übergab Barbara einige zeremonielle georgische Gewänder, die mit goldener Perlenstickerei gesäumt waren; Sert hatte ihnen ein großes Landschaftsbild von der spanischen Meeresküste gemalt. Dann waren da Ohrringe mit Diamanten und Rubinen, Diamantarmbänder, die unvermeidlichen goldenen Toilettengarnituren und silbernen Teeservice, schwere Koffer mit silbernen Eßbestecken aus der Zeit Georgs III., Bakkaratkristall und Porzellan aus Limoges. Franklyn Hutton schenkte Barbara eine kostbare Halskette aus Jade und seinem Schwiegersohn ein Motorboot mit besonders starkem Motor, das über zehn Meter lang und auf den Namen *Ali Baba* getauft war (»Ali« für Alexis und »Baba« für Barbara) und nach Venedig an den Lido transportiert wurde, wo das Paar einen Teil seiner Flitterwochen verbringen wollte.

Die Braut schenkte ihrem Bräutigam eine Reihe von Poloponys und orientalische Perlenmanschettenknöpfe. Da Barbara erfahren hatte, daß er von Louise Van Alen ähnliche

Geschenke erhalten hatte, kaufte sie ihm doppelt so viele Poloponys. Alexis überreichte Barbara eine Perlenkette und mehrere Monate später eine Halskette aus Jade, für die er 40 000 Dollar zahlte – alles Barbaras Geld –, die aber beträchtlich weniger wert war, wie sich später herausstellte. Die E. F. Huttons schenkten Barbara eine Diamantbrosche in Form eines Poloponys. Dies war wohl das passendste Geschenk, denn Polo und Poloponys sollten bald ein fester Bestandteil ihres Lebens werden. Als Barbara ein Jahr verheiratet war, erzählte sie Freunden: »Ich hätte nicht gedacht, daß Polo jeden Augenblick im Tagesablauf meines Mannes einnehmen würde. Es scheint, ich wäre besser als Polopony zur Welt gekommen.« Viele Jahre später bemerkte sie wehmütig: »Als Mr. und Mrs. Alexis Mdivani wären wir glücklicher gewesen, aber Alexis wollte niemals seinen Titel ablegen.«

6

Sie hatten 70 Gepäckstücke für die Flitterwochen dabei. Auf jedem Koffer, ob groß oder klein, prangten eine Krone und die Initialen der Familie Mdivani. Eine Polizeieskorte sorgte für freie Strecke, als sich die Rolls-Royce-Karavane mit den Frischvermählten und ihrer Gefolgschaft den Weg zum Bahnhof St. Lazare bahnte, wo die beiden vor dem wartenden Nachtexpreß von einer riesigen Reporterschar empfangen wurden. Barbaras kurze Bemerkung: »Es macht ziemlich Spaß, Prinzessin zu sein« schlug sich sofort in schlechter Presse nieder. Henry Cabot Lodge zum Beispiel, seines Zeichens Senator von Massachusetts, dachte sicherlich an Barbara, als er in einer Bostoner Tageszeitung schrieb: »Jede Tochter eines kleinen Schweinebarons versucht jetzt, einen europäischen Adelstitel zu kaufen, weil sie begriffen hat, daß ein Titel den Wert eines Markenzeichens hat – und von Markenzeichen verstehen sie etwas.« Eine andere amerikanische Zeitung warf Barbara vor, daß sie »Tausende von Dollars für eine bedeutungslose rituelle Hochzeit ausgegeben hat«.

Nicht einmal Franklyn Hutton entging dem Zorn der Presse. Ein Artikel der Pariser Ausgabe des *Herald-Tribune* berichtete, daß Hutton, der Brautvater, es versäumt habe, für die Benutzung der russischen Kathedrale, in der Alexis und Barbara getraut worden waren, zu zahlen. Der Artikel behauptete, daß er Chor und Blumenmeer bezahlt habe, während er die Rechnungen für die Kirchenmiete und die Dienste des Priester schuldig geblieben sei. Hutton regte sich über diesen Artikel ziemlich auf und antwortete sofort mit einem Beschwerdebrief:

»Weder schulde ich der Russischen Kirche etwas, noch habe ich in irgendeiner Form irgendeinem ihrer Mitglieder eine Zahlung, eine Schenkung oder etwas ähnliches versprochen. Selbstverständlich weise ich jede gegenteilige Behauptung aufs Schärfste zurück.« Dieser Brief wurde zwar unverzüglich abgeschickt, aber die Zeitungen weigerten sich, eine Richtigstellung zu veröffentlichen.

Die einzigen Ereignisse dieser Tage in Barbaras Leben, welche die Presse nicht ausschlachtete, waren die Intimitäten der Hochzeitsnacht, obwohl auch diese mit der Zeit bekannt wurden. Während der Zug durch die Nacht brauste, dem Comer See, ihrem ersten Reiseziel, entgegen, zog Barbara ein herrliches spitzenbesetztes Seidennachthemd an. Alexis sah ihr zu, und dabei entfuhr ihm eine Bemerkung, die er später bitter bereute. »Barbara«, sagte er, »du bist zu fett!« Sie war 1,63 Meter groß und wog 74 Kilo. Sie war tatsächlich ziemlich dick, hatte aber umwerfende Beine und ein bemerkenswertes, manch einer sagte sogar ein schönes Gesicht. Ihr Busen war wohlgeformt, aber zu ausladend, ein Körpermerkmal aller Woolworth-Frauen. »Barbara hatte einen Riesenbusen in einer Zeit, als die Ideale des viktorianischen Zeitalters, wozu auch ausladende Rundungen gehörten, aus der Mode kamen«, kommentierte Louis Ehret. Dünn war schick und ein Zeichen von reinrassigem Puritanismus. Barbara sah gut aus, aber sie hatte eher eine Rubensfigur. Das Kostüm von Chanel für die standesamtliche Trauung kleidete sie ziemlich gut. Aber Patous Kreation für die kirchliche Zeremonie war für Barbara äußerst unvorteilhaft. Patous Kleider sind eher für Frauen mit einer zierlichen Figur geeignet. Barbara dagegen hatte üppige Formen und das Ergebnis war dementsprechend katastrophal. Obwohl sie sich dieses Problems bewußt war, half das wenig, den Schmerz zu lindern, den ihr ihr Ehemann mit seiner Bemerkung zugefügt hatte. Barbara unterwarf sich daraufhin einer Radikalkur, die aus nichts als drei Tassen Kaffee pro Tag bestand – ohne irgendwelche festen Nahrungsmittel. Nachdem sie diese Tortur drei Wochen lang durchgehalten hatte, war es ihr gelungen, beinahe 40 Pfund abzunehmen. Sie nannte das scherzhaft ihre »Mahatma-Gandhi-Kur« – entweder du stirbst daran oder du verlierst Gewicht. Barbara wäre beinahe daran gestorben.

Trotz der rüden Behandlung in der Hochzeitsnacht und der darauffolgenden Abmagerungskur gefiel es Barbara am Comer See sehr gut. Sie machte in der dortigen Beschaulichkeit beinahe meditative Erfahrungen. Von der Villa d'Este in Cernobbio aus, seinem dortigen Domizil, konnte das Paar das Alpenpanorama und den Blick auf das seidig glänzende Wasser des Sees genießen. Von Cernobbio fuhren sie weiter in Richtung Venedig. Am Gardasee unterbrachen sie die Reise für eine Nacht, um den italienischen Dichter, Dramatiker und Politiker Gabriele d'Annunzio im Vittoriale, seinem Feriendomizil auf einem Berggipfel, zu besuchen. D'Annunzio schenkte Barbara zur Hochzeit Arthur Waleys *The Tale of Genji*, die englische Übersetzung eines Erzählbandes höfischer Dichtungen aus dem 11. Jahrhundert, verfaßt von der Kurtisane Murasaki Shibiku (Heian-Periode). Zusammen mit den Gedichten von Tagore hatte diese Sammlung großen Einfluß auf die spätere Entwicklung von Barbara.

Barbara und Alexis kamen mitten in der Touristensaison in Venedig an. Sie hatten dort die Königssuite im Hotel Excelsior am Lido gebucht, dieser über elf Kilometer langen

Sandbank an der Adria, wo sich die Reichen unter blau-weiß gestreiften Strandhäuschen versammelten, um der sommerlichen Hitze zu entgehen. Bei seiner Ankunft wartete ein superschnelles Chris-Craft-Motorboot auf das Paar. Es war Franklyn Huttons Hochzeitsgeschenk für Alexis. Er freute sich sehr über das Boot und Barbara genoß es, in Venedig zu sein.

Ihre Tagebücher aus dieser Zeit sind angefüllt mit bruchstückhaften Eindrücken von besichtigten Sehenswürdigkeiten: »Eine dunkle Kirche, in einer finsteren Ecke erstrahlt ein Meisterwerk; eine Bogenbrücke über dem Kanal; die rosa-, orange- und lavendelfarbenen Fassaden von verblaßten, aber immer noch majestätischen Palästen; die Wiener Walzer, die bei Quadri gespielt werden; ein weißer Korbtisch in einem am Kanal gelegenen Café; ein Rosengarten in einem Hinterhof am Campo San Barnaba; das Glockengeläute des Campanile in der Dämmerung« und von Parties, an denen sie teilnahmen: »ein brillanter Wirbel, den Coco Chanel im Grand Hotel des Bains inszenierte; eine Dinnerparty, in einer Villa aus dem 16. Jahrhundert, die halbversteckt unter einem Dach von Pinien liegt; Cocktails bei Baron und Baronin Rudi d'Erlanger«.

Von allen gesellschaftlichen Bekanntschaften, die Barbara in Venedig machte, war keine wertvoller für sie als ihre Freundschaft mit Prinzessin Jane di San Faustino. Die 70jährige Witwe war gebürtige Amerikanerin und hieß mit Mädchennamen Jane Campbell. Nach ihrer Heirat mit Prinz Carlo di San Faustino war sie zu einer der beeindruckendsten tonangebenden Persönlichkeiten der italienischen Gesellschaft geworden. Jeder, der einmal ihren Salon im Palazzo Barberini in Rom besucht hat, kann ihre genaue Beobachtungsgabe bestätigen. Sir Oswald Mosley erinnerte sich an ihren Salon als an »eine Universität des Charmes, wo ein junger Mann eine Verfeinerung der Umgangsformen erfahren konnte, deren Erwerb eine Art ewig gültiger Passierschein in einer sich ständig ändernden und vielfältigen Welt ist. Wenn er fähig ist, dem Salon der Prinzessin Jane standzuhalten, kann er vielem furchtlos gegenübertreten.« In Venedig wurde ihr das erste und das letzte Wort darüber zugebilligt, ob jemand zählt oder nicht, und ihre Urteile waren in solchen Fällen nicht nur endgültig, sondern oft auch grausam. Anfangs war die Prinzessin für Barbara eine beinahe beängstigende Erscheinung. »Sie saß gerne in ihrem Zelt«, schrieb Barbara in ihr Tagebuch, »und spielte stundenlang ununterbrochen Backgammon, nippte an einem Amaretto mit Sahne, sprach lang und breit über ein Thema, das ihr gerade einfiel, unterbrach sich selbst, um Bedienstete auszuzanken und sich darüber zu beklagen, daß die Italiener die langsamsten, taubsten und faulsten Menschen auf Erden seien. Einen Augenblick später erklärte sie die Italiener zur wahren Herrenrasse und pries sie als die großartigsten Künstler und die edelste Zivilisation der Welt.

Sie jonglierte wunderbar. Sie konnte zahlreiche Tätigkeiten gleichzeitig bewältigen: eine Dinnerparty planen, ein Gespräch verfolgen, Backgammon spielen, ein Buch lesen, einen Pullover stricken, den Strandboy schelten, den neuesten Klatsch weitererzählen – inmitten von alldem bestand sie darauf, daß ich ihr meine Geschichte erzählte: ›... und lassen Sie ja kein intimes Detail aus!‹ Sie liebte unmoralische und anrüchige Geschichten. Wenn man eine Pause machte, wurde sie ungeduldig. ›Weiter, weiter, ich höre zu!‹ In dem Moment aber, in dem man den Faden wiederaufnahm, kehrte sie zu ihrer atemberaubenden Vielfalt von Aktivitäten zurück. Aber sie merkte sich alles, denn, als wir allein waren, stellte sie mir diesbezügliche Fragen nach einigen sehr unbedeutenden Einzelheiten, die ich flüchtig erwähnt hatte. Danach befragt, wie sie das mache, antwortete sie, daß sie einen peripheren Hörsinn habe und ein mehrkanaliges Erinnerungsvermögen.«

Bald unterstützte und förderte Prinzessin Jane Barbara mit allen ihr zur Verfügung stehenden Mitteln. Sie stellte sie jedermann vor und ebnete ihr den Weg zum steten Aufstieg zu einer führenden Persönlichkeit auf der internationalen Gesellschaftsbühne. Ein Grund für Barbaras kometenhaften Aufstieg war, daß es ihr gelang, sich von einem hübschen Mädchen mit Geld in eine strahlende Schönheit mit Geld zu entwickeln. Sie hatte Schick und Stil und bald schon auch die kühle, glatte Eleganz einer großen Dame. Ihre brutale Abmagerungskur gab ihr ein glattes, elegantes Aussehen, das sie noch verfeinerte durch regelmäßige Besuche beim Friseur, tägliche Gymnastikstunden und ständige Einkäufe von neuen Modellkleidern, obwohl sie gestand, daß sie die falschen Schmeicheleien, die die Couturiers an sie verschwendeten, und den Zeitaufwand, der nötig war, um ihre Garderobe zusammenzustellen, haßte.

Sie entwickelte sich zum Wunschbild einer jeden Frau, zum Condé-Nast-Typ: vollendete Figur, samtweiche Haut, lange, scharfe Fingernägel, dichtes, glänzendes Haar. Sie machte auf unnahbare, blonde Schönheit, deren makelloses Aussehen, inklusive Make-up in Rosa und Weiß, zarten Lippen und aufrichtigen Augen, manchen Mann zum Fluchen brachte, wenn er merkte, daß sich unter der süßen Oberfläche ein Temperament und ein Wille verbargen, die einer Marie Antoinette alle Ehre gemacht hätten. Zum ersten Mal lernte Barbara, auch die Rolle der Gastgeberin zu spielen, denn sie lud häufig am Lido zum Lunch ein, der vor ihrem Zelt von Dienern in Livrée serviert wurde. Sie nahm eine neue, sorglose Haltung an und übernahm die Vorliebe ihres Mannes für Spontanität und ein ungezügeltes Leben. Sie wurde impulsiver und weniger selbstkritisch, sowohl psychisch als auch sexuell: sie erwiderte bereitwillig die häufigen erotischen Aufmerksamkeiten ihres Mannes. Alexis hatte sich richtiggehend verliebt in seine neue Frau. Das jungvermählte Paar wurde zum unternehmungslustigsten Paar der Welt, das erst zu den Salzburger Festspielen aufbrach, dann mit dem Orientexpreß fuhr, dann Tanger, eine Stadt, deren geheimnisvolle Ausstrahlung Barbara richtiggehend verzauberte, besuchte.

Barbara und Alexis benahmen sich wie ein Königspaar des 19. Jahrhunderts. Eines der großen Vergnügen von Mdivani war es, den geschlängelten Canal Grande entlang bis zur Giudecca und wieder zurück zu rasen in seinem PS-starken Chris-Craft mit Dreierbesatzung. Er und Barbara umgaben sich mit adeligen Freunden, je wohlhabender, desto besser, und einem Heer von Dienern, Sekretären, Dienstmädchen und Chauffeuren, und auch Ticki Tocquet, die heimliche Mutter der ganzen Kompanie, war dabei. Bald gaben sie eine große Party in Venedig, und eine lange Reihe von Gondeln transportierte hundert Paare zum verschwenderisch dekorierten Ballsaal des Grand Hotels. Barbara gab 20 000 Dollar für Partygeschenke für ihre dankbaren Gäste aus.

Von Venedig aus zogen das Paar und seine Gefolgschaft gen Süden bis über Florenz und Rom hinaus, wobei sie immer die größten Hotelsuiten und Paläste bewohnten. Dann ging es nach Capri, wo sie eine Villa mit 40 Zimmern mieteten. Farbenprächtige und wohlriechende Blumen blühten in allen Zimmern. Boten und Lieferanten eilten ständig umher, um Aufträge zu erfüllen, Kleider, Juwelen und Nachrichten entweder für Barbara oder für Alexis zu bringen, und gaben so dieser theatralischen Reise einen Anstrich von Bedeutung.

Von Capri aus reisten sie nach Biarritz, wo Alexis im Team von Lord Louis Mountbatten bei einem Poloturnier um den Prince of Wales Cup mitritt. Mountbattens Mannschaft kam dabei zu größten Ehren. Die Mdivanis fuhren nach Paris, wo sie Elsa Maxwell begegneten. Deren Eindruck von der göttlichen Zweisamkeit fand seinen Niederschlag in ihrer New Yorker Zeitungskolumne: »Barbara hat sich zu einer unglaublich exotischen Schönheit entwickelt. Ihr Mann ist jedoch immer noch derselbe wunderliche, ehrgeizige Charakter ohne Rückgrat, der er schon war, als er noch mit seiner ersten Frau, Louise Van Alen, verheiratet war.«

Elsa fuhr fort, Mdivani vorzuwerfen, bei Barbara einen bedenklichen Hang zur Extravaganz zu fördern, und wies darauf hin, daß die minderjährige Erbin, die noch auf ihr Erbe warte, ihre unbegrenzte Kreditwürdigkeit dazu benutze, alles, was sie sehe zu kaufen: »Barbara hat keinen Begriff vom Wert des Geldes, aber sie zögert immer noch, wenn der Preis von etwas, das sie kaufen möchte, unerschwinglich scheint. Alexis lacht sie aus und bedrängt sie gemeinsam mit dem Händler, der eifrig zu verstehen gibt, daß Ihre Hoheit alles in seinem Laden haben und dafür bezahlen könne, wann immer sie wolle.«

Alexis verzieh Elsa ihre spitze Feder nie. Als sie die Mdivanis in die Folies Bergères einlud, lehnte er ab. Barbara begleitete Elsa alleine, um Josephine Baker, »die schwarze Göttin des Cabaret«, über die Bühne stolzieren zu sehen, die mit nichts bekleidet war als einer rosa Flamingofeder. Sie tanzte den Charleston mit auf einer Schnur aufgereihten und um ihre Taille gelegten Bananen. Dann wechselte sie in ein paillettenbesetztes Trikot, ein Cape aus Straußenfedern und einen meterhohen Federkopfputz, um den Bunny Hug, den Castle Walk und den Turkey Trott zu tanzen. Danach gingen Barbara und Elsa hinter die Bühne, und Barbara lieferte Elsa weiteres Material für ihre Kolumne, als sie einen Diamantring vom Finger nahm und ihn Miß Baker schenkte als Anerkennung für ihre brillante Vorstellung.

Am Tag danach buchten Barbara und Alexis einen Platz auf der *Bremen*, um nach New York zurückzukehren. Es war Mitte Oktober, und in Paris wurde es langsam kalt. Auch in New York war die Witterung nicht besser, aber Barbara stand kurz vor ihrem 21. Geburtstag und hatte guten Grund, diesen in den Vereinigten Staaten zu feiern. Sie reiste heim, um ihr Geburtstagsgeschenk, einen Scheck über mehr als 42 Millionen Dollar, in Empfang zu nehmen.

Die Geburtstagsparty, die in der Wohnung ihres Vaters am 14. November 1933 stattfand, erregte die Art von Aufruhr, an die sich jeder, der mit Barbara zu tun hatte, sehr rasch gewöhnte. Ein Dutzend Polizisten standen Wache vor der Fifth Avenue Nr. 1020, vor der sich eine aufgeregte Menge versammelt hatte. Reporter und Fotografen standen in Massen vor dem Haus. Oben in der Wohnung brannte im

Kamin der Eingangshalle ein Feuer, während das abgemagerte Geburtstagskind im Foyer stand und seine fünfzig Gäste begrüßte. Das gab dem Fest eine anheimelnde Note. Als Kosaken gekleidete Kellner boten auf Silbertabletts Vorspeisen und Champagner an, und in zwei Bars wurden Drinks ausgeschenkt. Die Wohnung war mit Stechpalmenzweigen geschmückt, deren leuchtend rote Beeren, die im Winter reifen, in Rußland das Leben nach dem Tode versinnbildlichen. In einem Raum wurden Gäste von einem Zigeunerensemble unterhalten, das russische Folklore spielte, und in einem anderen konnten sie eine russische Schwerttänzergruppe und andere Akrobaten bewundern. Das Essen wurde an kleinen runden Kaffeehaustischen serviert, die mit Immergrün und verschiedenen Winterblumen geschmückt waren. Es gab auch eine riesige rosa Geburtstagstorte mit 21 Kerzen.

Nach dem Essen lud Franklyn Hutton die Geburtstagsrunde in einen Nachtklub zum Tanzen ein. Am nächsten Tag fand eine intimere Feier statt, zu der nur der engste Familienkreis in seine Wohnung geladen war. Am 16. November, zwei Tage nachdem Barbara volljährig geworden war, stellte sie das letzte von ihren vielen Gesuchen an das Vormundschaftsgericht des Bezirks Suffolk:

Ich, gebürtige Barbara Hutton, seit meiner Hochzeit am 22. Juni 1933 mit Alexis Mdivani verheiratete Barbara Hutton Mdivani, habe am 14. November 1933 mit meinem 21. Geburtstag die Volljährigkeit erlangt. Folglich habe ich von nun an die Verfügungsgewalt über meinen gesamten Besitz, den mein Vater und Vermögensvormund bis jetzt für mich verwaltet hat. Im Frühjahr 1932 habe ich die Transaktionen, die mein Vater als Vermögensverwalter tätigte und die dem Gericht durch seine Berichte bekannt sind, von einem unabhängigen Fachmann prüfen lassen. Diese Überprüfung ergab, daß mein Vater und sein Anwalt sparsames und weises Verhalten im Umgang mit meinem Besitz bewiesen haben und daß ich mich glücklich preisen kann, daß er die Wechselfälle der letzten Jahre so gut

*überstanden hat. Ich kam mit meinem Vater überein, daß er
seines Amtes als Generalvormund nunmehr enthoben ist, und
zum Zeitpunkt der Aushändigung meines Kapitals und meines
Einkommens, das mein Vater bisher noch in Händen hält, bin
ich bereit, ihm eine umfassende Entlastung auszustellen, die
für ihn, seine Erben, seine Manager und Berater gilt und die
ihn von jeglicher Haftung und Verantwortung entbindet.*

Franklyn Hutton war somit von seinen hochdotierten Verpflichtungen entbunden und ein Drittel des riesigen Vermögens von F. W. Woolworth ging in Barbara Hutton Mdivanis
Besitz über. Zur Zeit dieser Transaktion belief sich ihr Erbe
auf 42 077 328,53 Dollar. Gemäß dem Finanzamt der USA
waren mehr als 32 Millionen Dollar von dieser Summe in
steuerfreien Wertpapieren der amerikanischen Regierung angelegt. Einschließlich des Erbes ihrer Mutter überstieg das
Vermögen, über das sie im Alter von 21 Jahren verfügte, 50
Millionen Dollar – das wären zu den heutigen Bedingungen
ungefähr 750 Millionen Dollar. Nach dem Erhalt des Geldes
schenkte sie als erstes ihrem Vater fünf Millionen Dollar –
um sich dafür erkenntlich zu zeigen, daß er ihr ursprüngli-
ches Erbe nahezu verdoppelt hatte. Als zweites machte sie
eine anonyme Spende von einer Million Dollar für Wohltä-
tigkeitszwecke. Weitere 1,25 Millionen Dollar vermachte sie
ihrem Mann. »Sie muß mit ihrem Mann sehr zufrieden
sein«, las man in einem Leitartikel der *New York Times*.
»Offensichtlich hat sie nicht die Absicht, ihn in die Rolle
eines hart arbeitenden, amerikanischen Geschäftsmannes zu
drängen.«
    Ed Sullivan druckte in der Zeit, als er noch in Zeitungen
schrieb und noch nicht im Fernsehen auftrat, einen »offenen
Brief« an Barbara in der *Daily News*: »Die Unwirklichkeit
Ihres Tagesablaufes muß doch ziemlich langweilig sein, Prinzessin. Sie haben einen Mann, der wenig oder gar keine
Beziehung zum Alltagsleben hat . . . Kurz und gut, angesichts des harten Überlebenskampfes und der blanken Not
von vielen Landsleuten gibt Ihr Prinz amerikanische Dollars

für Spielzeug aus, das allein seine Eitelkeit befriedigt.« Sullivan schlug vor, daß die Erbin ein jährliches »Prinzessin Barbara Weihnachts-Essen« veranstalten und dabei 1000 Weihnachtskörbe für die Armen bereitstellen solle: »Die ganze Angelegenheit wird nicht mehr als 5000 Dollar kosten und Sie würden dafür Dankbarkeit für mindestens 50 000 Dollar ernten.«

Sie willigte ein und Sullivan lobte sie in den höchsten Tönen: »Prinzessin Barbara ist die Größte. Sie sind eine wunderbare Frau – wirklich wunderbar!« Leider wurde Sullivans Überschwenglichkeit sehr rasch unter einer Lawine von negativen Presseveröffentlichungen begraben, die von der Enthüllung eines neuen Skandals ausgelöst wurde, in den die Mdivanis verwickelt waren. 1932 hatten Serge und David Mdivani und ihre Frauen mehr als 200 000 Dollar zusammengetragen, um die Pacific Oil Company zu gründen. Das meiste Kapital war von den beiden Frauen und einer Schar von zweit- und drittklassigen Schauspielern und Schriftstellern zur Verfügung gestellt worden. Bald darauf fand ein Ölstreik in Venice/Kalifornien statt, und zwar auf einem der berühmten Erdölfelder von Venice, das Mae Murrey gehörte. Im Juni 1933 entdeckten Mae und Mary, die beide in Scheidung lebten, Beweise für die Mißwirtschaft ihrer Exgatten in der Ölgesellschaft. Es kam heraus, daß die beiden Brüder einen beachtlichen Teil des Gesellschaftskapitals zum Eigengebrauch abgezweigt und anschließend die Rechnungsbücher gefälscht und damit ihr Vorgehen vertuscht hatten. In ihrer Eigenschaft als Direktoren des Unternehmens konnten sie dies zunächst unauffällig machen. Ein anderer Vorwurf, der gegen sie erhoben wurde, zielte darauf, daß sie illegal große Summen aus den Gewinnen der Gesellschaft, die eigentlich in Investitionen hätten angelegt werden sollen, einbehalten hatten.

Es folgte eine Untersuchung und am 16. Dezember 1933 wurden David und Serge Mdivani vor dem großen Geschworenengericht des schweren Diebstahls in 14 Anklagepunkten bezichtigt. Für die beiden wurde eine Kaution von

10 000 Dollar festgesetzt und niemand anderer als Barbara Hutton Mdivani hinterlegte die Summe. Der Gerichtstermin wurde für Mitte Januar 1934 angesetzt. Die Angelegenheit wurde noch heikler durch die Enthüllung gewisser Ereignisse um die Scheidung der Brüder. Vor dem obersten Gericht des Bezirks Los Angeles klagte Mae Murray ihren Mann an, er habe mit den Fäusten auf sie eingeschlagen: »Er schlug mich und sperrte mich in mein Zimmer. Ein anderes Mal brach er in mein Ankleidezimmer ein und vergewaltigte mich.« Mae Murrays Karriere war bald vollkommen ruiniert und sehr viel später sagte sie bei einer anderen Verhandlung aus, David habe sie finanziell ruiniert: »Er nahm mir meine Aktien, meine Wertpapiere und mein Bargeld. Ohne einen Penny ließ er mich schließlich sitzen. Ich habe jetzt weder Besitz noch ein Einkommen. Nur seinetwegen war ich jahrelang nicht fähig, in einem Film aufzutreten.« Als sie David heiratete, besaß sie drei Millionen Dollar. Danach besaß sie nichts mehr. Aus einem schäbigen Hotel der Altstadt von Manhattan wurde sie verjagt, weil sie ihre Rechnung nicht zahlen konnte: »Ich nahm eine alte Hutschachtel mit dem Nötigsten und verzog mich in den Central Park. Dort blieb ich drei Tage und Nächte ohne einen Penny. Ich saß dort auf einer Bank nur mit meiner kleinen Hutschachtel. Nach meiner Ehe hatte ich nurmehr das, was ich auf dem Leib hatte.«

Mary McCormicks Scheidungsgeschichte hörte sich ähnlich an. Einst hatte sie Serge als »den größten Liebhaber der Welt« bezeichnet und jetzt nannte sie ihn nur noch den »schlimmsten Schürzenjäger der Welt«. Als Erwiderung auf seine Beschuldigung vor Gericht, sie habe ihn gekratzt und geschlagen, sagte sie nur: »Warum soll ich es leugnen? Man sollte mir dafür einen Orden verleihen.« Sie unterhielt den Gerichtssaal mit einer langen Liste von Indiskretionen über ihren Mann, unter anderem, daß er niemals den Versuch gemacht habe, den Lebensunterhalt zu verdienen. »Es war mir überlassen, mich um die Haushaltsrechnungen zu kümmern. Außerdem durfte ich keine Freunde haben. Er sagte, ich solle mir klar darüber werden, daß ich eine Prinzessin sei und deshalb nicht mehr mit gewöhnlichen Leuten Kontakt haben könne. Gleichzeitig ließ er es mich spüren, daß er sich mit einer gewöhnlichen Sterblichen eingelassen hatte, als er mich heiratete. Er erzählte meinen Freunden immer wieder, daß ich ihm nicht das Wasser reichen könne.« Als Schlußpunkt ihrer Beschuldigungen führte sie an, sie habe ihrem Mann 40 000 Dollar für »Geschäftsinvestitionen« geliehen und er habe keine Anstalten gemacht, sie ihr zurückzuzahlen. Serges lakonische Antwort war: »Lächerlich! Wie kann ein Mann von seiner Frau Geld borgen? Wenn der eine Geld hat, dann benützt es auch der andere!« Außerdem bezichtigten sie sich gegenseitig der Untreue: »Aber ich bin zu wohlerzogen, um Namen zu nennen«, behauptete Serge.

Serge und seine Opernsängerin wurden am Tag vor Barbaras 21. Geburtstag gesetzmäßig geschieden. Einige Tage später las Barbara in einer Klatschspalte, daß sich Serge mit Louise Van Alen, der früheren Frau von Alexis Mdivani und ihrer Erzfeindin, eingelassen habe. Zufällig stieß sie auch auf ein Interview mit Mary McCormick im *Daily Mirror*. »Die Mdivanis haben vollendete Manieren und sind Kosmopoliten«, erklärte die Sängerin, »aber sie sind Georgier und als solche Asiaten. Der asiatische Mann sieht sich zuallererst als Mann und seine Frau als Sklavin. Nachdem ich Serge geheiratet hatte, war der europäische Lack bald ab und ich wußte plötzlich, daß ich in eine Falle getappt war. Einmal brüllte er mich an: ›Ich hasse es, zu arbeiten und ich hasse dich, weil du mich zwingen möchtest, zu arbeiten.‹ Er hatte damit die Wahrheit so gut getroffen, daß ich ihm nicht einmal böse war. Aber ich empfinde bei weitem nicht dasselbe Mitgefühl für seine Probleme, wie ich es für ein Mädchen tue, das mit ihm verheiratet ist.«

Da Barbara und Alexis von der Schlammschlacht genug hatten und nicht in den bevorstehenden Prozeß hineingezogen werden wollten, traten sie ihre von ihnen so bezeichneten »zweiten Flitterwochen« an. Sie begaben sich auf eine ausgedehnte Reise in den Orient. Am 5. Januar 1934 wurden sie zur New Yorker Grand Central Station »geschmuggelt«. Der Curleyhut war an einen Zug angehängt worden und sollte sie nach Kalifornien befördern. Mit ihren sechzig Koffern und ihrem üblichen Hofstaat war es jedoch kaum ein heimliches Unterfangen. Wenn nicht schon der Aufruhr unter dem Heer der überarbeiteten Gepäckträger Aufmerksamkeit erregt hatte, so doch sicherlich Barbaras neunzehnjähriger Cousin Jimmy Donahue, der ebenfalls an der Reise teilnahm. Der Zug hatte kaum den Grand Central verlassen, als Alexis in der Zeitung las, daß er soeben von der Anwaltskammer des Bezirks Los Angeles eine Vorladung zur Verhandlung seiner Brüder bekommen habe. Eine Durchsicht der Bücher der Erdölgesellschaft hatte ergeben, daß er 12 000 Dollar aus eigener Tasche in die laufenden Geschäfte des Unternehmens gesteckt habe, weswegen er als Zeuge zur Sache aussagen solle.

Am nächsten Morgen, als der Curleyhut in den Chicagoer Bahnhof einlief, waren schon fünfzig Reporter zur Stelle, um das flüchtige Paar zu interviewen. Nancy Allard, Barbaras Sekretärin, riß Jimmy Donahue aus dem Schlaf, damit er die Presseleute besänftige. Als geborener Exhibitionist erschien er ein paar Minuten später in einem Pyjama aus blauer Seide, einem giftgelben seidenen Morgenrock, einem leuchtend roten Halstuch und Krokopantoffeln auf dem Bahnsteig. »Was tun Sie denn auf Barbaras Hochzeitsreise?« fragte ein Reporter und beäugte den schlaksigen blonden Playboy. »Tja, ich bin hier wegen meines brillanten Witzes«, antwortete Jimmy. »Ich spiele den Hofnarren. Sie haben versucht, Ed Wynn für den Posten zu engagieren, aber der hatte keine Zeit. In Wahrheit ist das aber nur meine Tarnung als Barbaras Leibwächter.« Er fuhr mit der Hand in eine der Manteltaschen, zog einen kleinen Revolver heraus und richtete ihn in die Menge. »Gibt es noch Fragen zu diesem Punkt?«

Jimmy Donahue war gut in Form und er stand dort, wo er hingehörte: vor einem großen Publikum. Er unterhielt die Reporter weiter mit dramatischen Episoden aus seiner

Schulzeit in Choate und gab anschließend die Geschichte seiner kurzen Showkarriere zum besten. »Sie haben mich sicher alle in »*Hot and Bothered*« gesehen und waren begeistert von mir. Es lief ja nur zehn Tage und war ein göttlicher Flop. Bei uns in der Familie hat man Übung in der Produktion von Flops. Mein alter Herr zum Beispiel war darin Meister. Wer von euch erinnert sich an meinen alten Herrn?«

»Jetzt mal ernsthaft, Jimmy, was haben Sie auf dieser Reise zu suchen?« fragte ein Reporter dazwischen. »Sind das wirklich Barbaras Flitterwochen?«

»Also gut, Leute. Ich werde zur Abwechslung mal ernst wie Oscar Wilde sein«, lenkte Jimmy ein. »Ich bin hier, weil ich es will. Ich war noch nie im Fernen Osten und diese Gelegenheit ist so gut wie jede andere. Und natürlich ist das hier keine Hochzeitsreise. Die beiden haben doch schon vor acht Monaten geheiratet und haben ihre Hochzeitsreise schon hinter sich.«

»Sie kommen also gut miteinander aus?« fragte derselbe Reporter.

»Sie verstehen sich prächtig«, versicherte Jimmy. «Sie streiten nie, das ist nicht gelogen. Sie sind füreinander geschaffen.«

»Was ist mit der Vorladung?«

»Was soll damit sein? Alexis hat sie noch nicht erhalten. Wenn es soweit ist, wird er sich sicherlich korrekt verhalten.« Das Interview endete mit ein paar Schnappschüssen von Jimmy, während er ein paar Autogrammjägern eine Freude machte, indem er seinen Namen auf kleine Zettel malte.

Trotz Jimmys Versicherung hatte Alexis nicht die geringste Absicht, vor Gericht auszusagen. Als der Zug in Reno hielt, sah er Charles Huberich am Bahnsteig stehen. Der Rechtsanwalt war gerade aus Sacramento angekommen und überbrachte die Nachricht, daß ein Gerichtsdiener vorhabe, in Los Angeles zuzusteigen. Ein Wettlauf mit der Zeit begann. Alexis nahm den ersten Flug von Reno nach Salt Lake City und flog einige Stunden später nach Portland. Dort trug er sich unter falschem Namen in ein Hotel ein. Am nächsten Tag mietete er ein Auto und fuhr nach Seattle. Dort buchte er einen Platz auf dem japanischen Überseedampfer Hikawa Maru, der von Vancouver nach Yokohama fuhr. Barbara setzte die Reise von Reno nach San Francisco im Curleyhut fort. Dort trug sie sich im Mark Hopkins Hotel ein. Vor ihrer Reise in den Orient stattete Barbara noch dem Gump einen Besuch ab, dem Geschäft, in dem sie als Kind häufig gewesen war. Sie gab dort 50 000 Dollar für zwei Trinkgefäße der Ch'ien-Huang-Epoche (18. Jahrhundert) aus. Zu jener Zeit waren das die wertvollsten und teuersten Jadegefäße, die jemals außerhalb Chinas gekauft worden sind. Einen Tag später gingen sie, Jimmy Donahue, Ticki Tocquet und Nancy Allard an Bord des japanischen Dampfers *Tatsuma Maru*.

Alexis kam am 24. Januar als erster in Japan an. Sogleich erfuhr er, daß es im Prozeß seiner Brüder eine lange Geschworenenberatung gegeben habe und daß zum einen neue Anklagepunkte erhoben wurden, zum anderen aber der Vorwurf des Diebstahls fallengelassen worden war. Die Brüder wurden demzufolge in dem abgeschwächten Anklagepunkt der Verschwörung zum Zwecke einer kriminellen Handlung beschuldigt, eines Vergehens, das nur mit Geldstrafe geahndet wurde. Mdivani war sehr zufrieden mit dem Ausgang des Prozesses; weniger erfreut war er über den Empfang, der ihm von der japanischen Einwanderungsbehörde bereitet wurde. Der georgische Paß, den er vorlegte, als er an Land gehen wollte, wurde für ungültig erklärt. Alexis wurde deshalb vierundzwanzig Stunden lang an Bord des Schiffes festgehalten, bis schließlich französische Konsulatsangestellte verständigt werden konnten. Sie bestätigten, daß Georgien tatsächlich von der Sowjetunion annektiert worden war und informierten die japanischen Beamten gleichzeitig darüber, daß der Prinz mit Barbara Hutton, einer der reichsten Frauen der Welt, verheiratet war und deren Ankunft unmittelbar bevorstand.

So wurde Alexis schließlich mit tiefen, um Entschuldigung flehenden Verbeugungen geradezu vom Schiff geschoben, in einen Zug gesetzt und nach Tokio transportiert. Er kam gerade rechtzeitig an, um seine Frau im Hafen begrüßen zu können. Wiedervereint verbrachte das Paar seine erste Nacht in Tokio im Theater. *Hochi,* die auflagenstärkste Tageszeitung der Stadt, zitierte Barbara mit folgendem Ausspruch: »Ich bin so glücklich, wieder bei Alexis zu sein, daß es mir schwerfällt, der Show zu folgen. Es gibt zwei Gründe, warum ich ihn geheiratet habe: zum einen wegen seines klugen Umgangs mit Geld und zum anderen, weil er sich zu den erlesensten Kreisen Zugang verschaffen kann.« Alexis bewies seinen Sachverstand sofort am nächsten Tag, als er sich eine diamantenbesetzte Nadel für den Rockaufschlag kaufte und für diesen winzigen Gegenstand 10 000 Dollar ausgab. Um ihm in nichts nachzustehen, kaufte sich Barbara ihrerseits eine reichverzierte Libelle mit Plaque-à-jour-Flügeln, einem langen, diamantenbesetzten Schwanz und einem gold- und rosenfarben emaillierten Kopf mit Diamanten als Augen. Sie kostete 20 000 Dollar.

Sogar in Tokio hatte Barbara Schwierigkeiten, sich vor der Presse zu verstecken. Nachdem beträchtlicher Druck auf sie ausgeübt worden war, stimmte sie schließlich einer Pressekonferenz zu, bei der sie ankündigte, daß Alexis und sie ein chinesisches Kind adoptieren wollten, da »die Chinesen eine so traditionsreiche Kultur besitzen«. Natürlich war diese Aussage ein Affront für die japanischen Gastgeber.

Nach einer Woche reisten die Mdivanis weiter in die alte Kaiserstadt Kyoto. Sie wohnten dort im Hiiragiya Ryokan, einem Hotel, das für seine vornehmen Gäste – Premierminister, Filmstars und Millionäre – bekannt war. Von Kyoto aus fuhren sie nach Kobe und nahmen einen kleinen Dampfer, die *Choku Maru,* nach Shanghai. Für sich und Jimmy Donahue bezahlten die Mdivanis 200 Dollar pro Tag für die Königssuite und zehn zusätzliche Räume im Grand Hotel. Wenn sie nicht gerade etwas besichtigten oder an einer Party in irgendeinem überfüllten Nachtclub teilnahmen, fand man sie auf der Pferderennbahn, wo sie in Gesellschaft ansässiger

Würdenträger Geld auf Pferde setzten. Tagsüber gingen sie einkaufen und nahmen alles mit, was Barbara ins Auge fiel; angefangen von Juwelen und Vasen bis hin zu Wandschirmen und Teppichen. Schließlich fuhren sie nach Peking und wohnten in einem chinesischen Palast, der ihren Wünschen gemäß hergerichtet worden war. Sie wurden von zwanzig Hausangestellten und einem chinesischen Chefkoch empfangen. Barbara verweigerte seine Spezialitäten jedoch, da sie befürchtete, wieder zuzunehmen. Peking war ruhiger und beschaulicher als das geschäftige, mit Touristen überfüllte Shanghai und deswegen entsprach es nicht so sehr dem Geschmack der Mdivanis. Vor allem Alexis ging im Nachtleben, im berauschenden Trubel der Nachtclubs, in den Dinnerparties und den Mitternachtsbällen auf. Barbara war schon eher zufrieden, in die alte Kultur der chinesischen Hauptstadt eintauchen zu können und ging eifrig ihrem neuesten Hobby, dem Sammeln von Porzellan aus dem 17. und 18. Jahrhundert (frühe Ch'ing Dynastie) nach. Stück für Stück trug sie eine der besten privaten Sammlungen zusammen.

Während sie sich in Peking aufhielten, stellte Barbara eine erfahrene Chinesischlehrerin an. Sie hieß Prinzessin Der Ling und war die Frau von T. C. White, einem ehemaligen amerikanischen Botschafter in China. Die Prinzessin war einst Hofdame der berühmten Kaiserwitwe Tz'u Hsi gewesen, deren Tod 1908 dem Ende der Ch'ing-Dynastie, des letzten chinesischen Kaiserhauses, um vier Jahre vorausgegangen war. Prinzessin Der Lings Erinnerungen an die Kaiserwitwe regten Barbaras Phantasie an. Während sie jedoch in Pekings traditionsreicher Pracht schwelgte, zog sich Alexis immer mehr zurück. Es schien, als ob er aus heiterem Himmel beschlossen hätte, alles zu verabscheuen, was seiner Frau Freude bereitete. Auf einem Rundgang durch den kaiserlichen Palast legte er sich auf eine Bank im Lotosgarten und schlief sofort ein. Bei ihrem Besuch in einem buddhistischen Kloster am Rande von Peking gab er sich bewußt gelangweilt und abwesend. Gerade die Dinge, die Barbara begeisterten, wie Händler in langen Gewändern, die ihre Ware feilboten, winzige, mit Antiquitäten und anderen Kostbarkeiten angefüllte Geschäfte, Rikschas und Kulis, die in einem heillosen Durcheinander herumschwirrten, schienen Alexis nur zu befremden. Seine Laune wurde in gleichem Maße schlechter, wie Barbaras Faszination über die alten Riten und Gebräuche wuchs. Schließlich bekam Alexis das, was Barbara später »seinen Tobsuchtsanfall« nannte: Jedesmal, wenn Barbara beschloß, ihren Aufenthalt zu verlängern, warf er sich auf den Boden und brüllte los.

Nach zwei Monaten Peking reiste die Gruppe weiter und kam zwei Tage später in Bombay an. Laut Zeitungsberichten und Philip Van Rensselaers *Million Dollar Baby*, zog Alexis die Karnevalsatmosphäre von Indiens geschäftigstem Hafen der asketischen Atmosphäre Pekings eindeutig vor. In Bombay gab es ein reges Nachtleben, Sportveranstaltungen und Spielbanken, in denen man mit Maharadschas, Prinzen und indischen Königen zusammentraf. Dort begegneten sie auch ihrem Hochzeitsgast, dem Maharadscha von Kapurthala, der sie wiederum anderen Maharadschas, wie zum Beispiel dem Polospieler Sawai Man Singh aus Jaipur, vorstellte. »Jai« hatte ein eigenes Polostadion in Jaipur, was ihn sofort für Alexis interessant machte. Des weiteren besaß er eine Skihütte in St. Moritz, Landhäuser in der Nähe von London und Paris, eine Sommerresidenz in Cannes und eine zweite in Nizza. Sein stolzester Besitz war jedoch ein rosa Palast mit zweihundert Räumen in Amber, ein riesiges Gebäude mit Balkonen, Portalen, Dächern, Torbögen, steinernen Elefanten, die den Eingang bewachten, riesigen silbernen Urnen, die mit dem heiligen Wasser des Ganges angefüllt waren und einem eigenen Sportplatz.

Als Barbara und Alexis den Palast in Amber besichtigten, erklärte ihnen Jai die Landesbräuche. Jeder Maharadscha von Jaipur werde einmal in seinem Leben mit verbundenen Augen zu einer Festung hinter dem Palast geführt und dürfe aus dem dort verborgenen Schatz ein Stück mitnehmen. Jais Vater hatte einen Ara aus massivem Gold, der mit feurigen

Rubinen und Smaragden übersät war, ausgewählt. Dieser Vogel war in einem der Räume des Palastes zu bewundern. Außerdem gab es einen Saal voller goldener Truhen, gefüllt mit ungeschliffenen Diamanten, eine Galerie mit Hunderten von gemalten Miniaturen und kolorierten Handschriften aus Jais Sammlung.

Dieses außergewöhnliche Zurschaustellen von Reichtum war auch in anderen Palästen, die die Mdivanis besuchten, zu finden. Der Maharadscha und die Maharani von Cooch-Behar lebten in einem riesigen Palast mit vielen Türmen, voll mit Louis-quinze Möbeln und Rembrandtgemälden. Nach dem Abendessen führten Hunderte von Tänzerinnen für die Gäste exotische Tänze vor. Alexis und Barbara mußten lernen, auf Elefanten zu reiten und begleiteten den Maharadscha anschließend auf eine *Khedda*, eine Elefantenjagd. Die zusammengetriebenen Elefanten wurden dann zum Arbeiten abgerichtet.

Ab einem gewissen Punkt schien die exzessive Welt der Maharadschas die extreme Armut, die überall außerhalb der Paläste herrschte, auszublenden. Der Maharadscha von Baroda gab ihnen zu Ehren ein Fest und erschien mit solch märchenhafter Last aus riesigen Diamanten, Smaragden, Rubinen und Perlen um Kopf, Hals, auf der Brust, um Arme, Finger und Zehen, daß er sich kaum noch bewegen konnte. Barbara war beinahe erleichtert, als die Maharani von Baroda sie auf eine Rundfahrt durch Sozialeinrichtungen und Krankenhäuser in und um Delhi mitnahm, um Essenspakete und Kleider unter den Kindern auf den Stationen zu verteilen.

»Es gab ein Waisenhaus in Delhi, das ich niemals vergessen werde«, schrieb Barbara. »Als wir ankamen, wurden wir einen dunklen, schmuddeligen Gang entlang in einen engen Raum geführt, in dem in reihenweise aufgestellten, zerbrochenen Gitterbetten auf zerrissenen Matratzen kranke, ausgemergelte Kinder lagen. Ein kleiner Junge, vielleicht acht oder neun Jahre alt, lag nackt unter einem schmutzigen Laken, mit aufgedunsenem Gesicht und einem überdimensionalen Kopf. Trotz seines Elends zeigte er ein engelhaftes Lächeln und seine großen Augen leuchteten. Ich setzte mich zu ihm auf den Boden. Dabei erblickte er das kleine, goldene Muttergottesmedaillon, das ich um den Hals trug. Ich nahm es ab und legte es ihm um den Hals. Dann nahm ich einen Handspiegel aus meiner Tasche und hielt ihn für ihn hoch, damit er sich anschauen konnte. Er betrachtete sein Spiegelbild eingehend, als ob es das erste Mal wäre. Er hatte kaum die Kraft, den Kopf zu heben, aber er schien an seiner neuen Errungenschaft Gefallen zu finden. Am nächsten Tag, als wir dieselbe Station wieder besuchten, war der kleine Junge nicht mehr da. Als ich die Krankenschwester nach ihm fragte, schüttelte sie den Kopf. Er war in derselben Nacht gestorben.«

Philip Van Rensselaer, der die Reisen der Mdivanis durch Indien beschrieben hat, berichtet, daß sie sich im Mai noch einmal mit den Cooch-Behars in die nördliche Provinz von Kashmir begaben, in der Absicht, der gleißenden Sonne zu entgehen. Unterwegs erlitten die Reisenden – Barbara, Alexis und Jimmy Donahue – anscheinend schwere Anfälle von Amöbenruhr und waren deshalb gezwungen, nach Europa zurückzukehren. Auch wenn diese Krankheit nicht gewesen wäre, wäre Barbara gerne zurückgekehrt. Aus Gründen, die sie nicht artikulieren konnte, fühlte sie sich furchtbar niedergeschlagen und verbittert. »Ich langweile mich«, schrieb sie in ihr Tagebuch. »Ich langweile mich mit Alexis. Ich bin so müde. Ich bin seiner müde und möchte nurmehr schlafen.« Ende Mai waren die Mdivanis wieder in London. Dort teilten sie im Claridge zwar dieselbe Suite, schliefen aber in getrennten Schlafzimmern. Barbara schützte immer wieder vor, »mehr Platz und mehr Einsamkeit« zu benötigen. Das ständige Zurückgestoßenwerden war für das empfindliche Ego von Alexis ein schwerer Schlag. Barbara reflektierte in ihrem Tagebuch den Verlauf der letzten Ereignisse: »Obwohl ich viel über Alexis nachgedacht habe und mir seine extravagante Werbung sehr guttat, habe ich trotzdem keine Zärtlichkeit mehr für ihn übrig. Wahrscheinlich bin ich eine der wenigen Frauen, die so empfinden. Aber ich kann nichts dagegen tun.« Es gab keinen triftigen Grund und keine Erklärung für das Abflachen von Barbaras Gefühlen gegenüber Alexis. In bestimmter Weise war sie über ihn hinausgewachsen. Später sagte sie, daß sie ihn niemals richtig geliebt habe. Ihre Heirat sei für sie eine günstige Gelegenheit gewesen, um sich von ihrem dominierenden Vater zu befreien. Zudem war es für Barbara eine Herausforderung, Louise Van Alen Alexis im Mas Juny auszuspannen. Alexis war jedoch einfach zu unreif und egozentrisch. Barbara neigte dazu, ihn auf eine Art und Weise zu beherrschen, die dazu führte, daß sie sich ganz und gar unweiblich fühlte. Seine körperliche Anziehungskraft hatte sich während ihrer Reise verloren. Jetzt verspürte sie ihm gegenüber nur noch ein vages Gefühl von Kameradschaft, so wie man es gegenüber Freunden oder entfernten Verwandten empfindet. Für Alexis war das eine ziemlich schwierige Zeit. Er begann viel zu trinken. Aber das vergrößerte seine Frustration nur noch. Er schaute sich außerhalb seiner Ehe nach Zerstreuung um und fand sie dort, wo er sie immer gefunden hatte – auf dem Polofeld. Nachts ging er oft in den Embassy Club in der Bond Street. Das war ein ständig überfüllter, verrauchter Nachtclub, der zehn Jahre vorher als bevorzugter Aufenthaltsort des Prince of Wales bekannt gewesen war. Inzwischen war das Embassy nurmehr ein langes, dunkles Kellergeschoß, laut und schlecht gelüftet. Trotzdem war es zum beliebtesten Nachttreff Londons geworden. Man konnte Alexis dort für gewöhnlich alleine an der Bar finden, wo er sich einen zunehmend schlechter werdenden Gemütszustand und eine wachsende Bewegungsunfähigkeit antrank. Eines Abends war er in eine laute und handgreifliche Auseinandersetzung mit dem Besitzer des Embassy, einem ehemaligen Hotelchef namens Luigi, verwickelt. Wegen des ungebührlichen Betragens verbrachte Alexis die Nacht in einer Ausnüchterungszelle der nächsten Polizeidienststelle. Am nächsten Morgen war die Geschichte seiner Verhaftung schon in der ganzen Stadt bekannt. Um dem öffentlichen

Interesse, das der Zwischenfall hervorgerufen hatte, zu entgehen, floh Barbara in ein Sanatorium im West End, das sie in den kommenden Jahren mehr als einmal als Zufluchtsstätte benutzte. Zu dem Geheimnis um ihre »Einweisung« kam die Nachricht, daß Franklyn und Irene Hutton auf dem Weg nach England waren. Am 1. Juni 1934, als die *Bremen* in Southampton einlief, sahen sich Barbaras Eltern von Presseleuten belagert. Auf die Frage, ob ihre Tochter eine Scheidung von Mdivani in Erwägung ziehe, antwortete Hutton typisch zweideutig: »Ich bezweifle es«, sagte er. »Alexis ist ein Sportsmann und ein guter Kumpel. Ich konnte mich davon auf der Hochzeit meiner Tochter überzeugen und habe daher keinen Grund, solchen Gerüchten zu glauben. Aber natürlich sind Frauen notorisch wankelmütig und Barbara ist es noch mehr als alle anderen.«

Am nächsten Tag besuchte Hutton seine Tochter im Sanatorium und erschrak über ihr blasses und erschöpftes Aussehen. Nach einer Unterredung mit ihrem Arzt Dr. John Slesinger, verkündete Hutton, daß er Barbara zu einer Ruhekur nach Karlsbad mitnehmen werde und zwar alleine. Bevor sie in das tschechische Kurbad aufbrachen, fuhr Barbara noch nach Roehampton, um Alexis und seine Polomannschaft gegen eine amerikanische Mannschaft, mit Winston Guest als Kapitän, spielen zu sehen. Die Amerikaner gewannen. Barbara küßte Winston auf die Wange und posierte dann mit ihrem Mann für die Presse, um der Welt zu zeigen, daß alles in bester Ordnung war.

Die Huttons reisten am 17. Juni aus London ab. Mdivani bestand darauf, die Polosaison über zu spielen und in der Zeit über die Trümmer ihrer Ehe nachzudenken. Er muß sich dann auch tatsächlich eine Menge Gedanken gemacht haben, denn einen Monat später besuchte er die Huttons in Karlsbad auf dem Weg nach Indien, wohin er sich für eine weitere Runde von Polospielen verpflichtet hatte. Er bekniete Barbara, ihn zu begleiten und betonte immer wieder, daß der Platz einer Frau an der Seite ihres Mannes sei. Als sie sich weigerte, fuhr er ohne sie ab. Sie hingegen demonstrierte ihre Unabhängigkeit, indem sie mit Silvia de Castellane zuerst nach Biarritz und dann nach Nizza fuhr. In beiden Orten legte sie eine große Summe in je zwei Ferienvillen an, für die sie 60 000 und 65 000 Dollar bezahlte. Später hatte sie jedoch kein Interesse mehr daran und bekam nur noch die Hälfte der 125 000 Dollar zurück. »Aber zumindest habe ich bewiesen, daß ich mein Geld auch alleine ausgeben kann, ohne daß Alexis mir dabei über die Schulter sieht«, schrieb sie ihrer Stiefmutter.

Alexis kehrte Ende August aus Indien zurück. Nachdem sie den Sommer getrennt verbracht hatten, trafen sie nun in Venedig wieder zusammen und wohnten im Hotel Palazzo Gritti, das sich in einer ehemaligen Abtei aus dem 15. Jahrhundert befand und damals dem Dogen Andrea Gritti gehört hatte. Es war für Barbara der ideale Ort, um Gedichte zu schreiben. Sie schrieb über Jahre hinweg so viele Gedichte, daß sie begann, diese in einem eigenen Vuitton-Koffer mitzunehmen. Ihre Themen kreisten vor allem um Ereignisse ihres Tagesablaufes. Wenn man dabei überhaupt ein Hauptthema ausmachen kann, so war es die Beschäftigung mit ihren enttäuschten Erwartungen an die Ehe: Im Palazzo Gritti entstand so das Gedicht »I had dreamt«:

Ich träumte, daß deine Liebe
etwas Einfaches und Schönes sei,
daß sie nicht belastet werde von grausamen Worten,
die weh tun.

Ich träumte, daß deine Liebe
ein Mai voller Blüten sei,
der sich duftend und wohltuend
in den Melodien von gestern ausdrückt.

Aber meine Träume wurden verspottet.
Sie zerfielen zu kalter, grauer Asche,
denn die Liebe in deinem Herzen war schon erloschen,
als du mich heute verlassen hast.

Immer häufiger schrieb sie Gedichte, um ihre Gefühle auszudrücken. Dabei wurde sie von Morley Kennerley unterstützt, der Barbara oft Gedichtbände zusandte, besonders solche von Dichterinnen wie Emily Dickenson und Edna St. Vincent Millay.

»Sie unterhielt sich gerne mit meiner Frau Jean über Gedichte«, erzählt Kennerley, »deshalb machte ich es mir zur Gewohnheit, ihr alles zuzuschicken, wovon ich dachte, es würde ihr gefallen. Sie wiederum ließ uns Sammlungen ihres eigenen Schaffens zukommen. Sie arbeitete phasenweise und schrieb sehr viel, wenn sie sich niedergeschlagen oder von der Welt abgeschnitten fühlte. Es waren weder großartige noch sehr gute Gedichte, aber einige waren sehr bewegend – zumindest für mich. Zuerst schien Barbara ihre Werke ungern herzuzeigen. Als wir aber doch einige zu Gesicht bekamen, überlegten meine Frau und ich, daß es sie vielleicht freuen würde, eine kleine Auflage für sich und ihre Freunde gedruckt zu sehen. Ich hatte erwartet, daß sie diese Idee strikt ablehnen würde, aber sie war im Gegenteil hocherfreut über diesen Gedanken und da ich zu Faber & Faber Kontakt hatte, war es nicht schwierig, eine kleine Ausgabe zusammenzustellen. Es wurden 200 Exemplare davon gedruckt. Im großen und ganzen hatte Barbara ihre eigenen Vorstellungen in bezug auf das Dichten, den Aufbau und die Themen ihrer Gedichte. Sie schrieb, ohne sich beraten zu lassen. Sie schrieb, was ich einfache Verse nennen würde, ungekünstelt und unverbildet, aber voll von Gefühlen.«

Barbaras erster Band, *Verzaubert (The Enchanted)*, den sie unter dem Namen Barbara Mdivani herausgab, umfaßte hundert Seiten und enthielt neunundsiebzig Gedichte. Er war Morley Kennerley gewidmet und erschien im Oktober 1934, kurz vor ihrem zweiundzwanzigsten Geburtstag. Die kleine Auflage wurde von dem Verlag R. Maclehouse & Co., der inoffiziell auch für die Universität in Glasgow arbeitete, gedruckt. Die Umschlagseite wurde von dem englischen Künstler Rex Whistler gestaltet und war eine farbige

Zeichnung von vier gegensätzlichen Städtelandschaften: New York, Venedig, Peking und Bali. Neben der Darstellung ihrer gescheiterten Ehe hat der Band nämlich Beschreibungen dieser und anderer Städte zum Thema, darunter auch Paris, Rom, Honolulu und Fez. In »Canale Grande, morgens«, einem typischen Gedicht aus dieser Sammlung, schildert Barbara die Hauptverkehrsader Venedigs bei Tagesanbruch:

> Rosenrote Paläste tauchen auf
> wie schläfrige Meerjungfrauen
> mit sanften Augen,
> und aus ihren Haaren
> ergießt sich ein Blumenmeer
> über die Balkonbrüstungen
> in farbenfrohen Strömen.
> …

Aber das Hauptthema des Gedichts ist die verlorene Liebe:

> Leider kann keine Ehe,
> keine irdische Verbindung,
> kein Glücksgefühl ewig währen.
> Denn eine Ewigkeit liegt zwischen
> mir und meiner wundervollen Liebe.

Wie auch der Schriftsteller Dean Jennings anmerkte, wäre wohl *Entzaubert* ein angemessenerer Titel gewesen. Denn Entzauberung war die Hauptursache für Barbaras Verhalten Alexis gegenüber in diesem Herbst 1934 in Venedig. Für beide war es klar, daß ihre Ehe nicht mehr gekittet werden konnte. Während Barbara sich einschloß, versuchte ihr verwirrter und frustrierter Ehemann seinen Ärger zu zerstreuen, indem er den Canale Grande in seinem *Ali Baba* auf und ab raste. Gelegentlich schmückte er das Boot auch mit ein paar attraktiven Marineoffizieren. Am 15. September gewann er das erste Ausscheidungsrennen für Motorboote für den Pokal des Grafen von Genua, das jährlich in Venedig stattfand. Im Finale belegte er den zweiten Platz. Barbara war davon jedoch nicht besonders beeindruckt. Statt dessen machte sie mit Jean Kennerley einen zweiwöchigen Ausflug nach Neapel, um ihren Freund Graf Carlo Gaetani zu besuchen.

Ein paar Tage vor ihrer Abfahrt überreichte sie Alexis einen Barscheck über drei Millionen Lire (damals ungefähr 90 000 Dollar) mit der Anweisung, einen alten Palazzo in Venedig zu kaufen: die Abtei San Gregorio. Es handelte sich um ein kleines, aber reich verziertes charakteristisches Gebäude aus dem 14. Jahrhundert mit Blick auf den Canal Grande. Es hatte dicke Steinmauern und unzählige verborgene Winkel und Ecken. Nachdem sie abgereist war, widmete sich Alexis den Einzelheiten des Kaufs. Er überschritt dabei leicht die von Barbara gewährten Kompetenzen und unterzeichnete die Eigentumsurkunde mit seinem Namen. Wie sich bald herausstellte, war die Abtei San Gregorio somit Barbaras Abschiedsgeschenk an Alexis.

Ein weniger unauffälliger Abschied vollzog sich am 14. November auf der Party zu Barbaras 22. Geburtstag. Sie fand im Hotel Ritz in Paris statt, wurde von Alexis arrangiert und von Barbara bezahlt. Zuerst gab es ein Bankett für 150, anschließend einen Ball für 2000 Gäste, die sich über Teestube, Speisesäle und den riesigen Regency-Ballsaal verteilten. Letzterer war zu diesem Anlaß in eine Straße von Casablanca namens La Koutabia verwandelt worden.

Alexis ersparte seiner Frau keine Kosten und charterte drei Flugzeuge, um ihre Freunde und das Jack-Harris-Orchester aus London einfliegen zu lassen. Die Jacht-Club-Boys, ein amerikanisches Unterhaltungsquartett, sollten während der Orchesterpausen spielen und singen. Als Marie Louise Ritz 1938 eine Biographie über César Ritz, den schillernden in der Schweiz geborenen Hotelbesitzer, herausgab, beschrieb sie den Abend als einen der Höhepunkte in der Geschichte des Ritz. »Jeder nur mögliche Einfall eines jungen, modernen, reichen Mannes floß in die Ausstattung der Party ein«, schrieb sie. Die Gästeliste wies so illustre Namen auf wie Prinzessin Natalie Paley (eine Exilrussin, deren mitleiderregende, melancholische Gesichtszüge sie zu einer der verführerischsten Frauen von Paris machten), Vicomtesse Marie-Laure de Noail-Patou (eine Dichterin und gefragte Schönheit der Pariser Halbwelt), Jean Patou, Elsa Maxwell, Daisy Fellows, Señor Antenor Patiño (der Sohn des bolivianischen Zinnkönigs), Prinz Ali Khan, Elsie Lady Mendl, Coco Chanel und den Duke of Westminster, den britischen Kabinettsminister Leslie Hore-Belisha, Noel Coward, Adele Astaire (Freds Schwester) und ihren Ehemann, Lord Charles Cavendish, den Ballettänzer Serge Lifar und den Marquis de Portago (einen der reichsten Männer Europas).

In jener Nacht wurde jedoch noch ein anderer Gast erwartet, den Mme. Ritz nicht erwähnt hatte: Graf Court Haugwitz-Reventlow, ein in Preußen geborener Däne, der sich nicht viel aus der internationalen Party-Schickeria machte. Er und Barbara waren sich zum ersten Mal in einem Londoner Kino begegnet. Alexis Mdivani, ein Bekannter der Reventlows, stellte die beiden einander vor. Sie waren sich ein zweites Mal in Karlsbad begegnet, als Barbara mit ihren Eltern dort weilte. Eine dritte Begegnung fand in London, kurz vor Barbaras 22. Geburtstag, im Claridge statt.

Vom ersten Augenblick an fühlte sich Barbara stark zu dem 29jährigen Reventlow hingezogen. Er war groß, hatte attraktive, scharf geschnittene Gesichtszüge, eine muskulöse Figur und tadellose Manieren. Er sprach fünf Sprachen fließend, war ein hervorragender Skifahrer und Bergsteiger und ein äußerst gefragter Junggeselle. Als sie ihn in London wiedertraf, lud sie ihn zu ihrer Geburtstagsparty ein. Als Reventlow im Ritz ankam, war er überrascht, daß er für einen Ehrenplatz, direkt zur Rechten Barbaras, vorgesehen war. Seine Anwesenheit erregte augenblicklich großes Aufsehen. Die Neuigkeit breitete sich in Windeseile von Gast zu Gast, von Tisch zu Tisch aus. Das Orchester begann zu spielen. Barbara und der Graf begaben sich auf die Tanzfläche und Alexis sah ihnen gelangweilt nach. Als das Orchester nicht aufhörte zu spielen und das Paar ununterbrochen weitertanzte, wurde Alexis allmählich unruhig. Er begann, in den Seitengängen auf und ab zu schleichen wie ein eingesperrter Tiger. Tiefe Sorgenfalten entstellten sein sonst so glattes Gesicht.

Barbara und ihr Ehrengast tanzten die ganze Nacht hindurch bis in den Morgen hinein. Zuletzt standen sie alleine auf der leeren Tanzfläche, während die Hotelboys schon die Überreste der Nacht beseitigten.

Alexis war schon Stunden vorher zu Bett gegangen. »Wir waren allein«, schrieb Barbara später. »Allein zu zweit. Es war die wundervollste Geburtstagsparty, die ein Mädchen jemals erlebt hat.«

7

Schon am nächsten Tag verkündeten Klatschreporter einmütig das baldige Ende der Ehe zwischen Barbara Hutton und Alexis Mdivani. Barbara trat diesen Gerüchten entschieden entgegen. Als der Klatsch immer lauter wurde, buchte sie auf der *Europa* eine Passage nach New York. Alexis verabschiedete sich in London, Reventlow brachte sie in Southampton an Bord. Für die Presse war das ein gefundenes Fressen. Ein Reporter fragte Barbara in New York, ob sich der Prinz ihrer Meinung nach zu sehr dem Polo widme, worauf sie entgegnete: »Irgendwie muß er sich die Zeit ja vertreiben.« Sie enthüllte auch ihre weiteren Pläne: Alexis würde in Indien Polo »oder so was« spielen, sie selbst würde Weihnachten und Neujahr mit ihrer Familie und Freunden verbringen. In sechs Wochen wollten sie sich dann, »wenn alles gutgeht«, in Kairo treffen.

Zunächst lief jedoch alles schlecht. Während das Land noch immer unter der Weltwirtschaftskrise litt, waren die

Zeitungen voll von sensationslüsternen und spekulativen Skandalgeschichten über das Privatleben von Prominenten – je reicher und mächtiger die Betroffenen waren, desto interessanter waren sie. Im Herbst 1934 beispielsweise war die traumatische Schlacht um das Sorgerecht für die erst zehnjährige Gloria Vanderbilt der große Aufmacher. Wer sich für zwei, drei Cent eine Tageszeitung kaufte, sah, daß sich diese Affäre Vanderbilt die Titelseite mit zwei anderen Geschichten teilte. In der einen wurde über Verhaftung und Anklage von Bruno Richard Hauptmann berichtet, der 1932 den kleinen Sohn der Lindberghs entführt und ermordet hatte. Das dritte Thema, das die Zeitungen füllte, überschnitt sich zufällig mit Barbaras Rückkehr in die Staaten: In Vancouver war eine Untersuchungskommission des kanadischen Parlaments eingesetzt worden, die Nachforschungen über die Betriebsführung in Discountladenketten in Kanada anstellen sollte. Unter den vorgeladenen Zeugen befand sich auch der Geschäftsführer der Woolworth-Kette in Kanada, Leslie Harrington. Unter Eid gab Harrington zu, daß die Löhne der Angestellten der Kette über das Jahr um zehn Prozent gefallen waren, während sich der Nettogewinn im gleichen Zeitraum um zwanzig Prozent erhöht hatte. Er erklärte außerdem, daß die Gehaltspolitik für sämtliche Woolworth-Angestellten ausschließlich vom Vorstand gemacht werde.

Genau zu derselben Zeit, als die Presse über die Anhörungen in Kanada berichtete, veröffentlichte die *New York Times* einen sehr scharfen Leitartikel, in dem Barbara Hutton wegen ihrer ungeheuren Ausgaben im Ausland verurteilt wurde. Als Beispiel wurde die Geburtstagsfeier im Ritz angeführt, die, je nach Schätzung, zwischen 10 000 und 50 000 Dollar gekostet haben sollte. »Und all das«, so moralisierte die *Times*, »für eine junge Dame, deren Nagellack wohl deshalb dreimal täglich neu aufgetragen wird, damit er auch genau zu dem Kleid paßt, in das sie gerade geschlüpft ist.« Das implizierte, so ungerecht auch immer es sein mochte, einen direkten Zusammenhang zwischen den niedrigen Löhnen bei Woolworth und dem verachtenswerten Reichtum Barbara Huttons.

Die meisten ihrer Freunde hatten den Eindruck, daß Barbara in ihrer Heimat zum verachteten Symbol aller dortigen Mißstände und das Opfer einer bösartigen Pressekampagne geworden war. Dieser Feldzug zielte darauf ab, die Bedürfnisse jener Leser zu befriedigen, die, indem sie die Tragödien, Erfolge und die Pracht führender Persönlichkeiten nachempfanden, ein Leben aus zweiter Hand führten. Die Lindbergh-Entführung und die Sorgerechtsschlacht um die kleine Gloria bewiesen dem Mann auf der Straße, daß Geld nicht immer glücklich macht – die Geschichte von Barbara Hutton bekräftigte ihn in seiner Meinung, daß die meisten Reichen moralisch verkommen waren.

Im Jahr 1934 fand außerdem die Uraufführung der RKO Filmkomödie »The Richest Girl in the World« statt, die der Lebensgeschichte Barbara Huttons nachempfunden war. Miriam Hopkins war der Star des Films. Sie spielte eine verwaiste Millionenerbin, Dorothy Hunter, die alles Mögliche oder auch Unmögliche anstellte, um sich selbst davon zu überzeugen, daß die Männer sie ihres Liebreizes und nicht ihres Geldes wegen begehrten. So harmlos diese Seifenoper auch war, lenkte sie trotzdem noch mehr Aufmerksamkeit auf Barbara und verstärkte den Effekt der Zeitungsberichte.

Der Empfang, der Barbara 1934 in New York bereitet wurde, brachte sie so weit, sich als das »meistgehaßte Mädchen in Amerika« zu bezeichnen. Was auch immer sie tat, wo auch immer sie hinging – es gab Aufregung. Kellner und Verkäuferinnen brüskierten sie, Portiers ignorierten sie, Taxifahrer beschimpften sie, und die Presse mißbrauchte sie. Maury Paul war einer der Reporter, der ihr immer auf den Fersen blieb. Der einflußreiche Chronist und Klatschreporter schrieb als Cholly Knickerbocker für die Hearst-Presse und unter einem halben Dutzend weiterer Namen für verschiedene andere Blätter. Paul, der die Ausdrücke »Alte Garde« und »Café-Gesellschaft« geprägt hatte, gab seine

Homosexualität offen zu. Er lebte mit seiner Mutter zusammen, trug massiv goldene Strapsklipse, ein Korsett, eine rosafarbene Nelke im Knopfloch und so viel Rouge und Eau de Cologne, daß er ein lebenslanges Hausverbot im New Yorker »Athletic Club« bekam. Sein Erfolg als Klatschkolumnist gründete sich hauptsächlich auf seinen psychologischen Einblick in diese streng abgeschirmte Gesellschaft und auf seine Fähigkeit, einflußreiche Bürger so zu verzaubern, daß sie sich mit ihm anfreundeten und ihm vertrauten.

Er war das, was man in diesen Kreisen als »Walker« bezeichnete – ein amüsanter männlicher Begleiter, der, ohne den Ehemännern sexuell Konkurrenz zu machen, Frauen fast überall Gesellschaft leistete. Maury Paul war bei Mittagessen, Arztterminen, Friseurbesuchen und Einkaufsorgien mit von der Partie. Er beriet die Frauen, wie sie sich kleiden, wo sie einkaufen, was sie machen und wie sie sich frisieren lassen sollten. Seine Ausdauer trug ihm die unvermeidbare Belohnung ein. Als jedoch »Alte Garde« und »Nouveau riches« langsam miteinander verschmolzen, änderte auch Maury Paul seine Meinung darüber, wer und was dazugehörte. Er begann, sich auf das Neue zu konzentrieren – auf neue Leute, neue Gesichter, neuen Reichtum. Einige seiner berühmtesten »Geschöpfe«, wie er sie bezeichnete, waren Mrs. Harrison Williams, Mrs. William Rhinelander Stewart, Barbara Cushing (die spätere »Babe« Paley), Adele Astaire, Brenda Frazier und Gloria (»Mimi«) Baker. Sobald er ein neues Gesicht in seiner Kolumne vorstellte, wies er seine Leser darauf hin, daß die, »die heute noch Aufsteiger sind, morgen schon zur ›Alten Garde‹ gehören werden« – wobei er selbst diese Aussage nicht immer berücksichtigte.

Weil seine Kolumne schon aus rein kommerziellen Gründen unterhaltsam bleiben mußte, erfand er »Die großen Gesellschaftstragödien« – Artikel, die Überschriften trugen wie: »Selbstmorde verfolgen die Jones auf Long Island«, »Drogen ruinieren Laura Biddle«, »Sturz beim Polo treibt den Salonlöwen Arthur Scott Burden unaufhaltsam in den Wahnsinn«, »William Ernst: Ernst sein ist nichts«. 1934 hatte er es auf Barbara Hutton abgesehen. »Hutton läßt Prinzen für Grafen fallen« lautete der Titel der neuesten und größten Gesellschaftstragödie:

».. . Das ist Barbara Hutton, wie man sie kennt. Zuletzt in Peking, Paris und Neu-Delhi, ist sie nun als Zierde unserer eintönigen Küste zurückgekehrt. Es heißt, daß die amerikanische Ausgabe von Katharina der Großen bereit ist, ihren prinzlichen Gatten für ein größeres und besseres Modell einzutauschen. Gibt es einen besseren Weg, all die Millionen auszugeben? Im Alter von 22 Jahren hat die Hutton sich schon eine der größten Juwelenkollektionen der Welt erworben. Ihre millionenschwere Halskette führte sie bei einer Party ihres Cousins Jimmy Donahue im bemerkenswerten, zweigeschossigen Appartement seiner Mutter in der Fifth Avenue vor. Ist es nicht schön, in Zeiten wie dieser Geld zu besitzen? Nun mal im Ernst, Freunde – was bedeutet dies alles? Nun, das bedeutet, daß diese grobschlächtige, unverfrorene Babs Hutton in nur wenigen kurzen Jahren mehr dazu beigetragen hat, unsere Gesellschaft zu ruinieren, als sechs beliebige amerikanische Erbinnen zusammen. Und dann stellt sich da noch die Frage der Wohltätigkeit. Hat Barbara Hutton der Heilsarmee genausoviel geschenkt wie ihrem falschen russischen Prinzen? Damit Sie es nicht vergessen, es ist dieselbe Hutton gemeint, die vor wenigen Wochen in Paris 25 000 Dollar ausgegeben hat, um ihren Geburtstag ins Gedächtnis zu rufen. Aber keine Sorge: Dort, wo das Geld herkam, gibt es mehr als genügend. Für uns, meine Lieben, ist allerdings nur einmal im Jahr Weihnachten.«

Maury Paul war keiner, der es mit der Wahrheit so genau nahm. Das hätte er aber besser tun sollen, da seine Aussagen öfter auf falschen als auf richtigen Tatsachen beruhten. Seine letzte Hetzschrift bildete dabei keine Ausnahme, besonders hinsichtlich Barbara Hutton und »der heiklen Frage der Wohltätigkeit«.

Eine flüchtige Durchsicht von Barbaras Finanzberichten

ergibt, daß sie beträchtliche Summen für gute Zwecke spendete. Im Jahr 1934 beispielsweise schenkte sie einem Fonds zur Unterstützung einer archäologischen Expedition von Ray Chapman Andrews 25 000 Dollar; jeweils 250 000 Dollar stiftete sie der New York City Missionsgesellschaft und dem Amerikanischen Roten Kreuz; 10 000 Dollar gab sie für den von Doris Duke geleiteten Musiker-Not-Fonds. Das New Yorker Findelhaus, das Metropolitan Museum of Art, das Whitney Museum, das Juilliard Konservatorium, die New Yorker Philharmonie – das sind nur einige der Organisationen, die sie unterstützte.

An Weihnachten 1934 gab Barbara in ihrem Appartement in der Fifth Avenue zu Ehren des Botschafters T. C. White und dessen Frau, Prinzessin Der Ling, ein chinesisches Abendessen. Prinzessin Der Ling, eine ausgezeichnete Kennerin der chinesischen Kunst, wurde später Barbaras private »Museumsdirektorin«, die sie bei der Erweiterung ihrer einzigartigen Sammlung fernöstlicher Kunstgegenstände beriet. Unter den Gästen befand sich auch der führende Bariton der Metropolitan Opera, Lawrence Tibbett. Barbara hatte ihm einen Band von *Verzaubert* geschickt. Er fand ihre Gedichte »reizend« und schlug ihr vor, einige davon bei seinem nächsten öffentlichen Auftritt in Liedform vorzutragen. Über diesen Vorschlag freute sich Barbara sehr. Ihre Freunde befaßten sich kaum mit ihren künstlerischen Bemühungen; nur die Kennerleys zeigten echtes Interesse.

Barbara machte sich an die Arbeit; sie wählte drei Gedichte über Peking. Aber nur »In einer Straße in Peking«, das sie in »Straße der Laternen (Teng Chieh)« umbenannte, schien ihr geeignet. Also schrieb sie zusätzlich zwei neue Gedichte, »Der Tempel des Himmels« und »Chu-lu-mai«, und betitelte diese Triade »Bilder aus Peking«. Elsa Maxwell, unterstützt von Noel Coward, schrieb die Musik dazu. Tibbett trug diese Lieder im März 1935 in einer Packard-Motors Radiosendung vor. G. Schirmer, ein Musikverleger, veröffentlichte zweitausend Ausgaben von *Peking Pictures* (»für

Gesang und Piano«) für je 1,25 Dollar. Es wurden aber nur hundert Exemplare verkauft, so daß sich Barbaras Tantiemen auf 125,50 Dollar beliefen. Dieser Betrag ist deswegen erwähnenswert, weil er praktisch das gesamte selbsterarbeitete Einkommen im Leben von Barbara darstellt. (Ansonsten bekam sie nur noch 25 Dollar für ein Gedicht aus *The Enchanted*, das ein Gelehrter in seinem Buch *History of Chinese Jade* zitierte.)

Zum Jahreswechsel war Barbara bei ihrem Vater und ihrer Stiefmutter auf deren riesigem Landsitz Prospect Hill bei Charleston. Sie hatte vor, über ihre ehelichen Schwierigkeiten und ihr wachsendes Interesse an Graf Court Haugwitz-Reventlow zu sprechen. Franklyn Hutton wußte durch sein ausgedehntes Agentennetz schon von Reventlow, den er im Vorjahr einmal kurz in Karlsbad getroffen hatte. Hutton wollte dieses Mal nichts dem Zufall überlassen. Er beauftragte Harold Munro, einen Londoner Privatdetektiv, ihm nähere Einzelheiten über Reventlow zu beschaffen.

Munros Bericht traf kurz vor Barbara ein. Die Untersuchung war insofern bemerkenswert, als man nichts Negatives über Reventlow gefunden hatte – weder in den Archiven der verschiedenen Zeitungen noch in den Klatschspalten der Regenbogenpresse. Es gab keine Zeile über Streifzüge an europäischen Stränden und in mondänen Badeorten auf der Suche nach jungen, hilflosen Erbinnen. Keinen bösartigen Klatsch über irgendwelche diskreditierende Geheimnisse. Laut Geburtsurkunde handelte es sich bei dem Herrn um Court Heinrich Eberhard Erdmann Georg Haugwitz-Hardenberg-Reventlow, geboren 1895 in Charlottenburg. Die mütterliche Linie seiner Familie war österreichisch-dänisch, sein Vater, der verstorbene Graf Georg Haugwitz-Reventlow, war polnisch-sächsischer Herkunft. Er hatte eine gutgehende Zementfabrik in Deutschland besessen.

Die Reventlows zogen nach Dänemark, als Court noch ein Kind war. Während des Ersten Weltkriegs jedoch kämpfte er, zum Offizier ernannt, für das Deutsche Reich und erwarb das Eiserne Kreuz erster Klasse für Tapferkeit.

Nach dem Krieg kehrten Court und sein Bruder Heinrich nach Dänemark zurück, um den Familienbesitz auf Lolland, einer Insel an der Südostküste Dänemarks, zu bewirtschaften. Auf dem 65 Quadratkilometer großen Gut, das einer beträchtlichen Anzahl an Landarbeitern und Dienern Arbeit gab, befand sich auch das Herrenhaus Schloß Hardenberg.

Der mittlerweile dänische Staatsbürger Court Reventlow stand wegen seiner ausgedehnten Inspektionstouren täglich im Morgengrauen auf. Er genoß den Ruf eines sorgfältigen und fortschrittlichen Geschäftsmannes. Dank seiner erstklassigen Viehzucht stellte er einen der besten dänischen Schinken her, und die Milch ließ er auf einer privaten Eisenbahnlinie transportieren. Das Leben der Reventlow-Brüder war ziemlich unauffällig; sie hatten sich der harten Arbeit verschrieben, dem einfachen Lebensstil, der Zurückgezogenheit und Besonnenheit. Nur während ihrer Ferienaufenthalte in Berlin, London, Paris oder Rom vergnügten sie sich gelegentlich.

Zusammenfassend schrieb Munro, »die Reventlows führen ihr Geschlecht auf einen Bruder Königin Adelaides von Deutschland zurück und sind entfernt mit der derzeitigen Königin von Rumänien verwandt. Das Familiengut unterhält sich selbst, wirft aber keinen Gewinn ab. Graf Court Reventlow wird von seinen Standesgenossen hoch geachtet. Man hält ihn allgemein für weltgewandt, tüchtig und höflich. Er gilt als hochgestellte Persönlichkeit, obwohl man nicht vergessen darf, daß er als jüngerer Bruder nach dänischem Recht keinen Anspruch auf den Familienbesitz hat. Dennoch versteht er sich ausgezeichnet mit seinem Bruder, und es heißt, er habe viel Familiensinn. Er scheint Verantwortung tragen zu können und sollte auch durchaus dazu in der Lage sein, Ihre Tochter zu bändigen«.

Seine angeborene Vorsicht ließ Franklyn Hutton – trotz des optimistischen Tons in Munros Bericht – zögern. Franklyn hielt Barbara vor Augen, daß sie von Reventlow kaum etwas wisse, während ihr Ehemann, trotz seiner Unzulänglichkeiten, zumindest eine bekannte Größe sei. Hutton war aber noch aus einem anderen Grund zurückhaltend: Gerade zu dieser Zeit waren einige andere Familienmitglieder in groß aufgebauschte Scheidungsverfahren verwickelt oder kürzlich verwickelt gewesen. Die Öffentlichkeit hatte die überaus hart ausgefochtene Scheidung von Marjorie Merriweather Post und E. F. Hutton noch frisch im Gedächtnis, bei der die häufigen Seitensprünge Ned Huttons von der Presse bis ins Detail ausgeschlachtet worden waren.

Zur gleichen Zeit wie Tante Marjorie regelten auch ihre beiden Töchter ihre persönlichen Angelegenheiten neu. Adelaide Post Hutton (geborene Adelaide Close, von E. F. Hutton jedoch adoptiert) ließ sich von Tim Durant scheiden. Durant war zwar als Charakterdarsteller und Filmproduzent gescheitert, von Marjorie dafür aber an der New Yorker Börse etabliert worden; später stellte sich heraus, daß er auch beim Glücksspiel das Privatvermögen seiner Frau einsetzte. Eleanor Post Hutton (ebenfalls von Ned adoptiert) löste ihre Ehe mit dem Drehbuchautor und Regisseur Preston Sturges, den seine künstlerischen Interessen dem restlichen Hutton-Clan entfremdet hatten. Nur Barbara hatte Gefallen an Sturges gefunden und ihrer Enttäuschung über die Trennung Ausdruck verliehen.

Diese Serie von Ehemiseren brachte Barbara dazu, ihre Entscheidung nochmals zu überdenken. Sie brauchte noch Zeit, um einen klaren Entschluß zu fassen, und stimmte zu, ihren Ehemann wie geplant in Kairo zu treffen. Was sie verschwieg, war die Tatsache, daß sie schon zwei Wochen zuvor in Ägypten eintreffen würde – zusammen mit Court Reventlow. Auch Jean Kennerley war dabei, und sie erinnert sich: »Barbara und ich schliefen gemeinsam in einem Zimmer, Reventlow in einem anderen. Meine Anwesenheit ärgerte ihn, und die Abneigung beruhte auf Gegenseitigkeit. Barbara empfand ihn als unglaublich gutaussehend, ich hingegen fand, daß er irgendwie grausame Gesichtszüge hatte. Es bereitete ihm Freude, andere herumzukommandieren, Barbaras Angestellte eingeschlossen. ›Tun Sie dies, tun Sie das, tun Sie jenes.‹ Er war sehr jähzornig, und bekam, ohne provoziert worden zu sein, oft und schnell Wutanfälle. Ein kleiner zerlumpter Araberjunge bettelte uns einmal um ein paar Pfennige an. Reventlow gab dem Kind daraufhin eine Ohrfeige. Als wir alleine waren, fragte ich Barbara: ›Du willst doch nicht etwa im Ernst diesen Mann heiraten?‹ Aber sie war regelrecht verrückt nach ihm und hatte sich bereits entschieden. Schließlich kam der arme Alexis an, und Reventlow machte sich unsichtbar. Alexis wußte von Reventlow. Barbara machte ihre Sache nicht gut, sie war leicht zu durchschauen. Der Rest der Reise war eine Tortur, und ich war erleichtert, als wir nach London zurückkehrten.«

Ende März 1935 stand der letzte Akt bevor. Die Mdivanis wohnten in ihrer Suite im Claridge, Reventlow in einem Penthouse auf dem Berkeley Hotel. Barbara unterhielt sich einen Nachmittag mit Court und kam abends wieder ins Claridge, um sich mit Alexis offen auszusprechen. Schon kurze Zeit darauf telefonierte Alexis mit Roussie Sert in Paris und erzählte ihr, was Barbara zu ihm gesagt hatte: Es sei endgültig, völlig und unwiderruflich aus zwischen ihnen, sie werde auch nie wieder zu ihm zurückkehren.

»Wo ist Barbara jetzt?« fragte Roussie.

»Sie hat ihre Koffer gepackt und ist abgehauen«, antwortete Alexis. »Wahrscheinlich ist sie zu Reventlow ins Berkeley Hotel.«

»Willst du, daß sie zurückkommt?«

»Natürlich.«

»Dann unternimm nichts, bis ich da bin«, warnte ihn Roussie. »Ich komme morgen und spreche mit Barbara. Sie hat bis jetzt noch immer auf mich gehört.«

Roussie teilte Serge Mdivani die letzten Entwicklungen in einem eilig geschriebenen Brief mit und fuhr am nächsten Morgen, es war der 23. März, nach London. Dort angekommen ging sie geradewegs zur Rezeption des Berkeley Hotels und fragte dort nach Barbara. Der Portier teilte ihr bedauernd mit, daß die Prinzessin samt Begleitung das Hotel vor wenigen Stunden verlassen habe.

»Hat sie eine Adresse hinterlassen?« erkundigte sich Roussie.

»Ja«, antwortete der Portier. »Wir sollen ihr die Post nach New York schicken, 1020 Fifth Avenue. Sie ist seit heute nachmittag an Bord der *Bremen* und trifft in ein paar Tagen in New York ein.«

Wie die Londoner *Times* am nächsten Tag bestätigte, war Barbara tatsächlich an Bord der *Bremen*, begleitet von einer stattlichen Gesellschaft, zu der ihre Freundin Jane Alcott, Jimmy Donahue, Ticki Tocquet, ihr Chauffeur Clinton Gardiner und seine Frau, ihre schwedische Masseurin Karen Gustafson und ihre französische Zofe Simone Chibleur zählten.

Als Barbara in New York ankam, gab es das übliche Geschrei und Gerangel unter den Zeitungsleuten. In weiser Voraussicht hatte Franklyn Hutton ein halbes Dutzend Leibwächter engagiert, die Barbara am Pier abholen sollten. Während sich Jimmy Donahue um die Presse kümmerte, wurde Barbara in eine wartende Limousine gezerrt und zu Jessie Donahues Domizil in der Fifth Avenue gefahren, um dort die Nacht zu verbringen. Früh am nächsten Morgen flogen Barbara und ihr New Yorker Anwalt Willard Thompkins jr. ab Newark-Flughafen mit einer privat gecharterten United-Airlines-Maschine nach Reno, Nevada – zur Scheidungshauptstadt der ganzen Welt.

In Reno wohnte sie bei George Thatcher, einem bekannten Renoer Anwalt, der Barbaras Interessen vertreten sollte. Ihre Leibwächter arbeiteten schichtweise rund um die Uhr, und sogar Clinton Gardiner, ihr Chauffeur, wurde zur Palastwache eingezogen. Er folgte Barbara auf Schritt und Tritt, wann immer sie das Haus verließ.

Gardiner verteidigte seine Brötchengeberin sogar dann, wenn sie nicht anwesend war. Als er eines Nachts in einer Kneipe in Reno saß, begann neben ihm ein Mann abfällig über die Woolworth-Erbin zu reden. Dies war für Gardiner Anlaß genug, den Mann zu Boden zu strecken, was anderntags in allen Zeitungen, von der Ostküste bis zur Westküste, vermeldet wurde.

Er begleitete Barbara auch bei ihrem unangemeldeten Besuch im Woolworth von Reno. Mit glitzernden Juwelen geschmückt, lief sie die Regale entlang, begutachtete das Angebot, lächelte dem Personal zu, gab Autogramme und verschwand dann so plötzlich wieder, wie sie aufgetaucht war, ohne einen Pfennig ausgegeben zu haben. Dies war das erste und das letzte Mal, daß Barbara einen Fuß in einen der Billigläden ihres Großvaters gesetzt hatte.

Während Barbara in Nevada tatenlos herumsaß, ersuchte Graf Reventlow in Kopenhagen um eine Audienz bei Seiner Majestät König Christian X. Wie alle anderen adeligen Landbesitzer auch hatte er sich der Zustimmung des Monarchen zu versichern, bevor er eine Ehe schließen durfte. Der König erklärte sein offizielles Einverständnis, und Court schiffte sich in Begleitung seines Kammerdieners Paul Wiser nach New York ein. Dort beteuerte er mit Nachdruck, daß er nicht die Absicht habe (»nein, nicht, wirklich nicht, ganz sicher nicht«), Barbara zu ehelichen. »Ich war vierzig Jahre lang Junggeselle und habe nicht vor, an diesem Zustand etwas zu verändern«, bekräftigte er nochmals. Einem Wochenschau-Kameramann bot er diesbezüglich sogar eine Wette über 25 Dollar an und bewies somit, daß er im Fabulieren keinem der darin so begabten Mdivanis nachstand. Keine 24 Stunden später saßen er und Wiser schon im Zug nach Reno, wo sie fahrplanmäßig am 13. Mai eintreffen sollten. Genau an diesem Tag war auch Barbaras Scheidungstermin.

Am 13. Mai also, wenige Minuten vor elf Uhr, hielt in Reno ein grauer Rolls-Royce vor dem Seiteneingang des Warshoer Bezirksgerichts. Vor dem Gerichtsgebäude standen schon ein Dutzend Polizisten und Barbaras Leibwächter, die sich unterhakten und eine Kette bildeten, um Reporter, Fotografen und Schaulustige in sicherer Entfernung zu halten. Zuerst stiegen der Chauffeur und ein Privatdetektiv aus, die Barbara aus dem Fond des Wagens halfen. Ihr folgten George Thatcher und Willard Thompkins jr. Barbara trug ein marineblaues Kostüm, marineblaue Pumps und einen farblich darauf abgestimmten Hut mit winziger Krempe; um die Schultern hatte sie einen Nerz gelegt. An Thompkins' Arm schritt sie durch die Menge zum Gerichtsgebäude, eine Treppe hinauf und einen langen, ebenfalls mit Journalisten überfüllten Korridor entlang. Im Blitzlichtgewitter brachte Barbara nur ein halbes Lächeln zustande, während sie die Ordner zur Verhandlung brachten.

Die Tür zum Gerichtssaal wurde hinter Barbara geschlossen, und dadurch waren die Reporter gezwungen, sich um ein schmales Fenster in der Tür zu drängen. Die Verhandlung war nicht öffentlich. Den Vorsitz führte Richter Thomas Moran. Alexis Mdivani wurde in absentia von George S. Brown vertreten, dessen einziger Beitrag zur Verhandlung ein breites Grinsen war. Wahrscheinlich in Gedanken an sein 10 000-Dollar-Honorar. Für Barbara sprachen ihre beiden Anwälte und Ticki Tocquet, die bezeugen mußten, daß Barbara »nicht weniger als sechs Wochen« Bürgerin von Reno gewesen war. Die Verhandlung dauerte nicht ganz zwanzig Minuten und kostete Barbara alles in allem etwa 250 000 Dollar. Nach Tickis kurzer Aussage wurde Barbara aufgerufen. Sie beantwortete einige Routinefragen und gab dann eine genauere Erklärung ab, weshalb ihre Ehe gescheitert war:

Als ich heiratete, hatte ich keinerlei Vorstellungen von der Liebe. Ein starkes Verlangen nach Unabhängigkeit von meiner Familie war der hauptsächliche Grund dafür, daß ich Prinz Mdivani heiratete. Ich erkannte schon vor der Hochzeit, daß ich dabei war, einen Fehler zu begehen, aber die Dinge waren schon so weit gediehen, daß ich nicht mehr zurückkonnte. Trotzdem: Ich war besser auf diese Ehe vorbereitet als mein Mann. Der Prinz hatte keine Ahnung von all den Lasten und Pflichten, die dieser Schritt mit sich brachte, und mittlerweile bin ich davon überzeugt, daß er mich nur des Geldes wegen geheiratet hat.

Die Scheidung wurde für rechtsgültig erklärt, und Barbara verließ schnell das Gerichtsgebäude. Richter Moran, dem die Scheidungsverfahren der besseren Gesellschaft nicht fremd waren, gab nach der Verhandlung eine fünfminütige Pressekonferenz. Er teilte den Reportern mit, daß sich der Fall Hutton–Mdivani »nicht von den tausend anderen unterscheidet, in denen ich im Verlauf meiner Amtszeit entschieden habe. Miß Hutton hat zwar mehr Geld als die meisten anderen Menschen, aber vor dem Gesetz ist jeder gleich.«

Barbara war gerade einige Stunden geschieden, als Court Reventlows Zug in Verdi ankam, einer Stadt, knapp zwanzig Kilometer von Reno entfernt. Willard Thompkins jr. erwartete ihn dort und fuhr ihn dann zum Lake Tahoe. Als Barbara und Court an diesem Abend Arm in Arm in ein Ausflugslokal am See gingen, nahm dies die ganze Welt zur Kenntnis. Wooster Taylor, der für den *Examiner*, eine Zeitung in San Francisco, durchs Land reiste, faßte anderntags seine Geschichte zu folgender Schlagzeile zusammen: DER PRINZ IST TOT. LANG LEBE DER GRAF!

Diese inoffizielle Ankündigung einer zweiten Heirat Barbaras wurde zum Thema des Tages. Eine Woge von Spekulationen schwappte durch die Presse, und sogar Will Rodgers stürzte sich hinein. In seiner landesweit verbreiteten Kolumne betrachtete er auch die sprichwörtliche Kehrseite der Medaille:

Eine Schlagzeile sagt uns heute also, daß Barbara einen Grafen oder Herzog oder sonstwen heiraten wird. Und wir regen uns alle darüber auf und schimpfen mit ihr, als ob sie unser aller Schützling wäre. Es handelt sich doch um ihr Geld, und vor allem ist es doch ihr Leben, um das es geht. Barbara zahlt unheimlich viel Steuern. Sie sollte dafür auch einige Rechte besitzen. Ihr Vermögen wurde durch Fünf- und Zehn-Cent-Einkäufe erworben, niemand hat also allzuviel dazu beitragen müssen. Wenn sie also da weitermachen will, wo die amerika-

nische Regierung aufgehört hat, und meint, sie müsse auch noch ganz Europa finanzieren, dann ist das doch ihre Angelegenheit.

Will Rodgers Plädoyer verhinderte nicht, daß Barbaras Image Schaden erlitt durch ihren Entschluß, schon 24 Stunden nach ihrer Scheidung erneut zu heiraten. Man muß ihr jedoch zugute halten, daß sie versuchte, die Zeremonie so privat, kurz und einfach wie nur möglich zu halten. Sie fand im Hause des Arztes Dr. A. J. Bart Hood statt, eines Nachbarn von George Thatcher. Barbara trug ein gelbes Kleid und einen Strohhut – Reventlow einen Geschäftsanzug. Er schenkte seiner Braut einen Strauß wild gewachsener Blumen. Reverend William Moll Case von der Presbyterianer-Kirche in Reno vollzog die Trauung, George Thatcher und Willard Thompkins jr. fungierten als Trauzeugen. Die Gästeliste verzeichnete bekannte Namen: Richter Bartlett mit Frau, Prinzessin Der Ling und ihr Gatte, der Botschafter White, Jimmy Blakely, Ticki Tocquet, Franklyn Hutton mit Frau, Jimmy Donahue sowie Reventlows Kammerdiener.

Nach der Zeremonie servierte Mrs. Hood ein reichhaltiges Frühstück, und anschließend traten die Frischvermählten auf die Veranda, um sich mit der kleinen Hochzeitsgesellschaft fotografieren zu lassen. Nicht weniger als zwei Dutzend Leibwächter, Polizisten und Privatdetektive – einige davon in nagelneuer Cowboymontur – standen um das Anwesen der Hoods. Eine stattliche Zahl an Schaulustigen und Reportern hatte sich um das Haus geschart, um einen Blick auf das junge Paar zu werfen. Sie saßen auf ihren Autos und in den Bäumen, um besser sehen zu können. Sie hatten Ferngläser, Fernrohre und Kameras mit Teleobjektiven dabei. Ein Zeitungsfotograf kletterte sogar auf das Dach des Nachbarhauses und baute sich dort ein provisorisches Nest.

Am frühen Nachmittag erklomm eine aus fünfzehn Autos bestehende Hochzeitskarawane die Berge der Sierra Nevada. Ihr Ziel war San Francisco. Die Karawane bestand zum Großteil aus Polizeiautos, die das Paar sicher zum Ziel bringen sollten. Die Fahrt verlief allerdings nicht ohne Zwischenfälle. Kurz nach Reno fuhr ein Polizeiauto in Jimmy Blakelys Rolls-Royce; beide Autos mußten zu einer Reparaturwerkstatt geschleppt werden. Ein anderer Polizeiwagen gab den Geist auf und wurde einfach stehengelassen. Am Abend jedoch befanden sich die Reventlows sicher in ihrer Suite im Mark Hopkins Hotel. Barbara hatte die Zimmer reservieren lassen, die sie dort immer bewohnte.

»In unserer ersten gemeinsamen Nacht, in San Francisco, waren wir beide nervös wie die Hühner. Wir wünschten uns, daß alles vollkommen wäre«, schreibt Barbara. »Aber es fehlte die Spontanität. Das Ganze hatte etwas Halbes an sich. Auch Court fühlte das, denn nach einigen Minuten, in denen nichts geschehen war, klagte er, wie erschöpft er sei. Am nächsten Morgen erwachten wir in der Dämmerung und noch halb schlafend liebten wir uns.«

An diesem Morgen, nachdem ihre Ankunft allgemein bekanntgeworden war, füllte sich die Lobby des Hotels mit Neugierigen aller Art. Es waren darunter sogar einige, die ein Geschenk für das Paar dabeihatten. Ein Mann hatte die ganze Nacht auf einer Couch in der Hotel-Lounge verbracht, um ein beleuchtbares Goldfischglas für Barbaras Boudoir als Geschenk abzugeben. Er weigerte sich hartnäckig zu gehen, ehe er nicht Barbara das bei Woolworth erstandene Hochzeitsgeschenk überreicht hätte.

Barbara und Court hatten sich eigentlich vorgenommen, einen schönen Tag in San Francisco, das Court noch nicht kannte, zu verbringen. Aber von dem Augenblick an, als die beiden ihre Suite verließen, waren sie keine Sekunde mehr allein. Reporter und Fotografen mit Interviewwünschen drückten ihnen fast die Luft ab, und Neugierige hinter Polizeiabsperrungen schrien ihnen die Ohren voll. Als sie nach diesem morgendlichen Bummel wieder in ihr Hotel zurückkehrten, fanden sie ein von Blumenbouquets überquellendes Schlafzimmer vor. Drei Telefone klingelten gleichzeitig, und erschöpfte Laufburschen überbrachten von nun an den ganzen Nachmittag Einladungen nach hier und da und dort. Butler, Zofen und andere Bedienstete gingen im Minutentakt ein und aus, um den Zeitungsleuten in der Lobby alle Einzelheiten zu berichten: was die Reventlows zu essen bestellten, welche Farbe Courts Pyjama hatte, was Barbara bei der Party, die sie am Abend im Hotel gab, anzuziehen gedachte.

Wird das nun ewig so weitergehen? Reventlow mag sich das gefragt haben, als sie sich an diesem Abend unter ihre fünfhundert Gäste begaben, von denen er die meisten zum ersten und wahrscheinlich auch zum letzten Mal sah. Er fühlte sich zwischen all den neuen und fremden Gesichtern ganz verloren. Dazu kam noch ein nicht enden wollender Strom an Reportern und Kolumnisten. Hundertmal wurde er an diesem Abend gefragt, wie ihm San Francisco gefalle, und hundertmal antwortete er mit eisigem Lächeln: »Wunderbar. Eine wundervolle Stadt.« Spät in der Nacht, als sich auch die letzten Nachzügler endlich verabschiedet hatten, lieferte sich das junge Paar den ersten Streit. Court wollte San Francisco verlassen, Barbara wollte noch bleiben. Barbara gab schließlich nach.

Etwa zur Mittagszeit des nächsten Tages gelang es den beiden, durch die Tiefgarage des Hotels zu entwischen. Eine Polizeieskorte geleitete sie zum Bahnhof, wo Curleyhut, als letzter Waggon an einen Schnellzug nach New York angehängt, auf sie wartete. Wenn Reventlows Gefieder in San Francisco zerzaust worden war, so wurde er in New York gerupft. Hunderte zornige Woolworth-Angestellte erwarteten Curleyhut am Bahnsteig. Sie waren mit Plakaten und Transparenten bewaffnet, auf denen Forderungen nach höheren Löhnen und großzügigeren Sonderleistungen standen. Die Demonstranten folgten Barbara und Court durch die Stadt bis zur Fifth Avenue. Dort formierten sie sich zu einer Reihe, verteilten Flugblätter und sammelten Unterschriften für eine Petition, die ihre Forderungen enthielt. Sobald Court und Barbara das Haus verließen, wurden sie mit einem Pfeifkonzert und einer Parodie auf ein bekanntes Lied begrüßt.

Barbara Hutton hat 'ne Menge Moneten.
Wir wissen auch genau, woher sie es hat.
Denn wir schuften tagaus, tagein bei Woolworth
und werden vom Gehalt immer seltener satt.
Ja, ja, so ist das.

Am 30. Mai fuhren die Reventlows auf der *Bremen* nach Europa. Reventlow war überaus froh, auf den Kontinent zurückzukehren. Was seine Frau betraf, so waren ihm bereits ernsthafte Zweifel an ihr gekommen. In den zwei Wochen ihrer Ehe war er zu dem Schluß gelangt, daß Barbara absolut süchtig nach Publicity war. Für jemanden, der behauptete, das rücksichtslose Treiben der Presse zu verachten, verhielt sie sich überaus ungewöhnlich. Sie gewährte Interviews, Pressekonferenzen, Fototermine, kurz, sie war für jeden und alles jederzeit zugänglich. Das soll nicht heißen, daß sie sich um ihre Imagepflege und Pressekontakte richtig kümmerte, aber sie unternahm auch nur sehr wenig, um die ständigen Nachfragen abzuwehren. Außerdem verfolgte sie genauestens, was über sie geschrieben wurde. Sie las hingebungsvoll den Gesellschaftsteil der Tageszeitungen, Zeitschriften und Modemagazine auf der Suche nach ihrem Namen. An Tagen, an denen sie ihn nicht abgedruckt fand, warf sie das Blatt in die Ecke und beklagte sich bei Ticki Toquet, daß sie bereits vergessen sei.

Ein anderes Problem stellten für Reventlow Barbaras Diätpraktiken dar. Sie geriet jedesmal in Panik, wenn die Waage auch nur den kleinsten Gewichtszuwachs anzeige. Anfangs glaubte er noch, sie wolle nur ein paar Pfund abnehmen, wenn sie sich weigerte, etwas anderes als ein wenig Gemüse zu essen. Als er jedoch bemerkte, daß die Diät für Barbara schon Routine war, wurde er besorgt und begann ihr Fragen zu stellen. Ob sie schon jemals einen Diätspezialisten aufgesucht habe, wollte er wissen. Barbara schüttelte den Kopf. Sie kenne keine Diätärzte, meinte sie, ihre Unlust zu essen sei ihr Problem, nicht das seine, und überhaupt sei sie sich selbst die beste Ernährungsberaterin.

Reventlow war zutiefst bestürzt. Jedes gemeinsame Mahl wurde für ihn zum Kampf mit sich selbst. Es kam sogar so weit, daß er sich für jeden Bissen, den er hinunterschluckte, schuldig fühlte. Als Court von Barbara geschieden war, erzählte er einem Reporter, daß es für ihn mit der Zeit immer schwieriger geworden war, das Essen zu genießen. Bei Tisch verfolgten Barbaras Augen gierig jede einzelne Bewegung seiner Gabel, so daß er schließlich entweder schneller und schneller aß oder aber genauso wenig zu sich nahm wie Barbara selbst. Nach vier Jahren Ehe war Reventlows Gewicht von hundert auf achtzig Kilo gefallen.

Im ersten Sommer, den sie gemeinsam verbrachten, gelang es Court irgendwie, Barbara zum Besuch einer bekannten deutschen Diätklinik in Freiburg zu überreden. Die Leitung dieser Klinik hatten zwei englische Ärzte, Dr. Martin und Dr. Peters, inne. Keiner der beiden war bei der Behandlung der sturen Patientin erfolgreich. Dr. Martin diagnostizierte schließlich anorexia nervosa, Magersucht, eine damals noch seltene psychosomatische Krankheit, und riet Barbara, einen Psychoanalytiker aufzusuchen. Barbara war froh, endlich von Freiburg wegzukommen. Die Hakenkreuze und die antisemitischen Parolen an den Wänden hatten eines ihrer Mädchen, Leah Efros, eine amerikanische Jüdin, total verängstigt. Als man sich in einem Restaurant in Freiburg weigerte, Leah zu bedienen, hatte Barbara endgültig genug. Sie reisten zu einer Heilquelle in Karlsbad, wo sich Barbara und Court zum ersten Mal getroffen hatten. Reventlow überzeugte seine Frau, daß sie bei regelmäßiger Gymnastik getrost essen könne, ohne zuzunehmen. Dies funktionierte allerdings nur während ihres Aufenthaltes in Karlsbad. Schon bei der Ankunft in Ägypten war Barbara wieder am Fasten. Dort waren sie in einem Palais vor den Toren Kairos bei Baron Jean Empain, einem wohlhabenden Belgier, zu Gast. Anschließend begaben sie sich nach Jerusalem, wo sich bei Barbara eine Vaginalinfektion bemerkbar machte. Sie suchte einen Gynäkologen auf, der ihr nach gründlicher

Untersuchung erklärte, daß sie eine Pilzinfektion habe. Außerdem sei sie mindestens im zweiten Monat schwanger.

Prinz Alexis Mdivani hatte in der Zwischenzeit mit dem Ertrag aus seiner zweijährigen Ehe ein neues Leben angefangen. Neben zwei überaus reichhaltigen Treuhandfonds, einem Rennboot (der *Ali Baba*), einigen Poloponys, einem Rolls-Royce und einer Kollektion wertvoller Juwelen hatte er auch noch das Haus in Venedig. Er ließ die Abtei San Gregorio nach seiner Scheidung völlig neu herrichten, und José Sert erhöhte ihren Wert noch durch Freskenmalereien auf einer kuppelförmigen Decke und an einer der Wände. Auch Roussie half bei der Ausstattung. Sie suchte die Möbel und Stoffe aus.

In Paris erwarb sich Alexis einen weiteren Wohnsitz, ein Appartement am Place de Palais Bourbon. Dies stattete er mit weichen weißen Divans, mit indischen Teppichen und mit schimmernder indischer Seide aus. Er stellte zwei indische Diener ein, kleidete sie in weiße Seidentuniken mit scharlachroter Schärpe und kaufte sich einen kohlrabenschwarzen Hund. Als er die Wohnung gerade fertig eingerichtet hatte, traf er eine Frau, die ihn auf Anhieb verzauberte. Es war die Baronin Maud von Thyssen, die von ihrem Mann, Baron Heinrich von Thyssen, mittlerweile getrennt lebte. Die Familie des Barons gehörte zu den bedeutendsten Großindustriellen im Ruhrgebiet.

Im Juli 1935 besuchten Alexis und Maud Roussie und José Sert im spanischen Mas Juny. Auf Roussies Empfehlung hin kaufte Alexis ein altes Anwesen nicht weit von Mas Juny, das Teil eines großen Grundstücks von Peter III. von Aragon gewesen war. Der Besitz enthielt auch eine kleine, zerfallene Kapelle, die Alexis renovieren wollte. Hier hatte er vor, Maud zu heiraten, sobald ihre Scheidung als rechtskräftig erklärt sein würde. Um ihr Verfahren zu beschleunigen, beschloß Maud, nach Paris zurückzukehren und dort ihren Anwalt zu treffen. Alexis wollte so lange bei seiner Schwester in Mas Juny bleiben.

Am Abend des ersten August machten sich Alexis und Maud auf den etwa hundert Kilometer langen Weg von Palamós nach Perpignan, wo Maud den Zug nach Paris erreichen wollte. Sie waren spät dran, und Alexis, der auch sonst schnell fuhr, jagte mit 130 über die enge Landstraße. Etwa auf halber Strecke, bei dem spanischen Dorf Albona, geriet sein Rolls-Royce in eine Fahrrinne, prallte gegen einen Baum und überschlug sich fünfmal, ehe er auf seinem Dach liegenblieb. Die Insassen eines zufällig vorbeifahrenden Autos zogen die beiden aus dem schwelenden Wrack. Maud war schwer verletzt, doch sie atmete noch. Alexis war tot.

José Sert war an diesem Tag ausgegangen, während seine Frau Roussie sich zu Hause um die Gäste (Bergery, der populäre Führer der französischen Linken, dessen amerikanische Frau Bettina und der Tänzer Serge Lifar) kümmerte. Roussie raste sofort nachdem ihr das Unglück gemeldet worden war, zum Unfallort. Als sie dort ankam, wurde gerade der Leichnam ihres Bruders auf einem Eselskarren weggeschafft. Der Tod von Alexis war für Roussie ein großer Schock, von dem sie sich nie völlig erholte. Bettina Bergery blieb für den Rest des Sommers bei ihr. Einem Freund erzählte sie später einmal, daß sie noch niemanden so leiden gesehen habe. Nach dem Tod ihres Bruders schien Roussie kein Interesse mehr am gesellschaftlichen Leben, das bisher eine für sie so bedeutende Rolle gespielt hatte, zu haben. Unter allen Leuten ließ sie sich ausgerechnet am meisten von Misia Sert beeinflussen. Sie stieg in die Unterwelt der Drogen hinab – Morphium, Opium, Barbiturate; ein vergeblicher Versuch, den schmerzlichen Verlust zu vergessen. Die Drogen spülten den Rest ihrer noch verbliebenen Jugend und Schönheit weg, und am Ende stürzten sie sie nur noch mehr in Verzweiflung. »Alexis verloren zu haben«, schrieb sie Barbara Hutton, »das ist so, wie einen Teil meines eigenen Lebens verloren zu haben. Wir haben ihn bei der kleinen Kapelle Peters III. begraben; er hat sie so sehr gemocht. Die Angst, die ich davor habe, sein Grab zu besuchen, hindert mich daran, öfter hinzugehen. Alexis hatte doch noch sein ganzes Leben vor sich. Er war doch erst 26.«

Schon wenige Monate nach Alexis' Tod verblüffte seine Exfrau Louise Van Alen die bessere Gesellschaft dadurch, daß sie die Ehefrau von Serge Mdivani wurde. Louise errang damit die fragwürdige Auszeichnung, gleich beide »heiratslustigen Mdivanis« ertragen zu haben, eine Leistung, die ein Kolumnist mit dem Kunststück verglich, vom Empire State Building zu springen und zu überleben – das jedoch nicht nur einmal, sondern gleich zweimal.

Die Familie Mdivani sollte innerhalb eines Jahres aber noch ein weiterer Schicksalsschlag treffen. Serge und Louise verbrachten ihre Flitterwochen in der Karibik und in Palm Beach. Serge, wie sein Bruder Alexis ein begeisterter Polospieler, nahm dort an einem internationalen Turnier teil. Er spielte in einem Team, das sich »Die Georgians« nannte und aus ihm und einigen weiteren russischen Emigranten bestand. Im Verlauf des Turniers trafen »Die Georgians« auf eine Mannschaft aus Texas, deren Kapitän Cecil Smith Amerikas größter Polostar war. Gegen Mitte des zweiten Spiels stieß Cecil Smiths Pferd mit Serge Mdivanis auf dem feuchten, glatten Boden unglücklich zusammen. Serge wurde abgeworfen, und während er noch zu Boden stürzte, schlug sein nervös gewordenes Pferd aus und traf ihn am Kopf. Serge war sofort tot. Louise Van Alen erschien erneut in den Klatschspalten, aber dieses Mal nicht als Geschiedene, sondern als Witwe.

8

Barbara, Court und Jimmy Donahue waren gerade in Schloß Hardenberg angekommen, um der Familie Reventlow einen Besuch abzustatten, als sie vom tödlichen Autounfall Alexis Mdivanis erfuhren. Barbara war von dieser Nachricht schwer erschüttert und verfiel in tiefe Depressionen. Sie sperrte sich in ihrem Zimmer ein und spielte dort unentwegt den ganzen Stapel Bing Crosby Platten ab, den sie auf diese Reise mitgenommen hatte. Court Reventlow, dessen konservative Ansichten zum Leben und zu den Frauen eher preußisch als dänisch waren, konnte nicht verstehen, warum Barbara auf den Tod eines Mannes, den sie nicht mehr liebte, so heftig reagierte. Vor allem konnte er aber nicht verstehen, wie Bing Crosby ihr darüber hinweghelfen konnte.

Reventlow behauptete später, daß Barbara eine tiefe Zuneigung für Dänemark hegte – und das hat er offensichtlich auch wirklich geglaubt. Die Wahrheit jedoch war, daß Barbara die kahle, einsame Insel Lolland, ihr kleines Städtchen Saxkobing und das feuchte, neblige Klima haßte. Vor ihrer Ankunft brannten Freudenfeuer auf dem Marktplatz für die amerikanische Braut, die Dänemark so lieben und deshalb auch dort bleiben würde. Und wenn sie bliebe, dann würde sie vielleicht die Steuern der Leute bezahlen, die Haugwitz-Reventlowschen Grund bewohnten.

Courts älterer Bruder Heinrich, der nur einige Räume des Schlosses bewohnte, öffnete den Haupttrakt wieder, renovierte fünfzehn Räume und zog selbst in einen anderen Flügel. In diesem Flügel, so eine Legende, soll es sogar gespukt haben. (Auf Schloß Hardenberg, so erzählten sich die Leute, zog sich im 18. Jahrhundert Graf Struensee, der Geliebte der Königin Carolyn Matilda, die Feindschaft der dänischen Adeligen zu, weil er die sozialen Bedingungen der Armen in Dänemark verbessern wollte. Bevor er geköpft wurde, verfluchte Struensee die dänischen Adeligen, die für seinen Sturz und die Einkerkerung der Königin Carolyn verantwortlich waren. Dieser »Fluch des Grafen Struensee« schwebte, so nahm man an, noch immer über den Köpfen der Adeligen, die sich im Schloß aufhielten.)

Als das dänische Pressecorps in Schloß Hardenberg einfiel, um die Besucher auszufragen, erlaubte sich Jimmy Donahue einen Scherz. Er behauptete, daß Reventlow das Schloß in Wirklichkeit nur für die Dauer ihres Aufenthaltes gemietet habe und den Mietvertrag kündigen werde, sobald sie wieder abreisten. Jimmy, der mit seiner Unterbringung in einem außerhalb des Schlosses liegenden Gästehaus unzufrieden war und sich abgeschoben fühlte, vertiefte die wachsende Kluft zwischen sich und Reventlow noch dadurch, daß er Courts abgehackte Sprechweise und dessen steife deutsche Eigenheiten imitierte. Nachts pflegte Jimmy den Ofen in seinem kalten Häuschen mit Möbelstücken – Tischen, Stühlen, Hockern – zu füttern, die er auf Brennholz und Zunder warf. Barbara, trotz ihrer damaligen Verfassung, konnte nicht anders, als über die Mätzchen ihres Cousins zu lachen.

Es gab nur noch ein anderes Ereignis in dieser Zeit, an das sie sich gern zurückerinnerte. Es war die Dinnerparty, die Courts Bruder Heinrich für sie gab, bei der auch einige der adeligen Nachbarn und der bedeutenden europäischen Diplomaten anwesend waren. Nach diesem rauschenden dänischen Fest schenkte ihr Heinrich ein glitzerndes Smaragdarmband mit moderner Fassung – ein Familienstück, das Heinrich bei Tiffanys in New York neu hatte fassen lassen. Barbara war tief berührt. »Das ist das allererste Mal«, bemerkte sie, »daß ich etwas geschenkt bekommen habe, was ich nicht selber bezahlen mußte.«

Anfang September waren die Reventlows wieder in Paris. Sie wohnten in einer Suite im Ritz. Eines Tages erhielt Barbara einen Brief, der sie vom letzten Willen Alexis Mdivanis unterrichtete. Die Erbmasse bestand aus den beiden Treuhandfonds, die Barbara ihm eingerichtet hatte, und aus verschiedenen anderen Dingen, wozu das Grundstück in Spanien, das Appartement in Paris und der Palazzo in Venedig gehörten. Barbara war gemeinsam mit Alexis' vier Geschwistern eine der Begünstigten. Das Dokument sah vor, daß sich die Erben in Paris treffen sollten, um gemeinsam das Erbe freundschaftlich und gerecht aufzuteilen.

Das Vermächtnis brachte Barbara in eine unangenehme Lage. Sie hatte keine Lust, um ihr Erbe, das sich durch Serges Tod noch erhöhte, zu feilschen, und sie hatte auch keine Lust, an Konferenztischen die Feinheiten des Erbschaftsgesetzes zu erörtern. Barbara erledigte die Sache dadurch, daß sie ihr Erbteil wohltätigen Zwecken zukommen ließ. Der venezianische Palazzo, den sie einst besitzen wollte, ging an Roussie Sert.

Nach der Entscheidung, sich aus dieser Erbangelegenheit zurückzuziehen, war Barbara erleichtert. Sie fühlte sich, zum erstenmal seit Wochen, wieder richtig wohl. Sie stand morgens früh auf und spielte mit ihrem Mann und Freunden Tennis in einem nahegelegenen Club. Silvia de Castellane erinnert sich an Barbara in klassischer weißer Tenniskleidung, ohne Make-up und ohne Schmuck außer ihren Ohrringen. »Sie war eine strahlende Schönheit, kühl, vielleicht sogar ein wenig kalt. Sie sah phantastisch aus auf dem Tennisplatz. Und sie hatte eine Art zu spielen – besser als Reventlow.«

Bilder von Barbara in ihrem knappen Tenniskleidchen schmückten die Titelseiten jeder größeren europäischen Zeitung. Ihr Wiedereintritt in die Pariser Stratosphäre, noch dazu mit einem neuen Ehemann, versetzte die Öffentlichkeit, die mehr als genug von wirtschaftlichen Krisen und politischen Intrigen gelesen hatte, in angenehme Erregung. Eric Hawkins, der Herausgeber der Pariser *Herald Tribune*, erkannte schnell die Vorteile einer fortlaufenden Berichterstattung über Barbara für seine Zeitung. Denn wenn Barbara etwas sagte, egal wie belanglos es sein mochte, so hörten die Leute hin. Zeitungen mit ihrem Gesicht auf dem Titelblatt verkauften sich. Hawkins setzte einen seiner besten Reporter auf die Hutton an. Den Lesern wurden minutiös die kleinsten Ereignisse ihres Tagesablaufs aufgetischt. Für viele führte sie ein Leben in Luxus und Ausschweifung. Dennoch waren die Leute fast süchtig nach den neuesten Berichten. Barbaras Tage waren ausgefüllt mit Friseurbesuchen bei Alexandre, Fototerminen für *Vogue* und *Harper's Bazaar*, Sitzungen für Gesellschaftsfotografen wie Horst P. Horst und George Hyningen-Huene, Einkaufsbummeln in der exklusiven Rue Faubourg St. Honoré (ein Begleiter erzählte, daß sich die Ladenbesitzer quasi die Hände mit unsichtbarer Seife wuschen, wenn sie Barbara ihr Geschäft betreten sahen), Mittagessen im Maxim, einsamen Spaziergängen durch den Bois de Boulogne oder über den Place Vendôme die Rue de la Paix hinauf, Museums- und Galeriebesuchen, Besuchen der Bücherstände am linken Ufer der Seine. Ihre Nächte waren reserviert für Oper, Theater, Ballett, Tanz bei Pré Catelan, kleine Dinnerparties und große rauschende Bälle.

In den dreißiger Jahren war das ganz große Ereignis jeder Pariser Saison die alljährliche September-Gala bei Elsie de Wolfe Lady Mendl. Sie fand in deren Villa Trianon, einem Schloß bei Versailles aus der Zeit Louis Philippes statt. Die Villa besaß einen Garten in französischem Stil mit eigener Voliere und einem Musikpavillon. Elsie, eine bekannte Innenarchitektin mit erlesenem Geschmack, hatte die Villa mit wundervollen Möbeln aus dem 18. Jahrhundert, mit Holztäfelungen und modernen Fresken ausgestattet. Der Haupteingang befand sich am Boulevard St. Antoine; durch ein kleines Tor an der Rückseite des Hauses konnte man direkt in die Anlagen, die zum Schloß des Sonnenkönigs gehörten, gelangen. Elsie teilte sich die Villa (und ein Pariser Appartement in der Avenue d'Iéna) mit ihrem weltgewandten, charmanten Gatten, Sir Charles Mendl, Presseattaché der britischen Botschaft in Paris. Ihre Vernunftehe war, wie auch die von Cole und Linda Porter, die die beiden einander bekannt gemacht hatten, von freundschaftlicher Zuneigung geprägt.

Jedermann brannte darauf, die Villa Trianon und deren berühmte Lady Mendl zu besuchen, und jeder wollte vor allem auch einen Blick in ihr Badezimmer werfen, das etwa doppelt so groß war wie ihr Schlafzimmer. Es war mit Leopardenfell überzogenen, gepolsterten Bänken und einer *faux marbre*-bemalten Wanne ausgestattet. An den Wänden hing eine wertvolle Sammlung chinesischer Spiegel, ein wahrhaft einzigartiger Kristalleuchter illuminierte den Raum, die Toilette hatte das Aussehen eines Rohrstuhles. Dieser Raum war Lady Mendls Nest, ihr sanctum sanctorum, ihr Allerheiligstes. Hier führte sie ihre Yoga- und Atemübungen durch, hier las sie Zeitung (häufig im Kopfstand), hier spielte sie Gin Rummy, hier trank sie ihren selbstgemixten Lieblingscocktail (Grapefruitsaft, Gin und Cointreau), hier hielt sie hin und wieder Hof. Hier, in ihrem Badezimmer, hatte Elsie auch einst Barbara Hutton über die bessere Gesellschaft Frankreichs aufgeklärt – über deren Fallen und Fallstricke.

Elsie liebte es, Menschen um sich zu haben, und ihre Partygesellschaften zeichneten sich immer durch die ansprechende Mischung aus Künstlern, schönen Frauen, Prominenten und jungen Aufsteigern aus. Was sie neben ihrer Warmherzigkeit und ihrer offenen Art zu einer so begehrten Gastgeberin machte, waren ihre phantasievollen und raffinierten Menüs. Elsie hatte sich nämlich eigene kulinarische Regeln zurechtgelegt. Eine davon lautete: »Beginne nie ein Menü mit einem See!«, was heißen sollte: Serviere nie als ersten Gang eine Suppe. Die Gäste ihres diesjährigen Festes, unter denen sich die Reventlows, Prinz Jean-Louis Faucingy-Lucinge, Diana Vreeland, die Romancière Colette, die Modemacherin Elsa Schiaparelli, Lord und Lady Milford Haven, Cecil Beaton, Tallulah Bankhead und Bébé Bérard befanden, verwöhnte sie mit einem Menü aus gedünsteten Venusmuscheln und Champagner, worauf ausgesuchte Weine zu kalten Seezungenfilets und Kalbslendchen à la Prinz Orloff folgten. Den Abschluß bildete eine Pistazieneisbombe. Zum Kaffee versammelten sich die Gäste in der langen Galerie, von der aus man einen wundervollen Blick auf den Garten hatte. Elsie kündigte dort an, nun eine neue Cabaret-Sängerin vorzustellen, deren Stimme die hier versammelten Stützen der Pariser Gesellschaft glattweg umhauen würde. Unter großem Applaus und Gelächter erschien eine allseits bekannte Gestalt im Smoking: es war Elsa Maxwell. Sie setzte sich an den Flügel und spielte ein Cole-Porter-Medley. Der Scherz war Elsies Idee gewesen, und offensichtlich kam er auch gut an, denn mehr als zehn Jahre später wiederholte ihn die Herzogin von Windsor auf einer ihrer Parties in Paris.

Am Tag nach Elsies Soirée besuchten Barbara und ihre Freundin Janet Montagu den Salon Coco Chanels in der Rue Cambon, gleich gegenüber vom Ritz, um Barbara mit Umstandskleidern ausstatten zu lassen. Janet Montagu war die Tochter von Lord Beaverbrooks und mit James Drogo Montagu, dem zweiten Sohn des Earls von Sandwich, verheiratet. Nach der Anprobe folgten die beiden Damen über zwei Wendeltreppen Coco Chanel in ihr Tagesappartement über dem Salon. In diesem luxuriösen Heiligtum der Schönheit ruhte Coco sich aus, hier aß sie, hier entspannte und amüsierte sie sich. Ihre Nächte verbrachte sie im Ritz, aber dieses Tagesappartement war ihr wahres Zuhause, denn hier bewahrte sie ihre bedeutendsten Schätze auf; es war angefüllt mit Perlmutt, Ebenholz, Elfenbein, Gold, Kristallen, Silber und Bronze, afrikanischen Masken, teuer gebundenen Erstausgaben und einer wachsenden Sammlung chinesischer Kunstgegenstände. »Wir saßen in einem rosa schimmernden Raum, der von Möbeln und Zierat aller Arten nahezu überquoll«, schrieb Barbara in ihr Notizbuch. »Coco lag auf einem Divan aus Rehleder und nippte an einem Scotch mit Wasser, der ihr von einem förmlich gekleideten Ober in weißen Handschuhen serviert wurde. ›Ich habe über deine Schwangerschaft nachgedacht‹, sagte Coco. ›Ich frage mich manchmal: Woher weiß eine Kiefer, daß sie eine Kiefer ist? Oder ein Ahorn, daß er ein Ahorn ist? Warum wächst an einem Ahorn kein Eichenblatt? Warum hat eine Kirsche einen Kirschkern? Und wie kommt es, daß ein menschlicher Fötus schließlich als Mensch auf die Welt kommt und nicht als Pferd – obwohl ich, fällt mir dabei ein, einige Menschen kenne, die einem Pferd bemerkenswert ähnlich sehen. Aber das ist für mich wirklich das Zauberhafte an der Sache, es nicht zu wissen, sondern einfach zu staunen.‹«

Barbaras Pariser Arzt, Dr. Robert de Gennes, ein eleganter Mediziner der besseren Gesellschaft, war der Meinung, daß sie sich überanstrengte, und empfahl ihr deshalb einen befri-

steten Wohnortwechsel. Nach einigem Nachdenken entschieden sich die Reventlows für Rom. Barbara hatte, wieder einmal, ihren Cousin Jimmy Donahue eingeladen. Sie
versicherte ihrem Gatten, daß Jimmy sein bestes Benehmen
an den Tag legen würde. Ende September kamen die drei
in Rom an und bezogen die Königssuite des Grand Hotels
in der Via Vittorio Emanuele Orlando. Es war das eleganteste
und teuerste Hotel der Stadt und bekannt für seine
konservativen Gäste.

Rom war lange Zeit eine der schönsten europäischen
Hauptstädte gewesen, deren Eleganz und Stil nur noch von
Paris übertroffen wurde. Hier ließ es sich – den nötigen
Reichtum vorausgesetzt – überaus angenehm leben. Doch
das Rom, das die Reventlows erwartete, war nicht mehr das
der vergangenen Jahrzehnte. Mussolinis Schwarzhemden
und ein ungebärdiger Mob beherrschten die Straßen. Der
Mob schien davon besessen zu sein, den Verkehr aufzuhal-
ten, Autos anzuzünden, Geschäfte zu plündern und unschuldige Passanten anzugreifen. Wohlstand und seine Begleiterscheinungen waren hier nicht mehr länger erwünscht.

Anfang Oktober fand eine Massenversammlung der Fa-
schisten auf der Piazza vor dem Grand Hotel statt, um die
gerade begonnene Invasion in Äthiopien zu feiern. Stunde
um Stunde verging und die Menge wurde immer größer
und immer ekelerregender. Faschistische Losungen brül-
lend, schwang der Mob Knüppel und Bleirohre, und viele
trugen riesige Bilder mit dem düsteren Gesicht des Duce.
Die Reventlows versuchten, sich in ihrer Suite im dritten
Stock vor dem Lärm zu schützen, aber er schwoll immer
weiter an und erschütterte das Hotel in seinen Grundfesten.

Jimmy Donahue, der sein tägliches Quantum Scotch bereits intus hatte, entschloß sich, den Mob auf seine Art zum
Verstummen zu bringen. Er trat auf den Balkon, ergriff
einen eingetopften Rosenstrauch und ließ ihn auf die Straße
fallen. Während der Topf nach unten segelte und einen
Trupp Legionäre nur knapp verfehlte, fing Jimmy an »Viva
Äthiopien! Lang lebe Haile Selassie!« zu schreien. Dann

knöpfte er seine Hose auf und urinierte über die Balkonbrüstung.

Sein Scherz hätte üble Folgen gehabt, wenn nicht die italienische Polizei gerade noch rechtzeitig gekommen wäre, um die erregten Demonstranten davon abzuhalten, das Hotel zu stürmen. Aber Donahue wurde nun als potentieller Unruhestifter betrachtet, dessen Verbleib in Rom nur weitere Gewalttaten hervorrufen würde. Am folgenden Tag kam ein Polizeioffizier ins Hotel, der Jimmy einen Ausweisungsbefehl erteilte und ihn aufforderte, Italien binnen 24 Stunden zu verlassen. Zur gleichen Zeit wurde den Reventlows von der Hoteldirektion mitgeteilt, daß sie ihre Suite für den ehemaligen König von Spanien zu räumen hätten. Als König Alfonso ankam, bestand er darauf, daß sie blieben, aber die Direktion hatte die Umquartierung in eine kleinere Suite bereits in die Wege geleitet. Die Reventlows verstanden den Wink, und am nächsten Morgen fuhren sie, mit Jimmy Donahue im Schlepptau, zurück nach Paris.

Barbara traf dort eine alte Bekannte, die in Australien geborene Frau von Sir John Milbanke, dem Direktor einer Londoner Firma für Anlageberatung. Sheila Lady Milbanke, hilfsbereit und immer einen guten Rat zur Hand, schlug Barbara vor, ihr Kind in London zu entbinden, wo sie nicht im grellen Licht der öffentlichen Scheinwerfer stehen würde. Sheila hatte eine Freundin in London, Mrs. Wakefield-Saunders, deren gut ausgestattetes Haus im Regency-Stil, in Hyde Park Gardens, gerade frei war. Barbara nahm Sheilas Empfehlung dankbar an und schloß einen Mietvertrag über ein Jahr ab.

In London schottete sich die werdende Mutter von der Außenwelt ab und begab sich in die Fürsorge von Dr. Cedric Sydney Lane-Roberts, der am Royal Northern Hospital Chefarzt der Entbindungsabteilung war. Nachdem er Barbara untersucht hatte, verschrieb er ihr Lebertran und Eisenpräparate, da sie unter leichter Blutarmut litt. Ansonsten schien sie bei guter Gesundheit zu sein. Bis Mitte Februar 1936 hatte Barbara beträchtlich zugenommen und dem Vorschlag des Arztes zugestimmt, zu Hause zu entbinden. Man räumte ein Schlafzimmer aus, scheuerte es gründlich und bestückte es mit den modernsten Geräten des Royal Northern Hospitals. OP-Lampen wurden an einen transportablen Generator angeschlossen; vier große Schlafzimmer im vierten Stock des Hauses wurden zur »Säuglingsstation« umfunktioniert. Ein Kindermädchen und eine Ganztags-Säuglingsschwester wurden angestellt. Die Säuglingsschwester, Margaret Latimer (Barbara rief sie »Sissy« oder »Sister«, da Margaret als »Schwester«, also »Sister« gearbeitet hatte), bekam ihre eigenen Zimmer, die direkt an die »Säuglingsstation« angrenzten. Sister, die aus Frampton bei Carlish, im Norden Englands kam, war ein Musterbeispiel an Leistungsbereitschaft, Tüchtigkeit und Ergebenheit. Sie sollte bald genauso wie Ticki Tocquet zum unverzichtbaren und ständigen Gefolge von Barbara gehören.

Am 23. Februar schaute Dr. Lane-Roberts noch einmal zur letzten Untersuchung vor der Geburt vorbei. Er stellte nichts Ungewöhnliches fest und war schon am Gehen, als Barbara (so berichtet es der Autor Dean Jennings) ihn auf dem Absatz kehrtmachen ließ.

»Ich wünsche, daß Sie einen Kaiserschnitt vornehmen«, äußerte Barbara.

»Ich halte einen Kaiserschnitt nicht für nötig«, erwiderte der Arzt.

»Mag sein, ich möchte aber trotzdem einen.«

Der Arzt blickte zu Reventlow hinüber, der den gleichen kurzen und verwirrten Blick zurückwarf.

»Gibt es irgendeinen besonderen Grund, weshalb Sie einen Kaiserschnitt wünschen?« fragte Lane-Roberts.

»Nein, nein«, meinte Barbara. »Es wäre mir auf diese Art nur einfach angenehmer.«

Dr. Lane sah, daß es keinen Sinn hatte, mit Barbara hierüber zu reden. Kaiserschnitte kamen zu dieser Zeit bei Frauen der gehobenen Schicht immer mehr in Mode, weil diese sich bei dem Gedanken an eine normale Geburt, die nun einmal mit Schmerzen verbunden ist, schon unwohl fühlten. Er erklärte sich schließlich damit einverstanden, den Schnitt durchzuführen und setzte die Operation auf den nächsten Morgen an.

Die Entbindung verlief problemlos. Zwei Ärzte assistierten Dr. Lane-Roberts in dem provisorischen Operationssaal. Das Resultat war ein kräftiger, gutgebauter, strammer Junge mit blondem Haar und blauen Augen – »ein wunderschönes Baby«, wie seine Patin Silvia de Castellane feststellte. Jede Londoner Abendzeitung brachte das freudige Ereignis auf der Titelseite. Unter einer fetten, über die ganze Seitenbreite laufenden Schlagzeile (DAS REICHSTE BABY DER WELT!) berichtete die sonst so zurückhaltende Londoner *Times*: »Gestern gebar Barbara Reventlow, geborene Hutton, einen sieben Pfund schweren Sohn, der sein Leben mit einem europäischen Adelsprädikat als Aktivposten und der Aussicht auf das Erbe des Woolworth-Vermögens beginnt.« Die *New York Times* verkündete in ihrem Artikel auf der Titelseite, daß die Reventlows sich entschieden hätten, ihr Kind in England aufzuziehen. Sie fuhr fort:

Der Graf und die Gräfin hegen die Befürchtung, daß ihr Baby in den Vereinigten Staaten entführt werden könnte. Sie wollen deshalb London zu ihrem ständigen Wohnsitz machen. Einen Namen hat das Haugwitz-Reventlow Kind bislang noch nicht. »In Dänemark«, so der Vater des Kindes, »glaubt man, daß es Unglück bringt, wenn man sich vor der vollständigen Erholung der Mutter von der Geburt Gedanken über den Namen des Kindes macht. Die Gräfin und ich werden innerhalb der nächsten Woche einen Namen für unser Kind aussuchen. Die Taufe wird dann wohl eine Woche darauf stattfinden.« Bei der Mutter befinden sich auch ihr Vater und ihre Stiefmutter, Mr. und Mrs. Franklyn Hutton. »Sie sind sehr glücklich und fast genauso aufgeregt wie die Eltern des Kindes«, berichtete der Graf. Des weiteren sind noch die Tante und der Cousin der jungen Mutter, Jessie Donahue und ihr Sohn Jimmy, anwesend. Jimmy zählt zu den Verwandten, die Barbara am nächsten stehen.

Barbaras Freude über die glücklich verlaufene Geburt war nur von kurzer Dauer. Am nächsten Tag stellten sich Übelkeit, ein niedriger Blutdruck, Blutungen, schwere Unterleibskrämpfe und hohes Fieber ein. Als das Fieber nicht auf die Medikamente ansprach, begann sich Dr. Lane-Roberts Sorgen zu machen. Er zog seinen ehemaligen Kollegen Dr. Lord Horder zu Rate, der inzwischen Leibarzt des Prinzen von Wales war. Als Lord Horder endlich eintraf, war Barbaras Zustand schon sehr bedenklich. Dr. Horder untersuchte die Patientin und stellte ein geplatztes Blutgefäß im Unterleib fest. Um Barbaras Leben zu retten, war eine sofortige Operation nötig.

Bei der Operation, die am 27. Februar stattfand, wurde das geplatzte Blutgefäß abgebunden und ein Eierstock entfernt. Doch die Blutung kam nicht zum Stillstand. Barbaras Fieber stieg auf über 41,1 Grad Celsius, und die Ärzte zogen schon eine weitere Operation zur Entfernung des zweiten Eierstocks in Erwägung. Barbara lag im Koma, und während sich die Ärzte über die weitere Vorgehensweise berieten, wurden Barbaras Lebenszeichen immer schwächer. Schließlich wurde sogar schon ein Priester gerufen. Eilig wurden die ersten Nachrufe verfaßt und geeignete Fotos aus den Archiven gekramt. Zusätzliche medizinische Geräte wurden von Sanitätern ins Haus geschleppt. Doch dann, endlich, am vierten Tag der Krise, begann das Fieber wieder zu fallen. Barbara erlangte ihr Bewußtsein wieder. Die Blutung war unter Kontrolle.

Barbara kam schnell wieder zu Kräften, und am zehnten Tag nach der Entbindung war sie wieder auf den Beinen.

Während ihrer Genesung stolperte sie beim Lesen eines Groschenromanes über den Namen »Lance«, was soviel wie »ehrlich und treu« bedeutet (nach »Lancelot«, dem Ritter von König Arthurs Tafelrunde). Barbara gefiel der Name, und so wählte sie ihn für ihren Sohn. Schwester Latimer sprach ihn immer »Loans« aus, was Barbara immer wieder amüsierte.

Das erste Foto von Lance erschien in der Presse, als er gerade einen guten Monat alt war. Es wurde zusammen mit einem Bericht über Barbaras 200 000-Dollar-Spende an verschiedene Londoner Krankenhäuser, als Ausdruck ihrer Dankbarkeit für die lebensrettende medizinische Fürsorge, gedruckt. Dies war eines der wenigen Male, daß eine Spende Barbaras publik gemacht wurde. Der Schnappschuß zeigte Sister und das Baby, das in einem Kinderwagen durch einen an das Haus angrenzenden Garten geschoben wurde. Er war von einem Fotografen von weit außerhalb der Mauern des Hofes aufgenommen worden.

Jede nur erdenkliche Vorsichtsmaßnahme war ergriffen worden, um Lance zu beschützen. Mehrere Leibwächter und ein Wachposten, der von einem Wachhäuschen aus den Hauseingang überblicken konnte, hielten alle Reporter, Fotografen und sonstige Unbefugte fern; eine hochempfindliche Alarmanlage wurde installiert. Es gab gute Gründe für diese äußerst peniblen Sicherheitsmaßnahmen. Zwei Wochen nach Lances Geburt, am 9. März, gerade als das Leben in Hyde Park Gardens sich wieder normalisierte, erreichte Barbara eine handgeschriebene Mitteilung, die ihre schlimmsten Befürchtungen bestätigte.

Liebe Gräfin,
ich habe gelesen, daß Sie einen süßen kleinen Sohn haben. Jetzt geraten Sie nur nicht gleich in Panik. Sie sollten aber wissen, daß zwei Männer Manchester verlassen haben, um diesen Sohn zu kidnappen, und Sie werden überrascht sein, wenn Sie hören, was für ausgefeilte Pläne die für die Gefangenschaft des Kindes gemacht haben, für die Zeit, in der sie auf das Lösegeld warten, das sie von Ihnen verlangen wollen. Wenn Sie diese Pläne kennenlernen wollen, senden Sie bitte sofort jemanden, um mich in Manchester zu treffen, und ich werde Sie alles wissen lassen, was ich selbst weiß. Benachrichtigen Sie nicht die Polizei, sonst werde ich nichts sagen. Bitte, bringen Sie ganz sicher 200 Pfund in Banknoten mit. Lassen Sie Ihren Boten am 14. März um 19 Uhr vor dem Gaumont-

Kino sein, und geben Sie ihm ein rotes Seidentaschentuch in
die linke Hand. Er wird gefragt werden: »Täglich?«, und er
muß antworten: »Nein, wöchentlich.« Wenn Sie dies beachten
wollen, setzen Sie am 12. März als Antwort eine Kleinanzeige
in den Evening Chronicle of Manchester. Ich helfe Ihnen bei
der Rache. Das Geld ist zweitrangig.

Dieser Brief wurde sofort William M. Mitchell, dem Rechtsanwalt der Familie in London, übergeben, und Mitchell
ging mit dem Brief zu Scotland Yard. Dort wurde der Fall
Oberinspektor Reginald Clair, der schon dreißig Jahre bei
Scotland Yard tätig war, übertragen. Clair fuhr zu den Hyde
Park Gardens, und nachdem er sich mit den Reventlows
beraten hatte, schlug er ihnen vor, die Anzeige wie verlangt
aufzugeben. Am verabredeten Tag trafen Clair, Mitchell,
Graf Reventlow und ein Dutzend Spezialagenten in Manchester ein.

Um genau sieben Uhr erschien Oberinspektor Clair vor
dem Kino – ein rotseidenes Taschentuch in der linken Hand.
Er wanderte langsam die dunkle, verlassene Straße entlang.
Es war ein feuchter, frostiger Abend, und der kalte Wind
stach ihn wie Nadeln im Gesicht. Clair schlug den Mantel-
kragen hoch und steckte die freie Hand in seine Mantelta-
sche. Nachdem er fast einen Block hinter sich hatte, tauchte
eine schemenhafte Gestalt neben ihm auf. Keiner der Männer sagte irgend etwas, während sie weitergingen. Doch
dann hörte Clair eine kratzige Stimme flüstern: »Suchen Sie
jemanden, Sir?«

Der Oberinspektor hielt kurz inne und sagte mit einem
kurzen Seitenblick: »Ja, ich erwarte jemanden, der mir
Briefe schreibt.«

»Täglich?« fragte der Fremde.

»Nein, wöchentlich«, erwiderte der Oberinspektor.

Sie gingen schweigend einen weiteren Block entlang, bis
Clair schließlich sagte: »Ich glaube, Sie sind der Mann.«

»Haben Sie das Geld?«

»Es ist alles hier drin.« Der Oberinspektor griff in seine

linke Tasche und zog einen braunen Umschlag heraus. »Wollen Sie es nachzählen?«

»Ich vertraue Ihnen«, antwortete der Mann, während er den Umschlag in seine Tasche stopfte.

Genau in diesem Augenblick, bevor der Mann noch einen Ton von sich geben konnte, fielen von allen Seiten Spezialagenten über ihn her, drehten ihm die Arme auf den Rücken und legten ihm Handschellen an, bevor sie ihn abführten. Der ganze Vorgang dauerte weniger als eine Minute.*

Auf der Polizeiwache erwies sich der Mann als Alfred Molyneux, 31 Jahre, von Beruf Schneider, verheiratet, zwei Kinder und wohnhaft in Middleton, einer kleinen Stadt außerhalb von Manchester. Niedergeschlagen gestand er, daß er die Entführungsgeschichte erfunden habe, nur um an schnelles Geld zu kommen. Er hatte nicht vorgehabt, der Familie Schaden zuzufügen und bedauerte, ihr Unannehmlichkeiten bereitet zu haben. Molyneux wurde wegen versuchten Diebstahls, Erpressung und schwerer Körperverletzung angeklagt. Einen Monat später wurde er in Manchester zu vier Monaten Gefängnis verurteilt.

Das vereitelte Verbrechen verzögerte die geplante Taufe, die sich deswegen auf den 11. Juni verschob. Das Ritual wurde in der Privatkapelle des Marlborough-Hauses in London vollzogen. Ungefähr 75 Personen sahen, wie das dreieinhalb Monate alte Baby von seinem Kindermädchen und in Begleitung seiner Eltern in die Kirche getragen wurde. Bei der Zeremonie, die in dänisch abgehalten wurde, waren auch der dänische Gesandte und einige dänische Adelige zugegen. Das Kind wurde in einer silbergrauen Familienlimousine, begleitet von einer Eskorte von Polizeimotorrädern, zur Kirche gebracht.

Die Angst vor einer Entführung brachte Barbara dazu,

---

* In Dean Jennings Version dieser Begebenheit war es Court Reventlow (und nicht Reginald Clair), der das Geld überbrachte und den Lockvogel spielte. Meine Darstellung stützt sich auf Material, das Scotland Yard zur Verfügung gestellt hat.

ihr Hyde-Park-Gardens Domizil aufzugeben. Sie suchte ein größeres und vor allem sichereres Quartier und war sogar bereit, Land zu kaufen, um ein eigenes Haus zu bauen. Court und Barbara durchkämmten Cornwall, Surrey und Northumberland auf der Suche nach einem geeigneten Objekt. Doch sie fanden nichts, was ihren Ansprüchen genügte. Schließlich hörten sie von einem eleganten Gut mitten in London, das sich am äußeren Rand des Regent-Parks befand und früher einmal königliches Jagdgebiet gewesen war. Die Britische Krone hatte das gut hundert Hektar große Gut verpachtet. St. Dunstan's Lodge war damit die zweitgrößte Privatresidenz Londons – sie war größer als der Buckingham Palast.

Das cremefarbene Herrenhaus war 1825 von Decimus Burton für den dritten Marquis von Hertford erbaut worden, der es angeblich als Harem benutzt hatte. Der amerikanische Bankier Otto Kahn hatte es 1914 erworben, aber bei Ausbruch des Ersten Weltkrieges der britischen Regierung geschenkt, die es von einer Wohlfahrtseinrichtung als Rehabilitationszentrum für Kriegsblinde nutzen ließ. Diese verlegte ihren Hauptsitz später, woraufhin Lord Rothermere, ein einflußreicher Pressemagnat, das Anwesen übernommen hatte. Nachdem ein Brand Anfang 1936 das Haus schwer geschädigt hatte, wurde der Besitz zur Auktion freigegeben.

Eines Nachmittags fuhren Barbara und Court zum Regent-Park, um das Anwesen zu besichtigen. Eine schier endlose Auffahrt, riesige Rasenflächen, hohe Linden, Eichen und Kastanien gaben ihm den Anschein, fern jeglichen städtischen Treibens zu sein. Barbara kaufte das Haus und traf die notwendigen Vorbereitungen für die Renovierung des Gebäudes. Anstelle des ausgebrannten Regency-Hauses ließ sie ein prächtiges dreistöckiges Gebäude mit 35 Zimmern im georgianischen Stil mit einem Schieferdach errichten. Barbara nannte es nach ihrem Großvater »Winfield-Haus«.

Auf die Empfehlung Lord Louis Mountbattens hin ließ sich Barbara von den Architekten Wimperis, Simpson und Guthrie bei ihrem Vorhaben helfen. Sheila Lady Milbanke verdiente sich ein ansehnliches Honorar für ihre Unterstützung bei der Innenausstattung. Gemeinsam mit Barbara wählte sie Farben, Tapeten, Stoffe und Möbel aus. »Alles lief wie am Schnürchen«, schrieb Barbara in ihr Notizbuch, »bis Onkel Hans auf der Bildfläche erschien.«

Onkel Hans war ein Deutscher namens Hans Sieben, der in Berlin Möbeldesign studiert hatte. Nach dem Ersten Weltkrieg emigrierte er nach New York, wo er für den Innenausstatter William Baumgarten arbeitete. Sein erster Auftrag war die Neuausstattung der Woolworth-Stadthäuser an der Achtzigsten Straße. In den späten Zwanzigern zog er nach London, um dort ein eigenes Büro zu eröffnen. Als er von Barbaras Plänen hörte, nahm er Kontakt mit ihr auf. Ursprünglich nur als Berater hinzugezogen, nützte er Barbaras Großzügigkeit aus und übernahm binnen kurzer Zeit die Projektleitung.

Zuerst ließ er einen zweiten Speisesaal einrichten und die Küche vergrößern. Es folgten ein großzügiger Dienstbotentrakt, ein Weinkeller, ein Musikzimmer, eine Bibliothek, ein Billardzimmer, ein Sportraum, ein Zimmer, das durchgehend mit 24karätigen Goldornamenten geschmückt war, ein Frühstückszimmer, ein Wintergarten, fünf Gästesuiten, ein Ankleideraum und zehn moderne Badezimmer. Barbaras eigenes Badezimmer war auf das teuerste mit beheizbaren Handtuchhaltern, Spiegelwänden, kristallenen Ablagen, goldenen Armaturen und einem türkischen Bad aus grünem und weißem Marmor für zehntausend Dollar ausgestattet worden. Für Lance wurden im dritten Stock sechs prächtige, mit Kalbsleder ausgekleidete Kinderzimmer geschaffen. Im Garten ließ Sieben drei Gewächshäuser, einen Tennisplatz, einen Pferdestall, einen Ententeich, ein Bootshaus, einen künstlichen See und zwei Garagen für je zehn Autos errichten.

Nachdem bereits 4,5 Millionen Dollar für Haus und Garten und etwa halb soviel für die Innenausstattung verwendet worden waren, gab Sieben weitere 250 000 Dollar für Sicherheitseinrichtungen aus. Dazu gehörten ein drei

Meter hoher, oben zugespitzter Stahlgitterzaun, der das ganze Gelände umgab, elektronisch gesteuerte Tore mit dazugehörigen Wachhäuschen, Kameras mit Fernbedienung, eine leistungsstarke Flutlichtanlage, eine hochsensitive Alarmanlage, zwölf Stahlrollos, die auf Knopfdruck jedes der schußsicheren Fenster verschlossen, feuersichere Türen, Sicherheitsschlösser, spezialgefertigte verborgene Wandtresore, ein begehbarer Kühlraum für Pelze, ein Tresorraum für das Silber und andere Kostbarkeiten, ein Notstromaggregat, eine automatische Brandschutzanlage, ein unterirdisches Tunnelsystem und eine direkte Telefonverbindung mit der Polizei. Dies und zahllose weitere Mittel und Vorkehrungen sollten dem Winfield-Haus und seinen Bewohnern größtmögliche Sicherheit garantieren.

Das Endergebnis war vor allem dort überaus beeindruckkend, wo Barbara ihren persönlichen, anspruchsvollen Geschmack hatte durchsetzen können. Das galt beispielsweise für den bemerkenswerten Wintergarten, in dem die meisten Gesellschaften auf Winfield stattfanden. Er enthielt handgemalte gelbe und blaugrüne chinesische Tapeten aus dem 18. Jahrhundert und eine Vielzahl seltenen Porzellans, darunter zwei fast zwei Meter hohe, unschätzbar wertvolle Tempelvasen. Barbaras weltberühmte Sammlung chinesischer Jade war in spezialgefertigten, beleuchteten Wandvitrinen ausgestellt, die sich in ihrem Schlafzimmer und in der unteren Halle befanden. In den weitläufigen Korridoren des zweiten Stocks waren durch Glas geschützte orientalische Stickereien an den Wänden angebracht. Im Erdgeschoß prangten außer der Jade auch einige Gemälde des italienischen Meisters Canaletto und seines Schülers Michiel Marieschi. 1945 schenkte Barbara der National Gallery of Art in Washington D. C. zwei der Canalettos – »Der Kai an der Piazzetta« und »Der Markusplatz« – sowie zwei der Marieschis – »Feiertag in Venedig« und »Hof des Dogenpalastes«.

Ein weiterer interessanter Kunstgegenstand war eine lebensgroße Statue, die ein junger italienischer Bildhauer, Antonio Berti, von Barbara angefertigt hatte. Sie stand im

Tudor-Garten des Anwesens. Eine Fotografie dieser Statue, die große Ähnlichkeit mit Barbara in orientalischbestickten Strandpyjamas aufwies, erschien im Jahr 1938 in der Juliausgabe von *Life*. Der dazugehörige Artikel stellte Barbara ins schlechteste Licht. Er handelte davon, daß Barbara die schwere gesundheitliche Krise nach der Geburt ihres Kindes mit Hilfe von Blut, das dem Roten Kreuz gespendet worden war, überstanden hatte und nicht durch das Blut ihrer Freunde und Verwandten gerettet wurde. Daß Barbara vom Schicksal gebeutelt wurde, beweise, laut *Life*, daß man wahres Glück nicht kaufen kann. »Sie täte besser daran, weniger an die Grafen, die ihr Geld verschwenden, und dafür mehr an die Woolworth-Mädchen, die es verdienen, zu denken. Es ist nämlich einfach ungerecht, daß diese Mädchen in den Warenhäusern nur fünfzehn oder zwanzig Dollar verdienen, während die Woolworth-Erbin ihr Geld im Ausland verschwendet – noch dazu für ihre ausgesprochen amerikafeindlichen Ehemänner.«

Darüber, ob ihre ersten beiden Ehemänner »ausgesprochene Antiamerikaner« waren oder nicht, ließe sich streiten. Daß sie Europa Amerika vorzogen, macht sie noch lange nicht zu Antiamerikanern. Tatsache allerdings bleibt, daß die Art, wie Barbara ohne Rücksicht auf die schlechten Zeiten ihr Geld zum Fenster hinauswarf, zwangsläufig die Mißbilligung der Medien hervorrufen mußte. Abgesehen von den Millionen für ihr Haus, hatte sie auch noch 1,2 Millionen Dollar für die Leeds-McCormick Smaragdkollektion der Opernsängerin Ganna Walska ausgegeben. Kenner hielten die Kollektion, die aus einem Diadem, einer doppelreihigen Halskette, Ohrringen und zwei gleichen Armbändern bestand, für die wertvollste ihrer Art in ganz Europa. Ursprünglich war dieses Geschmeide ein Geschenk Napoleons III. an die Gräfin Verasis de Castiglione. Harold Fowler McCormick kaufte die silbergefaßten irisierenden Steine seiner Frau Ganna Walska. Nach ihrer Scheidung wurden sie an Cartier, Paris, verkauft. Jules Glaenzer, der geschickte Verkaufsleiter von Cartier, bot sie Barbara zum Kauf an, nachdem er von ihrem Interesse für diese Steine gehört hatte. Einige Jahre früher hatte Glaenzer Barbara schon einmal ein Diadem aus Smaragden und Diamanten, das einst Katharina der Großen gehört hatte, und eine für Amalia von Solme, Königin von Holland im 17. Jahrhundert, entworfene Rubinkollektion verkauft.

»Glaenzer hatte sich angewöhnt, die Juwelen in seiner Tasche herumzutragen«, bemerkte Barbara erstaunt in ihrem Notizbuch. »Keine Leibwächter, keine aufwendigen Kassetten. Er kam einfach vorbei und leerte seine Taschen auf den Tisch oder aufs Bett. Da war nichts von dem üblichen Getue, nichts von Glacéhandschuhen und Schmuckkassetten, wie es in einigen anderen Geschäften der Fall war. Glaenzer hatte die Sachen, und entweder man kaufte sie, oder man ließ es bleiben.«

Wenn es »die beste Rache« war, sich ein schönes Leben zu machen, so hatte dies doch auch eine gefährliche Seite. Barbaras Ruf, eine Verschwenderin zu sein, schädigte die kommerziellen Aussichten und untergrub den Erfolg der Werbeanstrengungen der verschiedenen Woolworth-Unternehmen schließlich so sehr, daß es den einzelnen Geschäftsführern kalt den Rücken hinunterlief, sobald Barbaras Name irgendwo gedruckt wurde. Auch die eher konservativen Mitglieder der Chefetage am unteren Broadway in New York hielten Barbara für eine Belastung. Als die Angestellten des Großkonzerns 1938 mit einem Streik drohten, machte der Vorstand Barbara für die Schwierigkeiten verantwortlich.[*]

Die Arbeiter forderten die sofortige Einführung der

---

[*] Im Jahr 1937 hatte der amerikanische Teil der Woolworth Corporation mehr als 58 000 Aktionäre. Trotz der 9 704 000 Aktien, die Außenstehende hielten, verfügten die Erben und die Vorstandsmitglieder über genügend Aktien, um über das Management stets allein zu entscheiden. Wegen der Verkäufe von großen Aktienblöcken, die Barbaras Anwälte und Geschäftsberater für die Vereinigten Staaten durchgeführt hatten, besaß Barbara weit weniger Gesellschaftsaktien als andere Familienmitglieder. Eine Tatsache, die sie bei jeder Gelegenheit erneut betonte. Bis 1947 besaß sie jedoch bedeutende Anteile am britischen Zweig. Hier waren die Arbeitsbedingungen um einiges besser.

40-Stunden-Woche, ein wöchentliches Mindestgehalt von zwanzig Dollar und das Recht, Gewerkschaftsvertreter wählen zu dürfen. Der Vorstand lehnte diese Forderungen ab, woraufhin die Angestellten auf die Straße gingen. Am 17. März, dem Tag des heiligen Patrick, drangen die verärgerten Streikposten in Detroit, Chicago, Milwaukee, Boston und New York mit Decken und Feldbetten in die Woolworth-Kaufhäuser ein; die Polizei ließ sie dabei gewähren.

Die Streikenden wurden zusätzlich durch tagtäglich gedruckte Berichte über Barbaras und Courts Aufenthalt in Kairo gereizt. Die beiden waren gerade von einer Rundreise auf Kamelen durch die Sahara zurückgekehrt, die der berühmte ägyptische Reiseführer Tolba Fadallah durchgeführt hatte. Nun hielten sie sich im Mena House Hotel, in Sichtweite der Pyramiden auf. Barbara lernte arabisch, während Court – in weißem Fes und roten Hosen – damit beschäftigt war, dem englischen Maler Sir Oswald Birley für ein Ölgemälde Modell zu stehen. Die Reventlows befanden sich in guter Gesellschaft. Am Hofe von König Farouk unterhielten sie sich mit dem italienischen und dem türkischen Gesandten, mit Begum Aga Khan (die Barbara eines ihrer Aquarelle schenkte, das einen ägyptischen Sonnenuntergang zeigte) und mit dem sechsten Earl von Carnarvon, dessen Vater einen Fonds für die Ausgrabungen von Tut-ench-Amuns Grabmal eingerichtet und diese auch begonnen hatte. Barbara gab eine Party für den jungen Earl in dem sehr britischen Chezira-Sportclub. Der Earl revanchierte sich ausgerechnet dadurch, daß er zu Barbaras Ehren einen Brunch in der Grabkammer Tut-ench-Amuns gab. Die Speisen wurden in schweren goldenen Gefäßen serviert, die auf dem prachtvollen Sarkophag Tut-ench-Amuns standen.

Das Streikkomitee in New York versuchte aus Barbaras trauriger Berühmtheit Kapital zu schlagen und schickte ihr ein Telegramm mit der Bitte, zu ihren Gunsten einzugreifen:

GRÄFIN BARBARA HUTTON
MENA HOUSE
KAIRO, ÄGYPTEN

DIE WOOLWORTH-STREIKENDEN BITTEN UM IHR EIN-
SCHREITEN.

POSTLEITZAHL 1250
KAUFHAUS
WOOLWORTH UND CO.

Ob Barbara im Interesse der Angestellten von Woolworth
hätte einschreiten können oder wollen, blieb strenggenom-
men eine theoretische Frage. Als nämlich Court Reventlow
das für seine Frau bestimmte Telegramm entgegennahm,
steckte er es in seine Tasche und vergaß vorteilhafterweise,
es seiner Frau auszuhändigen. Barbara hatte weder von dem
Streik noch von dem Telegramm auch nur die leiseste Ahnung. Erst Wochen später, als sie ins Winfield-Haus zurückgekehrt waren, erfuhr sie davon. Der Streik war zu dieser
Zeit aber bereits beendet. Dafür hatte sich ein neues Problem ergeben. Während ihrer Abwesenheit berichtete die
Presse, daß Barbara bei der amerikanischen Steuerbehörde
ein Gesuch eingereicht habe, in dem sie um den Erlaß einer
Steuerschuld von 25 108 Dollar bat. Wenn man von Barbaras
ungeheuer hohen persönlichen Ausgaben wußte, dann
mußte dieser Bericht den Eindruck erwecken, daß Barbara
ein undankbarer Geizhals war, ebenso geldgierig wie unpa-
triotisch. Was die Zeitungen nicht berichteten, war die Tatsache, daß Barbara mit dieser Eingabe nicht das Geringste
zu tun hatte. Sie war zwar in ihrem Namen, aber ohne ihr
Wissen verfaßt worden – White & Case, die Wall-Street
Kanzlei, die sich im Auftrage Franklyn Huttons um Barbaras Vermögen kümmerte, hatte das Gesuch eingereicht.
Die Zeitungen hielten es auch nicht für nötig, über die
Beilegung der Angelegenheit zu berichten. Barbara hatte
schließlich 20 086 Dollar der Regierung zurückerstattet.
    Um die Berichte zu diesem und zu einigen anderen Punk-

ten zurechtzurücken, stimmte Barbara einem Interview zu, das die Hearst-Kolumnisten Adela St. Johns, die gerade wegen einer anderen Verabredung in London war, mit ihr führen sollte. Das Gespräch war von dem Hollywood-Presseagenten Steve Hannagan vermittelt worden, der sich durch die Promotion von Sun Valley, Miami Beach und der Indianapolis »500« einen guten Ruf erworben hatte. Er wollte Barbara unbedingt auf die Liste seiner illustren Klienten bringen und meinte, daß ein günstiges Porträt der Erbin seine Chancen darauf erhöhen würde.

Aus dem stundenlangen tête-à-tête Barbaras mit Adela entstand eine interessante und faszinierende Geschichte, die, obwohl größtenteils positiv gehalten, nicht frei von Kritik war. In ihrer Einleitung schrieb Adela: »Barbara haftete immer etwas Phantastisches, aber auch ein wenig Unnützes, Dummes an. Irgendwie habe ich sie und ihre Millionen und die Art, wie sie lebte und sich gab, nie gemocht.« Im Verlauf des Interviews begann Adela jedoch, Barbara in freundlicherem Licht zu sehen, weniger als das Opfer ihrer Leidenschaften, die zeitweise kaum vorhanden zu sein schienen, und mehr als Opfer der Gesellschaft, die sie umgab. Es wurde allgemein angenommen, daß man, wenn man viel Geld hatte, das Elend der einfachen Bürger nicht verstehen könne. Deshalb auch die Neigung der Reichen, sich schuldig zu fühlen und sich zu verteidigen, schon wenn sie nur die Straße hinunterliefen.

»Jemand sagte einmal, daß die Reichen anders seien«, erzählte Barbara ihrer Interviewerin. »Und vielleicht haben sie recht. Nur, in meinem Fall ist es so, daß mich nur eine Generation von den Frauen meiner Familie trennt, die noch selbst kochten und sich ihre Kleider selbst nähten. Ich habe schon das Gefühl, daß ich, falls ich zum Spülbecken zurückmüßte, das auch könnte. Ich sage natürlich nicht, daß mir das gefallen würde, aber ich glaube, ich könnte es. Ich mache mir keine Illusionen über mich. Ich mag meine Freunde, aber meine soziale Stellung ist mir total egal. In Wirklichkeit haben wir ja auch gar keine – wie sollten wir auch? Wenn wir nicht das viele Geld hätten, wären wir nicht einmal im *Social Register*. Und was ist dieses Verzeichnis der besseren Gesellschaft schon anderes als ein glorifiziertes Telefonbuch?«

Wenn so eine Erklärung von Marjorie Merriweather Post oder von Jessie Donahue gekommen wäre, dann hätte sie allenfalls Gelächter hervorgerufen. Aus dem Munde Barbara Huttons jedoch klang sie fast ernsthaft. Ihr überzeugendes Auftreten und ihr klarer, gerader Blick brachten Adela zu der Auffassung, daß Barbara auch meinte, was sie sagte. Die Journalistin machte sehr vernünftig deutlich, daß Barbara eben nicht nur die Enkelin des Multimillionärs Frank W. Hutton war, sondern auch die Enkelin des armen jungen Mannes, der ganz klein als Angestellter für drei Dollar die Woche angefangen und sich seinen Platz in der Finanzwelt durch harte Arbeit und ungeheuere Ausdauer erobert hatte. »Sie war nicht einfach nur die Erbin der Discountladenkette«, schrieb Adela. »Sie war genauso die Erbin der Entschlußkraft, der Verbissenheit und der Fähigkeiten, die diese Millionen ermöglicht hatten ... Ich fand sie liebenswürdig, intelligent und abgeklärt. Ich wußte sehr gut, daß sie nie auch nur eine der Sorgen hatte, die unsereins plagen, Rechnungen, Miete und so weiter, und ich wußte auch, daß sie mit Tragödien, Sehnsüchten und Ängsten zu kämpfen gehabt hatte, von denen unsereins sich keinerlei Vorstellung machen kann.«

Alles in allem war Barbara mit Adelas Leistung zufrieden. Sie schickte der Journalistin einen Brief, in dem sie ihre Dankbarkeit ausdrückte und eine Ausgabe ihres Gedichtbandes *Verzaubert*. Als Adela einige Jahre später Geld für eine arme, kränkelnde Tante in Los Angeles brauchte, gab ihr Barbara einen Scheck über fünftausend Dollar. Es war eine jener großzügigen Taten Barbaras, der man, wie so oft, kaum Aufmerksamkeit schenkte.

9

In den Jahren 1936-37 war das konkurrenzlose Thema Nummer eins in der englischen Presse die Abdankung von König Edward VIII., der auf den Thron verzichtete, um die Frau, die er liebte, die allgegenwärtige Mrs. Wallis Warfield Simpson, zu heiraten. Randolph Churchill, Winstons Sohn, war einer der lediglich 16 Gäste bei der Trauungszeremonie im Château de Candé in Frankreich. Er war mit Barbara schon seit ihrer Jugendzeit befreundet und beschrieb ihr das Ereignis als »Farce und mit Sicherheit schwärzesten Tag des Britischen Empire«.

Barbara jedoch verteidigte diese Ehe zumindest in der Öffentlichkeit. Sie erzählte einem Reporter, sie habe sich oft mit Wallis getroffen und sie vertrete die Ansicht, jede Frau habe ein unveräußerliches Recht auf ein eigenes Leben. Diese diplomatische Aussage stimmte jedoch überhaupt nicht mit dem überein, was sie fühlte, denn in ihren Tagebüchern verlieh Barbara einer völlig entgegengesetzten Meinung Ausdruck und stellte fest, daß eine zweimal geschiedene Amerikanerin, die von der Königinmutter als »Abenteurerin« gebrandmarkt worden war, wohl kaum erwarten konnte, den englischen Thron zu besteigen. Wallis war »zu hart, um sich in die gehobenen englischen Gesellschaftskreise einfügen zu können, wo man über Geld nur selten spricht und wo gesellschaftlicher Ehrgeiz und Unsicherheit im Umgang als völlig unmöglich gelten«.

Auch mit dem Herzog von Windsor machte Barbara kurzen Prozeß: »David besitzt weder die Natur noch die Einstellung eines wirklichen Monarchen. Nach den trübsinnigen Bärten und dem Gehabe seines Großvaters Edward VII. und seines Vaters George V. machte seine glattrasierte, elegante Erscheinung zwar den Eindruck, er gehöre in dieses Jahrhundert, aber er hat keine Ahnung von Politik und von der Menschheit, interessiert sich nur für seinen Garten oder für Mode. England würde es ohne ihn sicherlich besser ergehen.«

Das Merkwürdige an ihrer Einschätzung war, daß sie bei der englischen Gesellschaft ebenso in Ungnade gefallen war wie die Windsors. Barbaras Beschreibung von Wallis Simpson als gesellschaftliche Außenseiterin traf ebenso auf sie selbst zu und war einer der wichtigsten Gründe, warum sie sich unter den oberen Zehntausend von London nie richtig zu Hause fühlte.

Douglas Fairbanks jr., der Barbara seit ihrem Debüt in New York ein Freund gewesen war, benutzte den Ausdruck »ein Millionen-Dollar-Mißverständnis«, um Barbaras Beziehungen mit der britischen High-Society zu beschreiben. »Die ultrakonservative Oberschicht Englands hat sie niemals verstanden«, behauptet Fairbanks. »Mit ihrem ewigen Herumreisen, ihren Scheidungsskandalen und dem häufigen Auftauchen ihres Namens in den Schlagzeilen stellte sie eine Provokation dar. Es war ihnen zwar klar, daß eine kurze Affaire oder eine kleine Liebesgeschichte etwas Harmloses waren, aber ihre Liebesgeschichten und Affairen erschienen schließlich auch nicht auf der Titelseite der *London Times* wie Barbaras. Sie war ein Gegenstand der Neugierde, gehörte aber nie wirklich dazu. Man lud sie zwar überallhin ein, und sie ließ sich auf den richtigen Gesellschaften sehen, doch sie gehörte nie zu den *Insidern* der britischen Gesellschaft. In London war sie sicherlich nicht glücklich, sie versuchte aber, das Beste daraus zu machen.«

Das Beste im Frühling 1937 war die Krönung von König George VI. und Königin Elizabeth, die eine Woche von Festen und Bällen nach sich zog, deren Höhepunkt der Ball der Königin im Buckingham Palast war. Barbara trug eine fließende weiße Robe und Diamantohrringe von berauschender Schönheit. Die Königin zeigte sich zum ersten Mal anläßlich der Blumenausstellung in Chelsea der Öffentlichkeit. Die Ausstellung glich einem Blumenmeer, das in einer Reihe rosafarbener Partyzelte auf dem Gelände des königlichen Krankenhauses zur Schau gestellt wurde. »Ihrer Rolle entsprechend«, stellte Barbara fest, »flatterte Ihre Majestät, von Drohnen im eleganten Jackett oder Frack umschwirrt, von Blüte zu Blüte, schnupperte hier und da, lächelte und bahnte sich, immer noch lächelnd, ihren Weg durch das stattliche Menschenaufgebot. Sie machte nur kurz halt, um ein Täßchen Tee zu trinken. Noch mehr Knickse und Verbeugungen. Gelbe Hüte wie Wagenräder, Satinkleider, Tradition. Die Engländer leben so sehr in der Vergangenheit, daß die Gegenwart hier fast unwirklich erscheint.«

Das nächste gesellschaftliche Ereignis war das Covent Garden Mozart Festival, das die Reventlows in Begleitung von Emerald Cunard (sie wurde als Maud Burke in Kalifornien geboren und regierte die Londoner Gesellschaft über drei Jahrzehnte lang mit eiserner Hand) sowie Garrett und Joan Moore (Graf und Gräfin von Drogheda) besuchten. Lord Drogheda und Barbara waren sich zum erstenmal im Sommer 1926 in Biarritz begegnet. »Sie war meine Traumfrau«, sagt er. »Sie war sehr attraktiv, mit wunderschönem Haar, riesigen blauen Augen, dunklen Brauen und nicht zu groß. Sie hatte wohlgeformte Hände und Füße, die so klein waren, daß sie ihre Schuhe maßarbeiten lassen mußte. Barbara litt unter ihrer umfangreichen Oberweite und hielt sich für abstoßend und häßlich. Das war auch der Grund für die harten Diäten, denen sie sich in späteren Jahren unterwarf. Doch meine Bewunderung für sie war völlig unschuldiger Natur. Wir spielten Tennis, tanzten zusammen in Nachtklubs oder auf Parties. Sie war schüchtern und machte sich eigentlich nichts aus Parties, doch wenn man sie einmal überredet hatte mitzukommen, amüsierte sie sich stets sehr. Es gab in diesen Tagen attraktive Mädchen in Biarritz, aber Barbara übertraf sie alle. Sie war nicht nur außergewöhnlich schön, sondern auch steinreich – eine seltene Kombination. Auch als sie älter wurde, blieb sie mir und meiner Frau Joan, die Konzertpianistin war, immer eine gute Freundin.«

Obwohl es Barbara nie gelang, Zugang zu königlichen Kreisen zu bekommen, hatte sie gute Freunde in der englischen Gesellschaft. Dazu gehörte Patsy Latham, die Schwester Garrett Moores, die Sir Paul Latham zur gleichen Zeit geheiratet hatte, zu der Barbara Alexis Mdivani das Jawort gegeben hatte. Die beiden jungen Paare hatten einen Teil ihrer Flitterwochen gemeinsam in Venedig verbracht. Sie verstand sich auch gut mit dem Honorable Whitney und Daphne Straight. Er war ein Enkel des verstorbenen William Whitney, der Neffe des ebenfalls verstorbenen Payne Whitney und der Schwiegersohn der Gräfin von Winchelsea und Nottingham.

Das gesellschaftliche Leben in London bot selbst den unruhigsten Geistern ausreichend Zerstreuung. Die Reventlows besuchten die Eröffnung der Rennsaison in Ascot als Gäste des Aga Khan. Sie fuhren in einer antiken Kutsche mit Lakaien vor und ließen ihre Ankunft vom Kutscher mit einem schrillen Stoß ins Horn ankündigen. Zylinder und Frack waren für die Herren ein absolutes Muß, und die Damen trugen ihre elegantesten Kleider, breitkrempige Hüte und lange Handschuhe. Es war Sitte, am Tag des Royal Cup – ein Ereignis, das in jedem Jahr in Anwesenheit des Königs und der Königin stattfand – Gelb zu tragen. Barbara hatte eine gelbe Rose an ihr schwarzes Kleid geheftet und fror an diesem feuchtkalten Tag entsetzlich, da sie nicht wagte, ihren Mantel überzuziehen.

Gegen Ende Juni besuchten die Reventlows das Finale in Wimbledon und wurden im Gespräch mit dem deutschen Tennismeister Baron Gottfried von Cramm fotografiert, mit dem sie sich auf ihrer letzten Ägyptenreise angefreundet hatten. Von Cramm sollte in der Meisterschaft der Herren gegen den Amerikaner Donald Budge antreten. Barbara jubelte von Cramm zu und applaudierte wild, wenn er einen Punkt machte oder einen eleganten Schlag plazieren konnte. Ihre Begeisterung blieb nicht unbemerkt und begann Reventlow zu verärgern, der zwar still dasaß und zusah, aber nicht bereit war, das Verhalten seiner Frau hinzunehmen. Als das Paar seinen Rolls-Royce bestieg, um sich ins Winfield-Haus zurückfahren zu lassen, war Reventlow wütend. Nach einem lautstarken Streit mit Barbara ließ er seine Wut an Clinton Gardiner, Barbaras Chauffeur, aus, weil dieser gewagt hatte, zu sprechen, ohne gefragt worden zu sein. Nach einigen harten Worten und einer Entschuldigung des Chauffeurs schien alles vorbei und vergessen. Aber der Schein trog – Reventlow war nicht so schnell zu besänftigen.

Am nächsten Tag fuhr Barbara allein mit ihrem eigenen Auto, einem Lancia, aus, um Daisy Fellowes zu besuchen. Die französische Sängerin und Erbin eines Nähmaschinenimperiums war mit Reginald Fellowes verheiratet und eine Frau von beträchtlichem Einfluß in der Haute Couture. Sie war berühmt und gefürchtet für ihre manchmal grausamen gesellschaftlichen Urteile, die durch ihre dünne Piepsstimme nichts an Schärfe verloren.

Während Barbara Daisy besuchte, begann Reventlow wieder einen Streit mit Clinton Gardiner. Die Auseinandersetzung wurde heftiger, und Reventlow gab dem Chauffeur eine Stunde, um zu packen und das Haus zu verlassen.

Als Barbara später am Nachmittag zurückkehrte, wurde sie durch Court von Gardiners Kündigung in Kenntnis gesetzt. Barbara war außer sich. Welches Recht hatte er, *ihren* Angestellten an die Luft zu setzen?

»Er war sich über seine Stellung nicht im klaren«, sagte Reventlow.

»Seine Stellung?« lachte Barbara auf. »Du tust mir wirklich leid, Court. Du lebst noch im Mittelalter.«

»Tatsächlich?« entgegnete Reventlow. »Vielleicht solltest du dich entsprechend der gesellschaftlichen Stellung verhalten, die du durch deinen Titel erworben hast.«

»Meine Stellung?«

»Jawohl. Heute bist du dank meiner die Gräfin von Haugwitz-Reventlow.«

»Wen interessiert das schon!« rief Barbara aus. »Wer kümmert sich schon um so einen Unsinn wie Titel? Glaubst du etwa, daß mich dein idiotischer Titel in irgendeiner Weise interessiert?«[*]

Reventlow versetzte seiner Frau einen kräftigen Stoß. Sie

---

[*] Verschiedene Versionen dieses Gesprächs werden von einer Reihe von Barbaras Bekannten wie Jean Kennerley und Frederick Brisson wiedergegeben. Andere Versionen tauchen auch in den Biographien von Dean Jenning und Philip Van Rennselaer auf.

lief wütend in ihr Schlafzimmer, warf einige Sachen in einen Koffer und stürmte aus dem Haus. Sie kehrte in das gleiche Sanatorium zurück, das ihr schon am Ende ihrer Ehe mit Alexis Mdivani Zuflucht geboten hatte.

Court erfuhr von Ticki Tocquet, wo sich seine Frau aufhielt und versuchte verzweifelt, sie im Sanatorium zu erreichen. Die Telefonistin teilte ihm mit, Barbara nehme keine Telefonate entgegen. Daraufhin versuchte er, Barbara mit Geschenken zu bestechen, die jedoch ungeöffnet an ihn zurückgingen. Schließlich fuhr er selbst zum Sanatorium, um Barbara persönlich zu sehen, fand aber zwei kräftige Leibwächter vor ihrer Tür. In seiner Verzweiflung schickte er Ticki mit einer brieflichen Entschuldigung ins Sanatorium. Ticki war der einzige Mensch, der Einfluß auf Barbara zu haben schien; und als sie an diesem Abend ins Winfield Haus zurückkehrte, war Barbara bei ihr.

Mitte Juli reisten Barbara und Court nach Venedig. Sie mieteten eine Suite im Grand Hotel, verbrachten jedoch ihre Nachmittage in Barbaras Badehäuschen am Lido vor dem Excelsior. Die Saison 1937 hatte früher begonnen und dauerte länger als irgendeine Saison, an die sich Barbara erinnern konnte, was wahrscheinlich mit der zunehmenden Angst vor einem möglichen Krieg zusammenhing. Jeden Abend schien irgendwo eine Party stattzufinden – in den Hotels, auf den Jachten und in den großen alten Palästen, die den Canale Grande säumten. Die Reventlows besuchten eine Abendgesellschaft, die von Prinz und Prinzessin George Chavchavadze im Palazzo Polignac gegeben wurde. Barbara kannte die Chavchavadzes seit ihrer Ehe mit Alexis Mdivani. Prinz Chavchavadze, ein Mitglied einer alten georgisch-russischen Familie, war ein begnadeter Konzertpianist. Die Prinzessin, geborene Elizabeth Ridgeway, eine amerikanische Erbin, war bekannt als anspruchsvolle, aber großzügige Gastgeberin. Am Abend nach der Einladung bei den Chavchavadzes waren sie bei Simone und Cino des Duca zu Gast, einem wohlhabenden franco-italienischen Ehepaar, deren Badehäuschen am Lido neben dem ihren lag. Sie besuchten auch einen Ball im Excelsior, der von Marion Davies und William Randolph Hearst veranstaltet wurde. »Nach einer Weile«, schrieb Barbara, »fühlte man sich wie eine Lokomotive, die von einem Bahnhof zum anderen Bahnhof tuckert, bis sie alle gleich aussehen.«

Keine Saison in Venedig konnte ohne Elsa Maxwells jährlichen Maskenball als vollständig betrachtet werden. 1937 fand er im Palazzo Vendramin statt. Die Reventlows tauchten dort in Begleitung einiger von Barbaras Freunden auf – den Schwestern Volpi (Anna Maria und Marianna), Gräfin Dorothy di Frasso, den Pantiños und Charles-Roux (der französische Botschafter im Vatikan). Damit das ziemlich steife und schwerfällige Innere des Palazzos aus dem 15. Jahrhundert etwas lebendiger wurde, hatte Elsa beschlossen, Geräuscheffekte zu verwenden und bei einem Imker einige Bienenstöcke besorgt, die hinter schweren Samtvorhängen verborgen wurden. Die Gäste betrachteten Donatellos Holzschnitzereien und die eindrucksvollen Gemälde Tizians, begleitet vom harmonischen Summen der Bienenvölker. Doch die anfängliche Begeisterung über diese Neuheit schlug ins Gegenteil um, als einer der Bienenstöcke auf unerklärliche Weise umstürzte, wodurch die Bienen entkamen und einen abrupten Massenaufbruch von Tausenden von Gästen hervorriefen, die zu den Ausgängen strömten. Viele sprangen in den Kanal, um dem aufgebrachten Bienenschwarm zu entkommen.

Der gesellschaftliche Höhepunkt dieses Sommers war sicherlich die Ankunft des frisch vermählten Herzogpaares von Windsor. Sie fütterten wie alle anderen Hochzeitsreisenden die Tauben am Markusplatz und fuhren in einer Gondel den Kanal entlang, während die Touristen zu Hunderten das Ufer säumten, applaudierten und ihnen zuwinkten. Was immer sie auch taten, die Menge jubelte ihnen Beifall zu, selbst wenn der Herzog nach dem Anzünden seiner Pfeife nur das Streichholz in den Kanal warf.

Die Reventlows gaben zu Ehren der Windsors eine kleine

Abendgesellschaft auf der Terrasse ihres Hotels und luden drei weitere Paare ein: den Maharadscha und die Maharani von Jaipur*, Gilbert und Kathryn Bache Miller (er war ein Broadway-Produzent, »Kitty« Miller, die Tochter des Bankiers Jules Bache, war eine Bekannte Barbaras aus der Kinderzeit), Graf und Gräfin Galeazzo und Edda Ciano (Ciano, Italiens Außenminister, war Benito Mussolinis Schwager).

Am nächsten Morgen ging Barbara mit Wallis zu Olga Astra, einem Geschäft, das sich auf handgeklöppelte Spitze und unwahrscheinlich teure Bettwäsche spezialisiert hatte. Eine Stunde und 25 000 Dollar später konnte man die beiden Damen in Harry's Bar beim Lunch sehen. Danach besuchte man die Kunstausstellung der Biennale. An diesem Abend dinierten die Reventlows und die Windsors wieder gemeinsam und gingen später in die Venedig Film Exposition zur Pressevorführung von George Cukors *Romeo und Julia*, mit Leslie Howard und Norma Shearer in den Hauptrollen. Danach besuchten die beiden Paare den Nachtklub Martini's und beendeten den langen Abend mit einigen Drinks in der Suite der Reventlows.

Nach zwei Tagen mit den Windsors war Barbara erleichtert, daß sie abfuhren. Sie konnte es nicht mehr ertragen, wie Wallis ihren Mann herumkommandierte und ihm vorschrieb, was er sagen und was er essen sollte. Sie hatte es ebenfalls satt, den profaschistischen Monologen des Herzogs zuzuhören. In Anwesenheit von Fotografen war das Paar mit Blumen überhäuft worden, wofür sich der Herzog mit dem Faschistengruß bedankt hatte, eine Geste, die Barbara als äußerst abstoßend empfand. »Er hatte sich in den Kopf gesetzt, alles zu tun, um die britische Regierung in Verlegenheit zu bringen«, notierte sie in ihr Tagebuch.

Die Windsors waren gerade abgereist, als Graf und Gräfin von Drogheda ankamen. Der Graf erinnert sich an eine Reihe eigenartiger Vorkommnisse, die mit dem Tennistur-

---

* Ayisha, die Maharani von Jaipur, war eine enge Freundin von Barbara. Sie war die Tochter des Maharadschas von Cooch-Behor.

nier ihren Anfang nahmen, das Prinzessin Jane di San Faustino für wohltätige Zwecke veranstaltete. Baron Gottfried von Cramm war eingeladen worden, daran teilzunehmen, und als ob er seine Gleichgültigkeit gegenüber dem deutschen Tennismeister zur Schau stellen wollte, bestand Reventlow darauf, Barbara zu den Wettkämpfen und der anschließenden Cocktailparty zu begleiten, wo auch von Cramm anwesend sein würde. Irgendwie gelang es Reventlow bei beiden Gelegenheiten, Haltung zu bewahren.

»Am nächsten Tag«, erinnert sich Graf Drogheda, »beschlossen wir, ein Motorboot zu mieten. Reventlow fuhr Wasserski, während wir anderen an Bord blieben. Nachdem er wieder im Boot war, zog aus heiterem Himmel ein Gewitter auf. Der Skipper hatte die Ski oben auf dem Boot festgezurrt, doch einer rutschte herunter und verschwand im Meer – Reventlow entdeckte den Verlust, als wir gerade am Pier angekommen waren, und befahl dem Skipper, umzukehren und den Ski zu suchen. Es stürmte, und als sich der Skipper weigerte, wurde Reventlow beleidigend. Schließlich mischte sich Barbara ein und versuchte Reventlow zu beruhigen, indem sie ihm ein neues Paar Wasserski versprach. Reventlow jedoch ging plötzlich in die Luft. ›Wie kannst du es wagen, mir zu widersprechen!‹ schrie er sie an. ›Ich will, daß der Mann diesen Wasserski findet!‹ Und mit diesen Worten drehte er sich um und stampfte, rot im Gesicht und zitternd vor Wut, von Bord.«

»Mit einem Federstrich habe ich mich von einer ganzen Nation losgesagt...« Diesen Tagebucheintrag machte Barbara 1970. Er bezog sich auf ein Dokument, das sie 1937 im Bundesgerichtsgebäude in New York unterschrieb. Es handelte sich dabei um eine Verzichtserklärung, mit der sie ihre amerikanische Staatsbürgerschaft und alle Rechte, die damit zusammenhingen, aufgab. Der Eintrag sagt jedoch nichts über die langwierigen Verhandlungen, die der Unterzeichnung dieses Dokumentes vorangegangen waren. Man erfährt auch nichts über die Vorgänge hinter den Kulissen, die sie zu diesem verhängnisvollen Schritt veranlaßten.

Der Plan entstand irgendwann im späten Frühling oder Frühsommer 1937, als sich Barbara und Court Reventlow einige Male mit Clifford Turner, einem Londoner Anlageberater und Raymond Needham, einem Rechtsanwalt und Finanzberater der Bank of England, trafen. Turner und Needham machten den Reventlows einen Vorschlag, der Barbaras jährliche Steuerbelastung – 100 000 Dollar in englischen Aufenthaltssteuern und 300 000 Dollar in amerikanischen Vermögenssteuern – praktisch auf Null drücken würde.

Die Fakten und Zahlen, die Barbaras Einkommen betrafen, sprachen für sich. Obwohl sich Barbaras Einkommen aus Einlagen auf zwei Millionen Dollar jährlich belief, gab sie mehr aus, als sie einnahm. In den Jahren 1936-37 hatte sie zwei Millionen Dollar allein für Schmuck ausgegeben. Außerdem hatte sie zwei neue Rolls-Royce, einen Packard und ein leuchtend gelbes Buick Cabrio gekauft. Sie hatte 250 000 Dollar für eine Jacht, die 157 Fuß lange *Troubador* (die sie später in *S. S. Barbara* umbenannte) ausgegeben; ein zweischraubiges, dieselbetriebenes Schiff mit neun Bädern und zwei Aufzügen, das am Lido vor Anker lag. Ihre weiteren Kosten – Personal (31 Dienstboten allein im Winfield Haus), Kleidung, Unterhaltung und Reisen – waren ebenfalls schwindelerregend. Wenn sie so weitermachte, würde sie ihr Vermögen bald verbraucht haben. Ein weiteres Problem, das man auch nicht unbeachtet lassen konnte, war, daß sich Barbaras Vermögen unter dem Erbschaftssteuergesetz der bestehenden amerikanischen Regierung im Falle ihres Todes um zwei Drittel vermindern würde. Ihre Erben würden dann nur einen Bruchteil der eigentlichen Hinterlassenschaft bekommen.

Court Reventlow schlug daraufhin eine Lösung dieser finanziellen Probleme vor, die auch von Barbaras Rechtsberatern bei White & Case unterstützt wurde. Diese hatten den Plan nur entwickeln können, weil Barbara durch ihre Ehe mit Reventlow automatisch die dänische Staatsbürgerschaft erhalten hatte. Maßgeblich beteiligt an diesem Entwurf war Graham D. Mattison, ein 32jähriger Harvardabsolvent, dessen Kenntnisse von Steuergesetzen und Vermögensverwaltung für einen Mann seines Alters enorm waren. Mattison war im September 1929 in das Anwaltsbüro White & Case eingetreten und war Mitte der dreißiger Jahre in der Vertretung der Kanzlei in Paris tätig, wo er Barbaras Bekanntschaft machte. Mattison war auch bei den vorbereitenden Treffen mit Turner und Needham dabeigewesen und schlug eine weitere Zusammenkunft in New York vor, um die letzten Einzelheiten auszuarbeiten. Der Plan bestand daraus, daß Barbara ihre amerikanische Staatsbürgerschaft aufgeben und dann ihr Vermögen nach und nach von den Vereinigten Staaten nach England transferieren sollte. Die britischen Finanzbehörden (das hatten Clifford Turner und Raymond Needham arrangiert) waren bereit, nicht nur auf die Aufenthaltssteuer zu verzichten. Zusätzlich sollte Barbaras Geld in einen speziellen Fonds eingezahlt werden; als eine Art langfristiges privates Darlehen an die britische Regierung. Aus diesem Fonds könnte Barbara ein jährliches Einkommen beziehen und durch diesen Plan jährlich ungefähr 400 000 Dollar Steuern sparen. Im Falle ihres Todes würde das Vermögen nach dem vorteilhafteren dänischen Erbschaftsrecht versteuert werden.

Barbara hatte zwar Bedenken, ihre amerikanische Staatsbürgerschaft aufzugeben, doch sie ließ sich schließlich davon überzeugen, daß nur so Lance in den vollen Genuß seines Erbes kommen würde. Später würde Barbara einem Richter erzählen, daß bei ihrem Mann stets die Geldgier an erster Stelle gestanden habe und ihn alle anderen Gedanken und Gefühle vernachlässigen ließ. Obwohl diese Erkenntnis für Barbara erschütternd gewesen sein muß, hätten ihr derartige Gedanken auch schon früher kommen können. Reventlow – schlau, kaltblütig und diszipliniert – wollte nicht nur für seinen Sohn eine finanzielle Absicherung, sondern auch für sich selbst, und er hatte sorgfältig Pläne geschmiedet, um sein Ziel zu erreichen. Durch sein unfreundliches und herrschsüchtiges Temperament, verbunden mit Barbaras Unsicherheit in Geldangelegenheiten, war es ihm gelungen, sie zu einer Entscheidung zu zwingen, die sie später bereuen sollte. Ihre Bereitschaft war in erster Linie als ein Schritt zur Versöhnung gedacht, und die Tatsache, daß ein Regiment von Rechtsanwälten diesen Plan zu unterstützen schien, trug das ihre dazu bei. So bestiegen die Reventlows am 3. September die *Queen Mary* nach New York.

Dort trafen sie sich mit Henry Mannix und Joseph M. Hartfield von White & Case; auch Raymond Needham und Graham Mattison wohnten der Zusammenkunft bei. Mattison meinte, die Sache könne glatt, erfolgreich und mit einem Minimum an Publicity abgewickelt werden, wenn Barbara Mitte Dezember nach New York zurückkehren würde, angeblich um die Feiertage mit ihrer Familie zu verbringen. Dann sollte sie die notwendigen Dokumente vor Gericht unterzeichnen und mit demselben Schiff am nächsten Tag nach England zurückkehren.

Der Plan hatte nur einen Haken: Ehe Barbara den Verzichtseid auf ihre amerikanische Staatsbürgerschaft leisten konnte, würde Court Reventlow ebenfalls einen Eid leisten müssen. Es wurde von ihm erwartet, ein Dokument zu unterzeichnen, in dem er seinerseits auf alle Ansprüche auf Barbaras Erbe verzichte. Dieser Teil des Plans stammte von Graham Mattison, der sich über die Schwierigkeiten in dieser Ehe im klaren war. Mattisons Vorschlag traf Reventlow völlig überraschend und brachte ihn in eine unvorteilhafte Lage. Weigerte er sich, das Dokument zu unterzeichnen, so würde man ihn beschuldigen, er habe es auf Barbaras Vermögen abgesehen; unterschrieb er jedoch, gab er seine Rechte auf. Mattison war im Begriff, nicht nur die amerikanischen Finanzbehörden, sondern auch den gerissenen Court Reventlow auszutricksen. Um es Reventlow zu erschweren, den Vorschlag abzulehnen, informierte ihn der Anwalt, er werde laut Abmachung im Fall einer Scheidung die Summe von einer Million Dollar bekommen; sollte Barbara vor ihm sterben, würde sich die Summe auf das

Doppelte erhöhen – im Vergleich zu Barbaras Vermögen war das ein winziger Betrag. Court unterschrieb das Dokument mangels anderer Alternativen, und die Reventlows kehrten nach England zurück.

Am 8. Dezember bestieg Barbara die *Europa* in Southampton und kehrte wie geplant in die Vereinigten Staaten zurück. Bei ihrer Ankunft eine Woche später am Pier 58 in Manhattan wurde sie sofort von den Fotografen entdeckt, als sie an einem Geländer lehnte und darauf wartete, das Schiff verlassen zu können. »Ich bin hier, um Weihnachten mit meinem Vater zu verbringen«, sagte sie den Reportern. »Ich habe nicht vor, den Rest meines Lebens in Europa zuzubringen. Wir werden uns eines Tages hier ein Haus kaufen, vielleicht auf Long Island.« Alles war natürlich von A bis Z erlogen, aber es reichte, um die Verfolger von ihrer Spur abzubringen.

Am nächsten Tag, es war der 16. Dezember, betrat Barbara in Begleitung von Graham Mattison und Henry Mannix das Bundesgerichtsgebäude am Foley Square. Es war gerade Mittagspause, und der Gerichtssaal von Richter William Mandy im fünften Stock war bis auf den Richter, einen Gerichtsschreiber und dessen Assistenten verlassen. Der Assistent des Gerichtsschreibers händigte Barbara einige Papiere aus und erklärte ihr, wie sie diese ausfüllen sollte. In ihrer Nervosität gab sie den Geburtsort ihres Mannes mit Berlin an und verlegte ihren eigenen Geburtstag vom 14. auf den 12. November, doch das schien niemandem aufzufallen. Barbara wurde dann aufgefordert, den Verzichtseid laut vorzulesen. »Hiermit verzichte ich absolut und völlig auf die Staatsbürgerschaft der Vereinigten Staaten von Amerika und damit auf alle Rechte und Privilegien, die sich aus dieser ergeben. Ich schwöre allen Verpflichtungen und aller Treue gegenüber den Vereinigten Staaten von Amerika ab.« Ihre Stimme war nur ein Flüstern, und ihre Hand zitterte, als sie die Unterschrift unter das Dokument setzte.

Nur 36 Stunden nach ihrer Ankunft stand sie bereits wieder am Pier. Sie betrat die *Europa* über eine der unteren

Gangways erst einige Minuten vor Mitternacht und ließ sich nicht sehen, bis das Schiff eine Stunde später den Anker lichtete. Am nächsten Tag, als sich die *Europa* sicher auf hoher See befand, riefen ihre Anwälte bei White & Case die Presse zusammen, händigten den Reportern eine formelle Verlautbarung aus und hüllten sich danach in Schweigen. Die Gräfin, so war der Inhalt der Verlautbarung, sei durch ihre Ehe mit dem Grafen Court Haugwitz-Reventlow im Mai 1935 automatisch dänische Staatsbürgerin geworden. Ihre daraus resultierende doppelte Staatsbürgerschaft führe zu verschiedenen »rechtlichen Komplikationen«. Deshalb sei Barbara durch Umstände, die außerhalb ihres Einflusses lägen, gezwungen gewesen, auf ihre amerikanische Staatsbürgerschaft zu verzichten. Sie habe diesen Schritt unternommen und befinde sich gegenwärtig auf dem Rückweg nach Europa.

Graham Mattison hatte, wie sich später herausstellte, einen Fehler begangen: er hatte die aufgeregten Reaktionen nicht vorhergesehen, die auf diese Verlautbarung folgten. Es war nie mehr so ein Aufschrei durchs Land gegangen, seit William Waldorf Astor 1899 die amerikanische Staatsbürgerschaft aufgegeben hatte, um britischer Untertan zu werden. Hauptsächlich regte sich der Widerstand gegen Barbaras Abschied von Amerika deshalb, weil sie ihr phantastisches Vermögen diesem Land zu verdanken hatte. Amerika hatte kaum von diesem Vermögen profitiert und nun hatte Barbara Hutton das Land um 45 Millionen Dollar »beraubt« und das Geld nach Übersee geschafft. Man bezeichnete ihre Flucht als Verrat, sie erteilte dem Land, wie ein Kommentator bemerkte, »eine moderne Lektion in Sachen Moral«. Diese Lektion wurde jedoch von verschiedener Seite unterschiedlich genutzt. Für die Anhänger von Präsident Roosevelts Politik des New Deal wurde Barbara zum Symbol für wirtschaftliche Ungerechtigkeit in Amerika. Reporter und Geistliche stellten sie als Wiedergeburt des Satans dar, als ein Lehrbuchbeispiel für Geiz und Geldgier. Walter Winchell machte es sich zur Aufgabe, der treuen Gemeinde seiner Radiohörer von den Ungeheuerlichkeiten zu berichten, die sich dieses »verachtenswerteste Kind unserer Gesellschaft« herausgenommen hatte.*

»Ein Lehnsherr, der durch Abwesenheit glänzt, war noch nie beliebt«, tönte die *New York Daily News.* »Gut, daß wir sie los sind!« rief das *Journal American* aus. »Widerlich!« betonte die *New York Times.* Die Angriffe, die Westbrook Pegler, Kolumnist bei Scripps-Howard, gegen Barbara unternahm, zeichneten sich durch besondere Ausdauer und Fanatismus aus. Er widmete seine Kolumnen eine ganze Woche lang ausschließlich dieser Kontroverse und schrieb: »Natürlich geht es die kleine Verkäuferin nichts an, wen Miß Babbie geheiratet hat, aber in gewisser Weise ist das nicht ganz richtig. Selbst die kleinen Verkäuferinnen, die zehn Dollar die Woche verdienen, träumen von der großen Liebe ... und außerdem haben diese kleinen Verkäuferinnen alle ihr Schärflein zu diesem Einkommen von zwei Millionen Dollar jährlich beigetragen. Jetzt sind sie, diese kleinen Verkäuferinnen, für alle Zeiten betrogen worden.«

Derartige Äußerungen trugen zu einer neuen Streikwelle unter den Angestellten von Woolworth bei. Innerhalb von zwei Tagen nach Barbaras Abreise wurde in drei Filialen in New York die Arbeit niedergelegt, und 36 weitere standen kurz davor, ihre Pforten zu schließen. In der ganzen Stadt tauchten Transparente und Menschen, die sich Plakate umgebunden hatten, auf: BABS VERZICHTE AUF DIE STAATSBÜRGERSCHAFT, ABER NICHT AUF DEN PROFIT oder WIR STREIKEN FÜR HÖH'REN LOHN – BABS NIMMT IHR GELD UND LÄUFT DAVON war dort zu lesen. Die Demonstranten bedienten sich selbst der Western Union Telegrafengesellschaft, um Barbara die Meinung zu sagen; ein Telegramm erreichte Barbara noch auf See:

* Als Winchell einige Monate später erfuhr, daß Barbara diesen Schritt unter Druck getan hatte, benannte er im Radio den wahren Schuldigen – Court Reventlow. Er war der einzige Kommentator, der seine ursprüngliche Meinung revidierte.

WIR FORDERN, DASS SIE DAS MANAGEMENT ANWEISEN, HÖHERE LÖHNE AN DIE TAUSENDE VON ANGESTELLTEN ZU ZAHLEN, DIE JETZT VOM EXISTENZMINIMUM LEBEN MÜSSEN.

Barbara hielt es nicht für nötig, darauf zu antworten und als sie von Reportern in Southampton darauf angesprochen wurde, hüllte sie sich in Schweigen.

Nachdem sie ihre amerikanische Staatsbürgerschaft aufgegeben hatte, trug sich Barbara mit dem Gedanken, auch Court aufzugeben. Im Januar 1938 verbrachten die Reventlows ihren Urlaub im Palast Hotel in St. Moritz. Die Erkenntnis, daß die Ehe nicht mehr zu retten war, ging mit allen bekannten Begleiterscheinungen einher. Achtzehn Monate lang hatte es so ausgesehen, als sei sie erwachsen geworden und habe sich an die Ehe gewöhnt. Sie liebte ihr Kind und betonte oft, wie sehr sie sich nach einem häuslichen Leben sehne. Aber sie hatte Reventlow aus Enttäuschung geheiratet und jetzt langweilte sie sich mit ihm. Sie hatte seine unberechenbaren Wutausbrüche, seine Eifersucht, seinen Mangel an Leichtigkeit und Zärtlichkeit satt. Court war so gesetzt und steif wie ein Mitglied eines altehrwürdigen englischen Clubs und fühlte sich am wohlsten, wenn er seinen starren Zeitplan einhalten konnte. Er las stets dieselben Zeitungen, saß im selben Sessel und lebte tagaus, tagein nach demselben Schema. Barbara war das genaue Gegenteil davon. Sie hielt nichts von festen Uhrzeiten, machte die Nacht zum Tage, ließ sich von ihren wechselnden Launen treiben und genoß es, für den Moment zu leben. Unter normalen Umständen hätten solche Unterschiede überwunden werden können, im Falle Barbara Hutton drehte sich schließlich das gesamte Leben darum, und die Differenzen wurden zu einem unüberwindlichen Hindernis.

Der Theaterproduzent Frederick Brisson kannte Barbara während ihrer Ehe mit Reventlow. »Es war ihr unmöglich, sich mit ihm anders als auf einer oberflächlichen Ebene auseinanderzusetzen«, sagte Brisson. »Es mangelte ihm an Sensibilität und sie lebte stets am Rande eines Abgrunds. Ich habe die beiden in London und in Paris erlebt. Er machte ihr ständig Schwierigkeiten, kommandierte sie herum und schrieb ihr vor, was sie mit ihrem Geld anfangen sollte. Er machte auf mich den Eindruck eines deutschen Gutsbesitzers der Art, wie sie seit Otto von Bismarck ausgestorben sind. Ironischerweise war der Besitz seiner Familie in Dänemark nicht der Rede wert. Er war der kälteste Mensch, der mir je begegnet ist.«

Allgemein war man der Ansicht, daß Reventlow versuchte, seine gesamte Umgebung unter seine Kontrolle zu bringen. Er vergraulte Barbaras Freunde einen nach dem anderen, besonders diejenigen, die er verdächtigte, seinen Einfluß auf Barbara zu untergraben; die Jimmy Donahues und Graham Mattisons, deren Ratschläge mit seinen eigenen Interessen kollidierten. Lange Zeit waren es die Milbankes – Sir John und Lady Sheila –, die seine Wut zu spüren bekamen. Zuerst hatte er sie benutzt, um Zutritt zu den oberen Kreisen von Mayfair zu bekommen. Als Sir John jedoch anfing, Barbara in Finanzfragen zu beraten, warf ihm Reventlow vor, er überschreite seine Kompetenzen. Barbara stand in der Mitte und als sie Milbankes Rat dem ihres Mannes vorzog, brach der Streit, der bereits monatelang geschwelt hatte, endgültig aus. Das gab Barbara die Gelegenheit, ihren Mann in die Schranken zu weisen und die Maschinerie in Gang zu setzen, die schließlich zum Ende der Ehe führen sollte.

Der Trennung gingen eine Reihe heftiger Auseinandersetzungen voraus. Im Februar waren die Reventlows wieder ins Winfield Haus zurückgekehrt, als Roussie Sert, die sich gerade in London befand, Barbara einen Überraschungsbesuch abstattete. Völlig betrunken und mit Tabletten vollgepumpt machte sie einen gespenstischen und verwirrten Eindruck und konnte über nichts anderes sprechen, als über den Tod ihres Bruders Alexis. Barbara konnte nichts tun, um sie zu trösten. Schließlich versuchte sie, Roussie zum

Essen zu bewegen, doch die völlig aufgelöste Besucherin hatte keinen Appetit und zog ein halbes Dutzend Seconal und einen halben Liter Wodka vor.

Als Reventlow von seiner Tennisstunde nach Hause kam und von Roussies Besuch erfuhr, wurde er wütend. Er schrie Barbara an, wie er es immer tat, wenn der Name Mdivani erwähnt wurde. Er sagte seiner Frau, er wolle Roussie nicht in *seinem* Hause sehen, worauf Barbara ihn daran erinnerte, daß es ihr Haus sei und nicht das seine.

»Weißt du denn nicht, daß Roussie Sert morphiumsüchtig ist?« fragte Reventlow.

»Und wenn sie eine Mörderin wäre«, entgegnete Barbara. »Sie ist eine Freundin und sie wird mir immer willkommen sein.«

In der ersten Märzwoche waren die Differenzen kurzzeitig vergessen, und die Reventlows begaben sich auf eine bereits geplante Schiffsreise nach Indien, wo sie nach zwei Wochen Fahrt ankamen. Sie besuchten eine Reihe von Parties, die örtliche Würdenträger für sie veranstalteten. Auf einer dieser Parties begegnete Barbara einem Menschen, der bei der endgültigen Trennung von ihrem Mann eine Schlüsselrolle spielen sollte.

Prinz Muassam Jah war der 21jährige Enkel von Nir Usman Ali, dem zehnten Nizam von Haiderabad, einem der reichsten Männer der Welt. Das geschätzte Vermögen des Nizam von ungefähr zwei Milliarden Dollar war wortwörtlich nicht zu übersehen und in Form von Goldbarren, Kasten voller Diamanten und Perlen und Bergen von silbernen Rupien in seinem Palast angehäuft. Seine 300 Rolls-Royce, Mercedes und Cadillacs waren allgemeines Gesprächsthema; ganz zu schweigen von seinen 1000 persönlichen Bediensteten und 500 Tänzerinnen. Er hatte drei Ehefrauen, 42 Konkubinen und so viele Kinder, daß er den Überblick darüber verloren hatte.

Ebenso außergewöhnlich wie der Reichtum des Nizam war seine Sparsamkeit. Besuchern wurde nur ein Keks zum

Tee zugeteilt, und der Nizam rauchte die billigsten Zigaretten, verschmähte seine Luxuskarossen zugunsten eines verbeulten Fords und trug wochenlang die gleichen schäbigen Kleidungsstücke. Seine Aufmachung führte dazu, daß er von Uneingeweihten oft mit einem seiner Dienstboten verwechselt wurde. Er schlief auch nicht in seinem Palast, einem der größten Indiens, sondern in einem kleinen weißgetünchten Zimmer in einer nahe gelegenen Hütte. Jahrelang war eine weiße Ziege seine engste Gefährtin, die stets rübenfressend an seiner Seite stand, wenn er auf der Veranda seiner Hütte saß, Betelnüsse kaute und kunstvolle Gedichte auf persisch schrieb.

Prinz Muassam teilte das Interesse seines Großvaters an der Dichtkunst. Tatsächlich war es Muassams literarisches Verständnis, das Barbara zuerst für ihn einnahm. Die nächsten Wochen über sahen sie sich häufig, zuerst in Bombay, später auch in Falahnuma, wo im königlichen Palast in Haiderabad eine berühmte Bibliothek von über 20 000 Bänden stand, darunter auch eine der ersten Ausgaben des Koran. Muassam las Barbara seine Gedichte über Indien vor; sie ihm die ihren über China. Während die beiden sich der Poesie hingaben, hatte Reventlow den Sport des Schweinestechens entdeckt. Dabei handelte es sich um ein blutiges Schauspiel, bei dem ein Mann zu Pferde mit einem langen Speer gegen einen wilden Eber oder einen Büffel antrat. Das Gemetzel bestand aus mehreren Durchgängen, in deren Verlauf der Reiter dem wehrlosen Opfer zahllose Wunden zufügte. Das Schweinestechen bot dem Grafen wahrscheinlich die ideale Gelegenheit, seine aufgestauten Haßgefühle abzureagieren.

Jahre später erzählte Reventlow dem Journalisten Dean Jennings von dieser Indienreise und bemerkte, daß seine Frau ein außergewöhnliches Interesse für den Prinzen gezeigt habe, »obwohl ich annahm, es handle sich hier nur um eine dieser unschuldigen Schwärmereien, die bei unserer Rückkehr nach England vergessen sein würden. Womit ich nicht rechnete, war, daß Barbara ihre Liebe zur Poesie wiederentdeckt hatte und sich keinen besseren Brieffreund vorstellen konnte als Prinz Muassam.«

Der unvermeidliche Streit zwischen Barbara und Court über den indischen Prinzen fand Monate nach ihrer Rückkehr nach England statt, als Reventlow plötzlich im Schlafzimmer seiner Frau erschien und ein kleines Foto Muassams auf Barbaras Nachttisch fand. Daneben lag ein dicker Pergamentumschlag mit Muassams Siegel.

»Wo hast du das her?« fragte Reventlow.

»Es ist von einem Freund«, antwortete Barbara.

»Darf ich mal sehen?« fragte Reventlow und ohne eine Antwort abzuwarten, riß er den Umschlag an sich und zog ein Blatt Papier heraus. Er erbleichte beim Lesen. Muassam gestand in diesem Brief seine Liebe zu Barbara und erklärte, das Leben ohne sie komme ihm sinnlos vor. Er meinte, dieser Briefwechsel bedeute ihm alles und am Ende des Briefes bat er sie, als sein persönlicher Gast nach Indien zurückzukehren.

»Wie lange geht das schon so?« wollte Reventlow wissen.

»Noch nicht lange ... ein paar Wochen«, antwortete Barbara.

»Wir sind erst seit ein paar Wochen wieder in England«, erinnerte sie Reventlow.

»Na und? Was ist so schlimm daran, einen Brieffreund zu haben? Ich verstehe ja nicht einmal, was Muassam von mir will.«

»Du verstehst es also nicht. Ich für meinen Teil verstehe ihn sehr gut. Ich wünsche, daß du ihm sofort schreibst, ihn bittest, den Kontakt abzubrechen und dir deine Briefe zurückzusenden.«

»Und wenn ich mich weigere?«

»Wenn du dich weigerst, sehe ich mich gezwungen, ihm selbst zu schreiben und diese Lektüre wird ihm bestimmt keine Freude bereiten.«*

Als er bemerkte, daß Barbara nicht die Absicht hatte,

* S. h. Dean Jennings, *Barbara Hutton*, S. 119 f.

seinen Wünschen nachzukommen, nahm er den Brief an sich und stürmte aus dem Zimmer. Obwohl es Barbara klar daß Court diesen Brief gegen sie verwenden konnte, hatte sie nicht die Möglichkeit einzuschreiten.*

Die endgültige Erniedrigung, wie Barbara es nannte, fand in Paris am vorletzten Abend eines viertägigen Aufenthaltes Ende Mai statt. Reventlow hatte sie zu einer Striptease-Show in einem abbruchreifen Haus mitgenommen, wo sich im ersten Stock eine Bar befand. Er schob sie durch den Barraum zu einer Stahltür am anderen Ende, dann ging es eine Treppe hinauf in die nächste Etage, wo sich ein großer Raum befand, der in rotes und blaues Licht getaucht war. Wände und Decke waren verspiegelt und man sah auf eine kleine Bühne, die mit einem roten Vorhang verschlossen war. Ein schlecht gepolsterter Diwan war das einzige Requisit.

Barbara berichtet den Rest: »Eine fette Frau mit einem wollüstigen Grinsen und eingefallenen Wangen nahm Courts Geld entgegen und schob uns zur Tribüne, die zum größten Teil mit alten, heruntergekommenen Männern besetzt war. Das bemitleidenswerte Publikum hatte ungefähr eine Viertelstunde Zeit sich vorzustellen, welch schäbiges Schauspiel ihnen wohl auf dieser winzigen Bühne geboten werden würde, als plötzlich eine zerkratzte Grammophonplatte tönte und eine dralle junge Frau vor dem Vorhang erschien. Sie war in eine durchsichtige Tunika und hochhakkige Schuhe gekleidet, stellte ihre Nacktheit zur Schau und lehnte sich nach vorne, um ihre Brüste wie eine Opfergabe dem Publikum anzubieten. Ihr schloß sich bald ein Mädchen an, das nicht älter als zwölf Jahre gewesen sein dürfte. Sie flirtete mit ihren großen Augen, die unter koketten Stirnlöckchen hervorblitzten. Ihre feuchten Lippen verzogen sich zu einem Lächeln, als sie den Kopf zurückwarf, die Augen schloß und gleich ihrer großen Schwester die Hüften

---

* Eine ähnliche Beschreibung findet sich, in jedoch weniger detaillierter Form, in Philip Van Rensselaers *Million Dollar Baby*, S. 147 f.

kreisen ließ, während sie ihre Zungenspitze wie eine Schlange aus dem halbgeöffneten Mund gleiten ließ und ihre Lippen leckte.

Bald darauf erschien ein riesiger Neger und nahm auf der Couch Platz. Im Adamskostüm auf dem Rücken liegend, während sein ungeheurer Bauch schlaff auf beiden Seiten herunterhing, begann er sich zu winden und zu strampeln, seine Beine in der Luft, die Eier in der Mitte, wie ein Baby, das darauf wartet, gepudert zu werden.

Was zuerst ein wenig anrüchig und lächerlich gewirkt hatte, wurde bald widerlich, als das Dreigespann begann, übereinander herzufallen – ein wildes Durcheinander von Brüsten, Armen, Beinen und anderen Körperteilen. Die Wände und die Decke waren verspiegelt und reflektierten die Körper aus jedem erdenklichen Winkel. Durch die Spiegel wurde der Eindruck erweckt, die Körper seien in ein Kristall eingeschlossen, und die Art, wie sie sich wanden und ineinander verschlangen, ließ keine Frage offen. Nachdem der Kitzel der Situation nachgelassen hatte, handelte es sich hier nur noch um das bedrückende Treiben dreier Menschen, die dafür bezahlt wurden, sich vor einer traurigen Versammlung von emotionalen Krüppeln zu erniedrigen.«

Reventlow wurde von diesem Spektakel offensichtlich erregt. Als sie später wieder in ihrer Suite im Ritz waren, versuchte er, Barbara aufs Bett zu werfen. Sie wehrte sich; beide fielen zu Boden, wobei Reventlow oben lag und mit seinem Gewicht seine Frau niederdrückte, die sich mit aller Kraft wehrte. Sie versuchte, ihm mit der freien Hand das Gesicht zu zerkratzen, doch Reventlow hielt ihre wild um sich schlagenden Arme fest und nahm sie mit Gewalt.

»Die Tatsache, daß er nur wegen seiner zufällig größeren Körperkraft Kontrolle über mich hatte, erschien mir zutiefst ungerecht«, schrieb sie später. »Ich gab zwar nach, weigerte mich aber, mich ihm hinzugeben. Court kam in meinen Phantasien nicht mehr vor. Er war mir völlig gleichgültig. Als er mit mir fertig war, zerrte er mich an den Haaren ins Bad. ›Du hattest doch immer so ein Interesse für Skatologie,

Barbara. Hier ist deine Chance, praktische Erfahrungen zu sammeln.‹ Er zwang mich, auf seinem Schoß zu sitzen, während er seine Notdurft verrichtete. Dann sperrte er mich über Nacht ins Badezimmer ein.«

Das Reventlow-Hutton-Psychodrama war dabei, seinen Höhepunkt zu erreichen. Einige Tage nach ihrer Rückkehr nach London am 27. Mai besuchten Barbara und Court eine Abendgesellschaft mit Tanz im Hause von Sir Adrian und Lady Baillie in der Chesterfield Street. Dort begegnete Barbara einem blonden jungen Deutschen, mit dem sie den ganzen Abend tanzte, während Court ihr von seinem Tisch aus unruhig zusah. Vielleicht erinnerte er sich an einen gewissen Abend vor einigen Jahren, als er der Eindringling gewesen war und ein anderer Ehemann, Alexis Mdivani, hoffnungslos die Entwicklungen vom Rande aus beobachtet hatte.

Wenn Titel Barbara etwas bedeuteten, hatte sie nun das große Los gezogen. Ihr Tanzpartner war Prinz Friedrich von Preußen, der vierte Sohn des ehemaligen Kronprinzen Wilhelm und der Prinzessin Cäcilie von Deutschland, Enkel Kaiser Wilhelms II., Urenkel Königin Victorias und Patensohn von König George V., dessen Begräbnis er 1936 als offizieller deutscher Abgesandter beigewohnt hatte. Friedrich, 26 Jahre alt, befand sich in London, um Englisch zu lernen, und arbeitete im Bankhaus Schroeder. Barbara fand ihn attraktiv, intelligent, eindrucksvoll – und äußerst bequem. Er war das perfekte Werkzeug, um ihr bei der Trennung von Court behilflich zu sein. Die Tatsache, daß er der deutschen Hocharistokratie angehörte, würde Reventlow nur um so mehr ärgern. Sie lud den Prinzen ein, am nächsten Tag mit ihr zu speisen und Tennis zu spielen.

Reventlow verließ am nächsten Morgen schmollend das Haus, ehe der Prinz ankam. Barbara und ihr Gast aßen auf der Terrasse zu Mittag und spielten drei Sätze Tennis, worauf eine Abkühlung im Swimmingpool folgte. Als Friedrich aus dem Becken kletterte, stolperte er und verstauchte sich den

Knöchel. Barbara half ihm ins Haus und die Treppe hinauf ins dunkle Schlafzimmer ihres Gatten. Sie ließ einen Dienstboten einen Kübel Eis und eine Stützbandage bringen, und als Court nach Hause kam, fand er den Prinzen auf seinem Bett vor. Barbara war an seiner Seite und versorgte immer noch den verstauchten Knöchel.

Während der nächsten Wochen war der schwarze Mercedes des Prinzen so häufig vor dem Winfield-Haus geparkt, daß einige Dienstboten schon vermuteten, sein Besitzer sei endgültig bei Reventlows eingezogen. In gewisser Weise war das auch richtig. Court fand überall Spuren der Gegenwart des Prinzen, und Barbara machte nicht einmal den Versuch, ihre Absichten zu verheimlichen.

Eines Tages beim Frühstück sagte sie: »Stell dir vor, Court, ich könnte den Mann heiraten, der vielleicht eines Tages Deutschland regieren wird.«*

Reventlow verstand endlich, woher der Wind wehte und siedelte in den nahegelegenen Bath-Club über. Dort wurde er bald von William Mitchell aufgesucht, der bis dahin der Familienanwalt gewesen war, jetzt aber offensichtlich Barbara vertrat. Er überbrachte die Botschaft, daß Barbara die Scheidung wünsche. Sie würde das Sorgerecht über Lance behalten, bis eine endgültige Vereinbarung getroffen sei. Sie hatte Mitchell auch bevollmächtigt, Court davon in Kenntnis zu setzen, daß sie bereit sei, ihm einen Scheck über zwei Millionen Dollar auszustellen – eine Million Dollar mehr, als ursprünglich vereinbart worden war. Alles, was er dafür zu tun hatte, war, einige Dokumente zu unterschreiben.

Doch Reventlow wollte sich nicht mit Geld abspeisen lassen. Trotz allem, was geschehen war, bedeutete seine Frau ihm immer noch sehr viel. Er teilte Mitchell mit, daß er eine Frankreichreise plane. Er hoffe, daß Barbara während seiner Abwesenheit wieder zur Vernunft kommen und ihren »lächerlichen deutschen Prinzen« als das sehen würde, was

* Diese und andere Bruchstücke in diesem Kapitel sind Aussagen entnommen, die Barbara und Court während ihrer Bow Street Gerichtsverhandlung in London machten. Siehe auch Dean Jennings, S. 122-26.

er wirklich sei – »eine aufgeblasene Nazi-Null«.

Vor seiner Abreise ging Reventlow zum Winfield Haus, um einige Sachen abzuholen. Er hatte ein Gespräch mit Barbaras neuem Hausboy, Robert Hawkes. Er bat Hawkes, seine Frau im Auge zu behalten und ihm gelegentliche Berichte über ihr Verhalten nach Divonne in Frankreich zu schicken. Reventlow war kaum in seinem Hotel angekommen, als der erste Bericht eintraf:

Als ich um 19.50 Uhr meinen Dienst antrat, bemerkte ich das Auto von Prinz Friedrich in der Einfahrt gegenüber dem Haupteingang. Als die Köchin den Aufenthaltsraum für die Dienstboten betrat, fragte ich sie, ob sie heute einen anstrengenden Tag gehabt habe. Sie antwortete: »Prinz Friedrich ist den ganzen Tag bei der Gräfin gewesen. Ich habe ihnen Mittagessen, Tee und Abendessen serviert.« Um 21 Uhr sagte man mir, die beiden würden eine kleine Spritztour machen. Sie kehrten gegen 22.30 Uhr zurück. Kurz nach 23.00 Uhr stellte ich fest, daß die Wohnzimmertür halb geöffnet war, der Raum jedoch lag nahezu in Dunkelheit. Ich konnte zwei Personen mit Zigaretten auf dem Sofa am Kamin ausmachen. Um Mitternacht kamen sie heraus; Prinz Friedrich stieg in sein Auto und fuhr davon. Als ich ins Dienstbotenzimmer zurückkehrte, sagte der erste Kammerdiener zu mir: »Die beiden scheinen ja enge Freunde zu sein. Ich glaube, das wird etwas Ernstes.«

Fünf Tage später erhielt Reventlow die zweite Depesche:

Als ich letzte Nacht spät hinausging, um die Garage abzuschließen, bemerkte ich, daß Prinz Friedrichs Auto am üblichen Platz stand. Es war nach Mitternacht. Um 2.30 Uhr stand das Auto immer noch da. Heute morgen sagte eines der Hausmädchen, der Prinz habe die Nacht in einem der Gästezimmer verbracht. Ein weiteres Hausmädchen bestätigte das.

Die letzte Nachricht von Hawkes traf Reventlow wie ein Schlag. Der Hausboy berichtete, er sei im Hause gewesen, als Ticki Tocquet ihm einen Umschlag übergeben habe. Der Umschlag habe einen Wochenlohn im voraus enthalten. Dann sei William Mitchell erschienen und habe ihn beschuldigt, Barbara nachzuspionieren. Er sei gebeten worden, unverzüglich zu gehen.

Reventlow war außer sich, doch seine Wut wurde von dem Gefühl gemildert, etwas verloren zu haben, dem Gefühl, sein Leben würde ohne Barbara an Bedeutung verlieren. Er schrieb seiner Frau aus Divonne und bat sie, die Möglichkeit einer Versöhnung in Betracht zu ziehen. Er versicherte ihr, daß er sie immer noch liebe und die redliche Absicht habe, eine glückliche Ehe mit ihr zu führen.

Als sie nicht darauf antwortete, rief er sie an und erzählte ihr in einem Anfall von Eifersucht alles, was er von Hawkes gehört hatte. Barbara gab ehrlich zu, sie habe ihre Zeit mit Friedrich verbracht und machte Court dann verärgert Vorwürfe, er würde sie beobachten lassen.

»Es ist völlig unnötig, dich beobachten zu lassen«, gab er zurück. »Die Leute haben Augen und ganz London spricht über dich.«

»Und was schlägst du vor, sollen wir tun?«

»In einigen Tagen komme ich nach London zurück«, antwortete er, »und wenn ich Friedrich irgendwo in der Nähe des Hauses erwische, erschieße ich ihn wie einen Hund.«

Diese Drohung, so theatralisch sie auch klingen mochte, durfte nicht auf die leichte Schulter genommen werden. Zum einen hatte Reventlow sich angewöhnt, eine geladene Pistole bei sich zu tragen – »zur Selbstverteidigung«, behauptete er; und zum anderen war er für seine Unberechenbarkeit berüchtigt und war zu nahezu allem fähig, wenn man ihn provozierte. Barbara glaubte das zumindest und berichtete William Mitchell von diesem Gespräch. Am nächsten Tag traf der Rechtsanwalt mit einem Schreiben von Barbara in Divonne ein:

Lieber Court!

Ich habe Deinen Brief erhalten, der es mir noch schwerer macht, Dir zu sagen, was ich sagen muß. Jetzt, da ich Zeit gehabt habe, mir über alles Gedanken zu machen, bin ich mehr als je zuvor überzeugt, daß Dein Verhalten im letzten Jahr, besonders in den vergangenen Wochen, es mir unmöglich macht, weiter mit Dir zusammenzuleben.

Ich möchte in diesem Brief nicht auf Einzelheiten eingehen, die Dich nur verletzen würden. Wir haben darüber schon ausführlich gesprochen. Ich hoffe vielmehr, daß es Dir gutgeht. Ich wünsche mir, daß Du ein glückliches Leben führst, ebenso, wie ich es mir für mich selbst wünsche. Gemeinsam jedoch ist das unmöglich...

Ich bin Dir nicht böse und ich möchte auch nicht, daß Du böse auf mich bist. Ich sende Dir alle meine besten Wünsche.

Da ist nur noch eine Sache, um die ich Dich bitten möchte: Bitte versuche nicht, mich wiederzusehen. Auf den ersten Blick wirst Du mich für hartherzig halten, doch wenn Du darüber nachdenkst, wirst Du sehen, daß ich recht habe. Jedes weitere Treffen wird die Dinge nur noch schwieriger machen.

Das ist alles, was ich Dir sagen wollte. Ich habe diese Entscheidung frei von fremden Einflüssen gefällt. Die Einzelheiten werde ich Mr. Mitchell überlassen, den ich gebeten habe, Dir diesen Brief zu überbringen. Ich möchte gerne vernünftig sein und ich weiß, daß Du es auch bist.

Mit allen meinen besten Wünschen, in Freundschaft
Barbara*

Als erste Reaktion auf diesen Brief brach Reventlow zusammen und weinte. Dann begann er Schimpfworte gegen seine Frau und Prinz Friedrich auszustoßen und deutete an, ein Mitglied der englischen Gesellschaft habe ihm geschrieben, er könne sein Gesicht nie mehr in der Öffentlichkeit zeigen, wenn er den Prinzen nicht zum Duell fordern würde. »Aber

---

* Dieser Brief und die Botschaften von Barbaras Hausboy Robert an Court Reventlow wurden als Beweisstücke bei Reventlows späterer Bow Street Verhandlung zugelassen, die auf den folgenden Seiten beschrieben wird.

ein Duell«, sagte er zu Mitchell, »ist noch viel zu gut für diesen Hundesohn. Wenn ich diesen Kampf verliere, kann ich mir gleich selbst die Kugel geben. Wenn ich mich erschieße, wird die Welt wissen, daß Barbara meinen Tod auf dem Gewissen hat. Diese Tragödie wird sie ihr ganzes Leben lang verfolgen.«

Noch ehe der Tag vorüber war, war es Mitchell gelungen, Reventlow zu beruhigen, indem er ihm versprach, alles in seiner Macht Stehende zu tun, um eine Versöhnung herbeizuführen. Doch als sich die beiden Männer am nächsten Morgen zum Frühstück trafen, hatte sich Courts Stimmung gewandelt. Er meinte, er wolle nun keine Versöhnung mehr, sondern eine große Abfindungssumme und das Sorgerecht für das Kind. Er habe beschlossen, nach London zurückzukehren und Lance mitzunehmen, was sein gutes Recht sei. »Sie können Barbara mitteilen«, sagte er, »daß ich mich wie ein Ehrenmann verhalten werde und von ihr verlange, daß sie wie eine Dame handelt. Wenn sie irgendwelche faulen Tricks versucht oder mir auf irgendeine Weise in die Quere kommt, bin ich für mein Tun nicht mehr verantwortlich. Gott steh' ihr bei und mir auch.«

»Ist das eine Drohung?« fragte Mitchell.

»Das können Sie auslegen, wie Sie wollen«, erwiderte der Graf.

Mitchell verstand es als Drohung. Als er nach London zurückkehrte, gingen er und Barbara zum Magistrat T. W. Fry vom Bow Street Polizeigericht und erwirkten am 20. Juni einen Haftbefehl gegen Reventlow. Ihm wurde vorgeworfen, er habe Drohungen gegen seine Frau ausgestoßen, so daß diese jetzt Angst um ihr Leben haben müsse und befürchte, er könne ihr körperlich Schaden zufügen oder selbiges veranlassen. Diese Anklage fiel nicht unter die Delikte, die einen Auslieferungsantrag nach sich zogen und wenn Reventlow sich entschlossen hätte, in Frankreich zu bleiben, hätte er nicht gezwungen werden können, sich einem englischen Gericht zu stellen.

Reventlow vermutete, seine Frau plane, ihn aus England

fernzuhalten, um so seine Möglichkeiten weiterer Verhandlungen um das Sorgerecht für seinen Sohn zu beschneiden. Auf den Rat seiner Pariser Anwälte erklärte er sich bereit, nach England zurückzukehren und vor Gericht zu erscheinen.

Am 2. Juli kam Reventlow mit seinem Kammerdiener Paul Wiser in Dover an, wo er von seinen britischen Anwälten Norman Birkett und Vernon Cattie (die auch Wallis Simpson bei ihrer Scheidung von Ernest Simpson vertreten hatten) erwartet wurde. Ebenfalls anwesend waren einige Herren von Scotland Yard. Reventlow wurde festgenommen, direkt zum Bow Street Polizeigericht gebracht und zur Anklage vernommen. Der oberste Magistrat, Sir Rollo Graham-Campbell, setzte den Verhandlungstermin auf den 5. Juli fest und entließ Reventlow gegen eine Kaution von 2000 Pfund auf freien Fuß.

Am Tag der Verhandlung drängten sich mehr als 200 Reporter im Gerichtssaal. Barbara, ganz in Schwarz, saß zwischen Sir Patrick Hastings und Arthur Winn, Anwälte bei der gleichen Kanzlei (Clifford Turner & Co.) wie William Mitchell. Reventlow saß einige Meter entfernt auf der Anklagebank.

William Mitchell trat als Hauptzeuge in den Zeugenstand und legte sorgfältig die Anklage gegen den Grafen dar. Er beschrieb die Einzelheiten seines Besuches in Divonne und berichtete von Reventlows kriegerischen Plänen gegen seinen deutschen Rivalen – der nach Vereinbarung nur als »ein gewisser Herr in London« bezeichnet wurde – und deutete an, daß der Graf Barbara mit ähnlicher Bestrafung gedroht habe. Sie sei dadurch gezwungen gewesen, sich im Winfield-Haus zu verbarrikadieren und zusätzliche Leibwachen einzustellen, die das Grundstück bewachten.

»Erinnern Sie sich, mit welchen Worten Graf Reventlow seine Frau beschrieb?« fragte Sir Patrick Hastings.

»Es war merkwürdig«, antwortete Mitchell. »Einerseits benutzte er die übelsten Schimpfworte und andererseits sagte er, daß nichts zu gut für sie sei.«

»Würden Sie sagen, daß Graf Reventlow sich in einem Zustand der Erregung befunden hat?«

»Wie ich bereits sagte, er wechselte von Wut über Erregung zu Selbstmitleid und es gab auch Momente, in denen er völlig kalt und, wie ich es beschreiben würde, berechnend wirkte. Erst wollte er, daß ich eine Versöhnung bewirken solle und im nächsten Augenblick war er bereit, seine Frau zu drei Jahren Hölle und Schlagzeilen zu verdammen.«

»Haben Sie ihn in den Jahren, in denen Sie als Familienanwalt tätig waren, jemals in diesem Zustand erlebt?«

»Ich würde mich nicht als den Familienanwalt bezeichnen. Meine Verbindungen bestanden nur mit der Gräfin. Aber ich wußte, daß er zu Launen und Wutausbrüchen neigte. Andererseits habe ich nie zuvor so viel Zeit mit ihm verbracht.«

»Aber Sie haben die Drohung ernst genommen?«

»Das habe ich in der Tat«, erwiderte Mitchell. »Er machte einen äußerst verwirrten Eindruck. Er zeigte mir eine Pistole, die er bei sich hatte und drohte, damit auf Menschen zu schießen. Zu einem anderen Zeitpunkt machte er deutlich, er habe vor, Lance für immer von seiner Mutter zu trennen. Es gab keinen Grund, warum ich ihm nicht hätte glauben sollen. Es schien ihm völlig ernst damit.«

Da die schmutzige Wäsche nun ans Licht der Öffentlichkeit gezerrt worden war, gab es nichts, was Norman Birkett, Reventlows Anwalt, daran gehindert hätte, auch darin herumzuwühlen. Birketts Ansatz während des Kreuzverhörs war, daß Mitchell tatsächlich in der Vergangenheit als Familienanwalt tätig gewesen sei und er durch diese falsche Darstellung das Vertrauen seines Klienten mißbraucht habe.

»Ist es nicht ein Faktum, Mr. Mitchell, daß Sie bei Ihren Gesprächen in Divonne heimlich gegen den Grafen gearbeitet haben, indem Sie sich absichtlich Zugang zu Informationen verschafften, welche die Gräfin dazu veranlaßten, den Haftbefehl zu beantragen?« fragte Birkett.

»Ich bin der Ansicht, es war völlig eindeutig, daß ich den Grafen Reventlow nicht mehr vertrat«, erwiderte Mitchell.

»Ist es nicht richtig, Mr. Mitchell, daß Sie beim Verfassen des Briefes der Gräfin, den Sie dann persönlich in Frankreich dem Grafen übergaben, mit Hand angelegt haben?«

»Ich habe diesen Brief nicht geschrieben, aber ich habe ihr beim Entwurf geholfen. Die Gräfin hat dann noch Änderungen vorgenommen und ich kenne nur den Inhalt der endgültigen Fassung.«

»Haben Sie dem Grafen mitgeteilt, daß Sie bei dem Entwurf des Briefes beteiligt waren?«

»Nein, dieses Thema kam nie zur Sprache. Ich glaube auch nicht, daß das wichtig ist.«

Birkett wandte seine Aufmerksamkeit nun Mitchells Zusammenkunft mit Reventlow im Bath Club in London vor der Abreise nach Frankreich zu.

»Als Sie ihn damals sahen, hat er Ihnen da nicht einen Brief an die Gräfin von einem Prinzen Muassam Jah aus Indien gezeigt, wegen dem er sich große Sorgen machte?« fragte Birkett.

»Ja, er hat mir einen solchen Brief gezeigt.«

»Haben Sie ihm gegenüber Ihrem Mitgefühl Ausdruck verliehen?«

»Ich glaube nicht«, erwiderte Mitchell. »Als er mir den Brief zeigte, hielt ich es für eine Ungeheuerlichkeit, daß er den Brief seiner Frau an sich genommen hatte.«

»Sagte der Graf Ihnen nicht, er liebe seine Frau wirklich sehr und trotz allem, was geschehen sei, liebe er sie immer noch und werde sie immer lieben?«

»Ja, er sagte etwas derartiges.«

»Sagte er, er wolle alles menschenmögliche unternehmen, um sie nicht zu verlieren?«

»Ich kann mich nicht mehr genau daran erinnern. Doch das war wahrscheinlich der Inhalt seiner Worte.«

»Haben Sie damals über Geld gesprochen?«

»Ja, ich habe dem Grafen mitgeteilt, seine Frau sei bereit, eine beträchtliche Summe an ihn zu zahlen, unter der Bedingung, daß sich dieses ganze Durcheinander in Frieden lösen ließe. Ich habe ihn dann davon in Kenntnis gesetzt, er werde zwei Millionen Dollar erhalten, eine Million mehr als ursprünglich vorgesehen war. Er sagte mir, er habe nicht vor, sich mit Geld abspeisen zu lassen. Auch erschien ihm die Summe lächerlich. Seine Frau könne ihm auch 5 Millionen Dollar geben, ohne den Verlust überhaupt zu spüren, und da sie es gewesen sei, die *ihn* schlecht behandelt habe, sei er davon überzeugt, daß er ein Recht auf diese Summe habe.«

»Entspricht es nicht den Tatsachen, daß dem Grafen lediglich 50 000 Pfund angeboten wurden, als Sie ihn in Frankreich aufsuchten?«

»Ja, als ein Zeichen des guten Willens. Er hatte damals bereits Drohungen gegen seine Frau ausgestoßen, was das ursprüngliche Angebot null und nichtig machte. Bevor ich ihn verließ, bat ich ihn, nochmals darüber nachzudenken. Ich teilte ihm mit, er habe den Anspruch auf die zwei Millionen Dollar verwirkt, aber er werde 50 000 Pfund erhalten, wenn er die Scheidungspapiere unterzeichne. Unter den gegebenen Umständen erschien mir das als großzügiges Angebot. Der Graf nannte es eine Beleidigung.«

»Wurde dieses Angebot mit dem Einverständnis Ihrer Klientin gemacht?«

»Das geschah in dem Maße, in dem ich befugt war, sie nach bestem Wissen und Gewissen zu vertreten – ja, dieses Angebot wurde mit ihrem Einverständnis gemacht. Ich habe sie zwar damals nicht angerufen, um sie nach ihrem Einverständnis zu fragen, wir hatten aber im voraus die Vereinbarung getroffen, daß ich versuchen sollte, das Problem so schnell wie möglich zu bereinigen.«

»Aber entspricht es nicht den Tatsachen, Mr. Mitchell, daß Sie dem Grafen drohten, sein Name werde in ganz Europa mit Schmutz beworfen, wenn er nicht in die Scheidung einwillige?«

»Das waren auf gar keinen Fall meine Worte. Als ich ihn noch in London sah, sagte ich ihm, daß ich es für das beste hielte, wenn er in die Scheidung einwilligen würde. Ich sagte ihm, ich wüßte von einigen häßlichen Vorkommnissen im

Zusammenhang mit seiner Frau. ›Was zum Beispiel?‹ fragte er. ›Zum Beispiel, daß Sie sie gezwungen haben, sich eine obszöne Striptease-Vorführung anzusehen‹, erwiderte ich. ›Zum Beispiel Vergewaltigung; zum Beispiel, daß Sie sie nachts im Bad eingeschlossen haben.‹ ›Ich habe meine Frau nicht vergewaltigt‹, sagte er darauf, ›ich habe mit ihr geschlafen.‹ Ich hatte keine Lust mehr, weiter auf diesem Thema herumzureiten und so ließ ich es fallen.«

»Und Sie halten es nicht für möglich, Mr. Mitchell, daß Sie dem Grafen gedroht haben könnten?«

»Absolut nicht. Ich hatte vielmehr vor, eine freundschaftliche Vereinbarung zu treffen.«

Daraufhin brachte Birkett den Prinzen Friedrich von Preußen ins Spiel.

»Ist es nicht offensichtlich, Mr. Mitchell, daß eine der Schlüsselfiguren in diesem Fall, der ›Herr in London‹, dem Grafen große Sorgen bereitete?«

»Ja, Mr. Birkett, und in meinen Augen war das ziemlich kindisch.«

»Ihre Ansichten tun hier nichts zur Sache«, entgegnete Birkett. »Ehemänner sind keine Rechtsanwälte und ich habe Ehemänner gekannt, die ihre Frau aus weitaus geringeren Gründen umgebracht haben als wegen eines lockeren Lebenswandels.«

»Lockerer Lebenswandel, Mr. Birkett, ist in diesem Zusammenhang wohl kaum das richtige Wort. Wenn man der Gräfin Glauben schenkt, ist ihr Mann gewalttätig, sexuell nicht normal und ein Sadomasochist. Unter diesen Umständen hat eine Frau doch keine andere Wahl, als Ehebruch zu begehen.«

»Ihre Beschreibung des Grafen ist nicht nur von Vorurteilen geprägt, sie erfüllt auch den Tatbestand der üblen Nachrede. Ich kann Ihnen versichern, daß, egal, was der Graf auch immer in der Hitze des Gefechts gesagt haben mag, er niemals ernsthaft im Sinn hatte, seiner Frau gefährlich zu werden. Alles, was mein Klient will, ist, diese Anklage zu widerlegen. Selbstverständlich sorgt er sich auch um das

Wohl seines Sohnes. Unter den gegebenen Umständen ist er davon überzeugt, daß das Winfield Haus nicht die richtige Umgebung für ein Kind ist. Doch darüber werden wir an anderer Stelle sprechen.«

Sir Rollo Graham-Campbell pflichtete dem bei und vertagte die Verhandlung auf den 13. Juli. »Die Entwicklungen der letzten 24 Stunden«, schrieb die *London Times* am nächsten Tag, »haben für die größte Sensation in England seit der Abdankung von König Edward aus Liebe zu Mrs. Wallis Simpson vor 18 Monaten gesorgt.«

Sensationen war das letzte, was Barbara gebrauchen konnte. In ihrem gesicherten und vergoldeten Käfig dachte sie über alles nach. Sie hatte durch ihr Verhalten ihrem Ruf bereits genug Schaden zugefügt; ihre Hoffnungen, einen Platz an der Spitze der oberen Zehntausend zu finden, waren dahin. Sie befürchtete, im Zeugenstand in einer öffentlichen Verhandlung ihre tiefsten und privatesten Gefühle bloßlegen zu müssen. »Ich will doch nur ein glückliches Leben führen«, sagte sie ihrem Anwalt Sir Patrick Hastings. Am 13. Juli beantragte Hastings beim Magistrat, die Klage zurückzuziehen. Seine Klientin fühle sich nicht länger von Court Reventlow bedroht. Die Anklage wurde offiziell zurückgezogen und Reventlow war ein freier Mann.

Doch für den Grafen war das kein vollständiger Sieg, denn es bedeutete das Ende seiner Beziehung mit Barbara und den Anfang einer lebenslangen Fehde. Den vielen Streitigkeiten, die noch folgen sollten, ging ein Besuch Reventlows im Winfield Haus voraus. Er wollte seine verbliebenen Habseligkeiten abholen und entdeckte, daß ein privater Safe in seinem Schlafzimmer aufgebrochen und der Inhalt entfernt worden war. Darunter befanden sich die Papiere einiger gemeinsamer Bankkonten, die er mit seiner Frau unterhielt und der wohlgehütete Brief von Prinz Muassam, den er vor seiner Abreise nach Frankreich in den Safe gelegt hatte.

Auf Reventlows Betreiben hin wandte sich Norman Birkett an die britische Anwaltskammer und verlangte, Mitchell solle wegen seiner Doppelrolle im Hutton-Reventlow-Fall getadelt werden. Im darauf folgenden Standesverfahren befand die Kammer, Mitchell verdiene schweren Tadel, da er »vertrauliche Informationen, die er von Graf Reventlow erhalten hatte, zum Wohle seiner Klientin mißbraucht und versäumt hat, den Grafen ausdrücklich darauf hinzuweisen, daß diese Informationen gegen ihn verwendet werden könnten und daß er (Mitchell) seine Interessen nicht mehr als Familienanwalt vertrat«. Die Kammer ordnete an, Mitchell solle Reventlows gesamte Prozeßkosten bezahlen. Doch das schlimmste für Mitchell war, daß Barbara schließlich die Rechtmäßigkeit der Argumentation ihres Mannes einsah und ihm ihr Mandat entzog.

Am 28. Juli begaben sich Barbara und Court in Begleitung ihrer rechtlichen Vertreter zur Königlich-Dänischen Vertretung in London und unterzeichneten eine Trennungsvereinbarung, die sowohl unter dänischem als auch unter englischem Recht gültig war. Die Vereinbarung setzte fest, daß das Kind, solange es noch nicht im Schulalter war, den größten Teil des Jahres bei seiner Mutter verbringen würde. Wenn der Knabe eingeschult sein würde, sollte er seine Ferien zu gleichen Teilen bei beiden Elternteilen verbringen. Reventlow erhielt das Recht, über die Schullaufbahn seines Sohnes zu entscheiden, Erzieherinnen und Ärzte auszuwählen und die religiöse Unterweisung sowie größere Reisen zu bestimmen. Um die Durchsetzung dieser Vereinbarung sicherzustellen, wurde die Vormundschaft über Lance dem englischen Vormundschaftsgericht übertragen, was bedeutete, daß bis zu seiner Volljährigkeit kein Elternteil ohne Zustimmung des Gerichts die Zukunft betreffende Entscheidungen fällen konnte.*

Die Trennungsvereinbarung billigte Graf Reventlow keine Alimente oder finanzielle Unterstützung zu, die über die eine Million Dollar hinausgingen, die damals zwischen dem

---

* Die Entscheidung, Lance zum Mündel des englischen Vormundschaftsgerichts zu machen, wurde 1941, nach ihrer Scheidung von Court Reventlow, von Barbaras Rechtsanwälten annulliert.

Gericht und White & Case festgesetzt worden waren. Er wurde jedoch Treuhänder eines Fonds über 1,5 Millionen Dollar, den Barbara im Namen ihres Sohnes angelegt hatte. Als Treuhänder bezog Court aus diesem Fonds ein Einkommen und er verwendete einen Teil davon auf Lances Erziehung und Ausbildung. Barbaras Vater, der überzeugt war, daß Reventlow das Zeug dazu hatte, mit Barbara fertig zu werden, war ihm noch freundlich gesinnt. Als abschließende Geste der Freundschaft machte er dem Grafen ein Geschenk – die Schlüssel zu einem handgefertigten Hispano-Suiza Sedan. Als Zweitwagen kam das Auto sehr gelegen. Barbaras letztes Geburtstagsgeschenk an Court war ein brauner Duesenberg gewesen.

10

»Ich wurde ständig gewarnt, Barbara Hutton werde versuchen, mir den Mann auszuspannen«, berichtet Jean Kennerley. »Ich wollte das nicht glauben. Morley und Barbara waren wie Bruder und Schwester, und Barbara war ihren Freunden gegenüber loyal. Aber es war schwierig, die Trennung von Alexis Mdivani und Louise Van Alen zu vergessen. Die Wahrheit ist, daß Barbara tatsächlich versuchte, Morley zu verführen. Doch das war viel später, als sie bereits von Drogen und Alkohol gezeichnet war. Damit endete unsere Freundschaft. Doch ich bin ihr gegenüber nachsichtig. Es hätte unter normalen Umständen nie geschehen können.«

Barbaras Ruf als Ehezerstörerin war ursprünglich von der Presse in die Welt gesetzt worden, die in ihrem Eifer, etwas über das Leben der Erbin zu berichten, Barbara eine Reihe romantischer Verwicklungen andichtete, die frei erfunden waren. Jede Woche wurde sie mit einem anderen respektablen, glücklich verheirateten Mitglied der britischen Oberschicht in Verbindung gebracht. Das hartnäckigste Gerücht rankte sich um den Honorable Drogo Montagu und erreichte seinen Höhepunkt, als sich Barbara weigerte, Janet

Montagu zu sehen. Dabei wollte Barbara mit ihrem Verhalten nur den Klatsch um sie selbst und den Ehemann einer Freundin zum Verstummen bringen. Janet Montagu hatte einige Jahre lang ihren Winterurlaub mit Barbara in St. Moritz verbracht, doch als Barbara sie nicht mehr sehen wollte, fühlte sie sich brüskiert und wollte ihrerseits nichts mehr mit den Huttons zu tun haben.

Wenn diese Gerüchte schon für Barbara eine Belastung darstellten, waren sie um so unangenehmer für Court Reventlow, der sein Quartier zu diesem Zeitpunkt im Hotel Ritz in Paris aufgeschlagen hatte. Nachdem er sein Zuhause, Frau und Kind verloren hatte, blieb ihm wenigstens der Schmerz erspart, Barbara an der Seite des deutschen Prinzen Friedrich glücklich werden zu sehen. Der Prinz, dessen Familie gegen diese Verbindung war, verschwand in der Versenkung. Doch es gab noch so viele andere Dinge, über die man tuscheln konnte. Eines der Gerüchte, das sich später als wahr erwies, rankte sich um Barbaras Beziehungen zu ihrem alten Freund Howard Hughes, den sie schon in den frühen dreißiger Jahren in New York kennengelernt hatte. Der geheimnisvolle Texaner hatte sich im Savoy Hotel in London eingemietet und legte gerade letzte Hand an die Planung einer dreitägigen Weltumrundung per Flugzeug, die er noch im selben Jahr tatsächlich unternehmen sollte. Frederick Brisson erlebte Barbara und Howard gemeinsam auf einer Abendgesellschaft, wie sie sich »verliebt ansahen und mit träumerischem Blick Händchen hielten«.

Barbaras offenherzige Tagebucheintragung über ihre Affaire mit Hughes macht deutlich, daß sie in sexueller Hinsicht nicht zusammenpaßten: »Er bemerkt, daß ich Schwierigkeiten habe, zum Orgasmus zu kommen, versucht anfangs verzweifelt, mich zu befriedigen, erreicht dann selbst den Höhepunkt und sagt mir, ich würde es sowieso niemals schaffen. Wenn ich mich selbst anfasse, schiebt er ärgerlich meine Hand weg. Er kann es nicht ertragen, wenn eine Frau sich in Lust verliert. Howard muß immer die Kontrolle behalten, sonst überkommt ihn Panik.«

Trotzdem verteidigte Barbara Hughes stets gegen seine schärfsten Kritiker, schenkte ihm ihre schwesterliche Freundschaft und verschaffte ihm Zutritt in Kreise, die für ihn ansonsten unerreichbar gewesen wären. »Howard«, schrieb sie später, »hat ein Talent, sich unbeliebt zu machen. Die Leute halten ihn für einen fast tauben, stotternden Milliardär, der sich lediglich für Geld interessiert. Ich kann nur sagen, daß ich noch nie einen so wenig materialistisch eingestellten Mann kennengelernt habe. Er besitzt zwei Anzüge und keinen Frack – wenn er einen braucht, leiht er ihn sich. Er trägt normalerweise Tennisschuhe, weil er Probleme mit seinen Füßen hat, und wenn er auf Reisen geht, wirft er einfach ein paar Hemden und nicht zusammenpassende Socken in eine Pappschachtel. Er ernährt sich nur von Salaten und schläft lieber auf einer Liege als in einem bequemen Bett, wenn er überhaupt schläft. Er ist ein angenehmer Gesellschafter. Er bombardiert einen nie mit einem Haufen Ideen, steckt seine Nase nicht in fremde Angelegenheiten und streitet nie. Das Charmante an Howard ist, daß er nicht charmant ist.«

Eine weitere Affaire Barbaras zu dieser Zeit war die mit David Pleydell-Bouverie, einem talentierten und erfolgreichen englischen Architekten und Vetter des unglaublich reichen Lord Radnor von Longford Castle in Salisbury. Bouverie, der später die Erbin Alice Astor heiratete, hält Barbara heute für den tagischen Fall einer selbstzerstörerischen Frau, die von einem Extrem ins andere fiel, ihren eigenen Ruin vorauszuplanen schien und unfähig war, die Geschenke und das Glück zu genießen, die ihr beschieden waren. »Als sie jung war, war sie noch voller Hoffnung und Lebensfreude. Sie war intelligent, gesund, warmherzig und reich genug, um ein erfülltes, sinnvolles Leben zu leben. Doch von Anfang an litt sie unter ihrer schwachen Gesundheit und wurde von schwierigen Zwängen verfolgt. Als wir uns im Sommer 1952 wieder begegneten, schenkten wir uns einige Wochen des Glücks.«

Im August 1938 nahm die Kinderschwester Lance Reventlow mit in den Urlaub nach Yorkshire, während Barbara und Ticki sich im Hotel Excelsior am Lido niederließen. Venedig war für die Jahreszeit ziemlich ruhig, doch Barbara war zufrieden, ihre Tage mit der Gräfin Edda Ciano am Strand zu verbringen. Manchmal traf sie sich mit den Erbinnen Millicent Rogers und Audrey Emery in Harry's Bar, wo sie den neuesten Klatsch austauschten und über ihre geschiedenen Ehemänner plauderten. Sie begleitete Daisy Fellowes auf eine dreitägige Kreuzfahrt auf ihrer Jacht, der *Sister Anne*. Barbara erhielt zwei gute Ratschläge von Daisy: Erstens, daß alle Männer, egal, welche soziale oder berufliche Stellung sie innehaben, gerne schlecht behandelt werden, besonders von Frauen, und zweitens, daß das Geheimnis der ewigen Jugend in einer Diät aus Kaviar, Räucherlachs und Wodka liegt.

Gegen Mitte des Monats erhielt sie einen Brief aus Paris von Court Reventlow. Er war im Begriff, nach Wien abzureisen, und wollte vorher noch eine »wichtige Sache« mit Barbara besprechen. Er war der Ansicht, ein persönliches Zusammentreffen sei einer sinnlosen Korrespondenz vorzuziehen. Deshalb wollte er wissen, ob sie einverstanden sei, wenn er einen Umweg über Venedig machen würde. Barbara hatte nicht den Wunsch, Court zu sehen, und ihr erster Impuls war, Daisy Fellowes Rat zu befolgen. Schließlich jedoch erklärte sie sich zu einem Treffen bereit.

Er kam einen Tag früher an als vorgesehen und traf Barbara auf der Promenade am Lido. Über einer Tasse Kaffee zeigte ihr Court einige Fotografien von Lance, die er im Winter zuvor in St. Moritz gemacht hatte. Obwohl ihm das Wort »Versöhnung« nie über die Lippen kam, war kein Zweifel, daß dies der Grund seines Besuches war – die Fotografien hätte er schließlich auch mit der Post schicken können. Später an diesem Tag, in einem Interview mit einem englischen Journalisten, verlieh Reventlow seiner Hoffnung auf eine Versöhnung mit seiner Frau Ausdruck:

In meinem Land gilt die Ehe als heilig. In meiner Familie hat
es seit 800 Jahren keine Scheidung gegeben. Barbara ist immer
noch meine Frau. Ich liebe sie, so wie ich sie immer geliebt
habe. Sie ist so verletzlich, so wertvoll. Sie hat so kleine, zarte
Handgelenke. Unser Sohn ist noch zu klein, um zu verstehen,
was vorgeht. Doch was wird das später für ein Leben für ihn
sein, wenn er von Ort zu Ort geschleppt wird und gezwungen
ist, seine Zeit zwischen seiner Mutter und mir aufzuteilen? Er
sollte ein sicheres Zuhause haben. Jedes Kind verdient das.

Die Zwecklosigkeit von Courts Mission wurde ihm am
nächsten Morgen klar, als er Barbara in der Halle ihres
Hotels traf. Überall schwirrten Reporter herum und Barbara bat Court, nichts zu sagen, was als unfreundlich aufgefaßt werden könnte. Sie durchquerten die Halle in Richtung
Bar, wo sie bei einem Drink leere Worte und Blicke wechselten. Danach begleitete Barbara Court zum Ausgang des
Hotels. Er küßte ihre Hand und sagte seiner Frau das letzte
Mal Lebewohl.

Elsa Maxwell kam in Venedig an, als Reventlow gerade
abgereist war. Barbara hatte sich bereit erklärt, für eine
Serie, die Elsa gerade für die *International Cosmopolitan*
vorbereitete, ein Interview zu geben. Die Serie sollte »Die
Wahrheit über Barbara Hutton« heißen. Doch Barbaras
Mitarbeit sorgte nur für neue Schwierigkeiten, denn die
»Wahrheit«, wie Elsa Maxwell sie verstand, stimmte nicht
notwendigerweise mit Court Reventlows Version überein.

In der zweiten Folge der Serie, die im November 1938
herauskam, griff Mrs. Maxwell Reventlow an, er habe bei
Barbara »psychische Schäden« verursacht, was beispielsweise durch ihren Verzicht auf die amerikanische Staatsbürgerschaft deutlich geworden sei. Der Artikel fuhr fort:
»Court Reventlow muß anfangs Theater gespielt haben ...
denn erst nach einigen Ehemonaten fand Barbara langsam
heraus, wer er wirklich war. Diese Entdeckung war ein
schwerer Schock für sie.«

Der gleiche Artikel deutete an, Reventlow habe Barbara

nur des Geldes wegen geheiratet und als Werkzeug mißbraucht, um Zutritt zur englischen Oberschicht zu bekommen. Laut Elsa hatte sich Court beim Einzug ins Winfield
Haus sehr damit beschäftigt, die richtigen Leute kennenzulernen, um Gesellschaften geben zu können. In seiner hoff-
nungslosen Suche nach gesellschaftlicher Anerkennung habe
er Barbara von einer langweiligen Party auf die nächste, von
einem Landgut aufs andere geschleppt. Wenn Barbara einmal, was selten geschah, jemandem begegnete, den sie
mochte – den Milbankes zum Beispiel –, habe ihr streitsüch-
tiger Ehemann alles menschenmögliche getan, um diese
Verbindung zu unterbrechen. Um seinen Beifall zu finden,
mußten Freunde untergeordnet und Reventlow gegenüber
ehrerbietig sein.

Nachdem Reventlow einen Vorabdruck des Artikels zu
Gesicht bekommen hatte, setzte er den Verlag durch seine
Anwälte davon in Kenntnis, daß er vorhabe, eine Klage
wegen übler Nachrede anzustrengen und eine einstweilige
Verfügung erwirken wolle, um zu verhindern, daß die Zeitschrift in den Handel kam. Gleichzeitig trat Court mit
Graham Mattison in Verbindung, der jetzt die meisten von
Barbaras geschäftlichen Angelegenheiten regelte und
drohte, seine Version der Ehe mit Barbara zu veröffentlichen. »Wenn Maxwells Äußerungen über mich nicht zurückgezogen werden«, schrieb er Mattison, »sehe ich mich gezwungen, aus reinem Selbstschutz meine Version der Geschichte zu veröffentlichen.«

Das Interview war ein Fehler gewesen. Anstatt Reventlow
loszuwerden, wie sie es vorgehabt hatte, hatte Barbara ihm
jetzt eine Gelegenheit gegeben, wieder auf der Bildfläche
zu erscheinen, und sei es nur, indem er weitere rechtliche
Schritte androhte. Schließlich erklärte sie sich bereit, der
Zeitschrift eine Pauschale von 50 000 Dollar zu zahlen, um
die Unkosten zu decken, die durch das Herausnehmen der
dritten und vierten Folge aus der bereits gedruckten,
jedoch noch nicht im Handel befindlichen Auflage entstanden.

Gegen Ende Oktober kehrte Barbara nach London zurück, um sich einen entzündeten Weisheitszahn entfernen zu lassen. Zu Hause fand sie einen Brief von Graf Heinrich Haugwitz-Reventlow vor, in dem dieser verlangte, sie solle das Smaragdarmband zurückgeben, das sie von Courts Familie in Dänemark als Hochzeitsgeschenk erhalten hatte. »Die Smaragde sind Familienjuwelen«, schrieb Heinrich, »und da Du nicht mehr Mitglied der Familie bist, halte ich es für das beste, wenn Du sie zurückgibst.« Der Brief stellte eine Reaktion auf Barbaras Auseinandersetzungen mit Court dar – die Trennung, Courts Verhaftung, die Trennungsvereinbarung, Barbaras angebliche Affären mit anderen Männern und nicht zuletzt Elsa Maxwells Artikel.

Barbara verstand wahrscheinlich die Motive, die diesem Brief zugrunde lagen, doch Heinrichs Herangehensweise verletzte sie tief. »Wenn es sich hier um ein Familienerbstück handelt«, schrieb sie, »wird es eines Tages Lance gehören. Auf jeden Fall hätte ich nichts dagegen gehabt, wenn Du mich auf freundliche Weise gebeten hättest, es zurückzugeben. Wie die Dinge aber jetzt liegen, bin ich schockiert.«

Barbara war aufs neue schockiert, diesmal jedoch auf erfreuliche Weise, als sie an ihrem 26. Geburtstag ein Telegramm und ein Bukett Rosen von Graf Reventlow erhielt. Da sie stets Sinn für jedes noch so kleine Zeichen der Freundschaft hatte, schrieb sie ihm einen warmherzigen und freundlichen Dankesbrief, entschuldigte sich für das Durcheinander mit Elsa Maxwell und empfahl in der Nachschrift einen Film, den sie kürzlich gesehen und der ihr sehr gefallen hatte.

Lieber Court,

wie furchtbar lieb von Dir, mir so wundervolle Rosen und einen so schönen Brief zum Geburtstag zu schicken. Es hat mich sehr gefreut. Ich werde bald nach Paris fahren, um mich nach Kleidern umzusehen und werde ungefähr eine Woche wegbleiben.

Ich hoffe, Du bist mit der Regelung der Elsa Maxwell-An-gelegenheit zufrieden. Es war das Beste, das ich tun konnte. Ich möchte Dir sagen, wie schrecklich leid mir das alles tut und ich bitte Dich, mir meine entsetzliche Dummheit zu verzeihen. Ich dachte, ich täte Elsa einen Gefallen, wenn ich ihr ein Interview gebe, doch wenn eine Sache erst einmal gedruckt ist, sieht alles immer ganz anders aus.

Ich danke Dir, lieber Court, noch einmal aus ganzem Her-zen für die wunderschönen Geburtstagsrosen.

In Liebe
Barbara

P.S.: Hast Du Dich gefreut, Snooky (Barbaras Dackel) wieder-zusehen? Sie ist ziemlich fett geworden, findest Du nicht? Und noch etwas: Hast Du Marie Antoinette gesehen? Das ist ein phantastischer Film und ich bin sicher, er wird Dir auch gefal-len. Der Held erinnert mich sehr an Dich. Sieh ihn Dir an, wenn Du ihn noch nicht kennst.*

Reventlow sah sich den Film nie an, obwohl er später Reportern gegenüber feststellte: »Vielleicht hätte ich es tun sollen, auch wenn ich bezweifle, daß das unsere Ehe gerettet hätte.«

Am 16. November kam Barbara wie geplant in Paris an. Sie war in Begleitung ihres neuesten Verehrers, des Golfspie-lers Robert Sweeny. Robert und sein Bruder Charles hatten die Londoner Gesellschaft schon seit einiger Zeit mit ihrem irisch-amerikanischen guten Aussehen und ihrem weltmän-nischen Charme bezaubert. Sie waren beide ausgezeichnete Golfspieler. Charlie war in den dreißiger Jahren der Anfüh-rer der Golfmannschaft von Oxford und Bobby (ebenfalls Oxford-Absolvent) gewann 1937 den britischen Amateurpo-kal in Sandwich. Der aus Kalifornien stammende Bobby Sweeny war Mitglied in mehreren führenden Londoner

---

* Eine ungenaue und verkürzte Version dieses und auch mehrerer anderer Briefe an Court Reventlow werden in *Barbara Hutton* von Dean Jennings zitiert.

Sportvereinen und ein häufig gesehener Gast auf den größten Landgütern Englands. Groß, geschmeidig und mit einem jungenhaft-spielerischen Ausdruck um die Augen wirkte Bobby sehr auf Frauen. Entspannt und natürlich wie er war, lachte er leicht und oft, und seine sanfte, weiche Stimme nahm Barbara sofort für ihn ein. »Er ist der eleganteste Tänzer in London«, hielt sie in ihrem Tagebuch fest. »Als wir uns das erste Mal begegneten, waren mir zwei Dinge sofort klar – er zog mich zweifellos an und ich ihn auch.«

Barbara ließ sich wie üblich vollkommen in diese Romanze fallen und fand zum ersten Mal im Leben einen Mann, der sie in jeder Hinsicht zufriedenstellte. Sweeny war ein zärtlicher, rücksichtsvoller Liebhaber, dessen uneingeschränkte Offenheit und sanfte Unkompliziertheit Barbara halfen, sexuell freier zu werden. Sie waren immer zusammen, ob nun in London, Paris, Korinth oder Le Toque, dem französischen Badeort am Ärmelkanal, wo sie einen Teil des Winters verbrachten. Sie ritten aus, spielten Backgammon, tanzten, lachten und liebten sich. Im Dezember 1938 besuchten sie Griechenland und im Januar, als Lance sich mit seinem Vater in der Schweiz aufhielt, reisten Barbara und Bobby nach Ägypten. Jean Kennerley begleitete sie. »Nach der Brutalität Court Reventlows«, stellte sie fest, »war Bobby Sweeny wie eine frische Brise. Es war, als öffne man die Fensterläden und lasse das Sonnenlicht herein.«

Im April kehrte Sweeny nach England zurück, während Barbara Lance abholte und ihn per Schiff auf seine erste Reise in die Vereinigten Staaten mitnahm. Sie verbrachten einen Monat in Palm Beach bei Barbaras Vater und Stiefmutter und kehrten zur Eröffnung der Weltausstellung nach New York zurück.

Mitte Juni bestiegen Barbara und Lance die *Normandie*, um nach Europa zu fahren. An ihrem zweiten Tag auf See setzte sich Barbara zu Tisch und stellte fest, daß sie einem Mann direkt ins Gesicht sah, der ihr bekannt vorkam. Wie sich herausstellte, kannte sie ihn nur von der Filmleinwand. Der Mann war Cary Grant und das bekannte Gesicht erwiderte ihren Blick. Am nächsten Abend aßen sie bereits gemeinsam und fanden heraus, daß sie beide Dorothy di Frasso und Frederick Brisson kannten. Grant unterhielt seine Begleiterin mit Anekdoten aus Hollywood. Barbara empfand ihn als witzig, warmherzig und freundlich und auf keinen Fall als kalt und hochnäsig, wie sie ihn sich vielleicht vorgestellt hatte. Auch er war von ihr beeindruckt. Bevor sie in Cherbourg das Schiff verließen, tauschten sie Adressen und Telefonnummern aus und versprachen sich gegenseitig, in Verbindung zu bleiben.

Als Barbara gerade in England angekommen war, erfuhr sie, daß die amerikanische Botschaft in London warnende Briefe an alle amerikanischen Staatsangehörigen sandte, worin von der Kriegsgefahr die Rede war und empfohlen wurde, zu packen und in die Vereinigten Staaten zurückzukehren. Statt eines Briefes erhielt Barbara einen Anruf des Büros von Botschafter Joseph P. Kennedy. Er wollte sie persönlich sprechen, und seine Sekretärin vereinbarte einen Termin.

Joe Kennedy und seine Frau Rose waren Freunde der Familie, besonders von Marjorie Merriweather Post und ihrem dritten Ehemann Joseph E. Davies, dem amerikanischen Botschafter in der UdSSR von 1937-1938. Barbara kannte die Kennedys ebenfalls und wußte auch von Joe Kennedys Ruf als Schürzenjäger. In der Vergangenheit war Kennedy jedoch immer freundlich und fast väterlich zu Barbara gewesen. Wenn sie sich begegneten, sprachen sie oft über die neuesten Abenteuer von Barbaras Tante Marjorie, und eine von Kennedys Lieblingsanekdoten war, wie sie 1937 in Rußland angekommen war, auf einer riesigen Jacht, die mit eigens vorbereiteten Lebensmitteln, Möbeln, Kühlschränken, Ventilatoren und anderen Dingen beladen war, von denen sie fürchtete, sie in Moskau nicht zu bekommen. Einige tausend Liter gefrorene Sahne befanden sich ebenfalls an Bord, was die schockierten sowjetischen Beamten zu der Bemerkung veranlaßte, daß es auch in Rußland Kühe gebe.*

Als Barbara am Grosvenor Square ankam, um Kennedy aufzusuchen, traf sie ihn in ziemlich ernster Stimmung an. Er sagte, er habe sie wegen der dringenden politischen Lage angerufen und da sie keine Bürgerin der Vereinigten Staaten mehr sei. Trotzdem habe er sich die Freiheit erlaubt, mit dem amerikanischen Außenminister zu sprechen, wo man ihm die Möglichkeit zugesichert habe, sie mit ihrem dänischen Paß einreisen zu lassen. Sie solle England auf dem schnellsten Wege verlassen.

Im Verlauf des Geprächs änderte sich Kennedys Ton. Er taute auf und bot Barbara etwas zu trinken an. Sie lehnte ab, er goß sich selbst etwas ein und lehnte sich an seinen Schreibtisch. Barbara fühlte, daß sich diese Situation schwierig entwickeln könnte, wußte aber nicht, was sie tun sollte, ohne Kennedy zu beleidigen. Während er weitersprach, begann er offen und deutlich mit ihr zu flirten. Innerhalb weniger Minuten hatte Kennedy Barbara den Vorschlag gemacht, seine Geliebte zu werden und jagte sie um den Schreibtisch.

Barbara war entsetzt. Sie erzählte Lady Diana Cooper, deren Mann Alfred später britischer Botschafter in Frankreich werden sollte, was geschehen war. Diana ihrerseits, mit ihrem saftigen, tabufreien Humor, schrieb darüber an Conrad Russel, einen Vetter des Herzogs von Bedford: »Kennedy bot ihr seine Hilfe an, die aber hauptsächlich daraus bestand, daß er Barbara zu seiner Geliebten machen wollte. Wie amüsant und lächerlich! Mr. Asquith und Lord Wimbourne, um nur zwei alte Herren zu erwähnen, haben bei mir mehr oder weniger das gleiche versucht. Ich habe mich so geschmeichelt gefühlt, während die arme Barbara

---

* Die Informationen über Marjorie Merriweather Post stammen aus William Wrights *Heiress*. Die Kennedy-Hutton-Anekdote taucht in etwas anderer Form in Philip Van Rensselaers *Million Dollar Baby*, S. 236-237 auf.

glaubt, sie könne Kennedy niemals wieder in die Augen sehen. Wahrscheinlich hat sie recht und nicht ich.«[*]

Lady Diana schlug Barbara vor, die internationale Spedition Pitt & Scott zu beauftragen, das Winfield Haus zu schließen. Dem Direktor der Firma, W. J. Sutton und seiner Sekretärin Mrs. Hazel Dews fiel die Aufgabe zu, die stattliche Anzahl an Wertsachen und Möbeln zusammenzupakken, die das Haus enthielt. Mrs. Dews berichtet: »Wir waren viele Wochen lang damit beschäftigt, jedes Teil zu numerieren und in ein riesiges ledergebundenes Buch einzutragen. Das geschah unter der sorgfältigen Aufsicht von Mrs. Huttons Gutachter, Mr. William L. Williams, einem Herrn Ende 70, sehr pedantisch, ordentlich und höflich, der mich an eine Figur von Charles Dickens erinnerte.

Das Inventar von Winfield Haus beinhaltete eine beträchtliche Menge antiker französischer Möbel, sehr groß und reich verziert, zumeist aus der Zeit Ludwigs XIV. und XV., außerdem noch eine ganze Menge englischer Stücke. Dazu kamen natürlich noch Unmengen Meißener Porzellan, vergoldetes Kristall, goldene und silberne Tafelaufsätze und Tabletts, Bestecke, ledergebundene Bücher aus der Bibliothek, wunderschöne Möbelstoffe und Mrs. Huttons unbezahlbare Jadesammlung, kompliziert geschnitzte chinesische Holztafeln, Jademasken, Seidentapeten und so weiter. Überall hingen wertvolle Bilder und es lagen zahllose Kunstgegenstände herum: Zigarettendosen, verzierte goldene Kästchen und Schnupftabaksdosen, die auch alle verpackt werden mußten. Ganz zu schweigen von den Spiegeln, Läufern, Teppichen, der feinen Bettwäsche und einigen Zimmern voller Kindermöbel. Das wertvolle Meißener Porzellan, die Jade und die Kunstgegenstände wurden in Worcester gelagert. Man wollte nicht riskieren, daß sie im herannahenden Krieg bei feindlichen Angriffen zerstört würden ...

Es berührte mich sehr, mich bei all der Arbeit inmitten soviel kostbarer Zerbrechlichkeit zu befinden. Es war wie

[*] Siehe Philip Ziegler, *Diana Cooper*, S. 195.

das Ende eines glanzvollen Zeitalters. Selbst die Möbel und die Einrichtung im Dienstbotenbereich waren sehr wertvoll. Zum Schluß bei den Vorbereitungen zum Abtransport bot sich mir ein erstaunlicher Anblick: ein riesiger Berg Schuhe, der in einer Ecke des Schlafzimmers liegengeblieben war, jedes Paar in Größe vier und maßgearbeitet für Mrs. Hutton – bestimmt waren es 300 Paar Schuhe.«

Im August 1939 hielten sich Barbara und Bob Sweeny in einer Villa in der Nähe der Piccola Marina, einem Badestrand auf Capri, auf; ihnen schlossen sich Lady Sheila Milbanke, Gilbert und Kitty Miller, Elsie Mendl und andere an, die vorhatten, in die Vereinigten Staaten zurückzukehren. Sechs Wochen später, als der Krieg schon in vollem Gange war, begaben sich Barbara und Bobby nach Biarritz, um Graf Reventlow zu erwarten. Sie wollten Lance abholen, damit seine Mutter ihn nach New York mitnehmen konnte. Reventlow, der seinen Urlaub mit dem Knaben im Norden Frankreichs zugebracht hatte, beschloß plötzlich, daß er keine Lust hatte, Lance seiner Mutter zu übergeben, und es bedurfte Graham Mattisons geballter Überzeugungskunst (per Telefon aus New York) und eines Schecks über 250 000 Dollar von Barbara, damit Court seinen Sohn herausgab.

Nach Lances Rückkehr begab sich die kleine Gesellschaft nach Genua, wo sich Graf Galeazzo Ciano persönlich um die Ausreisevisa und die Schiffspassagen auf dem italienischen Schiff *Conte di Savoia* kümmerte. Barbaras Reisebegleitung bestand aus Sweeny, Lance, der Kinderschwester, Ticki, sechs Dienstboten, zwei Hunden und einer Perserkatze. Am 22. Oktober wurde Barbara in New York von dem üblichen Empfangskomitee – aufgebrachten Frauen mit Transparenten und Flugblättern – begrüßt.

Barbaras Augen leuchteten vor Zorn, als eine Demonstrantin ihr eine Broschüre mit dem Titel »Denkt an die Angestellten von Woolworth« unter die Nase hielt. Als sie in eine wartende Limousine einstiegen, ergoß sich ein Steinhagel auf das Auto. Bei ihrer Ankunft im Hotel Pierre an der Fifth Avenue wurden sie bereits von einem zweiten Demonstrationszug von Woolworth- Angestellten erwartet.

Barbaras Schwierigkeiten nahmen kein Ende. Die Presse war voll von meist erfundenem Klatsch über sie. Kurz nach ihrer Rückkehr wurde sie vor einem Theater am Broadway von einer aufgebrachten Menschenmenge aufgehalten. Eine Frau drohte, ihr Säure ins Gesicht zu schütten. Im Hotel Pierre erhielt sie hundert Drohbriefe am Tag. Sie besuchte Doris Dukes Geburtstagsparty, die ihr früherer Ehemann James H. R. Cromwell in der Duke Villa veranstaltete. Als sie die Party in Begleitung von Bobby Sweeny und Tallulah Bankhead verließ, wartete draußen eine Menschenmenge, bewaffnet mit reifen Tomaten und faulen Eiern. Die drei wurden mit Wurfgeschossen bombardiert, als sie versuchten, die Limousine zu erreichen.

Es kostete Jessie Donahue wenig Mühe, Barbara zu überzeugen, einen Termin mit dem Presseagenten Steve Hannagan zu vereinbaren. Hannagans Public-Relations-Firma hatte vor kurzem ein Büro in New York eröffnet. Hannagan war die naheliegendste Wahl, denn er hatte Barbara bereits früher geholfen und war eine Kapazität in seinem Beruf.

»Wann immer Sie eine Geschichte, die über Sie in der Presse erscheint, dementieren«, sagte er zu ihr, »machen Sie sich nur um so verletzlicher. Wenn Sie eine Verleumdungsklage anstrengen, geben Sie den Zeitungen und Klatschkolumnisten zwar Gelegenheit, Ihre Gegendarstellung zu veröffentlichen, aber auch dazu, die verleumderische Aussage zu wiederholen. Damit erreichen Sie genau das Gegenteil von dem, was Sie wollen. Sie müssen sich als bescheiden und nicht als stolz verkaufen.«

»Und was soll ich tun, Mr. Hannagan?« fragte Barbara.

»Zuerst einmal«, begann er und zeigte auf den riesigen Diamantring, der ihren rechten Ringfinger zierte, »indem Sie keine solchen Ringe mehr tragen. In Zeiten wie diesen genügen schon Kleinigkeiten, um die Leute gegen Sie aufzubringen. Ein Journalist, ein teurer Diamant, ein Nerzmantel, ein großes Auto oder eine unkluge Bemerkung – schon eines dieser Dinge ist völlig genug.«

Hannagan verlangte 60 000 Dollar zuzüglich Spesen im Jahr. Barbara unterschrieb den Vertrag. Gleichzeitig verpflichtete sie sich, seine Anweisungen strikt zu befolgen. »Andernfalls«, sagte er, »verschwenden Sie nur Ihr Geld.«

Die Public-Relations-Kampagne, um Barbaras Image zu verbessern, lief auf Hochtouren. Das Ergebnis mußte anläßlich der Trennung zwischen Franklyn und Irene Hutton unter Beweis gestellt werden. Franklyn zog aus der Wohnung in der Fifth Avenue aus und begab sich auf seine Plantage im Süden, während Irene in New York blieb und einen Rechtsanwalt zu Rate zog. Hutton hatte offensichtlich das gleiche getan, denn in einer New Yorker Zeitung erschien eine Anzeige, in der Hutton jegliche Verantwortung für vergangene oder zukünftige Schulden seiner Frau ablehnte. Eine Woche nach der Trennung klärte das Paar seine Schwierigkeiten und versöhnte sich wieder. Am 23. November veröffentlichte die Herald Tribune unter dem Titel »Kaufhauserbin versöhnt ihre Eltern« einen dreispaltigen Artikel, der wie folgt begann: »Barbara Woolworth Hutton, die selbst zwei gescheiterte Ehen hinter sich hat, wurde heute von Freunden gelobt, sie habe die Versöhnung zwischen ihrem Vater und ihrer Stiefmutter herbeigeführt.« Ihre »Freunde« waren in diesem Fall niemand anders als Steve Hannagan und Ned Moss, der fähige und agile Angestellte der Agentur, der Barbaras Fall behandelte.

Die Publicity-Maschinerie von Hannagan und Moss produzierte eine endlose Liste von Barbaras guten Taten – die finanzielle Unterstützung, die sie 15 mittellosen amerikanischen Familien zukommen ließ, die Spende ihrer Jacht an die britische Hilfsmarine, die Übergabe von zehn vollständig ausgerüsteten Rettungsfahrzeugen an das britische Rote Kreuz, ihre Spende von 50 000 Dollar an den War Relief Fund, ihren Kauf von Kriegsanleihen im Wert von 100 000 Dollar, die Stipendien, die sie für die Universitäten Bryn Mawr und Vassar gestiftet hatte, und ihre privaten Spenden, die vor allem an notleidende alleinstehende Frauen gingen.

Fotos, auf denen Barbara Pullover und Socken strickte, um Geld für die Rehabilitation kriegsversehrter französischer Soldaten zu sammeln, erschienen in allen Zeitungen. Die Öffentlichkeit konnte dort auch lesen, daß Barbara Geld zur Anwerbung von »Freiwilligen«, die in England Angriffe gegen die mitleidslose deutsche Kriegsmaschinerie fliegen sollten, auf einem Konto in Toronto deponiert hatte. Man konnte von ihrer Spende an eine Tierschutzorganisation erfahren und auch von dem neuen Pavillon auf dem Gelände des Wicksham Krankenhauses, der ihren Namen tragen sollte.

Was die Öffentlichkeit nicht zu lesen bekam, war, daß Steve Hannagan einen Scheck im Wert von 10 000 Dollar in Barbaras Namen an Maury Paul geschickt hatte, der das Geld an eine wohltätige Organisation seiner Wahl weiterleiten sollte. Maury erwähnte darauf in seiner Kolumne, daß Barbaras bevorstehende Hochzeit mit dem Amerikaner Bobby Sweeny beweise, daß sie sich von den europäischen Adelstiteln losgesagt habe. »Sie ist jetzt sehr amerikanisch geworden und auch sehr bescheiden. Es macht nichts, daß sie in vier aufeinanderfolgenden Jahren auf der Liste der bestangezogenen Frauen der Welt erschienen ist. Die berühmten Modemacher und die Besitzer der luxuriösen Ateliers haben sie dazu gemacht, gleichsam als Dank für die ungeheuren Summen, die sie im Laufe der Jahre für Kleider ausgegeben hat; niemals weniger als 100 000 Dollar jährlich. Doch das alles ist jetzt vorbei. Von heute an wird sie sich in Lumpen hüllen und ihr Geld den Armen geben.«

Hannagans nächster Einfall war, Barbara solle in Begleitung von Ned Moss einem Treffen des Damenkomitees des United Hospital im Waldorf-Astoria beiwohnen. Viele prominente junge Frauen waren dort Mitglied. Obwohl einige der Damen mit Barbaras Ruf nicht einverstanden waren, gefiel es ihnen doch, daß sie gebeten wurde, in einer Wochenschau die Werbetrommel für die Organisation zu rühren. Die Vorsitzende des Komitees, Mrs. Vincent Astor, hielt eine begeisterte Rede zu Barbaras Ehren, in der sie ihre Spenden und ihr Engagement beim Sammeln von Geldern hervorhob. Ein anderes Mitglied des Komitees, Mrs. Charles Payson, geborene Joan Whitney* freundete sich mit Barbara an und lud sie ein, dem Kuratorium des amerikanischen Roten Kreuzes beizutreten. Barbara lehnte dies zwar ab, machte der Organisation jedoch eine großzügige Spende. Zum großen Teil blieben die Beziehungen zwischen Barbara und den wohltätigen Damen herzlich – was bedeutete, daß sie häufig spendete, aber nie den Sitzungen beiwohnte. Die Publicity jedoch, die sie durch ihre Beiträge bekam, trug dazu bei, ihr Image zumindest eine Zeitlang zu verbessern.

T. Dennie Boardman, ein erfolgreicher Immobilienmakler in Palm Beach, erhielt gegen Ende November einen Anruf von Graham Mattison. Dieser erkundigte sich nach einem Winterdomizil für Barbara und ihr Gefolge. Boardman sah sich um und erfuhr von einer Villa im spanischen Stil, die Mona und Harrison Williams gehörte und die auch schon den Herzog und die Herzogin von Windsor beherbergt hatte. Die Villa war für diese Saison noch frei. Mattison reservierte sie für Barbara und bat Boardman, eine separate Hütte für Robert Sweeny im Everglades Club anzumieten. Obwohl er im Everglades eingetragen war, lebte Sweeny mit Barbara im Williams Haus und ging nur zum Golfspielen in den Club. Ein weiteres Mitglied der Gruppe war Ned Moss, der sich im Hotel The Breakers eingemietet hatte.

Um eine Begegnung zwischen Barbara und Reportern, Fotografen und streikenden Woolworth-Angestellten zu vermeiden, hatte Boardman arrangiert, daß Barbara und ihre Begleitung den Zug bereits fünf Meilen nördlich von Palm Beach verlassen konnten. »Sie können sich nicht vorstellen, welche Anziehungskraft sie auf die Leute hatte«, sagt der Makler. »Sobald es bekannt wurde, daß sie sich in der

---

* Joan Payson wurde später als Besitzerin der New York Mets Baseballmannschaft berühmt.

Gegend aufhielt, wollte die ganze Worth Avenue sie aus der Nähe betrachten. Kunden und Angestellte drängten gleichermaßen auf die Straße.«

Barbara hielt sich in diesem Winter sehr zurück. Sie gab und besuchte nur kleine private Parties. Die einzige größere Einladung, die sie annahm, war die Hochzeit ihres Vetters Woolworth Donahue mit Mrs. Gretchen Wilson Hearst in Palm Beach. Gretchen Hearst war die Enkelin von Stonewall Jackson und die ehemalige Gattin von John Randolph Hearst, dem Sohn des Verlegers. Auf dem Empfang hatte Barbara eine kleine Auseinandersetzung mit Charles James, dem Modedesigner, der kurz vorher Kaufhäuser als Barbara-Hutton-Boutiquen bezeichnet hatte, was in einem Interview in der *Vogue* nachgelesen werden konnte. Ansonsten beschränkte sie sich auf den Umgang mit Menschen, die sie bereits kannte: Gräfin Dorothy di Frasso, Prinz Serge Obolensky, die Charlie Munns und die Laddie Sanfords.

Die Munns – Charles A. (»Mr. Palm Beach«) und seine Frau Dorothy – waren als interessante, prominente Dinnergäste und Zierde jeder Gästeliste bekannt. Munn hatte die Berühmtheit, die ihm das Patent für den Totalisator eingebracht hatte, gründlich satt. Der Totalisator war ein Gerät, das die Anzahl von verkauften Wettscheinen beim Pferderennen speicherte und anzeigte. Munns Name stand auf der Rückseite jedes Wettscheins. Seine Villa Amado in Palm Beach erschien oft in den Zeitungen. Elsa Maxwell schrieb einen besonders unangenehmen Artikel: »Wie Munn Palm Beach regiert«, was Charlie dazu brachte, Amado zum reporterfreien Gebiet zu erklären. Munns Abendgesellschaften, die wegen Barbara im kleinen Kreis stattfanden, wurden von Privatvorführungen der neuesten Hollywoodfilme gefolgt, was Barbara große Freude machte.

Durch die Munns lernte sie auch die Sanfords kennen. Steven »Laddie« Sanford, Erbe eines Teppichimperiums, war ein international führender Polospieler mit Wohnsitzen in Palm Beach, Saratoga und Old Westbury in Long Island. Seine Frau war die ehemalige Bühnenschauspielerin Mary

Duncan. Die Gesellschaft warf anfangs schiefe Blicke auf diese Ehe, insbesondere die hochnäsigen Herausgeber des *Social Register*, die gegen die Aufnahme von Schauspielern in ihr Verzeichnis waren. Als die Herausgeber beschlossen, auch Laddie aus der *Liste* zu streichen, wurde sein Vater John Sanford so wütend, daß er sie zwang, die gesamte Familie in der Aufstellung wegzulassen.*

Auf Mary Sanford wirkte Barbara »äußerst unsicher, aber lieblich und anziehend – fast mädchenhaft. Sie schien einsam und isoliert zu sein, als ob sie niemand ernst nehmen würde. Sie konnte stundenlang unbeweglich und schweigend dasitzen. Sie übte Yoga und las viel. Sie ging nicht oft aus, obwohl sie und Sweeny manchmal in den Everglades Club oder ins Bath and Tennis zum Tanzen gingen oder ein Restaurant besuchten. Barbara stocherte dann in ihrem Essen herum. Sie aß nie richtig. Bobby Sweeny sah gut aus, wirkte aber ein wenig bedrückt. Barbara beherrschte ihn völlig, wie sie das mit den meisten ihrer Männer tat.«

Ned Moss hatte ein wachsames Auge auf Barbara und kontrollierte alle Presseveröffentlichungen und Fotos. Durch ein mysteriöses Mißverständnis konnte es jedoch geschehen, daß ein peinlicher Schnappschuß, auf dem Barbara im Patio Club mit Alfred Gwynne Vanderbilt herumschmuste, in der als Skandalblatt bekannten *Palm Beach Daily News* erschien. Moss rief sofort Emelie Keyes, die Gesellschaftskolumnistin des Blattes, an, und am nächsten Tag brachte die Zeitung ein Foto, das Barbara und Bobby Sweeny als Zuschauer beim Everglades Club Tennis Turnier zeigte. Barbara hatte einen schwarzen Pudel (ein Geburtstagsgeschenk von Sweeny) auf dem Schoß.

Ende Januar 1940 war Ned Moss wieder in New York, während sich Steve Hannagan an der Westküste aufhielt, um einige neue Kunden aufzusuchen. In Palm Beach erhielt Barbara Besuch vun Duff und Diana Cooper. Die Coopers

---

* Barbara Hutton wurde 1938 offiziell aus dem *Social Register* gestrichen; wahrscheinlich, weil ihr Name zu oft in den Zeitungen erschien.

befanden sich auf einer Vortragsreise durch die USA, um auf die britischen Kriegsbemühungen aufmerksam zu machen. Sie kamen gerade von einer Abendgesellschaft bei Präsident Roosevelt im Weißen Haus. Doch die reichen und ultrakonservativen Elemente in Palm Beach waren gegen den Krieg und wollten mit England nichts zu tun haben.

Barbara, die sich stets öffentlich für eine amerikanische Kriegsbeteiligung ausgesprochen hatte, tat ihr Bestes, um den Coopers die Türen zu öffnen. Neben einer Telefonkampagne ließ sie Anzeigen in die Zeitung setzen, die um Spenden für die britische Kriegskasse baten. Sie half Duff Cooper auch, seine Rede auf die Interessen eines Publikums zuzuschneiden, dessen Wünsche und Sehnsüchte sie zu kennen glaubte.

Alle Bemühungen erwiesen sich jedoch als vergeblich. Die Veranstaltung im Everglades Club war nur dünn besucht und fand nicht den Beifall der wenigen Anwesenden. In der darauffolgenden Woche bezeichnete ein Leitartikel in der örtlichen Zeitung Barbara als »kriegstreiberische Anglophile, eine prahlerische Dollarprinzessin ohne jeglichen Sinn für politische Realitäten«.

Dieser Angriff bestürzte Barbara sehr. Ohne ein Wort kehrte sie mit Sweeny und ihrem Anhang nach New York zurück und zog wieder ins Hotel Pierre ein. Die Stadt brodelte von gesellschaftlichen Aktivitäten, die sich zum größten Teil um den internationalen Zuwachs drehten, den der Kriegsausbruch in Europa in die Vereinigten Staaten verschlagen hatte. Emerald Cunard hatte sich im Ritz-Carlton eingemietet. Ihre Suite grenzte an die ihres Geliebten, des berühmten Dirigenten Sir Thomas Beecham. Die Innenarchitektin Syrie Maugham (die ehemalige Ehefrau von W. Somerset Maugham) bewohnte ein Appartement im Dakota, Central Park West. Cole und Linda Porter hatten eine Suite in den Waldorf Towers. Gilbert und Kitty Miller pendelten zwischen ihrem Appartement in der Park Avenue und ihrem Haus in Beverly Hills. Arturo Lopez-Wilshaw, der chilenische Millionär und Kunstsammler, hatte mit seiner Frau

Patricia, die zugleich seine Cousine war, seinem engen Freund Alexis de Rédé (einem österreichischen Geschäftsmann) und einem 20köpfigen Gefolge ein ganzes Stockwerk im St. Regis Hotel gemietet. Das St. Regis beherbergte auch seinen Manager Serge Obolensky, dessen Champagnerdiners und Tanzabende im Abendanzug, oben auf dem rosa ausgeleuchteten Dach des St. Regis, viele dieser umherziehenden Schar anlockten.

Obwohl sie sich in Gesellschaft der internationalen High-Society wohler fühlte als unter den hochnäsigen Bewohnern der Winterkolonie in Palm Beach, weckten die ersten Anzeichen des Frühlings Barbaras Unternehmungsgeist. Sie dachte ernsthaft daran, eine längere Reise nach Kalifornien und nach Hawaii zu unternehmen, auch um Lance ihren alten Freunden vorzuführen, von denen sie einige schon seit Jahren nicht mehr gesehen hatte. Ned Moss war schon zu seinem Arbeitgeber an die Westküste gereist, so daß die Aufgabe, Barbara sicher nach Kalifornien zu bringen, einem jungen Auszubildenden der Agentur namens Charles McCabe übergeben wurde. McCabe, der später Kolumnist beim *San Francisco Chronicle* wurde, sprach und schrieb über die Schwierigkeiten bei dem Versuch, den Medien aus dem Weg zu gehen.

»Wir mußten mit dem Zug fahren, da die Flughäfen von Reportern nur so wimmelten. Auch auf den Bahnhöfen mußte man sich vorsehen, da sie überall ihre Informanten hatten.

Ich hatte die Aufgabe, die erwähnte Person zu begleiten und sie unserem Mann an der Westküste zu übergeben. Ich traf Barbara, wie ich sie bald nannte, in einer kleinen Wohnung in der Upper East Side, wo sie sich verborgen hielt.

Wir ließen uns nach Pleasantville, ungefähr 20 Meilen den Hudson hinauf, fahren, wo wir den 20th Century Limited, einen wunderschönen alten Zug, bestiegen. In Pleasantville wird der *Reader's Digest* herausgegeben. Es gibt dort keine Reporter, die auf Bahnhöfen herumlungern.

Über unsere Reise zur Westküste gibt es nicht viel zu

erzählen. Die Dame brachte mir in ihrem Abteil Gin Rummy bei. Sie schien immer ein Handtuch um den Kopf zu haben. Ich begriff das Spiel, das für mich bis dahin stets ein Buch mit sieben Siegeln gewesen war, schnell. Entweder war sie eine gute Lehrerin, oder ich hatte gute Karten.

Ihre Reisegesellschaft bestand aus ihrem Sohn, ihrer Gesellschafterin (Ticki), dem Kindermädchen ihres Sohnes, einer französischen Gouvernante (Hilly Duchamps), einer Sekretärin (Helen Livingston), einer Zofe (Simone Chibleur), einem Chauffeur (Harry Leach), verschiedenen Hausangestellten und einem kräftigen Leibwächter in grauem Flanell, der im mittleren Alter war und langsam fett und wabbelig wurde und den der kleine Junge passenderweise ›Mister Big‹ nannte. Bei unserer Ankunft in San Francisco übergab ich sie Ned Moss. Moss nahm mich beiseite: ›Wo ist denn Sweeny?‹ fragte er. Ich starrte ihn nur an und er wiederholte: ›Bob Sweeny, der Golfspieler, Barbaras Geliebter, ist er nicht dabei?‹ – ›Keine Ahnung‹, antwortete ich. Moss verdrehte die Augen. Ich fand schließlich heraus, was mit Sweeny geschehen war. Barbara hatte ihm 350 000 Dollar und den Laufpaß gegeben. Er kehrte nach England zurück und trat in die Luftwaffe ein. Ich fuhr wieder nach New York und habe die Dame nie mehr gesehen oder von ihr gehört.«

Barbara und ihr Gefolge, einschließlich Ned Moss, bezogen ihr altes Quartier im Mark Hopkins. Barbara verhielt sich in den nächsten Wochen noch sprunghafter als sonst. In Palm Beach war ihr ein Rezept für Seconal in die Hände gekommen und sie nahm jetzt jeweils drei Tabletten dieses Barbiturats auf einmal und spülte sie mit Champagner hinunter. Sie behauptete, das beruhige ihre Nerven. Moss war der Ansicht, daß das genaue Gegenteil der Fall war. Er wußte nie, in welcher Stimmung er sie heute antreffen würde. »Wer ist denn heute dran?« pflegte er sie mißbilligend zu fragen. »Dr. Jekyll oder Mr. Hyde?«

Laut Dean Jennings begleitete Moss Barbara ins Chinesische Theater in San Franciscos Chinatown und ging mit ihr und Lance ins Aquarium. Dann besuchten sie einen Herren-ausstatter und Barbara erstand einen kostbaren orientali-schen Morgenmantel aus blaugrüner Seide, den sie zusammen mit einer goldenen Uhr von Van Clef und Arpels Moss zum Geschenk machte.

Während ihrer ersten Wochen in San Francisco besuchte Barbara ihre alten Freunde Harrie Hill Page und Susan Smith. Sie traf sich auch mit Nini Martin und ging zu einer Party bei Jane Christienson, einer Bekannten aus Kindertagen, die den französischen Grafen Mark de Tristan geheiratet hatte. Sie sah auch den Vetter ihres Vaters, Curtis Hutton, ein weniger begütertes Mitglied der Familie. 1941 schenkte Barbara Curtis eine Million Dollar.

Ehe sie Kalifornien verließ, um ihre lang ersehnte Reise nach Hawaii anzutreten, mußte sie sich in letzter Minute noch der Presse stellen. Da sie eines Morgens nicht genügend Kleingeld hatte, beauftragte Barbara einen Hotelpagen, zur nächsten Bank zu gehen und eine Banknote für sie zu wechseln. Das Geld befand sich in einem Umschlag, und als der Page diesen dem Bankangestellten übergab, ließ dieser einen Ausruf des Erstaunens vernehmen: Barbara hatte ihm eine Banknote im Wert von 10 000 Dollar gegeben.

Herb Caen, ein Klatschreporter des *San Francisco Chronicle*, veröffentlichte einen Artikel, in dem er hervorhob, daß es den meisten Menschen in ihrem ganzen Leben nicht gelinge, 10 000 Dollar zusammenzusparen, während andere diese Summe als Kleingeld behandelten. »Sie weiß nicht, was Geld wert ist«, schrieb Caen. »Ihre Wertvorstellungen haben sich verzerrt, weil sie zu reich ist. Der Besitz einer 10 000-Dollar-Note ist für Mrs. Hutton so normal wie für uns ein Fünfer oder ein Zehner.«

Niemand war glücklicher als Ned Moss, als Barbara endlich nach Hawaii abreiste. Ein Besitz namens Windward Island stand dort zu ihrer Verfügung. Es handelte sich um ein privates kleines Atoll, eine Stunde entfernt von Honolulu, mit einer Villa, einem Gartenhaus, einem Schießstand, einer Bowlingbahn und einem weißen Lagunenstrand. Die drei Quadratkilometer große Insel gehörte dem in Santa Barbara lebenden Millionär Chris R. Holmes, einem Freund von Doris Duke.

Als Barbara am 8. Mai mit ihrer Gruppe, der auch ihre Freundin Dorothy di Frasso angehörte, ankam, war sie ziemlich enttäuscht. Windward Island war zwar ein idyllisches Fleckchen Erde und wie geschaffen, um Neugierigen zu entkommen, doch ansonsten entsprach es in keiner Weise ihren Erwartungen. Das sogenannte Gartenhaus befand sich im Rumpf einer alten Jacht und war dunkel und muffig; Hunderte von Aalen tummelten sich um das Schiff. Der Schießstand ähnelte einer Jahrmarktsbude. Wenn man auf einen Knopf drückte, erschien eine Reihe wackelnder Entchen. Die Bowlingbahn befand sich in einer verfallenen Scheune, in der noch einige Spielautomaten, Billardtische, Tischtennisplatten und andere Spielhallenrequisiten standen. Wenn man hier auf einen Knopf drückte, rasten Modellflugzeuge an der Decke hin und her. Die anderen Spielgeräte waren alle defekt und außerdem war die Scheune von roten Riesenameisen bevölkert. Das Haupthaus war auch nicht viel besser. Zwar gefielen Barbara die meist in orientalischem Stil gehaltenen Möbel, doch die spitzen Eingeborenenspeere und die Schrumpfköpfe waren doch nicht ganz nach ihrem Geschmack. Nach zwei Wochen kehrte die Gesellschaft nach Kalifornien zurück.

Über Barbaras erneutes Auftauchen, diesmal in Los Angeles, berichtete Harrison Carrol vom *Los Angeles Examiner*. Er schrieb, er habe Barbara in einem Restaurant in Beverly Hills mit keinem anderen als Cary Grant gesehen. Steve Hannagan und Ned Moss waren nicht weniger überrascht als alle anderen, als sie von diesem unwahrscheinlichen Zusammentreffen lasen. Wenigstens konnte man sich so Barbaras überstürzte Trennung von ihrem früheren Geliebten Bobby Sweeny erklären. Sofern man die Reihenfolge der Ereignisse rekonstruieren konnte, war der Golfspieler zugunsten seines berühmten Nachfolgers abgeschoben worden.

243

Bei ihren Nachforschungen erfuhren Hannagan und Moss von Barbaras folgenschwerem ersten Zusammentreffen mit Grant an Bord der *Normandie* und von ihrer zweiten Zusammenkunft einige Wochen später bei einer Party in London, die Dorothy di Frasso veranstaltet hatte. Danach sahen sie sich von Zeit zu Zeit; ihre Wege kreuzten sich bei gesellschaftlichen Ereignissen in London, Paris, New York und Palm Beach. Während ihres Aufenthaltes in Palm Beach telefonierte Barbara oft mit Grant. Nach ihrer Ankunft in San Francisco begannen sich Barbara und Grant häufiger und nicht nur in gesellschaftlichem Rahmen zu sehen. Hannagan und Moss erfuhren mit Bedauern, daß Barbara während ihres Aufenthaltes im Mark Hopkins in San Francisco Grant heimlich getroffen hatte.

Die erfahrenen Klatschbasen Hollywoods, Hedda Hopper und Louella Parsons, stimmten darin überein, daß die Grant-Hutton-Liaison keine Zukunft hatte. Vielleicht machten sie den Eindruck einer perfekten Verbindung, doch obwohl sie ein schönes Paar abgaben und sich auch gut zu verstehen schienen, bestanden unter der Oberfläche unvereinbare Verschiedenheiten bezüglich ihrer Lebenseinstellung und Herkunft.

Cary Grant hatte den Vorteil, daß er von Anfang an gewußt hatte, was er wollte. Er hatte sich bereits in England entschieden, als er als 13jähriger Archibald Alec Leach (geboren in Bristol am 18. Januar 1904) von zu Hause weglief, um sich den Pender Boys anzuschließen. Die Pender Boys waren eine Truppe umherziehender Akrobaten, die in Varietés auftraten. Er hatte gute Gründe gehabt, sein unharmonisches Elternhaus zu verlassen. Sein Vater, ein heruntergekommener Bügler in einer Textilfabrik, war Alkoholiker. Seine Mutter, die schon immer zur Geisteskrankheit geneigt hatte, landete kurz nach seiner Geburt in einer Anstalt. Als Archie das erste Mal von zu Hause weglief, spürte ihn sein Vater auf und brachte ihn zurück in die Schule. Archie beendete das Schuljahr, um danach endgültig zu verschwinden.

Nachdem er sich wieder den Pender Boys angeschlossen hatte, begleitete er sie 1920 auf ihre erste Tournee durch die Vereinigten Staaten, die sie auch ins Hippodrome Theater nach New York führte. Als die Truppe später nach England zurückkehrte, beschlossen Archie und einige andere, in den USA zu bleiben. Die nächsten Jahre über versuchte er, Arbeit als Schauspieler zu finden und hielt sich mit einer Reihe von Aushilfsjobs über Wasser. Er war Vertreter für handbemalte Krawatten und lief in Cony Island auf Stelzen herum, um für den Steeplechase Park zu werben. 1927 erhielt er eine kleine Rolle in der musikalischen Komödie *Golden Dawn* von Otto Habach und Oscar Hammerstein II, die am Broadway gespielt wurde. Er war noch drei weitere Jahre als Schauspieler in Hammerstein-Musicals unter Vertrag, ehe er nach Hollywood aufbrach, um Karriere beim Film zu machen.

In Hollywood wurde Archie Leach zu Cary Grant und befand sich bald auf dem Weg zum großen Star. Er spielte an der Seite der begehrtesten Schauspielerinnen Hollywoods, wie Carole Lombard, Rosalind Russel, Marlene Dietrich und Mae West (die Grant aus einer Reihe von jungen Paramountaspiranten dazu auswählte, neben ihr die männliche Hauptrolle in dem 1933 gedrehten Film *She Done Him Wrong* zu spielen). Grants großer Durchbruch kam jedoch erst 1936, als er mit Katherine Hepburn in *Sylvia Scarlet* zu sehen war. Er stellte darin einen kleinen englischen Gauner mit Cockney Akzent dar, genau die Rolle, die er gebraucht hatte, um seinen Ruhm zu festigen. Bald folgten *Topper, The Awful Truth* und *Bringing Up Baby*, die ihn schließlich ganz nach oben katapultierten.

Als er Barbara begegnete, war Grant gemeinsam mit Clark Gable, Spencer Tracy, John Wayne, Gary Cooper und vielleicht noch ein paar anderen einer der bestbezahlten Stars der Filmbranche. 1937 trug er auch dazu bei, die Kontrolle der großen Studios über die Filmdarsteller zu brechen, indem er der erste freischaffende Schauspieler Hollywoods wurde. »Es hat ganz gut geklappt«, meinte er.

»Ohne einem Studio vertraglich verpflichtet zu sein, konnte ich meine Gage bald auf 300 000 Dollar pro Film hochtreiben.«

1934 – das Jahr, in dem er seine erste Frau Virginia Cherril, die verführerische Blondine aus Charlie Chaplins *City Light*, heiratete – verdiente Grant jedoch noch bedeutend weniger. Die Ehe, die in England geschlossen wurde, dauerte nur sieben Monate. Für einen Mann von Grants Ehrgeiz muß ein Fehlschlag, egal, auf welchem Gebiet, schwer zu verkraften gewesen sein. Obwohl er mit vielen attraktiven Schauspielerinnen – wie Mary Brian, Ginger Rogers und Phyllis Brooks – ein Verhältnis gehabt hatte, hatte er vor seiner Begegnung mit Barbara eine zweite Ehe nicht in Erwägung gezogen.

1940 lebte Grant in demselben Haus am Strand von Santa Monica, das er einst mit dem Schauspieler Randolph Scott geteilt hatte. Es war ein behagliches Haus mit guter Aussicht und einem warmen Swimmingpool. Barbara mietete sich nach ihrer Rückkehr von Hawaii in dem früheren Besitz von Buster Keaton ein, der sich hinter dem Beverly Hills Hotel, Hartford Way Nummer 1004 befand. Die 30-Zimmer-Villa im Stil der italienischen Renaissance stand an einem Steilhang oberhalb einer Terrasse mit Blick auf einen römischen Swimmingpool, einen Forellenbach (den man mit einem Hebel an- und ausschalten konnte), einen Tennisplatz und einen riesigen Rasen. Als Buster Keaton seine Gäste noch durchs Haus zu führen pflegte, tat er das stets mit den gleichen Worten: »Um diese Bruchbude bauen zu können, mußte ich mich ziemlich oft in den Hintern treten lassen.«

Jetzt, da sich Barbara wieder im Lichte der Öffentlichkeit befand, sah sich Steve Hannagan vor die schwierige Aufgabe gestellt, mit dem gewaltigen öffentlichen Interesse fertig zu werden, welches das Bekanntwerden von Barbaras Romanze mit Cary Grant mit sich brachte. Hannagan war erfreut, daß Grant einen tiefen Widerwillen gegen Publicity empfand und alles tat, um sie zu vermeiden. »Wir sind Idioten, uns auf ein Geschäft einzulassen, das unser Gesicht mit unserer Leistung in Verbindung bringt«, hatte Grant einmal gesagt. »Wenn man von früh bis spät mit Aufmerksamkeit überhäuft wird, ist es nicht mehr angenehm. Die liebe Öffentlichkeit hat noch keinen Finger für mich krumm gemacht und nur wenige in unserer Branche wagen es, auch nur den Wunsch zu äußern, ihr geschätztes Publikum einmal in den Hintern treten zu dürfen.«

Cary Grant war es auch, der Hedda Hopper, die für viele in Hollywood Macht über Leben und Tod besaß, ins Gesicht sagte, daß das, was er außerhalb seines Berufes oder seiner öffentlichen Auftritte mache, niemanden einen feuchten Staub angehe, schon gar nicht sie. Grants Philosophie, »sich nie beschweren und auch nichts erklären«, erweckte wieder einmal die ewige Diskussion zum Leben, ob ein Mensch in seiner Position ohne Publicity – egal, ob gewollt oder ungewollt – überhaupt soviel Erfolg hätte haben können.

Grant und Barbara jedenfalls trafen alle Vorsichtsmaßnahmen, um eine Konfrontation mit der Öffentlichkeit zu vermeiden. Sie sahen sich nur in ihren eigenen Häusern. Nur selten zeigten sie sich in Restaurants oder Nachtclubs und auch dann nur, wenn Grant vom Geschäftsführer die Garantie erhielt, daß dort keine Reporter sein würden. Einige Male gingen sie zum Tanzen oder ins Catalina Casino, das man nur mit dem Boot erreichen konnte. Tommy Dorseys Orchester spielte dort und der neue Sänger Frank Sinatra, der damals nicht älter als zwölf aussah, erregte großes Aufsehen. Grant und Sinatra wurden gute Freunde, doch Barbara konnte Sinatras Charme widerstehen und beschrieb ihn als einen »Egomanen mit einer wunderschönen Stimme«.

Meistens zog Grant kleine Abendgesellschaften zu Hause oder bei Freunden vor. In Barbaras großer italienischer Villa konnte Grant auch seine gewohnten sonntäglichen Abendeinladungen veranstalten. Regelmäßige Gäste bei diesen Anlässen waren David Niven, Jimmy Stewart, Rosalind Russel und Frederick Brisson*, der englische Dramatiker Frederick Lonsdale, die Schauspielerin und Sängerin Constance Moore und ihr Ehemann, der Hollywood-Agent Johnny Maschio, Merle Oberon und ihr Mann Sir Alexander de Korda, Marlene Dietrich, »Prinz« Mike Romanoff (der Restaurantbesitzer), der Charakterdarsteller Hugh Fenwich und ein Mann namens Bill Robertson, ein Tennisamateur der Spitzenklasse, der später Barbaras Manager wurde, ein Posten, den sie aus Dankbarkeit für ihn einrichtete.

»Wir veranstalteten unsere Zusammenkünfte am Sonntagabend, weil Barbaras Hausangestellte da ihren freien Tag hatten«, erklärt Grant. »Die Gäste kochten selbst, soweit das geschah, und spülten das Geschirr. Nach dem Essen versammelten wir uns im Wohnzimmer um das Klavier und sangen.« Grant, so sagen seine Freunde, bewies seinen frechen Humor, indem er bekannte Melodien mit selbstgedichteten zweideutigen Versen sang.

Barbara, erzählt Grant, war anfangs schüchtern. Sie kannte nur einige in der Gruppe und fühlte sich nicht wohl. »Eines Abends dann«, erinnert er sich, »kamen Connie und Johnny Maschio allein zum Essen. Danach gingen sie zusammen in Barbaras Zimmer, um sich eine chinesische Tischlampe anzusehen, die Barbara in einem Antiquitätengeschäft in der Nähe gekauft hatte. Plötzlich legte Barbara chinesische Musik auf, zog spontan die Schuhe aus und begann zur Musik zu tanzen. Niemand von uns wußte, was das zu bedeuten hatte, doch sie erklärte uns jeden Schritt und jede Handbewegung. Es war wunderschön und als wir uns das nächste Mal im größeren Kreis trafen, ermutigte Johnny Barbara, ihren Tanz zu wiederholen. Nach einigen lahmen Entschuldigungen drehte sie die Lampen herunter und begann eine Serie komplizierter Bewegungen zu vollführen. Das Eis war gebrochen.

* Frederick Brisson lernte Rosalind Russel durch Cary Grant kennen. Sie heirateten am 25. Oktober 1941 in Solvang, einer dänischen Gemeinde in den Bergen von Santa Yvez, nördlich von Santa Barbara. Barbara Hutton und Cary Grant, der Trauzeuge war, wohnten den Trauungsfeierlichkeiten bei.

Jahre später, nach unserer Scheidung, erkannte ich Barbaras Interesse für Tanz und Poesie als den Wunsch nach einer Ausdrucksform, die ihr ihre Art zu leben sonst nicht bot. Sie war keine typische Salonlöwin, die in jedes Schaufenster schaut, um nachzusehen, ob ihr Spiegelbild noch da ist. Sie war intelligent und sensibel, es fehlten ihr aber die Möglichkeiten, sich auszudrücken, gleichsam ein Weg der Verständigung, der es ihr erlaubte, ihre Frustrationen abzubauen. Ich verstand nichts von Tanz und Poesie und ermutigte sie nicht in dieser Richtung, und ich glaube, es gab nur wenige Menschen in ihrer Umgebung, die das taten. Dieser Mangel an Ermutigung war in nicht unbeträchtlichem Maße für ihr Unglück verantwortlich.«[*]

Als Cary Grant im Oktober 1940 mit einem Filmprojekt beschäftigt war, fuhr Barbara nach San Francisco, um einige Freunde zu treffen. Sie kehrte in der ersten Novemberwoche zurück und saß dem russischen Portraitisten Savely Sovine Modell. Barbara hatte ihn in Paris während ihrer Ehe mit Alexis Mdivani kennengelernt. Stella Hanania vom I. Maguin Modesalon in Beverly Hills entwarf für sie eine blaue Samtrobe mit passender Kopfbedeckung und einer fließenden weißen Feder für die Portraitsitzungen. Als Sovine gerade letzte Hand an das Bild legte, erreichte Barbara die Nachricht, daß Franklyn Hutton auf seiner Plantage in South Carolina erkrankt war. Barbara beschloß, sofort nach Charleston zu fliegen.

Irene Hutton, Jessie Donahue, Onkel Ned (E. F. Hutton) und Tante Grace waren bereits da, als Barbara ankam. Obwohl ihr Vater möglicherweise mitbekam, daß Barbara an seinem Bett saß, war er schon zu schwach, um zu sprechen.

[*] Grants Kommentare in diesem und anderen Kapiteln stammen überwiegend aus den folgenden Quellen: Grants Interview mit Theresa Starson, Juni 1979; Grants Interview mit dem Autor (telefonisch), August 1979; von Grant verfaßte Artikel im Ladies' Home Journal, Januar und April 1963; Interview des Autors mit Frederick Brisson und Dudley Wahn; Interview (telefonisch) mit Kathleen O'Brien; Biographie von Barbara Hutton von Dean Jennings, 1968; Briographien von Cary Grant von Lionel Godfrey und Albert Govoni und ausgewählte Zeitungs- und Zeitschriftenartikel.

Er starb am 2. Dezember im Alter von 63 Jahren. Die offizielle Todesursache wurde mit Leberzirrhose angegeben.

Die Nachrufe sprachen von seinem Scharfblick als Geschäftsmann, seinen Qualitäten als Sportsmann und seinem Ruf als unterhaltsamer Gastgeber. Sein Testament, ein Dokument von beträchtlicher Länge, erwähnte seine Tochter nur einmal: »Ich weiß, daß meine geliebte Tochter Barbara selbst über genügend irdische Güter verfügt, um ihr und den Menschen, die ihr vielleicht einmal nahestehen werden, die Zukunft zu sichern. Somit ist jegliche finanzielle Hinterlassenschaft meinerseits völlig überflüssig. Deswegen vermache ich ihr die Segenswünsche eines liebenden Vaters für eine glückliche Zukunft.«

Barbaras Reaktion darauf war, daß sie das Testament anfocht und 530 000 Dollar zuzüglich Zinsen zurückforderte, die sie ihm über die Jahre geliehen hatte. Irene Hutton, die alleinige Testamentsverwalterin des Fünfmillionendollarvermögens ihres verstorbenen Mannes, zahlte die Schulden bis auf den letzten Pfennig zurück und bemerkte zur Presse, es habe sich hierbei um eine private Vereinbarung zwischen Vater und Tochter gehandelt. Nach Franklyns Tod blieb das Verhältnis zwischen Barbara und Irene herzlich. Sie sahen einander regelmäßig, und Barbara machte ihrer Stiefmutter immer großzügige Weihnachts- und Geburtstagsgeschenke.*

Mehr als ein Historiker hat festgestellt, daß Amerikas allmähliche Beteiligung am Krieg in Europa einen deutlichen Einfluß auf das Gesellschaftsleben von Hollywoods hyperaktiver Oberschicht hatte. Die Premieren, Zeltparties und Studioempfänge, die früher veranstaltet wurden, um für einen Film die Werbetrommel zu rühren, wurden nun im Zuge von Spendensammlungen und Werbung für Kriegsanleihen gegeben. Hollywoods berühmte Restaurants und

---

* Ein Jahr nach Franklyn Huttons Tod heiratete Irene den New Yorker Geschäftsmann James A. Muffet, der 1953 starb. Irene verstarb 1965.

Nachtklubs – das Trocadero, das Mocambo, Circo's, Romanoff's, Players (das Barbaras ehemaligem angeheirateten Verwandten, dem Schriftsteller und Regisseur Preston Sturges gehörte) – machten alle guten Umsatz. Selbst in den teuren Fachgeschäften am Rodeo Drive in Beverly Hills fanden Sonderverkaufsaktionen statt. Ein Grund für diesen plötzlichen Aufwärtstrend war, daß eine neue Klientel in Los Angeles eingetroffen war, eine internationale Ansammlung von Aufsteigern, Publicityhungrigen, Erbinnen, Gesellschaftslöwen, entthronten Königen und ganz normalen altmodischen Adeligen, deren immerwährender Auslandsurlaub vom Krieg unterbrochen worden war.

Die Ankunft dieser Abenteurer brachte den langersehnten frischen Wind in das abgeflaute Gesellschaftsleben Hollywoods. Der Abendanzug kam wieder in Mode, Juwelen wurden aus Kassetten und Wandsafes geholt, teure Pelzmäntel ausgemottet. William Randolph Hearst brachte das gesellschaftliche Karussell wieder in Fahrt. Seine Feste in San Simeon und in Marion Davies Haus am Strand waren mehr als glanzvoll. Riesige Zirkuszelte wurden auf dem gestutzten Rasen und in den Gärten aufgebaut. Swimmingpools wurden mit Planken bedeckt, um als Tanzfläche zu dienen. Orchester wurden aus New York eingeflogen. Feuerwerk erhellte den Himmel. Tausende von Gästen besuchten diese Parties.

Auch andere folgten Hearsts Beispiel. Darryl F. Zanuck gab ein majestätisches Strandfest für die Silberminenerbin Dolly O'Brien; Louis B. Mayer veranstaltete einen glanzvollen Empfang zu Ehren des Barons von Warwick; Samuel und Frances Goldwyn hielten eine riesige Party für den britischen Staatsmann Leslie Hore-Belisha; King und Elizabeth Vidor waren die Gastgeber eines Romanow Kostümfestes zu Ehren der russischen Erzherzogin Marie; Dorothy di Frasso, deren neuer Begleiter der dunkle, attraktive Gangster Benjamin »Bugsy« Siegel war, gab großartige Feste für die Eric de Rothschilds, Baroneß Renée de Becker, Baron Hubert von Platz und die Schriftsteller Ludwig Bemelmans und Erich Maria Remarque. Anläßlich einer Party ließ Dorothy di Frasso, eine treue Anhängerin der Boxkämpfe, die Freitag abends in der Hollywood Legion Arena stattfanden, einen Boxring auf dem Rasen vor ihrem Haus aufbauen. Die Gäste wurden mit drei blutigen Kämpfen zwischen alten, abgehalfterten Boxprofis »unterhalten«.

Ebenso bizarr wie Dorothys Boxvorführung war Elsa Maxwells Dinner für Richard Gully, einen englischen Lebemann und Vetter von Sir Anthony Eden. Elsa teilte sich mit Evelyn Walsh McLean, der Besitzerin des Hope Diamond, ein Haus in Beverly Hills. Am Abend der Party stellte sich überraschend heraus, daß Elsa nicht genügend Küchenpersonal hatte, doch anstatt abzusagen, beschloß sie zu improvisieren, verteilte Pappteller und Malstifte unter ihre Gäste und versprach einen Preis für den originellsten Teller. Der erste Preis war ein Porzellangedeck, das einzige, das an diesem Abend zugelassen war. Alle übrigen Gäste mußten ihr Essen von ihren selbstbemalten Papptellern verzehren.

»Das Problem bei diesen Parties«, erzählt Cary Grant, »war, daß die Leute Barbara zum ersten Mal im Leben trafen und sofort verstummten. Es gelang ihnen nicht, sie wie einen normalen Menschen zu behandeln. Leute, die ansonsten außergewöhnlich klug waren, benahmen sich in ihrer Gegenwart wie Idioten. Sie sagten unsinnige Sachen wie zum Beispiel: ›Wissen Sie, Sie sind trotz Ihres vielen Geldes ein ganz nettes Mädchen‹, was wohl heißen soll, daß man sich nicht vorstellen konnte, daß sie nett war, nur weil sie soviel Geld hatte. Man fragte sie, ob ihr Vermögen langweilig, eine Belastung oder ein Vergnügen sei. Ein weiterer Ausspruch war auch: ›Mein Gott! Sie haben soviel Geld und sind trotzdem ganz normal.‹ Die Leute erwarteten wahrscheinlich, sie sei eine tobende Irre.«

Grant erinnert sich an eine Begebenheit bei einer Abendgesellschaft in Hollywood. Es war ein Vorkommnis, das von einigen Hollywoodgrößen beschönigt wurde. »Barbara saß einem bekannten Regisseur gegenüber, dessen Namen ich nicht erwähnen möchte, da er noch im Geschäft ist.

Also, irgendwann während des Essens sah er zu Barbara hinüber und platzte heraus: ›Sagen Sie, wie fühlt man sich mit soviel Geld?‹ Alles am Tisch verstummte, während sich 25 Paar Augen auf Barbara richteten. Barbara senkte ihre Gabel, lächelte den Regisseur freundlich an und antwortete: ›Einfach wunderbar.‹ Ich hätte am liebsten applaudiert.«

Der fragliche Herr war nicht zu der Party eingeladen, die Barbara selbst Mitte Januar 1941 gab. Herb Stein vom *Hollywood Reporter* bemerkte, daß »die Wände des Hauses mit Hunderten von Metern weißen Satins, der mit kleinen weißen Federn verziert war, verkleidet waren. Auch die Kaffeehaustischchen, auf denen Kristallvasen mit roten Rosen standen, waren damit gedeckt. Die Kellner trugen rotweiße, farblich abgestimmte Livréen. Zwei Streichorchester spielten bis zum Morgengrauen. Die Gastgeberin trug eine goldschimmernde orientalische Robe, und Cary Grant stellte seine Sonnenbräune und sein berühmtes Lächeln zur Schau. Selbst an den Ansprüchen Hollywoods gemessen, waren die beiden ein bezauberndes Paar, und sie schienen das auch zu wissen.«

Unter den zahllosen Gästen, die sich an diesem Abend im Strudel treiben ließen, waren Jean Kennerley, Joan Moore (Lady Drogheda) und Patsy Latham (die Schwester von Lord Drogheda). Dieses illustre Trio befand sich nun mit seinen drei Kindern in den Vereinigten Staaten, weil Barbara darauf bestanden hatte, daß sie England verlassen sollten. Da sie sich äußerste Sorgen machte, hatte sie sie mit Telefonanrufen und Botschaften überhäuft, in denen sie sie bat, aus London zu fliehen und so schnell wie möglich nach Amerika zu kommen. Sie bot ihnen ihre unbegrenzte Freundschaft in Kalifornien an.[*]

Denny Moore, Joans Sohn, der heute Berufsfotograf ist, war vier Jahre alt, als seine Mutter ihn 1941 nach Kalifornien

---

[*] Während des Krieges schickte Barbara einer Reihe von Freunden in Europa monatliche Schecks. So z. B. Sylvia de Castellane, die damals in Frankreich lebte. Cary Grant schickte seiner Mutter Essenspakete und 100 Dollar monatlich – die gesetzlich erlaubte Höchstsumme.

brachte. Die Reise war weit und beschwerlich, und das erste, was er sagte, als er Barbara bei der Ankunft sah, war: »Ich hasse dich!« Mit ihrem üblichen Sinn für Humor erwiderte Barbara: »Ich dich auch!«

Umständehalber blieb Jean Kennerley bis 1942 bei Barbara. Dann kehrte sie zu ihrem Mann nach England zurück, ließ aber ihre Tochter Diana bei Morleys Eltern in Ohio. Joan Moore und Patsy Latham konnten sich nicht an die kalifornische Freizügigkeit gewöhnen und ließen sich in New York nieder, wo sie durch Barbaras Hilfsbereitschaft und Joans kleine Konzertgagen mit ihren Söhnen den Krieg überstanden. Der einzige Unglücksfall war, daß Joan einen Nerzmantel im Wert von 25 000 Dollar verlor, den ihr Barbara für den Winter geliehen hatte. Der Mantel, ein Modell von Maximilian in New York, verschwand aus der Garderobe eines Restaurants, und die Versicherung weigerte sich, Barbara den Schaden zu ersetzen. Der Mantel habe sich zu dem Zeitpunkt, als er abhanden kam, nicht in ihrem Besitz befunden. »Ich hoffe nur«, sagte Barbara, »daß er seiner neuen Besitzerin auch paßt.« Sie weigerte sich, Geld von Joan anzunehmen.

Am 6. März 1941 erließ König Christian von Dänemark nach unendlichen Verzögerungen endlich die Scheidungsverfügung, die die Ehe zwischen Barbara Hutton und Court Reventlow offiziell beendete. Barbara und Cary reisten nach New York, um das Ereignis mit einer kleinen Siegesfeier im El Morocco zu begehen. In diesem Sommer verbrachten sie ihre Ferien gemeinsam in Mexiko. Cary fuhr zuerst in Begleitung von Bert Taylor (Dorothy di Frassos Bruder) und Dany Hunter, einem alten Freund, dorthin. Sie wohnten in Dorothys neuer Hacienda in Mexico City. Barbara und Mrs. Hunter folgten eine Woche später und trafen die Gruppe im Hotel La Riviera in Acapulco. Barbara und Cary fuhren allein weiter, um die mexikanische Landschaft zu entdecken. Einmal im Leben blieben sie unbehelligt von Reportern. Doch von ihrem ersten Tag an wurde jede ihrer

Bewegungen beobachtet. Obwohl sie nichts davon bemerkten, wurden sie, wohin sie ihr Weg auch führte, von FBI Agenten beschattet.

Die Ermittlungen des FBI gegen Barbara Hutton (Codename Rote Rose) waren auf Dorothy di Frasso zurückzuführen, deren Verbindungen mit Mussolini und anderen einflußreichen Mitgliedern des italienischen faschistischen Oberkommandos Verdacht erweckt hatten und dem FBI Sorgen machten. Mexico City war in jenen Tagen ein Eldorado internationaler Spionageringe, Schmuggler und Schwarzmarkthändler und galt wegen seiner Nähe zu den Vereinigten Staaten beim FBI als wichtiger Beobachtungspunkt. Dorothy di Frasso interessierte die Behörde nicht nur wegen ihrer italienischen Verbindungen, sondern auch, weil sie Zugang zu den führenden Leuten Hollywoods hatte. Der ursprüngliche Bericht über Dorothy, der 1941 von Los Angeles aus übermittelt worden war, enthielt wenigstens eine ernsthafte Verdächtigung und einige, die eher skurril klangen.

Berichten nach lebt die betreffende Person jetzt in Mexico City, D.F. mit --- und ---. Sie hat den Informationen nach noch eine protzige Villa in Acapulco, Mexiko, gebaut. Die betreffende Person bewegt sich seit Mai nicht mehr in den oberen Gesellschaftsschichten Hollywoods. Sie ist für ihre nymphomanischen Eskapaden, ihre Orgien und ihren Publicityhunger bekannt; ebenso steht sie mit Mussolini auf freundschaftlichem Fuß. ---- und die betreffende Person sind Berichten nach mit Cary Grant und Barbara Hutton befreundet, die vor kurzem in Mexiko angekommen sind und vermutlich die Gäste der betreffenden Person waren. Ein Informant vertritt die Theorie, daß di Frasso von der mexikanischen Regierung Gelder erhält, um Filmstars von Hollywood nach Mexico City zu locken.

Obwohl keiner dieser Vorwürfe jemals bewiesen werden konnte, genügte das Wissen über Barbaras und Dorothys Freundschaft, um nun auch Barbara zu überwachen. Einige

Wochen später wurde ein vertraulicher Bericht eingereicht, der sich erneut mit der Verbindung Hutton – di Frasso befaßte.

... Es wurde uns berichtet, daß die Gräfin di Frasso im Namen Barbara Huttons am 15. Dezember 1940 den italienischen Kronprinzen in Rom anrief. Huttons Vetter, Jimmy Donahue, war wegen Betrugs verhaftet worden und befand sich in einem italienischen Gefängnis. Laut Aussage des Informanten können der italienische König und die Königin am Neujahrstag je 20 Gefangene begnadigen. Donahue wurde auf Anordnung des Königs am Neujahrstag auf freien Fuß gesetzt, nachdem Barbara Hutton eine Geldstrafe von 17 000 Dollar für ihn bezahlt hatte.*

Wenn man die Unmenge an FBI-Dokumenten zusammensetzt, die nach dem Erlaß des »Freedom of Information Act«, des Gesetzes über den freien Zugang zu Informationen, der Öffentlichkeit zur Verfügung standen, entsteht der Eindruck, das FBI habe die Ermittlungen gegen Barbara mit allen verfügbaren Mitteln betrieben. Als Barbara und Cary im Hotel Reforma in Mexico City wohnten, wurde ihr Zimmer abgehört. Das gesamte Hotelpersonal war angeheuert worden, das Paar zu beobachten. Alle, mit denen Barbara und Cary in Mexiko Kontakt hatten, wurden ebenfalls überwacht; so zum Beispiel die temperamentvolle Schauspielerin Lupe Velez (die zufällig eine enge Freundin Jimmy Donahues war). Wenn man die Zeit, die Mühe und das Geld in Betracht zieht, die das FBI dafür investierte, ergaben die Ermittlungen wenig Anhaltspunkte. Eine Zusammenfassung der Ergebnisse ging an den Direktor des FBI, J. Edgar Hoover:

---

* Jimmy Donahue wurde in Mailand festgenommen, weil er Schecks eines Bankkontos ausstellte, das er kurz vorher aufgelöst hatte. Wenn er solche Dinge drehte, dann sicherlich nicht, weil er es finanziell nötig hatte.

... Die Behörde ist von Barbara Huttons häufigen Reisen nach Mexico City während der letzten Monate informiert. Sie wohnte jedesmal im Hotel Reforma. Nach den Informationen des Geheimdienstes hat die betreffende Person eine Reihe von Telefonaten mit Baron von Cramm in Deutschland geführt. Von Cramm, ein ehemaliger Davis-Cup Tennismeister, war in Deutschland wegen angeblicher homosexueller Aktivitäten im Gefängnis. Die Informationen, die wir durch Zeugen erhielten, machen deutlich, daß Hutton maßgeblich an der Entlassung von Cramms beteiligt war. Mittelsmann war ein Dr. H. Fleirschbroth, ein Vetter von Cramms und deutscher Diplomat, der bis zum vergangenen Jahr in der Schweiz tätig war. Von Cramm ist jetzt in der deutschen Armee. Die Informationen des Geheimdienstes ergeben weiterhin, daß Hutton ihre Ferien zwar in Mexiko verbringt, jedoch ihren Wohnsitz in Beverly Hills hat. Sie verbringt viel Zeit mit Cary Grant und Richard Gully, einem Vetter von Anthony Eden. Die Behörde untersucht gerade die Möglichkeit, die betreffende Person wegen ihrer Beziehungen zu von Cramm in der Presse zu diskreditieren.

Die Ergebnisse dieser Ermittlungen zeigen nichts anderes, als daß Barbara zweimal Menschen, die sie kannte, geholfen hatte – einmal ihrem Vetter Jimmy Donahue und zweitens einem Freund, Baron Gottfried von Cramm. Obwohl das FBI keinen Nutzen aus diesen Informationen zog, beschloß irgend jemand, sie ausgewählten Journalisten heimlich zuzustecken. Das Ziel dieser Rufmordkampagne gegen Barbara war nicht einmal dem FBI klar. Am 7. Juli 1942, genau 24 Stunden vor Barbaras Hochzeit mit Cary Grant, schrieb der Washingtoner Korrespondent Drew Pearson einen Kommentar, der gleichzeitig in mehreren Zeitungen erschien und starken Bezug auf die FBI-Akten nahm.

Die bekannte Woolworth Erbin Barbara Hutton wurde monatelang vom FBI auch wegen ihrer geheimnisvollen transatlantischen Telefongespräche beobachtet, die sie mit einem gewissen deutschen Baron führte. Barbara, offensichtlich in den deut-

schen Sportler verliebt und an der Ideologie der Nazis interes-
siert, hatte sich angewöhnt, mit einem Privatflugzeug von
Hollywood nach Mexiko zu fliegen, von wo aus sie ihre
Telefonate führte. Barbara konnte nicht wissen, daß jedes
Wort, das sie dem Baron mündlich oder schriftlich zukommen
ließ, vom FBI abgefangen oder abgehört wurde. Doch vor
kurzem ist entweder ihre Liebe zu dem Nazibaron erkaltet,
oder es ist ihr klargeworden, daß er für die deutsche Regierung
arbeitet. Auf jeden Fall hat sie ihm ein Telegramm geschickt
mit der Aufforderung, er solle den Kontakt mit ihr abbre-
chen...

Die Tatsachen der von Cramm-Affaire hatten mit dem
Bericht von Drew Pearson nur wenig gemein. Der größte
Irrtum bezog sich auf von Cramms angebliche politische
Verbindungen. Der deutsche Sportler, ein im ganzen Land
gefeierter Tennisspieler, war am 15. Mai 1938 von der Gestapo verhaftet worden, als er gerade von einem Turnier
zurückkehrte. Er wurde der Päderastie (angeblicher sexueller Beziehungen mit einem männlichen Mitglied der deutschen Tennismannschaft) angeklagt. Es war jedoch offensichtlich, daß Anklage und Verhaftung politisch motiviert
waren. Während eines Tennisturniers früher in diesem Jahr
hatte von Cramm abfällige Bemerkungen über das Dritte
Reich gemacht. Seine Stellung als deutscher Tennismeister
gab seinen Aussagen Gewicht und Glaubwürdigkeit und so
schien es den Nazis notwendig, ihn öffentlich mit Schmutz
zu bewerfen.
    Bei seiner Gerichtsverhandlung legte von Cramm ein
formales Geständnis ab und begründete seine Homosexualität mit seiner unglücklichen früheren Ehe mit einer deutschen Adligen, die durch ihre außerehelichen Beziehungen
sein Selbstbewußtsein untergraben habe. Trotz seines Ge-
ständnisses betonte er, daß die sexuell begründete Anklage
gegen ihn lediglich ein Vorwand sei. Er stehe nicht wegen
seiner sexuellen Neigungen vor Gericht, sondern wegen
seiner oppositionellen Einstellung zu Adolf Hitler.

Der deutsche Gerichtshof lehnte von Cramms Verteidigung ab und befand ihn der Anklage nach für schuldig. Er wurde zu drei Jahren Gefängnis verurteilt. Die Verhandlung war, laut einer Reihe von international bekannten Sportlern wie Donald Budge und Joe Di Maggio, nicht mehr als eine Farce. Nach seiner Haftentlassung ein Jahr später wurde von Cramm an die russische Front befohlen. Später diente er in Nordafrika unter Feldmarschall Rommel, ein Schicksal, das er als schlimmer empfand als den Tod.

Cary Grant war wütend über Pearsons unverantwortlichen Angriff und den kläglichen Versuch des FBI, Barbara in aller Öffentlichkeit bloßzustellen. Er sagte aktenkundig aus, er habe von Barbaras Telefonaten gewußt und sie gebilligt. »Der Baron ist ein sehr guter alter Freund, und er ist kein Nazi. Barbara hat ihn auch nicht gebeten, den Kontakt mit ihr abzubrechen. Kurz gesagt, Mr. Pearsons Geschichte ist ein Stück Schweizer Käse ohne Käse.«*

Die Hochzeit zwischen Barbara Hutton und Cary Grant fand am 8. Juli 1942 in Frank W. Vincents Ferienhaus am Arrowhead See statt. Vincent war Carys Agent und Manager. Eine Woche vor der Trauungszeremonie änderte der Bräutigam seinen Namen offiziell von Archibald Leach zu Cary Grant und unternahm gleichzeitig die letzten rechtlichen Schritte, um, wie schon vor fünf Jahren beantragt, amerikanischer Staatsbürger zu werden. Auf eigenen Wunsch unterzeichnete er auch ein Dokument, in dem er auf jegliche Ansprüche auf Barbaras Vermögen im Falle einer Scheidung verzichtete.

Reverend R. Paul Romeis, Pastor der englisch-lutherischen Kirche in San Bernadino, vollzog die Trauung. Die Zeremonie fand auf der Veranda mit Blick auf den See statt. Madeleine Haseltine, eine Freundin Barbaras und Ehefrau

---

* Barbara hatte den Kontakt zu Dr. H. Fleirschbroth, dem deutschen Diplomaten und Vetter von Cramms, abgebrochen. Da sie bereits wußte, daß sie vom FBI überwacht wurde, nahm sie berechtigterweise an, daß eine weitere Korrespondenz mit einem deutschen Beamten als Komplizenschaft mit dem Feind ausgelegt werden könne. Sie schrieb von Cramm während des ganzen Krieges und schickte ihre Briefe über das Internationale Rote Kreuz.

des Bildhauers Herbert Haseltine, übergab die Braut, während Frank Vincent den Bräutigam führte. Bill Robertson und Frank Horn, Grants Sekretär, waren auch anwesend. Die kleine Hochzeitsgesellschaft wurde noch von Ticki Tocquet vervollständigt.

Barbara trug ein marineblaues Kostüm und eine violette Bluse von Stella Hanania; sie hatte einen Strauß rosafarbener Rosen in der Hand. Grant war in einen blaugrauen Anzug gekleidet und hatte eine Krawattennadel von Cartier, Barbaras Hochzeitsgeschenk, angesteckt.

Es waren keine Journalisten anwesend. John Miehle, ein Fotograf von RKO fotografierte. Die Fotos wurden später durch die Werbeabteilung von RKO an die Medien verteilt. Am Ende der Zeremonie trug der 38jährige Bräutigam seine 29jährige Braut über die Schwelle in Frank Vincents Wohnzimmer. Miehle hielt diesen Moment mit der Kamera fest. Dieses oft abgedruckte Foto führte dazu, daß Reporter dem Paar den Spitznamen »Cash 'n Cary« gaben.*

Es handelte sich dabei nicht um das letzte Mal, daß die Presse Barbaras Reichtum hervorhob. Louella Parsons, die sich weniger von der romantischen als von der finanziellen Seite dieser Verbindung beeindrucken ließ, begann ihre nächste Kolumne mit den folgenden Worten: »In einer Geldheirat haben sich Cary Grant und Barbara Hutton, wahrscheinlich die reichste Frau der Welt, gestern in einer heimlichen Zeremonie am Arrowhead See das Jawort gegeben.«

In London interviewte ein Reporter des *Daily Mail* einen von Grants Verwandten aus Bristol und erhielt eine Antwort, aus der große Verbitterung sprach: »Jetzt können wir zu Woolworth gehen und uns nehmen, was wir wollen«, sagte der Verwandte, »vorausgesetzt, wir können dafür bezahlen.«

---

* Von »Cash«: Geld und »car(r)y: tragen (Anm. d. Übers.)

11

Das Traumpaar von Hollywood, Grant und Hutton, verkörperte die Verbindung zweier Subkulturen gleichen Formats: Filmwelt versus internationale High-Society. Cary Grant hat diesen Unterschied einmal auf den Punkt gebracht: »Sie bevorzugte den Adel – Prinz Soundso, Gräfin Von-und-zu –, während ich mich lieber mit Filmleuten abgab – David Niven, Jimmy Steward, Rosalind Russel, Frederick Brisson.« Trotz aller Schwierigkeiten und Unterschiede bot die Heirat mit Grant Barbara einen flüchtigen Moment, in dem die Orientierungslosigkeit aus ihrem Leben zu verschwinden, ihre selbstzerstörerische Neigung sich aufzulösen schien. Auch wenn Cary Grant für Barbara nicht gerade der Traum ihrer schlaflosen Nächte war, war er doch fähig, für sie so etwas wie ein selbstloser Beschützer zu sein, was keiner ihrer früheren Gatten vermocht hatte.

»Ich konnte ihr in bestimmten Dingen helfen«, hat Grant einmal gesagt, »in anderen wiederum nicht. In der Zeit, in der wir verheiratet waren, beschützte ich sie vor der Öffentlichkeit oder versuchte es zumindest. Es war meine Idee gewesen, Steve Hannagan, ihren Experten für Public Relations, zu entlassen. Hannagan war bis zu einem gewissen Grad brauchbar, aber er hatte seinen Zweck erfüllt, und ich hatte das Gefühl, daß etwaige Probleme in der Zukunft leicht zu lösen sein würden.«

Hannagan aus seinen Diensten zu entlassen war vielleicht ein taktischer Fehler. Grant verstrickte sich so in seine Rolle als Barbaras Beschützer, daß er immer öfter die Presseberichte über sich selbst übersah. Die Presse in Hollywood, die einst blutige Rache gegen Grant geschworen hatte, hatte jahrelang darauf gewartet, ihn fertigzumachen. Seine kühle Distanziertheit, seine hartnäckige Weigerung, lange Interviews zu geben oder für die Fotografen stillzusitzen, hatten nicht gerade dazu beigetragen, sich bei den Klatschlieferanten beliebt zu machen. Hollywoods Goldjunge war Freiwild, und durch seine Heirat mit »Fräulein Geldsack« (wie Barbara von einem Kommentator genannt wurde) bot sich endlich die Gelegenheit zur Rache.

Albert Govoni, der Autor einer frühen Grant-Biographie, schreibt, daß der Schauspieler einer ganzen Reihe von Delikten beschuldigt wurde; die harmlosesten Vorwürfe zielten darauf, daß er es gewagt hatte, gesellschaftlich aufzusteigen und ein Vermögen zu machen. Einige dieser Rufmörder überlegten öffentlich, ob Grants »Eifer«, amerikanischer Staatsbürger zu werden, nicht durch den Wunsch geweckt worden sein könnte, dem Kriegsdienst in seiner belagerten Heimat zu entgehen. Die beiden hartnäckigsten Gerüchte stellten Grant als einen miesen Geizhals und als homosexuell (oder mindestens bisexuell) dar.*

Hätte er sich entschlossen, darauf zu reagieren, hätte er sicherlich viele, wenn nicht alle dieser Behauptungen widerlegen können. Er hätte zum Beispiel hervorheben können, daß er und Sir Cedric Hardwicke schon 1944, nach Englands Eintritt in den Krieg, als Vertreter der britischen Filmkolonie in Hollywood nach Washington D. C. geflogen waren, um sich dort mit Lord Lothian, dem britischen Botschafter, zu treffen und ihn um Rat zu bitten, wie sie die Kriegsanstrengungen am besten unterstützen könnten. Der Botschafter fand, daß britische Stars wie Grant und Hardwicke in Hollywood bleiben, weiter Filme machen und ihre Zeit und ihr Geld für Projekte verwenden sollten, die der britischen Aufgabe zugute kämen. Grant nahm seine Arbeit in Hollywood wieder auf und begann riesige Geldsummen, die sich zwischen 25 000 und 125 000 Dollar bewegten, für die britische und später für die amerikanische Kriegshilfe zu spenden. Als 1941 ein Onkel, eine Tante und eine Cousine von ihm bei einem Luftangriff auf Bristol getötet worden waren, ließ Grant der Britischen Kriegshilfe einen Scheck

---

* Grant hat nur ein einziges Mal zu dem Gerücht, er sei schwul, Stellung genommen, und das war 1977 in einem Porträt von Warren Hoge im *New York Times Magazine*. »Das ist lächerlich«, sagte Grant, »aber das sagen sie doch über uns alle.«

über 125 000 Dollar zukommen, ein beträchtlicher Teil seines Einkommens von dem Film *The Philadelphia Story*. Als er 1944 *Arsen und Spitzenhäubchen* drehte, gab er der Gesellschaft erneut einen Scheck, diesmal über 100 000 Dollar. Grant arbeitete in dem Komitee der Britischen Kriegshilfe in Los Angeles mit, das den äußerst praktischen Schritt tat, über tausend Pakete mit Saatgut zum Verteilen an die Nationale Versorgungsgesellschaft in Großbritannien zu schicken, wo die Bevölkerung während des Krieges angeregt wurde, ihr eigenes Obst und Gemüse anzubauen.

Nach dem japanischen Angriff auf Pearl Harbor und der Kriegserklärung Amerikas meldete sich Grant freiwillig bei der amerikanischen Luftwaffe, wurde dort jedoch wegen seines Alters abgewiesen. Er fuhr fort, hinter den Kulissen mitzuwirken, indem er in dem zehnminütigen Warner Brothers Kurzfilm *Road to Victory* mitwirkte, um die Mobilmachung zu unterstützen. Er machte Tourneen durch die Truppenlager. Er beteiligte sich wie andere Hollywood-Stars auch an Veranstaltungen, um für den Kauf von Kriegsanleihen zu werben, und ging mit einer Unterhaltungsshow auf eine dreiwöchige Tour von Kleinstadt zu Kleinstadt, um Geld für den Kriegsfonds einzuspielen. Bert Lahr hatte einen berühmten »Einkommenssteuer«-Sketch in seinem Repertoire, in dem er Grant als seinen Saubermann verwendete. Man hielt es für das Stück, das bei den Truppen am besten ankam.

Auch Barbara trug ihren Anteil bei. Sie war die einzige Geldquelle für ein amerikanisches Armeekrankenhaus in San Francisco und für eines in Santa Barbara. Sie unterstützte die Notküche der Marine Hilfsorganisation in San Pedro. Sie schickte große Geldsummen an France Forever, eine Organisation, die die französische Untergrundbewegung mit Waffen versorgte. Ihre großzügigste Spende war ein anonymer Scheck über eine Million Dollar für General Charles de Gaulles Bewegung für ein freies Frankreich.

Während die großzügigen Taten des Paares wenig an die Öffentlichkeit drangen, scheute man sich nicht, über den luxuriösen Lebensstil herzuziehen, den sie in einer Zeit, als

263

der Rest der Nation sich unter der bedrückenden Last des Krieges beugte, an den Tag legten. Die Grants waren nach Westridge gezogen, ein fünf Hektar großes Anwesen von Douglas Fairbanks jr. am Amalfi Drive 1515 in Pacific Palisades, von dem aus man auf der einen Seite die steilen Felsenufer des Pazifik und auf der anderen Seite die Ranch von Will Rogers überblicken konnte. Das Haus, das an die Grants verpachtet wurde, als sein Besitzer zum aktiven Dienst bei den Marinereservisten ging, wies das gewöhnliche Repertoire an Komfort auf: Schwimmbad, Tennisplätze, Sauna, fünf herrschaftliche Schlafzimmer (die Grants schliefen in getrennten, aber angrenzenden Schlafzimmern) und eine beeindruckende Kollektion an signierten französischen Möbeln aus dem 18. Jahrhundert. Der Stolz und die Freude Fairbanks war jedoch ein japanischer Garten mit exotischen und seltenen Pflanzen, den er persönlich in stundenlanger Arbeit angelegt hatte. Es gab auch ein Gästehaus auf dem Gelände, das die Grants für die Unterbringung ihrer Bediensteten verwendeten. Da sie aber mehr Bedienstete als Platz hatten, waren sie gezwungen, drei zusätzliche Häuser in der Nachbarschaft anzumieten, um sie alle beherbergen zu können. Die Grants beschäftigten drei Leute, die zuständig waren für die Speisekammer, drei in der Küche, einen Butler, einen Lakai, einen Arzt, zwei Waschfrauen, vier Kindermädchen, zwei Chauffeure, einen Kammerdiener, zwei Zofen, zwei Zimmermädchen, einen Sekretär und Buchhalter, zwei Leibwächter, einen Gärtner, einen Gärtnergehilfen, einen Masseur und Fitneßtrainer und Barbaras Begleiterin Ticki Tocquet: insgesamt neunundzwanzig.

Das viele Personal verbrauchte riesige Mengen an Essen, und ihr Unterhalt kostete eine enorme Summe Geld. Cary war überzeugt, daß der Haushalt auch mit weniger Personal laufen würde. »Zur Essenszeit hatten die Diener so viel Belegschaft zu füttern«, klagte er, »daß Barbara und ich froh sein konnten, wenn wir ein Sandwich bekamen.« Cary nörgelte ständig über die laufenden Unkosten: über die »sich stapelnden« Rechnungen für Strom, Benzin und Essen –

sogar über solche Dinge wie Seife und Toilettenartikel. Obwohl Barbara den Ansturm an Rechnungen übernahm, brachten die Kosten Grants schlimmste Ängste und Wutanfälle zutage – Angst vor der Armut und Wut über den verschwenderischen Umgang des Personals mit Geld.

Wenn die Grants sich nicht über die Anzahl der Angestellten in Westridge stritten, schienen sie sich ganz gut zu amüsieren. Sie nahmen immer öfter an gesellschaftlichen Anlässen teil, gingen auf Parties, besuchten Freunde, gingen ins Theater und ins Kino. Sie besuchten die Premiere der Benefizvorführung *The Talk of the Town* mit Grant, Jean Arthur, Ronald Colman und Edgar Buchanan in den Hauptrollen. Sie gingen zu dem Benefizkonzert des Los Angeles Philharmonic Auditorium, auf dem Arthur Rubinstein und Hoseph Szigeti Werke von Mozart spielten. Sie waren zu einer Dinnerparty zu Ehren der Rubinsteins eingeladen, die ihren zehnten Hochzeitstag feierten, und sie waren häufig zu Gast bei Charles und Elsie Mendl. Sie gingen auch öfter mit Lance aus – machten Touren zu den alten Stätten des Hollywood Films, zum Zoo in San Diego, zum Farmer's Market und gelegentlich Fahrten aufs Land.

Wenn Barbara gut in Form war, konnte man viel Spaß mit ihr haben. Sie liebte Wortspiele und Codenamen, und oft dachte sie sich selbst welche aus. Das Wort »Wiebo« zum Beispiel bedeutete: »Will it ever be over?« (»Hört denn das nie auf?« Anm. der Übers.) Einer ihrer etablierten Ausdrücke war der Name »Eddie Koch«, den sie am Telefon als Warnung für den Gesprächspartner benützte, um ihm zu signalisieren, daß sich noch andere Leute im Raum befanden und sie nicht frei sprechen konnte. Sie nahm also manchmal den Hörer ab und sagte: »Ah, Sie sagen also, Sie hätten Eddie Koch gestern gesehen?« – und das hieß dann »Vorsicht«. Sie unterschied die Wochentage nicht durch Namen, sondern durch Farbbezeichnungen. Montag war violett, Dienstag war grün, Mittwoch war rot und so weiter. »Ich fühle mich heute so violett«, sagte sie gewöhnlich am Anfang der Woche und benahm sich und kleidete sich entsprechend.

»Barbara fand für jede Geschmacklosigkeit ein Wort«, erinnert sich Grant. »›Mein Gott, ist das nicht *ig*‹, pflegte sie zu sagen. Wir waren einmal in einer italienischen Villa in Hollywood eingeladen. Das Haus war mit gutem Geschmack eingerichtet, außer einem Gegenstand – einer riesigen Bar in Pink, die sich auf einer Seite durch das ganze Wohnzimmer erstreckte. Die Besitzerin war außerordentlich stolz darauf und sagte schließlich: ›Finden Sie diese Bar nicht auch ganz wunderbar?‹ Es trat eine Pause ein, und dann sagte ich: ›Ja, sie ist so wundervoll *ig*.‹ Nun, ich kann Ihnen sagen, Barbara kriegte sich nicht mehr vor Lachen. Sie torkelte im Zimmer herum und quietschte vor Vergnügen. Als wir am Auto waren, krümmte sie sich immer noch vor Lachen.«[*]

Nach einer Weile begannen die Grants, sich Gedanken über das Kinderkriegen zu machen. Mehrere Monate der erfolglosen Versuche brachten sie dazu, sich professionellen Rat zu suchen. Sie gingen zu einem Spezialisten in Hollywood, einem führenden Internisten namens Jack Hollins.[**] Dr. Hollins ließ Barbara eine Reihe von Tests durchlaufen, die aufzeigen sollten, ob die Entfernung ihres rechten Eierstockes nach der Geburt von Lance irgend etwas mit dem Problem zu

[*] Eine Version dieser Anekdote wird in *Notorious Divorces* (1976) von Edward Z. Epstein erzählt.
[**] Dr. Jack Hollins ist ein Pseudonym. Es soll hier dennoch bemerkt werden, daß der Autor sich in der Originalversion von *Pour Little Rich Girl* (1983) hier (und an anderen Stellen des Buches) versehentlich auf einen in Kalifornien praktizierenden Arzt namens Dr. Edward A. Kantor bezieht. Dr. Kantor, geboren 1929, der 1954 seinen Abschluß auf der Univ. of Nebraska Medical School machte, betont, daß er Barbara Hutton nur in den Jahren 1969 bis 1975 betreut hat und daß »unzählige andere Ärzte sie während dieser Zeit behandelt haben«. Weiterhin wurde in der Originalausgabe berichtet, daß Dr. Kantor Mrs. Hutton übermäßig Medikamente verschrieben hätte, was Dr. Kantor entschieden zurückweist. Ebenso behauptet die Originalausgabe, daß Dr. Kantor Dean Jennings für seine 1968 erschienene Biographie über Barbara ein Interview gegeben hätte, in dem dieser vertrauliche Einzelheiten über die medizinische Behandlung von Mrs. Hutton erfahren hätte. Dr. Kantor besteht darauf, daß er noch nie ein Interview über die vertrauliche medizinische Behandlung irgendeines seiner Patienten gegeben hätte.

tun hatte. Die Testergebnisse waren nicht eindeutig, und Hollins empfahl dem Paar, es mit einer künstlichen Befruchtung zu versuchen. Er verordnete Barbara auch Östrogen, riet ihr, das Rauchen und den Alkohol aufzugeben und regelmäßiges Fitneß-Training zu machen. Sie richtete sich nach seinen Ratschlägen, wurde aber dennoch nicht schwanger, und nach einer Weile gaben sie die Versuche auf.

Diejenigen, die Cary Grant kannten, wurden Zeuge seiner totalen Niedergeschlagenheit. Er gab nicht Barbara die Schuld, sondern eher dem Ärztestand. Grant war überzeugt, daß seine Frau, schon lange bevor er sie kennengelernt hatte, »in Streifen geschnitten worden war«. Nach Grants Meinung war Barbaras Geld Anreiz genug für die Ärzte, sie sofort einer chirurgischen Behandlung zu unterziehen. Sie warfen nur einen kurzen Blick auf sie und rollten sie dann sofort in den Operationssaal.

Graf Court Haugwitz-Reventlow war am 31. Juli 1940 in den Vereinigten Staaten angekommen und verbrachte die meiste Zeit des ersten Jahres in Sun Valley, Idaho. Graham Mattison rief ihn höflichkeitshalber an, um ihm zu versichern, daß Barbara die feste Absicht habe, mit ihm weiterhin auf freundschaftlicher Basis zu verkehren. Als ein Zeichen guten Willens schickte sie Lance nach Sun Valley, und Vater und Sohn verbrachten mehrere Monate damit, sich wieder anzufreunden.

Am 30. Juli 1942, drei Wochen nachdem Barbara Mrs. Cary Grant geworden war, heiratete Reventlow Margaret (Peggy) Astor Drayton, eine schlanke, lebhafte Schauspielerin, deren Urgroßmutter die hochangesehene und reiche Mrs. William Astor gewesen war (ihre Verwandtschaft mit der Familie Astor machte Peggy zu einer Cousine zweiten Grades von Louise Van Alen). Nach ihrer Heirat mieteten Court und Peggy ein kleines Landhaus auf dem Anwesen des Huntington Hotel in Pasadena, Kalifornien. Lance war von Barbara in Westwood in die Grundschule eingeschrieben worden und wohnte nun die eine Hälfte des Jahres in

Westridge, die andere Hälfte im Huntington Hotel.

Peggy Reventlow (heute Mrs. Peggy Brent) erinnert sich daran, wie seine Mutter den Jungen verwöhnt hat. »Sein Koffer war immer voller maßgeschneiderter Anzüge und importierter Spitzenhemden.« Lance besaß ein Goldschmuckkästchen, in dem sich Manschettenknöpfe und Krawattennadeln von Cartier aus purem Gold befanden. Am Boden eines seiner Koffer fand sie einen Beutel Bargeld im Wert von mehreren tausend Dollar. Zu ihrem Entsetzen entdeckte sie auch Namensschildchen, die in jedes Kleidungsstück eingenäht waren und auf denen »LANCE GRANT« stand.

»Mein Ehemann war empört«, sagte sie, »denn Lance war *sein* Sohn und nicht Cary Grants.« Die Reventlows beobachteten bei Lance eine Reihe von untrüglichen Verhaltensweisen, die zeigten, daß er unter dem ständigen Hin und Her litt. Er war launischer als sonst und neigte immer mehr dazu, schmutzige Wörter zu verwenden. Außerdem litt er unter starken Asthmaanfällen und war deshalb viel öfter nicht in der Schule als er sich hätte leisten können.

Als sich Court Reventlow am Telefon bei Barbara darüber beschwerte, daß Lance zu oft in der Schule fehlte, lachte sie ihn aus. Sie machte seinen eigenen Gebrauch schmutziger Wörter in Anwesenheit des kleinen Lance verantwortlich und schrieb die falschen Namensschildchen in der Wäsche einem Versehen des Druckers zu.

»Barbara war wirklich total launisch«, behauptet Peggy. »An einem Tag kümmerte sie sich um ihren Sohn, am nächsten wieder nicht. Sie verbrachte ihre Zeit nur mit ihm, wenn es ihr gefiel. Ich erinnere mich noch, wie ich ihn das erstemal badete. ›Warum badest du mich?‹ fragte er. ›Meine echte Mutter tut das nie. Das macht die Gouvernante.‹«

Als Lance wieder einmal bei seinem Vater war und mit seiner Mutter telefonierte, nahm Court den Hörer des Nebenanschlusses und hörte zu. Die beiden sprachen über einen geheimen Code, den sich Lance für seine zukünftigen Briefe nach Hause ausgedacht hatte.

Barbara fragte Lance, ob er Binky* von dem Code erzählt habe, und als er dies verneinte, erwiderte sie: »Nun, dann erzähl es ihr auch nicht. Das behalten wir für uns.«

Einige Monate später fand Peggy Reventlow beim Aufräumen eine Kopie des Codes in Lances Zimmer, und sie zeigte sie ihrem Mann. Es war ein einfacher Code, der in der Hauptsache nur aus Punkten, Strichen und Kreisen bestand. Als Lance das nächstemal an seine Mutter schrieb, öffnete Court den Brief. Die ersten beiden Codezeilen bedeuteten: »Zur Hölle mit meinem Vater. Ich hoffe, er stirbt.«

Nachdem Reventlow sich die Zeilen abgeschrieben hatte, schickte er den Originalbrief ab und wartete auf Barbaras Antwort. Auch diese fing er wieder ab. »Lance, mein Liebling«, begann sie. »Ich danke Dir für Deinen ausgesprochen lieben Brief, der mich sehr gefreut hat. Über Deine verschlüsselte Botschaft konnte ich herzlich lachen! Du mußt mir noch mehr davon schreiben ...« Barbara schloß den Brief mit Neuigkeiten über den Hund der Familie und mit der Bemerkung: »Der General (Cary Grant) sendet Dir seine liebsten Grüße.«* als Postscriptum fügte sie noch ihre eigene verschlüsselte Botschaft in Form eines Limericks hinzu: »Es gab da mal einen Kerl namens Court, der war

---

* Binky war der Kosename von Courts Stieftochter Alida, Peggy Reventlows Kind aus erster Ehe mit Pierre VanLaer. Binky war achtzehn Monate jünger als Lance, und nachdem Lance auch in das Haus gezogen war, teilten sie sich eine regelrechte Ahnenreihe von Gouvernanten, darunter eine Miß Gapen, eine Mme. Malnuit und eine Miß Grant. Später war Miß Grant die Gouvernante von Hope Cooke, die den Kronprinzen von Sikkim heiratete. Miß Grant hatte die Angewohnheit, Lance nackt anzuziehen, ihn in die Badewanne zu stellen und ihn mit einem Kleiderbügel zu schlagen, wenn er das Vaterunser nicht auswendig konnte.

* Neben dem Hund besaß Barbara auch noch einen großen mexikanischen Myna-Vogel. Nach den Aussagen eines Besuchers konnte der Vogel Cary Grant auf unverschämte Weise imitieren, und er kannte auch den Anfang einer alten Ballade im Cockney-Dialekt, die Grant oft gesungen hatte: »Good bye-ee, don't cry-ee, wipe a tear, baby dear, from your eye-ee ...« Als Barbara nach dem Krieg aus Kalifornien wegzog, schenkte sie den Vogel Merle Oberon. Barbara war es gewesen, die Cary Grant seinen Kosenamen (Général) gegeben hatte, eine Anspielung auf General Ulysses S. Grant.

von ganz komischer Sort'. Er wollte 'ne Frau und wollte 'nen Sohn, verlor beide und kaufte sich 'nen Dolch. Das ist doch ein Strolch.«

Die Situation spitzte sich weiter zu, als in *Photoplay* ein Porträt über Barbara erschien, geschrieben von Louella Parsons, in dem sie gesagt haben soll, daß ihr Sohn lieber Lance Grant genannt werden wolle, was die Sache mit den Namensschildchen in einem anderen Licht erscheinen ließ. Reventlow trug den Artikel und die Briefe zu einem in Los Angeles ansässigen Rechtsanwalt, Joseph L. Lewinson, der das Material sichtete und dann im Auftrag seines Klienten einen Brief an Barbara schrieb:

Sehr geehrte Mrs. Grant,

Court Reventlow hat uns als seinem Rechtsbeistand Beweise vorgelegt, die zeigen, daß Sie, während Lance Reventlow in Ihrem Haus lebte, seine Gesundheit, seine Erziehung und seine religiöse Unterweisung vernachlässigt und sich bemüht haben, ihn gegen seinen Vater aufzuhetzen. Ebenso, daß Sie in der Zeit, in der Lance bei seinem Vater wohnte, danach trachteten, Vorurteile gegen Mrs. Peggy Reventlow bei dem Kind zu schüren und den Respekt gegenüber seinem Vater zu untergraben. In dem Material, das uns übergeben wurde, befinden sich auch Briefkopien, die teilweise verschlüsselt und in sehr barscher Sprache geschrieben sind. Nach der Materialdurchsicht scheint es, daß Sie Ihren Sohn ermutigt haben, weiterhin solche Briefe zu schreiben. Court Reventlow hat uns auch einen kürzlich erschienenen Artikel aus der Photoplay *übergeben, der von Louella Parsons verfaßt wurde und in dem Ihre Aussage wiedergegeben wird, daß Ihr Sohn sehr an Ihrem jetzigen Ehemann hänge und wünsche, als Lance Grant angesprochen zu werden, daß Sie sich die Scheidung von Court Reventlow mit mehreren Millionen Dollar erkauft hätten und daß Court Reventlow während Ihrer Ehe Ihre damals aufrichtige Liebe zu ihm ausgenützt hätte, um zu erreichen, daß Sie Ihre amerikanische Staatsbürgerschaft aufgeben.*

Man hat uns aufgetragen, Ihnen mitzuteilen, daß Court

Reventlow es nicht dulden wird, daß Sie weiterhin Vorurteile schüren... und den Respekt Ihres Sohnes gegenüber seinem Vater untergraben. Ebenso hat man uns aufgetragen, Ihnen mitzuteilen, daß Court Reventlow Sie auffordert, die oben genannten unwahren und verleumderischen Äußerungen zu widerrufen, und da es sich hier nicht um das erste Mal handelt, daß Sie unwahre und verleumderische Äußerungen veröffentlicht oder initiiert haben, stellen wir darüber hinaus die Forderung, daß Sie uns die Zusicherung geben, solche Äußerungen und Beschuldigungen nicht zu wiederholen...« [*]

Als Barbara eine Antwort auf Lewinsons Brief schuldig blieb, schrieb er ihr erneut und bekam die gleiche Reaktion. Schließlich riet er Reventlow, gerichtlich gegen Barbara vorzugehen und zu behaupten, daß Barbara als Mutter ungeeignet sei und er deshalb fordere, daß Lance der ständigen Obhut seines Vaters übergeben werde.

Diesmal reagierte Barbara, sie nahm sich den gefeierten Rechtsanwalt Jerry Giesler aus Hollywood als Rechtsbeistand. Giesler stellte Gegenklage, indem er Reventlow der vorsätzlichen Belästigung beschuldigte und das Gericht bat, die Zahlungen an ihn, die aus den 1,5 Millionen Dollar stammten, die Barbara für Lances Unterhalt an Treuhandgeldern angelegt hatte, einzustellen. Giesler schrieb auch einen Brief an Lewinson, in dem er eine außergerichtliche Lösung vorschlug: »Meine Klientin ist bereit, Court Haugwitz-Reventlow eine Summe von drei Millionen Dollar zu zahlen, wenn er von der ursprünglichen Regelung des Sorgerechts absieht und für immer aus Lances Leben tritt.« Dieses Angebot wurde brüsk zurückgewiesen.

Trotzdem zermürbten Reventlow der unermeßliche Reichtum Barbaras und die Gewißheit, daß sie, wenn sie sich einmal etwas in den Kopf gesetzt hatte, fast zu allem fähig war. Er begann sich ernsthaft Gedanken darüber zu machen, welche Folgen es hätte, würde er ihr tatsächlich in einem

[*] Die Fotokopien der Briefe von Lewinson sowie von Barbara und Lance wurden von dem Autor der *Wide World Photos* zur Verfügung gestellt.

Gerichtssaal gegenübertreten und Lances Schicksal auf der Waagschale liegen. Als er lange genug über die Sache nachgegrübelt hatte, beschloß er, die Dinge selbst in die Hand zu nehmen. Am 27. Juni 1944, wenige Tage bevor Lance wieder zu seiner Mutter hätte zurückkehren sollen, packte Court Reventlow seine Frau, seinen achtjährigen Sohn und seine Stieftochter in einen Kombiwagen und fuhr nach Kanada, wo er erst anhielt, als er in Vancouver angekommen war.

Die Neuigkeit über Reventlows Abfahrt verbreitete sich schnell. Barbara stellte ihr Telefon ab und sagte gar nichts, während Giesler keine Mühen scheute, Aufsehen zu erregen. Nachdem er eine spektakuläre Pressekonferenz gegeben hatte, in der er Reventlow als »Kindesentführer« brandmarkte, trat er an den Staatsanwalt Kaliforniens, Fred Howser, heran und bat ihn, einen Haftbefehl gegen Reventlow auszustellen. »Wessen wird er beschuldigt?« fragte Howser. »Der Kindesentführung«, erklärte Giesler. Howser erinnerte den Rechtsanwalt daran, daß ein Elternteil nicht der Entführung seines eigenen Kindes beschuldigt werden könne. Die Angelegenheit liege außerhalb seines Verantwortungsbereiches; und er riet Giesler, den Fall mit Hilfe des kanadischen Gerichtes weiterzuverfolgen.

Auch ohne die zusätzliche Belastung durch den erbitterten Kampf um Lance nach der Scheidung war es offensichtlich, daß die Liebe zwischen Barbara und Cary anfing, viel von ihrem anfänglichen glitzernden Zauber zu verlieren. Streit und Verbitterung herrschten auf dem gemieteten Landsitz im Amalfi Drive, oft Ergebnis des fast täglichen Ansturms von klatschträchtigen Begebenheiten; der Streit um das Sorgerecht war da nur ein kleiner Teil davon.

Noch zwei andere Ereignisse verursachten großen Wirbel. Das erste geschah, während die Grants in San Francisco waren. In ihrer Abwesenheit war Barbaras Butler Eric Gosta, als er bei einer Party von Errol Flynn hinter der Bar arbeitete, in eine ernsthafte Schlägerei mit James Fleming,

Flynns Filmdouble, verwickelt worden. Als die Grants nach Los Angeles zurückgekehrt waren, lag Gosta mit einem Schädelbruch im Krankenhaus. Im Laufe der Schlägerei hatte wohl jemand Gosta mit einem Hammer niedergeschlagen. Die Tatsache, daß das Opfer ein Angestellter von Barbara war, war für die Presse Grund genug, über die Begebenheit auf den Titelseiten zu berichten.

Das zweite Ereignis konfrontierte die Grants mit ihrem alten Erzfeind, dem FBI. Es kam ans Licht, daß ein redseliger junger Besucher Kaliforniens, der aus Lateinamerika gekommen war, einen verantwortungsvollen Posten in einer Bank in Los Angeles bekommen hatte, weil die Grants ihn empfohlen hatten und er einen Brief von Barbara besaß. Es stellte sich heraus, daß er ein deutscher Agent war, und als das FBI sie befragte, mußten die Grants einsehen, daß man sie reingelegt hatte. Er war von einer Freundin aus Mexiko zu ihnen geschickt worden. Diese Freundin, die ebenfalls behauptete, getäuscht worden zu sein, war niemand anders als Dorothy di Frasso.

Derartige Geschichten frustrierten Grant, der immer mehr zu der Überzeugung kam, daß seine Frau absichtlich Publicity suchte, daß sie es genoß, berüchtigt zu sein. Er fürchtete, daß sich weitere derartige Zeitungsberichte negativ auf seine Filmkarriere auswirken könnten und er fing an, einzusehen, daß er, solange er mit Barbara verheiratet war, ein gefundenes Fressen für jeden Klatschreporter in Hollywood sein würde. Es gab jedoch noch andere Probleme in dieser Ehe und viele davon waren durch seine Schuld entstanden.

Dudley Walker, Carys Kammerdiener in diesen Jahren, kann ausführlich über die internen Kämpfe, die das Paar langsam auseinanderbrachten, berichten; im großen und ganzen gibt Walker die gleichen Ansichten wieder, die viele der in dem Haushalt Angestellten haben. »Mir ist ganz egal wie viele sechsstellige Spenden Grant an die Kriegshilfe gegeben hat, er war geizig wie kein anderer«, behauptet Walker. »Er war einer von denen, die im Restaurant nie zur

Rechnung greifen, wenn es nicht unbedingt sein muß. Und wenn, dann verbrachte er eine Stunde damit, die vom Ober geschriebenen Zahlen nachzuprüfen. Er rannte im Haus herum und knipste die Lichter aus, um Strom zu sparen. Wenn er Hemden ausrangierte, schnitt er zuallererst die Knöpfe ab. Er begründete dies damit, daß seine Hemden mit einer besonderen Art von Knöpfen versehen seien und daß er sie aufheben wolle, um verlorengegangene austauschen zu können. In Wirklichkeit war er einfach zu primitiv, um seinen eigenen Reichtum genießen zu können.

Er hatte diese vier silbermarmorierten Kristallflaschen für Spirituosen und er pflegte kleine Markierungen an die Flaschen zu machen, um überprüfen zu können, ob irgend jemand hinter seinem Rücken davon trank. Die Getränke waren sowieso alle Barbaras Eigentum. Sie zahlte zehn Dollar für Tee, zehn Dollar für Speck und zehn Dollar für Hühnerfleisch an irgendeinen Typ hier vom Land, der das schwarz verkaufte. Die Ausgaben für Essen und Trinken für den Haushalt inklusive Personal beliefen sich auf 3500 Dollar im Monat, und das wurde alles von ihr gezahlt. Trotzdem war es Grant, der sich Sorgen darum machte. Er neidete den Angestellten jede Flasche Sprudel, die sie aus der Speisekammer nahmen. Seine Regel war: kein Sprudel zwischen den Mahlzeiten, nur während der Mahlzeiten. Wenn er dich mit einem Sprudel erwischte, zog er es dir vom Lohn ab.

Dann gab es da noch die Zeitungen. Wenn er abends vom Studio nach Hause kam, parkte er seinen Wagen und sah auf der Veranda jeweils fünf Ausgaben des *Herald Examiner* und der *New York Times*. Er pflegte schon zu fluchen, bevor er das Haus überhaupt betreten hatte. ›Warum, verdammt noch mal, muß jeder, der hier arbeitet, ein eigenes Exemplar dieser Zeitungen haben?‹ Nun, in diesen Tagen zahlte man vielleicht zwei Dollar fürs Abonnement. Eine Ausgabe war für Barbara, eine für Grant, eine für Ticki, eine für die Kindermädchen und eine für die Hausangestellten. Aber Grant wollte davon nichts hören. ›Wenn die Hausangestellten eine Zeitung wollen, können sie sich diese auch, verdammt noch mal, selbst kaufen.‹ Und dann bestellte er unser Abonnement einfach ab.

Für Grant war das äußere Auftreten das halbe Leben. Es machte keinen guten Eindruck, wenn Barbara während des Krieges mit einem Rolls durch die Gegend fuhr. Es machte keinen guten Eindruck, in derartigem Luxus zu leben. Als er noch im Ocean Drive 1038 wohnte – das war, bevor Barbara und er geheiratet hatten –, ging er oft in die nächstgelegene Militärkantine und schüttelte jedem die Hand, und wenn er dort jemanden näher kennenlernte, sagte er immer: ›O ja, kommen Sie und besuchen Sie mich, besuchen Sie mich in meinem Haus.‹ Und wenn sie dann wirklich kamen, schloß er sich im Schlafzimmer ein. ›Könnten wir Mr. Grant besuchen?‹ fragten sie. Und ich mußte ihnen dann sagen: ›Es tut mir leid, aber er ist im Moment nicht zu Hause.‹ Und ich konnte den armen Kerlen nicht einmal eine Flasche Bier anbieten.

Barbara dagegen war außerordentlich großzügig – mit allem. Sie war der Grund, warum die Angestellten blieben. Sie hatte die Angewohnheit, uns jedes Jahr wunderschöne Weihnachtsgeschenke zu machen, auch an Ostern und am Geburtstag bekamen wir etwas. Vierhundertdollaruhren für jeden der Angestellten, und dann sagte sie immer: ›Legen Sie sie nicht in die Schublade, tragen Sie sie.‹ Sie gab den Zimmer- und den Küchenmädchen Kleider und Schmuck. Und das alles aus Designerstudios. Sie überließ ihnen Kleider, die sie die Nacht vorher auf einer Party getragen hatte. Da machte sie gar nicht lange rum. Einmal schenkte sie mir ganz besondere, schwere Goldmanschettenknöpfe von Gump in San Francisco. Grant sah das und sagte: ›Du mußt das nicht tun, Barbara. Du mußt Dudley nichts schenken. Er arbeitet für mich. Ich werde Dudley etwas geben.‹ Also packte er meine Knöpfe und gab mir ein billiges, altes Paar, das ihm Bugsy Siegel einmal geschenkt hatte. Haben Sie so etwas schon einmal gehört? Bei Grant hatte man Glück, wenn man einmal im Jahr zu Weihnachten eine Flasche Eau de Cologne für fünf Dollar geschenkt bekam. Barbara fand das peinlich. Sie schickte uns an unseren freien Tagen zu den besten Restaurants und ließ uns den Scheck auf ihren Namen ausstellen.

Sie stand Klassen über ihm. Er steckte sich beim Essen die Finger in den Mund und leckte sie ab. Er konnte sehr viel essen, und Barbara rührte ihre Mahlzeiten kaum an. Außerdem trank er zuviel. Er konnte sehr gemein und kalt sein. Er war manchmal regelrecht sadistisch. Dieser Mensch konnte ein richtiges Schwein sein.«

Als seine Ehe Ende 1943 am Zerbrechen war, stürzte sich Grant in die Arbeit. Im Laufe des nächsten Jahres war er in fünf großen Filmen zu sehen: *Mr. Lucky; Destination Tokyo; Once Upon a Time; None But the Lonely Heart; Arsen und Spitzenhäubchen.* Den ersten, *Mr. Lucky,* hatte Milton Holmes geschrieben, ein früherer Trainer des Beverly Hills Tennis Clubs. Bill Robertson, der sowohl Barbara als auch Holmes kannte, hat offensichtlich angeboten, Grant das Drehbuch zu zeigen. Grant hatte damit die Gelegenheit, einen den Wehrdienst scheuenden Gangster zu spielen, der bei einer Kriegshilfeorganisation mitarbeitet, um sich selbst zu bereichern, dann aber von einer entschlossenen Erbin in Sachen Redlichkeit und Kriegsbegeisterung aufgeklärt wird. Das Drehbuch sprach nicht nur Grant, sondern auch die RKO an, die das Skript dann kaufte und sich anschickte, es zu verfilmen.

Charles Turner, ein Geschäftsführer der RKO, kam sofort auf die Idee, die Rolle der fürstlichen Erbin mit Barbara Hutton zu besetzen. Nach Turners Meinung war Barbara ein Naturtalent – attraktiv, einfühlsam; eine Person, die die Fähigkeit besaß, dramatische Spannung zu erzeugen. Ob sie wirklich spielen konnte oder nicht, blieb allerdings sekundär; ihr Name und ihr Ruf waren es, die Turner für sich zu nutzen hoffte.

Barbara, die sich an ihren Auftritt in »The Spirit of Adventure« im Madison Square Garden vor zehn Jahren erinnerte, war begeistert. Cary war es nicht. »Ich sehe das nicht ein«, sagte er zu Turner. »Sie braucht die Arbeit nicht, und ehrlich gesagt, brauche ich den Ärger nicht.« Die Rolle der Erbin in *Mr. Lucky* ging an Laraine Day, die zukünftige Mrs. Leo Duracher.

»Cary war den ganzen Tag im Studio, Barbara hingegen hatte überhaupt nichts zu tun«, sagt Frederick Brisson. »Sie fing an zu glauben, daß ihre Ehe nicht mehr lange halten würde. Sie wollte jemanden, der den ganzen Tag zu Hause war. Es war schade, denn Cary liebte sie. Und er übte einen guten Einfluß auf sie aus. Barbara blühte am Anfang ihrer Ehe geradezu auf. Sie wurde selbstbewußter. Sie hatte nicht mehr diese Gewissensbisse, weil sie Geld besaß und andere nicht. Er hat ihr vielleicht die schönste Zeit ihres Lebens beschert. Er war so fürsorglich. Ich glaube nicht, daß Barbara, bevor sie Cary kennengelernt hatte, je der realen Welt ausgesetzt gewesen war. In der realen Welt gab es in jeder Ehe Höhen und Tiefen. In der realen Welt gehen die Leute nach draußen und verdienen sich ihren Unterhalt. Sie wollte in ihrer selbstgeschaffenen Welt leben, einer Welt voll Einhörnern und geflügelten Schimmeln.«

Barbaras Freunde hatten anfänglich geglaubt, daß eine Ehe mit einem ernsthaften und hart arbeitenden Schauspieler eine stabilisierende Wirkung auf sie haben würde. Aber Barbara langweilte sich ob der Disziplin, die sie aufbringen mußte, um die Karriere ihres Mannes nicht zu gefährden. Normalerweise überschrieb sie immer eine Geldsumme an den Mann, den sie heiratete, um ihn von der Mühsal ehrlicher Arbeit zu befreien. Es war möglich, ja wahrscheinlich, daß sie einen nicht arbeitenden Ehemann vorzog. Grant war die einzige bemerkenswerte Ausnahme, er war der einzige Ehemann, der sich seinen Unterhalt selbst verdiente. Er brauchte keine finanzielle Unterstützung von seiner Frau, was verhinderte, daß sie mittels ihres Geldes über ihn verfügen konnte.

Aus Langeweile und Frustration fing Barbara irgendwann an, sehr viel zu trinken. Frederick Brisson erinnert sich daran, daß sie am einen Tag puren Tomatensaft zum Mittagessen trank, am nächsten aber puren Gin oder Wodka. Einmal stürzte sie eine halbe Flasche weißen Essig hinunter, weil sie sonst nichts anderes im Haus finden konnte. »Ich weiß nicht, ob man sie wirklich als Alkoholikerin bezeichnen kann«, sagt Brisson, »aber für normale gesellschaftliche Begriffe trank sie zuviel. Weil sie Schwierigkeiten mit dem Einschlafen hatte, nahm sie auch noch Beruhigungsmittel. Das zusammen machte sie fertig. Cary sagte, er hätte schon Monate nicht mehr mit ihr geschlafen. Und wenn, dann war ihr Hauptinteresse, daß ihre Frisur nicht ruiniert wurde.«

Inmitten ihrer damaligen Schwierigkeiten beteiligte sich Barbara an etwas, was später ein Journalist als »Geschichte mit human touch« bezeichnete. Als Simone Chibleur, ihre treue Hausangestellte, und Harry Leach, ihr Chauffeur, sich entschlossen zu heiraten, war Barbara diejenige, die alles arrangierte; auch den großzügigen Empfang auf Westridge, auf dem sie selbst und ihr Freund Renée de Becker die Bewirtung übernahmen. Unter den Gästen waren Hausmädchen und ihre Gehilfinnen, Butler und Chauffeure und andere Bedienstete aus den großen Landsitzen in Hollywood, vierhundert an der Zahl, um genau zu sein, und Barbara und Renée liefen herum und servierten Kaviar und Champagner. Ihr Hochzeitsgeschenk an das Paar war ein Scheck über 10 000 Dollar, und als es das Fest verließ, um sich auf die Hochzeitsreise zu begeben, krempelten sie und Renée die Ärmel hoch, zogen sich Schürzen an und wuschen den Großteil des Geschirrs selbst ab, weil sie es als unfair empfanden, die Angestellten nach ihrer eigenen Party in die Küche zu schicken.

Das war aber nicht die einzige Gala, die auf Westridge stattfand. Kurz nach diesem Hochzeitsempfang begann Barbara, jede Nacht außerordentlich verschwenderische Dinnerparties zu geben. Einer von Cary Grants Freunden äußerte sich zu diesen formellen Anlässen: »Auf den Tisch kam immer etwas anderes, auf den Stühlen aber saßen immer die gleichen. Barbara scharte eine Ansammlung kriecherischer Parasiten um sich – europäische Titel, bankrotte Typen aus Hollywood, ein oder zwei indische Großfürsten, einen Scheich, Militär, mehrere englische Adelige, ein paar tennisspielende Nichtstuer und ein ganzer Haufen Tunten. Barbara bekam immer mehr den Ruf eines ›Tuntenweibs‹. Homosexualität faszinierte und verblüffte sie. Es war für sie wie ein Egotrip, sie zu ihren Füßen zu wissen. Cary mochte Barbaras Freunde nicht, denn er wußte, daß sie die meisten von ihnen aushielt. Sie fütterte sie, zog sie an, gab ihnen Geld.« Grant soll einmal gesagt haben: »Wenn noch ein einziger falscher Graf mehr das Haus betreten hätte, wäre ich erstickt.«

Im Grant-Hutton Scheidungsprozeß im Jahre 1945 gab Barbara zu Protokoll, daß »Mr. Grant und ich nicht die gleichen Freunde hatten. Mr. Grant fühlte sich in meinem Haus nicht wohl, und bei mehr als einer Gelegenheit weigerte er sich herunterzukommen, weil es ihn zu sehr langweilte, wenn ich für ein paar Freunde eine Dinnerparty gab. Er ließ sich das Essen mit der Entschuldigung nach oben bringen, daß er noch seinen Text für den kommenden Drehtag zu lernen oder noch an seinen Sammelalben zu arbeiten hätte. Meine Freunde fragten dann beim Essen, wo er sei und ich mußte irgendwelche Entschuldigungen hervorbringen, was mir sehr peinlich war. Wenn er aber einmal wirklich herunterkam, machte er ein genervtes Gesicht und das sahen die anderen und ich sah es auch. Das war mir auch peinlich. Es machte mich ganz nervös und ich mußte mich einer psychiatrischen Behandlung unterziehen.«

Barbara ersparte dem Gericht einiges an noch aufschlußreicheren Details. An einer Dinnerparty wurde jedem ausländischen Gast das in ihrer oder seiner Heimat beliebteste Gericht serviert. Dieses Festessen ärgerte Grant; zu Beginn des Mahls kam er lautstark zur Tür herein und schmetterte in seinem breitesten Cockney: »Hey, er kommt aus Lime-'ouse, und er's nur so'n verdammter Cockney. Wo's mein Fish'n Chips?«

Eine andere Geschichte erzählt, daß er zu einer Einladung seiner Frau auf Stelzen kam, in den Salon polterte und der dort versammelten noblen Gesellschaft zurief: »Hey – da unten muß es ja so kalt sein wie an den Titten einer Hexe.«

Dean Jennings berichtet über beide Vorfälle, und obwohl Grant behauptet, er könne sich an keinen davon erinnern, gab er doch zu, daß er von den Dinnerparties seiner Frau die Nase voll hatte. Er stand früh auf und war den ganzen Tag im Studio, so daß er, wenn er am Abend nach Hause kam, nicht in der Stimmung war, bei einem eleganten Abendessen den Gastgeber zu spielen. Er wollte sich zusammen mit seiner Frau entspannen und vielleicht ein wenig Radio hören. Wenn er aber nach Hause kam, hatte sich Barbara gerade für ihr jeweiliges Abendprogramm umgezogen.

Einer der vornehmen Gäste bei Barbaras Gesellschaften war der in Frankreich geborene Modedesigner Oleg Cassini, damals Leutnant in der U. S. Kavallerie und der Ehemann der Schauspielerin Gene Tierney. Als Oleg 1937 aus Italien in den Vereinigten Staaten ankam, war er, den Titel eines Grafen innehabend, kurz mit der Hustenbonbon-Erbin Merry »Madcap« Fahrney verheiratet. Als diese Ehe in die Brüche ging, zog es ihn nach Hollywood, wo er eine steile Karriere als Designer für Filmkostüme begann.*

Groß, hager, asketische Ausstrahlung, hohe Backenknochen und langer Schnurrbart – Cassini machte eine gute Figur in seiner Militäruniform, mit der goldgewebten Paradejacke, dem ledernen Gesäß und den kniehohen Stiefeln. Er trug seine Uniform auf einer von Barbaras Parties und bat sie, ihn einem anderen Gast, einem Dreisternegeneral, vorzustellen – als »Leutnant Graf Cassini«, ganz die britische Art, was sie chic fand.

Barbaras Konversation an diesem Abend war unkonzentriert, sie sprang von einem Thema zum anderen: Paris, Poloponys, der Krieg. Plötzlich nahm sie Oleg beiseite und fing an, ihn mit Komplimenten zu überschütten. In ihm sah

---

* Olegs jüngerer Bruder, Igor Cassini, war der Nachfolger von Maury Paul als der neue Cholly Knickerbocker vom Hearst Zeitungssyndikat.

sie alle Qualitäten, die sie an Männern so liebte: Intelligenz, Einfühlsamkeit, Herkunft. »Die amerikanischen Männer verstehen mich nicht«, sagte sie. »Die Europäer sind weltmännischer, bewußter.«

Cassini hatte keine Ahnung, auf was Barbara hinauswollte oder wohin diese Unterredung führen sollte.

»Was ich Ihnen jetzt sage«, fuhr sie fort, »ist nicht als Kompliment aufzufassen, sondern ich meine es ganz ernst. Sie und ich, wir verstehen uns. Wir haben die gleiche Weltanschauung und die gleichen Ideen. Ich habe mich zu lange mit den falschen Leuten abgegeben. Sie könnten mich glücklich machen, Oli. Warum heiraten Sie mich nicht?« Sie sagte das, als ob sie ihn zu einer Tasse Tee einladen wollte. Er war schockiert.

»Sie scheinen überrascht zu sein«, sagte Barbara. »Ich meine das aber im Ernst. Ich war noch nie so aufrichtig.«

»Das glaube ich Ihnen gern«, sagte Cassini, der langsam seine Fassung wiedererlangte. »Aber es kommt so plötzlich. Ich weiß kaum, was ich sagen soll.«

»Dann sagen Sie überhaupt nichts«, sagte Barbara. »Wir sprechen ein andermal darüber.«

Als es für Oleg Zeit war zu gehen, wartete Barbara mit ihm noch auf den Wagen. Die nächsten drei Wochen hörte er dann nichts mehr von ihr. Doch dann rief sie eines Nachmittags an und bat ihn, sich mit ihr noch am gleichen Abend in Beverly Hills zu treffen. Als er an der genannten Adresse ankam, fand er sich in einer gemütlichen, von Kerzen erleuchteten Art Absteige wieder, einer Wohnung mit hohen Decken und allen möglichen Sachen, die drapiert oder aufgehängt waren und in dem flackernden Licht dunkel schimmerten. Gehäkelte Kissen, gewebte Wandteppiche und bestickte Stoffe, die auf die Möbel und Wände gespannt waren. Auf dem marmorierten Kaminsims stand wertvolles chinesisches Porzellan. Ein Gewirr von Pflanzen, Schnittblumen und Schilf war in den Nischen zwischen den großen Fensterreihen arrangiert.

Bevor sich Barbara setzte, zündete sie ein Räucherstäbchen aus Sandelholz an und steckte es in eine Halterung am Kaminsims. Dann legte sie einen Stapel Platten auf den Plattenspieler und las Oleg eine Stunde lang aus einem dicken Papierbündel selbstverfaßte Poesie vor. Im Hintergrund hörte man dezente Hackbrettmusik. Als sie fertig war, stellte sie eine Quiche und eine Flasche Moët für ihren Gast und ein Glas Mineralwasser für sich selbst auf den Tisch. Sie hatte sich jetzt in die Couch gekuschelt und sprach über die Poesie und wie sie Trost in Werken bestimmter Poeten wie Tagore gefunden hatte. Irgendwann schien es Cassini, daß der Abend verstreichen würde, ohne daß irgend etwas dabei herauskäme. Dann trat eine Gesprächspause ein und Cassini nahm ihre Hand. Er hielt sie fest und blickte ihr tief in die Augen. Sie erwiderte seinen Blick. Als er sich vorbeugte, um sie zu umarmen, fing sie plötzlich wieder zu reden an, diesmal über die Ehe. Sie hatte sich schon alles genau überlegt. Zuerst würde sie sich von Cary scheiden lassen, dann würde sie Gene Tierney eine Million Dollar geben, Gene und Oleg würden sich scheiden lassen und dann würden Barbara und Oleg endlich zusammen in die Flitterwochen fahren können.

Auch wenn aus diesen Phantasien nichts wurde, konnte Oleg die dahinter verborgenen Gründe verstehen. »Die meisten von uns«, philosophiert Cassini, »machen sich, wenn sie eine Aufmunterung brauchen, auf und kaufen sich einen neuen Anzug, einen neuen Wagen – oder richten sich vielleicht sogar die Wohnung neu ein. Aber das half Barbara nichts, denn wenn man sich alles kaufen kann, macht es keinen Spaß, außer man kauft sich das Wertvollste – einen anderen Menschen.

Männer waren in Barbaras Leben die wichtigste treibende Kraft. Sie kaufte oder verkaufte sie, tauschte oder löste sie ein, geradeso wie ein Spekulant Aktien an der Börse. Sie ›liebte‹ immer mehrere Männer gleichzeitig, aber wahre Liebe war für sie eine absolute Seltenheit; die wahre romantische Freundschaft, die über Sexualität sozusagen erhaben war. Sie teilte die Männer in zwei Gruppen ein – die einen liebte sie, mit den anderen ging sie ins Bett. Ihre Ehen blieben im wesentlichen ohne Sex, ihre Affären jedoch waren geradezu zügellos. Ihre Unfähigkeit, diese beiden Kräfte auf einen Mann zu konzentrieren, war der Grund, warum sie ihre Ehemänner so oft wechselte. Sie hoffte, daß sie durch ein Wunder des Schicksals ihren Ritter in glänzender Rüstung finden würde, sie verpaßte ihn nur immer ganz knapp.«

Das, was die Grants einst miteinander geteilt und genossen hatten, war jetzt sorgfältig in »Seines« und »Ihres« getrennt worden. Es schien, als ob die Chinesische Mauer durch ihr Haus verlaufen und es genau in der Mitte durchschneiden würde. Sie lebten getrennt, aßen getrennt, amüsierten sich getrennt, schliefen getrennt. Im April 1944 packte Grant schließlich seine Koffer und zog in ein Gästehaus, das den Brissons gehörte. Es sollte eine sehr kurze Entwöhnungszeit werden. Denn schon nach zwei Tagen lud Rosalind Russel Barbara zum Abendessen ein, und Barbara und Cary landeten für die Nacht in Frederick Brissons Schlafzimmer. Brisson selbst schlief bei Rosalind. Als er am nächsten Morgen in sein Zimmer ging, um sich ein Paar Socken zu holen, fand er Barbara alleine im Bett vor. Er ging dann ins Badezimmer, und dort lag Grant am Boden und schlief. Brisson stieg über den schlafenden Körper hinweg, holte sich seine Zahnbürste und ging in Rosalinds Zimmer zurück. »Ich glaube, wir haben da wieder ein Problem«, sagte er zu ihr.[*]

Die Grants kehrten aber dennoch nach Westridge zurück, und Barbara dankte Rosalind für ihre Bemühungen, sie wieder zusammenzubringen, indem sie ihr ein goldenes Armband schenkte, das sieben Zentimeter breit, mit Diamanten besetzt und 40 000 Dollar wert war. Das berühmteste Paar Hollywoods setzte seine launische Verbindung fort. Man sah sie auf mehreren Parties zusammen, unter anderem

[*] Rosalind Russel erzählte diese Anekdote in ihrer Autobiographie *Life Is a Banquet* (1977).

auf Elsa Maxwells spektakulärer Feier anläßlich der Befreiung von Paris. Die Gäste waren über Barbaras Aussehen entsetzt. Sie hatte starkes Untergewicht und wirkte erschöpft. Während der ganzen Zeit wechselten sie und Grant kaum mehr als zwei Worte.

»Es schien«, erinnert sich Frederick Brisson, »als ob Barbara und Cary eine Haßliebe zueinander hatten. Wenn er in ihrer Nähe war, haßte sie ihn. Wenn er weg war, konnte sie es nicht ertragen, ohne ihn zu sein.«

Barbara verbrachte den Nachmittag des 14. August damit, mit Hilfe von Dudley Walker einige Wohnzimmermöbel umzustellen. Sie waren gerade dabei, Bilder aufzuhängen, als Grant hereinkam. Er warf nur einen kurzen Blick auf die Wand und fauchte sie dann an: »Nein, Barbara, so habe ich mir das nicht gedacht. Das gefällt mir nicht.« Dann stolzierte er von dannen.

Barbara warf sich in Dudleys Arme und fing zu weinen an. Ihr Angestellter versuchte, sie zu trösten. »Oh, weinen Sie nicht. Beachten Sie ihn doch überhaupt nicht«, sagte er und tätschelte ihre Hand.

Eine Stunde später saß sie am Klavier. Grant war in seinem Arbeitszimmer, trank Rum und schaute ein Drehbuch durch. Als Dudley den Hausdiener mit einem Koffer von Barbara die Treppe herunterkommen sah, machte er sich auf, seinen Arbeitgeber zu suchen. »Mr. Grant, Sir, Ihre Frau weint und hat eine Tasche gepackt«, sagte er. »Warum umarmen Sie sie nicht und sagen ihr etwas Liebes?«

Grant hob langsam den Kopf. »Warum kümmern Sie sich nicht um Ihren eigenen Mist?« knurrte er.

»Schon gut, schon gut«, sagte Dudley. »Ich wollte doch nur helfen.«

Als der Angestellte ins Wohnzimmer zurückkam, war Barbara mitsamt ihrem Koffer verschwunden. Ohne irgend jemandem zu sagen, wohin sie ging, zog sie in Bill Robertsons Haus im Magnolia Drive in Beverly Hills. Sie hatte es erst kürzlich selbst mit antiken chinesischen und japanischen Möbeln neu eingerichtet. Als die Presse sie schließlich aufspürte, machte sie keine Anstalten zu verheimlichen, daß sie Grant verlassen hatte. Sie gab sich selbst die Schuld für viele ihrer ehelichen Schwierigkeiten. Um die Sachlage ein wenig überdenken zu können, flog sie nach Washington, D. C. und besuchte ihre Tante Marjorie.

Marjorie Post und ihr Ehemann, Joseph E. Davies, waren von Rußland zurückgekehrt und hatten sich auf einem Landsitz in der Embassy Row niedergelassen. Davies wurde zum Sonderberater des Staatssekretärs ernannt und hatte seine Memoiren, *Mission to Moscow*, über die Jahre als Botschafter geschrieben. Marjorie war nach den Aussagen ihres Biographen William Wright damit beschäftigt, ihre riesige Sammlung an russischen Kunstschätzen, die sie aus der Sowjetunion mitgebracht hatte, zu katalogisieren.

Eine Unterhaltung zwischen Barbara und Tante Marjorie, die von mehreren Leuten auf mehrere Arten erzählt worden ist, hatte mit Barbaras Klagen über das Zerbrechen ihrer letzten Ehe zu tun.*

»Du bist viel zu ungestüm«, belehrte sie Marjorie. »Du solltest es noch einmal mit Cary versuchen.«

Barbara blickte ziemlich entmutigt drein, als sie ihre Situation besprachen. Schließlich sagte sie: »Vielleicht habe ich einfach noch nicht den richtigen Mann gefunden.«

»Unsinn«, fuhr Marjorie sie an. »Du hast schon viel zu viele Männer gehabt. Du mußt wohl irgend etwas falsch machen.«

»Was denn?« fragte Barbara.

Marjorie überlegte einen Moment und sagte dann: »Hast du schon einmal versucht, deine Hüften kreisen zu lassen? Ich habe mir sagen lassen, daß es dann viel schöner für den Mann sei.«

Ende September war Barbara wieder an der Küste und wohnte im Mark Hopkins Hotel in San Francisco. Jerry

---

* Eine Version dieser Anekdote ist in William Wright, *Heiress*, S. 4 zu finden.

Giesler teilte ihr telefonisch mit, daß die Reventlows Vancouver verlassen hatten und jetzt in Boston wohnten. Lance ging in Brooklyn in die Schule. Giesler hatte Court Reventlow neue rechtskräftige Papiere geschickt, die den endlosen Streit um das Sorgerecht endlich beenden sollten.

Barbara bekam auch noch einen zweiten Anruf, diesmal von Cary Grant. Er flehte sie an, sich mit ihm zu treffen. Sie gab nach und so flog er nach San Francisco, um bei ihr zu sein. Am 4. Oktober, sieben Wochen nach ihrer Trennung, gaben die Grants öffentlich ihre Versöhnung bekannt.

Sie kehrten nach Pacific Palisades zurück und fanden dort als Begrüßung einen Brief von Douglas Fairbanks jr., in dem er ihnen seine Entlassung von den Marinereservisten und seine Pläne, nach Westridge zurückzukehren, bekanntgab. Cary suchte nun ein neues Quartier mit dem Ziel, etwas zu finden, wo sie mit weniger Hausangestellten auskommen konnten. Besonders beklemmend war für ihn die ständige Anwesenheit von Ticki Tocquet und Margaret Latimer. Ticki und sie bewachten Barbara wie zwei Glucken; bei der kleinsten Provokation eilten sie zu ihrer Verteidigung herbei. Sie schirmten alles von ihr ab, was sie als für ihr Wohlergehen schädlich bezeichneten – ihren Ehemann eingeschlossen. Da er ihre guten Absichten nicht leugnen konnte – sie opferten sich für Barbara geradezu auf –, wollte er sie nicht vergraulen, war jedoch stark daran interessiert, sie in der Familienhierarchie zu degradieren, damit sie endlich weniger Einfluß haben würden.

Bald hatte er das gefunden, was seiner Meinung nach ihren Wünschen entsprach; ein kleines zweistöckiges Haus im Bellagio Drive 10615, nicht weit vom Bel Air Country Club entfernt. Das Haus war zwar geräumig, aber dennoch zu klein, um mehr als drei oder vier Angestellte unterbringen zu können. Die restlichen, auch Ticki und Sister, wohnten woanders. Die Grants waren von nun an auch mal alleine, was sie sehr nötig hatten. Sie blieben abends zu Hause, schlugen Einladungen aus und verschickten auch keine. Ihre Wochenenden verbrachten sie in Palm

Springs. Diese neue Abmachung schien eine Weile zu funktionieren.

Die Situation wurde durch die Ankunft Fairbanks' auf Westridge leicht beeinträchtigt, da er sein Haus in chaotischem Zustand vorfand. Erstens hatte Barbara seinen gepflegten japanischen Garten umgegraben und Kartoffeln darauf angepflanzt, höchstwahrscheinlich, um sie im Krieg den Armen zu schenken. Um seine Pein jedoch noch zu verstärken, hatten auch Fairbanks' antike französische Möbel beträchtlichen Schaden erlitten, da Barbara darauf bestanden hatte, daß in manchen Zimmern der Thermostat ständig auf die Treibhaustemperatur von 38° Celsius eingestellt war. Die Hitze hatte das Holz angesengt, und von den nun spröden Möbeln war der Lack abgebröckelt. Während der einst traumhafte Garten nicht wiederhergestellt werden konnte, erklärte sich Barbara bereit, die Möbel restaurieren zu lassen. Als dies erledigt war, legte sie Fairbanks ein Papier zur Unterschrift vor, in dem er sie aller zukünftigen Verantwortung für das Haus enthob. Fairbanks war verblüfft. »Es schien, als ob all die gerissenen Eigenschaften ihres Großvaters nun doch noch in ihr hochstiegen«, bemerkte er. »Der Schaden machte mir weniger aus als die Tatsache, daß sie mir nicht zu trauen schien.«

Es gab auch noch andere Beispiele für ihr seltsames Verhalten. Sir Michael Duff, ein Angehöriger der britischen oberen Zehntausend und Barbaras Freund seit den Tagen ihres Debüts in England, erinnerte sich, wie er ungefähr in dieser Zeit mit Serge Obolensky Los Angeles besuchte. »Wir waren in Hollywood und riefen natürlich Barbara an, um sie zu fragen, ob wir sie besuchen könnten. Sie gab zur Antwort, daß es in den nächsten drei Tagen nicht möglich sei, daß Cary aber am vierten Tag irgendwohin müsse und wir doch zum Bel Air Haus kommen sollten. Das machten wir dann auch und wir lachten und unterhielten uns, da wir uns schon eine ganze Weile nicht mehr gesehen hatten. Plötzlich hörten wir draußen vor der Tür ein heftiges Rumoren. Barbara entschuldigte sich für einen Moment. Als sie zurückkam, war sie ganz verstört und unsicher auf den Beinen. Sie fragte uns dringlichst, ob es uns etwas ausmachen würde, durch die Hintertür hinauszugehen, da Cary sehr wütend werden würde, wenn er wüßte, daß wir da wären. Wir gingen, und Barbara rief am nächsten Tag an und erklärte, daß Cary alle ihre Freunde verabscheue. Das fand ich ziemlich eigenartig, denn ich hatte Cary immer für einen vernünftigen Kerl gehalten. Ich fragte sie, wenn das so wäre, warum sie dann noch mit ihm verheiratet sei. ›Das bin ich nicht‹, sagte sie. ›Wir lassen uns scheiden.‹«

Cary war praktisch der letzte, der davon erfuhr. Barbara teilte ihm ihre Entscheidung fast eine Woche später mit. Das Leben, sagte sie, sei zu kurz und zu vergänglich, als daß sie ihres so beiläufig und blindlings zerstören wollte. Sie könne es nicht länger einsehen, daß sie ihr Leben für seine Karriere opfern solle. »Es ist an der Zeit, daß wir aufhören, uns selbst zu belügen«, sagte sie. »Wir wußten beide, daß unsere Ehe nicht fortbestehen konnte.«

Am 15. Februar 1945 trennten sie sich erneut, diesmal für immer. Barbara zog aus ihrer beider Haus aus und ging, wie schon einmal, zu Bill Robertson. Am 15. Juli reichte sie die Scheidung ein. Ihre Anschuldigungen waren »schreckliche seelische Leiden, Schmerzen und Qualen«. Sechs Wochen später, am 30. August, standen sie und Giesler in einem Gerichtssaal in Los Angeles vor dem obersten Scheidungsrichter Thurmond Clarke. Barbara war im Zeugenstand und ging fünfzehn Minuten später mit einem vorläufigen Scheidungsentscheid aus dieser Anhörung.

Cary Grant hatte beschlossen, nicht dabeisein zu wollen, als Barbara jedoch ging, traf sie Frank Vincent, in dessen Haus am See Arrowhead sie vor wenig mehr als drei Jahren vermählt worden waren. Barbara und Frank küßten sich. Die bei der Anhörung anwesenden Reporter schrieben, daß sie ein schwarzes Moiré-Kostüm, einen schwarzen Strohhut und weiße Handschuhe trug. Sie behaupteten auch, daß man ihren Slip sehen konnte.

So wurde Grant zu einem weiteren Kapitel in Barbara

Huttons abenteuerlicher Geschichte von Heirat und Scheidung. Er war der einzige, der nie eine angemessene Entschädigung, welcher Art auch immer, gefordert hatte. Dennoch zog er Nutzen daraus: eine willkommene Erziehung zu einem großzügigeren Lebensstil, mehrere Gemälde von Utrillo und Boudin und eine hochkarätige Sammlung von Männerschmuck. Barbaras Erbe war weniger großzügig: mit 33 am sonnigsten Punkt ihres Lebens angelangt und schon dreimal geschieden, schien sie zu erkennen, daß ein weiterer Toreingang sich hinter ihr verschlossen hatte.

Barbara reflektierte später über die Schwierigkeiten, mit einem Schauspieler verheiratet zu sein: »Cary und ich gingen während unserer Ehe fast nie aus. Ich sah ihn fast nie. Vieles an ihm liebte ich – ja, wirklich. Ich wollte ihm und auch mir ein Leben aufbauen, Lance ein richtiges Zuhause geben, geliebt werden und lieben, eine vollendete Frau werden. Das war eine frustrierende Zeit. Cary ist sehr lieb, aber sein Leben ist die Arbeit. Sie ist seine Frau, seine Geliebte, seine Familie.«

Grants einzige öffentliche Äußerung zu ihrer Scheidung war dem *Hollywood Reporter* angeboten worden: »Ich weiß eigentlich nicht genau, warum diese Ehe scheiterte. Sie hätte erfolgreich werden können, wir aber machten einfach immer so weiter, das ist alles. Es ist eigentlich nichts Außergewöhnliches dabei, wenn man den Mut dazu hat... Ich habe immer noch starke Gefühle für Barbara. Wir sind gute, großartige Freunde. Ich wünsche ihr nur das Beste. Ich wünschte, sie könnte im höchsten Maße glücklich werden. Ich werde mich so darüber freuen, wenn ich sie lächeln und mit jemandem, den sie liebt, glücklich werden sehe, aber auch wenn sie lacht, ohne jemanden zu haben.«

Diese Äußerung war wohl ein Beispiel für Grants Vorliebe, etwas vorzugeben, über das er in Wirklichkeit ganz anders dachte. Kurz nach ihrer endgültigen Trennung nahm Barbara an einer Dinnerparty bei dem Tennisspieler Francis X. Shields teil, dessen Frau Donna Marina Torlonia war, die Tochter des Prinzen und der Prinzessin Torlonia von Italien, die Barbara in Europa oft besucht hatte. Bei den Shields lernte sie einen am Anfang seiner Karriere stehenden Schauspieler namens Phillip Reed kennen, der in der Tat eine erstaunliche Ähnlichkeit mit Grant hatte. Als sie sich öfters trafen, reagierte Grant völlig verrückt. Reed hat später dem Biographen Dean Jennings berichtet, daß er und Barbara verliebt gewesen seien und daß Cary in dieser Zeit außerordentlich »schwierig« gewesen sei. »Cary haßte meine Unerschrockenheit und er dachte, ich würde seine Ehe zerstören, die doch schon lange kaputt war«, behauptete Reed.

Reed meinte auch, daß Barbara unfähig gewesen sei, eine längere Beziehung zu haben, daß sie früher oder später gelangweilt und ruhelos geworden sei und daß sie, wenn diese Situation eingetroffen war, nicht schnell genug wegzulaufen vermocht habe. Reed bezeichnete es als den ständigen Konflikt zwischen Barbaras Sehnsucht geliebt zu werden und ihrer Sehnsucht nach Freiheit.

Kurz nachdem die Liebesaffäre mit Reed beendet war, entwickelte sich zwischen Barbara und Grant eine große Freundschaft. Eine Art, seine Zuneigung zu Barbara zu zeigen, war Carys fortdauernde Beziehung zu Lance, für den er weiterhin eine Vaterfigur darstellte. Während seiner Schulzeit verbrachte der Junge oft längere Zeit bei Cary. Und als Grant am Weihnachtstag des Jahres 1949 die Schauspielerin Betsy Drake heiratete, schickte Barbara Betsy eine große Auswahl an handgewebten Kaftans. »Barbara hatte die Gabe, eine echte Freundin sein zu können«, sagte Grant. »Sie hielt Freundschaften auf der ganzen Welt aufrecht. Ich bezweifle aber, daß irgend jemand ihrer vielen Freunde Barbara je verstanden hat. Ja, ich bezweifle sogar, daß Barbara sich je selbst verstanden hat.«

3. Teil

Auf Reisen

12

... Dies sind nun die Reisenden,
die Heimatlosen, die Unglücklichen,
die durch die Gnade Gottes
ihre Zuflucht und ihre Ruhe finden.

BARBARA HUTTON
aus »Auf Reisen« (1957)

Errol Flynns langjähriger Freund durch dick und dünn war eine gleichermaßen ansehnliche Gestalt namens Frederick Joseph McEvoy. Freddie und Flynn wuchsen gemeinsam in Sydney in Australien auf. Freddie wurde dann auf das Jesuiteninternat von Stonyhurst nach England geschickt und verschrieb sich dort von Anfang an dem Sport. So wurde er zum Meisterschützen, versuchte sich aber auch als Rennfahrer, Tiefseetaucher und Boxer. Bei der Winterolympiade 1936 in Garmisch-Partenkirchen nahm er als Kapitän der britischen Bobmannschaft teil. Ein Jahr später führte er dasselbe Team bei der Bobweltmeisterschaft in St. Moritz zum Sieg.

McEvoy zeigte sich unersättlich, was undurchsichtige Machenschaften und Abenteuer anbelangt. Aus der Vielzahl seiner beruflichen Betätigungen geben die folgenden einen repräsentativen Querschnitt: Schmuckdesigner, Werbeberater, Berufsspieler, Schmuggler, Schwarzmarkthändler und Gigolo. Er war jeder Art von Glücksspielen dermaßen verfallen, daß er über Jahre hinweg in den europäischen Spielkasinos wahre Schätze gewonnen und wieder verloren hat.

Im Gegensatz zu vielen anderen Leuten war seine tatsächliche Lebensgeschichte wirklich so aufregend wie die von der Presse erfundenen Versionen. So gab er beispielsweise zu, einst während einer Wirtshausschlägerei in Marseille einen Mann getötet zu haben oder er wettete 10 000 Dollar, daß er die Strecke Paris–Cannes in weniger als zehn Stunden zurücklegen könne und bewältigte sie mit einem Rennwagen von Talbot in fast einer Stunde weniger. Eines Nachts gewann er 25 000 Dollar beim Backgammonspielen in Monte Carlo und kaufte sich davon am nächsten Tag einen Maserati. Etwas später, 1936, belegte er damit den dritten Platz beim Rennen um die Vanderbilt-Trophäe, das auf dem Roosevelt-Ring auf Long Island ausgetragen wurde. Da er Geld nie lange behalten konnte, setzte McEvoy seine Bargeldgewinne normalerweise sofort auf Pferde. Jedesmal, wenn er auf das Siegerpferd gesetzt hatte, feierte er mit Champagner Rosé und prahlte, daß er damit den Lebenssaft des blutenden Buchmachers trinke.

Laut eigener Einschätzung war McEvoy ein Spitzbube, ein Schwindler, ein Betrüger, der List, Intelligenz, Charme und Geselligkeit gezielt zu seinem Nutzen einsetzte. Entsprechend benutzte er sein gutes Aussehen. Er war 1,85 Meter groß, wog 79 Kilo, hatte breite Schultern, schmale Hüften, einen hauchdünnen Oberlippenbart, sinnliche, volle Lippen, muskulöse Arme und Beine und durchdringende, hellblaue Augen. Seinem Freund Errol Flynn ähnelte er unheimlicherweise so sehr, daß, als er während eines Vergewaltigungsprozesses in Hollywood für Flynn ein Leumundszeugnis ablegte, nicht einmal die Klägerin die beiden auseinanderhalten konnte.

Barbara Hutton wurde auf ihre erstaunliche Ähnlichkeit aufmerksam, als sie McEvoy zum ersten Mal Mitte der 30er Jahre in Südfrankreich traf. Obwohl sie sich von ihm angezogen fühlte, unternahm sie jede Anstrengung, um ihn auf Abstand zu halten, weil sie um seinen Ruf wußte. 1940 heiratete McEvoy eine Frau, die doppelt so alt war wie er, die 62jährige Beatrice Cartwright. Sie war die Erbin von

Standard Oil und ein gesellschaftlicher Schmetterling. Ihre einst strahlende Schönheit war zu der Zeit, als Freddie sie heiratete, schon ziemlich verblüht. Aber sie war reich und konnte es sich leisten, ihm jährlich eine Summe von 100 000 Dollar, zusätzliches Geld für seine Garderobe und jedes Jahr ein neues Auto zu überlassen.

Er brachte es jedoch nur auf einen einzigen Wagen. Sie wurden nämlich 1942 schon wieder geschieden. Im selben Jahr begegnete McEvoy Irene Wrightsman und heiratete sie. Sie war 18 Jahre alt und Tochter von Charles B. Wrightsman, dem Präsidenten von Standard Oil in Kansas. Unverzüglich enterbte er sie und verwehrte ihr den Zugriff auf ihren Treuhandfonds über mehrere Millionen Dollar. Zwei Jahre und ein Kind später trennten sich Irene und Freddie wieder. Den größten Teil des Jahres 1944 verbrachte er damit, zwischen Mexico City und Beverly Hills hin- und herzupendeln und dabei Waffen, Schmuck, Alkohol und ähnlich wertvolle Fracht in die und aus den Vereinigten Staaten zu schmuggeln. Er und Flynn arbeiteten dabei zusammen. »Wir verursachten eine Menge Aufruhr und hatten großen Spaß dabei«, erzählte McEvoy Dorothy di Frasso, in deren Haus in Mexico City er sich oft aufhielt. Dorothy war eine von Freddies großzügigsten Gönnerinnen. Für ihre Freundinnen war sein Ruf als Schlafzimmerkünstler wertvoller als Geld auf der Bank. Als Freddie eines Tages in Flynns Haus in Hollywood zurückkehrte, fand er eine an ihn gerichtete Nachricht vor. Sie lautete: »Wenn du mich willst, dann ruf mich an« und war mit »Barbara Grant« unterschrieben.

Das war der Anfang einer heimlichen Affäre mit Treffen in Barbaras Zweitwohnung in Beverly Hills, die von November 1944 bis März 1945 dauerte. Barbara war mit Dorothy vollkommen einig über Freddies Vorzüge: er war ein glänzender Liebhaber. Aber er war mehr als das. Er verstand sich ausgezeichnet auf die empfindliche und komplexe menschliche Gefühlswelt. Nach Barbaras Überzeugung verstand er Frauen besser als jeder andere Mann, den sie bisher kennengelernt hatte. Er war einer jener wenigen Menschen, die fähig waren, sie aufzumuntern, wenn sie hoffnungslos depressiv war.

Bis Ende 1945 lebten sowohl Barbara als auch Freddie in New York – Barbara in Joseph Davies Stadthaus in der 72. Straße Ost Nr. 16 und Freddie in der Park Avenue im Penthouse von John Perona, dem Besitzer des El Morocco. Freddie hatte sich gerade der Operation eines Zwölffingerdarmgeschwürs unterzogen und war noch nicht ganz genesen, als Barbara in New York ankam und ihn verzweifelt anrief. Offensichtlich hat die Operation seine sexuellen Fähigkeiten in keiner Weise beeinträchtigt.

Zu dieser Zeit hatte Barbara sonst nur noch zu Anya Lynn Sorine, der Frau des russischen Porträtmalers Savely Sorine Kontakt. Die Sorines lebten im Osten der Stadt, nicht weit von Barbara entfernt, und sie und Freddie waren häufig zum Abendessen bei ihnen zu Gast.

Freddie wurde von Barbara für seine großmütige Gesellschaft reichlich belohnt. Diese Zeit brachte ihm unschätzbare Werte ein: diamantenbesetzte Uhren, Cabochon-Smaragde, einen leuchtend roten Ferrari, einen Scheck über 50 000 Dollar. Während der Weihnachtszeit fuhr das Paar zum Skifahren nach New Hampshire. Sie mieteten eine herrliche Skihütte in Franconia, die Barbara später für McEvoy kaufte.

Bei ihrer Rückkehr nach New York, kurz nach Neujahr, hörte Barbara, daß Graham Mattison kürzlich aus dem Wehrdienst entlassen und als voll einsatzfähiger Partner zu White & Case zurückgekehrt war. Mattison hatte den Sorgerechtsfall über Lance Reventlow von Jerry Giesler übernommen und wollte die Angelegenheit ohne Prozeß regeln, indem er auf eine frühere Vereinbarung über ein gemeinsames Sorgerecht zurückgriff. Court Reventlow bestand jedoch auf zwei Punkten: Erstens sollten Barbaras Rechte auf den Jungen nur gelten, während sie in den Vereinigten Staaten weilte. Falls sie im Ausland leben sollte, dürfe sie das Sorgerecht für Lance nur während der Sommerferien erhalten, da er kaum von Schule zu Schule geschickt werden könne, nur um Barbaras Reiseplänen entgegenzukommen. Die zweite Bedingung verlangte von Barbara, Lances Vermögensanteil von 1,5 Millionen auf 5 Millionen Dollar hinaufzusetzen, was Court Reventlow erlauben würde, vom Ertrag dieser Summe zu leben. Sobald Lance die Volljährigkeit erreicht haben würde, solle ihm das Vermögen ausgezahlt werden. Auf die Empfehlung von Graham Mattison hin willigte Barbara in diese neuen Bedingungen ein.

Lance kam bald zu seiner Mutter zurück. Sein Asthma war schlimmer geworden und eine Vielzahl von Allergiespezialisten wurden konsultiert. Einer von ihnen sorgte dafür, daß für den Jungen ein Luftreiniger für 1000 Dollar gekauft wurde. Ein anderer schlug vor, Barbara solle ihn nach Arizona oder New Mexico schicken, da beide Staaten ein pollenfreies Klima hätten. Der Gesundheitszustand von Lance war für Barbara sicher Grund zur Beunruhigung, die Eskapaden ihres Cousins Jimmy Donahue belasteten sie jedoch in katastrophaler Weise. Jimmys dreistes Benehmen, mit dem er die Leute so oft zum Lachen brachte, hatte auch seine Schattenseiten. Obwohl er unter der internationalen Schickeria wegen seiner Großzügigkeit, seinen Esprit und seine unverbesserlichen Frivolitäten beliebt war, war er auch als hemmungsloser, egozentrischer Exhibitionist verschrien, und sein Sexualleben war mehr als einmal Anlaß zu großer Besorgnis für seine Angehörigen. Der erste gravierende Vorfall war seine unehrenhafte Entlassung aus der U.S. Army nach sechs Monaten wegen »sexuellen Fehlverhaltens«. Jimmy Donahue war ein bekannter Homosexueller, der nichts dabei fand, sich in der Öffentlichkeit auszuziehen und nackt auf einer Bartheke zu tanzen. Es wurde auch darüber geklatscht, daß Jimmy sich gerne als Transvestit kleidete und die Freundinnen seiner Mutter, darunter auch Francis Cardinal Spellman, damit unterhielt, daß er sich Petticoat, Kleid, Perücke, falschen Schmuck und hohe Absätze anzog.

Eine seiner pikanten Geschichten war die, daß er einmal einen muskulösen, gutgebauten Strichjungen, den er kannte, anrief und ihn über Nacht einlud. Da jener schon eine Verabredung hatte, schickte er seinen Zimmergefährten, einen fettleibigen, unattraktiven Mann. Jimmy war so aufgebracht darüber, daß er, sobald der Mann sich ausgezogen hatte, dessen Kleider an sich nahm und seinem Diener befahl, den Kerl – nackt, wie er war – aus dem Haus zu werfen.*

Ein anderes Beispiel schwerwiegenden sexuellen Fehlverhaltens gab Jimmy in der Nacht zum 18. März 1946, als er die übliche Runde in New Yorks piekfeinen Bars machte. Irgendwann kam er zu Cerutti, einer Homosexuellenbar an der Madison Avenue. Truman Capote, der damals für den *New Yorker* arbeitete, erinnert sich, was passierte: »Das Cerutti war ein himmlischer Ort. Es gab zwei verschiedene Räume. Im ersten wimmelte es von Soldaten und im zweiten spielte ein glänzender Pianist namens Garland Wilson. In jener Nacht war ich auch dort. Jimmy gab gerade eine Party in der Wohnung seiner Mutter an der Fifth Avenue und er kam mit Fulco di Verdura, dem Schmuckdesigner, ins Cerutti und sie schleppten all diese Soldaten ab. Draußen wartete schon eine Taxiflotte. Sie packten sie alle hinein und nahmen sie zur Party mit. Einer der Soldaten wurde auf der Party plötzlich ohnmächtig. Sie legten ihn auf eine Couch, zogen ihm die Hosen aus, seiften ihn mit Rasiercreme ein und rasierten ihm mit einem scharfen Rasiermesser die Schamhaare ab.

Es sollte nur ein Jux sein. Sie waren alle schon ziemlich abgefüllt mit Alkohol und Drogen. Mittendrin kam er plötzlich zu sich und jemand schnitt ihm aus Versehen den Penis ab. Sie sagten jedenfalls, daß es ein Unfall war. Daraufhin brach totale Panik aus; sie wickelten den armen Kerl in ein Leintuch, setzten ihn in Jimmys Wagen und luden ihn irgendwo auf der 59. Street Bridge aus. Als die Polizei ihn dort fand, stand er unter Schock. Sie brachten ihn ins Kran-

* Diese Anekdote erzählt z. B. Stephen Birmingham in *Duchess: The Story of Wallis Warfield Windsor*, 1981.

kenhaus und es gelang, sein Leben zu retten.

Alles, an was er sich ein paar Tage später erinnern konnte, war der Name *Cerutti*. Die Polizei ging dorthin, und der Barmann sagte, ja, der Typ sei mit Mr. Donahue hiergewesen. Fulco und Jimmy bekamen deswegen eine Menge Ärger. Fulco hatte damit aber gar nichts zu tun. Soweit ich verstanden habe, war nur Jimmy Donahue daran beteiligt.«[*]

Einzelheiten der Geschichte breiteten sich – oft sehr verzerrt – in Windeseile in der »Café-Gesellschaft« aus. Mrs. Jessie Donahue zahlte dem Opfer einen einmaligen Betrag von 200 000 Dollar, damit er keinen Anspruch auf Schmerzensgeld einklagte. Der Fall kam nie vor Gericht und tauchte auch in der Presse nicht auf. Durch ihre Anwälte ließ Mrs. Donahue verlauten, daß sie bei jeder Veröffentlichung, die auf den Fall auch nur anspielte, wegen Verleumdung klagen würde. Aber das Getuschel nahm kein Ende und machte es für Jimmy unabdingbar, die Stadt zu verlassen. Seine Mutter charterte eine Maschine und flog ihn und seinen Freund, der auch in den Vorfall verwickelt war, nach Mexiko. Dort blieben sie die folgenden zwei Jahre.

Graham Mattison betrachtete die Affäre Donahue unter dem Aspekt, daß sie dem öffentlichen Ansehen Barbaras möglicherweise schaden könne. Er war nicht sicher, daß die Presse Stillschweigen bewahren würde und befürchtete, Barbara könnte irgendwie damit in Zusammenhang gebracht werden. Deshalb redete er ihr ein, daß der Zeitpunkt für sie jetzt günstig wäre, um nach Europa zurückzukehren. Barbara überlegte nicht lange und buchte einen Platz in einer TWA-Maschine nach Paris für den 12. April. Lance wurde zusammen mit Ticky, Sister und seinem neuen Hauslehrer Leon Christen nach Tucson in Arizona geschickt. Am 5. April ging Freddie McEvoy mit dreißig von Barbaras Koffern an Bord eines Ozeandampfers. Eine Woche später wurde Barbara am Flughafen von der Presse gefragt, ob sie

[*] Capote erzählte diese Geschichte dem Autor; sie wird ebenfalls in einem Interview mit Capote in der Zeitschrift *Interview* vom Januar 1978 wiedergegeben.

sich lieber in Europa oder in den Vereinigten Staaten aufhalte. »Es handelt sich nicht darum, daß *ich* Europa lieber mag«, erklärte sie, »in Europa mag man mich einfach mehr als in den Staaten.« Sie verneinte, daß ihre Reise irgendwie in Zusammenhang mit Freddie McEvoy stehen würde: »Ich gehe nach Paris, einzig und allein, weil ich der Versuchung nicht widerstehen kann. Außerdem möchte ich auch London besuchen. Aber ich werde ganz bestimmt nicht mehr heiraten. Man kann sich nicht sein ganzes Leben lang zum Narren machen.«

Niemand war erfreuter, Barbara wiederzusehen, als Max Charrier, der Chefportier des Ritz. Sein Leben war seit über vierzig Jahren mit dem Hotel verbunden. Charrier war Auge und Ohr des Ritz, der inoffizielle Chronist des Hotels und die Seele des Hauses. Er hatte stumm zugesehen, als die Nazis das Ritz wie auch den übrigen finanziellen und kulturellen Reichtum seiner besiegten Nation in Beschlag genommen und Rassenhaß, Folter und Mord zum Gesetz des Tages gemacht hatten. Er erzählte Barbara von der tragischen Zeit der Besetzung, wie die Nazis die Blumen im Bois de Boulogne abrasiert hatten und wie Hermann Göring, während er im Ritz wohnte, zum Frühstück immer Schweinshaxe und dunkles Bier bestellt hatte.

Barbara war glücklich, wieder in Europa und insbesondere in Paris zu sein. Seltsamerweise schien sich nichts verändert zu haben. Elsa Maxwell gab eine Party bei Laurent, und dort begegnete Barbara einer Menge alter Freunde: den Patinos, Noel Coward, Lady Diana und Duff Cooper, Daisy Fellows, Randolph Churchill, Arturo Lopez und Baron Alexis de Rédé.

Eine Woche später gab Cordelia de Castellane, eine Cousine von Silvia, einen Ball. Da Barbara keine Begleitung hatte, wurde ihr ein Freund von Cordelia, Graf Jean de Baglion zugewiesen. Er war ein kleiner, bescheidener Adliger, der zu einem von Barbaras besten Freunden wurde. »Ich erinnere mich an ihren Ausspruch, daß sie sich zum

300

ersten Mal in ihrem Leben als freie Frau fühle«, berichtet Baglion. »›Es gibt wirlich niemanden, der mir vorschreiben würde, was ich zu tun oder zu lassen habe‹, sagte sie. ›Mein ganzes Leben lang bin ich von Männern tyrannisiert worden – zuerst von meinem Vater und dann von meinen Ehemännern –, weil ich leider zu der Sorte Mensch gehöre, die Streit nicht aushalten können. Sobald jemand zu brüllen anfängt, sage ich sofort zu allem ja, damit er sich wieder beruhigt. Zumindest war es so bis vor ein paar Wochen. Aber jetzt bin ich nur mir selber verantworlich. Ich gehe in der Sonne spazieren ohne Hut, schaue mir die Auslagen der Geschäfte an, tue, was ich will, und niemand kontrolliert mich.‹«

Als Barbara eines Tages von einem ihrer Spaziergänge ins Ritz zurückkehrte, wimmelte es in der Empfangshalle von Staatsmännern und hohen Regierungsbeamten im Smoking. Sie rannten alle aufgeregt herum, um den Empfang des Königs von Kambodscha vorzubereiten. Da Barbara mit Tennisshorts, Söckchen und Halbschuhen bekleidet war, wurde sie am Hoteleingang von einem Sicherheitsbeamten angehalten. Vorwurfsvoll wies er auf ihre Aufmachung und bat sie darum, den Hintereingang zu benützen. Barbara nahm den Vorschlag nicht sehr freundlich auf und erklärte dem Beamten, daß sie dieselben Rechte habe wie jeder andere, ob er nun König von Kambodscha sei oder nicht. Daraufhin spazierte sie hoch erhobenen Hauptes durch die Drehtüre des Ritz. Zufällig sah sie ein Reporter des *Life* und bat sie, für die Kamera zu posieren. Der Sicherheitsbeamte fragte den Reporter anschließend nach dem Namen der Frau, von der er das Foto gemacht hatte. »Das war Barbara Hutton«, sagte der *Life*-Reporter, »eine der reichsten und berühmtesten Frauen der Welt.«*

Obwohl Freddie McEvoy zu jener Zeit in Paris lebte, wurde er sanft beiseite geschoben zugunsten von Barbaras neuestem Verehrer, einem mageren, braungebrannten fran-

---

* Viele Details über Barbaras Rückkehr ins Nachkriegsfrankreich stammen von guten Freunden und Bekannten von ihr. Siehe auch Dean Jennings, *Barbara Hutton*, S. 187-200.

zösischen Aristokraten, dem Grafen Alain d'Eudeville. Dessen Familie leitete das blühende Champagnerhaus Moët et Chandon. Barbara und ihr neuer Begleiter wurden nicht nur in Paris zusammen gesehen, sondern auch in Cannes. Eine Tageszeitung schrieb, daß sie dort jede Nacht im Casino des Carlton Hotels verbrachten. Im Juli begleitete Graf d'Eudeville Barbara auf ihrer Reise nach London. Sie fuhr zum ersten Mal seit der Zeit vor dem Krieg wieder dorthin. Hauptgrund der Reise war, daß über das Schicksal von Winfield House entschieden werden sollte. Es war während des Krieges als Offizersclub der britischen Luftwaffe und später als Erholungsheim für kanadische Soldaten genutzt worden. Als sie es jetzt wiedersah, war sie schockiert. Überall hingen die Tapeten von den Wänden, die Bodenbretter wölbten sich, Fenster waren zerbrochen und elektrische Kabel baumelten von Wänden und Decken. Der Putz war in riesigen Stücken heruntergefallen und im Kinderzimmer von Lance im dritten Stock lag eine dicke Staubschicht über allem. Das Dach und Teile der Fassade waren von Feuerbomben zerstört worden.

Am nächsten Tag rief Barbara Graham Mattison in New York an und teilte ihm mit, daß sie Winfield House dem amerikanischen Außenministerium zum Geschenk machen wolle. Sie regte an, daß das Haus renoviert als offizieller Wohnsitz des amerikanischen Botschafters am britischen Hof genutzt werden könnte.

Mattison übermittelte Barbaras Angebot den amerikanischen Regierungsbehörden und innerhalb weniger Tage fand sich Botschafter Averell Harriman ein, um das Gelände zu besichtigen. Seinem Bericht nach warf Winfield House mehrere Probleme auf. Zum einen war das Haushaltsbudget einer Botschaft kaum ausreichend, um die Kosten abzudecken, die nötig waren, ein derart riesiges Anwesen in Schuß zu halten. Des weiteren gab es Probleme mit den Möbeln und der Innenausstattung. Von Barbaras Louis-quinze Möbeln erschienen ihm nur wenige geeignet für ein Anwesen in London, in dem der amerikanische Botschafter wohnen sollte. Das hieße, daß auf das amerikanische Außenministerium die zusätzliche finanzielle Belastung zukäme, das Haus neu einzurichten.

Barbara erhielt einen persönlichen Brief von Präsident Harry S. Truman, der sich für ihr »äußerst großzügiges und patriotisches Angebot, der Regierung Ihren herrlichen Besitz zu überlassen« bedankte. Weiter hieß es in dem Brief: »Ich wünschte, ich könnte Ihr großzügiges Geschenk, das Sie uns so uneigennützig machen, auf der Stelle annehmen. Leider sagte man mir von Verwaltungsseite her, daß einiges dagegen spreche. Deshalb habe ich den Außenminister gebeten, mit Ihnen in Kontakt zu treten und weiter darüber zu verhandeln ... Es war äußerst rücksichtsvoll von Ihnen, an die Bedürfnisse unserer Regierung in bezug auf die Repräsentation im Ausland zu denken und uns einen derart großzügigen Beweis Ihrer Verbundenheit mit dem amerikanischen Volk zu geben.«

Barbara faßte den Brief als bürokratischen Affront auf. Als Mattison ihr erklärte, daß das Außenministerium sich über die Größe des Hauses Sorgen mache, antwortete sie ärgerlich: »Was wollen sie denn dann? Ein Indianerzelt?« Sie war nahe daran, ihr Angebot wieder zurückzunehmen, als ein zweiter Brief aus dem Weißen Haus eintraf. »Wenn man es genau überlegt«, schrieb Truman, »dann wären wir verrückt, wenn wir Winfield House nicht annehmen würden. Das Anwesen soll so bald wie möglich in seiner früheren Pracht wiederhergestellt werden und allen zukünftigen amerikanischen Botschaftern am britischen Hof als Wohnsitz dienen. Das Land steht ob dieses überaus großzügigen Geschenks tief in Ihrer Schuld ...«

Das einzige nicht vorhergesehene Problem war jedoch die akute Knappheit von Baumaterial in England nach dem Krieg. So war es per Verordnung verboten, das vorhandene Material für private Gebäude zu benützen, solange öffentliche Gebäude wie Krankenhäuser noch reparaturbedürftig waren. Erst am 18. Januar 1955, also beinahe neun Jahre später, als Winthrop Aldrich Botschafter in England war, wurde Winfield House zum ersten Mal tatsächlich als Wohnsitz genutzt. Barbara lehnte damals eine Einladung für die Eröffnungsfeierlichkeiten, die unter der Schirmherrschaft von Königin Elisabeth und Prinz Philip abgehalten wurden, ab. »Um die Wahrheit zu sagen, würde ich mich bei diesem Anlaß sehr unwohl fühlen«, schrieb Barbara an Botschafter Aldrich. »Winfield House stellt ein abgeschlossenes Kapitel meines Lebens dar und obwohl ich froh und dankbar bin, daß das Haus nun einen neuen Nutzen hat, stecken in seinen Mauern doch zu viele Erinnerungen – gute wie auch schlechte –, die ich nicht wiederaufleben lassen möchte.«

Während Barbara in London weilte, erfuhr sie von einem Palast in der damals international kontrollierten Zone um Tanger im Norden von Marokko, der zum Verkauf stand. Deshalb reisten sie und Graf d'Eudeville nach Tanger und mieteten sich im El Minzah, dem führenden Hotel der Stadt, ein. Wie sie bald erfuhren, hatte der Palast des Sidi Hosni seinen Namen von einem moslemischen Heiligen aus dem 19. Jahrhundert, dessen Grab ebenfalls in der Nähe lag. Es handelte sich um ein hohes weißes Gebäude mit dicken Steinmauern und Zinnen ringsum, oberhalb der steilen und engen Ben-Raisul-Straße im ältesten Teil Tangers, der sogenannten oberen Medina oder Kasbah. Barbara war nicht nur vom Äußeren des Palastes fasziniert, sondern auch von seiner einzigartigen Geschichte.

Der Besitz bestand ursprünglich aus sieben einzelnen Häusern, die um ein großes Hauptgebäude mit sieben Räumen lagen. Lange Zeit war es ein Schuldengefängnis gewesen und später ein maurisches Kaffeehaus, bis es 1870 von Sidi Hosni erworben wurde. 1925 verkauften seine Nachkommen den Besitz an Walter B. Harris, einen Auslandskorrespondenten der Londoner *Times*. Er wollte die außenliegenden Häuser untereinander und dann mit dem Hauptgebäude verbinden. Harris starb jedoch, bevor er seinen Plan zu Ende führen konnte. 1933 wurde das halbfertige Gebäude von Maxwell Blake, dem amerikanischen Gesandten in Tanger, aufgekauft. Er verbrachte zehn Jahre damit, den Komplex zu vollenden und bereicherte den Palast mit Möbeln und Kunstgegenständen aus dem ganzen Orient. Aus Fez holte er den letzten großen maurischen Meister im Steinschneiden, einen alten, einäugigen Nomaden. Er schuf ein farbiges Labyrinth aus geometrischen Arabesken, die, auf magische Art hell und durchsichtig, sich von Wand zu Wand und von Säule zu Säule fortsetzten. Der fertige Palast hatte in der Draufsicht Ähnlichkeit mit einer Honigwabe. Er war eine Art Kasbah im kleinen, mit Gängen, Kammern, Sälen und Terrassen in alle Richtungen, die auf unterschiedlichen Ebenen lagen und durch eine Reihe von Rampen und Treppen verbunden waren.

Anfang 1946 entschied sich Blake, aus dem diplomatischen Dienst auszuscheiden und den Palast zu verkaufen, um mit seiner Frau in die Vereinigten Staaten zurückzukehren. General Franco, damals Diktator in Spanien, schickte eine Gruppe von Spezialisten aus, um den Palast in Augenschein zu nehmen und dann ein entsprechendes Angebot zu machen. Es belief sich auf ungefähr 50 000 Dollar und war das höchste, das bis dahin für den Palast geboten worden war – bis Barbara Hutton kam.

Nach einem zwanzigminütigen Rundgang durch das Haus bot diese das Doppelte wie Franco. Blake war damit hoch zufrieden, und die Verträge wurden sofort aufgesetzt. Barbara erklärte sich ohne Zögern bereit, Blakes gesamtes Hauspersonal – sieben ergebene spanische Diener und ihre Familien – zu übernehmen. Ruth und Reginald Hopwood, Blakes Tochter und ihr Mann, hatten ebenfalls im Sidi Hosni gelebt, und Barbara forderte sie sogleich zum Bleiben auf. Den größten Teil des Jahres wohnten sie deshalb im zentralen Trakt des Gebäudekomplexes. Jedesmal, wenn Barbara in Tanger weilte, was normalerweise einige Monate im Spätsommer der Fall war, zogen sie vorübergehend in einen Gästeflügel.

Barbara entwickelte nun eine wahre Sucht in der Gestaltung des Hauses und gab ein Vermögen für Einrichtungsgegenstände aus der ganzen Welt aus. Sie flog einige eigene Möbelstücke aus Lagerhäusern in England und den Vereinigten Staaten ein, ließ aber auch eine Menge von Adolfo de Velasco, einem Möbelschreiner aus Marrakesch, maßarbeiten. Sie kaufte eine Vielzahl von Antiquitäten von Jacques Robert, einem Schweizer, der in seinem Laden in Tanger auch Schmuck, Kaftane und Lederwaren verkaufte. Vom Maharadscha von Tripura erwarb sie einen Wandteppich, der als Einemilliondollarteppich Berühmtheit erlangte. Es war ein indischer Wandteppich aus dem 15. Jahrhundert, der mit Goldfäden durchwirkt und mit Diamanten, Perlen, Smaragden und Rubinen überladen war. Er kam zusammen mit Dutzenden von passenden Sitzkissen an, die ebenfalls mit seltenen Juwelen bestickt waren. Für den Hauptsalon gab sie bei den Glaswerkstätten von Murano einen Lüster in Auftrag, der aus einer Kaskade von milchweißen und pastellfarbenen Schwanenhälsen bestand. Dieselbe Firma entwarf Barbaras marokkanisches Tischservice. Ein einziges der insgesamt hundert Gedecke bestand aus zwanzig blauen und silbernen Einzelteilen. James R. W. Thompson, der in Amerika geborene Gründer der Thai Silk Company in Bangkok, fertigte Rollen schimmernder Seide für den Palast und ergänzte damit die ornamentalen Steinschnitzereien, die Keramik und die bemalten und geschnitzten Wände aus hartem und weichem Holz. In jedem Raum und in jedem Badezimmer ließ Barbara eine signierte goldene Standuhr von Van Cleef & Arpels aufstellen. Am Ende gab es dreißig dieser Uhren in Sidi Hosni. Jede hatte 10 000 Dollar gekostet. Außerdem hatte sie eine Kunstsammlung angelegt, die Werke von Fragonard, Braque, Manet, Kandinsky, Klee, Dali, El Greco, Grandma Moses und Hassan El-Glaoui, dem Sohn des Paschas von Marrakesch, umfaßte.

So besessen sie von der Verschönerung von Sidi Hosni war, nahm sie doch auch die Lebensbedingungen wahr, die außerhalb ihres Hauses in Tanger herrschten. Ihre Briefe erzählen, daß »in hölzernen Lattenkisten, die die Straßenränder säumen, ganze Familien kochen, essen und schlafen«, andere »hausen in winzigen Hütten ohne sanitäre Einrichtung oder Kochgelegenheit. Die Decken sind so bedenklich niedrig, daß sie von einem Raum zum anderen auf allen vieren kriechen müssen.« Im Bauch der Medina – dem Marktplatz – empfand sie »ein so großes Gedränge«, daß es unmöglich sei, nicht zu ersticken.

Da sie entschlossen war, die Lebensbedingungen in Tanger zu verbessern, trat Barbara an Mohammed Omar Hajoui, den lokalen Abgeordneten des marokkanischen Ministeriums für Tourismus und Präsidenten des königlichen Golfclubs, heran und bat ihn um eine Liste der Wohlfahrtsorganisationen der Gegend. Sie sandte diesen Gruppen dann Dutzende von anonymen Schecks mit Beträgen zwischen 10 000 und 50 000 Dollar. Jedes Jahr besorgte sie sich eine aktualisierte Liste und wiederholte den Vorgang.

Im Laufe der Jahre entwickelte sie zwei weitere Projekte. Das erste war die Einrichtung einer Suppenküche, um die verarmten Rif-Stämme zu unterstützen, die Ende 1945 nach Tanger geflüchtet waren, weil sie in ihrer Heimat, einer gebirgigen Küstenregion, von einer schweren Hungersnot bedroht waren. Barbara versorgte die Kinder mit Kleidern und Spielsachen und ernährte täglich mehr als tausend Stammesangehörige, von denen viele in den erbärmlichen Elendsvierteln am Rande der Stadt lebten.

In den frühen 60er Jahren traf sie eine Vereinbarung mit der amerikanischen Schule, die auf einem Gelände von mehr als 150 000 Quadratmetern lag und von wo aus man das Rif-Gebirge übersah. Sie initiierte dort ein Gemeinschaftsprogramm für die Kinder der ärmsten Familien Tangers. Jedes Jahr wurden ein Dutzend Kinder dafür ausgesucht. Sie wurden eingekleidet und von Barbara in einem auf ihre Kosten erbauten Schlafsaal auf dem Schulgelände untergebracht. Bücher, Schulmaterial, Betreuer, Lehrer und ein Schlafsaalaufseher wurden gestellt. Die Schüler durchliefen dann alle zwölf Schulklassen und diejenigen, deren Fähigkeiten dazu geeignet erschienen, wurden auf eine College geschickt. Von allen ihren sozialen Bemühungen gab ihr dieses

Programm die größte persönliche Befriedigung.

Mehr als irgendwo sonst erlangte Barbara in Tanger ein großes öffentliches Ansehen. Sie war eine der ersten von vielen wohlhabenden Amerikanern und Europäern, die sich nach dem Krieg in Tanger niederließen. Viele erwarben in der Gegend, die sie »Mountain« nannten, ein Grundstück und bildeten dort ein Wohnviertel aus schmucken Villen und Parks, die hinter dichten Hecken und Baumreihen versteckt lagen. Daß Barbara beschloß, nicht im »Mountain«-Gebiet, sondern in der vermeintlich gefährlichen und schäbigen Kasbah zu wohnen, trug dazu bei, daß die Vorurteile der Touristen, Tanger sei nichts als eine Lasterhöhle und ein Sündenpfuhl, ausgerottet werden konnten. »Nach und nach hatten wir das Gefühl«, bemerkt Mohammed Hajoui, »daß unsere Gebete nach ökonomischem Aufschwung durch den Tourismus erhört wurden. Allein durch Barbaras Anwesenheit wurde Tanger zu einer gefragten Stadt, ja sogar zu einem jener Orte, die in der ›Café-Gesellschaft‹ ›in‹ waren. Außerdem wurde es zu einem Mekka für jene, die nach einem Freihafen, nur wenige Stunden von Spanien entfernt, suchten. Denn wegen seines internationalen Hoheitsgebietes erhob Tanger keine Steuern von seinen Bewohnern. Auch andere wohlhabende Leute, wie die Industriellen Gerhard Voigt, Malcolm Forbes, Yves Vidal – der das York Castle in der Kasbah kaufte –, begannen es Barbara gleichzutun.«*

Da Barbara für Tangers Touristenwerbung von großer Bedeutung war, setzte Hajoui alle Hebel in Bewegung, um ihren Wünschen entgegenzukommen. Über Jahre hinweg leistete er ihr die verschiedensten Dienste. Vor allem ermöglichte er Kontakte zu den ältesten und vornehmsten marokkanischen Adelsfamilien. Seine weitere Hilfe war mehr prag-

---

* Barbara verlegte ihren offiziellen Wohnsitz nach Tanger und vergrößerte damit ihr Vermögen beträchtlich. Während der späten 40er und der 50er Jahre hatte sie dadurch ein steuerfreies Einkommen von ungefähr 3 Millionen Dollar pro Jahr. Angesichts ihrer enormen Ausgaben und ihrer ständig steigenden Lebenshaltungskosten war das jedoch beileibe keine große Summe.

matischer Natur. Barbara importierte zum Beispiel mehrere Rolls-Royce aus England und ließ für diese hinter Sidi Hosni eine Garage bauen. Es stellte sich jedoch heraus, daß die Torbogen der Medina für diese Gefährte einen zu geringen Abstand hatten. Hajoui setzte sich im Stadtrat für Barbara ein, und so wurde eine Verordnung verabschiedet, wonach alle Torbogen in Tanger genügend Abstand haben mußten, um Autos von der Breite eines Rolls-Royce die Durchfahrt zu ermöglichen. Die Torbogen, die diesen Anforderungen nicht standhielten, wurden entweder abgerissen oder versetzt.

Barbaras Parties im Sidi Hosni standen für die weltweite Regenbogenpresse immer im Zentrum der Aufmerksamkeit. Zu Anfang half ihr Hajoui dabei, respektable marokkanische Gäste einzuladen, die Lieferanten auszuwählen und für Unterhaltung zu sorgen. Sie persönlich bevorzugte die Bauchtänzerinnen, von denen viele in den örtlichen Nachtklubs arbeiteten, und die malerischen Tuareg, Nachkommen von Berbern, die in ihren charakteristischen blauen Gewändern beeindruckende Gesangs- und Tanzvorstellungen gaben.

»Jeder Tourist, der in Tanger weilte, wollte zu einer ihrer Parties eingeladen werden«, erzählt Hajoui. »Es gab einen richtigen Schwarzmarkt für die Einladungskarten. Wenn jemand keine Einladung ergattern konnte, so wollte er zumindest ihren Palast sehen. Deshalb war das Haus mit der Schildwache vor dem Eingang und der amerikanischen Flagge darüber eine der touristischen Hauptattraktionen. Die Fremdenführer bauten es in ihre Stadtführungen ein: ›Und hier sehen Sie Sidi Hosni, den Palast Ihrer Erlauchten Hoheit Babara Hutton, ihres Zeichens Königin der Medina!‹ Ihre Parties zogen die berühmtesten Leute an: Charlie und Oona, Greta und Cecil, Ari und Callas. Da sie ständig heiratete und sich wieder scheiden ließ, las man auf den gedruckten Einladungen nur: ›Mrs. Barbara Woolworth Hutton bittet um das Vergnügen Ihrer Anwesenheit ...‹ Wenn Parties auf dem Dach stattfinden sollten, stand in der rechten unteren Ecke der Einladung immer: ›Falls es windig sein sollte, bittet Sie die Gastgeberin, an einem anderen Abend zu erscheinen.‹ Durchschnittlich wurden zweihundert Gäste zu den größeren Parties eingeladen – und tausend kamen. Die Leute brachten, wie das in Marokko üblich ist, ihre Freunde mit. Andere bevölkerten die umliegenden Straßen, um zu gaffen. Und manche kletterten sogar auf die Dächer der Nachbarschaft, um eine bessere Aussicht zu haben. Bald kam es dazu, daß die Nachkommen Ali Babas die Edelsteine aus den Wandteppichen und den Haremskissen herausrissen. So mußte Barbara die Räume während ihrer Parties durch diskret bewaffnete Sicherheitsleute bewachen lassen. Als es schließlich gar zu arg wurde, begann sie, Parties nur noch außerhalb vom Sidi Hosni abzuhalten – beispielsweise in den ummauerten Gärten des Restaurants Guitta, im Café Parade oder in riesigen Zelten bei den Herkuleshöhlen, einem Kalksteinbruch einige Meilen außerhalb von Tanger.«

Der amerikanische Schriftsteller Paul Bowles, der 1947 nach Tanger zog und mit seiner ebenfalls schreibenden Frau Jane Bowles in einer kleinen Wohnung nur wenige Häuser von Sidi Hosni entfernt lebte, beschrieb Barbaras Nordafrika als »den Garten Allahs, in dem die Nachtigallen singen, Springbrunnen plätschern und man nur in die Hände klatschen muß, damit die Musiker herbeieilen«.

In seiner Autobiographie *Without Stopping* schrieb Bowles: »Sie wollte, daß alles, was sie umgab, den Flair des Unwirklichen hatte. Deshalb machte sie sich viel Mühe damit, die Wirklichkeit immer wieder in eine Phantasiewelt umzuwandeln. Erst dann fühlte sie sich wohl.« Als Beispiel führt der Autor an: »Als sie in einer Sommernacht einen Ball gab, holte sie dreißig Kameltreiber des Reguibat-Stammes mit ihren Rennkamelen aus der etwa 50 Kilometer entfernten Sahara, nur um sie am Eingang des Hauses ein Ehrenspalier für die Gäste bilden zu lassen. Die Männer blieben anschließend mit ihren Kamelen noch viele Tage im Sidi Hosni und hatten offensichtlich keine Eile, in die Wüste zurückzukehren.« Die größte und denkwürdigste Party hatte mehr als nur einen Hauch von Unwirklichkeit an sich. Sie wurde in vergoldeten marokkanischen Zelten abgehalten, die auf dem ausgedehnten Dach des Palastes aufgestellt worden waren. Sie hatte das Dach für diese Gelegenheit in eine Bühnenlandschaft verwandelt, die sorgfältig ausgeleuchtet wurde. Außerdem hatte man glänzende Kissen mit arabischen Mustern, Obelisken, Kugeln und menschenähnliche Figuren aus Dotterblumen, Zinnas und Sonnenblumen malerisch drapiert.

Bei einigen Parties wurde Smoking verlangt, aber bei den meisten erwartete man afrikanische Kleidung: traditionelle Gewänder, Kaftane, Haiks, Dschellabas und Babusche (Stoffpantoffeln). Der ehrenwerte David Herbert (der zweite Sohne des sechzehnten Earl of Pembroke), der sich etwa zur selben Zeit wie Barbara in Tanger niederließ, erinnerte sich, daß sie bei einer Party auf einem rot-goldenen Thron saß und das berühmte Diamant-Smaragd-Diadem von Katharina der Großen trug. Zu ihren Füßen lagen unschätzbar wertvolle orientalische Brücken, und zu beiden Seiten standen riesige goldene Kandelaber. Der Palast und die halbe Kasbah waren in Flutlicht getaucht.

Laut Herbert waren nicht alle Parties zum Vergnügen der reichen Müßiggänger gedacht. Jedes Jahr lud sie die sechste US-Flotte ein, sobald sie im Hafen anlegte, gab zuerst eine Party für die Offiziere und dann eine für die Schiffsmannschaft. Sie veranstaltete jährlich eine Party für die örtliche Polizei und eine für ihre maurischen, meist sehr armen Nachbarn, die sich dann auf ihrem Dach niederließen und zu den Bewegungen der Bauchtänzerinnen in die Hände klatschten.

Abgesehen von der Möglichkeit, dort rauschende Feste zu feiern, waren Barbaras Aufenthalte in Tanger hauptsächlich eine Flucht vor der Wirklichkeit. Sidi Hosni war ihr Märchenschloß und zugleich ein Versteck vor der Neugierde, dem Neid und der ständigen Beobachtung ihrer Umwelt. Das Haus war durch die dicken, undurchdringlichen Mauern eine Insel der Ruhe. Die einzigen Geräusche, die sie vernehmen konnte, waren gelegentliche Schreie von spielenden arabischen Kindern oder die Feuerwerke, die während des heiligen Monats Ramadan nachts gezündet wurden. Manchmal hörte sie auch die singende Stimme des Muezzin und die Kinder aus der nebenan liegenden *Kotab,* einer zur Moschee gehörenden Koranschule. Einer ihrer Nachbarn war ein Musiker, und manchmal konnte sie ihn das gitarreähnliche *Oud* oder das *Guinbri* spielen hören, beides Instrumente, deren sanfte, versonnene Töne Erinnerungen an die Kindheit weckten.

Barbara konnte stundenlang auf der schattigen Terrasse unter einem hohen Feigenbaum sitzen und dem Rollen der fernen See lauschen. Sie schätzte die Stille von Tanger sehr. Ebenso liebte sie die Strände und genoß es, im Meer zu schwimmen und den Strand entlangzuspazieren. Am späten Nachmittag nippte sie für gewöhnlich an einem Pfefferminztee bei *Madame Port,* einer malerischen französischen Konditorei. Sie ließ sich gerne von den Menschenmassen durch den *Souk* schieben, hörte dort den Händlern zu, die ihre Waren feilboten: Seidenstoffe, Schmuck, Lederwaren. Sie lernte so viel Arabisch, daß sie in den Cafés sitzen und den eingeborenen Geschichtenerzählern folgen konnte, die dort ihre vielfach verwobenen Märchen spannen. An den Abenden fuhren sie und die Hopwoods gelegentlich zum Robinson-Strand, der nicht weit von den Herkuleshöhlen entfernt lag, um ein Lagerfeuer zu machen und den Sonnenuntergang zu beobachten.

»Als ich Barbara das erste Mal begegnete«, erzählt Ruth Hopwood, »wog sie 52 Kilo und sah wundervoll aus. Sie erklärte aber immer wieder, daß sie auf 45 Kilo kommen wolle. ›Ich fühle mich einfach besser‹, sagte sie, ›wenn ich so um die 45 Kilo wiege.‹ Sie war vom Abnehmen geradezu besessen, obwohl sie eigentlich gerne aß; besonders so schwere Dinge wie Couscous, geräucherten Lachs und Gänseleberpastete. Es gab Zeiten, in denen sie auf Feste ging und alles aß, was es dort gab. Sie war ein Mensch der Extreme – der extremen Glückseligkeit und der extremen

Traurigkeit. Sie haßte es, wenn ihr jemand vorschrieb, was sie zu tun habe. Einer ihrer beliebtesten Aussprüche war: ›Mäßigung ist langweilig.‹

Was Männer anbelangt, konnte sie von einer Minute auf die andere einen vorher geliebten Menschen aus tiefstem Herzen hassen. Als sie 1946 in Tanger ankam, war sie verrückt nach dem Grafen d'Eudeville. Nachdem sie das Interesse an ihm verloren hatte, versicherte sie mir, daß sie nicht im geringsten daran denke, noch einmal zu heiraten. Aber – wie konnte es anders sein – das nächste, was ich von ihr hörte, war, daß sie ihren vierten Mann, den Prinzen Igor Troubetzkoy, heiraten werde.«

Prinz Igor Troubetzkoy besaß mit 35 den geschmeidigen Körper eines Athleten und das engelhafte Gesicht eines Chorknaben. Er hatte Grübchen, eine hohe Stirn, funkelnde grüne Augen, dunkelblondes Haar und einen fein geformten Mund. Den wendigen Körper verdankte er seiner Karriere als Radrennfahrer. Jahrelang lebte er praktisch nur für den Radrennsport und erreichte sein Ziel, als er 1931 die französische Amateurmeisterschaft gewann. Danach wurde er Profi, ging aber zusätzlich einer anderen Beschäftigung nach, um seinen Lebensunterhalt zu verdienen.

Sein damaliger Arbeitgeber war Freddie McEvoy, der gerade ins Schwarzmarktgeschäft mit Überschüssen an Lebensmitteln und Ausrüstungsgegenständen aus Beständen der US-Army eingestiegen war. Wenn jemand einen nur wenig gebrauchten Jeep zu einem vernünftigen Preis kaufen wollte (frisch gestrichen und überholt), dann konnte er sich an McEvoy wenden. Außerdem war Freddie als Währungsspekulant tätig: gegen amerikanische Dollars und Schweizer Franken besorgte er beispielsweise französische Banknoten. Igor war McEvoys Mittelsmann. Seine Aufgabe war es, Kunden in irgendwelchen Spelunken zu treffen, Geld zu kassieren und die Waren auszuliefern.

Vor Barbaras Abreise nach Tanger hatte McEvoy sie Troubetzkoy vorgestellt. Es war ein kurzes Treffen. Barbara

hatte vorher schon Igors älteren Bruder Youka kennengelernt, einen Schauspieler, der früher bei den Universal Studios in Hollywood unter Vertrag gestanden hatte. Youka
war ein großer, blonder und freigebiger Mann, der derzeit
seinen Lebensunterhalt als Star einer Seifenoper bei einem
New Yorker Radio verdiente. Beide Brüder besaßen Witz
und Charme.

Der erste Mensch, den Barbara nach ihrer Rückkehr aus
Tanger anrief, war Freddie McEvoy. Sie lud ihn auf einen
Drink ins Ritz ein. Ohne Umschweife fragte sie ihn detailliert über seinen Komplizen Igor Troubetzkoy aus. Freddie,
ein praktisch denkender und anpassungsfähiger Mensch,
muß auf der Stelle erkannt haben, daß, wenn er Barbara
schon nicht für sich gewinnen konnte, er wenigstens einem
Freund helfen und sich damit möglicherweise selbst einen
Gefallen tun könnte.

Prinz Igor war derselbe Jahrgang wie Barbara. Sein Vater
war Prinz Nikolas Troubetzkoy, seine Mutter Gräfin Katharina Moussine Pushkin. Sie hatten litauische Vorfahren.
Schon 1905 war die Familie mit nichts als dem Prinzentitel
in der Hand aus Rußland geflohen. Sie kam noch im selben
Jahr in Amerika an, wo sie Verwandte hatte. Youka wurde
1906 in Los Angeles geboren, Igor in Paris. Die Familie ließ
sich schließlich in Nizza nieder, wo die Jungen auch zur
Schule gingen.

Alles, was sonst noch über Prinz Igor zu sagen war,
erfuhr Barbara aus seinem eigenen Mund. Es genügte, daß
er einen rechtmäßigen Adelstitel hatte. Barbara erkundigte
sich nach seiner Telefonnummer und Freddie gab sie ihr.
Sie rief ihn an und lud ihn für den nächsten Abend zum
Essen ein. Er kam mit einem Strauß Blumen. Das Essen
wurde in der Hotelsuite serviert. Als sie fertig waren, führte
Barbara ihren Gast in ihr Schlafgemach. Im Rückblick auf
diese Nacht sagte Igor: »Sie rief an. Wir aßen zusammen –
und zwar ziemlich schnell!«

Die Sterne standen günstig für ihn. In New York erzählte
Youka der Presse, daß Barbara gar nicht so sei, wie es immer

den Anschein habe. Sie sei hochintelligent, warmherzig, empfindsam, großzügig und lustig. »Leute mit dermaßen viel Geld haben natürlich nicht den gleichen Wertbegriff wie jemand, der für seinen Lebensunterhalt arbeiten muß. Ich habe gelesen, daß Miß Hutton einmal gesagt hat, sie sei inzwischen einer Reihe netter junger Männer begegnet, habe aber immer wieder die Erfahrung machen müssen, daß sie sich in kürzester Zeit verändern. Das hat wahrscheinlich mit ihrem Geld zu tun, oder zumindest dachte sie, daß es so wäre. Es ist schon sehr beruhigend, an all dieses Geld zu denken und es ist ja wirklich genug, damit ein ehrgeiziger Bursche vom Jagdfieber ergriffen wird, wenn er seine Chance gekommen sieht. Igor jedoch denkt überhaupt nicht so. Er ist klar genug bei Verstand, daß er dem Geld keine große Rolle beimißt. Ich freue mich sehr für ihn und auch für Miß Hutton. In Igor wird sie jemanden haben, der sich ziemlich von den Leuten unterscheidet, die sie normalerweise kennt.«

Youka hatte nicht ganz recht, was die Einschätzung seines Bruders anbelangt. Sicherlich unterschied sich Igor von Barbaras übrigen Verehrern. Im großen und ganzen war er unschuldiger und nicht so übersättigt. Auf der anderen Seite konnte er sich auch nicht dagegen wehren, von Barbaras immensem Reichtum überwältigt zu sein. Er machte mit ihr die Runde durch die großen Pariser Modehäuser – Balenciaga, Dior, Molyneux und Chanel –, und ihm stockte der Atem bei den Preisen, die sie für jede Kreation bezahlte. Oft nahm sie auch Freundinnen wie Silvia de Castellane und Jean Kennerley und deren Kinder mit auf diese Einkaufstouren und stattete dann deren Familien aus. Igor wanderte in Barbaras Suite im zweiten Stock des Ritz herum, von wo aus man auf den Place Vendôme sehen konnte. Es war die teuerste Suite des Ritz für 800 Dollar pro Tag (heute kostet dieselbe Suite ein Mehrfaches davon). Ehrfürchtig betrachtete er die Kunstschätze, die in den Räumen herumstanden: antike goldene Tabakdosen, chinesisches Porzellan und Jadegegenstände, ein Botticelli, ein Cézanne, eine unvollständige, aber sehr wertvolle Gutenberg-Bibel. Sie zeigte ihm auch ihre Schmucksammlung: jedes Stück war mit Diamanten, Smaragden, Rubinen oder Saphiren besetzt und von – auch kunsthandwerklich – unschätzbarem Wert. Nicht weniger beeindruckt war er von ihrer Freigebigkeit – daß sie bedürftige Familien und Freunde unterstützte; daß sie einem Pariser Modegeschäft, das kurz vor dem Bankrott stand, 30 000 Dollar schenkte; daß sie es einem Zeitungsverkäufer mit einem Scheck über 10 000 Dollar ermöglichte, ein eigenes Geschäft einzurichten; daß sie Fonds, Stiftungen und Wohlfahrtsorganisationen mit Schenkungen und regelmäßigen Zahlungen überschüttete.

»Barbara ist sehr taktvoll, wenn sie Geld verschenkt«, sagte Igor. »Sie verhielt sich dabei so, daß die Menschen sich nicht gedemütigt fühlten. Auch machte sie sich keine großen Gedanken darüber, wenn die Händler ihre Preise ein wenig zu ihrem eigenen Vorteil anhoben. ›Sie müssen auch leben‹, sagte sie nur dazu. In Paris zahlte sie einem Möbelschreiner sehr viel für Entwurf und Herstellung von vier Stühlen für die Suite im Ritz. Als ein paar Frauen ihr sagten, daß sie viel zuviel Geld für die Stühle ausgegeben habe, da sie ziemlich unbequem seien, erwiderte Barbara trocken: ›Sie sind deshalb so unbequem, damit Leute eurer Sorte nicht zu lange hier rumsitzen und mich langweilen.‹«[*]

Obwohl die Anziehungskraft von Barbaras Reichtum auf Troubetzkoy also nicht zu leugnen ist, fühlte er sich anfangs in erster Linie körperlich zu ihr hingezogen. »Sie war nicht groß, hatte aber lange Beine, einen wundervollen Busen, Hände und Füße wie eine Puppe und bemerkenswerte Augen und Haare. Ihre Erscheinung hatte das gewisse Etwas. Auf solche Leute wird man sofort aufmerksam. Sie füllen einen Raum aus. In dem Moment, in dem sie eintreten,

---

[*] Igor Troubetzkoys Kommentare in diesem Teil des Buches sind vorwiegend den folgenden Quellen entnommen: Theresa Stantons Interview mit Troubetzkoy im Juli 1979, der Biographie über Barbara Hutton von Dean Jennings von 1968 und Zeitungsausschnitten aus Tageszeitungen und Zeitschriften.

folgen ihnen alle Blicke. Ich weiß nicht, wie ich es beschreiben soll. Es hat weder mit Reichtum noch mit Schönheit noch mit Selbstbewußtsein zu tun. Etwas, das Maria Callas, Charles de Gaulle und Marilyn Monroe gemeinsam hatten mit Greta Garbo und Jacqueline Kennedy Onassis. Und Barbara Hutton hatte es auch. Sie tat nicht viel dazu, sie hatte es einfach. Deshalb las man vierzig Jahre lang, sobald man irgendeine Zeitung aufschlug, ihren Namen.«

Barbara und Igor verbrachten beinahe den ganzen Winter zusammen, zuerst in Paris und später im Palace Hotel in St. Moritz, wohin sie von Freddie McEvoy und einem Freund von Igor, dem Baron Edward von Falz-Fein, begleitet wurden. Letzterer war Russe und lebte zu jener Zeit in dem winzigen Fürstentum Liechtenstein. Falz-Fein führte mit Barbara stundenlange Gespräche, während Igor und Freddie auf den Skipisten herumtobten.

Unter den vielen Themen, die Barbara und Falz-Fein diskutierten, ging es auch um Barbaras seltsame und unerbittliche Diät. Eines Abends kam man beim Essen auf das Thema zu sprechen und Igor und Falz-Fein überredeten Barbara, nur ein einziges Mal ihre Hungerkur aufzugeben. Sie redeten auf sie ein, bis sie einwilligte, die Spezialität des Kantons, ein Stückchen in hauchdünne Scheiben geschnittenes Bündner Fleisch zu probieren. Sie spülte es mit reichlich Champagner hinunter. Aber als der letzte Bissen in ihrem Mund verschwunden war, überkam sie eine furchtbare Übelkeit. Sie rannte ins nächste Bad und griff dort zu dem alten Römertrick, den Finger in den Hals zu stecken.

Es ging ihr schon wieder besser, als ein paar Tage später Anya und Savely Sorine aus New York kamen. Ihre Ankunft brachte McEvoy auf den Gedanken, daß ein umwälzendes Ereignis bevorstand. Er brauchte nicht lange, um herauszufinden, was es war. Daraufhin konfrontierte er Troubetzkoy mit seinem Verdacht. Der stotterte erst einmal eine Zeit herum, bevor er zugab, daß Barbara und er tatsächlich über Heirat gesprochen hätten. »Sie wollte dich mit dieser Neuigkeit überraschen«, erklärte er. Als McEvoy in jener Nacht auf sein Zimmer ging, fand er auf seinem Bett einen Briefumschlag. Er enthielt einen Scheck von Barbara über 100 000 Dollar und die Notiz: »Für Freddie. Danke für alles. Aber besonders für Pixie. In Liebe, Barbara.« »Pixie« war Barbaras Kosename für Igor.

Ursprünglich hatte Barbara gehofft, Igor in St. Moritz heiraten zu können. Sie hatte schon Einladungen an eine Reihe europäischer Persönlichkeiten geschickt, unter anderem an den ehemaligen König Peter II. von Jugoslawien. Aber zwei Wochen vor dem Termin war die Neuigkeit schon in die Presse durchgesickert und Tausende von Reportern fielen in den Schweizer Erholungsort ein. Deshalb war es notwendig, eine neue Strategie zu entwickeln. Nach einer kurzen Pressekonferenz, bei der das Paar bekanntgab, daß sie nicht in St. Moritz, sondern in Paris heiraten würden, bestiegen sie einen Zug, der dorthin fuhr. Als der Zug jedoch in Zürich ankam, stiegen sie aus und mieteten sich still und heimlich im Grand Hotel Dolder ein, wohin auch bald die Sorines nachkamen. Am 1. März 1947 stiegen beide Paare in eine Limousine und fuhren nach Chur, einer malerischen Ortschaft ungefähr 100 Kilometer von Zürich entfernt. Am selben Nachmittag wurden sie vom Churer Bürgermeister, Lucius Chiamara, im örtlichen Standesamt getraut.

Die Frischvermählten kehrten nach Zürich zurück und verbrachten dort noch eine weitere Woche. Nur ein einziges Mal ließen sie sich in der Öffentlichkeit sehen, als sie nämlich einen Imbiß im Café Huguenin zu sich nahmen. Die Ober umstellten ihren Tisch mit Wandschirmen, damit ihre Privatsphäre gewahrt bleibe. Von Zürich aus wurden sie ins Palasthotel Bellevue in Bern gefahren, von dem Barbara jedoch nur die Zimmerdecke zu sehen bekam. Sie lag mit einer Grippe im Bett und verließ die Suite während ihres Aufenthalts nicht.

Ihre Hochzeitsreise endete am 1. April mit ihrer Rückkehr nach Paris. Sie versuchten wieder, der Presse zu entwischen, und verließen den Zug im Bahnhof St. Lazare. In der Eile vergaß Barbara jedoch den Schmuckkoffer mit seinem wertvollen Inhalt im Gepäcknetz. Er war immer noch dort, als Igor ein paar Minuten später noch einmal zurücklief, um ihn zu suchen. Dieser Zwischenfall gab der Presse jedoch genug Zeit, die beiden abzufangen. Barbara geriet in ein Kreuzfeuer von Fragen und konterte mit einem Ausspruch, der zu ihrer Standardverteidigung in solchen Fällen geworden war: »Ich bin so glücklich wie noch nie«, sagte sie. »Wir werden für die nächsten dreißig oder vierzig Jahre in die Flitterwochen gehen.«

Das Gefühl, das hinter dieser Erklärung stand, war so kurzlebig wie die Taxifahrt vom Bahnhof zum Ritz. Sobald sie nämlich in ihrer Suite angekommen war, schlug Barbara einen gebieterischen Ton an: Sie würden von nun ab getrennt schlafen und nur dann Gäste einladen oder ausgehen, wenn Barbara Lust dazu habe. Igor war über diese Anordnungen ziemlich überrascht, da sie während ihrer Hochzeitsreise immer dasselbe Bett geteilt hatten. Aber er entschloß sich, kein Aufhebens zu machen.

Die Belohnung für sein Wohlverhalten war eine Dinnerparty mit allen Schikanen, die Barbara ein paar Wochen später ihm zu Ehren im Ballsaal des Ritz gab. Dazu lud sie unter anderem Graf und Gräfin von Windsor, Lady Diana und Duff Cooper, Elsie Mendl, Randolph Churchill, Señor und Señora Antenor Patiño und Harrison und Mona Williams ein. »Das Essen war köstlich«, schwärmte einer der Gäste, »aber Barbara rührte nichts an. Sie trank nur schwarzen Kaffee und rauchte.«

Zu Barbaras Abmagerungskur kam auch noch Schlaflosigkeit hinzu. Von seinem Schlafzimmer aus konnte Igor hören, wie seine Frau in ihrem Zimmer hin- und herlief wie eine Gefangene. Manchmal verließ sie das Ritz mitten in der Nacht und machte lange, einsame Spaziergänge, von denen sie erst bei Tagesanbruch zurückkehrte.

Manchmal, wenn sie nicht schlafen konnte, schrieb sie entweder Gedichte oder sie rief Freunde an. Sie dachte sich offensichtlich nichts dabei, nach New York, Los Angeles,

London oder Tanger zu telefonieren, wann immer es ihr in den Kopf kam – auch um zwei, drei oder vier Uhr morgens. Anscheinend telefonierte sie oft mit Baron Gottfried von Cramm, dem deutschen Tennismeister. Sie sprachen oft drei, vier Stunden lang miteinander. Außerdem entspann sich ein reger Briefwechsel. Am meisten ärgerte Igor an dieser Freundschaft, daß Barbara sich weigerte, ihm etwas darüber zu erzählen. Manchmal machte sie Anspielungen auf von Cramm und nannte ihn sogar »meinen Tennisspieler«, aber sie wollte keine Fragen über ihn beantworten. Nach einiger Zeit hörte Igor auf zu fragen.

Auch Barbaras blitzartige Stimmungswechsel waren für Igor schwer zu ertragen. Im Laufe einer Stunde konnte man bei ihr Wut, Depression, ekstatische Zustände und wieder Wut erleben. »Sie konnte beispielsweise in ihrem Zimmer sitzen, ein Buch lesen und plötzlich in Tränen ausbrechen«, beschreibt Igor. »Oder sie lachte auf einmal los, weil ihr vielleicht ein lustiger Gedanke durch den Kopf gegangen war. Sie kicherte dann nervös und kindisch vor sich hin.«

Barbaras Meinungen wechselten beinahe ebenso rasch wie ihre Launen. An einem Tag gab sie 1000 Dollar für Dessous aus und am nächsten Tag schenkte sie sie wieder her oder warf sie weg, nur weil sie zu faul war, sie umzutauschen.

Es gibt unzählige Beispiele für Barbaras unvorhersehbare Launen. »Ich schenkte ihr einmal einen Zwergdackel«, erinnert sich Igor. »Wochenlang verschwendete sie ihre Zuneigung an ihn. Sie nahm ihn sogar mit auf die Toilette und fütterte ihn nur mit dem feinsten Rinderfilet. Niemals ließ sie den Hund aus den Augen. Bis sie seiner eines Tages überdrüssig wurde, dem Mädchen läutete und sagte: ›Hier, geben sie dieses Ding zurück. Ich will es nicht mehr.‹ Am nächsten Tag nahm sie den Hund wieder an sich. Genauso ging sie auch mit Menschen um. In der einen Minute will sie dich um sich haben, in der nächsten wirst du entlassen. Und du weißt nie im voraus, was in der nächsten Minute auf dich zukommt.«

Ein weiteres von Barbaras Problemen war ihre zunehmende Medikamentenabhängigkeit. Sie nahm Appetitzügler und wurde davon immer manischer. Allmählich glaubte sie daran, daß Medikamente alle ihre Probleme lösen würden. Um dem Effekt der Aufputschmittel entgegenzuwirken, nahm sie Beruhigungsmittel – morgens nahm sie Amphetamine und nachmittags Beruhigungsmittel. Sie schluckte eine Schlaftablette nach der anderen: Seconal, Phenobarbital, Nembutal. Sie war von mehr Ärzten umgeben als je zuvor. Und jeder verschrieb ihr ein anderes Wundermittel. »Sie töteten alles ab«, erzählte Igor später Dean Jennings, »ihren Appetit, ihren Schlafrhythmus, ihre sexuellen Bedürfnisse.«

Als Joan Moore und ihr Sohn Derry aus London auf einen Besuch vorbeikamen, lag Barbara krank im Bett. Derry, der damals noch ein kleiner Junge war, erinnert sich daran, daß er von ihrem Chauffeur im Rolls-Royce durch Paris gefahren wurde und die Sehenswürdigkeiten gezeigt bekam. »Barbara verließ ihr Zimmer nie«, erzählt Derry, »und jeden Abend bestellte sie uns dasselbe Essen: Hummer-Cocktail, Steak, Pommes soufflées, einen Salat und Mousse au Chocolat.«* Derry empfand Igor Troubetzkoy als »süßen, scheuen Jungen, der ganz und gar nicht das Zeug zu einem Playboy hatte. Er fuhr überall mit seinem Fahrrad hin und lernte damals gerade malen. Er war ziemlich nett, fast zu nett. Barbara war nämlich unverschämt fordernd und nützte ihn aus.«

Ende Mai verließen die Troubetzkoys mit sechs Angestellten Paris und zogen in eine Villa bei Cannes. Nach einer Woche entschied Barbara jedoch anders, und sie zogen in ein Chalet, das über dem Thuner See mitten in den Schweizer Alpen lag. Am 1. Juli kam Lance aus Newport, wo die Reventlows vor kurzem ein Haus am Cliff Walk gekauft

---

* Als Derry Moore ein paar Jahre später auf die Universität nach Cambridge ging, erhielt er von Barbara eine monatliche Unterstützung. Sie war den Kindern ihrer Freundinnen gegenüber immer extrem großzügig, kaufte ihnen ständig Kleider, schickte ihnen Geschenke und bezahlte ihre Ausbildung. Bald hatte sie über ein Dutzend Patenkinder, und in einigen Fällen war ziemlich klar, warum sie als Patentante gewählt worden war.

hatten. Seine Anwesenheit weckte Barbaras Geister, so daß sie für den Rest des Sommers – solange Lance bei ihr war – wieder aktiv wurde. Es war jedoch nur eine vorübergehende Besserung; denn Anfang September lag sie schon wieder im Bett.

Eines Abends gegen Ende des Monats klagte Barbara über heftige Schmerzen. Igor trug sie zum Auto und fuhr sie ins Salem-Krankenhaus nach Bern. Dort wurde sie von dem führenden Urologen Dr. Walter Hadorn untersucht. Er stellte fest, daß die Schmerzen von einer akuten Nierenentzündung herrührten, die schon in einem relativ gefährlichen Zustand war.

Erst nach einiger Zeit ging es ihr wieder besser. Auf dem Höhepunkt der Krankheit, als es begründete Zweifel an ihrer Genesung gab, bat Barbara Dr. Hadorn, daß er Gottfried von Cramm auf Schloß Wispenstein in Hannover anrufen solle. Von Cramm kam am nächsten Tag in Bern an und blieb fast eine Woche bei ihr im Krankenhaus. Igor fühlte sich von der Anwesenheit des Tennisstars gedemütigt; denn er konnte nicht verstehen, daß seine Frau sich im Augenblick höchster Not an jemand anderen als ihn wandte. Barbara genas und von Cramm verließ die Schweiz wieder mit einer neuen Garderobe und einem großen Scheck – beides Geschenke von Barbara.

Ende des Jahres kam sie aus dem Krankenhaus und erholte sich anschließend in Gstaad. Es ging ihr bald besser, so daß sie eines Morgens sogar mit Igor zum Skifahren ging. Am selben Tag jedoch wurde sie von stechenden Schmerzen im Unterleib gequält. Igor kehrte mit ihr nach Bern zurück und vertraute sie den heilenden Händen von Dr. Hadorn an. Nach der Untersuchung zog Dr. Hadorn zwei Kollegen hinzu, Kurt Egger und Dr. Jules Mennet, beide Gynäkologen. Eine Reihe von Röntgenuntersuchungen zeigten, daß Barbara an einem Darmverschluß litt und ein großes Geschwür an den Eierstöcken hatte.

Am 20. Januar 1948 nahm Dr. Egger die Operation vor. Er schnitt das gutartige Geschwür, den linken Eierstock und den linken Eileiter heraus. Den Darmverschluß beseitigte er eine Woche später. Die Operation wurde von allen als erfolgreich angesehen – nur von Barbara nicht. Als sie erfuhr, daß man ihr auch den zweiten Eierstock entfernt hatte und sie für immer unfruchtbar sein würde, fiel sie in eine tiefe Depression. Sie beschuldigte die Chirurgen, die Operation ohne ihre Zustimmung und ohne ausreichende Aufklärung über die Folgen vorgenommen zu haben.

Nach längerer Genesungszeit kehrte Barbara nach Paris zurück und nahm viele der alten Gewohnheiten, die das erste Jahr mit Igor geprägt hatten, wieder auf. Vor allem hielt sie ihn auf Abstand. Sie fing wieder an zu trinken und schluckte eine Unmenge von Medikamenten. Sie las, hörte Musik (oft immer wieder dieselbe Platte) und schrieb viele Gedichte. »In ihren Versen«, erzählt Igor, »beschrieb sie sich oft als hohle Muschel, die auf den Strand gespült worden ist. Sie sah sich als glitzernde Kostbarkeit, deren einziger Sinn es war, einen zufällig vorbeikommenden Strandläufer zu erfreuen, der sie kurz bewundern, dann aber sofort wieder fallen lassen und schließlich im Sand vergraben würde. Sie wurde von Sehnsuchtsgefühlen heimgesucht. Auch wenn ich bezweifle, daß sie darum wußte, sehnte sie sich nach einer Mutter, die das für sie tut, wovon sie annahm, daß Mütter es tun. Barbara war gezeichnet von ihrer lieblosen, unsicheren Kindheit, und nirgends kam das deutlicher zum Ausdruck als in ihren Gedichten.«

Igor war stolz auf seine graphologischen Kenntnisse und verbrachte Stunden damit, die Handschrift seiner Frau zu analysieren. Er hoffte, damit den Schlüssel zu ihrer Persönlichkeit zu finden. »Man mußte praktisch eine Art François Champollion sein, der die ägyptischen Hieroglyphen auf dem Stein von Rosette entziffert hatte, um ihre Schrift lesen zu können«, behauptete Igor. »Wenn man sie jedoch einmal geknackt hatte, konnte man alles darin entdecken: die Phobien, die Ängste, das extreme Verhalten. Die große Frage war jedoch, was man dagegen tun konnte. Ich schlug ihr eine Psychotherapie vor und da Barbara keine größeren

Einwände hatte, fuhr ich nach Zürich, um mit Dr. Carl Jung über sie zu sprechen. Er willigte ein, Barbara zu behandeln. Als ich jedoch zurückkehrte, war sie schon wieder im Krankenhaus und Dr. Jung interessierte nicht mehr.«

Barbara hatte einen Rückfall an ihrem Darmleiden bekommen und war ins amerikanische Krankenhaus in Neuilly gebracht worden. Drei Chirurgen, die Doktoren d'Alliennes, Loriche und De Gennes, entschieden, daß die einzig sinnvolle Vorgehensweise die Entfernung der krankhaften Darmteile sei. Barbara brauchte Monate, um sich wieder zu erholen. Während dieser Zeit versuchte Igor herauszufinden, was er sonst noch anfangen könnte, außer für Barbara die Krankenschwester zu spielen. Zunächst gebar er die Idee, Rennfahrer zu werden.

Obwohl Barbara dagegen war, gab sie ihrem Mann das Geld für einen Alfa Romeo. Igor kaufte ihn und stürzte sich sofort in ein Rennen der Anfängerklasse in Pau, einem Städtchen in den Pyrenäen. Zum Erstaunen aller belegte er dort einen guten zweiten Platz. Weniger erfolgreich war er das zweite Mal, als er an einem Straßenrennen in Monte Carlo teilnahm. Er stieß dort mit einem anderen Wagen zusammen und beschloß von da an, ein sichereres Betätigungsfeld zu suchen. »Ich wollte arbeiten«, sagte er, »aber Barbara war strikt dagegen. Sie hätte zwar nichts dagegen gehabt, wenn ich ein paar Monate im Jahr irgend etwas getan hätte. Aber das war es nicht, was ich wollte.«

Igor überlegte hin und her und kam schließlich auf den Gedanken, ins Immobiliengeschäft einzusteigen. So konnte er auch die Arbeitszeit selber bestimmen. Er wollte alte Häuser aufkaufen, sie renovieren und sie dann wieder mit Gewinn verkaufen. Das erste Haus sollte sein eigenes werden. Barbara und er sollten darin die Wochenenden und die Ferien verbringen. Außerdem war es als Musterhaus gedacht für einige seiner architektonischen Ideen. Das Haus, für das er sich schließlich entschied und das mit Barbaras Geld bezahlt wurde, lag im Pariser Vorort Gif-sur-Yvette und war ringsum von Bächen, Wäldern und Feldern umgeben. Es hatte weder Wasser noch Strom. Nachdem er beides installiert hatte, machte sich Igor daran, den Rest des Hauses instand zu setzen. Er zog neue Mauern ein, verschönte sie innen und außen mit Farbe und baute eine Garage. Er richtete eine Bibliothek, ein Musikzimmer, eine große Küche, ein Spielzimmer und mehrere Gästezimmer ein. Schließlich möblierte er es und sorgte dafür, daß die Kamine benutzbar wurden. Als er fertig war, lud er Barbara ein, mit hinauszufahren und es zu besichtigen. Einen Tag war sie jedoch zu krank, am nächsten zu müde. Aus Tagen wurden Wochen und aus Wochen Monate. Ihre Entschuldigungen wurden immer fadenscheiniger. Jedesmal, wenn Igor sie fragte, kam sie mit einer neuen Ausrede, bis es ihm schließlich dämmerte, daß seine Frau nicht die geringste Absicht hatte, das Haus anzusehen und erst recht nicht, darin zu leben. Das war ein schwerer Schlag für Igor, aber er öffnete ihm die Augen. Einem Freund gegenüber drückte er seine Gefühle so aus: »Ich hatte ein Haus, aber kein Zuhause.«[*]

13

Anfang Juni 1949, kurz nachdem Lance gekommen war, um seinen Sommerurlaub mit ihr zu verbringen, besuchte Barbara eine Party bei Elsie Mendl in Versailles. Dort begegnete sie Gerald Van Der Kemp, dem eben ernannten Verwalter des Schlosses in Versailles, der für die ausgedehnten Restaurierungsarbeiten verantwortlich war, die damals an den Gebäuden und Parkanlagen durchgeführt wurden. Barbara erwähnte zufällig, daß sie einen Savonnerie-Teppich habe, der einmal Marie Antoinette gehört habe. Er sei jetzt in ihrer Suite im Ritz und ob Van Der Kemp ihn für das Schloß brauchen könnte. »An diesem Abend noch überreichte sie ihn mir«, erinnert er sich, »und ich grinste wie ein kleiner Junge. Er ist zu wertvoll, um einfach auf den Boden gelegt

[*] Siehe Dean Jennings, *Barbara Hutton*, S. 220 f.

zu werden. Das gilt auch für den Boden von Versailles, wo er der Öffentlichkeit zugänglich ist.« Barbara steuerte schließlich noch eine reich verzierte Kommode bei, die für Ludwig XVI. angefertigt worden war und einen Scheck über eine bedeutende Summe, damit weitere Möbel angeschafft und die Fertigstellung des Zimmers von Marie Antoinette bezahlt werden konnten. Wegen dieser Uneigennützigkeit wurde sie zum Ritter der Ehrenlegion ernannt.

Barbaras Gesundheitszustand war immer noch labil. In den letzten zwei Juniwochen und den ganzen Juli hindurch machte sie in Schweizer Kliniken Verjüngungskuren. Zunächst hielt sie sich in der Klinik des Blauen Kreuzes in Basel auf, wo sie sich von dem Österreicher Dr. Walter Pöldinger behandeln ließ, dessen Schlammkuren bei Winston Churchill Wunder gewirkt hatten. Dann begab sie sich zur Klinik Dr. med. Niehans in Montreux, Spezialist für Frischzellentherapie. Barbara ließ sich eine ganze Reihe von Injektionen verabreichen, aber es trat keine wesentliche Besserung ihres Gesundheitszustandes ein.

Im August fuhr sie in Begleitung von Lance und Igor nach Venedig. Von dort telefonierte Troubetzkoy nach Newport und bat Court Reventlow, Lance zu gestatten, ein paar Wochen länger als abgesprochen im Ausland zu bleiben. Reventlow schlug diese Bitte ab und forderte die Rückkehr von Lance, wie ursprünglich abgemacht, am ersten September. Barbara hatte aber ganz andere Vorstellungen, und als sie ihren Sohn nicht nach Hause schickte, ging Reventlow vor das Vormundschaftsgericht in Dedham, Massachusetts. Der vorsitzende Richter hieß George Arthur Davis. Barbaras Vertretung vor Gericht übernahmen John J. Burns aus Boston und Graham Mattison. Die beiden Rechtsanwälte überreichten dem Gericht eine beeidigte Erklärung Barbaras mit dem Inhalt, sie sei »eine Halbinvalide, wiege nur noch 80 Pfund und sei fast die ganze Zeit ans Bett gefesselt«. Im Anhang zu diesem Dokument waren Briefe verschiedener Ärzte, die Barbara einen schlechten Gesundheitszustand attestierten, darunter auch ein notariell beglaubigter

Schriftsatz eines Dr. Giuseppe Comirate aus Venedig, der schrieb, daß Barbaras »Gesundheitszustand nach vier Operationen in drei Jahren naturgemäß sehr labil« sei und es daher »ausgesprochen schädlich für ihre Regenerationsphase« sein könne, »wenn sie sich in diesem Moment von ihrem Sohn trennen müßte«. Schließlich folgte eine weitere beeidigte Erklärung, diesmal von Lance, mit dem Inhalt, er sei von seinem Vater körperlich mißbraucht worden. Außerdem habe sich das Verhalten seines Vaters ihm gegenüber seit der Geburt seines Halbbruders im Jahre 1946 drastisch verändert. Diesem Schriftstück war eine ärztliche Diagnose beigefügt, in der wegen des Asthmas von Lance darauf hingewiesen wurde, daß das feuchtkalte Klima von Newport schädlich für ihn sei und »er deshalb so bald wie möglich in eine Schule versetzt werden sollte, die in einem wärmeren und trockeneren Klimabereich liegt«.

Court Reventlow stritt ab, Lance jemals mißbraucht zu haben und daß die Geburt seines Sohnes Richard seine Zuneigung zu Lance in irgendeiner Weise verändert hätte. Er fügte hinzu, daß sein Sohn zur Zeit die St. George's School in Newport besuche, eine Privatschule für die Söhne reicher Eltern in New England, und daß es seiner Ausbildung schaden würde, wenn er sie unterbrechen müßte. Zu guter Letzt brachte er noch etliche Zeitungsartikel zum Vorschein, die Barbaras »Aktivitäten« am Lido beschrieben. Einen der Artikel zierte ein Foto von Barbara, die gerade nach dem Schwimmen aus dem Wasser der Adria stieg. Auf einem anderen Foto verließ Barbara in Begleitung eine gerade angedockte Jacht. Aufgrund dieser Beweismittel behauptete Reventlow, daß Barbara nur simuliere, um das Sorgerecht für Lance zu bekommen.

Nach einer kurzen Unterbrechung verkündete Richter Davis sein Urteil: Lance mußte so schnell wie möglich in die Vereinigten Staaten zurückkehren. Alle anderen Entscheidungen sollten so lange vertagt werden, bis ein unparteiischer Ärzteausschuß den Jungen untersucht haben würde.

Peggy Reventlow zufolge kehrte Lance schließlich in die Vereinigten Staaten zurück. Sie fuhr mit Court nach New York, um den Jungen am Pier abzuholen. Als sie aber dort ankamen, war er bereits nicht mehr da. Graham Mattison hatte ihn schon ins Waldorf abgeschleppt.

»Wir fanden Lance dort in einem Hotelzimmer«, berichtet Peggy. »Er war umgeben von Barbara Huttons Handlangern – Ärzten, Rechtsanwälten, Privatdetektiven und Bodyguards. Lance schaute nicht gerade glücklich drein. Er verhielt sich seinem Vater gegenüber offen feindselig und sprach fast wie unter Hypnose. Er schaute unentwegt auf die anderen Anwesenden, vor allem auf Graham Mattison; offensichtlich wollte er sehen, ob sie das, was er sagte, auch akzeptierten. Mattison hatte uns eindeutig hintergangen. Hinter unserem Rücken hatte er irgendwie eine Verfügung hinbekommen, die Lances Herausgabe forderte und eine Untersuchung ankündigte. Bis heute weiß ich nicht, wie er das geschafft hat. Wir verließen das Waldorf in dem Wissen, daß Barbara schließlich doch noch gewonnen hatte. Sie hatte Lance eingeredet, daß sein Vater ihn haßte. Doch das war eine Lüge. Lance war damals erst vierzehn. Mein Mann hat nie wieder etwas von ihm gehört.«

Kurz nach der Ankunft von Lance Mitte September in New York kam auch seine Mutter an Bord der *Queen Mary* dort an. Sie klagte immer noch über verschiedene Beschwerden und ließ sich eine Woche lang im Lenox-Hill-Hospital untersuchen. Aber die Ärzte konnten ihr nur mitteilen, daß sie körperlich gesund war.

Tante Jessie überredete ihre Nichte schließlich, zu einem Psychiater zu gehen. Irgendein Familienmitglied schlug Dr. Gerhart Freilinger vor, dessen Praxis an der Upper East Side lag. Bei einer Sitzung behauptete der Arzt, daß sie unter anorexia nervosa leide. Dr. Freilinger stellte die Theorie auf, daß sie sich deswegen weigere zu essen, weil sie als Kind ignoriert worden sei und jetzt damit die Aufmerksamkeit auf sich lenken wolle. Aber die Kenntnis der Ursache muß nicht unbedingt die Symptome kurieren. Barbara hungerte weiter.

Ende Oktober kam Igor Troubetzkoy in New York an und mußte feststellen, daß sich seine Frau in die Suite 3910 im neununddreißigsten Stockwerk des Hotels Pierre zurückgezogen hatte. Es dauerte drei Tage, bis sie ihn zu sich ließ. »Sie war ja sooooo müde«, ahmt er ihre Begrüßung nach. »Sie wußte nicht, warum sie nach New York zurückgekehrt war, und ich konnte nicht verstehen, warum ich ihr gefolgt war.« Mitte März 1950 – Lance ging nun in die Judson School bei Tucson, Arizona – begab sich Barbara mit dem Schiff wieder nach Paris. Igor flog Anfang April alleine zurück.

Über Graf Jean de Baglion lernte Barbara in Paris den dreißigjährigen Prinzen Henri de la Tour d'Auvergne kennen, einen französischen Aristokraten, dessen Großvater französischer Außenminister gewesen war. Henri, Makler eines französischen Wertpapierhandelshauses, war kultiviert, geistreich und phantasievoll, er schrieb Gedichte und war ein eifriger Leser. Er und Barbara sahen sich immer häufiger, und bald verbrachten sie die Wochenenden miteinander, entweder in seinem Haus in Paris oder in Wochenendhäusern in Deauville und Nizza.

Das Seltsame an dieser Affäre war die Freimütigkeit, in der sie vor sich ging. Das war ein scharfer Kontrast zu Barbaras heimlichen Treffen mit Freddie McEvoy während der letzten Phase ihrer Ehe mit Cary Grant. »Troubetzkoy sah genau, was da vor sich ging«, berichtet Jean de Baglion, »aber er hatte Angst, mit Barbara darüber zu sprechen. Er wollte sie nämlich nicht verlieren.«

Das Ende kam schnell und fast ohne Dramatik. Ende Juni nach einer Flutlicht-Gartenparty, die Barbara in der Nähe der britischen Botschaft in Paris gegeben hatte. Unter den Gästen befanden sich der Herzog und die Herzogin von Windsor und Jimmy Donahue. Jimmy, der ziemlich grob sein konnte, machte Igor gegenüber eine geschmacklose Bemerkung über Barbara und Henri. Am nächsten Tag ging die Ehe zu Bruch. Igor sagte Barbara alles ins Gesicht, was er schon seit Monaten mit sich herumtrug, sprach von all den kleinen Kränkungen und schmerzlichen Situationen, die er schweigend hingenommen hatte. Nachdem er das getan hatte, ging er auf sein Zimmer, räumte seinen Wandschrank aus, packte und fuhr dann mit seinem Wagen davon.

Er fuhr nach Cannes. Dort schloß er sich in ein Hotelzimmer ein und plagte sich die folgenden drei Wochen mit einem Manuskript ab, das er *Mein Leben mit Barbara Hutton* überschrieb. Er hatte nicht die Absicht, es zu veröffentlichen, sondern schloß es nach getaner Arbeit ein, um es, falls er es einmal brauchen konnte, bei der Hand zu haben.

In Cannes traf Igor auch den Schauspieler Errol Flynn, mit dem er einst von Freddie McEvoy bekannt gemacht worden war. Zusammen mit Flynn war ein berühmter Rechtsanwalt aus San Francisco nach Cannes gekommen, ein Spezialist für zivile Streitfragen und Scheidungsrecht. Sein Name war Melvin Belli. Sie kannten sich gerade eine Stunde lang, da erklärte sich Belli bereit, die Scheidungsklage gegen Barbara Hutton zu übernehmen. Er war damit einverstanden, ein Erfolgshonorar zu bekommen – 20 Prozent einer wie immer gearteten Übereinkunft plus Spesen.

Anfang September waren Troubetzkoy, Flynn und Belli in Paris. Belli nahm über das Pariser Büro von Dominick & Dominick Kontakt zu Graham Mattison auf und schlug ein Treffen vor. Zweimal kam eines zustande; das erste im Speisezimmer des Lokals Georg V.

»Nach der Besprechung mit Mattison«, erinnert sich Belli, »traf ich mich mit Igor und Flynn im Maxim. Wir drei gingen da jeden Abend hin. Das Essen dort war wunderbar, und es machte es mir leichter, mir einzugestehen, daß die Besprechung nicht sehr erfolgreich verlaufen war. Igor war entmutigt, aber nicht vollkommen deprimiert. Wir wechselten uns immer ab, wenn es darum ging, die Rechnung zu bezahlen, und da Igor völlig pleite war, hatte er ein halbes Dutzend Kaninchen aus dem Garten seines Landhauses mitgebracht. Der Chef nahm sie gerne anstelle von Bargeld, weil Kaninchen eine Spezialität des Hauses war. Igor sagte zu mir: ›Wenn Mattison nicht einlenkt, werde ich Kaninchen züchten müssen.‹

Wie dem auch sei, Mattison jedenfalls stimmte einem weiteren Treffen zu. Dieses Mal waren alle anwesend. Mattison hatte einen Rechtsanwalt namens Samuel Hartman mitgebracht, ich war mit Troubetzkoy und Flynn gekommen. Wir setzten uns hin, unterhielten uns eine Weile und kamen einfach nicht voran. Ich wollte drei Millionen Dollar, und sie boten mir gerade ein Zehntel davon an. Dann verdoppelten sie ihr Angebot. Nach drei Stunden sagte Mattison: ›Neunhunderttausend. Aber das ist das letzte Angebot. Entweder Sie nehmen das an, oder Sie können alles vergessen.‹ Igor gab sich nicht damit zufrieden. ›Ich will nicht neun Zehntel von einem Millionär sein, sondern ein ganzer Millionär. Fangen wir also bei einer Million mit dem Verhandeln an, oder wir lassen das Ganze.‹ Sie ließen das Ganze.«

Belli kehrte nach San Francisco zurück. Die Zeitungen waren voll von Meldungen über die bevorstehende Scheidung. So schnell er konnte, berief Belli eine Pressekonferenz ein und vertrat dort die Sache seines Klienten. »Igor Troubetzkoy hat ein gebrochenes Herz«, tat er kund. »Er wünscht sich, daß Barbara zu ihm zurückkehrt und den Schaden wiedergutmacht, den sie angerichtet hat, als sie ihn wie ein abgetragenes Kleidungsstück weggeworfen hat. Barbara muß einfach einmal lernen, daß sie sich ihre Ehemänner nicht kaufen kann wie neue Kleider. Momentan scheint sie wieder einmal ein groteskes Liebesabenteuer zu durchleben. Wenn sie die ehelichen Beziehungen zu Igor nicht wiederaufnehmen will, werden wir klagen.«

Das klang sehr drohend. Barbara, die sich gerade in Madrid aufhielt, antwortete nun ihrerseits mit einer Drohung: »Er droht mir jetzt also, vor Gericht zu gehen. Er denkt wohl, ich würde mich lieber umbringen, als an die Öffentlichkeit zu gehen. Sie wollen mich nötigen, aber sie werden es nicht schaffen. Wenn sie schmutzige Wäsche waschen wollen, das kann ich auch. Igor ist der schäbigste und verlogenste Mann, der mir je über den Weg gelaufen ist. Er interessiert sich nur für das Geld meines Großvaters.«

Als Barbara im November 1950 nach New York zurückkehrte, war diese Schlacht der Worte noch in vollem Gang. Die Reporter wollten wissen, ob sie sich von Troubetzkoy scheiden lassen wolle, um dann Prinz d'Auvergne zu heiraten.

»Henri ist dreißig Jahre alt, und für mich ist er immer noch ein Kind«, erwiderte Barbara. »Er ist der Sproß einer der besten Familien Frankreichs, ein wahrhafter Prinz – nicht so ein falscher wie einige, die ich nennen könnte und die ebenfalls diesen Titel tragen. Es ist wirklich nicht in Ordnung, daß eine Frau nicht einmal eine unverfängliche Freundschaft mit einem Mann pflegen kann, ohne gleich einen Skandal zu provozieren.«

Barbaras Klage über Skandale stieß beinahe überall auf taube Ohren, besonders nachdem es allzu offensichtlich geworden war, daß sie für ihre Skandale sehr wohl selbst verantwortlich war. Eines Abends nämlich gingen sie und Henri (der ganz plötzlich in New York aufgetaucht war) ins El Morocco zum Essen. Barbaras Mahlzeit bestand aus einem Dutzend Gin Tonic. Irgendwann zwischen dem elften und zwölften Glas verschwand sie unter dem Tisch, kauerte sich dort zusammen und schlug Messer und Gabel im Rhythmus der Orchestermusik gegeneinander.[*]

Ihr Benehmen ähnelte allmählich dem ihres berüchtigten Vetters Jimmy Donahue, dessen jüngste Eskapaden mit dem Herzog und vor allem der Herzogin von Windsor zu tun hatten. Anfang 1950 hatte Jessie Donahue die Windsors nach Palm Beach eingeladen. Dort lernten sie Jimmy kennen. Die Windsors waren von seinem Humor, seiner Art und seiner Großzügigkeit so begeistert, daß sie ihn im Frühjahr in ihre Pariser Wohnung, 85 Rue de la Faisanderie,

---

* Dean Jennings, *Barbara Hutton*, S. 235-37.

einluden. In dem Jahr, in dem er die Windsors kennenlernte, standen ihm 15 Millionen Dollar Treuhandgelder zur Verfügung. Das war ein Vermögen, das es ihm ermöglichte, noch mehr Geld als sonst mit vollen Händen auszugeben. Ständig kaufte er verschwenderisch teure Geschenke für die Windsors, und die Wirkung blieb nicht aus. Unermüdlicher Gastgeber und Wirbelwind, der er war, übernahm er immer mehr Pflichten als rühriges drittes Familienmitglied. Schließlich bemerkte das sogar die europäische Presse. »Jimmy«, schrieb ein Reporter, »begleitet die Windsors überallhin und bleibt noch lange, nachdem sich der Herzog zurückgezogen hat, wach, um mit der Herzogin Karten zu spielen.« In den darauffolgenden Wochen sah man, wie er die Herzogin in der Öffentlichkeit ohne den Herzog begleitete. Jimmy und Wallis konnten auch kaum der Aufmerksamkeit entgehen, noch dazu in solch eleganten Pariser Nachtlokalen wie Monseigneur, L'Eléphant Blanc oder Shéhérazade – sie tanzten miteinander, hielten Händchen, sangen, reichten sich Zettel weiter, flüsterten, kicherten, sahen sich lange in die Augen und erzählten sich pikante Witze. Diana Cooper versichert in einer ihrer Stories über diese unnatürliche Zweisamkeit glaubhaft, daß Jimmy eines Abends im Monseigneur einen enormen Strauß roter Rosen für Wallis kaufte. Sie hatte sich gerade mit einem großen weißen Fächer aus Straußenfedern Luft zugefächelt und legte ihn in diesem Moment nieder. Dann bat sie das Blumenmädchen, die Rosen in eine Vase zu stecken und auf den Fächer zu stellen. »Jeder mal herschauen«, kreischte Wally. »Die Straußenfedern des Prinzen von Wales und die Rosen von Jimmy Donahue!« Lady Diana, die ebenfalls mit von der Partie war, bemerkte, daß der Herzog von Windsor mit den Tränen kämpfte.

Als die Presse begann, über die Arrangements des Zusammenlebens bei den Windsors zu spekulieren, wurde der Herzog von Windsor unruhig. Aber als er Wallis warnend darauf hinwies, daß die Leute schon redeten, machte sie sich darüber lustig. »*Wirklich*, David? Was könnte wohl harmloser sein als so ein Verhältnis. Ich könnte ja seine Mutter sein. Und außerdem kennt man Jimmy doch. Seine Freunde nennen mich Feenkönigin!«

Ihr Ehemann ließ die Angelegenheit auf sich beruhen, sogar noch im Herbst 1950, als sie ankündigte, daß sie nach New York zu Jimmy fahren würde. Der Herzog blieb in Paris, um seine Memoiren weiterzuschreiben. Bei ihrer Ankunft in den Vereinigten Staaten wurden gezielt Gerüchte ausgestreut. Im *Daylyr Mirror* schrieb ein gewisser Walter Winchell, wovon die meisten der Café-Gesellschaft überzeugt waren: »Der Herzog und die Herzogin von Windsor haben sich getrennt!« Die Klatschspalten waren voller Vermutungen über das neue Paar Jimmy und Wallis. Man sah sie zusammen im Stork Club, im El Morocco und in Gogi's Larue. Jimmy nahm sie mit in die ihm vertrauten Schwulenkneipen George's und Madame Fox's und führte sie überall ein.

Wenn Jimmy und Wallis tagsüber die Antiquitätenläden und Kunstgalerien entlangbummelten, hielten sie sogar den Straßenverkehr in der Madison Avenue auf. Sie teilte seine Begeisterung in bezug auf das Sammeln von Schnupftabakdosen aus dem 18. Jahrhundert; weshalb er ihr eine schenkte, die einem früheren englischen König gehört hatte: Georg IV. Jessie Donahue, die die Gerüchte über die romantische Affäre zwischen ihrem Sohn und der Herzogin von Windsor nicht beachtete, freute sich sehr darüber, daß er sich in so erlesener Gesellschaft befand. Der Herzog von Windsor, den die ständige Berichterstattung der Zeitungen belastete, war außer sich und entschloß sich schließlich, an Weihnachten zu seiner Frau nach New York zu fahren. Jimmy gab ihm nun den Gnadenstoß. Er nahm Wallis und den Herzog, der einmal das weltliche Oberhaupt der anglikanischen Kirche gewesen war, zur Weihnachtsmette in die St. Patrick's Kathedrale mit – katholisch wie Donahues Glaubensbekenntnis.

Jimmy gefiel es, daß die Presse ihm so viel Aufmerksamkeit widmete. Von Zeit zu Zeit fügte er dem Klatsch auch noch eigene Leckerbissen hinzu. So schockte er etliche Reporter mit einer Äußerung über Wallis: »Sie ist einmalig! Die beste Schwanzsaugerin, die ich je kennengelernt habe.« Solche Grobheiten fanden eine glaubhafte Bestätigung durch den Augenzeugenbericht einer verläßlichen Person aus Jimmys Bekanntenkreis. Dieser Bekannte war einmal versehentlich in das falsche Zimmer gegangen und hatte dort Jimmy und Wallis zusammen im Bett vorgefunden.

Man sollte es eigentlich kaum glauben, aber der Herzog von Windsor wollte es sich einfach nicht eingestehen, daß seine »perfekte« Ehe gar nicht so perfekt war, wie er es sich erhofft hatte, und daß seine Frau, die sich mit ihrem farb- und phantasielosen Ehemann zu Tode langweilte, je an eine Affäre mit einem anderen Mann denken könnte, schon gar nicht an eine mit diesem Jimmy Donahue. Was den stumpfsinnigen Herzog von Windsor jedoch störte, waren das Gerede, die Heimlichkeiten und die öffentliche Zurschaustellung dieser »Freundschaft« in der Presse. Dies war eine sehr unangenehme Publicity für einen Mann in seiner gesellschaftlichen Stellung. Es war verblüffend, wie blind er ansonsten gegenüber dem Verhalten seiner Frau war.

Jimmy und Wallis hätten ihre sexuelle Beziehung kaum offener zur Schau stellen können, wenn sie das Globe-Theater gemietet und den Geschlechtsakt auf der Bühne vollzogen hätten. Es ging so weit, daß schließlich sogar die Journalistin Elsa Maxwell die Herzogin bremsen wollte und auf die Wichtigkeit von »öffentlichem Auftreten« und »Diskretion« verwies. Wallis, starrköpfig und eigensinnig wie immer, schenkte einem solchen Rat wenig Aufmerksamkeit. In New York teilte sie mit Jimmy, noch bevor der Herzog angekommen war, eines von Barbara Huttons Gästezimmern im Hotel Pierre. In Paris versorgte sie dafür später Barbara mit einem Appartement eines Bekannten. Wenn Jimmy mit den Windsors reiste, nahmen sie immer drei Schlafzimmer; Jimmy schlich dann des Nachts in Wallys Zimmer. In einem solchen Fall hängte sie dann ein Schildchen an die Türe:

NICHT STÖREN BZW. DRAUSSEN BLEIBEN BZW. NICHT HER-
EINKOMMEN. Diese erstaunliche Schlafzimmerfarce dauerte
länger als drei Jahre. Der Herzog blieb dabei diesbezüglich
geheimnisvoll verschwiegen und Jimmy eroberte sich inzwischen schmusend und kosend Wallys Herz.

Einige Monate nach Beendigung der Affäre im Jahr 1954
traf ein Bekannter der Windsors Jimmy auf der Fifth Avenue, als er gerade Arm in Arm mit seinem neuesten
»Freund« unterwegs war, einem bisexuellen Jungen im reifen Teenageralter. Donahue, der den Jungen auf Weltreise
mitnehmen wollte, hatte nichts von seinem beißenden Humor verloren. »Lassen Sie mich Ihnen den Jungen vorstellen«, meinte er, »der den Jungen nahm, der das Mädchen
nahm, das dem Jungen den Thron des guten alten England
wegnahm.«*

Anfang 1951 wohnte Barbara im Arizona Inn in Tucson,
nur wenige Kilometer von Lances Schule entfernt. Francis
Ryan, der Leiter des Zimmerservice im Arizona Inn, erinnert sich daran, wie er Barbara, Lance und Ticki in ihren
Hotelzimmern bediente: »Ich machte damals den Zimmerservice. Miß Hutton und ihre beiden Gefährten kamen ganz
selten in den Speisesaal. Sie ließen sich ihre täglichen Mahlzeiten meistens im Zimmer servieren. Ihre Essenszeiten
waren ziemlich unberechenbar; die Mahlzeiten hatten ganz
individuell serviert zu werden. Dabei hatte sie es mit extra-
vaganten Trinkgeldern. Einmal hatte sie am Abend einige
Bekannte in den Speisesaal eingeladen. Damals gab es während der Dinnerzeit noch Livemusik. Sie war so beeindruckt
von den Musikern, daß sie sie herbeirief und jedem von
ihnen einen Hundertdollarschein gab, damit sie an ihrem
Tisch spielten.«

* Die Details über Jimmy Donahues Beziehungen zu den Windsors stammen
aus folgenden Quellen: Steven Birmingham, *Duchess: The Story of Wallis
Warfield Windsor;* Iles Brody, *Gone With the Windsors;* J. Bryan, III, und
Charles J. V. Murphy, *The Windsor Story: An Intimate Portrait of Edward VIII
and Mrs. Simpson by the Authors Who Knew Them Best;* Ralph G. Martin, *The
Woman He Loved: The Story of the Duke and Duchess of Windsor.*

Henri de la Tour d'Auvergne flog nach Arizona, um eine Woche mit Barbara zu verbringen, bevor er seine neue Stelle bei einem kanadischen Bankhaus in Montreal antrat. Barbara schrieb nach seiner Abfahrt in ihr Tagebuch, daß sie nun wieder mit dem »traurigen Anblick lebloser Kakteen und hüpfender Rammler allein sei«. Ihr restlicher Aufenthalt blieb ereignislos, abgesehen von einem kurzen Intermezzo mit dem britischen Schauspieler Michael Wilding, dem späteren Ehemann von Elizabeth Taylor. Wilding hielt sich mit den frisch vermählten Stewart Granger und Jean Simmons im Arizona Inn auf; bei ihrer Hochzeit war er Trauzeuge gewesen. Eines Abends sah er, daß Barbara alleine an einem Tisch in der Hotelbar saß. Als sie ihn anlächelte, ging er zu ihr hin und stellte sich vor. Gemeinsam tranken sie eine Flasche Dom Pérignon in der Bar, eine weitere dann bereits in ihrer Suite. Schließlich blieb Wilding die ganze Nacht bei ihr.

Am nächsten Tag lud er Barbara ein, ihm und den beiden Frischvermählten beim Abendessen am Swimmingpool Gesellschaft zu leisten. Sie kam pünktlich und hatte sich wunderschön herausgeputzt. Neben einem glitzernden Diamantring hatte sie sich aber nur eine Kette aus, wie man meinen konnte, schwarzen Glasperlen angelegt. Das überraschte Granger ein wenig, da er wußte, daß sie eine großartige Kollektion von Juwelen ihr eigen nannte. Nach dem Essen – Barbara hatte mit dem Essen nur gespielt – fiel ihr der hübsche Verlobungsring auf, den Jean trug, und sie bat darum, ihn sich näher ansehen zu dürfen. »Während sie unseren leicht fehlerhaften Stein begutachtete«, schrieb Granger in seiner Autobiographie, »vergewisserte sie sich, daß Jean von dem blauweißen Diamanten, den sie selbst trug, entsprechend geblendet wurde. Dann bemerkte sie die ziemlich anspruchslose Perlenkette, die ich Jean zur Hochzeit geschenkt hatte, und sagte Jean, daß sie sie süß fände. Barbara fragte sie dann, ob ihr die Kette gefiele, die sie selbst trug. Ich versuchte, Jean unter dem Tisch gegen die Beine zu treten, da ich ahnte, was kommen würde, aber Miß

Hutton war schneller. Sie nahm ihre Kette aus schwarzen Glasperlen ab und warf sie über den Tisch, Jean ins Gesicht. Es waren gar keine Glasperlen, es waren schwarze Perlen, eine einzigartige und unbezahlbare Kette ... Ich hatte gute Lust, ihr in den Hintern zu treten, weil es mir nicht gefiel, wie sie Jean erniedrigte.«*

Ende Februar hielt sich Barbara bei einigen alten Bekannten, Ignacio (Nacho) und Lee de Landa, in Cuernavaca, Mexiko, auf. Der Zweck ihres Besuches wurde klar, als Barbara in Cuernavaca vor dem Zivilgericht erschien, um Formulare zwecks Scheidung von Igor Troubetzkoy auszufüllen. Die Dokumente wurden von Zivilrichter Alfonso Roqueni gegengezeichnet und wie es das mexikanische Recht vorsieht, an einem schwarzen Brett außerhalb des Gerichtsgebäudes ausgehängt.

Melvin Belli hörte von diesem Scheidungsschritt nur, weil er der mexikanischen Juristenvereinigung angehörte und in Cuernavaca Freunde hatte. »Damals war das Scheidungsrecht in Mexiko eine Farce«, berichtet Belli. »Aber trotzdem gab es auch dort Bestimmungen, die vorsahen, daß die beteiligten Parteien schriftlich informiert werden mußten. Als ich Igor in Paris anrief, erfuhr ich, daß er nichts bekommen hatte. Dann sagte man mir, daß dieser mexikanische Richter seine anstehende Wiederwahl gewinnen wollte und aktiv für seine Kampagne Geld sammelte. Daher kratzte ich mein Kleingeld zusammen und schickte meinem Kollegen dort 2500 Dollar in bar für die Kriegskasse Seiner Ehren. Mein Kollege überreichte ihm die Spende und schon am nächsten Tag war Barbaras Scheidungssache annulliert.«

Als Barbara von der Entscheidung des Gerichts hörte, kehrte sie nach New York zurück und zog sich unter falschem Namen in das LeRoy-Hospital zurück, ein privates Sanatorium in der East Sixty-first Street 40.

* Barbaras schwarze Perlenkette war eines ihrer wertvollsten Stücke. Sie gehörte ursprünglich Anna von Österreich, Königin von Frankreich und Mutter von Ludwig XIV.

Am 3. Juni wurde sie aus diesem Sanatorium wieder entlassen und reiste drei Tage danach nach Paris. Erst ein paar Wochen später konnte man sie wieder in der Öffentlichkeit sehen, nämlich bei einer Cocktailparty in einem Appartement, das nicht allzu weit vom Ritz entfernt war. Unter den Gästen auf dieser Party war auch der mexikanische Komponist Ned Rorem, der Barbara zum ersten Mal sah und anschließend in seinem *Pariser Tagebuch* vermerkte: »...Da tanzte sie also ganz trübsinnig mit einem der abgetakelten Gigolos. Die beiden bewegten sich langsam in der Mitte der Tanzfläche. Sie wog vermutlich nicht einmal sechzig Pfund und ihre... Augen stachen wie dunkelrote Wunden unter ihrem enorm ausladenden Hut hervor. Dann ließ sie sich benommen auf eine Couch fallen und bat darum, einen Augenblick mit mir allein sein zu können. Obwohl sich keiner der Anwesenden mit diesem Wunsch anfreunden konnte – ich war eben nicht berühmt genug – ... willigte man ein und ließ uns allein... Wir unterhielten uns über Amerika und darüber, wie nett wir beide seien. Dann kamen die anderen wieder und ich mußte gehen.«

Gegen Ende dieses Sommers erhielt Melvin Belli ein Telegramm von Igor Troubetzkoy, der ihn anwies, alle aktuellen Forderungen gegenüber seiner Frau bezüglich der Scheidung fallenzulassen. Die Verwunderung Bellis über diese Mitteilung hielt tagelang an, bis er auf ein Zeitungsinterview mit Barbara stieß, in dem sie sagte, daß Igor bei ihr vorbeigekommen sei und sich für all die Probleme und Sorgen, die er ihr bereitet habe, entschuldigt habe. Zum Schluß klagte Barbara dann all die »gierigen und selbstsüchtigen Leute in Igors Umgebung« an, die ihn so schlecht beraten hatten, als sie ihm vorschlugen, er solle Geld von ihr verlangen.

Troubetzkoy ließ daraufhin Belli als Rechtsberater fallen, denn Belli war jetzt als Sündenbock ausgemacht. Igor selbst arbeitete statt dessen direkt mit Graham Mattison eine gütliche Einigung hinsichtlich der Scheidung aus. Die Scheidungsbestimmungen sahen vor, daß Troubetzkoy die Übertragungsurkunde für das Haus in Gif-sur-Yvette erhalten würde, dazu einen neuen Wagen und eine lebenslange Übertragung eines Treuhandvermögens, das monatlich annähernd 1000 Dollar einbrachte. Das Treuhandvermögen belief sich Igor zufolge auf lumpige 250 000 Dollar, und das war weit weniger als Mattison ursprünglich hatte zahlen wollen. Troubetzkoy regelte dann mit Belli das Finanzielle und zahlte ihm für seine Dienste 30 000 Dollar; weitere 2500 Dollar zahlte er einem kalifornischen Rechtsanwalt, Milton Golden, für verschiedene juristische Dienste.

Die Sache endete so, wie auch die langwierigen Verhandlungen abgelaufen waren: bizarr. Es gab nämlich jetzt zwei verschiedene Scheidungsbeschlüsse, einen in Mexiko und einen in Paris. Barbaras Rechtsanwälte hatten gegen Richter Roquenis Beschluß Berufung eingelegt, der am 20. Juli 1951 stattgegeben wurde. Damit war ein erneuter Scheidungsbeschluß möglich, der auch erfolgte. Aber da es einige Zweifel an der Rechtskraft einer mexikanischen Scheidung gab, beantragte Graham Mattison eine zweite Scheidungsklage in Paris, der schließlich am 31. Oktober 1951 ebenfalls stattgegeben wurde.

Igor tauchte auch in den folgenden Jahren immer wieder bei Barbara auf. Howard D. Jones, Generalkonsul der Vereinigten Staaten in Tanger von 1968 bis 1971, erinnert sich an ein seltsames Zusammentreffen mit Troubetzkoy im Jahre 1969. Jones hatte an einem Sonntagnachmittag von Barbaras Sekretärin einen Anruf erhalten, ob er nicht im Sidi Hosni vorbeischauen könne, da Barbara nervlich in einer kleinen Krise sei. »Als ich in ihr Schlafzimmer kam«, berichtet Jones, »kniete irgendein Gentleman vor ihrem Bett, als ob er dort beten wollte. Ich nickte ihm zum Gruß flüchtig zu, da ich vermutete, daß er Prälat sei. Barbara warf mir sogleich vor, daß ich Prinz Igor, ihrem vierten Mann, nicht genügend Ehrerbietung erweisen würde.«

Don Carlos de Bestegui y de Iturbi – in Gesellschaftskreisen als »Charlie« bekannt – war ein reicher Bergwerksbesitzer.

Er war in Eton zur Schule gegangen, lebte in Paris und war mexikanischer Herkunft. Er war Spezialist für Inneneinrichtungen. Vor dem Krieg war er in Paris wohlbekannt als ein Junggeselle, der wunderschöne Frauen und wunderschöne Häuser liebte. Während des Krieges übertraf er sich noch, als er, nunmehr mit diplomatischem Status, ein großes Schloß aus dem 18. Jahrhundert außerhalb von Paris, das »Groussay« hieß, renovieren ließ. Dann übernahmen die Deutschen das Schloß und ließen nur mehr Ruinen davon übrig. Nach dem Krieg wagte Bestegui einen Neuanfang, diesmal in Venedig, und kaufte den eindrucksvollen Palazzo Labia aus dem 18. Jahrhundert mit Ausblick auf den Canale Grande. Im Erdgeschoß des Palazzos gab es 18 Salons; der größte enthielt Tiepolo-Fresken von Antonius und Kleopatra.

Am 3. September 1951 gab Bestegui einen Maskenball nach Art des 18. Jahrhunderts im Palazzo. Er sollte als das »Fest des Jahrhunderts« bekanntwerden. Wenn das auch etwas übertrieben war, so war es doch sicherlich das Fest der fünfziger Jahre. Jeder, der irgendeine gesellschaftliche Bedeutung für sich reklamieren konnte, wollte eingeladen werden. Als dann der Pariser *Herald Tribune* eine geklaute Kopie der Liste mit den 1500 Gästen veröffentlichte, wurden die Schwindler enttarnt, die sich eine Zugehörigkeit zur Gesellschaft nur angemaßt hatten. Die Glücklicheren unter den 1500 Gästen bewegten sich altersmäßig zwischen der jungen Vicomtesse Jacqueline de Ribes und der zeitlosen »Morosina von Venedig«, einer würdevollen älteren Dame, die früher einmal allgemein als »die schönste Frau im schönsten Haus der schönsten Stadt der Welt« betrachtet worden war. Unter den Gästen waren auch Duff und Diana Cooper, Arturo Lopez, der Aga Khan, Elsa Maxwell, sämtliche Rothschilds aus Frankreich, sämtliche Volpis aus Italien und schließlich Barbara Hutton.

Barbara wurde von einem Grafen Lanfranco Rasponi begleitet, der in der Florentiner und New Yorker Gesellschaft recht bekannt war, einem Musikkritiker und Publizisten, dem man allgemein zuschrieb, die Kosmetikkönigin Elizabeth Arden »entdeckt« zu haben. Rasponi besuchte die Bestegui-Party als Moor mit schwarz geschminktem Gesicht und einem Kostüm, bestehend aus einem schwarzen Trikot und einem kleinen Überzieher mit enger Taille, von dessen Saum Blumenblätter hingen. Barbara ging als Mozart. Es handelte sich dabei um eine Kreation von Christian Dior, die 15 000 Dollar gekostet hatte. Sie umfaßte unter anderem eine schwarze Dominomaske, eine weiß gepuderte Perücke, diamantenbesetzte Spitzen und Schuhschnallen aus echtem Gold. Das war nicht das originellste Kostüm auf dem Fest, aber auf jeden Fall das teuerste.

Der Bestegui-Maskenball war vielleicht die letzte große Narretei dieser Art. Der Canal Grande vermittelte den Eindruck einer Filminszenierung, als im hellen Flutlicht die Gondelflotte mit den Gästen unter den Brücken hindurchfuhr, auf denen sich die Menschen drängten und dem Spektakel Beifall klatschten. Für 4000 Venezianer waren außerdem an der Piazza in der Nähe des Palastes Tribünen aufgestellt worden. Alle Straßen um den Palazzo Labia herum waren mit Fackeln beleuchtet. Diener in Livreen des 18. Jahrhunderts trugen ebenfalls Fackeln und begleiteten jeden Neuankömmling die Treppe hinauf zum Hauptsaal, wo der strahlende Gastgeber sie bereits erwartete.

Barbara schrieb über dieses Ereignis: »Es gab jede Menge Essen und Trinken, Geistesverwandtschaften, drei Jazzbands, Tanz und die verblüffenden Effekte so mancher echt aussehender Kostüme. Jedesmal, wenn jemand auf einen Balkon ging, gab es von der Menschenmenge draußen stürmische Beifallskundgebungen. Der lustigste Anblick: Marie Laure de Noailles, monströs als Löwe von St. Markus verkleidet, tanzte mit Jacques Fath, der eine schauderhaft kitschige Konfektionskleidung aus goldenen und weißen Spitzen trug, die mit Tausenden von Federn bedeckt war. Im Lauf der Nacht aber verlor er sein Federkleid. Der zurückhaltendste Gast: Mrs. Winston Churchill in einem schwarzen Spitzenkleid und einem Dreispitz. Das originellste Kostüm: Salvador und Gala Dali in zueinander passenden sechs Meter hohen Zylindern, mehr 21. als 18. Jahrhundert. Am nächsten Tag war Dali auf dem Markusplatz und fütterte die Tauben. Er hatte nichts weiter an als eine feuerrote Perücke und rosa Kniestrümpfe.«

Anfang November war Barbara wieder in ihrer Suite im Pariser Ritz. Zehn Tage vor ihrem 39. Geburtstag erfuhr sie, daß eine Jacht mit Freddie McEvoy an Bord und seiner jungen Braut, dem französischen Mannequin Claude Filatre, in einem Sturm hundertfünfzig Kilometer südöstlich von Casablanca gekentert war. Einen Tag später fand man nur noch die Leichen von McEvoy, seiner Braut, dem Dienstmädchen und drei Mitgliedern der Crew.

Als sie das erfahren hatte, rief Barbara Baron Gottfried von Cramm in Hannover an, der sie, so gut er konnte, zu trösten versuchte. Er schlug vor, daß sie sich in Köln treffen könnten, um an ihrem Geburtstag zusammenzusein. »Das wird dir helfen, du wirst dich besser fühlen«, meinte er.

Er wartete schon auf sie, als der Schnellzug von Paris in den Bahnhof einfuhr. Barbara, die entschieden zuviel getrunken hatte, fiel praktisch in Gottfrieds Wagen. Sie fuhren zum Kölner Hotel Excelsior, wo er getrennte Suiten vorbestellt hatte. Ihr Aufenthalt wurde ihr durch mehrere Faktoren verdorben: Zum einen war die Trauer um den Tod von Freddie McEvoy. Dann waren da noch die Menschenmassen, die sich jeden Tag vor dem Excelsior versammelten, um die berühmte Woolworth-Erbin zu sehen. Aus diesem Grund war es für Barbara unmöglich, das Hotel zu verlassen. Jeden Tag brachte der Postbote schließlich auch noch ein riesiges Bündel von Briefen für Barbara mit der Bitte um Geld oder irgendwelchen Morddrohungen. Statt ihren Geburtstag zu feiern, ging Barbara ins Bett und trank eine Flasche Gin, bis sie schließlich einschlief.

Am Monatsende begleitete sie Gottfried von Cramm nach Frankfurt, wo er sie in ein Flugzeug nach New York setzte, das in London zwischenlandete. Bei der Landung in London weigerte sich Barbara, mit den anderen Passagieren auszusteigen, mit dem Argument, sie habe einen Flug nach New York gebucht.

In den darauffolgenden sechs Monaten flog Barbara von New York nach Tucson und von dort nach Mexico City. Dann reiste sie nach Acapulco, von dort nach Cuernavaca und dann nach San Francisco. Nach diesem Reiseintermezzo hielt sie sich im Juni 1952 in Hillsborough auf, das in unmittelbarer Nähe von Burlingame liegt, wo sie ihre Kindheit verbracht hatte. In einem Landgut mit zehn Schlafzimmern wohnten mit ihr Lance, Ticki, Sister, Helen Munier (Barbaras Dienstmädchen), Antonia (Tony) und José Gonzales (ein Ehepaar, das in Tanger für Barbara arbeitete und sie oft auf Reisen begleitete) und Bill Robertson, der als Barbaras Hausverwalter angestellt worden war.

Ein paar Wochen nach Barbaras Ankunft in Hillsborough kam Jimmy Donahue zu Besuch. Jimmy nahm seine Cousine in den sogenannten Beige Room mit, einen Club, in dem Homosexuelle und Frauenimitatoren auftraten. Barbara hatte erfahren, daß sich eine der Transvestitenvorführungen parodistisch mit ihr und Doris Duke auseinandersetzte. Eine erfundene Autofahrt entlang der kalifornischen Küste bildete den Hintergrund dieser Parodie. Die beiden »Erbinnen« sitzen auf dem Rücksitz einer Limousine. Barbara bittet den geschniegelten Chauffeur, bei der nächsten Tankstelle zu halten, um einem Bedürfnis nachgehen zu können. Bald hält der Wagen und Barbara stürzt wie verrückt heraus, um zur Damentoilette zu gelangen. Dann kommt sie zurück und sie wollen schon wieder weiterfahren, da fällt Doris ein, daß sie sich auch frisch machen will. »Ist es da sauber?« fragt sie. »Kein Fleckchen«, versichert ihr Barbara. »Aber es gibt kein Toilettenpapier.«

»Oh, was soll ich dann tun?« jammert Doris. Barbara durchwühlt ihre Tasche, wirft einige Frauennecessaires heraus, aber kann nichts geeignetes finden. »Du hättest das vorher sagen sollen«, bemerkt Barbara. »Wenn ich das gewußt hätte, hätte ich dir einen Reisescheck übriggelassen.

Eben habe ich meinen letzten verbraucht.«

Barbara und Jimmy lernten in einem Club, der »The Deep« hieß, eine junge Sängerin von Liebesliedern kennen. Sie war Ägypterin und hieß Amuziata Buetti. Ihr Auftritt wurde begeistert gefeiert. Barbara war von ihr so beeindruckt, daß sie sie nach Hillsborough einlud.

Amuziata nahm die Einladung an. Besonders begeisterte sie Barbaras exquisiter Geschmack in Modefragen: »Ihre Kleider waren mit einer unglaublichen Sorgfalt geschneidert. Sie wirkten orientalisch, hatten aber Rüschen an Hals und Handgelenken. Die Wirkung war so außerordentlich, daß wahrscheinlich niemand sich jemals sehr darum bemüht hat, hinter die Kleider zu schauen. Sie benutzte die Kleider dazu, um einen Schleier um sich zu legen, hinter dem sie ihre Intimität genießen konnte. Die Menschen sahen sie an und sahen eigentlich nichts von ihr – was sie sahen, waren diese aufreizenden Kleider.«

Nach zwei Monaten Aufenthalt in Hillsborough verlangte es Barbara nach einer Abwechslung. Sie flog mit Lance, Sister, Harrie Hill Page und Bill Robertson nach Honolulu und stieg dort im Royal Hawaiian Hotel ab. Als weiterer Begleiter war schließlich auch noch Barbaras früherer Gefährte David Pleydell-Bouverie dabei, der damals in Nordkalifornien wohnte. Bouverie blieb zwei Wochen und reiste dann in der Überzeugung ab, daß er und Barbara nie zusammenleben könnten. Barbara blieb noch, um einen Kostümball im Shangri-La zu besuchen, dem drei Millionen Dollar teuren Traumhaus von Doris Duke.

Anfang Dezember zog Barbara erneut um, diesmal in das Haus von Irene Selznick in Beverly Hills, gar nicht weit weg von Buster Keatons Villa, in der sie auch einmal gewohnt hatte. Irene Selznick war nach New York umgezogen. Cary Grant hatte Barbara dabei geholfen, diese Wohnung zu finden. Zufällig wohnte in der Villa von Keaton gerade Cobina Wright, Barbaras einstige Ratgeberin, die jetzt als Gesellschaftskolumnistin beim *Herald-Examiner* in Los Angeles arbeitete.

Cobina, voller Tatendrang und optimistisch wie immer, plante gleich eine Party, um Barbara in der alten Nachbarschaft willkommen zu heißen. Sie engagierte eine Musikkapelle und bestellte einen Partyservice, einige Barkeeper und Leibwächter. Dann ließ sie einen riesigen Kuchen liefern und ihren Kühlschrank mit Zweiliter-Champagnerflaschen auffüllen. Aber als der Abend der Party kam, war Barbara krank – oder ließ das wenigstens verlauten.

Cobina versuchte in letzter Minute, den Ehrengast doch noch aus seiner Lethargie zu rütteln und schickte den Schauspieler Gilbert Roland zum Selznick-Haus hinüber. Roland, so jedenfalls erzählt es Cobina später, fand Barbara in ihrem Bett vor, wie sie ihre eigene Flasche Champagner schlürfte. Der Schauspieler nutzte die Situation und entschloß sich zu bleiben. Jedenfalls kehrte er an diesem Abend nicht mehr zur Party zurück und am folgenden Tag erzählte er Cobina, daß er und Barbara ihre eigene kleine Party gefeiert hätten.

Cobina wollte eigentlich schon die Story einer neuen Romanze von Barbara Hutton verbreiten. Doch da erfuhr sie weitere Einzelheiten. Als Roland Barbara wieder anrief, sagte man ihm, daß Barbara nicht in der Stadt sei. Er telefonierte noch zweimal und erhielt dieselbe Antwort. Barbara war jedoch nicht auf Reisen, sondern einfach nicht auf der Höhe. Sie hatte sich in ihr eigenes undurchdringliches Schneckenhaus zurückgezogen, die Türe zugesperrt und die Vorhänge zugezogen. Mit Ausnahme von ein oder zwei Leuten des Hauspersonals hatte sie nur noch mit Dr. Jack Hollins Kontakt, ihrem Arzt in Hollywood, der sie regelmäßig aufsuchte.

»Sie griff wieder verstärkt zu Alkohol, Tabletten und Zigaretten und lag im Bett«, berichtet Hollins. »Sie war überzeugt davon, daß sie nur mehr höchstens ein Jahr zu leben hätte und daß sie an irgendeinem geheimnisvollen Leiden sterben würde. Daher nahm sie Seconal, Kodein, Demerol und alle möglichen anderen Medikamente, die sie zwischen die Finger bekommen konnte. Ich stellte fest, daß ich ihre Abhängigkeit von Beruhigungstabletten durch ein Placebo – eine harmlose Zuckertablette – beseitigen konnte. Normalerweise wirkten diese bei ihr wie echte Schlaftabletten, weil sie sich die Wirkung dann eben einbildete. Wenn sie meinte, sie hätte Schlaftabletten genommen, schlief sie tatsächlich.«

Dennoch hörte Barbara nicht auf, über Beschwerden zu klagen. Dr. Hollins ließ Barbara schließlich in ein Krankenhaus überweisen, um eine komplette Untersuchung durchführen zu lassen, nur um ihr zu beweisen, daß ihr körperlich nichts fehlte. Die Ergebnisse der Untersuchung bestätigten dann die Theorie des Arztes, daß Barbara sich selbst der größte Feind war und nicht irgendeine Krankheit.

Am 1. Februar 1953 kehrte sie in ihr gepachtetes Haus zurück und ging sofort wieder ins Bett. Trotz der klaren Aussagen der Ärzte konnte sie nicht davon überzeugt werden, daß sie nicht in ihren letzten Zügen lag. Da sie glaubte, daß sie sterben würde, meinte sie, daß ihr Medikamente jetzt schon gar nicht mehr schaden konnten oder zumindest nicht so wie die erbarmungslose Natur.

Lance hatte zu dieser Zeit gerade einen Bekannten aus der Schweiz zu Gast, der Leland Rosenberg hieß und mit ihm im Haus seiner Mutter wohnte. Er war 25 Jahre alt und vorher Praktikant in der Öffentlichkeitsabteilung der Vereinten Nationen gewesen. Eines Abends bat Barbara diesen jungen Mann, zur nächsten Apotheke zu fahren, um dort etwas für sie zu holen. Rosenberg, der Barbaras Medikamentenprobleme nicht kannte, erfüllte ihr die Bitte und kehrte gleich darauf mit einem Fläschchen zurück, das zwei Dutzend Seconaltabletten enthielt. An diesem Abend nahm Barbara, die einfach nicht einschlafen konnte, alle 24 Pillen.

Das Unvermeidliche war geschehen. Dr. Hollins wurde durch das Läuten des Telefons aus dem Schlaf gerissen. Als er am Cedars-of-Lebanon-Krankenhaus ankam, atmete Barbara kaum noch, ihr Blutdruck war bei lebensgefährlichen Sechzig zu Zehn. Eilig machte er sich zusammen mit einem Internisten und Krankenschwestern der Notaufnahme an die Arbeit. Innerhalb weniger Minuten ragten Tubusse und Nadeln aus Barbaras Körper. Erst im Morgengrauen war sie außer Lebensgefahr und konnte sich bequem in einem Krankenhausbett ausruhen.

Nach der Rückkehr in ihr Haus am Summit Drive in Beverly Hills stritt Barbara ab, je die Absicht gehabt zu haben, sich umzubringen. Sie behauptete, daß sie nur einmal »einschlafen« wollte. Der aufmerksame Dr. Hollins kümmerte sich sehr um seine Patientin und besuchte sie zwei- oder manchmal sogar dreimal pro Tag. Er stand bereit, wann immer sie ein Bedürfnis verspürte, über etwas zu sprechen. Schließlich schlug er ihr vor, eine Psychotherapie in Betracht zu ziehen. Sie wies diesen Vorschlag zurück, wollte aber immerhin die Möglichkeit einer Therapie nicht völlig ausschließen.

Zu dieser Zeit tauchte Doris Duke in Kalifornien auf. Sie hatte vor kurzem den Besitz von Rudolfo Valentino in Beverly Hills aufgekauft und stattete das Haus völlig neu aus. Als sie von Barbaras Tablettengeschichte hörte, schaute sie persönlich bei ihrer alten Freundin vorbei und brachte einen seltsamen kleinen Mann aus dem indischen Mysore, der sich Yogi Rao nannte, mit. Der Yogi lehrte transzendentale Meditation und hatte offensichtlich schon Doris bei ein oder zwei Problemen helfen können. Doris war sich sicher, daß er auch für Barbara nützlich sein konnte.

Was auch immer das für eine Hilfe war, billig war sie jedenfalls nicht. Barbara mußte bei einer Anzahl von fünfzig einstündigen Sitzungen mit dem Yogi pro Sitzung etwa 1000 Dollar zahlen. Barbara war nie sehr gesprächig, was diese Sitzungen anbetraf. Nur einmal sprach sie davon, daß es Rigaudkerzen dabei gab, ein Gebetsteppich auslag und eine ganze Reihe eintöniger Mantragesänge heruntergeleiert wurden.

Als die Sitzungen beendet waren, kehrte Yogi Rao nach Mysore zurück, und Barbara ging wieder zu Dr. Hollins. Ihr Verhältnis zueinander ging über ein rein medizinisches hinaus. Der Doktor, ein älterer Mann mit weißem Haar, war für Barbara so etwas wie eine Vaterfigur. Das Ganze wurde noch komplizierter, als sich der 17jährige Lance mit der 16jährigen Tochter des Arztes zu treffen begann. Jetzt wandte sich Barbara an Dr. Hollins, um sich in Erziehungsfragen bezüglich ihres Sohnes beraten zu lassen. Hollins war wie so manch anderer der Meinung, daß Lance zu verwöhnt sei. Er fuhr in teuren Sportwagen herum und besuchte Nachtlokale in Hollywood wie das Beachcomber oder das Mocambo. Wie seine Mutter trank er zuviel, besonders wenn man sein Alter in Betracht zog. Zwischen Lance und Dr. Hollins brach offener Streit aus, als der Arzt versuchte, seine Tochter anzuhalten, sich mit anderen Jungs zu treffen.

Die Lehrer der Judson-Schule beschrieben Lance als intelligenten, aber schüchternen Schüler, der Schwierigkeiten hatte, Freundschaften zu schließen. Sein bester Freund war Bruce Kessler, dessen Vater die Rose Marie Reid Company für Badeanzüge gegründet hatte und dessen Mutter Nina eine Art Ersatzmutter für Lance war. Nach der Schule war Lance oft in Los Angeles bei den Kesslers. Einer von Lances späteren Bekannten faßte deren familiäre Situation so zusammen: »Bruce Kessler war für ihn eine Art Bruder, Nina Kessler eine Mutter und Cary Grant ein Vater. Ansonsten machte er einen sehr einsamen Eindruck. Als er die HighSchool bestanden hatte, war der einzige, der wegen ihm zur Feier kam, Bill Robertson.«

Lance hatte das hellbraune Haar und den athletischen Körperbau von Court Reventlow, seinem Vater, aber die Gesichtszüge und das leicht gekünstelte Auftreten von Barbara Hutton, seiner Mutter. »Lance«, berichtet Bruce Kessler, »war ein Beschützer seiner Mutter, aber er stand ihr nicht sehr nahe. In verschiedenen Bereichen gab es Ähnlichkeiten zwischen ihnen, in anderen wieder ziemliche Unterschiede. Lance stand mit beiden Beinen fest auf dem Boden der Tatsachen, und seine Mutter schwebte in den Wolken. Lance gab vielleicht für Autos sein Geld aus, aber es wäre ihm nicht im Traum eingefallen, sein Geld für

Kleider zu verschwenden oder es so zum Fenster hinauszuwerfen, wie sie das tat. Das paßte nicht in das Bild, das sie
sich von ihm machen wollte. Sie meinte, er solle sich doch
für ›die schöneren Dinge im Leben‹ interessieren. Deshalb
erzählte sie ihm zum Beispiel alles, was sie über wertvolle
Juwelen wußte, aber er machte sich seinen Schmuck lieber
selbst als ihn bei Cartier zu kaufen. Lance hatte kein echtes
Verständnis für seine Mutter, für ihr ständiges Umherreisen
in der Welt, ihre Geldverschwendung, ihre Ehen und Liebesaffären. Er machte seine Scherze über sie. Ich erinnere
mich, als seine Mutter uns einmal ... ich glaube, zu seinem
22. Geburtstag ... zum Essen ausführen wollte. Lance
brauchte eine Begleiterin und dachte daran, meine 16jährige
Schwester mitzunehmen. Meine Mutter und ich sagten damals zu ihm: ›Deine Mutter wird dir Kindesentführung
vorwerfen.‹ – ›Na ja‹, meinte er. ›Wartet erst mal ab, wen
sie anschleppt.‹«
Viele Streitereien zwischen Mutter und Sohn entzündeten
sich daran, daß der eine den Lebensstil des anderen nicht
akzeptierte. Cary Grant arrangierte für Lance einige Treffen
mit Filmsternchen aus Hollywood, während es seine Mutter
lieber sah, wenn er ein Rendezvous mit einem Mädchen
vom College oder aus einer »besseren Familie« hatte. Die
einzige Romanze, die Barbara anscheinend unterstützt hat,
war die mit Gloria Gordon, der Tochter des Metro-Gold-
wyn-Meyer-Produzenten Leon Gordon.
Umgekehrt hänselte Lance seine Mutter wegen ihrer
wachsenden Abhängigkeit von Ärzten, speziell von Dr. Hollins. Zu einer besonders schweren Auseinandersetzung zwischen Barbara und Lance kam es, nachdem Dr. Hollins
Barbara gesagt hatte, sie gebe ihrem Sohn ein zu hohes
Taschengeld. Lance fragte schließlich Bruce Kessler um Rat,
weil er sich Sorgen darüber machte, daß sie sein Taschengeld
kürzen könnte. Mit einem Anflug von Heiterkeit meinte
Bruce: »Ich weiß eine Lösung: Ich werde deine Mutter
heiraten und dann dein Taschengeld erhöhen.«
Mitte März flog Barbara nach New York, um dort den

todkranken russischen Künstler Savely Sorine zu besuchen. Dann entschloß sie sich, nach Paris zurückzukehren. In New York besuchte sie aber noch das Studio des Malers und Bildhauers Herbert Haseltine am Central Park, um sich zum ersten Mal zwei in Gold gegossene Pferdeköpfe anzuschauen, die sie bereits im Jahr 1943 bestellt hatte. Die Idee zum Modellieren solcher Köpfe war Haseltine 1938 gekommen, als er in den Pferdeställen des Maharadschas von Nawager detaillierte Zeichnungen von einem arabischen Hengst namens Indra und einer Stute namens Lakschmi angefertigt hatte. Als er in den Schatzkammern indischer Prinzen auch noch Einzelstücke von edelsteinbestücktem Pferdegeschirr für Zeremonieprozessionen (wie sie bei Mogulminiaturen zu sehen sind) besichtigen konnte, entschloß er sich dazu, die Figuren hochstilisiert zu gestalten, in 24karätiges Gold zu gießen und mit wertvollen Edelsteinen zu schmücken. Die Materialkosten für das Projekt machten einen Mäzen notwendig. So kam er auf Barbara Hutton. Jeder der beiden Köpfe wog mehr als 30 Pfund, besaß etwa ein Viertel der Größe eines echten Pferdekopfes und maß von der Spitze der Mähne bis zum Bergkristallfundament 38 Zentimeter. Der Kopf des Hengstes enthielt 135 Unzen Feingold, der der Stute 178 Unzen. Joseph Ternbach, ein Wiener Kunstrestaurator mit Studio in Forest Hills sorgte für das Einpassen, Ziselieren und Einsetzen der Edelsteine, die er von dem New Yorker Schmuckhändler Raphael Esmerian erworben hatte. Die Rechnungen weisen folgenden Edelsteinbestand aus:

HENGST (Indra): 164 Rubine, 16 ganze Perlen, 94 halbe Perlen, 69 Diamanten (Tafeldiamanten), 12 Smaragde, 82 Saphire.

STUTE (Lakschmi): 182 Diamanten (Tafeldiamanten), 24 Smaragde, 12 Saphire, 46 ganze Perlen, 6 halbe Perlen, 21 Rubine, 13 Rubinsplitter.

Von Anfang an waren diese Pferdeköpfe für Barbara eine ständige Quelle des Ärgers. Das fing schon an bei ihrem Transport von New York in ihre Suite im Pariser Ritz, wofür letztlich Graham Mattison die Verantwortung trug. Durch Versehen oder schlichte Fehlkalkulation ließ er sie für die Verschiffung nach Europa mit nur 50 000 Dollar versichern, das war mehr als eine Million Dollar unter ihrem Schätzwert.

Ein weiteres Problem mit den Pferdeköpfen tauchte im Herbst 1953 auf, als die Tate Gallery in London Haseltine anbot, seine bekanntesten Pferdeskulpturen einschließlich verschiedener Werke, die Winston Churchill in Auftrag gegeben hatte, dort auszustellen. Churchill schrieb für den Katalog der Ausstellung eine Einführung. Barbara jedoch hatte schwere Bedenken, ihre beiden arabischen Pferdeköpfe ausstellen zu lassen. Sie behauptete, sie hätte selbst noch nicht genügend Zeit gehabt, sich an ihnen zu freuen. Tatsächlich aber fürchtete sie eine Welle negativer Publizität, wenn bekanntwerden würde, daß sie eine so unglaubliche Geldsumme für ein Kunstwerk ausgegeben hatte. Der Bildhauer und seine Mäzenin stritten sich. Die Pferdeköpfe blieben schließlich bei Barbara, aber die Freundschaft mit Haseltine war unwiederbringlich vorbei.

14

Barbara kam Ende März 1953 in Paris an. Im April stimmte sie einem Interview mit Art Buchwald von der New Yorker *Herald Tribune* zu. Es fand im Ritz statt. Barbara enthüllte, wie ihr fremde Menschen in der Zeit der Depression manchmal ins Gesicht gespuckt hatten – sie war damals noch jung gewesen. Nach dem Interview schien es, daß Buchwald gewisse Sympathien für Barbara entwickelt hatte.

Einige Wochen nach dem Interview war Barbara wieder ans Bett gefesselt. Dr. Robert de Gennes, ihr Pariser Arzt, besuchte sie oft in ihrer Suite. Sie trank sehr viel und versteckte dann die Schnapsflaschen unter ihrem Bett oder im Wandschrank. Der Arzt konnte sie gar nicht so schnell beschlagnahmen, wie wieder neue auftauchten. Eines Abends rief Ticki Tocquet Dr. Jack Hollins in Hollywood an, um ihm mitzuteilen, daß Barbara erneut versucht habe, sich umzubringen. Diesmal habe sie sich mit einer Rasierklinge Handgelenk und Hals aufgeschnitten. Daraufhin flog Dr. Hollins nach Paris.

Er traf Barbara im Krankenhaus an. Sie saß im Bett und blätterte ungeduldig in einer italienischen Modezeitschrift herum. Ihr Hals und ihr linkes Handgelenk waren mit dicken Bandagen eingewickelt. Die Wunden waren nicht so tief gewesen, daß es lebensgefährlich war. Dr. Hollins schloß daraus, daß es Barbara nicht darauf angekommen war, sich wirklich zu töten, sondern nur eine Art Hilferuf loszulassen. Mit diesem Hilferuf wollte sie seiner Meinung nach auf sich aufmerksam machen, Liebe und Bewunderung erzwingen, erreichen, daß man sie bemerkte und umsorgte. Bevor er nach Kalifornien zurückkehrte, riet Dr. Hollins Barbara erneut, einen guten Psychotherapeuten zu suchen, jemanden, der sie vor sich selbst schützen konnte. Wieder einmal erwiderte Barbara, daß sie diesen Vorschlag überdenken würde. Als er abfuhr, kannte er ihre Antwort, ohne daß sie eine gegeben hatte.

Außer zwei leichten Narben erholte sie sich völlig und hielt sich bereits wieder im Hotel auf, als Lance ankam, um in Europa den Sommer zu verbringen. Er wurde von seinem Schweizer Freund Leland Rosenberg und einem von Lelands Bekannten, Manuel de Moya, einem Mitarbeiter der Botschaft der Dominikanischen Republik in Paris, begleitet. Am 31. Mai reiste dieses Trio nach London, um der Krönung von Königin Elizabeth beizuwohnen. Nach einer Woche waren sie wieder in Paris und wohnten in Barbaras Suite. Zwei Wochen später entschlossen sie sich, zu den internationalen Polomeisterschaften nach Deauville zu fahren. Barbara fuhr ebenfalls mit. Die französische Presse warf ihr vor, immer die Anstandsdame für ihren Sohn zu spielen, um junge Frauen abzuschrecken, die an seiner Erbschaft interessiert waren. Lance war offensichtlich sehr zugänglich. Erst kurz zuvor war er mit einem teuren Callgirl aus Kalifornien liiert gewesen. Als die Lady dann erfuhr, wie ihr Freier hieß, wurde sie plötzlich sehr besitzergreifend. Es kostete Barbara eine erkleckliche Summe Geld, um ihn von ihr loszueisen.

Während ihres Aufenthaltes in Deauville lernte Barbara den berüchtigten Porfirio Rubirosa kennen. Rubi nahm am internationalen Poloturnier teil. Er war in Begleitung der temperamentvollen, in Ungarn geborenen Schauspielerin Zsa Zsa Gabor, die bereits zwei unglückliche Ehen hinter sich hatte: die erste mit einem Mitarbeiter des türkischen diplomatischen Corps namens Burhan Belge, die zweite dann mit dem millionenschweren Hotelier Conrad Hilton. Momentan lebte sie getrennt von ihrem Ehemann Nummer drei, dem Schauspieler George Sanders.

Porfirio Rubirosa war Botschafter der Dominikanischen Republik. Er hatte sein Land bereits in Deutschland, Belgien, Großbritannien, Argentinien und Frankreich vertreten, allerdings ohne erkennbare Ergebnisse. Wie Prinz Ali Khan war er einer der Berühmtesten eines allmählich aussterbenden Schlages, der Inbegriff eines universellen Playboys. Sein Sexualleben provozierte den Spitznamen *Toujours Prêt* (Immer Bereit) und während seiner Karriere als Liebhaber gab es keine Frau, die die Angemessenheit dieses Namens jemals in Zweifel gezogen hätte.

Entgegen so mancher üppig sprießenden Phantasie vieler Klatschkolumnisten war Porfirio Rubirosa nicht irgendein Pflänzchen einer Bananenrepublik, geboren mit einer Sense in der einen und einer Machete in der anderen Hand. Er war vielmehr der Sohn eines wohlhabenden Konsuls, der eine diplomatische Laufbahn einschlug und Geschäftsträger der Botschaft der Dominikanischen Republik in Paris wurde. Porfirio wurde in der Dominikanischen Republik geboren, wuchs aber in Paris auf und ging dort zur Schule. Er genoß die beste Erziehung und verkehrte schon früh in den höchsten Kreisen der Gesellschaft. Er kehrte als 17jähriger auf die heimatliche karibische Insel zurück, um dort Jura zu studieren, entschied sich aber nach weiteren sechs Monaten für eine militärische Laufbahn. Mit zwanzig war er Hauptmann in der Armee.

Seine Leidenschaft für den Sport zeigte sich schon früh. Er führte die Polomannschaft der Dominikanischen Republik zu einem Sieg über Nikaragua, und das zu einem Zeitpunkt, der sich als recht günstig herausstellen sollte: Generalissimo Trujillo war nämlich kurz zuvor – man schrieb das Jahr 1930 – an die Macht gekommen. Trujillo entwickelte eine Vorliebe für den jungen, kecken Offizier. Eines Tages sandte er den jungen Mann zum Flughafen, um Kavalier zu spielen. Rubirosa sollte dort Señorita Flor de Oro (Goldene Blume) Trujillo abholen und sie nach Hause begleiten. Die 17jährige Tochter des Diktators kehrte damals aus Frankreich zurück, wo sie zur Schule gegangen war.

Flor de Oro war sofort von Rubirosa angezogen. Obwohl er weder groß noch im klassischen Sinne schön war, strahlte er geradezu magnetisch Leidenschaft und Lebensfreude aus, was sie unwiderstehlich fand. Er vermittelte den Eindruck eines gewalttätigen und rücksichtslosen Mannes, der ausgesprochen besitzergreifend war und doch im Grunde seines Herzens romantisch. »Er war ein grobschlächtiger Kerl mit ausgezeichneten Manieren«, berichtet eine seiner Freundinnen. »Er machte nicht Jagd auf Frauen, sie machten Jagd auf ihn«, erklärt eine andere. Rubi hatte so seine eigenen Regeln, wie man eine reiche und mächtige Frau erobern konnte. »Betatsche nie eine Frau«, schrieb er. »Eine Frau liebt es nicht, betatscht zu werden. Sie liebt es ... geliebt zu werden.« Rubi war schlau, manipulativ, amüsant, selbstbewußt und höflich. Er konnte problemlos mit sinnlicher Stimme Konversation betreiben. Zwei Jahre nach seinem ersten Treffen mit Flor heiratete er sie. Trujillo erklärte den Hochzeitstag zum nationalen Feiertag. Kurz darauf schickte er das junge Paar in seine Botschaft nach Berlin.

Rubis Leben klang bald wie ein Drehbuch zu einem

Errol-Flynn-Film. Die Klatschreporter folgten seiner Spur nach Monte Carlo und St. Moritz, zum Spielkasino in Cannes, zu den Nachtklubs in London und den Jazzklubs in Paris. Er fuhr beim Autorennen von Le Mans mit, setzte in Longchamp auf Pferde, organisierte sich sein eigenes Poloteam, tat sich als Amateurboxer hervor, lernte, ein Flugzeug zu fliegen, spielte Bongotrommeln und Gitarre, sammelte Porzellan und Antiquitäten und hielt sich für einen Gourmet. Das waren seine Hobbys. Seine Arbeit bestand darin, Frauen zu verführen, zu lieben und sie wieder zu verlassen. »Arbeiten Sie eigentlich auch einmal?« wurde er einmal von einem Reporter gefragt. »Arbeiten?« erwiderte er. »Dafür habe ich keine Zeit.«

Fünf Jahre nach ihrer Heirat – sie war mit Rubi inzwischen nach Paris gezogen – verkündete Flor Trujillo ihre Absicht, eine Scheidungsklage einzureichen. Rubirosa willigte freundlich ein. Anstatt ihn zu verstoßen, belohnte ihn sein Schwiegervater mit einer Beförderung in der Gesandtschaft der Dominikanischen Republik und verkündete, daß Rubirosa jetzt ein vollendeter Diplomat sei. »Er macht seine Arbeit gut«, meinte Trujillo, »weil ihn die Frauen mögen und er ein wunderbarer Lügner ist.« Vielleicht hatte der Diktator das Gefühl, daß einer, der fünf Jahre mit seiner Tochter zusammensein konnte, ein Diplomat sein mußte. Flor sollte anschließend noch neunmal heiraten.

Nach der Scheidung war Rubi in eine Reihe schmutziger Geschäfte verwickelt, unter anderem in den Juwelenschmuggel aus dem vom Bürgerkrieg heimgesuchten Spanien und den Verkauf von Visa an französische Juden zu Beginn des Zweiten Weltkrieges. Rubis Bruder César kommentierte das so: »Er wurde durch den Visaverkauf an die Juden reich, aber tat das nicht jeder?« Der Preis für ein lebensrettendes Visum schwankte von 300 bis 3000 Dollar und hing von Angebot und Nachfrage ab. Rubirosa verkaufte angeblich Hunderte. Obwohl er diesen Vorwurf nie bestritten hat, stellte er gerne heraus, daß auch er ein Opfer der Nazis gewesen sei: »Ich bin zweimal von der Gestapo

verhaftet worden und zweimal in ein Gefangenenlager gekommen, einmal in Frankreich und einmal in Deutschland.«
Allerdings verschwieg er, daß das, was er »Gefangenenlager«
nannte, in Wirklichkeit Sammelzentren für Diplomaten waren. Dort konnte er in Luxusquartieren wohnen und mit
hochrangigen deutschen Offizieren Polo spielen.

1940 schließlich, als er nicht in Arrest war, lernte er den
französischen Filmstar Danielle Darrieux kennen, die damals mit dem Filmregisseur Henri Decoin verheiratet war.
Decoin war kein echter Rivale für Rubirosa. Rubi und
Danielle heirateten 1942 nach ihrer Scheidung und schworen
sich, daß sie nur so lange zusammenbleiben würden, wie
ihre Leidenschaft anhielt oder bis sie kein Geld mehr hatten,
ganz egal, was zuerst eintreten würde. Letzteres konnte
durch Danielles enorme Popularität im europäischen Film-
geschäft verhindert werden. Internationales Renommée erlangte sie vor allem durch ihre Hauptrolle neben Charles
Boyer in dem ausgesprochen erfolgreichen Film *Mayerling*.
Letztlich verursachte Danielles Mutter, die bei ihnen nach
dem Krieg einzog, die Trennung. »Nachdem sie zu uns
gestoßen war«, schrieb Rubi, »stritten sich Danielle und ich
fast ständig. Wir liebten uns sehr und hatten abgemacht,
daß wir uns trennen müßten, wenn dieses Gefühl nachlassen
würde. Daher trennten wir uns und danach verständigten
wir uns bei unserer Scheidung auf eine gütliche Einigung.«

1947 lernte Rubi Doris Duke kennen und heiratete sie.
Ihre frühere Ehe mit dem Playboy James H. R. Cromwell
war mit dem Tod einer Tochter im Jahre 1940, die zu früh
auf die Welt gekommen war, auseinandergebrochen. Die
Heirat von Doris Duke mit Rubirosa fand in der Botschaft
der Dominikanischen Republik in Paris statt. Dem war eine
elfstündige Verhandlung mit zwei Rechtsanwälten zum
Schutz des millionenschweren Dukeschen Erbes vorangegangen, die mit der Unterzeichnung einer vorehelichen Vereinbarung durch den Ehemann geendet hatte. Trotz dieses
Vertrages ging es Rubirosa finanziell nicht schlecht. Unter
den Hochzeitsgeschenken waren ein Scheck über 500 000

Dollar, eine Koppel Poloponys, einige Sportwagen und ein umgebautes B-25-Flugzeug. Die Ehe dauerte dreizehn Monate; während dieser Zeit schenkte ihm Doris noch eine zweihundert Jahre alte Villa am linken Seineufer in der Rue de Bellechasse 46, einer guten Pariser Adresse, wo schon einmal die Prinzessin Elizabeth Chavchavadse gewohnt hatte.

Manuel de Moya, Rubirosas Landsmann, sorgte für ein Treffen Barbaras mit Rubirosa bei einer kleinen Dinnerparty in Deauville. Barbara und Rudi hatten sich zwar bereits einige Male gesehen, seit Rubi Doris Duke geheiratet hatte, aber nun begann sich der Charakter des Verhältnisses zu ändern. Dies wurde durch die plötzliche Entscheidung Zsa Zsa Gabors, wieder zu ihrem Ehemann George Sanders nach Paris zurückzukehren, noch beschleunigt. Am Tag nach Zsa Zsas Abfahrt wurde Barbara im Morgengrauen vom Klang der Gitarren, Bongotrommeln und von lautem Singen geweckt. Rubi hatte einige Bekannte engagiert, darunter auch den Baron Elie Rothschild, um vor Barbaras Hotelfenster ein Ständchen zu geben. Diese Geste ließ Barbaras Phantasie sprießen, denn nur ein verliebter Mann, so schien es ihr, würde so etwas unternehmen, um eine Frau zu erobern.

Barbara hatte sich immer schon gefragt, was es mit Rubirosa auf sich hatte, daß Frauen seinem Charme regelmäßig erlagen. Nie hatte sie so richtig verstanden, warum Doris Duke Rubi geheiratet hatte und wie sie es aushielt, daß er immer mit einem Anhang Frauen umherreiste, die zu seiner Verfügung standen. Aber bald lernte sie aus erster Hand kennen, was es mit ihm auf sich hatte und was ihn für das andere Geschlecht so unwiderstehlich machte: »Er liebt es, Frauen Freude zu bereiten, weil er damit auch sich selbst Freude bereitet. Er ist der letzte Zauberer. Er versteht es, den normalsten Abend in einen magischen Abend umzuwandeln.« Im selben Notizbucheintrag beschreibt sie Rubi als »priapeisch, unermüdlich und grotesk proportioniert. Es ist sein Liebesgeheimnis, daß er eine ägyptische Technik namens *Imsák* praktiziert. Ganz egal, wie erregt er ist, er gestattet es sich nicht, den Geschlechtsakt zu vollenden. Spaß daran macht ihm, daß er dabei das Gefühl der Kontrolle über seinen Körper bekommt, während gleichzeitig die Frau jede Kontrolle verliert und den Höhepunkt erreicht.«

Auch wenn die Hälfte der Anekdoten und Gerüchte, die sich um Rubirosa rankten, unwahr sein sollten, gab es immer noch genügend Beweise für die Glaubwürdigkeit des Mythos um ihn. Alice-Leone Moats machte mit einem von Rubirosas früheren Kammerdienern, einem Russen namens Viktor, ein Interview, um Stoff für ihr Buch *The Million Dollar Studs* zu sammeln. Viktor erinnerte sich an einen Vorfall, der für seinen Herrn besonders peinlich war: »Eines Nachmittags, als ich meinte, Mr. Rubirosa wäre schon außer Haus, ging ich in sein Schlafzimmer, um einige Hemden mitzunehmen. Er war aber noch da und war auch nicht allein. Ich hatte ihn gerade in einem sehr wichtigen Moment unterbrochen. In seiner Wut stürzte er aus dem Bett und auf mich zu, wobei er schrecklich fluchte. Was war das für ein Anblick! Ich war überwältigt ... E le uova, le uova! Sie waren so riesig, daß sie ihn störten und er normalerweise ein Suspensorium trug.«

Derselbe Diener wurde fristlos entlassen, als herauskam, daß er sich Geld hinzuverdient hatte, indem er einige von den benutzten Unterhosen des Diplomaten verkauft hatte. Als eine italienische Zeitung einen Artikel über den geschäftstüchtigen Kammerdiener schrieb und enthüllte, daß Rubis Slips auf Bestellung angefertigt worden waren, und zwar bei Hilditch & Key in London, mit ultradünner Baumwolle, 15 Pfund das Stück, wurde der Herrenmodehersteller von Tausenden von Bestellungen für dieses Textil geradezu überschwemmt.

Rubirosas üppige Proportionen wurden so häufig und ungezwungen diskutiert, daß es schon üblich wurde, den Kellner nach einem »Rubirosa« zu fragen, wenn man in den besten Restaurants Europas frisch gemahlenen Pfeffer bestellen wollte. Der Vergleich zwischen Rubirosas natürlichem Zubehör mit einer 41 Zentimeter großen geschnitzten Pfeffermühle mag erklären, warum er Verehrerinnen in verschiedenen Kontinenten hatte. Sein Heer von Eroberungen umfaßte unter anderem so beachtenswerte Namen wie Zsa Zsa Gabor, Dolores Del Rio, Joan Crawford, Jane Mansfield, Marilyn Monroe, Susan Hayward, Tina Onassis und Evita Perón.

1952 und 1953 war Rubirosa in zwei stark beachtete Scheidungsskandale verwickelt. Richard J. Reynolds, Erbe eines großen Tabakimperiums, warf seiner Frau, Marianne O'Brien, vor, mit dem Playboy herumzuschäkern. Auch Robert Sweeny, Barbara Huttons einstiger Verehrer, machte seiner Frau Joanne Connelley, Erbin texanischer Ölmillionen, diesen Vorwurf. Die Publizität dieser beiden Affären erzeugte eine sofortige Rückkopplung. Trujillo warf Rubi »schlechtes Betragen« vor, entband ihn von seinem Botschafterposten und entzog ihm den Diplomatenpaß. Ohne Stellung, Gehalt und Spesenkonto befand sich der Dominikaner in der unangenehmen Situation, daß ihm gar nichts anderes übrigblieb, als Barbara Hutton hinterherzulaufen.

Mitte September 1953 flog Rubirosa von Paris nach Bel Air in Kalifornien, um Zsa Zsa Gabor zu treffen, deren Versuch, sich mit ihrem von ihr getrennt lebenden Ehemann zu versöhnen, mißglückt war. Zwei Monate später kam Barbara Hutton an Bord des Dampfers *United States* in Begleitung von Jean de Baglion, der zum ersten Mal die Vereinigten Staaten besuchte, in New York an. Sofort bekam Barbara eine Lungenentzündung und wurde ins Doctors Hospital gebracht. Dort blieb sie drei Wochen lang. Baglion besuchte sie jeden Tag und war ihr zu Diensten, indem er ihr französische Lyrik und Theaterstücke vorlas. Rubirosa sah sie in dieser Zeit zweimal. Er verbrachte seine Zeit damit, zwischen Zsa Zsa in Los Angeles und Barbara in New York hin- und herzufliegen. Beide Male brachte er ein großes Bouquet Blumen mit.

An dem Tag, an dem Barbara in ihre Suite im Hotel Pierre

zurückkehren wollte, kam Rubi, um sie abzuholen. Er war sehr hilfsbereit, höflich und überwältigend fürsorglich. Die Zeit zum Zupacken war gekommen und Rubi stürzte sich auf seine Beute. Ein paar Stunden später hatte er bereits eine Verabredung zum Essen mit Leon Block, dem Eigentümer des Dunhill-Tailors-Konfektionsladens, der sich damals in der Nähe des Restaurants in der 52. Straße West befand. Bei einem dicken Lendensteak kündigte er an, daß er Barbara Hutton heiraten werde und deshalb eine neue Garderobe brauche. Nach dem Essen gingen sie in den Konfektionsladen. Rubi bestellte 25 leichte, handgeschneiderte Anzüge zu 300 Dollar das Stück. Block wurde angewiesen, die Anzüge Rubirosa zu schicken und die Rechnung an Barbara Hutton.

Der nächste Schauplatz dessen, was langsam zur grotesksten romantischen Dreierbeziehung des Jahrzehnts wurde, war das Last-Frontier-Hotel in Las Vegas, wo Zsa Zsa Gabor mit ihren Schwestern Eva und Magda für ihr Debüt in einem Nachtklub probte. Zsa Zsa hatte den Fotografen ihren Auftritt bereits in einem halb durchsichtigen Abendkleid, das speziell für ihr Debüt entworfen worden war, angekündigt.

Am 20. Dezember, sechs Tage vor dem Ereignis, flog Russell Birdwell, ein führender Presseagent aus Hollywood, nach Las Vegas, um mit Zsa Zsa, deren Public Relations er mehrere Jahre lang betrieben hatte, zu sprechen. Er war besorgt über den Klatsch aus Hollywood, der seine Klientin mit Rubirosa in Verbindung brachte. Zsa Zsa versicherte ihm, daß da nichts dahinter sei. Es sei vielmehr so, daß Rubirosa Barbara Hutton heiraten wolle. Birdwell war vollkommen verblüfft. »Also hören Sie mal, Zsa Zsa«, meinte er. »Das ist doch absurd. Dieser Mann hat Sie um die halbe Welt verfolgt, und nun bringen Sie Barbara Hutton ins Spiel. Das ist doch unsinnig.«

»Streiten Sie nicht mit mir, Russ«, erwiderte Zsa Zsa. »Rubi liebt mich zwar, aber er wird trotzdem Barbara heiraten. Er hat mich noch nie im Leben angelogen. Außerdem braucht er Geld.«

Wenn Birdwell schon durch Zsa Zsas Behauptung, daß Rubirosa Barbara Hutton heiraten wolle, verblüfft war, dann war er um so mehr erstaunt, als er ein paar Tage später hörte, daß Rubi erneut Zsa Zsa besucht hatte. Er war in Bel Air angekommen, um mit Zsa Zsa, ihren Schwestern, ihrer Tochter Francesca Hilton und Zsa Zsas Mutter Jolie an Weihnachten zu Abend zu essen. Zsa Zsas Autobiographie aus dem Jahre 1960 zufolge (Gerold Frank schrieb sie für sie) schloß sich dem Essen noch ein weiterer Gast an: George Sanders. Als er gehört hatte, daß Rubirosa in der Stadt war, entschied sich Sanders dafür, dem Paar am Weihnachtsabend einen Besuch abzustatten. Angeblich kletterte er eine Leiter hoch, hievte einen Ziegelstein mit daran befestigten Geschenken durch das Schlafzimmerfenster und stieg dann ganz zwanglos selbst hinterher. Begleitet wurde er von seinem Rechtsanwalt und einem Privatdetektiv, der passenderweise eine Kamera bei sich trug. »Frohe Weihnachten, meine Lieben!« wünschte er, während ein grelles Blitzlichtgewitter im Zimmer tobte. Wieder einmal fand sich Rubirosa in seiner typischen Rolle.

Am ersten Weihnachtsfeiertag kehrten die Gabors mit ihrer Mama nach Las Vegas zur Generalprobe zurück. Rubi folgte ihnen mit dem nächsten Flug. Da er einen ganzen Tag zu seiner Verfügung hatte, sah er sich Lena Horne im Sands und Marlene Dietrich im Sahara an. Als die Dietrich-Show beendet war, ging er sofort ins Desert Inn an den Baccaratisch für hohe Einsätze. Innerhalb von ein paar Stunden hatte er Schuldscheine im Wert von 50 000 Dollar angehäuft. Als seine Verluste immer größer wurden, zeigten sich die Herren des Managements besorgt. Man wollte daher wissen, wie Rubi seine Verluste zu zahlen gedachte. Rubi erzählte ihnen von seiner bevorstehenden Hochzeit mit Barbara Hutton und schlug sogar vor, sie in New York anzurufen, wobei Rubi das Gespräch führen wollte und die anderen an einem Nebenanschluß mithören sollten. So geschah es dann auch. Barbara war da. Er fragte sie, ob sie ihn denn noch immer heiraten wolle. »Ich kann schon gar nicht mehr warten, Darling«, erwiderte sie. Dann informierte er sie über seine delikate finanzielle Situation. Barbara demonstrierte Weihnachtsstimmung und meinte: »Nur die Ruhe, Darling. Ich werde das Geld sofort überweisen lassen.«

Etwas später am selben Abend, so erzählt Zsa Zsa, ruhten sie und Rubi in ihrer Hotelsuite aus, als plötzlich das Telefon läutete. Am Apparat war der Kolumnist Igor Cassini. Er versuche gerade, Rubirosa zu erreichen – ob Zsa Zsa wisse, wo er gerade sei?

Rubirosa führte einen Finger an die Lippen. Zsa Zsa verstand sofort. Nein, antwortete sie dem Anrufer, sie habe keine Ahnung.

»Wenn das so ist«, meinte Cassini, »dann können Sie mir sicher sagen, ob es wahr ist, daß er Barbara Hutton heiraten will?«

»Davon weiß ich nichts«, antwortete Zsa Zsa kühl und hängte auf.

Durch Cassinis Anruf »erniedrigt« und von der erneuten Bestätigung von Rubis Heiratsabsichten »verletzt«, überschüttete sie ihren Besucher mit einem Schwall recht unfreundlicher Worte, stand auf, marschierte zur Tür, öffnete sie und wies ihn an zu gehen.

»Du willst mich doch nicht heiraten«, meinte Rubirosa. »Warum stört es dich dann, wenn ich Barbara heirate?«

»Es stört mich nicht«, erwiderte Zsa Zsa. »Geh jetzt! Geh und heirate diese Frau!«

Rubi ging zur Tür und hielt dann inne. »Sag mir nur noch eines«, bat er. »Warum heiratest du mich nicht?«

»Weil ich dich nicht liebe«, antwortete Zsa Zsa. »Ich liebe George. Ich habe ihn immer geliebt und werde ihn immer lieben. Bitte, geh jetzt!« Zsa Zsa stürzte auf ihn zu und gab ihm einen ordentlichen Schubs.

Da versetzte er ihr einen plötzlichen Schlag und brachte sie damit aus dem Gleichgewicht. Sie schlug mit ihrer Stirn gegen die Kante der geöffneten Badezimmertür. »Du bist verrückt!« schrie sie und rannte zum Spiegel. Über ihrem rechten Auge zeichnete sich ein übel aussehender Striemen ab.

Sie wandte sich wieder Rubi zu und bearbeitete ihn mit den Fäusten. »Du hast mich entstellt!« kreischte sie. »Hau ab von hier! Hau ab!« Sie schob ihn durch die Tür und schlug sie vor seiner Nase zu.

Am nächsten Tag brachte Cassinins Klatschspalte im New Yorker *Journal-American* einen Bericht über die bevorstehende Hochzeitsfeier von Hutton und Rubirosa.

Um nicht hintanzustehen, berief Zsa Zsa ihre eigene Pressekonferenz ein. Dabei trug sie über dem rechten Auge eine schwarze Augenklappe. Als die Fotografen ihr Blitzlichtgewitter einstellten, verkündete sie stolz, daß es Rubi gewesen war, der ihr als Abschiedsgeschenk ein blaues Auge geschlagen hatte. Sie habe das als Beweis seiner Liebe zu ihr aufgefaßt.

»Was möchten Sie Miß Hutton sagen?« erkundigte sich ein Reporter.

»Ich wünsche ihr alles Glück dieser Welt – sie wird es brauchen können. Sie ist sehr tapfer, wenn sie Rubi heiratet. Andererseits ist er für eine reiche Frau der beste Zeitvertreib, den man sich vorstellen kann.«

Die Fotos von Zsa Zsa im Piratenlook verbreiteten sich in Windeseile über die ganze Welt. Plötzlich wurde eine Augenklappe »in«. Bei Marlene Dietrichs nächster Show kamen alle dreißig Mädchen ihrer Tanzgruppe mit Augenklappen auf einem Auge auf die Bühne. Als Rubirosa in New York ankam, wurde er am Flughafen von fünfzig Reportern empfangen, die ihre Augenklappen stolz zur Schau trugen. Auf der Fifth Avenue in New York und auf dem Rodeo Drive in Beverly Hills verkauften die elegantesten Boutiquen Augenklappen in allen Größen und Farben. Viele davon waren mit Ziermünzen bestückt, einige sogar mit Juwelen. Sie wurden zu zweit für »sie« und »ihn« verkauft und bei gesellschaftlichen Anlässen, Cocktailparties und geschäftlichen Angelegenheiten getragen.

Als der Augenklappenboom seinem Ende zuging, drohte Zsa Zsa, Rubi wegen Körperverletzung zu verklagen. »Wenn er einmal Barbara geheiratet hat«, versicherte sie der Presse, »wird eine Klage interessant. Ohne sie ist er nichts wert.«

Einige Klatschreporter hatten das Gefühl, daß Zsa Zsa jetzt zu weit gegangen war. Louella Parsons etwa brandmarkte sie als »größten Publicity-Vamp, den Budapest je hervorgebracht hat«. Auch Russell Birdwell meldete sich zu Wort. Er weigerte sich, sie als Klientin weiter zu betreuen und meinte: »Wenn meine Klienten nicht auf mich hören, interessieren sie mich nicht mehr. Man kann Publicity wollen und eine Show abziehen. Aber es gibt einen gewissen Punkt, bei dem schlechter Geschmack beginnt. Diesen Punkt hat Zsa Zsa überschritten.«

Barbara Hutton mußte auch so einiges über sich ergehen lassen und das nicht nur von ihren alten Kritikern. Unter Freunden und Gegnern hatte sich das Gefühl breitgemacht, daß hinter ihrer Entscheidung, den dominikanischen Playboy zu heiraten, wieder einmal die Befriedigung einer Begierde stand, die sie sich gestattete, obwohl von vornherein offensichtlich war, daß das Ganze völlig schiefgehen würde. Ihr Exehemann Cary Grant und ihr Freund Baron Gottfried von Cramm beschworen sie in Telegrammen, sich das alles noch einmal zu überlegen. Graham Mattison versuchte ebenfalls, sie umzustimmen. Ihr Onkel E. F. Hutton rief an und schlug einen harschen Ton an, wie sie ihn von ihrem Vater kannte: »Bist du nicht ganz bei Trost, Barbara? Weißt du, was das für ein Mann ist? Und ist dir klar, welche Folgen das für dich hat?«

Die einzige ermutigende Stellungnahme kam von Generalissimo Trujillo. Der Diktator setzte Rubirosa wieder in seine frühere Stellung als Berater der Gesandtschaft in Paris ein und verkündete, daß Barbara Hutton durch einen speziellen Erlaß die Ehrenbürgerschaft der Dominikanischen Republik verliehen würde. Die Hochzeitszeremonie sollte mit seiner Zustimmung in der Residenz des dominikanischen Konsuls in New York stattfinden, und zwar ohne die üblichen Formalitäten wie Bluttests und Eheerlaubnis.

Nun war Tante Marjorie an der Reihe, gute Ratschläge zu erteilen: »Ruf zumindest einmal Doris Duke an und erkundige dich über Rubirosa.« Barbara erfüllte ihr den Wunsch und rief dann wieder zurück: »Doris meint, er sei charmant und wundervoll.« Marjorie stöhnte. »Wenn das so ist«, meinte sie, »warum hat sie sich dann von ihm getrennt?«

Tante Marjorie machte sich auch Sorgen, daß Rubirosa an Barbaras Vermögen heránkäme, wenn er sie im dominikanischen Konsulat nach bestehendem dominikanischem Recht heiraten würde. Barbaras Antwort jedoch auf alle diese Einwände bestand in einem knappen: »Egal, was alle anderen sagen, ich weiß, daß ich sehr glücklich sein werde.«

Da sie sich darüber klar war, daß sie bei Barbara nur ihre Zeit vergeuden würde, wandte sich Tante Marjorie an Jimmy Donahue und veranlaßte ihn, mit Graham Mattison über einen vorehelichen Vertrag zum Schutz von Barbaras finanziellen Interessen zu sprechen. Jimmy, ein für diese Fragen etwas unkonventioneller Gesprächspartner, erfuhr von Mattison, daß der bereits das Thema gegenüber dem Diplomaten angeschnitten hatte. Rubirosa hatte ursprünglich nichts unterzeichnen wollen, was ihm nicht drei Millionen Dollar einbringen würde. Mattison hatte ihn schließlich auf 2,5 Millionen Dollar herunterhandeln können.

Am 30. Dezember um 15 Uhr, eine Stunde vor der Hochzeit, kamen mehrere Reporter in Barbaras Wohnzimmer im Hotel Pierre. In der Zimmerecke leuchteten die Kerzen des Weihnachtsbaums. Barbara saß neben Lance auf einem hellgrünen Sofa. Sie hatte ihre Haare hochgesteckt und trug in einer Brosche auf dem ovalen Halssaum ihres schwarzen Taftkleides von Balenciaga schimmernde Diamanten. Ergänzt wurde diese Kreation durch Ohrringe mit Diamanten und Perlen und zwei diamantenbestücke Armreife. Der Pressekonferenz hatte sie zwar zugestimmt, aber sie blickte so in die Runde, als ob sie es nachträglich bereuen würde.

Da trat Rubi ein. Barbara winkte ihm gleich zu. »Rubi,

Darling, hier sind wir.« Er küßte ihr die Hand und nahm dann neben ihr und Lance auf dem Sofa Platz. Die erste Frage der Reporterschar lautete: »Wer ist eigentlich Barbaras Brautführer bei der Hochzeit?« – »Mein Sohn«, antwortete sie. »Mein Sohn ist wunderbar. Er ist sehr für diese Hochzeit.« Lance lächelte, schaute aber genauso unbehaglich drein wie seine Mutter.

»Wird Ihr Besitz dominikanisches Eigentum werden?«

»Ich weiß nicht, ich glaube nicht«, erwiderte sie. »Rechtlich gesehen bin ich immer noch dänische Staatsbürgerin.«

Rubi unterbrach sie und erklärte, daß sie nach dominikanischem Recht heiraten würden. »Aber in meinem Land gehört ihr Geld ihr und mein Geld mir. Ich brauche ihr Geld sowieso nicht, denn ich habe ja selbst genug.« Das war inzwischen richtig. Da aber die Anwesenden nichts von der vor kurzem erfolgten Überweisung wußten und er keine weiteren Ausführungen dazu machte, kam gleich die nächste Frage: Was Barbara von Zsa Zsa Gabor halte?

Sie zögerte und sagte dann: »Tut mir schrecklich leid, aber ich kenne diese Lady nicht persönlich. Ich habe nur von ihren Äußerungen gelesen, aber dazu gebe ich keinen Kommentar.«

Rubirosa warf erneut etwas ein: »Miß Gabor versucht nur, etwas Publicity herauszuschlagen. Ihr geht es ausschließlich um Effekthascherei. Alles, was sie sagt, ist frei erfunden.«

»Wann haben Sie und Miß Hutton sich kennengelernt?«

»Schon vor einiger Zeit«, sagte Rubi. »Aber regelmäßig erst seit Sommer dieses Jahres, seit Deauville.«

»Als wir in Deauville waren, gestand er mir, daß er mich liebt«, fügte Barbara hinzu. »Ich glaubte ihm aber nicht. Es ist einfach schrecklich, so viel Geld zu haben. Ich glaube nie jemandem, daß er mich um meiner selbst willen liebt.« Dann murmelte sie, mehr zu sich selbst als zu den Reportern: »Ich mag nicht mehr in den Spiegel sehen, so häßlich bin ich. Früher einmal war ich schön, heute nicht mehr.«

Rubirosa machte die obligatorische Bemerkung, daß seine 41jährige zukünftige Frau immer noch schön sei und auch immer schön bleiben würde.

»Glauben Sie, daß Ihre Ehe funktionieren wird?«

»Ich würde gar nicht heiraten, wenn ich nicht *wüßte*, daß sie funktionieren wird«, erwiderte Barbara. »Ich habe früher viele Fehler gemacht, aber diesmal wird es – endlich – klappen. Ich bin so glücklich, ich kann es Ihnen gar nicht sagen.«

Die nächste Frage ging an Rubirosa: »Was hat Barbara in Ihr Leben gebracht?«

Rubi murmelte etwas vor sich hin und sprach dann Französisch. Schließlich erklärte er, daß das Wort, das er gesucht habe, »Vornehmheit« sei.

Barbara hob bei dieser Antwort eine Augenbraue. »Es war Ehrlichkeit«, warf sie ein. »Ich habe Ehrlichkeit in sein Leben gebracht.«

Nach dieser Bemerkung war die Pressekonferenz beendet. Barbara erhob sich und schwankte. Zwei Reporter mußten sie stützen. Dann ging sie in ihr Schlafzimmer, kehrte aber sehr schnell wieder zurück. Über ihrem Kleid trug sie jetzt einen langen Samtmantel und auf dem Kopf einen großen schwarzen Filmhut. Lance und Rubirosa begleiteten sie aus dem Hotel. Sie stand noch immer auf wackligen Beinen. Dann stiegen sie in eine wartende Limousine ein. Eine große Menschenmenge hatte sich vor dem Gebäude an der Park Avenue versammelt, wo Dr. Joaquin Salazar, der Generalkonsul der Dominikanischen Republik in New York, wohnte. Dr. Salazar hielt die Zeremonie in spanischer Sprache ab, Generalmajor Ramfis Trujillo (der Sohn des Diktators und Rubis früherer Schwager) war Trauzeuge. Lance, Jimmy Donahue, Jean de Baglion und Barbaras Stiefmutter Irene waren ebenfalls anwesend. Leland Rosenberg war von Rubirosa erst kürzlich inoffiziell als Hilfskraft angestellt worden und selbstverständlich ebenfalls gekommen.

Als die Ringe getauscht waren, tranken das Paar und seine Gäste Champagner und stellten sich dann der Presse. Barbara machte einen erschöpften Eindruck; ihre Augen starrten teilnahmslos ins Leere. »Wie fühlen Sie sich?« fragte ein Reporter. »Ich fühle mich so, als ob mir jemand auf den Kopf geschlagen hätte«, erwiderte sie. »Ich bin so müde, daß ich sterben könnte.«

Ein Kommentar kam auch von Zsa Zsa Gabor in Las Vegas. Als ihr ein Telefoto von der Hochzeit gezeigt worden war, meinte sie: »Die beiden schauen aber sehr unglücklich aus. Barbara vermittelt den Eindruck, als ob sie auf einer Trauerfeier wäre. Vielleicht hätte sie etwas Weißes anziehen sollen.«

Trotzdem sah es so aus, als ob sie mit der Farbe Schwarz die richtige Wahl getroffen hätte. Als sie nämlich zur Empfangsparty kam, die speziell für sie im Hotel Pierre arrangiert worden war, konnte sich Barbara nicht mehr auf den Beinen halten. Bereits eine halbe Stunde später brach sie dann völlig zusammen und mußte ins Bett gebracht werden. Die Festivität ging ohne sie weiter. Auch der frischgebackene Ehemann war nicht mehr da. Einige Stunden später tauchte er in der Nähe von Leland Rosenbergs Junggesellenbude an der 38. Street Ost mit einem exotischen Showgirl im Schlepptau wieder auf.

Am zweiten Abend lief es nicht besser für Barbara. Die Rubirosas hatten ein paar Bekannte eingeladen, um gemeinsam mit einem Mitternachtsmahl das neue Jahr zu beginnen. Eine Stunde vor der Ankunft der Gäste rutschte Barbara beim Anziehen im Badezimmer aus und brach sich den linken Knöchel. Er kam in Gips. Allgemein wurde in der Presse das Gerücht verbreitet, daß Rubirosa nach dem Zwischenfall mit Zsa Zsas Auge so ermutigt worden sei, Frauen zu schlagen, daß er es jetzt auch mit seiner Frau versucht habe. Das stimmte nicht, aber immerhin mußten Barbara und Rubi wegen des Unfalls ihre Hochzeitsreise verschieben.

Am 11. Januar verschlug es Zsa Zsa Gabor nach New York. Sie hielt bei ihrer Ankunft im Plaza gleich eine Pressekonferenz, auf der sie behauptete, daß Rubi, obwohl er eben geheiratet hatte, sie immer noch telefonisch umwerben würde. In den darauffolgenden Tagen wurde sie mit dem früheren Freund der Braut, Henri de la Tour d'Auvergne, und dem Trauzeugen Ramfis Trujillo gesehen. Dieses Verhalten führte zu dem beißenden Kommentar der Gesellschaftskolumnistin Nancy Randolph, daß »Zsa Zsa sich wie eine eifersüchtige Ehefrau benimmt, obwohl sie Rubi doch gar nicht geheiratet hatte«.

Zwei Tage nach Zsa Zsas Ankunft bestiegen Barbara Hutton, die an einen Rollstuhl gefesselt war, Rubi, Leland Rosenberg, zwei Dienstmädchen und eine Pflegeschwester eine gecharterte Super Constellation der Eastern Airlines nach Palm Beach. Sie mußte sich zwingen, den Reportern ein wenig zuzulächeln. Der Charterflug hatte Barbara 4500 Dollar gekostet. In Palm Beach zahlte sie weitere 30 000 Dollar für die dreimonatige Anmietung der eleganten cremefarbenen Villa des Maharadschas von Baroda am South Ocean Boulevard. Das Haus war voll mit orientalischen Kunstschätzen und wurde von sechs Leuten betreut. Die Pflegeschwester schlief in einem kleinen Schlafzimmer neben Barbaras Zimmer, während Rubi ein separates Quartier am anderen Ende des Hauses hatte.

Obwohl sie sich körperlich sehr fremd wurden – teilweise wegen Barbaras Verletzung und teilweise wegen Rubis geringem Interesse –, hatte das doch keinen Einfluß auf Barbaras Freigebigkeit oder Rubis Besessenheit, ihr Geld zu verschleudern. Als Hochzeitsgeschenk hatte sie ihm eine zweimotorige B25 geschenkt. Es war dasselbe Modell, das ihm davor Doris Duke geschenkt hatte und das er schon längst wieder verkauft hatte. Kurz vor dem 22. Januar, Rubis 45. Geburtstag, fragte ihn Barbara, ob er etwas Besonderes zu seinem Geburtstag haben wolle. Er erwiderte, in der Dominikanischen Republik stehe eine 158 Hektar große Zitrusplantage zum Verkauf. Die 450 000 Dollar für die Plantage wären eine gute Investition. Barbara schenkte ihm das Geld.

Neben der Plantage kaufte Barbara Laddie Sanfords Poloponys – insgesamt fünfzehn – und ließ sie herbeitransportieren, sodann Manschettenknöpfe aus Rubinen, diamantenbestückte Krawattennadeln und schließlich auch einen Lancia, mit dem Ruby einige Wochen danach am zwölfstündigen Grand Prix in Sebring teilnahm. Die Höhepunkte der Geburtstagsparty, die sie ihm gab, waren ein Orchester, eine Gruppe Flamencotänzer und als besonderer Leckerbissen Rubis Lieblingstroubadour, ein umherziehender kubanischer Gitarrist namens Chago Rodrigo, der lateinamerikanische Liebesballaden sang und spielte. Aber die Party war ein Reinfall. Barbara zog sich lange bevor die Gäste gingen zurück. Man konnte hören, wie sie sich in ihrem Schlafzimmer in den Schlaf weinte. Auch Rubirosa war nicht so überschwenglich wie sonst und verbrachte den größten Teil des Abends allein mit einer Flasche auf der dunklen Terrasse am Swimmingpool.

Eine Woche später gab es eine weitere Party, diesmal bei Laddie und Mary Sanford. Einer der Gäste war Cobina Wright, die am Abend vorher mit dem Flugzeug aus Kalifornien gekommen war. Sie traf Barbara alleine an, als sie mit einer Krücke herumhumpelte. Cobina war überrascht, wie blaß und unglücklich Barbara aussah. Sie setzten sich beide ans Klavier. Cobina spielte, und Barbara versuchte, dazu zu singen. Mitten im Lied versagte Barbara die Stimme, und sie fing zu weinen an.

»Was ist los, Darling?« erkundigte sich Cobina.

»Es ist wegen Rubi«, schluchzte Barbara. »Er wird mich sicher bald betrügen.«

Cobina konnte Barbaras Tränenstrom zum Versiegen bringen. Während ihres Urlaubs traf sie Barbara nicht noch einmal, aber wo auch immer sie sich in Palm Beach aufhielt – ob bei Parties, in Restaurants oder Folkloreklubs –, sie hörte nur Gerde über Barbara und Rubi. Der Zerfall der Ehe Hutton–Rubirosa war nicht nur das vorherrschende Thema der Konversation in dieser Saison, sondern das *einzige*.

David Fields, der frühere Herausgeber des *Palm Beacher*, bestätigt, daß Rubirosas Frauengeschichten keineswegs taktvoll verschwiegen über die Bühne liefen. »Man wußte sehr gut, daß er ein Appartement in der Peruvian Avenue hatte, wo er seine Geliebten traf. Normalerweise zog er durch die Nachtlokale von Palm Beach, schleppte dort ab, was gerade da war, und fuhr dann im Champagnerdunst weg. Es spielte für ihn keine Rolle, ob es sich bei seinen Bekanntschaften um Herzoginnen, Callgirls, Frauen aus der High-Society, Schauspielerinnen, Modelle, Kellnerinnen, Verkäuferinnen, Maniküren oder andere handelte, solange sie nur gut aussahen und gut im Bett waren. Wenn sie zur Schickeria gehörten, um so besser, aber wenn nicht, war das auch in Ordnung. Gelegentlich fuhr er nach Miami, um auf Ramfis Trujillos Jacht, die vorher einmal Marjorie Merriweather Post gehört hatte, an einer Party teilzunehmen. Manchmal spielte er auch in Delray Polo und traf seine Frauen dort. Das einzige Mal, wo er sich in dieser Hinsicht zurückhielt, war, als Barbara nach Delray gekommen war, um ihn spielen zu sehen. Barbaras Stiefmutter war gerade auf Besuch gekommen, und die beiden hatten nichts Besseres zu tun.«

Wenn Rubi einmal nicht auf Parties oder in Nachtklubs ging und auch nicht Polo spielte, konnte man ihn gewöhnlich in der Worth Avenue treffen, wo er Barbaras Geld verschleuderte. Während seines kurzen Aufenthalts in Palm Beach kaufte er sich sechzig Anzüge, zwanzig Paar Schuhe, fünfzig Seidenpyjamas, Dutzende von Pullovern, Hemden, Hosen und Sportjacken. Man war auch keineswegs überrascht, als man erfuhr, daß er in der Liste der bestangezogenen Männer im Jahre 1954 ganz vorn rangierte.

Die Rechnungen über Essen, Getränke, Ausgaben im Unterhaltungssektor, Sportausrüstung und so weiter trudelten allmählich bei Graham Mattison in New York ein. Als Mattison klar wurde, was Barbara für Rubi ausgab – oder besser, was Rubi für sich ausgab und von Barbara verlangte –, schrieb er einen ausführlichen Brief, in dem er darlegte, daß sie die Extravaganzen ihres Mannes einschränken oder aber ihre Ersparnisse weiter angreifen müßte, die sowieso schon erheblich gelitten hätten. Obwohl Mattison keine Zahlen erwähnte, schätzen Barbaras engste Bekannte, daß sie immer noch 25 Millionen Dollar besaß oder vielleicht sogar etwas mehr. Diese Zahl wurde in einem Artikel der Zeitschrift *Fortune* über Amerikas 500 reichste Einzelpersonen bestätigt. Die Tatsache, daß Barbara nicht mehr amerikanische Staatsbürgerin war, hielt das Magazin offensichtlich nicht davon ab, sie in diese Statistik einzureihen.

Mattisons Brief an seine Klientin wurde nicht beantwortet. Der Rechsanwalt war jedoch nicht der einzige, der Schwierigkeiten hatte, Barbara zu erreichen. Tante Jessie versuchte ihre Nichte mindestens zweimal pro Tag anzurufen. Jedesmal erreichte sie dann nur Leland Rosenberg. Rosenberg schien allgegenwärtig zu sein. Jessie zufolge hatte er unaufgefordert die Rolle des Hausverwalters übernommen und organisierte Haushalt und Personal mit militärischem Drill. Jedem wurden disziplinarische Folgen angedroht, sobald er aus der Reihe tanzte.

Graham Mattison hatte auch so seine Bedenken gegenüber Rosenberg. Obwohl er nichts Konkretes gegen ihn in der Hand hatte, verdächtigte er ihn als Publicityjäger, der vor nichts haltmachen würde, um seinen Namen gedruckt zu sehen. Jedesmal, wenn die Medien sich mit Barbara beschäftigten, hatte Mattison Rosenberg in Verdacht. Der Rechtsanwalt war außerdem besorgt darüber, daß die Berichterstattung sich nicht mehr nur auf Zeitungen und Zeitschriften erstreckte, sondern jezt auch auf Radio und Fernsehen.

Bob Hope war der erste im Fernsehen, der als Spaßmacher seine Witze über Barbaras Ehe mit Rubirosa riß. Den schärfsten Beitrag aber lieferte Eddie Cantor. Die letzte Szene eines seiner Fernsehdrehbücher sieht vor, daß der Komödiant mit schwarzer Perücke als Rubirosa in dessen Hochzeitsnacht auftritt. Er versucht, ins Schlafzimmer seiner Braut vorzudringen, das aber von zwei bewaffneten Detektiven von Pinkerton bewacht wird. Der Bräutigam beklagt sein Pech und entschließt sich daher, »mit einem guten Buch ins Bett zu gehen«. Dabei zieht er drei oder vier Sparbücher aus der Tasche. Nach einigen weiteren Späßen sagt er zum

Publikum: »Meine Frau schläft zwar dort drinnen, aber ihr bestes Stück ist hier.« Dabei hält er die Sparbücher hoch, und dann wird abgeblendet.

Einen Tag nach der Sendung bestieg der echte Porfirio Rubirosa in Miami eine B25 und flog nach Phoenix, Arizona, wo sich gerade Zsa Zsa Gabor zu Außenaufnahmen aufhielt. Sie spielte eine Trapezkünstlerin in einer Komödie mit Dean Martin und Jerry Lewis mit dem passenden Titel *Three Ring Circus.*

Zsa Zsa berichtet in ihrer Autobiographie, sie habe, kaum daß sie von Rubis bevorstehender Ankunft gehört hatte, eine Bekannte, nämlich Marylou Hosford (später Mrs. Cornelius Vanderbilt-Whitney), um Hilfe gebeten: die Identität des anreisenden Dominikanos sollte nicht bekanntwerden. Mrs. Hosford bestellte daraufhin unter dem Namen William Perkins ein Zimmer für Rubi im Jokake Inn, wo sich auch Zsa Zsa aufhielt. Nach dem, was darüber nach außen drang, war es eine gelungene Versöhnung.

Am nächsten Abend kehrten Rubi, Zsa Zsa und Marylou auf einem schmalen Weg zum Hotel zurück. Die beiden Ladys gingen voran, Rubi hinterher. Plötzlich sprang ein Reporter aus dem Dunklen, hielt seinen Presseausweis hoch und stammelte: »Miß Gabor, ist es wahr, daß Mr. Ru-Ru-Rubirosa hier ist?«

Zsa Zsa starrte den Reporter an und wies ihn mit einem gutgespielten Hauch von Entrüstung zurecht. Er habe ihre Privatsphäre verletzt: »Wie können Sie es wagen! Mr. Rubirosa ist im übrigen mit Barbara Hutton verheiratet. Was sollte er denn hier tun?« Weil er vor sich erregte Stimmen hörte, verschwand Rubirosa schnell im Gebüsch.

Als die beiden Frauen in ihrem Zimmer angekommen waren, brachen sie in hysterisches Lachen aus. Da klopfte es. Es war der Hotelmanager, der die neuesten Neuigkeiten nicht mehr bei sich behalten konnte. Es gäbe ein Gerücht, meinte er, daß irgendwo in Phoenix Mr. Rubirosa sei.

»Das ist kein Gerücht«, bemerkte Zsa Zsa.

»Nicht?« fragte der Manager. »Aber wo ist er dann?«

»Er versteckt sich im Gebüsch.«

Als der Manager begriffen hatte, daß sein Gast die Wahrheit sagte, entwickelte er einen wagemutigen Plan, um Rubirosa aus dem Hotel zu schleusen, bevor ihn die Presse entdecken konnte. Einige Minuten später gingen Zsa Zsa und Mrs. Hosford aus ihrem Zimmer, stiegen in Marylous Wagen ein und fuhren weg. Sechs oder sieben Autos mit Reportern folgten ihnen. Als die Luft rein war, brachte man Rubi in den Laderaum eines Lieferwagens und fuhr ihn zu einem leeren Haus in Scottsdale, das Bekannten des Managers gehörte. Zsa Zsa und Marylou mußten viele Stunden lang im Kreis herumfahren, bis sie schließlich ihre Verfolger abschütteln konnten. Um zwei Uhr morgens erreichten sie Rubis Versteck. Er saß in einem Zimmer, war gelangweilt, müde, wütend und betrunken.

Ein paar Tage später kehrte er nach Palm Beach zurück. Als Ausrede brachte er vor, daß er in »offizieller Mission« in die Dominikanische Republik habe reisen müssen. Barbara sagte nicht viel dazu. Etwa eine Woche lang herrschte zwischen den beiden Frieden. Man munkelte bereits, daß die Ehe möglicherweise doch noch Bestand haben könnte.

Eines Abends luden die Rubirosas den chilenischen Polospieler Emilio Tagle und seine Frau zum Essen in den Weinkeller des Restaurants Moulin Rouge ein. Der Besuch dieses Lokals machte Barbara so viel Spaß, daß sie eine erneute Einladung plante. Diesmal sollten ein halbes Dutzend Paare kommen, unten ihnen Sylvia Gable und ihr Cousin Woolworth Donahue, dessen lebhaftes Temperament fast jede Party auflockern konnte. Das gelang dem Cousin aber diesmal nicht. Rubi hatte Chago Rodrigo geladen, der während des Dinners Gitarre spielen sollte. Chagos erstes Stück, *Just a Gigolo,* paßte nicht gerade zu diesem Anlaß. Aber Rubirosa gefiel das Stück so gut, daß er es sich noch einmal von Chago spielen ließ. Den Rest des Abends schmollte Barbara, und als die Zeit des Aufbruchs kam, stand sie auf, ging hinüber zu Rubi, holte mit ihrem rechten Arm aus und gab ihm eine schallende Ohrfeige, die ihn halb aus dem Stuhl hob. Das war das Ende jeder Vertuschung. Als Rubirosa wieder klar denken konnte, war Barbara schon weg.

Am nächsten Tag, dem 20. Februar, zog Barbara aus der Barodavilla aus und ging mit Jessie Donahue in den Everglades Club. Sie überließ es Jessie, die Presse zu empfangen. Mrs. Donahue gab eine Einsatzerklärung ab: »Barbara will mit diesem widerlichen Mann definitiv nichts mehr zu tun haben.« Drei Wochen später kam eine deutlichere Stellungnahme heraus: »Wir bedauern, erklären zu müssen, daß wir uns für das Klügste entschieden haben, was unter diesen Umständen möglich ist: für eine Trennung. Sie wird auf freundschaftlicher Basis durchgeführt. Jede öffentliche Stellungnahme, die einen anderen Eindruck vermitteln will, ist vollkommen aus der Luft gegriffen.«

Schon das fünfte Mal in ihrem Leben hatte Barbara nun eine solche Erklärung abgegeben, die die Differenzen vertuschte, um statt dessen die »Freundschaftlichkeit« hervorzuheben. Offiziell hatte die Ehe 53 Tage gedauert und das eigentliche Ende von Rubis Karriere als professioneller Playboy bedeutet. Diese Ehe konnte auch als eine Art Meilenstein der Neuzeit bezeichnet werden, was das Finanzielle betraf. In den siebeneinhalb Wochen, in denen sie zusammen waren, hatte Rubirosa für eine Million Dollar Geschenke bekommen und weitere 2,5 Millionen Dollar Bargeld – das macht mehr als 66 000 Dollar pro Tag.

Rubirosa hatte nie seine früheren Ehen analysiert, aber weil er jetzt Angriffe der Presse befürchtete, äußerte er sich über sein Leben mit Barbara: »Ich glaube nicht, daß Barbara krank ist, aber sie führt jedenfalls kein aktives Leben. Sie möchte lieber den ganzen Tag im Bett verbringen. Nachdem das wochenlang so gelaufen war, wußte ich, daß unsere Ehe scheitern würde. Ich versuchte aber mein Bestes, durchzuhalten, denn ich wußte, daß ich als der Übeltäter und der Betrüger dargestellt werden würde, wenn ich sie verlassen würde. Obwohl ich schon 45 bin, bin ich immer noch gesund. Ich springe bereits frühmorgens aus dem Bett, nehme ein spartanisches Frühstück zu mir und gehe dann zum Polotraining. Mir ist der Gedanke entsetzlich, daß man als gesunder Mensch den ganzen Tag im Bett verbringt, wie das Barbara macht. Ich wünsche meiner Frau von ganzem Herzen, daß sie ihren Lebensrhythmus zu ändern vermag.«

Sylvia Gable war die einzige, die öffentlich zu diesem nicht sehr schmeichelhaften Kommentar Stellung bezog: »Rubi spricht von seinem typischen Tagesablauf! Das ist ja zum Lachen. Typisch ist doch für ihn, wenn er sich um elf Uhr mühselig aus dem Bett quält und sich dann zum nächsten Nachtlokal aufmacht. Er wußte doch, daß Barbara sich nicht gerade strahlender Gesundheit erfreute, als er sie heiratete. Sollte ein Ehemann da nicht etwas mehr Mitgefühl für seine geschwächte Frau aufbringen?«

Als Barbara am 17. März am Pennsylvania Station in New York ankam, wartete schon die Presse auf sie. Sie beschränkte sich auf einen winzigen Kommentar (»Es war eine sehr schöne Hochzeitsreise. Danke der Nachfrage.«) und eine bissige Bemerkung (»Es wäre nett von Ihnen, wenn Sie mich mit Barbara Troubetzkoy, nicht mit Mrs. Rubirosa ansprechen würden.«). Man konnte ihr nicht ansehen, daß sie in irgendeiner Weise deprimiert war. Als sie im Hotel Pierre angekommen war, beauftragte sie Billy Baldwin damit, ihre Suite umzugestalten. Dann ging sie zu Leron und deckte sich mit Handtüchern und bestickten Tischdecken ein. Albert Aferiat von Porthault kam und brachte Muster von Bettüchern, Kopfkissen- und Bettbezügen mit. Am Tag seines Besuches waren überall in Barbaras Zimmer frische Anemonen aufgestellt, was ausgezeichnet zu den weißen Bettüchern mit rotem Anemonenmuster paßte. Sie bestellte zehn Sets dieser Bettücher und fünfzig mit anderen Blumenmustern. In den nächsten zwölf Jahren tätigte sie solche Einkäufe jährlich.

Sie bat Monsieur Aferiat auch, einen vierlagigen Sonnenschirm mit Elfenbeinknauf zu entwerfen. Auf der Außenseite sollte handgemachte Spitze zu sehen sein, darunter eine Schicht weißen Stoffes, dann eine Schicht schwarzen Stoffes und schließlich auf der Innenseite rosafarbene Seide.

Barbara konnte dann das Rosa sehen, die Außenstehenden konnten die Spitzen sehen, und der schwarze Stoff wirkte als Sonnenschutz. Arbeit und Material für diesen Sonnenschirm kamen schließlich auf 1500 Dollar.

Barbara hatte den Sonnenschirm eigentlich in Mexiko einweihen wollen, weil sie dort ihre Scheidung gegen Rubi einreichen wollte. Aber es kam nicht zu dieser Reise, weil die mexikanischen Behörden entschieden, daß der Fall außerhalb ihrer Jurisdiktion läge. Als Ehrenbürgerin der Dominikanischen Republik, die mit einer dominikanischen Zeremonie einen dominikanischen Diplomaten geheiratet hatte, gab es für Barbara keine andere Wahl als zu warten, bis Rubirosa gegen sie eine Scheidungsklage in der Dominikanischen Republik einreichen würde. Das geschah dann auch, und am 30. Juli 1955 war die Scheidung rechtsgültig.

Sobald er konnte, traf sich Rubi mit Zsa Zsa Gabor in Paris. Die folgenden 18 Monate waren die beiden Mittelpunkt des internationalen gesellschaftlichen Lebens, in dem es so viele Kurorte, Jachten, Nachtklubs, Casinos, Rennbahnen und Poloponys gab. Anfang 1956 hatten sie sich dann verausgabt. Zsa Zsa Gabor kehrte nach Hollywood zurück, heiratete nacheinander eine Reihe wohlhabender Geschäftsleute und trat dem Niedergang ihrer Karriere mit der Beteiligung an Talkshows zu später Sendezeit entgegen. In diesen Shows war sie weiterhin gut für Skandale – und außerdem konnte sie sich dabei eine goldene Nase verdienen.

Wenn es Zsa Zsas unstillbarer Ehrgeiz war, sich in Hollywood »einen Namen zu machen«, wollte Rubi so etwas wie ewige Jugend erreichen. Ende 1956 heiratete er mit 47 Jahren seine fünfte und letzte Frau, ein vor Lebensfreude sprühendes, etwas flatterhaftes 18jähriges französisches Starlet namens Odile Bérard – Künstlername: Odile Rodin –, deren Bild er auf dem Titelblatt der *Paris-Match* gesehen hatte. Da ihre Hauptinteressen »Vergnügungssucht« und »schönes Leben« hießen, schienen Odile und Rubi wie füreinander geschaffen zu sein. Tatsächlich waren sie im Juli 1965 immer noch verheiratet, als Rubirosa, der nach einem unerwarteten

Sieg im Polo in Hochstimmung war, sich aufmachte, den Sieg alleine zu begießen. Nachdem er durch die meisten seiner Lieblingslokale, die die ganze Nacht geöffnet waren, gezogen war, stieg er in seinen silberfarbenen Ferrari (den er von Barbaras Geld gekauft hatte) und fuhr durch den morgendlichen Nebel des Bois de Boulogne. Ähnlich wie sein Playboykollege Prinz Ali Khan kam Rubi von der Straße ab und schlitterte mit hoher Geschwindigkeit gegen einen Kastanienbaum. Auf dem Weg ins Krankenhaus starb er. Etwa 250 Bekannte, darunter Mrs. Pat Lawford und Mrs. Jean Smith, Schwestern des ermordeten John F. Kennedy, kamen zu seiner Beerdigung nach Paris. Unter den Trauergästen waren weder Zsa Zsa Gabor noch Barbara Hutton. Als sie von Journalisten gefragt wurde, sagte Barbara, daß sie »gegenüber Rubi keine negativen Gefühle« hege. »Auf seine Art war er ein perfekter Gentleman. Er wurde nur ein paar Jahrzehnte zu früh geboren.«

15

Im Sommer 1954 reiste Barbara nach Tanger und lernte dort Daniel Rudd kennen, einen 28jährigen Amerikaner, Innenarchitekt und Antiquitätensammler. Ende des Sommers verbrachten sie einige Wochen zusammen in Spanien. Dann reiste Barbara mit Margaret Latimer nach Havanna, um dort im Hotel Nacional abzusteigen. Nach einem einmonatigen Aufenthalt in Kuba fuhr sie nach Cuernavaca, wo sie den Rest des Jahres verbrachte. Anfang 1955 begab sie sich ins Beverly Hills Hotel, den sogenannten Pink Palace, da sie beabsichtigte, ihren Sohn Lance zu besuchen.

Lance war im Begriff, von einem Gartenappartement an der Selma Avenue in Hollywood in ein kleines Haus am North Knoll Drive in Benedict Canyon umzuziehen. Er hatte nach einem Semester am Pomona College in Claremont sein Studium abgebrochen, weil er sich für Autorennen interessierte und für das College nichts übrig hatte.

Barbara hatte Dudley Walker, Cary Grants früheren Kammerdiener, angestellt, um auf Lance aufzupassen. Es stellte sich heraus, daß Dudleys Stellung allumfassend war. »Ich versorgte ihn«, berichtet Dudley. »Ich zahlte die Miete, die Stromkosten, die Lebensmittel und so weiter. Bis zu seinem 21. Lebensjahr hatte er kein Geld. Er bekam zwar monatlich 1000 Dollar von seiner Mutter, aber allein seine Telefonrechnung betrug pro Monat durchschnittlich 800 Dollar. Wie seine Mutter konnte er nicht mit Geld umgehen. Am Monatsende war er regelmäßig pleite. Ich mußte dann alles aus meiner eigenen Tasche bezahlen, aber ich wußte ja, daß ich das Geld letztendlich von Barbara zurückbekommen würde.«

Im gesellschaftlichen Bereich kann man zu dieser Zeit von einer aktiven, ja sogar von einer hyperaktiven Phase Barbaras sprechen. Im Monat Januar begann sie sich mit Michael Rennie zu verabreden, einem großen, gutaussehenden Briten aus der Oberschicht, und gegen Ende des Monats traf sie sich mit Hal B. Hayes, einem Architekten, Unternehmer und Millionär, der sein Geld mit Militäranlagen und anderen Bauaufträgen der Regierung machte. Beide waren erfolgreiche und eitle Männer mit gewinnendem Wesen, die eine schöne Frau als Ziergegenstand empfanden, ähnlich einer Nelke am Revers.

Michael Rennie, damals gerade nicht verheiratet, nahm Barbara bei ihrer ersten Verabredung zum Tanzen ins Mocambo mit und lud sie anschließend ein, mit ihm das Wochenende in Palm Springs zu verbringen. Die zwei Tage und Nächte, die sie miteinander verlebten, müssen etwas unkonventionell gewesen sein. Barbara jedenfalls hatte sich folgendes aufgezeichnet: »Ich betrachte mich als sexuell ziemlich normal. Es gibt Momente, da mag ich Sex und es gibt Momente, da mag ich keinen. Wenn ich in der Stimmung dazu bin, gibt es nichts Schöneres. Aber Grausamkeit mag ich nicht. Ich hasse es, wenn jemand, von dem ich meine, daß ich ihn kenne, plötzlich mit einem Gummianzug daherkommt, mit der Peitsche in der einen Hand und einer Dose

Vaseline in der anderen.«

Hal Hayes entsprach Barbaras Vorstellungen von Männern weitaus eher. Der ewige Junggeselle aus Hollywood, dessen Name regelmäßig in den Klatschspalten auftauchte, war gutaussehend, humorvoll und distinguiert. Er war schon mit Frauen wie Kay Spreckels, Rita Hayworth, Ann Miller und Dutzenden anderer Filmstars und Frauen aus der Gesellschaft liiert gewesen. Leider war Hayes etwas protzig und trug seinen Reichtum in einer Art und Weise zur Schau, die Barbara nicht im geringsten beeindruckte. Sein Haus am Sunset Strip war ein überladener Prunkpalast, mit einem unkonventionell geformten Swimmingpool, der sich bis in das Innere des Hauses erstreckte. Daneben gab es Zapfhähne in der Bar, aus denen Scotch, Bourbon und Champagner sprudelte, und einen Baum im Wohnzimmer, in den ein Fernsehapparat eingebaut worden war.

An einem Abend Mitte Januar, als Hayes gerade aus geschäftlichen Gründen unterwegs war, lud Barbara Lance und seine Partnerin ins Brown Derby zum Dinner ein. Danach kehrte sie in ihren Bungalow Nr. 6 im Beverly Hills Hotel zurück. Das Hotelmanagement hatte ihr zwei Flaschen Wein zukommen lassen – einen Pouilly-Fuissé und einen Château Lafite-Rothschild – und mehrere Sorten Käse sowie eine Auswahl tropischer Früchte. Barbara probierte die Weine und spürte bald ein weiches und warmes Gefühl. Sie hatte von einem Eßlokal in Hollywood gehört, das man außerhalb der normalen Essenszeiten besuchen konnte. Es hieß Googie's und hatte angeblich eine sehr freundliche und lebendige Atmosphäre, die ein interessantes Publikum anzog.

Sie ließ sich mit dem Taxi hinfahren. Googie's stellte sich als bescheidenes Bistro heraus, in dem neben der Eingangstür eine neonbeleuchtete Musikbox stand und ein Zigarettenautomat das Vorder- und das Hinterzimmer trennte. Die Tische waren mit blau-weiß karierten Tischdecken versehen, und an den Wänden hingen die unvermeidlichen Publicity-Schnappschüsse der populärsten Stars von Hollywood. Das

Lokal war brechend voll. Deshalb wollte Barbara nach wenigen Minuten bereits wieder gehen. Als sie sich umdrehte, wäre sie beinahe über einen jungen Mann mit Nickelbrille, Blue jeans und schwarzem Rollkragenpullover gestolpert, der ganz alleine am Ecktisch saß. Er bot ihr an, Platz zu nehmen, und bestellte ihr etwas zum Trinken. Dann stellte er sich als aktiver Schauspieler vor. Früher sei er an der University of California Student der Theaterwissenschaften gewesen. Sein erster Film sei gerade im Kasten. Der Film hieß *Jenseits von Eden*; der Schauspieler war James Dean.

Obwohl er erst 23 war und zu dieser Zeit noch so gut wie unbekannt, hatte Dean eine Art an sich, die Barbara sehr sympathisch war. Vielleicht lag das an seinem ehrfurchtslosen Humor. »Also Sie sind die Lady, die jedesmal reicher wird, wenn bei Woolworth die Kassen klingeln«, witzelte er, während er an einem Hamburger kaute. Barbara lachte. Dean fuhr mit einer zusammengebastelten Geschichte fort. Er habe eine Woche lang in einem Billigladen in Los Angeles Dosenöffner vorgeführt. Während einer weiteren finanziellen Flaute habe er in South Bend, Indiana, versucht, von Tür zu Tür gehend Enzyklopädien zu verkaufen. Die meisten Hausfrauen hätten ihm dir Tür vor der Nase zugeschlagen. Er ahmte seine verzweifelte Verkäuferstimme nach: »Madam, würden Sie bitte die Tür wieder aufmachen, damit ich meine Krawatte herausziehen kann.«

Barbara spürte eine überraschend starke Sympathie für Dean, der sich umgekehrt sehr für sie interessierte. Er wollte alles über Barbaras Vergangenheit wissen, über ihre Freunde und Bekannten und ihre Reisen. Obwohl er ununterbrochen Fragen stellte, schien das nicht nur Neugierde zu sein, sondern ein echtes Interesse, sie kennenzulernen. Er hörte lange zu, ohne sie zu unterbrechen, und ermöglichte es ihr so, ihre Gedanken zwanglos zu entwickeln. Als Barbara nach einigen Stunden aufbrach, folgte er ihr auf die Straße und bot ihr an, sie mit seinem Motorrad heimzufahren. Ohne auch nur eine Sekunde zu zögern, setzte sich Barbara darauf. Es war eine kurze, aber windige Fahrt. Barbaras

Kleid beulte sich hinter ihr aus wie ein schwarzer Fallschirm. »Wenn man diesen Test bestanden hat, kann man jeden Test bestehen«, brüllte Dean gegen den Wind. Offensichtlich hatte sie den Test bestanden, denn als sie ihr Hotel erreicht hatten, sagte er einfach, daß er mit hineingehen werde.

Im Hotel machten sie sich an eine eisgekühlte Flasche Champagner. Nun erzählte Dean. Begeistert erzählte er Barbara von dem Spaß, sein Glück zu versuchen, von der Suche nach erhebenden Momenten, nach Intensität um ihrer selbst willen. Das sei »etwas, was Menschen nur finden können, wenn sie mit anderen zusammen sind«. Erfahrung, fügte er hinzu, sei das wirkliche Leben.

Sie tranken eine ganze Menge und sprachen offen über eine Vielzahl von Themen, nicht zuletzt über sich selbst. Dean wirkte auf Barbara angenehm verwirrend. Bei ihm fühlte sie sich ungewöhnlich befreit, etwas wunderlich, angriffslustig und doch weiblich. Er legte sich mit seinen Schuhen auf die Couch, seinen Kopf in ihrem Schoß.

»Es war schon spät. Er war betrunken und ich war betrunken. Daher fragte ich ihn, ob er bleiben wolle«, schrieb sie in ihr Tagebuch. »Er zog sich Hemd und Hosen aus und kletterte ins Bett. Ich kuschelte mich an ihn. Wir liebten uns einmal und dann ein weiteres Mal. Es war alles so selbstverständlich und natürlich. Ich mußte mich allerdings über seine Sexualität wundern. Er sprach so feurig von Männern, Abenteuern und Männlichkeit. Wir unterhielten uns, dösten vor uns hin und liebten uns erneut, bis schon längst die Sonne am Himmel stand. Am Morgen bestellte er schwarzen Kaffee und Rühreier. Der Kellner servierte das Frühstück im Speisezimmer. Dann schaute ich ihm nach, als er auf sein Motorrad stieg und um die Kurve verschwand. Für immer.«*

---

* Am 30. September 1955 kam James Dean bei einem Autounfall ums Leben. Er wollte gerade seinen silberfarbenen Porsche 550 Spyder zu einem Autorennen nach Salinas überführen. Er war erst 24 Jahre alt. Barbara sandte 24 weiße Rosen zu seiner Beerdigung nach Indiana.

Am 1. Februar 1955 kamen Barbara und Hal Hayes mit dem Flugzeug in Honolulu an. Sie blieben einen Monat und tauchten dann wieder in Los Angeles auf, wo man sie jede Nacht im Ciro's zusammen tanzen sehen konnte. Barbara machte in Beverly Hills eine Schlankheitskur, verlor jedoch noch im Frühjahr das Interesse daran. Jetzt begann sie wieder zu reisen: Sie hielt sich für eine begrenzte Zeit in New York, Paris und Madrid auf, bevor sie Mitte Juli schließlich in Tanger landete. Von dort aus schrieb sie Hayes noch einmal einen eher unverbindlichen Brief, während sie Baron Gottfried von Cramm schriftlich einlud, sie doch in Tanger zu besuchen und dort den restlichen Sommer zu verbringen. Bereits ein paar Tage später war er da.

Nach Rubirosa war von Cramm eine richtige Erholung. Wie immer war er höflich und kultiviert. Eines Abends führte ihm Barbara ihren chinesischen Tanz vor, den sie einmal Cary Grant vorgetanzt hatte. An anderen Abenden ließ sie ihre Lieblingsbauchtänzerinnen kommen und belohnte ihre kreisenden Bewegungen mit Juwelen. Als Gottfried sie warnte, daß sie ausgenommen werden könnte, erwiderte sie: »Ich kann doch meinen Schmuck nicht ins Grab mitnehmen.«

Am 11. Oktober schrieb Barbara, nach Paris zurückgekehrt, einen Brief an die Kennerleys, in dem sie mitteilte, daß ihr langer Kampf um das deutsche Tennisas abgeschlossen sei. Sie war siegreich geblieben.

Ich schreibe euch nur ein paar Zeilen, um euch mitzuteilen, daß Gottfried und ich am 25. Oktober hier in Paris heiraten. Stellt euch vor! Nach all den Jahren – 18, um genau zu sein. Selbstverständlich hätte ich um einiges glücklicher sein können, wenn ich ihn schon vor längerer Zeit geheiratet hätte. Aber ich beklage mich nicht, da ich doch heute die glücklichste Frau der Welt bin.

Er verbrachte den ganzen Sommer mit mir in Tanger. In meinem ganzen Leben gab es niemanden, der zärtlicher zu mir war.

Ich hoffe, daß ich Euch damit nicht langweile, aber ich habe mir gedacht, wenn jemand von der Hochzeit erfahren soll, dann Ihr...

Jean Kennerley freute sich mit Barbara. »Jahrelang«, berichtet sie, »war da irgendein Kontakt zwischen Barbara und Gottfried. Ich habe Barbara bedrängt, sich auf eine Affäre mit ihm einzulassen, ja sogar mit ihm zu leben. Meine Meinung war, daß das die einzige Möglichkeit war, ihre Beziehung zu ihm auf eine neue Ebene zu bringen. Als ich dann erfuhr, daß sie den Sommer miteinander verbracht hatten und heiraten wollten, hatte ich hochgeschraubte Erwartungen.«

Die Heirat wurde dann auf den Morgen des 8. November 1955 verschoben. Es war ein windiger und regnerischer Tag. Die heimliche standesamtliche Trauung wurde vom stellvertretenden Bürgermeister André Mignot im Versailler Rathaus vollzogen. Neben Barbara, Gottfried und seinem Bruder Siegfried war als einziger weiterer Augenzeuge Gerald Van Der Kemp gekommen, der seinen Verwaltungsposten im Schloß von Versailles mal eben verlassen hatte und zum Rathaus hinübergegangen war. Nach dem Verlesen der zivilen Trauungsformel sagten beide »oui«. Das Personenstandsregister wurde unterzeichnet, die Ringe ausgetauscht. Dabei half Barbara Gottfried und Gottfried Barbara. Dann hielt der Bürgermeister eine kurze Rede. Er sprach Barbara jetzt mit »Baronesse« an, dankte Gottfried für eine Spende von 500 000 Francs (etwa 1400 Dollar) an die Pariser Armen und schenkte ihm ein *livret de famille,* ein offizielles Familienbuch, in dem noch Platz für ein gutes Dutzend Kinder war. Als Barbara dieses in Leder gebundene Buch sah, konnte sie nur mit Mühe ein Lachen unterdrücken. Am nächsten Tag schickte sie Van Der Kemp einen Scheck über 150 000 Dollar für den Restaurationsfonds des Schlosses. Wenn man ihre früheren Spenden dazurechnete, war sie damit die größte Einzelspenderin dieses Fonds.

Nach der Trauung gab es eine Pressekonferenz und einen Empfang für 20 Bekannte in Barbaras Suite im Ritz. Barbara und Gottfried, beide in Schwarz und Blau gekleidet, schauten ein wenig angegriffen aus – sie mit aufgedunsenen Wangen, er mit Doppelkinn. Während sich die Gäste hungrig auf das Büfett stürzten – es gab Kaviar, Lachs, Hummer à la Parisienne, Geflügel und frisches Gemüse –, beantworteten Barbara und Gottfried die Fragen der Presse.

Als man sie mit Fragen nach ihren zukünftigen Plänen bestürmte, blieben die Frischvermählten eine klare Antwort schuldig. Würden sie in Paris bleiben? Nun, äußerte Barbara zurückhaltend, das hänge davon ab, wie lange ihr Mann in Hamburg bleiben würde, wo er eine Import-Export-Firma besitze und eine Tennisschule. Dann meinte sie wachsweich, fast schon melodramatisch: »Ich fühle mich jetzt wie im siebten Himmel. Auf diesen Tag habe ich so lange gewartet.«

Von Cramm hatte offensichtlich schon genauso lange gewartet. »Wir hätten eigentlich schon vor 18 Jahren heiraten sollen«, meinte er. »Wir wollten ja schon nach unserem ersten Aufeinandertreffen im Jahre 1937 heiraten. Aber irgendwie ist es nie dazu gekommen.«

»Auf jeden Fall hätten wir schon vor 18 Jahren heiraten sollen«, stimmte Barbara zu. »Das hätte mir so manches Problem erspart – und auch einige Ehen!« Dann fügte sie hinzu: »Gottfried ist der einzige Mann in meinem Leben, der wirklich wollte, daß ich ihn liebe. Jetzt habe ich endlich einmal jemanden, mit dem ich sprechen kann, wenn ich zu Bett gehe. Ich werde nachts nicht mehr allein sein.«

Das klang alles recht schön, aber wie üblich bei Barbara stellten sich einige unvorhergesehene Probleme ein. Sie hatte gehofft, daß sie die Wintermonate mit Gottfried entweder in Palm Beach oder in San Francisco verbringen könnte. Als er aber bei der amerikanischen Botschaft in Paris ein Visum beantragte, wurde sein Antrag abgelehnt. Eine Begründung erfolgte nicht, aber es war allgemein bekannt, daß die US-Einwanderungsbehörde gegenüber Ausländern, denen »moralische Verkommenheit« vorgeworfen wurde, unerbittlich war.

Daher verbrachten sie den Winter und das beginnende Frühjahr in einer gemieteten Villa in Cuernavaca, wo sich ihnen bald Lance anschloß. Lance mochte von Cramm überhaupt nicht. Vielleicht war das manchmal gar nicht so unberechtigt, denn seine Abneigung resultierte nicht nur aus dessen Homosexualität, sondern nährte sich auch aus dessen formalem, deutsch-korrektem Auftreten. Das war ein Charakterzug, den Lance von seinem Vater kannte. Ebenso wie Court Reventlow tendierte von Cramm dazu, steif und präzise zu sein, er schaute ziemlich grimmig in die Gegend und war nie zu spontanem Lachen bereit. In der Öffentlichkeit entspannte er sich nur selten, weder bei der Arbeit noch beim Vergnügen, sondern stand vielmehr so da, als sei er von Kopf bis Fuß eingegipst. Sogar auf Parties konnte er sich nicht gehenlassen. Ein Bekannter drückte es einmal so aus: Der einzige Ort, an dem Gottfried von Cramm sich aus seiner Erstarrung lösen konnte, war zwischen den Grundlinien eines Tennisplatzes, wo Körper und Geist bei ihm scheinbar in eine völlig neue Dimension des Seins eintauchten. Aber es gab auch Charakterzüge, die ausgleichend wirkten. Er war eine ehrbare, anständige, freundliche und tolerante Persönlichkeit. Falsche Eitelkeit, unehrliche Tricks, Betrug und Anmaßung gab es bei ihm nicht; er war weder gemein und grausam noch kleinmütig. Barbara konnte beinahe alles zu ihm sagen, er brauste nie auf. Er war ein Gentleman durch und durch, ein Mann mit untadeligem Stammbaum und von erwiesener Liebenswürdigkeit, aber er war auch ein Mann, der offenbar unter einem unglücklichen Stern stand. Von Cramm hatte das Pech, ständig zur falschen Zeit am falschen Ort zu sein.

Das war sogar im Tennis so. Er war ein großartiger Sportler, hatte aber das Pech, zur selben Zeit im Sport berühmt zu werden wie der Engländer Fred Perry und der Amerikaner Donald Budge, zwei ständig umjubelte Spieler. Von Cramms Sportkarriere war außerordentlich eindrucksvoll – er gewann zwei französische und vier deutsche Titel sowie den Titel im gemischten Doppel in Wimbledon im Jahre 1933 –, und doch schien er sein größtes Ziel nicht erreichen zu können, weil er dem Druck nicht gewachsen war. Er verlor die Finalspiele in Wimbledon 1935 und 1936 gegen Perry und 1937 gegen Budge. Dann ereigneten sich die unangenehmen Vorgänge von 1938, die in seiner öffentlichen Demütigung durch die Nazis gipfelten. Nach dem Krieg kehrte er in die europäische Tenniswelt zurück – jetzt war er aber nicht mehr jung, war außer Form, hatte keine Freunde mehr, kein Geld, nicht den nötigen Ernst, eigentlich gar nichts mehr außer Mut und Integrität.

Als die von Cramms im Mai 1956 nach Paris zurückkehrten, zeigte die Ehe schon alle Anzeichen des Scheiterns. Jean de Baglion hatte die undankbare Aufgabe, als Schlichter zu fungieren. Er schrieb, die Wurzel des Problems sei Gottfrieds Vorliebe für Männer gewesen, seine Unfähigkeit, seine sexuellen Ehepflichten in irgendeiner Weise gegenüber Barbara zu erfüllen, bewirkte eine tiefe Krise in der Beziehung. »Er versuchte es durchaus«, kommentiert Baglion, »aber er schaffte es einfach nicht. Barbara nahm das persönlich. Das verletzte ihre Eitelkeit und wurde so zu einer beständigen Quelle des Ärgers. Es war nicht das Fehlen von Sex, was sie so sehr ärgerte, sondern das, was sich mit diesem Fehlen verband, nämlich die Vorstellung, daß er es mit jedem beliebigen Mann können würde, nur nicht mir ihr. Tatsächlich haben sie ihre Ehe nie vollzogen.«

Die Art, in der sie jeweils mit diesem Problem umgingen (oder ihm aus dem Weg gingen) entfremdete sie noch weiter voneinander. Von Cramm war immer häufiger abwesend, entweder war er auf Geschäftsreise in Deutschland oder er verschwand einfach längere Zeit irgendwohin, ohne irgend jemandem Bescheid zu sagen, wohin oder weshalb. Inzwischen beschäftigte sich Barbara damit, dieselben Parties zu geben wie früher. Dabei handelte es sich dann um so etwas wie Happenings, ja Rituale, einfach, um die unvermeidliche Langeweile abzuschütteln.

Einmal gab sie eine solche Party für Gilbert und Kitty Miller, zu der auch die Herzogin von Windsor, der Herzog von Alba und eine Anzahl Maharadschas, Museumsverwalter, Filmproduzenten, Partylöwen und Politiker eingeladen waren. Das Dinner wurde in der Suite serviert. Mit fortschreitendem Abend wurde den Getränken immer mehr zugesprochen, bis schließlich um Mitternacht alle Gäste so ziemlich betrunken waren. Irgend jemand warf Gläser voll Whisky mit Soda aus dem Fenster. Ein anderer rief die Polizei. Kitty Miller und die Herzogin von Windsor gerieten miteinander in Streit. Einer der Gäste stürzte ein Fünftel einer Wodkaflasche hinunter und brach zusammen. Dann kam die Polizei und machte der Party ein Ende.

Ein paar Wochen nach der Party erhielt Barbara Besuch von Michael Duff und Ted Peckham. Peckhams vergänglicher Ruhm hing mit seinem Männervermittlungsdienst zusammen, den er in Europa während der 30er und 40er Jahre betrieben hatte. Dieser Dienst versorgte beide Geschlechter. Jimmy Donahue war Kunde, Peggy Guggenheim ebenso. Peckham war Barbara in den 30er Jahren von Prinzessin Jane di San Faustino in Venedig vorgestellt worden.

Peckham erinnert sich an das zweite Aufeinandertreffen mit Barbara wie folgt: »Michael Duff und ich kamen gerade während der Cocktailstunde ins Ritz. Michael entschloß sich dazu, Barbara von der Hotellobby aus anzurufen. Sie bat uns, nach oben zu kommen. Von Cramm war auch da mit einigen seiner Freunde. Es war alles sehr hektisch, weil sie sich gerade zum Ausgehen fertigmachten. Wir fühlten uns unwohl und Michael schlug nach einigen Minuten vor, zu gehen, weil wir wahrscheinlich stören würden.

›Gehen Sie bitte nicht‹, bat Barbara. ›Können Sie nicht sehen, was hier los ist?‹ Wir blieben und die anderen gingen. Barbara fing sofort an zu schildern, wie furchtbar alles sei. Sie erzählte uns, daß sie ins Zimmer gegangen sei und dort ihren Ehemann in einer eindeutigen Situation mit einem anderen Mann angetroffen habe. ›Was haben Sie dann gemacht?‹ fragte sie Michael. ›Was sollte ich schon tun?‹ konterte Barbara. ›Ich habe ihm gesagt, er solle vorsichtiger sein. Wenn irgendein Angestellter des Hotels hier hereingekommen wäre, hätte das einen Skandal bedeutet.‹

Sie hatte so eine Art Doppelmoral, was die Schwulen betraf. Einerseits fand sie die Homosexualität ihres Mannes für ihre Weiblichkeit bedrohlich, andererseits hatte sie die typische Haltung einer älteren Lady gegenüber Schwulen. Die Schwulen sitzen herum und machen Komplimente. Das mögen diese reichen Frauen. Deshalb sind sie immer von Schwulen umgeben.«

Babara verbrachte den August, den September und die ersten beiden Wochen des Oktober im Grand Hotel in Venedig. Von Cramm pendelte in dieser Zeit zwischen Venedig und einem Penthouse in Hamburg hin und her, das er sich erst vor kurzem mit einem Teil der Zweimillionendollarmitgift von Barbara gekauft hatte. Am 18. Oktober traf sich Barbara mit ihrem Mann in Alfeld in Bayern, wo seine Mutter, die Baronin Jutta von Cramm, in einem Schloß aus dem 15. Jahrhundert lebte. Das Familientreffen war alles andere als herzlich. Barbara beklagte sich später darüber, daß ihre Schwiegermutter sich kaum mit ihr unterhalten und nur Deutsch gesprochen habe, wenn sie in der Nähe gewesen sei, obwohl sie doch genauso gut Französisch oder Englisch habe sprechen können.

Das Ehepaar kehrte Ende des Monats nach Paris zurück. Ende Dezember war Gottfried aber schon wieder in Deutschland und Barbara mußte Weihnachten mit Ticki Tocquet und Jean de Baglion alleine feiern. Ticki schenkte Barbara einen Pullover, den sie gestrickt hatte, und Baglion schenkte ihr zwei Bände französische Lyrik. Dafür erhielt jeder von den beiden ein typisches Hutton-Geschenk – Ticki Diamantohrringe und Baglion ein goldenes Zigarettenetui von Cartier, in dem sich ein Scheck mit einer großen Summe befand.

»Ständig machte sie irgendwelche großzügigen Geschenke oder spendierte einem großartige Reisen«, berichtet Baglion. »Als ein Mann, der arbeiten mußte, hätte ich wohl kaum etwas von der Welt gesehen ohne Barbaras Hilfe. Ich konnte mir das einfach nicht leisten. Erst Barbara ermöglichte es mir, auf Reisen zu gehen. Dasselbe gilt auch für so manch andere Person. Silvia de Castellane zum Beispiel empfing unzählige Wohltaten von Barbara; ebenso ihre vier Kinder, besonders ihre Tochter Bou-Bou, die eigentlich Barbara hieß. Dieses Kind war nach Barbara Hutton benannt worden. Silvias Kinder sprachen Barbara mit dem deutschen Wort ›Tante‹ an. Die Tante war sehr gut zu ihnen. Aber sie war eigentlich zu allen gut. Sie verschaffte Tony Pawson ein Appartement in Paris für 100 000 Dollar. Für Sister, Ticki, Antonio und José Gonzales kaufte sie ebenfalls Wohnungen. Mein Appartement in der Rue Washington verdanke ich auch ihr. Sie spendete Hunderttausende von Dollars an eine Stiftung für die Opfer einer Flutkatastrophe in der Poebene in Italien. Ihre Großzügigkeit war unglaublich. Zur Verdeutlichung dieser Tatsache: Als Ticki 1959 starb, hinterließ sie ein Vermögen von mehr als zwei Millionen Dollar.«*

Anfang 1957 flogen die von Cramms nach Cuernavaca. Vier Wochen später kehrte Gottfried nach Paris zurück, und Barbara flog nach Los Angeles, um dort mit Lance dessen 21. Geburtstag zu feiern.** Bei dieser Gelegenheit kaufte er sich einen acht Millionen Dollar teuren Investmentfonds, der ihm annähernd eine Million Dollar Zinsen pro Jahr einbrachte. Darüber hinaus hatte ihm Barbara bereits einen Geburtstagsscheck über 1,5 Millionen Dollar überreicht, womit er sich ein Haus im schicken Stadtteil Holmby Hills kaufte, 180 Meter über dem Meer. Das Haus war verschachtelt gebaut, das Baumaterial bestand aus grob gehauenen Steinen und Holz: Es handelte sich um ein Gebäude im

* In den Weihnachtstagen von 1956 schickte Barbara Schecks in Höhe von 200 000 Dollar an etablierte Organisationen und Wohltätigkeitsvereine wie das Lincoln Center (das damals gerade in New York gebaut wurde), das New Yorker Findelhaus, die Stiftung für an Muskeldystrophie Leidende und die Stiftung für die Restaurierung von Venedig.
** Mit 21 entschied sich Lance dafür, statt der dänischen oder britischen Staatsbürgerschaft die der Vereinigten Staaten anzunehmen.

Ranchstil. Das schräg abfallende Dach war mit gewölbten mexikanischen Schindeln bedeckt. Ein riesiger Swimmingpool, der im Freien begann, setzte sich bis ins Wohnzimmer fort. Außerdem gab es ein Bett mit eingebauter Konsole, von der aus das automatische Fronttor des Hauses und praktisch jedes elektrische Gerät im Haus bedient werden konnte, ein Juwelierstudio, eine Autowerkstatt und riesige Fenster, die vom Boden bis zur Decke reichten und eine umwerfende Aussicht boten.

Lances Geburtstagsfest war zugleich seine Einweihungsparty. Nach den Wünschen seiner Mutter gab er eine konventionelle Dinnerparty für vierzig Personen. Barbara hatte Bill Robertson und einige andere aus ihrem kalifornischen Kreis mitgebracht. Unter Lances Gästen waren Bruce Kessler und seine Eltern; Ronnie Burns, der Sohn von Gracie Allen und George Burns; Julie Payne, die Tochter des Schauspielers John Payne; der Sänger Jimmy Boyd; Gary Crosby, der Sohn von Bing; und Chuck Daigh, ein Rennfahrer.

Ein weiterer Gast, Gould Morrison, sagt aus, daß Lances Haus (das schon bald »Camp Orgasmus« genannt wurde) schnell zum Aufenthaltsort für Söhne und Töchter irgendwelcher Leuchten aus Hollywood wurde. »Die meisten von ihnen«, berichtet Morrison, »waren so mit ihrer dekorativen und aristokratischen Rolle beschäftigt, daß sie sonst absolut nichts taten. Im Nichtstun waren sie aber ausgesprochen vornehm. Wie die meisten im swinging Jet-set waren sie durch und durch gelangweilt. Trotz seiner Rennfahrerkarriere war auch Lance furchtbar gelangweilt. Um das zu durchbrechen und die Situation zu beleben, gab er sich sexuellen Ausschweifungen hin. Seine Parties endeten ausnahmslos in Orgien und Gruppensex. Lance war persönlich ganz nett, aber es wäre lächerlich abzustreiten, daß er zu verwöhnt war. Er war einer der zügellosesten Menschen, die kennenzulernen ich das Vergnügen hatte.«

Kurz nach seinem 21. Geburtstag lernte Lance Jill St. John kennen, eine Rothaarige mit haselnußbraunen Augen und angemessener Größe. Sie hatte angeblich einen Intelligenzquotienten, der sich fast im Bereich eines »Genies« befand. Jill, deren eigentlicher Familienname Oppenheim war, hatte mit sechs Jahren bereits ihr schauspielerisches Debüt gegeben, und zwar in einer Radioschnulze mit dem Titel *One Man's Family*; mit 16 hatte sie dann schon mehr als 1000 Radioshows und fünfzig Fernsehsendungen hinter sich. Nach zwei Semestern ging sie von der University of California in Los Angeles ab, um in ihrem ersten Spielfilm aufzutreten: die eintönige Tanznummer hieß *Summer Love*. Mit 17 heiratete sie den Großwäschereierben Neil Dubin. Die Ehe hielt kein Jahr. Mit 18 verlobte sie sich mit Lance Reventlow. Der Diamant in ihrem Verlobungsring, so meinte sie stolz, erstrecke sich »von Knöchel zu Knöchel«.

Der Ring machte ihr also sichtlich Spaß. Weniger Spaß allerdings bereitete ihr Lances Vernarrtheit in Autos. Er besaß immerhin neun Autos – einen Mercedes für laufende Besorgungen, einen Jaguar für Rendezvous, einen Rolls-Royce für förmliche Anlässe, einen Ferrari, einen Porsche, einen Cooper-Climax und einen Maserati für die Straßenrennen sowie einen alten zusammengeflickten Chevy »nur so zum Spaß«. Es genügte ihm nicht, nur seine eigenen Rennwagen zu fahren. Daher verkaufte er ein Aktienpaket im Wert von zwei Millionen Dollar, das ihm seine Mutter zum 22. Geburtstag geschenkt hatte. Mit dem Geld gründete er die Reventlow-Automobilgesellschaft, deren Zweck es war, einen amerikanischen Wagen zu bauen, der die europäischen ausstechen würde, die die Rennen so völlig beherrschten. Das Ergebnis von Lances Bemühungen war ein Sportwagenmodell, das er Scarab (Skarabäus) nannte.

Im ersten Jahr seiner Erprobung im Wettkampf konnte der nach einem ägyptischen Käfer benannte Scarab erstaunliche Erfolge vorweisen. Im Oktober 1958 gewann Lances Fahrer Chuck Daigh das Rennen des Sports Car Club of America in Riverside, Kalifornien. Einen Monat später fuhr Lance selbst und gewann das Laguna-Seca-Straßenrennen in Monterrey. Im Dezember nahm Lance den Scarab mit auf die Bahamas. Dort konnte er seine eindrucksvollsten

Erfolge feiern. Er gewann sowohl den Governor's Cup als auch den mit noch mehr Prestige verbundenen Nassau Cup. Es war zum ersten Mal, daß ein in den Vereinigten Staaten gebauter Wagen beide Rennen im selben Jahr gewonnen hatte.

Als Lance nun hoffte, in einem der größten europäischen Grand-Prix-Rennen gewinnen zu können, wurde er in einen Unfall verwickelt. Im Mai 1959, als er an der Qualifikation für das Santa-Barbara-Rennen teilnahm, fuhr ihm ein Ferrari in seinen Wagen. Lance stieg zwar ziemlich mitgenommen aus, war aber nicht verletzt. Danach gewann er, noch im selben Jahr, einige andere Rennen. 1960 schließlich glaubte er, daß sein Rennwagen für einen internationalen Wettbewerb in Europa bereit sei.

Das Experiment Europa erwies sich als völlige Pleite. Die beiden Scarabs, die Lance geschickt hatte, konnten sich bei vier von fünf Grand-Prix-Rennen nicht qualifizieren. Doch auch im fünften, dem belgischen Rennen, beendete keiner der beiden Wagen das Hauptrennen. Sein miserables Abschneiden in Europa bedeutete für Lance das Ende seiner Rennfahrerkarriere. Er machte zwar aus Liebhaberei weiter, beteiligte sich auch einmal an einem Rennen, aber er konnte nie mehr an den Erfolg anknüpfen, den er anfangs mit dem Scarab gehabt hatte.

Im März 1957 war Barbara nach Lances Feier zum 21. Geburtstag im Royal Hawaiian Hotel in Honolulu abgestiegen. Ihre Begleiterin bei dieser Reise war Gräfin Marina Cicogna, deren Mutter Anna Maria Volpi hieß und aus der ehrwürdigen venezianischen Familie Volpi kam. »Barbara trank sehr viel«, erzählt Marina. »Meistens Gin. Das Trinken verstärkte noch ihre Stimmungsschwankungen, die recht häufig auftraten. Manchmal war sie freundlich, wohlwollend und fröhlich. Fünf Minuten später verwandelte sie sich in eine unglaubliche Tyrannin. An einem Tag war sie gesellig, am nächsten war sie launisch und distanziert. Sie nahm ziemlich viel Medikamente – Stimmungsaufheller, dämpfende Mittel und beide Wirkungen kombinierende Präparate. Ihr Hauptproblem war, daß sie die Leute mit ihrem Geld kaufen wollte, was damit endete, daß sie zu gefräßigen Monstern wurden. In einer gewissen Weise war sie ausgesprochen manipulierend, ja sogar sadistisch.«

Bevor sie Hawaii dann Ende des Monats wieder verließ, stritt sich Barbara recht heftig mit Marina Cicogna. Marina berichtet, daß Barbara ihr eine Perlenhalskette angeboten hatte, wenn sie sie nach San Francisco begleiten würde. Marina lehnte die Perlenkette ab und wollte statt dessen lieber Bargeld haben. »Ich hatte das Gefühl, ich sollte manipuliert werden. Aber wenn sie mich schon kaufen wollte, dann wollte ich auch etwas haben, was ich brauchen konnte. Zuerst sagte sie gar nichts. Dann stürzte sie in mein Zimmer und setzte sich. Dann verlor sie die Kontrolle über sich und ging hoch wie eine Rakete. In ihrer Hand hielt sie die Perlenkette; die Hand begann zu zittern. Dann warf sie die Kette auf mich und schrie dabei wie am Spieß. Schließlich konnten wir uns doch noch einigen. Sie gab mir einen Scheck. Dafür reiste ich mit ihr nach San Francisco. Als ich wieder nach Mailand zurückkehrte, wartete dort ein neuer Thunderbird auf mich. Es war das Abschiedsgeschenk von Barbara.«

Marina Cicogna blieb mit Barbara nur eine Woche in San Francisco. Nach ihrer Abreise hatte Barbara eine Affäre mit dem Börsenmakler Stanley Page, dem Exehemann von Barbaras Freundin Harrie Hill Page. Darüber ging die Freundschaft zwischen Barbara und Harrie in die Brüche.

Barbara reiste schließlich wieder nach Paris zurück, zurück auch zu Gottfried von Cramm. Ein paar Tage nach ihrer Rückkehr fand er sie verwirrt und betrunken vor. Sie lag in einer Blutlache auf dem Boden. Sie war gegen die Kante eines Schreibtisches gefallen und hatte sich dabei eine Rißwunde am Kopf zugezogen. In dem Krankenhaus, in dem sie genäht wurde, erzählte ein Arzt Gottfried etwas von einem Sanatorium in Schweden, das Alkoholiker betreute. Von Cramm hatte seine Zweifel, daß er seine Frau überzeugen könnte, so weit entfernt in ein Sanatorium zu gehen. Daher rief er Jean Kennerley in London an und fragte um Rat. Jean flog daraufhin gleich nach Paris. Nachdem sie mit Barbara gesprochen hatte, schlug sie vor, daß es besser sei, ein Appartement für sie zu suchen, statt sie in ein Sanatorium zu schicken. Es sollte in der Nähe liegen und etwas Eigenes darstellen. Dann würde sie nichts mehr mit dem Ritz zu tun haben und wäre gezwungen, für sich selbst zu sorgen. Vermutlich würde sie eine solche Erfahrung auf andere Gedanken bringen.

Da Jean de Baglion mit Immobilien zu tun hatte, wurde er mit der Wohnungssuche beauftragt. Als erstes zeigte er ihr ein großartiges Haus am linken Seineufer, das später der griechische Schiffsmagnat Stavros Niarchos kaufte. Baglion war unangenehm berührt, als ihm Barbara von Winfield House vorschwärmte und es offensichtlich dieser schönen Villa aus dem 18. Jahrhundert vorzog. »Aber Barbara«, warf Baglion ein, »Winfield House wurde doch erst in den dreißiger Jahren gebaut.« Die nächste Wohnung auf Baglions Liste, die er ihr am nächsten Tag zeigte, lag in der Rue Octave Feuillet 31 in der Nähe des Bois de Boulogne. Es handelte sich dabei um ein 18-Zimmer-Appartement im dritten Stock, das André Citroën gehörte, dem französischen Industriemagnaten und Automobilhersteller. Da sie wußte, daß Baglion wegen ihrer Bemerkungen in bezug auf Winfield House immer noch verärgert war, akzeptierte Barbara dieses Appartement sehr bereitwillig und bat Baglion sogar, ein zweites Appartement in der Nachbarschaft für Silvia de Castellane zu suchen. Ein paar Häuser weiter fand man das gewünschte Appartement. Barbara kaufte beide und ließ den berühmten Travers von dem Innenarchitekturbüro Jansen anstellen, um etwaige Renovierungsarbeiten durchführen zu lassen.

Barbara blieb während der Renovierungsarbeiten noch im Ritz. Da das Renovieren eine Weile dauern würde, hatte Jean Kennerley eine weitere Idee: sie schlug vor, Barbara solle einen zweiten Gedichtband herausgeben, sozusagen einen Folgeband für *Verzaubert*. Morley Kennerley bot sich an, nach einer Druckerei Ausschau zu halten, die dem Band angemessen wäre, und literarische Hilfestellung zu leisten, falls Barbara sie brauche oder wünsche. In ihrer Suite lagen nun Hunderte von Manuskriptblättern herum. Barbara begann, eine Vorauswahl zu treffen.

An einem Abend Mitte Juli machte sie eine Verschnaufpause und ging zum Kaffeetrinken ins Restaurant Le Grand Vélour. Dort stieß sie auf Noël Coward, der allein unterwegs war. »Sie war nicht ausgesprochen betrunken, aber sie schwankte etwas«, enthüllt er in seinem Tagebuch. »Sofort nahm sie mich in Beschlag. Das Ganze endete damit, daß ich ihr schließlich in ihrer Suite im Ritz die eigenen Gedichte vorlas. Einige davon sind recht einfach, aber bewegend. Sie ist ein tragisches Abziehbild des ›armen reichen Mädchens‹. Zwar ist sie zu enormer Freundlichkeit fähig, aber ihrem Glück stand immer das Geld im Wege.«

Coward, der Barbaras Unsicherheit spürte, war feinfühlig genug, um sich begeistert über ihre Arbeit zu äußern. Dieses Lob gab ihr Selbstsicherheit, die sie benötigte, um die endgültige Auswahl zu treffen. *The Wayfarer* (Auf Reisen) erschien dann in einer privaten Ausgabe von 200 Stück im Dezember 1957. Die Druckerei hieß R. S. Atterbury's Westerham Press und war in Westerham, Kent, England beheimatet. Die 66 Seiten enthielten vierzig Gedichte, eine Widmung an Lance Reventlow und auf dem Cover von Edmund Dulac ein Vierfarbenporträt Barbaras (nach einer Tuschezeichnung von José Maria Sert). Die Gedichte ähnelten in Sprache und Temperament denen des älteren Bandes. Dieser zweite Band mit den übergeordneten Themen Liebe und Wanderlust enthielt Oden an Theben und an das antike Griechenland, einen Gedichteblock über Tanger, einige Gedichte für Freunde, ein Gedicht über die Blindheit, ein anderes über die Schönheit der Hände, ein drittes über ein Feuerzeug (»Le Briquet«) und einige über Themen aus dem *Tale of Genji*.

Die am meisten strapazierten Verszeilen in dieser Sammlung sind die romantischen Gedichte, die sie an und für

Gottfried von Cramm geschrieben hat. Ein Beispiel für diesen Stil ist das Gedicht »Der Vorschlag«, das sie für Gottfried während ihres gemeinsamen Sommers in Tanger geschrieben hatte. Am Anfang dieses Gedichtes steht eine leidenschaftliche Verklärung idealisierter Liebe; obwohl es sich dabei um kein Kunstwerk handelt, sind es doch bewegende Zeilen:

> Oh, laß uns Liebende sein
> Jetzt sind die Nächte klar
> Und nur der Mond stellt sich
> Als einzig Ängstlicher dar.
>
> Laß unsere Körper verschmelzen
> So wie man Parfüm vermengt
> Und den weiten Himmel fordern
> Daß er sich in unser Zimmer senkt.
>
> Laß uns so lieben
> Wie die Götter es einst gemacht
> Auf daß sie scheu und neidisch
> Vor unserer Türe halten Wacht.

Obwohl es bis zur eigentlichen Scheidung noch Jahre dauern sollte, gingen Barbara und Gottfried jetzt schon getrennte Wege. Ende August 1957 reiste Barbara ohne ihren Mann nach Venedig. Sie wurde von Silvia de Castellane, Jean de Baglion, Dan Rudd, Tony Pawson und einem Bekannten von Rudd namens Claude Eggerman begleitet. In diesem Sommer lernten sich Maria Callas und Aristoteles Onassis kennen, und zwar bei Elsa Maxwells Ball auf dem Dach des Hotels Danieli.

Nach dem Maxwell-Knaller gab Onassis an Bord seiner Jacht *Christina*, die am Anfang des Canale Grande vor Anker gegangen war, eine Woche lang Parties. Dabei gaben sich sowohl die internationale High-Society als auch die Möchtegernprominenz ein Stelldichein, was Cholly Knikkerbocker zum Anlaß nahm, den beißenden Kommentar abzugeben, daß »es beinahe unmöglich ist, festzustellen, wer in dem verrückten gesellschaftlichen Treiben im Venedig dieser Tage wer ist, wer zu wem gehört und warum wer gerade da ist«. Sogar solche treue Hüterinnen der Tradition wie die Comtessa Lilli Volpi und die Comtessa Marina Luling Volpi sahen sich veranlaßt, vereinzelt Jet-setter zu ihren jährlichen Bällen, Dinner- und Tanzparties einzuladen. Auf einem Fest mit 400 Eingeladenen in ihrem Palladiumspalast Villa Barbaro bei Asolo (außerhalb Venedigs) soll Comtessa Marina Luling Volpi zu Barbara Hutton gesagt haben: »Barbara, meine Liebe, wer sind denn all diese Leute?«

Einer dieser Leute an diesem Abend war der 27jährige Jimmy Douglas (James Henderson Douglas der Dritte) aus Chicago, der jetzt in Paris lebte. Sein Vater war Staatssekretär, zuständig für die Luftwaffe. Douglas, der wie Barbara im Grand Hotel in Venedig wohnte, war geschockt, als er die seltsamen Figuren sah, die sie umschwärmten. »Ich habe immer noch dieses Bild im Kopf«, berichtet er, »wie sie von treuen Dienern, bezahlten Possenreißern und anhänglichen Nichtstuern umgeben war. Einige dieser Treuen, wie Margaret Latimer und Jean de Baglion, waren ihr völlig ergeben. Barbara hatte ganz offensichtlich Probleme mit dem Trinken. Nachts blieb sie wach, um sich ihrer Sucht zu widmen. Baglion flehte sie an, damit aufzuhören. Das machte sie aber nicht. Deshalb verdünnten er und Sister Latimer ihre Drinks, um die Wirkung wenigstens etwas zu reduzieren. Andere wiederum nötigten sie geradezu zu Drinks – meist war es Gin –, weil sie hofften, daß sie dann noch betrunkener werden würde. Denn wenn sie völlig betrunken oder gelangweilt war, begann sie ihre Sachen zu verschenken – Pelze, Autos und Juwelen. Diese Art der Gunsterweisung faszinierte die weniger Wohlhabenden, die nicht so leicht in die geheimnisvolle Welt der Reichen einzudringen vermochten und den unglaublichen Reichtum kaum erfassen konnten, der es ermöglichte, so riesige Summen zum Fenster hinauszuwerfen.

Barbaras Launen riefen manchmal beträchtliche Spannungen bei ihrem Begleitertrupp hervor. Jeder paßte nämlich scharf darauf auf, wer was bekam. Wenn sie zum Beispiel mit alten Bekannten zusammenstieß – jeden von ihnen hatte sie schon früher mit Geschenken bedacht – und es kam ein Neuer hinzu, dann machte sie diesem möglicherweise ganz spontan ein Geschenk, das sehr viel wertvoller war als die Geschenke, die sie ihren Bekannten vorher gegeben hatte. Ich erinnere mich, wie sie einmal in Venedig Silvia de Castellane eine wunderschöne Smaragdhalskette schenkte. Am nächsten Abend überreichte sie bei einer Party im Palazzo Papadopoli einer Frau, die sie kaum kannte, eine noch schönere und teurere Halskette, weil die Frau die Kette schon den ganzen Abend lang bewundert hatte. Als Silvia de Castellane diese kleine Transaktion sah – ich bin mir da gar nicht so sicher, daß sie sie nicht sehen sollte –, traf sie fast der Schlag. Solche Dinge kamen schon fast täglich vor. Barbara liebte übrigens Menschen mit bestimmten Eigenarten. Zum Beispiel mochte sie originelle Dialekte. In Venedig traf sie einmal eine Amerikanerin aus Alabama, die mit einem ausgeprägten Südstaatenakzent sprach. Weil sie diesen Akzent so begeisternd fand, schenkte sie dieser Frau einen Zobelmantel. Dies alles machte denen, die Barbara umgaben, das Leben schwer. Die ständigen Positionskämpfe innerhalb ihres Gefolges wurden immer verrückter. Ich wäre damals nie auf den Gedanken gekommen, daß ich eines Tages auch dabeisein würde.«

Jimmy Douglas reiste etwa zu der Zeit aus Venedig ab, als ein weiterer junger Amerikaner, der 29jährige Philip Van Rensselaer, die Szene betrat. Philips Vorfahr war Kilian Van Rensselaer, der Niederländer aus dem 17. Jahrhundert, der entlang des Westufers des Hudson annähernd 277 000 Hektar Land besaß. Damit war er die einzige Einzelperson in der Geschichte des Staates New York, die so viel Grund und Boden besaß. Trotz seiner familiären Herkunft lebte Philip recht bescheiden in Manhattans Upper East Side. Was ihm an Kapital mangelte, glich er mit netten Pennälerblicken und Beziehungen aus. Er stand im *Social Register*, und sein älterer Bruder Charles Van Rensselaer arbeitete als Gesellschaftsreporter. Das verschaffte ihm Zutritt zu den Häusern der Wohlhabenden und Einflußreichen. Sein Gastgeber in Venedig war sein Freund Graf Brando Brandolini, verheiratet mit Christiana, Enkelin der Prinzessin Jane di San Faustino und Tochter des verstorbenen Eduardo Agnelli, des Begründers des Fiatimperiums. Außerdem war sie die Schwester Giovanni Agnellis, geschäftsführender Direktor des Fiatkonzerns. Barbara lernte Van Rensselaer im Lido kennen, Marina Cicogna stellte ihn ihr vor.

Philip schätzte Barbaras Gefolgschaft ähnlich ein wie Jimmy Douglas. Cleveland Amory zitiert ihn in *Who Killed Society?* wie folgt: »Barbara konnte die richtigen Leute nicht von den falschen unterscheiden; sie hatte eigentlich überhaupt keine Menschenkenntnis.« Van Rensselaer teilte Amory mit, daß er Barbaras ausländische Begleiter bei einem Schwindel ertappt hatte. Sie sollte »einen gefälschten Picasso kaufen, und sie wollten dann den Gewinn mit dem Verkäufer teilen. Ich versuchte ihr das klarzumachen, aber sie wollte davon nichts hören. Sie erwiderte nur: ›Ich möchte keine unangenehmen Dinge hören.‹«

In einem Interview mit Brigit Berlin für Andy Warhols Magazin *Interview* im Jahre 1978 gesteht Van Rensselaer, daß er sich in einer nicht sehr schmeichelhaften Situation befinde. Er gibt offen zu, daß sein Scheckbuch von der Bank beschlagnahmt worden sei, »weil ich so viele ungedeckte Schecks ausgestellt habe«. Von diesem Thema ausgehend enthüllt er schließlich sein persönliches Credo: »Einige Leute meinen, daß Monte Carlo das Monte Carlo der degenerierten Gesellschaft ist. Aber es ist farbig und lebendig. Die Leute sind ständig in irgendwelche Skandale verwickelt, in Liebesaffären, oder sie stehlen Geld. Das ist aufregend. Es ist so lebendig wie ein großer, bunt gewebter Wandteppich ... Mich ziehen die verkommenen Glitzergestalten der internationalen Gesellschaft mit ihren Erpressereien an, wo alles geht und alles möglich ist. Ich habe gesehen, wie Bettler zu Millionären wurden. Das ist einfach verrückt ... Ich mag schillernde Persönlichkeiten. In den sechziger Jahren hatte ich viel mit diesen Glücksrittern der Finanzwelt zu tun. Sie waren in dunkle Geschäfte verwickelt. Unter anderem kauften sie Firmen auf und scheffelten dabei riesige Gewinne oder machten entsetzliche Geschäfte mit den Nazis. Sie trafen die Windsors und all diese Leute. Regelmäßig berichteten die Klatschspalten über sie ... Das faszinierte mich. Wir sind doch nur so kurz auf dieser Erde, warum sollte man da nicht alles versuchen? Wenn du einmal alt geworden bist und auf dem Totenbett liegst, wird es dir leid tun, wenn du nicht alles versucht hast, und du wirst denken: ›Oh, wenn ich es doch getan hätte.‹«

Nicht lange nachdem er Barbara kennengelernt hatte, reiste Van Rensselaer nach Griechenland. Dann sah er Barbara in Paris wieder, wo er ihr lange zuhörte, als sie die Einzelheiten ihrer Vergangenheit kaleidoskopartig ausbreitete. Am 14. November, dem Tag ihrer Ankunft in New York an Bord des Dampfers *United States* – es war der Tag ihres 45. Geburtstages – war er immer noch an ihrer Seite.

Vom Pier wurden sie direkt nach Broadhollow in Old Brookville, Long Island, zur Cedar Swamp Road gefahren. Das war jetzt der 40 Hektar große Besitz von Jimmy Donahue, den er ein Jahr zuvor für 400 000 Dollar Alfred Gwynne Vanderbilt abgekauft hatte. Drei Tage danach begleitete Philip Jimmy Donahue auf den Fan-Ball im Plaza Hotel. Dort berichtete er der Klatschreporterin Nancy Randolph von seiner Absicht, Barbara in Mexiko zu heiraten.

Dieses Statement wurde von Barbara weder bestätigt noch dementiert. Als sie Anfang Januar nach Cuernavaca reiste, war Philip mit dabei. Aber das Techtelmechtel sollte nicht lange währen. Bald rief Barbara Jimmy Douglas in Paris an, nachdem sie beträchtliche Schwierigkeiten in Kauf genommen hatte, ihn ausfindig zu machen, und lud ihn zu sich nach Mexiko ein. Barbara und Philip trennten sich laut Philip freundschaftlich. »Sie gab mir enorm viel Geld«, berichtet er Cleveland Amory, »denn sie meinte, ich sei ein Gentleman und solle deshalb auch jede Menge Geld haben. Außerdem sei es ja nicht sie, die das zahle, sondern Opa Woolworth.«

Die nächsten drei Jahre waren Barbara und Jimmy Douglas ständig auf Achse. »Wir legten Tausende von Kilometern zurück«, berichtet Douglas. »Nur wenige Wochen während dieser Zeit waren wir nicht unterwegs. Barbara blühte dabei geradezu auf. Sie war die letzte der großen Weltreisenden. Wenn Barbara wach war und in guter Form, war sie überwältigend. Sie sprühte dann nur so vor Unternehmungslust. Nichts konnte sie befriedigen. Niemand konnte mit ihr Schritt halten. Sie konnte tagelang ohne Schlaf auskommen. Es schien beinahe übermenschlich.

Bald fand ich heraus, daß das meiste, was ich über sie gelesen oder gehört hatte, falsch war. Das war alles eine Erfindung der Presse. Die wirkliche Barbara Hutton war eine ziemlich bemerkenswerte, unendlich interessante, ja großartige Persönlichkeit mit großer Vorstellungskraft. Sie lebte nicht das vergrämte, unglückliche Leben, das ihr die Presse unterstellte. Barbara Hutton hatte mehr Spaß am Leben als irgendeine andere Person, die ich je kennengelernt habe. Sie lebte jedoch so intensiv, daß ihre Tiefen so ausgeprägt waren wie ihre Höhen. Das waren dann alptraumhafte Augenblicke, besonders während ihrer späteren Lebensjahre – Selbstmordversuche, Medikamentenabhängigkeit, Alkoholismus. Aber es gab auch lange Zeitabschnitte, bei denen sie voll auf der Höhe war, und das ist die Barbara, von der die meisten Menschen nichts hören wollen.

Auch stimme ich nicht der Theorie zu, die besagt, daß ihr Leben eine einzige lange Suche nach dem idealen Partner war. Vielleicht hat das bis zu ihrer Heirat mit Cary Grant eine Rolle gespielt, aber danach änderte sie ihre Auffassung. Als ich sie kennenlernte, schaute sie bereits nicht mehr nach einem Mann aus, mit dem sie den Rest ihres Lebens verbringen konnte. Ihr Motto war: Genieße dein Glück heute, morgen kann es schon zu spät sein.«

Im Februar 1958 kamen Jimmy und Barbara in Beverly Hills an. Dort wurde sie Jill St. John vorgestellt. Privat äußerte Barbara die Meinung, daß Jill Lance nur benutze, um ihre Karriere als Schauspielerin zu fördern. Einige von Lances Bekannten äußerten sich ähnlich. Aber während die Bekannten sich sehr deutlich ausdrückten, versuchte Barbara es mit Diplomatie. Sie schlug vor, daß Lance und Jill ihre Beziehung mit einer sechsmonatigen Trennung prüfen sollten, bevor sie in einen goldenen Ehering investierten. Lance wies den Vorschlag jedoch zurück, und Barbara sagte nichts mehr dergleichen.

Ende Februar begann dann das Umherreisen. Barbara und Douglas reisten nach Honolulu, flogen dann nach Manila, verbrachten dort zwei Nächte und setzten ihre Reise nach Hongkong und Bangkok fort. Sie besuchten dort James Thompson, der bei der Gestaltung von Barbaras Palast in Tanger mitgeholfen hatte und der zufällig auch noch ein Bruder von Jimmys Stiefmutter war. Von Bangkok reisten sie dann weiter nach Neu Delhi. Dort kaufte sich Barbara einen Set Bergkristallschalen, die mit Rubinen besetzt waren, und ließ sie nach Tanger verschiffen. Nach einer gemächlichen Rundreise in Indien – sie besuchten Ayischa, die Maharani von Jaipur, und Prinzessin Berar, die Enkelin des Sultans des Osmanischen Reiches – verbrachten sie einen Monat auf einem Hausboot in Kaschmir. Dann reisten sie nach Istanbul. Anfang Juni kamen sie schießlich im Hotel Imperial in Wien an. Für ihre Unterhaltung sorgte Baron Gecman-Waldeck, ein Opernfreund, der sie jeden Abend auf eine andere Opernvorführung mitnahm. Das nächste Reiseziel war Paris. Im August besuchten sie Lady Kenmare in La Fiorentina, ihrem Gut bei Cap Ferrat. Im September war Venedig an der Reihe, wo sie sich bei Prinz und Prinzessin Chavchavadse im Palazzo Polignac aufhielten.

Gegen Ende des Monats reiste Barbara nach England, um dort den bahnbrechenden Schönheitschirurgen Sir Hector Archibald Indoe, den Chefarzt der chirurgischen Abteilung des Queen-Victoria-Zentrums in East Grinstead, Sussex, zu konsultieren. Indoe, der nicht nur wegen seiner Schönheitsoperationen an Filmstars und Mitgliedern der königlichen Familie bekannt geworden war, sondern noch mehr wegen seiner bewundernswerten Operationen von verstümmelten Piloten der Königlichen Luftwaffe während des Zweiten Weltkrieges, führte bei Barbara zwei relativ kleine chirurgische Eingriffe durch – ein teilweises Facelifting und eine Verkleinerung der Brüste. Das hatte sie schon seit Jahren in Erwägung gezogen.

Der Heilungsprozeß ging schnell vonstatten. Im Herbst reiste sie bereits wieder mit Douglas nach Tanger. Dort hatte sie eine neue Hausverwalterin angestellt. Es handelte sich dabei um eine Weißrussin namens Ira Belline, eine Cousine von Strawinsky und eine gute Bekannte von David Herbert. Herbert besuchte eines Nachmittags Sidi Hosni. Die drei – Barbara, Ira und David – saßen auf dem Balkon und plauderten miteinander. Plötzlich überraschte Barbara mit der Frage: »Oh, wissen Sie schon, daß ich meine Brüste habe verkleinern lassen?«

»Ja, Darling, das weiß ich«, erwiderte Ira.

Barbara schaute sie an. »Ja, natürlich«, meinte sie. »Aber David weiß es noch nicht. Ich will ihm eigentlich nur zeigen, wie schön klein sie jetzt sind.« Mit diesen Worten zog sie ihren Ausschnitt herunter und zeigte David ihre operativ verkleinerten Brüste.

Den schönheitschirurgischen Eingriff hatte sie über sich ergehen lassen, so berichtet jedenfalls Ruth Hopwood, weil sie eine intensive Beziehung zu Jimmy Douglas hatte. »Es war eine frustrierende Zeit für Barbara«, teilt Ruth mit, »denn sie war leidenschaftlich in Jimmy verliebt, aber Jimmys sexuelle Neigungen waren offensichtlich außerordentlich komplex. Barbara riß Witze über ihre Vorliebe, schwierige Männer anzuziehen – erst Gottfried von Cramm und nun Jimmy. Ich glaube zwar nicht, daß ihr Verhältnis zu Jimmy ganz ohne Sex abgelaufen ist, aber es war trotzdem nicht das, was sie sich davon versprochen hatte. Sie war frustriert, und diese Frustration machte sie unsicher. Nachts konnte sie nicht mehr schlafen. Es machte Jimmy ziemlich fertig, Nacht für Nacht mit ihr wach bleiben zu müssen.«

Mitte Januar waren Barbara und Jimmy nach Cuernavaca unterwegs, um sich die Fertigstellung eines der bekanntesten Architekturprojekte in Mexiko anzuschauen, ein 3,2 Millionen Dollar teures Haus im japanischen Stil auf einem Grundstück von etwa 120 000 Quadratmeter mit Ausblick auf den schneebedeckten Gipfel des Popocatepetl, eines erloschenen Vulkans, der an den Fujiyama in Japan erinnert. Barbara hatte das Grundstück 1957 José Villanueva, einem mexikanischen Bauunternehmer, abgekauft und den Architekten Albert Ely Ives aus Hawaii engagiert. Dabei mußte das Baumaterial direkt aus Japan importiert werden; die Handwerker und Landschaftsgärtner wurden ebenfalls aus Japan eingeflogen. Barbara nannte das Haus Sumiya – was »das Haus an der Ecke« bedeutet – nach dem echten Sumiya in Kyoto, das für eine der frühen Kurtisanen Japans gebaut worden war. Barbaras »Haus an der Ecke« machte jedoch mehr den Eindruck eines Kaiserpalastes als den eines heimlichen Bordells. Im Haus gab es echte Möbel aus der Kaiserzeit des 14. Jahrhunderts, unbezahlbare fernöstliche Masken, Seide in hellen Farben, hausinterne Felsengärten, eine Jacuzzi-Badewanne für zehn Personen, mit Blumen übersäte Gräben und Brücken, die der Verbindung des einen Hausflügels mit dem anderen dienten. Pfauen und Kraniche stolzierten auf dem Grundstück umher und hielten bisweilen inne, um probeweise einen Fuß in den geheizten Swimmingpool zu tauchen. Schließlich gab es noch ein Theater im Kabukistil, das vierzig Zuschauer faßte, in dem Barbara Filme (die ihr Cary Grant schickte) vorführen und Tänzer und Musiker (die ebenfalls aus Japan kamen) auftreten ließ. Nach drei Monaten in der Ruhe dieser mexikanischen Gegend reisten Barbara und Jimmy Douglas nach San Francisco. Die Presse interessierte sich brennend für sie, was sie auch immer unternahmen, wohin sie auch gingen. Herb Caen zeichnete ihre täglichen Spritztouren im *Chronicle* von San Francisco nach. Er konnte berichten, daß Barbara zu Schneider's in der Post Street gegangen war und mit einem 8000 Dollar teuren Zobel wieder aus dem Laden herauskam, sich dann mit Jimmy zum Dinner zu Ernie's begab und schließlich zum Schlummertrunk ins Rikscha. Danach zogen sie sich in ihre benachbarten Suiten ins Mark Hopkins Hotel zurück. Derselbe Klatschreporter schilderte den Besuch, den sie dem Gump's abstatteten, Barbaras Lieblingsjuwelier, kurz nachdem sie ihre Pläne für eine Japanreise angekündigt hatten. Einer der Verkäufer sagte mit Blick auf Jimmy Douglas: »Miß Hutton, ihr Sohn sieht wirklich ausgezeichnet aus!« – »Das ist nicht mein Sohn, sondern mein Mann«, erwiderte sie und ging Arm in Arm mit ihm hinaus.

Die Reise nach Japan sollte der Höhepunkt ihres dreijährigen Umherreisens in der Welt werden. Sie waren überall und sahen alles, sogar Orte, die dem Besucher aus dem Okzident sehr selten zugänglich sind. Ihr Reiseleiter war ein Japaner namens Hirotaka Hatakayama, dessen Aufzeichnungen die Atmosphäre dieser Studienreise in charmanter Weise wiedergeben. Ein kleiner Auszug daraus:

8. Juni. Der Gasthof in Aikawa auf der Insel Sado gefällt Mrs. Hutton ausgezeichnet. Am Abend führte die Tatsunami-Truppe Volkstänze vor, die geradezu phantastisch waren. Einer der Tänze beinhaltete sogar eine Art »Männerstrip«. Wir lachten und lachten, bis es uns fast zerrissen hätte. Mrs. Hutton und Mr. Douglas tanzten zu einem populären japanischen Lied.

Aus Sado schrieb Barbara den Kennerleys: »Japan ist ein sauberes, reines und erstaunliches Land ... mit einer Kultiviertheit der Sitten, die ich sonst nirgendwo angetroffen habe. Wir schlafen auf Futons auf dem Boden und wohnen lieber in Gasthöfen als in Hotels. Seit ich als Baby in den Schlaf gewiegt wurde, habe ich nicht mehr so gut geschlafen. Es gibt nur eine Sache, über die ich mich beklagen könnte. Es handelt sich um die japanischen Toiletten. Sie sind sehr merkwürdig. Man sitzt auf dem Boden über einer niedrigen Porzellanschüssel. In Japan wird eben alles auf dem Boden getan. Auf der Toilette muß man sich da aber manchmal schon sehr verrenken.«

Allerdings gab es während der Reise einmal eine sehr unangenehme Situation, die sich kurz vor der Abreise von Tokio nach Paris abspielte. »Barbara hatte einen Anfall«, berichtet Douglas. »Anstatt nach Paris zurückzukehren, wollte sie noch nach Nepal weiterreisen. Als ich ihr sagte, daß das unmöglich sei, hatte sie eine Art Schlaganfall und wurde ganz starr. Dann rollte sie sich auf der Couch zu einem kleinen Ball zusammen. Mir kam es damals so vor, als ob sich die echte Barbara, die Barbara, die ich kannte, hinter diesem Schneckenhaus verbergen wollte. Schließlich kam ein Arzt. Sie ließ sich aber nicht untersuchen. Deshalb gab mir der Arzt ein schnell wirkendes Beruhigungsmittel, das ich ihr verabreichen sollte, wenn sie gewalttätig werden würde. Ich brauchte es dann aber doch nicht. Sie schlief auf der Couch ein und am nächsten Morgen hatte sie sich erholt.

Trotz dieser periodisch aufflackernden Anfälle glaube ich doch, daß ich bezüglich ihrer Entwöhnung ausgesprochen gute Arbeit geleistet habe. Sie nahm Valium, um die Entzugsschmerzen zu verringern. Sehr wichtig war es, sie hart anzupacken. Einmal stellte ich ihr sogar ein Ultimatum: ›Du hörst jetzt sofort auf zu trinken oder ich gehe!‹ In ihrer ersten Reaktion versuchte sie wie immer, mich zu bestechen. Ich mußte ihr deutlich zeigen, daß ich nicht gewillt war, mich kaufen zu lassen.«

Nach einem Monat in Paris, in dem Barbara die letzten Einzelheiten einer Scheidungsregelung auf der Basis gütlicher Einigung mit Gottfried von Cramm ausarbeiten ließ (der endgültige Beschluß vom Januar 1960 erkannte von Cramm weitere 600 000 Dollar zu, zusätzlich zu den Summen, die er schon vorher erhalten hatte), nahm Barbara mit Douglas die Reisetätigkeit wieder auf: Es ging von Tanger über Kopenhagen und Oslo (wo sie sich bei der früheren Eiskunstlaufmeisterin Sonja Henie aufhielten) nach Venedig. Zwischen Tanger und Kopenhagen gelang es Barbara, zwei Tage herauszuschinden, um in Paris eine Herbstvorschau des Modehauses Lanvin-Castillo zu besuchen. Dabei kaufte sie für annähernd 300 000 Dollar einen großen Teil der 200 Modeartikel auf, die von den Mannequins vorgeführt worden waren. Darunter waren sechzig Kleider, ein honigfarbener Nerzmantel mit Zobelkragen, ein schwarz schimmernder Nerz, ein Chinchilla-Cape und ein türkisfarbenes Negligé, das mit goldfarbenen Blumen bestickt war. Der Sinn dieses Kaufs – viele dieser Textilien verschenkte sie an Bekannte – lag darin, Silvia de Castellane in ihrem neuen Beruf als Public-Relations-Beraterin von Antonio del Castillo zu unterstützen.

Mitte Dezember flogen Barbara und Jimmy nach New York, um die Weihnachtsfeiertage mit Jimmy Donahue in Old Brookville zu verbringen. Douglas hatte Bedenken angemeldet, bei Donahue zu wohnen, und der Verlauf der Ereignisse gab ihm recht.

Kaum war sie angekommen, hatte Barbara sich schon an Donahues Tabletten vergriffen. Dann zog sie auf Long Island von einem Laden zum anderen und kaufte alles, was ihr unter die Finger kam. Für eine Kollektion des Juweliers Fabergé gab sie zum Beispiel 250 000 Dollar aus. Sie schenkte sie Douglas als Zeichen ihrer Wertschätzung. Der gab jedoch das Geschenk am nächsten Tag im Laden zurück, ließ sich ihren Scheck geben und zerriß ihn.

Erschöpft von seiner riskanten Aufgabe als Barbaras Aufpasser nahm Douglas eine Einladung seiner Eltern an, sie zwei Wochen lang auf den Bahamas zu besuchen. Bevor er ziemlich entnervt abreiste, versprach er Barbara noch, sie Mitte Januar in Cuernavaca wiederzusehen. Während seiner Abwesenheit fing sie wieder mit dem Trinken an. Als sie in Mexiko ankam, hatte sie sich wieder daran gewöhnt. Mit dabei in Cuernavaca waren Bill Robertson, Silvia de Castellane, Jean de Baglion und zwei neue Angestellte – eine junge Französin namens Marguerite Chevalier, die die kurz davor in den Ruhestand gegangene Margaret Latimer ersetzen sollte, und Colin Frazer, ein stämmiger, gutaussehender Australier, der Barbaras Leibwächter spielen sollte.

Jean de Baglion war überrascht, daß Barbara wieder zur Flasche gegriffen hatte. Er vermutete, daß das mit der Abwesenheit von Jimmy Douglas zusammenhing. »Wenn sie trank«, berichtet Baglion, »wurde sie unausstehlich extravagant. Am zweiten Abend unseres Aufenthalts in Cuernavaca engagierte sie eine Gruppe Musiker aus Mexico City. Sie sollten in ihrem kleinen Theater für uns spielen. Wir waren drei Zuhörer, und sie waren sechzig Musiker. Das war schon leicht absurd.

Einen oder zwei Tage später ging ich in Cuernavaca spazieren. Als ich zurückkam, saß Barbara mit ihrem Nachbarn Nacho de Landa auf der Veranda des Gästehauses. Sie beobachteten die 25 Gärtner, die im Auftrag Barbaras im entfernten Feld arbeiteten. Die Arbeiter waren wie japanische Bauern gekleidet. ›Wie gefällt dir Japan?‹ fragte mich Barbara. Dann trug sie eine ausführliche Schilderung des Lebens während der Feudalzeit des 14. Jahrhunderts in Japan vor. Mir dämmerte allmählich, daß sie nicht nur betrunken war, sondern sich auch für die Kaiserin von Japan hielt und die Gärtner ihre Untertanen waren. Nach einer Weile stand Nacho auf, um zu gehen. ›Und wo wollen Sie hingehen?‹ fragte Barbara. ›Ich möchte schwimmen gehen‹, antwortete Nacho. ›Sie gehen erst, wenn ich es Ihnen erlaube!‹ brach es aus ihr heraus. Mit diesen Worten wurde sie ohnmächtig.«

An diesem Abend zog de Landa einen Freund zu Rate, nämlich Dr. Allesondo, einen prominenten mexikanischen Arzt. Der Arzt füllte Barbaras Valiumvorrat wieder auf, verschrieb ihr Vitamintabletten und Megavitamininjektionen, um sie wieder zu entwöhnen. Aufgrund ihrer Appetitlosigkeit bestand er darauf, daß sie zwei extra angereicherte Milkshakes pro Tag trinken sollte. Es zeigten sich erste Anzeichen einer Besserung, doch dann machte Bill Robertson den Fehler, ihr zu erzählen, daß Jimmy Douglas sehr wahrscheinlich noch auf den Bahamas bleiben würde, weil er dort jemanden getroffen habe. Dieser Jemand war Lady

Jane-Vane Tempest Stewart, die Tochter von Lord Londonderry. Barbara wurde sofort unglaublich eifersüchtig.

»Man muß sich wirklich die Frage stellen, ob es sehr weise von Bill Robertson gewesen ist, dies Barbara zu erzählen«, berichtet Nacho de Landa. »Robertsons Ergebenheit gegenüber Barbara stand außer Zweifel. Woran man aber zweifeln konnte, war sein Einfühlungsvermögen. Er war einer der Menschen, die fähig sind, einem todkranken Patienten zu sagen, daß seine Tage gezählt sind. Ich meine damit, daß er in schon fast übertriebener Weise ehrlich war.«

Diese Neigung von Robertson, nichts für sich zu behalten, zeigte sich wieder einmal, als er einen Brief an Jimmy Douglas schrieb, in dem er über Barbaras Gesundheitszustand Auskunft gab. Die ärztlichen Empfehlungen hätten eine Zeitlang ihre Wirkung gehabt, so war in dem Brief zu lesen, aber bald habe Barbara wieder zu trinken begonnen. Außerdem habe sie jetzt schon zwei Nächte hintereinander nicht mehr geschlafen; er und Nacho de Landa seien mit ihr wach geblieben, weil der Arzt sich geweigert habe, ihr Schlaftabletten zu verschreiben. Ferner teilte Robertson mit, daß Colin Frazer für ein paar Tage weg sei. Barbara sei aber ansonsten sehr begeistert von ihm, besonders dann, wenn sie betrunken sei.

Die Worte »sehr begeistert« rüttelten Douglas auf. Er ließ alles liegen und stehen und reiste sofort nach Cuernavaca. Mit einer Tasche voller Geschenke für Barbara kam er im Sumiya an. Unter den Geschenken war eine vielfarbige Vipernatter, die sich sofort um ihr Handgelenk wand. Schlangen waren eine alte Leidenschaft von Douglas, die er sich seit seiner Schulzeit bewahrt hatte. In seiner Badewanne in Paris hielt er eine etwa drei Meter lange Python. Barbara beschlichen ungute Gefühle gegenüber Jimmy und dem neuen Haustier. In einer zweideutigen Anspielung fragte sie ihn, warum er »eine Schlange in den Garten Eden« gebracht habe. Bei ihrer Unterhaltung vermied sie es behutsam, über seine Ferien zu sprechen, und er schnitt das Thema Colin Frazer nicht an.

Am 24. März 1960 heiratete Lance Reventlow Jill St. John in der königlichen Suite des Mark Hopkins Hotels in San Francisco. Die Trauungszeremonie vollzog der beigeordnete Richter des Obersten Gerichts Kaliforniens, Marshall McComb. Barbara hatte der Trauung ursprünglich nicht beiwohnen wollen. Jimmy Douglas benötigte eine Woche, um sie von der Notwendigkeit ihrer Anwesenheit bei der Hochzeit ihres Sohnes überzeugen zu können. Mit Nacho und Lee de Landa flog sie schließlich nach San Francisco. Dort traf sie zum ersten Mal Jills Eltern, die Oppenheims. »Die Familie war ihr im Prinzip egal«, berichtet Nacho de Landa, »aber sie freute sich, Jimmy Douglas, Dudley Walker und Margaret Latimer zu sehen, die ebenfalls auf der Hochzeit waren.«

Im Mai sah Barbara dann das junge Paar in ihrem neuen Appartement in Paris wieder. Derry Moore, Lord Droghedas Sohn, war ebenfalls Gast im Haus. »Man konnte die dicke Luft fast mit dem Messer schneiden«, bemerkt Derry. »Jill trug einiges dazu bei. Nichts paßte ihr: das Essen, der Service, die Sehenswürdigkeiten – alles war in Paris schlechter als in den Vereinigten Staaten. Es wurde deutlich, daß die Ehe wahrscheinlich keinen Bestand haben würde. Auch zeigte es sich, daß Barbara und Jill nicht miteinander auskamen. Nur in einem Thema stimmten sie überein: Lance sollte die Autorennen aufgeben. Barbara war so sehr daran gelegen, daß Lance keine Rennen mehr fuhr, daß sie Jill Juwelen im Wert von einer Million Dollar anbot, wenn sie Lance dazu überreden könnte. Aber Jill schaffte es nicht. Sie war eine zu ehrgeizige und auf Erfolg bedachte Schauspielerin, als daß sie sich dem häuslichen Leben hätte widmen können.«

Barbara gingen bald ganz andere Gedanken durch den Kopf als die Sache mit Jill St. John. Anfang Juli 1960 reiste Jimmy Douglas für zwei Wochen nach London, um dort die Hochzeit eines Freundes zu besuchen. Barbara betrank sich in ihrer Einsamkeit und drohte damit, sich mit Schlaftabletten das Leben zu nehmen. Ihre Selbstmorddrohungen wurden nun schon fast alltäglich. Einige Monate vorher hatte sie während des Fluges von Mexico City nach New York versucht, den Notausgang zu öffnen, um sich aus dem Flugzeug zu stürzen. Damals hatte sie Douglas zurückgehalten. Auch jetzt hielt sie Douglas zurück: er war extra nach Paris zurückgekommen, um ihr beim Überwinden ihrer neuesten selbstverschuldeten Krise zu helfen.

Man muß einfach Jimmys Geduld bewundern, die er aufbrachte, wenn es um Barbara ging. Er stand der hilflosen Barbara ritterlich zur Seite. Aber jeder wußte, daß das nicht ewig so weitergehen konnte. »Ich bewunderte Barbara zu sehr, als daß ich sie verleumden wollte«, kommentiert Douglas. »Trotzdem konnte ich schon damals verstehen, daß andere vor mir bei ihr an eine Wand gerannt waren. Sie hatte so eine sture Art, in der sie völlig verstrickt war. Damit meine ich, daß Kompromisse nicht möglich waren. Man konnte nicht mit ihr zusammensein und sich zur selben Zeit sein Eigenleben bewahren. Das entbehrt nicht einer gewissen Logik, denn wenn man wegen seines Reichtums so berühmt und so reich ist, hat das Leben tatsächlich andere Dimensionen. Sie machte keine Kompromisse, weil sie eben keine nötig hatte.

Ich glaube, wir haben beide gleichzeitig erkannt, daß es so nicht mehr weitergehen konnte. Ich hatte ausgedient und wir mußten nun beide unserer Wege gehen. Unsere Freundschaft bestand weiterhin, aber auf einer anderen, weniger intimen Ebene. Anfang August 1960 reiste Barbara dann ohne mich nach Tanger. Einige Wochen später erhielt ich einen Brief von ihr. Sie hatte einen jungen, mittellosen Engländer namens Lloyd Franklin kennengelernt. Er war freundlich, gutmütig und realistisch. Aber es machte mir Sorgen, daß er pleite war. Als ich das erfuhr, sagte ich mir: ›O weh, auf ein Neues!‹«

Bis Herbst 1960 wußte es nicht nur Tanger, sondern die ganze restliche zivilisierte Welt, die Zeitungen las: Lloyd Franklin, dieser 23jährige Londoner, war Trompeter bei den

British Royal Guards gewesen, hatte sich dann aber entschlossen, den Militärdienst zu quittieren und durch Nordafrika zu reisen. Im Frühsommer 1960 kam er in Tanger an. Er hatte einen Rucksack, eine alte Gitarre und einen Empfehlungsbrief an David Herbert bei sich. Herbert lud ihn zu sich zum Essen ein; dabei stellte er fest, daß Lloyd ein solider Bursche war – ruhig, höflich, mit einem schwerfälligen Lächeln, das stark an einen blonden Clark Gable erinnerte, mit dem er auch die abstehenden Ohren gemeinsam hatte.* Er hatte in einem günstig gelegenen Hotel ein kleines Zimmer genommen und schaute sich nun nach einer Arbeit um, vorzugsweise Singen und Gitarrespielen. Herbert nahm ihn ständig in die verschiedenen Nachtlokale und Cafés mit, bis sie schließlich mit der Dean's Bar ins Geschäft kamen. Die Bar war nicht nur ein Treffpunkt der einheimischen Gesellschaft, der Tangerinos, sondern auch des exklusiven internationalen Zirkels der Reichen, Adeligen, Schauspieler und Künstler.

Joseph Dean, der Eigentümer der Bar, bot Lloyd Mahlzeiten und ein kleines Gehalt für zwei Gitarrenauftritte pro Abend an. Lloyd nahm den Job an. »Er war keineswegs ein großartiger Musiker«, erinnert sich Herbert. »Dean nannte ihn scherzhaft ›blamm blamm‹, weil es so klang, wenn er die Gitarre zupfte. Das war aber nicht böse gemeint. Er hatte eine angenehme Stimme, aber keine besonders gute. Aber seine Ausstrahlung hatte etwas Gewinnendes an sich. Dadurch wurde er sehr populär. Die Leute gingen nicht zu Dean's Bar, um Lloyds Musik zu hören, sondern um ihn zu sehen.«

Nachdem Barbara Hutton im August in Tanger angekommen war, gab Herbert eine Dinnerparty und lud dazu Lloyd, Barbara, den amerikanischen Botschafter und eine Anzahl weiterer Leute aus der englischen und europäischen Gemeinde in Tanger ein. »Lloyd hatte überhaupt keine Klei-

---

* 1961 zahlte Barbara eine Ohrenoperation für Lloyd. Diese »Ohrenanpassung« wurde im selben Krankenhaus in England durchgeführt, in dem sich Barbara ihrer Schönheitsoperation unterzogen hatte.

dung für feierliche Anlässe«, berichtet Herbert. »Deshalb lieh ich ihm mein weißes Jackett. Während des Dinners unterhielt sich Barbara nur mit dem amerikanischen Botschafter. Nach dem Dinner bat ich Lloyd, Gitarre zu spielen und zu singen. Barbara wandte nun ihre Augen von ihm nicht mehr ab. Am Schluß der Party bat ich sie, ihn zu seinem Hotel mitzunehmen. Statt dessen nahm sie ihn ins Sidi Hosni mit. Am nächsten Morgen läutete bei mir das Telefon. Es war Lloyd, der sich dafür bedanken wollte, daß ich ihn eingeladen und Barbara vorgestellt hatte. Dann ging Barbara an den Apparat. ›Ist Lloyd nicht ein wunderbarer Mann?‹ fragte sie.«

Die nun folgende Liebesaffäre war nicht unbedingt eine typische Romanze zwischen einer älteren Frau und einem jüngeren Mann. Es war nämlich Lloyd, der sich in Barbara verliebte. Obwohl er viele Jahre jünger war als sie und sich zum ersten Mal in seinem Leben in der luxuriösen Welt des großen Reichtums bewegte, verhielt er sich nie verwöhnt oder gierig. Nie vergaß er seine alten Freunde. Barbara gefiel diese Haltung sehr gut, und sie lud diese Freunde immer zu ihren Parties ein; auch sonst waren sie stets willkommen.

Trotzdem war der Klatsch nicht zu vermeiden. Er setzte ein, als die beiden Liebenden zusammen in der Öffentlichkeit auftraten. Er konzentrierte sich auf Barbaras Geschenke an Lloyd: Gitarren, Trompeten, Geld für Flamenco- und Stimmschulungen, ein Rolls-Royce mit den Insignien der Royal Guards, ein MG, ein Dutzend Poloponys, ein Stall für diese Ponys auf einem Grundstück von etwa sechs Hektar neben dem Royal Golf and Country Club, eine komplette Garderobe und zwei Armbanduhren von Patek Philippe.

Eine weitere Quelle des Klatsches war das verdutzte Personal des Sidi Hosni, wo sich Lloyd jetzt eingemietet hatte. Ein marokkanischer Koch namens Addi (der auch für den Schriftsteller Paul Bowles arbeitete) berichtete darüber, daß Barbara ständig aus allen Ecken dieser Welt Briefe bekam, in denen ihr Männer den Hof machten. Addi fügte hinzu, daß die Briefe Fotos dieser Männer enthielten, bekleidet und unbekleidet, und auch Selbstdarstellungen, was Barbara alles sehr amüsiert habe. Gewöhnlich habe sie bei den freizügigeren Fotos Lloyd zu sich geholt und ihm auch die besonders lächerlichen und erotischen Briefe vorgelesen. Offensichtlich habe Barbaras Verhalten seine Wirkung nicht verfehlt und ihn erregt.

Ein weiterer Leckerbissen, der die Runde machte, kam von einem Taxifahrer, der zugleich Barbaras Chauffeur war. Jeden Morgen fuhr er zum Postamt, um die Post für Barbara zu holen und sie dann in ihren privaten Gemächern abzulegen. Eines Morgens hörte der Fahrer seltsame und leidenschaftliche Töne, die aus Barbaras Schlafzimmer kamen. Es klang wie ›ohhh‹, ›ahhh‹ und ›mmmh‹. Da die Tür halb geöffnet und er neugierig war, lugte er hinein und sah, daß Barbara auf dem Rücken lag, auf ihr Lloyd Franklin (der, so der Jargon des Fahrers, »ihr mit der Zunge die Muschi streichelte«). Barbara schaute hoch, erblickte den Fahrer und sprang aus dem Bett. Sie zog sich etwas über und fragte: »Was wollen Sie?« – »Ich habe die Post mitgebracht«, antwortete er. »Legen Sie sie dorthin«, meinte sie. Nachdem er das getan hatte, ging er wieder hinaus. Am selben Tag noch ließ sie ihn zu sich rufen und fragte ihn dann: »Haben Sie gesehen, was vorging?« – »O ja, Prinzessin«, erwiderte er. »Wissen Sie, was das war?« – »O ja«, meinte er. »Gefällt Ihnen so etwas?« fragt sie weiter. »Ja«, antwortete er. »Dann versuchen Sie es doch auch einmal«, sagte Barbara.*

Kurz nachdem sie Lloyd kennengelernt hatte, stimmte Barbara zu, für das Magazin *Life* und seinem Kameramann

* Der Pulitzer-Preis-Gewinner Ted Morgan, der von 1968 bis 1973 in Tanger wohnte, berichtet diese Anekdote in seiner Tatsachengeschichte *Rowing Toward Eden* von 1981. Morgan hatte sie zuerst von George Greaves gehört, einem Australier, der in Tanger für die Londoner Zeitung *Express* schrieb und für seine humorvolle Art, Geschichten zu erzählen, bekannt war. Greaves' Informationsquelle wiederum war Barbaras Chauffeur gewesen, der von da an ihre Post ohne weitere Zwischenfälle überbringen konnte.

Cecil Beaton Modell zu sitzen. Dabei saß sie mit ihrem Smaragddiadem, das ursprünglich Katharina der Großen gehört hatte, auf einer reich bestickten marokkanischen Couch in einem an Filigranarbeiten reichen Zimmer und zupfte entspannt an einer maurischen Laute. Sie schaute dabei jünger, schöner und gelassener aus, als man es eigentlich erwarten konnte, so »als ob die beinahe drei Jahrzehnte, die sie als eine der reichsten Frauen der Welt bekannt war, und der Rummel, der ihre sechs Ehen und ihre unzähligen, von der Presse immer genau beschriebenen Reisen über den gesamten Erdball begleitet hat, sie vollkommen unberührt gelassen hätten«, wie *Life* schreibt.

Das war vielleicht ein wenig übertrieben, aber es war offensichtlich, daß tatsächlich wieder etwas von ihrem alten Elan zu spüren war. In ihrer Überschwenglichkeit gab sie zum Ende der Saison im Sidi Hosni eine Reihe von Banketten und Bällen. Der bemerkenswerteste dieser Bälle war ein Kostümball, der von mehreren hundert Gästen besucht wurde. Lloyd Franklin ging dabei als Jean Harlow mit platinblonden Haaren, grellem Make-up und hautengem Kleid. David Herbert kam als Bauernmädchen. Barbara hatte sich als Peter Pan mit grüner Samthose verkleidet.

Im Herbst 1960 nahm dann Barbara Lloyd auf eine Reise mit, die in etwa dieselben Reiseziele hatte wie die, die sie vor kurzem mit Jimmy Douglas gemacht hatte: Venedig, Paris, New York, Cuernavaca, San Francisco, Honolulu, London, Paris und dann wieder Tanger. Im Sommer 1961 war der Schwerpunkt ihrer Aktivitäten die Teilnahme an der Organisation eines internationalen Poloturniers, dessen Einnahmen der freiwilligen Feuerwehr der Stadt gespendet werden sollten. Barbara und König Hussein von Jordanien übergaben die Preise. Außerdem ließ sie ihr Personal Überstunden machen, damit es Geld in Briefumschläge stecken konnte. Diese Umschläge wurden dann den Stationen des öffentlichen Krankenhauses übergeben und unter den Armen verteilt.

Im Spätsommer gab sie eine ihrer wie immer üppigen

Dachterrassenparties. Das war eine förmliche Angelegenheit, die von vielen Gästen aller Altersgruppen und sehr verschiedener Lebensläufe besucht wurde. Die Dachterrassen waren mit farbenprächtigen Zelten und Blumenarrangements geschmückt. Ein hölzerner Tanzboden war verlegt worden. Örtliche Tanzgruppen waren zur Unterhaltung aufgeboten worden. Schließlich erschien Barbara. Sie hatte eine Reihe Smaragde in ihr Haar geflochten. Am Hals trug sie mehrere rosarote Perlenketten, ihr Kleid war mit Diamanten bestickt. Sie schaute wie »eine kleine byzantinische Kaiserinnenpuppe aus«, schreibt Cecil Beaton in *Self Portrait With Friends.* »Sie teilte ihre Gruß- und Gunstgesten, ihr Lächeln, ihre Blicke der Überraschung oder der Freude gespielt, aber mit äußerster Vornehmheit aus. Mit gestrecktem Arm ließ sie sich einen Handkuß geben, nickte graziös mit dem Kopf, um ein hohes Tier aus Marokko zu grüßen, mit ausgebreiteten Armen empfing sie einen alten Bekannten und warf ihren Kopf mit gesenkten Augenlidern und leichter Bewegung des Mundwinkels zurück – sie beherrschte jede Form des Lächelns und der Koketterie ... Sie hätte nur noch einen Regisseur gebraucht, der ihr gesagt hätte, daß sie das alles etwas überzog. Trotzdem, ich war fasziniert.«

Barbara sehnte sich nach Ruhe, Frieden und Beständigkeit. Diese Wörter tauchen immer wieder in ihren Briefen auf. Doch zugleich ist darin eine Ruhelosigkeit zu spüren, die Entwurzelung und Unbeständigkeit verrät. Nichts könnte das besser illustrieren als ihre unstete Beziehung zu ihrem Sohn, obwohl es sicherlich richtig ist, daß ein Teil der Probleme von Lance ausging.

Im Winter 1962 besuchte Lance in Begleitung seines Kammerdieners seine Mutter in Cuernavaca. Der Kammerdiener Dudley Walker erinnert sich: »Lloyd Franklin und Jimmy Donahue hielten sich auch gerade bei Barbara auf. Lance sagte viele Dinge, die er nicht hätte sagen sollen, da ihn doch seine Mutter finanziell unterstützte. Es ging um die Publicity, die sie wegen ihrer Affäre mit Lloyd bekam. Lloyd war sicher ein netter Kerl, aber er war jünger als

Lance, und das fand Lance demoralisierend. Wie dem auch sei, eines Tages sagte Lance zu Donahue: ›Wo ist dieses besoffene Loch, das sich meine Mutter nennt?‹ Donahue ging daraufhin sofort zu Barbara und erzählte ihr, was Lance gesagt hatte. Das war für Lance das vorläufige Ende. Sie entzog ihm jeden Cent, einschließlich seiner Treuhandfonds. Er mußte sein Haus in Holmby Hills verkaufen und ein kleineres in Benedict Canyon kaufen. Das war keine schöne Zeit für Lance. Von Jill St. John lebte er inzwischen getrennt; sie traf sich jetzt mit Frank Sinatra. 1963 erfolgte dann die Scheidung. Es war der einzige Vorteil seiner neuen Armut, daß er bei der Scheidung von Jill gut wegkam – er mußte nur etwa 100 000 Dollar innerhalb von sieben Jahren zahlen. Barbara bereute schließlich ihr Vorgehen, unterstützte ihn wieder finanziell und half ihm dabei, seine neue Wohnung einzurichten.«

Trotz der Bedenken von Lance ging die Romanze zwischen Barbara und Lloyd weiter. Als sie im August nach Tanger zurückgekehrt waren, schlossen sich ihnen Ira Belline und David Herbert an, um gemeinsam eine Autoreise durch Marokko zu machen. »Barbara war zu dieser Zeit sehr glücklich«, berichtet Herbert. »Sie und Lloyd fuhren mit einem Peugeot, und wir folgten mit einem Renault. Mit Barbara konnte man wunderbar reisen. Sie war so lebhaft und unbekümmert. Am Morgen war sie immer die erste, die aufstand und nach draußen ging. Ich fand sie dann immer in der Hotellobby vor, wie sie bereits auf ihrer Reisetasche saß. Sie hatte sich das Haar hochgesteckt, weil sie keine Lust hatte, sich mit Friseuren herumzuärgern. Barbara packte das Glück beim Schopf – am nächsten Tag konnte es vielleicht zu spät dafür sein –, und sie hatte recht damit.«

Im ersten Teil ihrer Reise kamen sie nach Meknès, Fès, Midelt, Tinerhir und Ouarzazate. Im letztgenannten Ort besuchten sie die zwei Tage dauernden Festlichkeiten des Paschas von Ouarzazate mit Tanz, Musikern, verschiedenen Lustbarkeiten und Festen. Dann fuhren sie nach Süden in die Stadt Taroudant mit ihren alten Stadtmauern. Dieser Ort liegt im Antiatlasgebirge am Rande der Sahara. Hier gab es duftende Gärten und Olivenhaine vor dem Hintergrund einer öden, sonnendurchfluteten Landschaft mit Granitklippen und roter Erde. Sie stiegen im protzigen Kurhotel La Gazelle d'Or des französischen Barons Pellenc ab, das Barbara erstmals in den frühen fünfziger Jahren aufgesucht hatte. Es wurde bald zu ihrem Lieblingsort für Ferienaufenthalte. Als sie ankamen, war David Herbert, der noch nie in diesem Hotel gewesen war, aber viel davon gehört hatte, nicht schlecht überrascht, als er feststellen mußte, daß sie die einzigen Gäste waren. Erst jetzt erfuhr er, daß Barbara die Angewohnheit hatte, das ganze Hotel für sich zu reservieren. Das war eine Extravaganz, die sie mehr als 40 000 Dollar die Woche kostete.

Nach drei Wochen Aufenthalt in Taroudant fuhren sie weiter nach Marrakesch und stiegen dort im Hotel Mamounia ab. Hier traf Ira Belline zufällig einen früheren Bekannten, den Vietnamesen Raymond Doan, Chemiker bei einer französischen Ölfirma in Gueliz bei Marrakesch. Doan, der in Frankreich ausgebildet worden war, betrachtete sich selbst in erster Linie als Künstler, als Expressionist, dessen Pastellbilder mit marokkanischen Straßenszenen seiner Meinung nach beträchtliches, wenn auch noch nicht voll entfaltetes Talent verrieten. Doan war verheiratet, hatte zwei kleine Söhne und einen älteren Bruder. Dieser Maurice, zugegebenermaßen opiumsüchtig und homosexuell, wohnte ebenfalls in Marrakesch. Sein Haus war vorzüglich ausgestattet, doch in einer Weise gebaut, die man als diabolisch bezeichnen könnte. Maurice konnte nämlich, im Bett liegend, dank der Anordnung der Zimmer und mit Hilfe eines komplizierten Systems von Spiegeln beobachten, was sich gerade in jedem beliebigen Raum des Hauses tat. Ein Besucher kommentierte das so: »Wie eine Spinne in ihrem Netz.«

Als Raymond Doan hörte, daß Ira Belline zusammen mit Barbara Hutton und einigen anderen Bekannten in der Stadt war, lud er sie alle zu sich nach Hause zum Tee ein. »Das war ein schrecklicher Besuch«, erinnert sich David Herbert. »Doans Frau Jacqueline, eine Französin, hatte noch Lockenwickler im Haar, als wir ankamen. Seine Kinder lagen mit Masern im Bett. Der Tee war lauwarm und bitter. Doan entpuppte sich als drahtiger, nervöser Ostasiate. Er ähnelte einem Vogel und machte trotz manch grauer Haare irgendwie einen jungen Eindruck. Sein einziges Bestreben schien es zu sein, uns ein Gemälde zu verkaufen. Überall an der Wand hingen Gemälde, da war kein Zentimeter mehr frei. Doan führte uns von Zimmer zu Zimmer, wobei er entschlossen schien, wie einer dieser Superkunstführer im Louvre jedes einzelne Kunstwerk erklären zu wollen. ›O nein, laß uns eines kaufen und dann schauen, daß wir hier herauskommen‹, flüsterte Barbara. Schließlich entdeckte sie etwas Passendes, zahlte, und wir konnten gehen.

Zehn Tage nach unserer Rückkehr nach Tanger besuchte ich am Nachmittag Barbara im Sidi Hosni. Sie hatte so ein seltsames Glitzern in den Augen und sagte, daß sie mir etwas zu zeigen habe. Dann holte sie einen Brief herbei, öffnete den Umschlag und zog ein normales, handbeschriebenes Briefpapier heraus. Es handelte sich dabei um ein Gedicht in französischer Sprache, voller romantischer Bilder. Eine Schnulze dieser Art schreibt vielleicht ein liebeskranker Schuljunge seinem Mädchen. Als ich das Gedicht las, mußte ich ein Lachen unterdrücken. Name oder Adresse waren nicht auf dem Umschlag vermerkt. ›Wer kann das geschickt haben?‹ fragte ich sie. ›Natürlich Raymond Doan‹, antwortete Barbara. ›Woher weißt du das?‹ erkundigte ich mich. Sie deutete zur Antwort auf den Poststempel und meinte: ›Wen kenne ich denn sonst in Marrakesch?‹«

Anfang Januar 1963 saßen Raymond Doan, Maurice Doan und ein Bekannter von ihnen, ein amerikanischer Kunsthändler, in einem Restaurant in Marrakesch, um einen komplizierten und unglaublichen Plan bezüglich Barbara Hutton auszuhecken. Ein Gast an einem benachbarten Tisch, nämlich Mrs. Bruce Nairn, die Frau des britischen Generalkonsuls in Marokko, hörte die Unterhaltung mit und berichtete später detailliert darüber. Der Plan ging, soweit es Mrs. Nairn beurteilen konnte, von Maurice Doan aus. Raymond Doan war in diesem Stadium eigentlich nur eine unwissende Schachfigur, die Barbara etwas Liebeslyrik per Post geschickt hatte. Maurices Idee war es, daß der Kunsthändler eine Ausstellung der Gemälde seines Bruders organisieren sollte und zwar im Sommer 1963 im Casino von Tanger. Für seine Bemühungen sollte der Kunsthändler eine hübsche Provision bekommen. Doch Maurice Doan hatte noch weitaus mehr Ideen, die meisten davon betrafen seinen jüngeren Bruder.

Einer der ersten Leute, die Mrs. Nairn nach diesem Gespräch traf, war ein Freund ihres Mannes, David Herbert. Herbert äußerte sich nicht dazu, bis Barbara in diesem Sommer nach Tanger zurückkehrte. Als er dann eine Ankündigung der Ausstellung von Raymond Doan in der Zeitung von Tanger sah, ging er zu Barbara und erzählte ihr alles, was er wußte. »Sie war wütend«, berichtet Herbert. »Aber auf mich. Sie wollte es einfach nicht wahrhaben, daß sich jemand nur aufgrund ihres Geldes einschmeicheln wollte. Ich wurde Klatschtante genannt, und sie wollte mit mir nichts mehr zu tun haben. Unsere Freundschaft fror eine Zeitlang ein.«

Die Ausstellung wurde jetzt in Tanger gezeigt. Barbara kam zur Eröffnung. Raymond Doan war ebenfalls anwesend. Die Ausstellung beinhaltete ein Gemälde, das Sidi Hosni darstellte, wie man den Palast von außerhalb der hohen Mauern sieht. Barbara kaufte aber nicht nur dieses Gemälde, sondern gleich die ganze Ausstellung. Sie zahlte die verlangten Preise, ohne auch nur ein Wort des Protests zu äußern. Aber das war erst der Anfang. Für seine Rolle bei dieser Unternehmung kaufte sie Maurice Doan ein Luxusappartement in Paris. Ira Belline schenkte sie eine zauberhafte Villa außerhalb von Marrakesch. Währenddessen mußte Lloyd Franklin aus dem Hutton-Haushalt ausziehen, und Raymond Doan nahm seinen Platz ein.

David Herbert zufolge war Lloyd Franklin sehr betroffen, als er so vor vollendete Tatsachen gestellt wurde. Lloyd hatte Barbara eigentlich heiraten wollen, aber sie wollte nicht, weil sie meinte, er solle seine eigene Familie mit Kindern haben. Das war nicht nur so dahergeredet; sie war davon wirklich überzeugt. Es war selbstlos von ihr, vielleicht das einzige Mal, daß sie sich gegenüber einem Mann, den sie liebte, so verhielt. Lloyd Franklin war einfach zu jung oder vielmehr, Barbara war zu alt. David Herbert aber empfand das Ende dieser Romanze als sehr bedauerlich. Er konnte sich nicht erinnern, daß er Barbara vor ihrem Zusammensein mit Lloyd schon einmal so sorgenfrei und glücklich gesehen hatte. Lloyd war wirklich jemand gewesen, der sich mit ganzem Herzen um sie gekümmert hatte.

Bald danach heiratete Lloyd Penny Ansley, eine junge und hübsche Millionenerbin aus England. Sie zogen in ein Haus am Mountain, ein Hochzeitsgeschenk von Barbara Hutton. Über seine Schwiegereltern schaffte er den Einstieg in eine Karriere als Börsenmakler, was ihm finanzielle Sicherheit verschaffte. Die erste Hälfte des Jahres verbrachte er jetzt in London, die zweite Hälfte in Tanger. Penny und Lloyd hatten zusammen ein Kind, einen Jungen namens Julian. David Herbert war der Taufpate des Jungen.

Ein Unglück sollte jedoch allem ein Ende setzen. Nachdem sie mit Freunden in Marrakesch Silvester gefeiert hatten, fuhren Lloyd und seine Frau am 1. Januar 1968 – sie war gerade zum zweiten Mal schwanger – nach Tanger zurück. Plötzlich flitzte ein Kind über die Straße. Lloyd riß das Steuer scharf nach rechts, konnte dem Kind damit ausweichen, verlor aber zugleich auch die Kontrolle über seinen Wagen. Die Fahrt endete an einem Baum am Straßenrand. Lloyd war tot – er war 31 Jahre alt. Seine Frau erlag am nächsten Tag ihren Verletzungen.

16

Am 30. Oktober 1963, zwei Monate nach Raymond Doans Kunstausstellung, fuhren drei Rolls-Royce aus dem Sidi-Hosni-Palast heraus. In ihnen saßen Barbara und ein Begleit-trupp von Bekannten und Angestellten, einschließlich ihres Friseurs (Jean Mendiboure), ihrer Damenschneiderin (Vera Medina), ihres persönlichen Dienstmädchens (Tony Gonzales), ihrer Haushälterin (Ira Belline), ihres Leibwächters (Colin Frazer) und ihres Hausverwalters (Bill Robertson). Ihr erstes Ziel war das Luxushotel Tour Hassan in Rabat, wo Barbara ihre Ankunft dadurch kundtat, daß sie an das ganze Hotelpersonal recht großzügig marokkanische Gewänder, Kaftane und Schatullen mit Berber-Juwelen verschenkte.

Ein paar Tage später begab sie sich zur laotischen Bot-schaft in Rabat und machte dort ein verblüffendes Angebot: Sie wolle einen Titel für Raymond Doan kaufen und wäre bereit, dafür 50 000 Dollar zu zahlen. Der laotische Beamte versicherte Barbara, daß die Botschaft nicht im Titelverkauf tätig sei. »Doch wieviel wollen Sie dafür gleich wieder zahlen?« hakte er nach. »50 000 Dollar«, wiederholte Bar-bara. Der Beamte dachte einen Augenblick nach. Plötzlich fiel ihm ein, daß ein alter Angestellter der Botschaft ein »Prinz« sei und in Indochina einen verfallenen Palast be-sitze, mit dem ein Titel verbunden oder früher jedenfalls verbunden gewesen sei. Man ließ diesen Palastbesitzer rufen und der Handel mit dem »Titel« wurde abgeschlossen. Ray-mond Doan hieß jetzt Prinz Raymond Doan Vinh Na Champassak. Barbara mit ihrer Manie für Äußerlichkeiten konnte nun sagen, daß ihr erster, vierter und letzter Ehe-mann alles Prinzen waren.*

---

* Champassak (auch Champacak geschrieben) liegt etwa 300 Kilometer west-lich der Ruinen des alten Angkor Wat, in der Nähe von Bangkok (heute Thailand). Champassak hörte 1947 auf, als unabhängiges »Königtum« zu beste-hen. In einem autobiographischen Aufsatz für das französische Magazin *L'Oeil* (1972) schreibt Raymond Doan in einem Stil über seine Ahnen in Champassak, als ob er tatsächlich ein Mitglied dieser königlichen Familie gewesen wäre.

Von Rabat aus bewegte sich der Konvoi zum Mamounia in Marrakesch. In diesem Hotel wiederholte Barbara ihr Bescherungsritual und machte sich damit bei jedermann beliebt, außer bei Raymond und Maurice Doan, die meinten, daß sie übertrieben uneigennützig sei. Von diesem Moment an war es sonnenklar, daß Raymond Doan nicht mehr der unschuldige Zuschauer im großen Plan seines Bruders war. Nachdem Barbara den Köder in Tanger geschluckt hatte, mußte sich Raymond einfach der neuen Situation anpassen und auch in irgendeiner Weise mit dem neu erworbenen Titel zurechtkommen. Seine Bekehrung zum Monarchen war so umfassend, daß er sich sogar weigerte, eine von Graham Mattison vorgelegte voreheliche Vereinbarung über eine Gütertrennung zu unterschreiben. Er begründete das damit, daß er als moderner Monarch seine Unterschrift keinesfalls unter irgendwelche Dokumente rechtlicher Art setzen dürfe, es sei denn unter einen Trauschein. Diese Erklärung überzeugte Mattison davon, daß er es entweder mit dem humorvollsten oder mit dem hinterlistigsten von Barbaras sieben Ehemännern zu tun hatte. Kurz vor der Hochzeit gab Doan nach und unterzeichnete die Vereinbarung.

Jean Mendiboure, Barbaras Friseur in Tanger und später einer ihrer intimsten Vertrauten, mißtraute Raymond Doan von Anfang an. »Als wir in Marrakesch ankamen, hatte er bereits seine Arbeit aufgegeben«, erklärt Mendiboure. »Seine Frau und seine Kinder waren bereits zu den Kanarischen Inseln gereist und die Scheidungsklage war auch schon in Vorbereitung. Sich selbst definierte er als Spiritualisten – einmal war er Zen-Buddhist, ein andermal der Sohn Allahs. Hinter seinem Rücken nannten ihn die Leute ›Schimpanse‹, weil er immer so einen mürrischen Gesichtsausdruck hatte und darauf bestand, mit Prinz Champassak angesprochen zu werden.

In Marrakesch schlossen sich uns Silvia de Castellane, ihr frischgebackener Ehemann Kilian Hennessy aus der französischen Cognac-Familie und auch Graham Mattison mit seiner neuen Frau*, einer Brasilianerin namens Perla de Lucena an. Die ganze Gruppe fuhr dann zum Gazelle d'Or. So quälte sich ein ganzer Konvoi von Rolls-Royce durch die schmutzigen Hütten von Taroudant. An unserem ersten Abend in Taroudant schenkte Raymond Doan Barbara zur Verlobung einen riesigen Amethystring und ein dazu passendes Armband. Sie streifte sich den Ring über und meinte dann, er würde sehr attraktiv ausschauen. Aber plötzlich legte sie ihn wieder ab und schleuderte ihn gegen die Wand. ›Schenk so einen Plunder deiner Frau!‹ schrie sie. Die alten Griechen waren der Meinung, daß ein Amethyst Betrunkenheit verhindere, und so faßte sie es auch auf – als eine Anspielung auf ihr Trinken. Aber noch erstaunlicher als ihre Reaktion war Doans Verhalten. Er bückte sich, um den Ring aufzuheben, fummelte daran, richtete sich auf und bückte sich erneut. Danach erniedrigte ihn Barbara, wann immer sie sich danach fühlte. Menschen mit Geld in Versuchung zu bringen war ein Zeitvertreib, der ihr ausnehmend gut gefiel. Doan war wie gemacht für dieses unterhaltsame Spiel.«

Im Dezember begleitete Jean Mendiboure das frisch verlobte Paar von Casablanca nach New York. Die Überfahrt war »ungewöhnlich schlecht«, schildert Mendiboure – schlechtes Wetter, Seekrankheit und ständiges Gezänke zwischen Barbara und Doan. Sie kamen am Weihnachtsabend in New York an und begaben sich direkt zu Barbaras Suite im Hotel Pierre. Am nächsten Tag fuhren sie zu Jimmy Donahue nach Long Island. Dort trafen sie auch auf Woolworth Donahue, der sich kurz davor von seiner Ehefrau Nummer zwei, Judy »Baby Doll« Church, hatte scheiden lassen. Jimmys französischer Küchenchef hatte ein üppiges Weihnachtsessen vorbereitet, das allerdings erheblich beeinträchtigt wurde durch einen weiteren Streit zwischen Barbara und ihrem Zukünftigen. Mendiboure erinnert sich:

»Während des Essens begann Barbara zu toben: ›Ich

---

* Graham Mattisons erste Frau war die spätere Mrs. Gretchen Nicholas, Angehörige der oberen Zehntausend in New York und Erbin eines Zeitungsverlagsvermögens (Knight-Ridder).

bring' ihn um! Ich bring' ihn um!‹ Sie sprang auf und rannte in die Küche, um ein Metzgermesser zu holen. Dann kam sie zurück und fuchtelte damit vor Doan herum. Schließlich gelang es dem Küchenchef, ihr das Messer zu entwinden. Daraufhin ging sie auf ihr Zimmer und schmollte einige Stunden lang. Als sie wieder zurückkam, sagte sie: ›Es sind die Tabletten und die Drinks, die mich noch verrückt machen.‹ Sie entschloß sich, sich in New York in medizinische Behandlung zu begeben und zwar sofort, obwohl der Schnee mindestens dreißig Zentimeter hoch lag. Ich wohnte nebenan im Gästehaus und mußte deshalb von dort meinen Koffer holen. Auf dem Rückweg rutschte ich auf dem Eis in der Auffahrt aus und stürzte auf mein rechtes Handgelenk. Es war gebrochen und schmerzte sehr. Barbara aber hüpfte vor Freude, sie hätte nicht glücklicher sein können. ›Toll!‹ rief sie. ›Jetzt können wir uns das Zimmer im Krankenhaus teilen.‹ Für sie war alles nur ein Spiel. Sie hatte schon jede Schmerztablette ausprobiert, die es gab. Nachdem sie mir einige dieser Tabletten gegeben hatte, fühlte ich mich in der Lage, nach Manhattan zu fahren. Ihr Arzt in New York hieß Dr. Poindexter. Er ließ uns ins Lenoc-Hill-Krankenhaus überweisen. Es verstieß zwar gegen die Regeln des Krankenhauses, aber Barbara konnte es organisieren, daß wir in dasselbe Zimmer kamen. Ich schlief die meiste Zeit, aber Barbara wurde bald mürrisch. Es war ihr langweilig. Nach zwei Tagen und einer Nacht wollte sie wieder gehen. Eine halbe Stunde vor Mitternacht versuchte sie Poindexter telefonisch zu erreichen. Als ihr das nicht gelang, teilte sie der Nachtschwester mit, sie solle uns entlassen. ›Das geht nicht‹, sagte die Schwester. ›Dazu brauchen wir die Unterschrift Ihres Arztes.‹ – ›Sie glauben doch nicht etwa, daß wir gegen unseren Willen in dieser Bude bleiben, oder?‹ meinte Barbara. Also blieben wir auch nicht. Barbaras Fahrer holte uns ab und fuhr uns zum Hotel Pierre. Ich schob sie im Rollstuhl in die Lobby. Mein rechter Arm war in Gips, ich hatte noch Krankenhauskleidung an und Barbara nur einen Bademantel. Um den Hals hatte sie eine

Zobelstola geschlungen. An der Rezeption standen etliche Touristen. Einer von ihnen sagte zu seinem Nachbarn: ›Siehst du, das ist New York.‹ Er hätte es besser getroffen, wenn er gesagt hätte: ›Siehst du, das ist Barbara Hutton.‹«

27 Gäste (einschließlich Lance Reventlow) kamen nach Cuernavaca, Mexiko, um an Barbara Huttons siebter Trauung teilzunehmen. Trotz der Zahl sieben war die Angelegenheit um keinen Deut faszinierender als die vorangegangenen Zeremonien. Auf ihrem Trauschein gab sie ihr Alter mit 51 an, ihre Religion mit protestantisch und ihren Wohnsitz mit Cuernavaca. Der Bräutigam gab seinen Namen mit Prinz Pierre Raymond Doan Vinh Na Champassak an, sein Alter mit 48, seine Religion mit buddhistisch. Auf einer Pressekonferenz enthüllte er, daß sein Vater ein vietnamesischer Vizekönig und Anwalt gewesen sei und daß seine Mutter Französin sei. Obwohl er in Frankreich ausgebildet worden war, behauptete Doan, daß er verschiedene Reisen in sein Heimatland gemacht hätte und mit Prinz Boun Oum Na Champassak verwandt sei. Barbara berichtete schließlich der Presse, daß Prinz Doan »eine Kombination all meiner früheren Ehemänner darstellt, was die guten Qualitäten betrifft. Schlechte gibt es bei ihm nicht.«

Am 7. April 1964 um 19 Uhr wurde die zivile Trauung von Felipe Castrejon, dem Bürgermeister des nahe gelegenen Jiutepec, im Rathaus von Jiutepec vollzogen und am Nachmittag des folgenden Tages für Barbaras Gäste im Sumiya wiederholt. Bei der zweiten Trauung hatten sich Braut und Bräutigam laotische Gewänder übergezogen – Barbara ein grünes kaftanähnliches Gewand mit Goldbesatz und Doan einen weißen Anzug mit einem farbenprächtigen Schal um den Hals. In echter buddhistischer Tradition trug Barbara an ihren beiden großen Zehen Goldringe, um die Knöchel Glöckchen und auf den Fußsohlen rote Farbe.

Die Hochzeitsreise des Paares ging nach Hawaii und Tahiti. Doan bestand darauf, »wie normale Menschen« zu reisen – ohne irgendwelches Personal und mit nur wenigen Koffern. Das erwies sich als katastrophal für Doan, denn nun war er es, der sämtliche Wünsche seiner Frau erfüllen und praktisch das ganze fehlende Personal ersetzen mußte. Um mit ihr zurechtzukommen, hätte Doan mehr Kaltblütigkeit besitzen müssen als er tatsächlich aufbringen konnte. Nach einigen Wochen reiste Barbara schließlich ohne ihren Mann aus Tahiti ab und kehrte nach Cuernavaca zurück. Doan, der sich schnell an das unvorhersehbare Verhalten seiner Frau gewöhnt hatte, folgte ihr einen Tag später. Eine Begleitung war für sie – das lernte er daraus – eine praktische Notwendigkeit und eine Art Stoßdämpfer, den sie brauchte, wenn die Intimität zu einem anderen Menschen Opfer beinhaltete, die sie nicht bringen wollte. Es war der alte Teufelskreis: Barbara wünschte sich eine idealisierte und romantische Liebe, aber ohne die Komplikationen und Nachteile, die im Gefolge von echter Liebe auftraten. Sie wollte den Wald, aber nicht die Bäume.

Doan, unergründlich wie eine Sphinx, wurde schließlich für seine Ausdauer belohnt. Als er Barbara heiratete, erhielt er, wie verlautete, einen Scheck über 1,5 Millionen Dollar (Maurice Doan bekam eine ähnliche Summe), eine neue Garderobe, ein hohes monatliches Taschengeld und ein neues Haus, die Villa Barbarina. Das zweistöckige Gebäude mit vier Schlafzimmern war von dem Architekten Robert Gerofi auf demselben Grundstück gebaut worden, auf dem vorher die Ställe von Lloyd Franklins Poloponys gestanden hatten.

Genau sieben Monate nach Barbaras Hochzeit fand eine weitere Hochzeit statt. Diesmal heiratete der inzwischen geschiedene Lance Reventlow Cheryl Holdridge, ein Starlet, das einmal als Musketier in einer Walt-Disney-Fernsehserie aufgetreten war. Cheryl war die adoptierte Tochter eines pensionierten Brigadegenerals und einer Hausfrau aus New Orleans. Sie war in Sherman Oaks, Kalifornien, aufgewachsen, war groß und hübsch, hatte blonde Haare und war in Hollywood als »Unschuld vom Lande« bekannt. Einer ihrer früheren Freunde hieß Elvis Presley. Doch sie heiratete jetzt mit ihren 19 Jahren den 28jährigen Lance mit seinem enormen Erbe. Die Trauung – es waren mehr als 600 Gäste

gekommen – wurde in der Westwood-Community-Metho-
distenkirche in Hollywood vollzogen. Nach Pressemeldun-
gen kamen die jungen Männer, die bei der Zeremonie mitwirkten, und die Brautjungfern in einem silbernen Leichen-
wagen. Cary Grant war mit seiner Zukünftigen Dyan Can-
non ebenfalls anwesend (sie schenkte ihm später dann das
Kind, das er sich immer gewünscht hatte). Unter den Gästen
waren ferner die Schauspielerin Donna Douglas (von den
Beverly Hillbillies) und die aus dem amerikanischen Fernsehen bekannten Morey Amsterdam und Russell Arms. Bruce
Kessler (der bei Lances erster Hochzeit nicht anwesend
gewesen war) war Brautführer, und Doreen Tracey, ein weiterer früherer Musketier, war Ehrenjungfrau.

Bemerkenswerterweise nahm Barbara Hutton nicht an
der Trauung teil. Es ging ihr erneut gesundheitlich schlecht.
Sie war deshalb von Cuernavaca zum Presbyterian Medical
Center in San Francisco unterwegs. Einer ihrer Ärzte in
diesem Krankenhaus hieß Lawrence Nash,* ein Spezialist
für Verdauungsstörungen. Nash bot eine unorthodoxe Lösung für die chronischen Magenprobleme seiner Patientin
an: eine nährwerthaltige Proteinmischung namens Spirulina
(es handelt sich um Mikroalgen, die in bestimmten alkali-
haltigen Seen vorkommen). Man konnte sie zusätzlich
mit Fruchtsaft mischen oder auf Müsli gießen. Um ihre Vorliebe für Alkohol zu bremsen, schlug er ihr vor, sich an
Soft Drinks zu halten. Das klappte dann aber beinahe
zu gut. Sie wurde jetzt allmählich Coca-Cola-süchtig und
aß nichts mehr; Cola trank sie nur noch kistenweise, anfangs
in Zimmertemperatur und in späteren Jahren dann »on the
rocks«.

Barbaras Abhängigkeit von Barbituraten bestand jedoch
immer noch. Cary Grant meinte, eine Lösung für das Problem gefunden zu haben: Hypnose. Bei ihm hatte sie Wunder gewirkt. »Du wirst das Rauchen aufgeben, du wirst gut
schlafen und nie mehr auch nur eine Tablette anrühren«,

* Ein Pseudonym

versicherte er ihr am Telefon. Einen Tag später ließ Grant einen ihm bekannten Hypnotiseur aus San Francisco zu Barbara ins Krankenhaus kommen. Der ließ sie sich im Bett aufrichten und begann dann mit der Hypnose: »Sie werden müde ... Ihre Augenlider werden schwer ... Sie lassen sich fallen ... Sie schlafen ein ...«

Nachdem das fünfzehn Minuten lang so gegangen war, öffnete Barbara die Augen und bewies damit, daß sie immer noch hellwach war. Der Hypnotiseur begann erneut, und wieder öffnete Barbara die Augen. Ein dritter Versuch schlug ebenfalls fehl. Als Barbara Grant telefonisch von dieser Erfahrung berichtete, meinte er: »Barbara, du bist wirklich unmöglich.« Sie antwortete: »Das wußtest du doch schon.«

Barbara ging es auch ohne Hypnose allmählich besser. Mitte März 1965 wurde sie aus dem Krankenhaus entlassen und begab sich nach Maui, Hawaii, wo sie mit Doan den ersten Jahrestag ihrer Hochzeit feierte. Raymond schenkte Barbara vier illustrierte Bände Märchenbücher, während er von ihr drei reichverzierte Gürtel bekam. Einer davon, ein mit Diamanten, Rubinen und Smaragden versehener Nagagürtel – Naga ist das Schlangenkopfsymbol des indischen Gottes Vishnu – hatte einmal Sarah Bernhardt gehört. Außerdem kaufte sie ihm noch einen neuen Jaguar. Der Wagen wartete schon auf ihn, als sie Anfang Juni in Paris ankamen.

Im Sommer mußte ein Besucher zu seiner Überraschung feststellen, daß Barbaras Pariser Appartement vollgestopft war mit Schalen, in denen sich Schwimmnelken befanden. In jeder dieser Schalen lagen außerdem Karten, die Barbaras Tugenden auflisteten: Sensibilität, Kultiviertheit, Schönheit, Vornehmheit, Intelligenz und noch einiges mehr. Auf der Karte, die nach Ansicht des Besuchers besonders wirkte, stand »Largesse« (Freigebigkeit). Doan hatte die Blumen bestellt und die Karten geschrieben. »Das war Schmeichelei der offenkundigsten Art, und Barbara fiel darauf herein«, klagte der Besucher.

Im August fuhr das Paar nach Evian-les-Bains. Das ist ein französischer Kurort, der für seine Heilbäder bekannt ist. Mit dabei waren auch Doans Söhne Jean, zwölf Jahre alt, und Gilles, elf Jahre alt, die ihren Vater schon seit dem Sommer 1963 nicht mehr gesehen hatten. »Wir waren nur wegen Barbara da«, berichtet Doans älterer Sohn. »Mein Vater wollte nichts mehr mit uns zu tun haben. Als Barbara erfuhr, daß wir eine winzige Schule in Teneriffa besuchten, die nur einen Raum hatte, bestand sie darauf, daß wir in der Schweiz zur Schule gehen sollen. Mein Vater war zwar dagegen, aber sie schickte uns auf eigene Verantwortung ins Beau Soleil, ein Internat in Villars-sur-Ollan. Sämtliche anfallenden Kosten übernahm sie.

Es war sicher so, daß Vater ein guter Künstler war, aber er war auch ein miserabler Vater. Kaum roch er Geld, vollzog sich bei ihm eine tiefe Wandlung. Dafür könnte ich hundert Beispiele nennen. So fing er etwa mit Golfspielen an. Barbara begleitete ihn normalerweise zum Golfplatz und schaute dann zu, wie er Unterricht bekam. Er stellte sich ziemlich dumm an. Ich glaube nicht, daß er jemals über neunzig hinausgekommen ist. Trotzdem bestand er darauf, immer nur mit dem Besten versorgt zu werden – der besten Ausrüstung, den besten Profilehrern, den besten Golfjungen. Nach einer Runde gab Barbara, die immer im Klubhaus auf ihn wartete, dem Golfjungen normalerweise die unerhörte Summe von mehreren hundert Dollar als Trinkgeld. Keiner von beiden hatte die leiseste Vorstellung, was man einem Golfjungen geben sollte, aber mein Vater liebte es, so zu tun, als ob er schon sein ganzes Leben vermögend gewesen wäre.«

Barbaras Verschwendungslust und ihr exzentrisches Verhalten schienen direkt proportional zueinander zuzunehmen. Im Herbst setzte sie sich haarspalterisch mit der Verwaltung der amerikanischen Schule in Tanger über die Art und Weise auseinander, wie ihr Stipendienfonds eingesetzt wurde. Eines Tages fuhr sie zum Campus der Schule, um den neuen Schlafsaal zu inspizieren, den sie finanziert hatte.

Sie entschied, daß die Farben des Schlafsaals viel zu grell seien, und bestand darauf, daß das ganze Gebäude neu gestrichen würde. Dann lud sie die Schüler des Studienprogramms am Nachmittag zu sich in den Sidi-Hosni-Palast zum Tee ein. Sie war entsetzt, als sie erfuhr, daß die Schüler fast nur Französisch und Englisch sprachen, aber nur ganz wenig Arabisch. Am nächsten Tag nahm sie sie von der Schule und ließ sie nach Asilah bringen, einer kleinen Küstenstadt, etwa 75 Kilometer von Tanger entfernt. Dort mietete sie eine Villa für die Schüler und ließ einen Privatlehrer anstellen, der sie in ihrer Heimatsprache unterwies.

George Staples, ein erfahrener Englischlehrer an der Schule, konnte sich über Barbaras Methode, Kinder für ihr Stipendienprogramm zu rekrutieren, sehr amüsieren: »Ich glaube, ihre Methode, Schüler auszuwählen, war in diesem Zeitalter der maschinellen IQ-Tests geradezu wohltuend; sie wählte die Kinder nach ihrer Art zu lächeln auf der Straße aus. Dies war vielleicht ein unorthodoxes Kriterium, aber auf keinen Fall war es weniger effektiv.«

Eine ähnliche Methode benutzte sie bei der Auswahl von Pflegeschwestern und anderem Personal. Wenn sie zum Beispiel eine Pflegeschwester brauchte, mußten sich zehn Bewerberinnen am Fußende ihres Bettes aufstellen. Dann betrachtete sie sie und wählte eine aufgrund ihres Eindrucks ganz intuitiv aus.

Die Schwestern – und im Herbst dieses Jahres waren es drei – kamen nicht damit zurecht, wie Barbara Einheimische dafür bezahlte, daß sie Kübel und Eimer voll Meerwasser vom nahegelegenen Strand in Tanger holten, weil sie in Salzwasser baden wollte. Stundenlang lag sie dann in der Badewanne und ließ sich dabei von verschiedenen Personen Gesellschaft leisten. Normalerweise waren das Ruth Hopwood, Ira Belline oder Mrs. Huguette Douglas, eine reiche amerikanische Witwe, die ein Haus in der Kasbah hatte. Barbara erzählte dann von ihren Bekannten in Rom, London oder Paris; sie beklagte sich auch, von ihren Freunden und Bekannten ausgenutzt zu werden, obwohl natürlich sie selbst es war, die dies erst möglich machte.

Eine große Frau aus Tanger in den Vierzigern mit schrillem Lachen und der Fähigkeit, Tausende von rührenden Geschichten zu erzählen, gehörte ebenfalls zu Barbaras Bekanntenkreis. Sie blieb oft die ganze Nacht wach und hörte sich Barbaras Klagen an. Ihre nächtlichen Besuche lohnten sich für sie offensichtlich sehr. Barbara machte ihr unzählige Geschenke einschließlich einer goldenen Perlenkette, von der sie sagte, daß sie einst einer japanischen Herrscherin gehört hätte.*

Während dieser Zeit verschleuderte Barbara ihr Vermögen so entschlossen und freudig, daß es ihren Mitarbeitern so vorkommen mußte, als wolle sie sich von allen weltlichen Dingen trennen. Die Gründe für ein solch extremes Auftreten – es mögen Schuldgefühle, Großzügigkeit, Langeweile oder Verrücktheit gewesen sein oder alles zusammen – lagen tief verwurzelt in ihrer Persönlichkeit. Ihre unvorhersehbaren Ausgabeorgien machten es auch für ihre Anwälte praktisch unmöglich, festzustellen, wieviel Geld Barbara noch hatte. Alles, was man wußte, war, daß sich bei ihr eine Sucht, sich ihrer Reichtümer zu entledigen, mit wachsender Stärke und Intensität festgesetzt hatte. Eines Abends besuchte Jane Bowles Barbara. Mit ihr war Barbara nur sehr entfernt befreundet. Trotzdem erhielt auch sie einen großartigen Diamantring. Jane aber war sich bewußt, daß Barbara nicht mehr für alle Handlungen verantwortlich gemacht werden konnte, und gab ihr den Ring am nächsten Tag zurück. Barbara verschenkte ihn jedoch zusammen mit anderen teuren Dingen schnell wieder weiter, diesmal an Cheryl Holdridge, wohl weil Cheryl es gewesen war, die Lance

* Die goldene Perlenkette war aus Zuchtperlen zusammengesetzt, die aber das Feinste vom Feinen darstellten. Sie kosteten Barbara 200 000 Dollar. Barbara gab sie normalerweise scherzhaft als einstiges Eigentum der Kaiserin von Japan aus. Das war aber nicht der Fall.

Reventlow schließlich überzeugt hatte, seine Rennfahrerkarriere aufzugeben.*

Sogar ein so aufgeschlossener Mensch wie Paul Bowles war von Barbaras Verhaltensweise überrascht. Bowles, der gelegentlich in den Sidi-Hosni-Palast kam, erinnert sich an einen Besuch bei Barbara im Jahre 1965. Sie trank damals Cola mit etwas Kakaopulver und empfing die Besucher in ihrem Thronsaal, wo sie auf einem Haufen goldener Kissen lag, ein Diadem auf dem Kopf. Ihr Gesicht war dick gepudert, und ihre Arme waren so dünn wie Besenstiele. Es machte ihr Schwierigkeiten, sich an die Namen all ihrer Freunde zu erinnern. Als sie jemand fragte, warum sie sich weigere, zu Fuß zu gehen, antwortete sie: »Weil ich es mir leisten kann, andere dafür zu bezahlen, daß sie es für mich tun.« Sie konnte schlecht sehen. Daher kamen etliche Vorleser zu ihr, die sie unterhielten. »Ein Angestellter erzählte mir«, berichtet Bowles, »daß sie an bestimmten Tagen ihr Personal dazu anhielt, ihr etwas vorzusingen. Sie mußten dann das, was sie zu sagen hatten, singen.«

Die Menschen in Tanger betrachteten Barbara mehr als eine Institution denn als eine Person aus Fleisch und Blut. Ihr Leben stand im selben Verhältnis zum Leben eines Durchschnittsbürgers wie eine Hotellobby zu einem gemütlichen Wohnzimmer; es war etwas Unpersönliches, das von anderen für sie organisiert wurde, damit ein offizieller Eindruck entstand. Der »Thron«, auf dem sie saß, nahm verschiedene Formen an. Einmal bestand er aus goldenen orientalischen Kissen; ein andermal fanden sie die Besucher vor, wie sie sich auf einem Diwan ausgestreckt hatte, der mit Juwelen übersät war; bisweilen saß sie sogar auf einem echten Thron, einem goldenen Stuhl, der auf einem etwa ein Meter hohen Podium stand,

---

* Barbaras Freigebigkeit wird auch von Robert Harvey, einem in Amerika geborenen Künstler, der jetzt in Spanien lebt und Barbara 1963 kennenlernte, bestätigt. »Barbara bot mir viele Geschenke an«, schreibt Harvey in einem Brief vom 29. Februar 1984, »aber ich habe nur einen Zigarettenanzünder angenommen.« Harvey, der Sidi Hosni 1964 besuchte, war mit einem solchen Verhalten offensichtlich in der Minderheit.

das mit Perserteppichen behängt war. Der Sinn dieses Auftretens lag darin, die Gäste zu keiner zu großen Vertraulichkeit zu ermutigen. Sollte jemand Neigung dazu haben, zu intim zu werden, war damit dafür gesorgt, daß niemand vergaß, daß er sich in Gegenwart einer Königin befand.

Ben Dixon, zu jener Zeit (1965) der amerikanische Generalkonsul in Marokko, kannte Barbara schon seit ihrer Zeit mit Cary Grant im Jahre 1943. »Meine Frau Frances und ich haben sie während des Krieges in Kalifornien kennengelernt. Die Freundschaft hat sich dann in Tanger konsolidiert. Barbara konnte sehr witzig sein, aber auch launisch und bisweilen sogar gereizt. Es gab Zeiten, wo sie von Freunden enttäuscht wurde. Mit Raymond Doan durchlebte sie damals gerade eine schwierige Phase. Möglicherweise hatte sich bei ihr die Erkenntnis festgesetzt, daß er nicht besser war als ihre vorherigen Ehemänner. Sie rief mich in dieser Zeit zu allen möglichen und unmöglichen Zeiten an – um drei Uhr morgens oder auch um neun Uhr – um sich bei mir über ihn zu beschweren. Was mich bei Barbara überraschte, war ihre Ausdauer. Sie war zwar äußerst selbstzerstörerisch, aber sie hatte auch eine enorme innere Kraft und Ausdauer. Ständig schien sie am Rande des Zusammenbruchs, aber im letzten Moment packte sie es dann wieder. Eine Tragödie nach der anderen überstand sie so. Wenn sie körperlich schon gar nicht mehr in der Lage schien, ihren traurigen Zustand zu ertragen, mobilisierte sie rasch einige innere Reserven und bewältigte irgendwie die Schattenseiten ihres Lebens.«

Ben Dixon war nicht der einzige Diplomat aus den USA in Marokko, der Anrufe von Barbara bekam. Sein Nachfolger Hal Eastman erinnert sich an eine Reihe von Anrufen im Morgengrauen. Das Thema der Unterhaltung war Coca-Cola. »Ihr schmeckte das marokkanische Coca-Cola nicht«, schildert Eastman, »und sie fragte mich, ob ich als amerikanischer Generalkonsul nicht dieses Zeug aus den Vereinigten Staaten importieren könne. Ich antwortete ihr, daß wir in der Botschaft marokkanische Cola tränken, aber das genügte ihr nicht. Könnte ich denn nicht wenigstens Coca-

Cola aus Gibraltar beschaffen? Nun, meinte ich, es wäre mir aber nicht bekannt, daß die Cola aus Gibraltar auch nur ein bißchen besser schmecken würde als das marokkanische Cola. Die Süße des Getränks muß irgendeine Bedeutung für ihre Tabletten gehabt haben, denn sie wußte für jedes Land die genauen Anteile des Sirups in der Flüssigkeit. Jede nationale Getränkefirma benutzte ihre eigene Formel, und sie wünschte sich, der Konzern sollte ein einheitliches Produkt herstellen. Eine solche Diskussion um drei oder vier Uhr morgens war allerdings nicht sehr sinnvoll.«

Wie einst ihr Großvater entfremdete sich Barbara mit zunehmendem Alter mehr und mehr der Realität. Zu ihrem 53. Geburtstag charterte sie zwei Flugzeuge – eines für sich, ihren Mann und mehrere Freunde; das andere für eine Gruppe marokkanischer Tänzer und Musiker – und flog von Tanger nach Marrakesch, wo sie das gesamte Hotel Mamounia für eine Galafeier im Freien reservierte.

Ende November 1965 kamen Barbara und Raymond Doan in London an. In Asprey's Juweliergeschäft kaufte sie sich einen 48karätigen birnenförmigen Diamanten, einen der größten seiner Art in der Welt. Es war ihr letzter größerer Schmuckkauf, und sie zahlte 400 000 Dollar.

Während sie sich in London aufhielt, nutzte Barbara die Gelegenheit, Morley Kennerley zu besuchen. Er war gerade allein, als sie kam. Morley hatte das Gefühl, daß sich Barbara anders als sonst verhielt. Sie machte Morley mit kleinen Hinweisen, wie Frauen das manchmal machen, darauf aufmerksam, daß sie an einer Affäre mit ihm interessiert war. Die Kennerleys hatten keine Geheimnisse voreinander. Als Jean nun von Barbaras Absicht hörte, war sie tief getroffen. Dafür nahm sie die lange Freundschaft mit Barbara viel zu ernst. Jean wartete auch vergeblich auf einen Telefonanruf, einen Brief, irgendeine andere Art der Kontaktaufnahme oder einer Erklärung von Barbara. Es kam nichts; die Kennerleys sahen und hörten nie wieder etwas von Barbara.

Barbaras persönliche Probleme nahmen weiter zu. Am 6. Januar 1966 erbeuteten Einbrecher, während sie sich mit

Doan gerade in ihrem Haus in Cuernavaca ausruhte, 25 000 Dollar Bargeld, 20 000 Dollar in Reiseschecks, ein Dutzend Flaschen Champagner und Schmuck im Wert von 125 000 Dollar. Das war für sie schon schlimm genug; es sollte aber noch schlimmer kommen. Sie entdeckte nämlich, daß ihre Versicherung bereits abgelaufen war. Der Einbruch hatte verheerende Auswirkungen. Die Tatsache, daß es passieren konnte, während sie im Haus war, ließ in ihr ein Gefühl der Verletzlichkeit gegenüber jeglicher Bedrohung entstehen. Barbara ließ ihre Launen an jedem in ihrer Umgebung aus, auch an ihrem Rechtsanwalt Graham Mattison.

Seit 1946 hatte sie jedes Jahr Mattison eine Vollmacht unterzeichnet, die ihm freie Hand in all ihren finanziellen Angelegenheiten ließ. Mattison schleppte periodisch einen Berg Papiere herbei, die Barbara vertrauensvoll unterzeichnete. Darunter war auch sein jährlich zu erneuernder Vertrag, der ihn zu ihrem ersten Geschäfts- und Rechtsberater bestimmte. Als er aber im Winter dieses Jahres in Cuernavaca auftauchte, weigerte sie sich nicht nur, ihn zu empfangen, sondern auch, ihn für ein weiteres Jahr anzustellen. Mit leeren Händen kehrte er nach New York zurück.

Ein weiterer ihrer langjährigen Begleiter kam in diesem Jahr in noch größere Schwierigkeiten. Nacho de Landa setzte sie davon in Kenntnis, daß er und seine Frau Lee kürzlich bei einer gesellschaftlichen Veranstaltung in New York Court Reventlow gesehen und ihn »recht charmant« gefunden hätten. Obwohl schon einige Zeit seit damals vergangen war, hatte sich Barbaras Abneigung gegenüber Reventlow erhalten. Daher genügte jetzt diese Mitteilung, daß auch de Landa in der Gosse landete, in die sie schon David Herbert und Graham Mattison plaziert hatte.

Im April waren die Doans wieder in San Francisco. Wieder einmal igelte sich Barbara in ihrem Hotelzimmer ein. Ein ganzes Heer von Pflegeschwestern stand ihr zur Verfügung. Doris Dukes Angebot, Barbara könne ihr Grundstück in Hawaii benutzen, brachte neuen Schwung in Barbaras tristen Alltag. Barbara war einverstanden und traf Vorberei-

438

tungen, sich zwei Futons von ihrem Haus in Cuernavaca schicken zu lassen. Die japanischen Betten, von denen sie sich einen besseren Schlaf versprach, erreichten sie zur Zeit der Ankunft der Doans. John Gomez, immer noch Verwalter des Grundstücks, hatte das Gefühl, daß Barbara äußerst unglücklich war und sehr gebrechlich aussah. »Ich legte ihr ans Herz, am Strand spazierenzugehen«, berichtet Gomez, »aber sie lehnte ab und meinte: ›Ich gehe morgen.‹ Als ich am nächsten Tag wiederkam, meinte sie: ›Bei mir ist eine Erkältung im Anzug.‹ Sie hatte immer irgendeine Ausrede.«

Nachdem sie eine Woche lang nicht ins Freie gegangen war, hatte Barbara einen unerwarteten Energieschub, aber statt das Haus zu verlassen, entschloß sie sich dazu, es umzugestalten. Sie bestellte Tapeten, Teppiche und Möbel, sah zu, daß sie Doris' unbezahlbare Kunstgegenstände los wurde und ersetzte sie mit solchen ihrer eigenen Wahl. Nach diesen Veränderungen war die Ähnlichkeit mit Barbaras japanischer Residenz in Mexiko unübersehbar. Als Doris wieder nach Hawaii zurückkam, war sie über die Unverfrorenheit ihres Gastes erst überrascht, dann aber wütend. Sie erzählte jedem, der es wissen wollte, daß Barbara nun »zu weit gegangen sei«.

Doris Duke sollte jedoch bald noch größere Schwierigkeiten bekommen. Am 10. Oktober 1966 half Eduardo Tirella, ein Innenarchitekt und seit mehr als zehn Jahren ein guter Freund von Doris, bei der Renovierung von Rough Point, dem bekannten Dukeschen Sommerhaus. Als sie am späten Nachmittag mit Doris' holzgetäfeltem Kombi losfuhren und das schmiedeeiserne Tor des Grundstücks erreichten, stieg Tirella aus dem Wagen, um es aufzuschließen. Als er am Schloß herumfummelte, trat Doris aufs Gas – »rein zufällig«, wie sie später schwor. Der Wagen machte einen Satz nach vorne, spießte Tirella regelrecht auf und verletzte ihn tödlich. Als man Barbara Hutton um eine Stellungnahme bat, wartete sie mit einer ziemlich geschmacklosen Bemerkung auf: »Vielleicht mochte Doris einfach Mr. Tirellas Geschmack nicht. Meinen mochte sie jedenfalls auch nicht.«

Während Doris eine Anklage wegen Totschlags erfolgreich abwehren konnte, kümmerte sich Barbara in Tanger um ihren verstauchten Knöchel und bereitete sich auf ihren alljährlichen Besuch im Gazelle d'Or in Taroudant vor. Nach der Ankunft dort – unter Barbaras Begleitern waren Raymond Doan, Jean Mendiboure, Colin Frazer und etliche ihrer Bediensteten – besuchten Barbara und ihre Leute eine Party, die der Pascha von Taroudant für Mitglieder des britischen auswärtigen Amtes in Marokko gab. Barbaras Personal trug herrlich bestickte Kaftane, Smaragde, Diamanten, witzige Ziegenfellsandalen und Seidenschals in passenden Schattierungen. Der Pascha, ein betagter Methusalem mit schlechten Augen, hielt Barbaras elegant gekleidete Bedienstete versehentlich für seine Ehrengäste und ließ sie am prestigeträchtigsten Tisch auf der Estrade Platz nehmen, damit alle sie sehen konnten.

Dies war der einzige erheiternde Augenblick auf einem ansonsten weniger schönen Ausflug, der abrupt endete, als eines Abends ein Kellner im Gazelle d'Or Barbara mit Majoun bekannt machte, einem Konfekt, das aus Haschisch, Honig und Datteln bestand. Das war etwas Neues für Barbara, obwohl sie schon mehrere Male – allerdings ohne großen Effekt – Haschisch geraucht hatte.

Der Kellner warnte sie davor, am Anfang zuviel Majoun zu nehmen. Sie solle wenig essen und auf die Wirkung warten. Barbara reagierte mit einer gleichgültigen Handbewegung und schlang eine größere Portion davon hinunter. Dann zog sie sich in ihren Bungalow zurück.

»Das war eine schlimme Nacht«, erinnert sich Jean Mendiboure. »Sie halluzinierte und meinte, sie sähe Farben, Formen und Gegenstände durch die Luft schwirren. Dann hörte sie Glocken, Sirenen und flüsternde Stimmen. In ihren Wahnvorstellungen versuchten sich Leute zu ihrem Zimmer Zutritt zu verschaffen, um ihr etwas anzutun. Sie war überzeugt, daß sich Raymond Doan auf Zehenspitzen in ihr Zimmer schleichen und ihr die Kehle durchschneiden wollte. Ich blieb die Nacht über wach, um sie zu beruhigen, aber ich konnte ihr nicht helfen. Um sechs Uhr morgens halluzinierte sie immer noch. Nun wollte sie nach Tanger zurückkehren, bevor die anderen aufwachten. Daher fuhren wir zum Flughafen Agadir, der nicht weit von Tanger entfernt ist, und mittags saßen wir bereits in Guitta's Restaurant in Tanger. Einige Stunden später kam Raymond Doan herein. Er war uns mit dem nächsten Flugzeug gefolgt. Als Barbara ihn sah, war sie ausgeprochen gelassen. ›O Darling‹, meinte sie, ›da bist du ja.‹«

Die Beziehung zwischen Barbara und ihrem Mann schien sich wieder normalisiert zu haben, aber nach wenigen Tagen sprach es sich herum, daß sie Doan aus dem Sidi Hosni ausgesperrt hatte. Angeblich wollten sie sich trennen. Barbara wolle eine Scheidung, hieß es. Die Presse von Tanger berichtete, daß sich Barbara mit einem Scheck von über drei Millionen Dollar von ihrem Mann ihre Freiheit erkaufen wolle. Doan bestätigte die Abreise seiner Frau, dementierte jedoch zugleich alle sonstigen Gerüchte.

Am 5. Dezember 1966 flog Barbara von Paris nach New York. Sie stieg aus dem Flugzeug und sah sich von einer Schar von Reportern umringt. Ob es wahr sei, daß sie ihrem Mann eine Scheidungsabfindung von drei Millionen Dollar gezahlt habe? Würden sie sich tatsächlich scheiden lassen? Barbara ignorierte diese Fragen, und Colin Frazer trug sie auf seinen Armen zu einer langen schwarzen Limousine.

Am Morgen des nächsten Tages traf eine Nachricht ein, die eine so schockierende Wirkung auf Barbara hatte, daß sie sich vollkommen zurückzog. Am 6. Dezember war im New Yorker Appartement seiner Mutter Jimmy Donahues Leiche gefunden worden.

Zum Zeitpunkt seines Todes war er 51 Jahre alt. Sein Name war inzwischen aus fast allen Klatsch- und Gesellschaftsspalten verschwunden. Er hatte aufgehört, seine ihm einst vertrauten Nachtlokale in Manhattan zu besuchen, und immer mehr Zeit in seinem Zuhause an der North Shore verbracht. Er war ein richtiger Philanthrop geworden und hatte einer Vielzahl von Wohltätigkeitsorganisationen und öffentlichen Stiftungen Spenden zukommen lassen.

Einige wenige Male war er noch in entfernte Winkel der Welt geflogen und hatte Dinnerparties gegeben, aber seine Bekannten hatten bei ihm eine wachsende Erschöpfung festgestellt. Sein einstmals sprühender Witz war weg. Ununterbrochen hatte er vom Selbstmord seines Vaters in dessen besten Jahren gesprochen und von der Nutzlosigkeit seiner eigenen Existenz. Er hatte immer mehr getrunken, immer weniger begriffen und sich bitter über seinen wachsenden Mangel an männlichen Begleitern beschwert.

Die meist diskutierte Frage war, ob Jimmy Donahue sich selbst das Leben genommen hatte oder nicht. Dr. James Lindsay Luke, der zuständige Leichenbeschauer der Stadt New York, faßte das Ergebnis der Autopsie in einem kurzen Bericht wie folgt zusammen:

Die eigentliche Ursache für den Tod von Mr. Donahue ist »akute Alkohol- und Barbituratvergiftung, die Umstände des Todes sind offen.« Mit anderen Worten, wir können die Motive für die Einnahme der Barbiturate – im vorliegenden Fall handelt es sich um Seconal – nicht ergründen. Die Menge, die wir in Mr. Donahues Gewebe vorfanden, übertrifft jedenfalls bei weitem eine medizinische oder therapeutische Dosierung.

Wieder einmal lagen damit die Umstände des Todes eines Mitglieds der Familie Woolworth im dunkeln. Hat Jimmy Donahue Selbstmord begangen oder war sein Tod das Resultat eines lebenslangen Alkohol- und Barbituratmißbrauchs? Gab es noch andere Möglichkeiten? Es gab Gerüchte, daß er das Opfer eines Ritualmords geworden sei. Seine Leiche sei verstümmelt in einem schwarzen Sarg in das Appartement seiner Mutter gebracht worden. Aber das war, wie so einige andere Geschichten, die Art von Dichtung, die Jimmy Donahue vielleicht selbst verbreitet hätte, wäre er noch am Leben gewesen.

Als Barbara Hutton Anfang 1967 nach Beverly Hills reiste, um sich wegen grauem Star einer Operation am rechten

Auge zu unterziehen, begleitete sie Raymond Doan, und die Scheidungsgerüchte verstummten erneut. Als ob die Augenoperation nicht genügt hätte, mußte sie sich anschließend auch noch alle Zähne ziehen lassen. Auch wenn sie immer von Ärzten abhängig gewesen war, hatte sie doch die Abneigung ihres Großvaters gegenüber Zahnärzten geteilt und bekam jetzt die Quittung dafür. Ihre Genesung vollzog sich in einer Sechszimmersuite im Erdgeschoß des Crescent-Flügels des Beverly-Hills-Hotels. Das Hotelpersonal war vor der steigenden Zahl ihrer merkwürdigen Gewohnheiten und Bedürfnisse gewarnt worden.

Ein Angestellter vom Empfang erinnert sich, daß keiner der zahlreichen Hotelangestellten Barbaras Zimmer betreten durfte. Die Zimmermädchen mußten den Abfall im Korridor außerhalb der Suite vor Barbaras Tür entgegennehmen. Dasselbe spielte sich ab bei Speise- und Getränkelieferungen sowie beim Abholen der Reste. Barbara hatte offensichtlich vor etwas Angst. Ab und zu mußten ihre persönlichen Bediensteten unter das Bett, hinter Türen oder in Wandschränke schauen, obwohl sie nie wußten, was sie dort suchen sollten.

Es erwies sich als problematisch, daß Bill Robertson Graham Mattison als Manager ersetzt hatte. Das war eine Position, die er nur aus Gefälligkeit Barbara gegenüber übernommen hatte. Ansonsten interessierten ihn Buchhaltung und das Bezahlen von Rechnungen nicht sonderlich. Dieses mangelnde Interesse hatte manchmal Folgen, die fast schon lustig waren – wenn auch nicht aus Barbaras Perspektive. Sandra Lee Stuart, die Autorin von *The Pink Palace*, einer Anekdotengeschichte über das Beverly Hills Hotel, erzählt, daß Barbara in ihrer Suite einige Wochen lang immer wieder mit ganzen Kästen voller Coca-Cola versorgt worden war. Plötzlich kam nichts mehr. Die Pagen waren in den Streik getreten, da sie offensichtlich kein Trinkgeld bekamen. »Kein Trinkgeld, keine Cola«, schreibt Miß Stuart. »Barbara wurde nicht mehr mit dem Getränk versorgt.«

Diese Situation veranlaßte Barbara, sehr bald ein Telefongespräch mit Graham Mattison zu führen. Sie war jetzt nicht nur bereit, ihn wieder anzustellen, sondern ihm auch einen wesentlichen Gehaltszuschlag zu den ehemals 150 000 Dollar pro Jahr zu bezahlen. Mattison willigte ein und flog nach Beverly Hills. Als er erfuhr, warum Barbara nicht ihren üblichen Service bekam, nahm er seine Brieftasche heraus und zückte fünf 100-Dollar-Scheine. Barbara wurde sofort wieder mit dem Getränk versorgt.

Anfang April reisten die Doans mit ihrer Begleitung zum Burlingame Country Club in der Nähe von San Francisco, blieben dort eine Woche und brachen dann zu einer weiteren großen Reise auf, diesmal von Kalifornien nach New York, Paris, Kyoto und Tanger. Schließlich kehrten sie nach New York zurück.

Unter den Begleitern, die mit ihr am 20. Dezember 1967 im Hotel Pierre abstiegen, war auch Jean Mendiboure. Nach Jimmy Donahues Tod ersetzte er ihr den Cousin. Barbara vertraute ihm und machte ihm regelmäßig Geschenke.

»Einen Tag nachdem wir im Pierre angekommen waren«, berichtet Mendiboure, »rief sie bei Cartier an und bat darum, die schönsten Armbanduhren, die es im Geschäft gab, vorbeizubringen. Ein wenig später kam ein Verkäufer und breitete die Uhren vor ihr aus. Viele davon waren mit Diamanten besetzt oder vergoldet. Nun rief mich Barbara herein und sagte: ›Hör mal, Jean, ich muß einem Freund – er ist durch und durch ein Gentleman – ein Geschenk machen. Du hast doch einen guten Geschmack und könntest für mich wählen. Wähle zwei aus, die dir gefallen.‹

Ich schaute mir die Uhren an und wählte dann zwei ultradünne, schlichte Piaget-Armbanduhren. Sie fragte mich, ob ich mir meine Wahl auch überlegt hätte. Ich antwortete, ja, sie gefielen mir am besten und sie ließ mich wieder gehen. Später rief sie mich erneut zu sich und sagte: ›Armer Jean, die Armbanduhren waren für dich, und du hast die billigsten ausgesucht.‹ Damit übergab sie mir ein Päckchen mit zwei Luxusuhren, die ich nicht gewählt hatte.

›Aber Barbara‹, wandte ich ein. ›Ich mag die hier nicht. Sie sind zu luxuriös. Ich habe die gewählt, die mir am meisten gefielen.‹ Schlagartig wurde sie abweisend und nahm die Uhren zurück. ›Gut, okay‹, schrie sie. ›Dann bekommst du eben nichts.‹

Verhalten dieser Art war ich gewohnt. Deshalb sagte ich auch nichts. Barbara und ich hatten immer wieder Krach, aber wir blieben trotzdem Freunde. Am nächsten Tag rief sie bei Gucci an und bestellte ein Dutzend Kaschmirpullover in verschiedenen Farben. Als sie dann geliefert wurden, fragte sie mich, was ich davon hielte. Sie waren wunderschön, aber viel zu klein für mich. ›Für wen sind sie eigentlich?‹ fragte ich. ›Für dich‹, war die Antwort. Die Ärmel waren entschieden zu kurz, aber ich tat so, als ob ich mich sehr freuen würde. Ich wollte sie nicht noch einmal verärgern. Dann übergab sie mir ein weiteres kleines Päckchen. Darin waren die zwei Piaget-Armbanduhren, die ich am Tag zuvor ausgewählt hatte.

Im Januar 1968 waren wir in Cuernavaca. Vier Wochen später kamen wir im Beverly Wilshire in Beverly Hills an. Es war Valentinstag. Barbara hatte noch immer ihre Schenksucht. Für jeden Hotelangestellten und jeden auch nur entfernt Bekannten kaufte sie Geschenke – Zobelstolas, Diamantringe, Armbanduhren, Rubinhalsketten, Ohrringe, Handkoffer und Handtaschen aus Eidechsenleder. Alle Bestellungen wurden telefonisch abgewickelt. Ich weiß nicht mehr, wieviel das alles kostete, aber es war sehr viel. Als wir die Geschenke verteilt hatten, stellte sie fest, daß sie mir nichts geschenkt hatte. Deshalb langte sie in ihre Tasche und zog zwei enorme Diamantohrringe heraus, die sie sich bei Van Cleef für sich selbst ausgesucht hatte. Sie gab sie mir und wünschte mir alles Gute zum Valentinstag. Ich betrachtete sie und fragte: ›Was soll ich mit ihnen anfangen? Ich trage doch keine Ohrringe.‹ Aber ich wollte auch nicht undankbar erscheinen. Deshalb nahm ich sie und ließ sie in ein Männerarmband umarbeiten. Das schien alle zufriedenzustellen.

Es lag auf der Hand, daß für Barbara der Raymond-Doan-Traum beendet war und sie ihn jetzt loshaben wollte. Für beide war diese Ehe kaputt. Für Doan war Barbara einfach eine Herausforderung gewesen. Neben den finanziellen Vorteilen kam auch noch ihre Berühmtheit hinzu. Doan hatte dadurch die Möglichkeit gehabt, mit Leuten zusammenzutreffen, die er normalerweise nicht kennengelernt hätte. Es war jedoch weiterhin ein ungleiches Paar. Doan machte auf mich einen sehr grimmigen, ja geradezu unergründlichen Eindruck. Man wußte nie, was er sich dachte. Er war total verschlossen. Entweder ging er zum Golfspielen oder zum Einkaufen. Er hatte eine Vorliebe für originelle Apparate wie elektrische Rückenkratzer und Fusselentferner. Er warf auch immer wieder ein Auge auf die Damen, was ihm jedoch sicherlich niemand zum Vorwurf machen kann. Zu Barbara war er rücksichtsvoll, aber neben dem Leben mit ihr hatte er noch ein davon unabhängiges zweites. Graham Mattison hatte etwas gegen Doan. Die beiden konnten sich nicht leiden. Mattison wollte ihn loswerden, aber nicht durch eine Scheidung. Er befürchtete, Barbara würde sonst erneut einem Eheschwindler zum Opfer fallen. Wenn sie sich verliebte, konnte sie unvorstellbare Anfälle von Freigebigkeit bekommen. Bei mehr als einer Gelegenheit verschenkte sie beinahe ihr ganzes Vermögen.«

Ende Mai 1968 flogen Barbara, Raymond Doan und weitere sieben Begleiter mit dem Düsenflugzeug von New York nach Mailand, wo sie sich in drei großen Suiten im Palasthotel einquartierten. Während sie sich die Schuhe auszog, verlor Barbara das Gleichgewicht und fiel hin. Zunächst verdrängte sie diesen Unfall, aber als der Schmerz im rechten Schenkel stärker wurde, ließ sie dann doch den Hotelarzt kommen. Der gab ihr den Rat, sich in einem Krankenhaus sorgfältig untersuchen zu lassen.

In Begleitung von Raymond Doan wurde sie mit einem Rotkreuz-Krankenwagen zu Röntgenuntersuchungen in die Klinik »Cittá de Milano« gefahren. Man stellte eine Fraktur der rechten Hüfte fest. Zwei Wochen später kam sie dann in Paris an. Ihr rechtes Bein war ganz in Gips. Raymond Doan war nirgendwo zu sehen. Als sie um ėine Stellungnahme zu seiner Abwesenheit gebeten wurde, erwiderte Barbara einem Reporter: »Wir leben zeitweilig getrennt. Ich glaube, Sie sagen dazu Trennung auf Probe.«

Als die Presse Doan in Amsterdam aufstöberte, hatte er seine eigene Fassung: »Wir werden, sobald Barbaras Bein geheilt ist, wieder zusammensein. Sie ist sehr zerbrechlich und unfallgefährdet. Ihre Knochen sind wie aus Kreide.«

Barbara hatte in fröhlicheren Zeiten Paris als Nabel der Welt bezeichnet. Leute, die sie jetzt in ihrem Appartement besuchten, gewannen den Eindruck, daß sie wohl das letzte Mal zu ihrem Lieblingsort zurückgekehrt war. Sie glich nur noch einem Gespenst – ausgemergelt und eingefallen humpelte sie herum. Ihre Ernährung war folgendermaßen zusammengestellt: pro Tag zwanzig Flaschen Coca-Cola; Alkohol (mit Intervallen); Vitamintabletten; Megavitamininjektionen (oft mit Amphetaminen gemischt); ein Sojabohnenpräparat; Metrecal; Zigaretten; und eine ganze Apotheke Tabletten und Medikamente, darunter Empirin Compositum, Kodein, Valium und Morphium. Es war zwar nicht das erste Mal, daß sie Morphium nahm, aber das erste Mal, daß sie es in so hohen Dosen nahm.

Der einzige Komfort, der Barbara in Paris blieb, war das Haushaltspersonal, das eine Reihe neuer Gesichter aufwies: Kathleen Murphy (Oberschwester), Jean Flysens (Chauffeur), die Baronin Evelyn de Schomprë (Sekretärin)* und die Gräfin Jaquine de Rochambeau (Empfangsdame).** Das beste Verhältnis hatte Barbara zu Jaquine, einer verführerischen und überschwenglichen jungen Dame, deren Ehe-

---

* Evelyn war die Witwe des Barons Guy Quoniam de Schomprë, französischer Generalkonsul in Belgisch-Kongo. Nach dem Tode ihres Mannes arbeitete Evelyn in der amerikanischen Botschaft in Paris und danach dann bei Barbara.
** Eleanor Close Hutton hatte Jaquine bei Barbara zu ihrer Stellung verholfen. Eleanor war die Tochter von Marjorie Merriweather Post, die seit 1954 mit dem Komponisten Leon Barzin verheiratet war. Eleanors Hochzeit mit Preston Sturges hatte fast ebensoviel Aufsehen erregt wie einige von Barbaras Hochzeiten. Bevor sie bei Barbara arbeitete, war Jaquine bei Eleanor angestellt.

mann der Abkömmling einer der ersten Familien Frankreichs war. Jaquine arbeitete wie Evelyn de Schomprë in erster Linie wegen eines Taschengeldes – »und um sich zu beschäftigen«. Barbara beschäftigte sie sehr wohl; sie hielt sie alle auf Trab.

»Barbara stellte mich ungefähr zu der Zeit an, als sie Prinz Doan ›hinauswarf‹«, berichtet Jaquine. »Ich mußte ungefähr von zehn bis 16 Uhr arbeiten. Barbara behandelte mich wie eine Tochter. Sie meinte auch, sie hätte lieber eine Tochter gehabt als einen Sohn. Trotzdem nannte sie mich ›Gräfin‹ und ich sie ›Prinzessin‹. Auf allem, was sie besaß, waren Kronen geprägt. Es gab Zeiten, da konnte sie nicht mehr zwischen Traum und Wirklichkeit unterscheiden. Sie bestand darauf, daß alle Frauen ihres Personals Luxuskleider tragen sollten. So kam es, daß ich um zehn Uhr morgens in meinem kleinen Büro in ihrem Appartement saß und gekleidet war, als wollte ich auf einen offiziellen Ball gehen. Das sah absurd aus. Die Besucher konnten sich vor Lachen gar nicht mehr kriegen, wenn sie mich zu so früher Stunde schon in so einer Aufmachung sahen.

Meist kaufte sie bei Lanvin ein. Die Firma schickte ihr Entwürfe oder Fotos, aufgrund derer sie ihre Modeartikel auswählte. Ich mußte immer zu Lanvin fahren, um die Entwürfe abzuholen. Jean Flysens nahm mich dann in Barbaras Rolls-Royce mit, der an der Tür ihre Insignien trug. Es war das Jahr 1968, ein Jahr politischer Unruhen in Paris, mit Streiks, Demonstrationen und Zusammenstößen. Eines Morgens fuhren wir an einer Demonstration vorbei. Offensichtlich erkannten die Demonstranten den Wagen, denn sie umstellten uns. Eine Fensterscheibe ging zu Bruch, aber als die Leute sahen, daß Barbara nicht im Auto saß, ließen sie uns weiterfahren.

Jedes Zimmer ihres Appartements war unterschiedlich ausgestaltet. Dafür waren einige ihrer Bekannten herangezogen worden. Auch ich hatte die Gestaltung eines Zimmers übernommen. Sie besaß exquisites Mobiliar, darunter einen sehr alten japanischen Make-up-Tisch, einen Oeben-Damenschreibtisch, einen verzierten Salontisch, der einmal Madame de Pompadour gehört hatte, und ein bedeutendes Gemälde von Tizian. Um den Tizian kaufen zu können, hatte sie einen ebenso bedeutenden Botticelli verkauft. Gerald Van Der Kemp kam häufig von Versailles herüber und gab Barbara Ratschläge, was sie kaufen und was sie verkaufen sollte. Sie hatte ein Faible für Van Der Kemp und verbrachte für ihn Stunden vor dem Schminktisch. Immer trug sie Ohrringe, sogar im Bett, weil sie meinte, daß ihre Ohrläppchen zu lang seien. Zu Besuch kamen unter anderem Jimmy Douglas, Jean de Baglion, Renée de Becker, Henri de la Tour d'Auvergne, Gottfried von Cramm, Igor Troubetzkoy, die Angellis und die Patiños. Zu dieser Zeit waren Silvia de Castellane und Barbara miteinander verfeindet, aber Silvias Kinder kamen trotzdem zu Besuch.

Was die Geschichte zwischen Barbara und Silvia betraf, erfuhr ich, daß sie ein Jahr zuvor an einem Nachmittag im Maxim gewesen waren. Eine ziemlich bekannte Französin betrat das Lokal. Diese Frau wurde von einem reichen Spanier, einer bedeutenden Persönlichkeit, ausgehalten. Silvia bemerkte so etwas wie: ›Oh, da ist diese schmierige, widerliche Madame X. Sie wird von dem Herzog So und so ausgehalten.‹ Barbara erwiderte mit spitzer Zunge: ›Du wirst ebenfalls ausgehalten – nämlich von mir.‹

Barbaras Stimmung veränderte sich schnell und ohne Grund. Manchmal lud sie Leute ein und weigerte sich dann, sie zu sehen ...

Sie konnte auch richtig ekelhaft sein. Stundenlang spielte sie mit ihrem Schmuck herum, mußte jedes Schmuckstück einzeln anprobieren und sich dann im Spiegel betrachten. Gelegentlich machte sie uns weis, daß ein Schmuckstück fehlen würde. Dann mußten wir das ganze Appartement auf den Kopf stellen und etwas suchen, was gar nicht abhanden gekommen war. Sie war eine ziemliche Sadistin. So besaß sie zum Beispiel einen komplizierten orientalischen Fußschmuck, den ich ihrer Meinung nach unbedingt tragen sollte. Er paßte nicht richtig und schmerzte deshalb sehr, aber sie gestattete mir nicht, ihn abzulegen. Sie rief auch des öfteren um vier Uhr morgens an, was meinen Mann sehr ärgerte. Mir machte das aber nicht so viel aus, weil ich Barbara im Grunde genommen mochte.

Es gab einen Aspekt bei der Arbeit, der mir gar nicht gefiel. Das war der Kontakt mit Graham Mattison, den ich, wenn möglich, vermied. Mattison hatte alles unter Kontrolle. Er unterzeichnete alle Schecks, es sei denn, die Beträge waren verschwindend gering. Dann mußte ich sie unterzeichnen. Ferner arbeitete er als eine Art Pförtner. Ohne seine Erlaubnis konnte niemand hinein oder heraus. Er hatte ganze Listen über die Personen angelegt, die mit Barbara aus irgendeinem Grund Kontakt hatten. Wenn jemand zu Besuch kam, schaute er in seinen Listen nach und gab mir dann Anweisungen. Wenn ein Mann bei ihr war, mußte ich dafür sorgen, daß er bis zwei Uhr nachts wieder ging. Mattison umgab Barbara absichtlich mit Homosexuellen, damit sich nichts Romantisches entwickeln konnte. Von 1968 bis 1969 hatte sie einen Pariser Friseur, der homosexuell war und täglich zu ihr kam. Er arbeitete nur für sie und wurde schließlich entlassen, weil sie seiner überdrüssig geworden war. Vier Schwestern arbeiteten in Sechsstundenschichten rund um die Uhr. Einige von ihnen schienen es als einzige Aufgabe zu betrachten, Barbara für Mattison zu beobachten. Mattison überließ Barbara die Einstellung von Leuten nur mehr in Ausnahmefällen. Colin Frazer ließ sich für eine Weile beurlauben. Deshalb stellte sie einen Leibwächter an, der halb Franzose und halb Marokkaner war. Seine wichtigste Aufgabe bestand darin, sie sexuell zu befriedigen. Sein Beschäftigungsverhältnis war beendet, als er die beiden Pferdeköpfe stehlen wollte, die sie an beiden Seiten des Kamins plaziert hatte.

Eines ihrer Lieblingsprojekte war ein Ferrari in Sonderanfertigung, den sie König Hassan II. von Marokko schenken wollte. Sie kannte den König persönlich und wollte ihn mit einem rot-grünen Ferrari überraschen – rot-grün entsprach den Farben der marokkanischen Flagge. Monatelang stritt sie sich wegen dieses Autos mit den Ferrari-Leuten in Paris herum, denn die Fabrik in Italien konnte die Farben trotz mehrfacher Versuche nie zu Barbaras Zufriedenheit ausführen. Nach zwei Jahren war der Wagen immer noch nicht ausgeliefert. Dann erfuhr Barbara, daß gemäß islamischer Tradition der Monarch ein solches Geschenk nicht von einer Frau annehmen durfte. Damit war das Projekt gestorben.

Ich kann nicht gerade behaupten, daß es jemals langweilig gewesen wäre, für Barbara zu arbeiten. Einmal rief sie Sargent Shriver an, den Botschafter der USA in Frankreich, und teilte ihm mit, ihre Angestellten würden versuchen, ihr Essen zu vergiften. Tatsächlich aber versuchten wir nur, sie dazu zu bringen, endlich etwas zu essen. Der Botschafter entsandte daraufhin seinen Mitarbeiter Gerald Culley, der sich als Barbaras Vorkoster betätigte. Als er seine Aufgabe beendet hatte, entschuldigte sich Barbara bei uns wegen ihrer Verdächtigungen, aber am nächsten Tag erhob sie ihre Anschuldigungen aufs neue.«

Ende 1968 wohnte Barbara im Claridge's in London. Sie ging nur einmal aus, und zwar mit Lord Droghedas Frau Joan und seinem Sohn Derry Moore ins Café de Paris. Derry und seine Mutter waren überrascht, wie sich Barbara nicht nur psychisch, sondern auch physisch verändert hatte. Das Facelifting wirkte nicht mehr. Auf ihrem Gesicht hing die trockene, tote Haut wie kleine Beutel herunter. Barbara überdeckte das mit einigen Schichten Puder. »Sie verhielt sich sehr sonderbar«, schildert Derry. »Im Bett trug sie alle ihre Perlen auf einmal. Sie zog sich als Ergebnis ihrer völligen Isolierung in eine seltsame Traumwelt zurück. Ununterbrochen sprach sie von Selbstmord und hatte doch schreckliche Angst vor dem Tod. Um ihren Hals trug sie eine winzige silberne Pfeife. Wann immer sie die Schwester oder jemand anderen vom Personal brauchte, blies sie hinein. Die Schwester versuchte immer, sie zu füttern, aber Barbara weigerte sich zu essen. Sie kaute das Essen zwar, spuckte es dann jedoch aus. Manchmal traf sie damit die Schwester.«

Im Winter 1969 gab Barbara in Cuernavaca für 100 Leute

eine Party. Sie zog sich länger hin, als Barbara erwartet hatte. Die Sonne war schon aufgegangen, und es waren noch immer etwa dreißig Nachtlichter da, die tanzten und tranken. Von der eigentlichen Band waren nur mehr der Drummer und ein Klavierspieler übriggeblieben. Ihre Musik dröhnte aber immer noch durchs Haus. Der Hausboy versuchte vergeblich, die Gäste zum Aufbruch aufzufordern.

Barbara, die in ihrem Bett lag, blies ihre Pfeife. Die Schwester kam und fand eine mürrische Barbara mit trüben Augen vor. »Kann man sie endlich wegschicken?« fragte Barbara. »Lassen Sie zum Frühstück Kaffee und Brötchen servieren, und schicken Sie sie dann heim.«

»Sie wollen nicht gehen«, erwiderte die Schwester. »Sie wollen tanzen.«

»Aber ich will schlafen. Sagen Sie ihnen, sie sollen gehen.«

»Der Hausboy hat es auch schon versucht. Sie hören nicht darauf.«

Nun nahm Barbara Zuflucht zu einer Sache, die ihr in letzter Zeit als universale Lösungsmöglichkeit aller Probleme und Leiden erschienen war: »Dann geben Sie ihnen doch Geld, damit sie gehen!« Sie rief es aus, rollte sich auf die Seite und schloß die Augen.*

Im August dieses Jahres erreichte Barbara in Tanger die Kunde, Court Haugwitz-Reventlow sei nach einer Herzoperation in New York im Alter von 73 Jahren gestorben. Der Tod ihres früheren Mannes hatte keine sehr tiefe Wirkung auf Barbara. Sie hatte momentan andere Sorgen: sie wollte mehr Medikamente haben als ihr die Ärzte verschreiben wollten. Barbara bekam einen Wutanfall und schrie ihre Bediensteten an, daß sie drastische Schritte bis hin zu Entlassungen unternehmen werde, wenn sie ihr nicht ausreichend Schmerztabletten und Barbiturate verschafften.

---

* Dieselbe Anekdote wird in dem Roman *The Caves of Hercules* von Rupert Croft-Cooke wiedergegeben, der sich mit dem Leben von Barbara Hutton beschäftigte.

Aber sie wußte natürlich ziemlich gut, daß sie ohne ihre Angestellten hilflos war, und wandte sich deshalb an Howard D. Jones, den neuen amerikanischen Generalkonsul in Tanger. Sie flehte ihn an, einer »armen, hilflosen Frau« zu Hilfe zu kommen, die doch nur Zugang zu ihrem eigenen Medikamentenschränkchen haben wolle.

Eine Woche später rief sie erneut beim Generalkonsul an, um ihm mitzuteilen, daß sie Herzrhythmusstörungen habe. Ihr Arzt in Hollywood, der die einzige Person auf der Welt sei, der ihr Leben retten könne, ignoriere ihre dringende Bitte, einen Hausbesuch aus nur 10 000 Kilometer Entfernung durchzuführen. Sie bat Jones, ihm zu telegrafieren, er solle sofort kommen. Der Beamte beruhigte sie so gut er konnte und ließ ihre Sekretärin Evelyn de Schomprë kommen, die ihm versicherte, daß Barbara nicht in Lebensgefahr schwebe und ihr Arzt in den nächsten Tagen im Rahmen seiner regelmäßigen Besuche erwartet werde.

Es gab noch einen weiteren Zwischenfall dieser Art. Barbara meldete sich erneut telefonisch beim Generalkonsul und verlangte diesmal, er solle persönlich im Sidi Hosni erscheinen. Die Ursache für diese Krise war folgende: Als ihr Arzt endlich aus Hollywood gekommen war, hatte er ihr nicht etwa mehr Medikamente verschrieben, sondern sogar die Dosis vermindert. Barbara hatte als Antwort einen Federfächer angezündet, der neben dem Bett lag, und ihn auf ihren medizinischen Betreuer geworfen. Glücklicherweise konnten die Flammen gelöscht werden, bevor irgend jemand zu Schaden kam. Barbara hatte den Begriff »armes reiches Mädchen« immer zurückgewiesen, aber nun versicherte sie dem Generalkonsul, daß sie bald im Armenhaus landen werde, weil ihre Ärzte und Anwälte so außerordentlich hohe Honorare verlangen würden. Klagen dieser Art empfand Jones als etwas danebengegriffen. Allein schon deshalb, weil er aus verläßlicher Quelle erfahren hatte, daß Barbara ihrem Arzt aus Hollywood eine Million Dollar pro Jahr angeboten hatte, wenn er seine Privatpraxis aufgeben und als eine Art Leibarzt bei ihr wohnen würde. Ein solcher

Vorschlag hatte ihn aber nicht im geringsten gereizt.

Barbara mietete für eine Woche das Gazelle d'Or und lud mehrere Gäste dorthin ein, darunter den britischen Generalkonsul General Robert Ford und seine Frau sowie Mr. und Mrs. Howard Jones. Damit schloß sie sozusagen ihren Aufenthalt in Marokko ab. »Barbara verbrachte die ersten paar Tage in ihrem Schlafzimmer«, berichtet Jones. »Einmal bestellte sie Rosen, um die Blütenblätter an die Kamele vor ihrem Fenster zu verfüttern. Ansonsten schien sie nicht gestört werden zu wollen. Daher machten einige von uns ohne sie einen Ausflug zum alljährlichen Kamelmarkt in Goulimine.

Nach unserer Rückkehr teilte mir Evelyn de Schomprë mit, daß Barbara schimpfte, weil wir sie vor unserem Aufbruch nicht konsultiert hätten. Um das wiedergutzumachen, schlug ich vor, das Gewand und den Turban anzuziehen, den ich in Goulimine gekauft hatte, und damit eine Stippvisite an Barbaras Bett zu machen. Evelyn schaute ein wenig besorgt, als sie mich einließ. Sie bereitete mich darauf vor, daß ich eine Überraschung zu erwarten hätte, und bat mich, vorsichtig zu sein.

Barbara hatte sich im Bett hochgesetzt und machte ein ernstes Gesicht. Auf ihr Gesicht hatte sie mehrere Pflästerchen geklebt. Sie ignorierte meinen Gruß mehr oder weniger und begann, die Pflästerchen Stück für Stück zu entfernen. Als sie ihr Gesicht freigelegt hatte, konnte ich zu meiner Überraschung auf ihrem Gesicht seltsame rote Markierungen in allen möglichen Formen sehen. Barbara fragte ganz dramatisch, ob ich wisse, was sie jetzt darstelle. Ich gestand, daß ich keine Ahnung hätte. Ich war nicht geistesgegenwärtig genug, ihr zu ihrem großartigen Make-up zu gratulieren. Daraufhin verkündigte sie noch dramatischer: ›Ich bin Shiva, der indische Gott des Todes und der Zerstörung.‹ Während ich mir noch überlegte, was sie vorhaben konnte, zog sie plötzlich einen Dolch unter der Decke hervor, packte meinen Arm und bohrte ihn mir ein wenig in die Haut. Ich spürte durch den Ärmel meines Kaftans hindurch einen stechenden Schmerz und wunderte mich, daß in diesem gebrechlichen Körper noch so viel Kraft steckte.

Barbara drückte den Dolch noch ein bißchen stärker und fragte, ob ich Angst hätte. Ich räumte ein, daß ich nicht das Gefühl hätte, der Tapferste zu sein. ›Was ist schon ein bißchen Blut unter Freunden?‹ bemerkte sie. ›Das hängt davon ab, welcher Freund betroffen ist‹, erwiderte ich.

Barbara zog den Dolch schließlich zurück und wechselte die Tonart. Klagend bemerkte sie: ›Sie können sich überhaupt nicht vorstellen, wie sehr mir in meinem Leben ein Mann abgeht.‹

Ich hatte mich noch kaum von diesem Schmerz erholt, als ich anfing, psychisch zu leiden.

Da ich keine Ahnung hatte, was für ein Spiel sie nun wirklich spielte, machte ich mir Sorgen, daß ein falsches Verhalten meinerseits ihr den Vorwand für eine weitere Attacke mit dem Dolch liefern könnte. Schließlich hatte sie ja auch ihren Arzt mit dem brennenden Fächer angegriffen. In meinem Kopf sah ich schon die Überschrift in großen Lettern: MILLIONÄRIN GREIFT MIT DOLCH GENERALKONSUL IN MAROKKO AN.

Als sie mein Unbehagen spürte, entschied sich Barbara offensichtlich dafür, auch dieses Spiel zu beenden, was sie in einer für sie typischen Weise tat. Jetzt setzte sie nämlich ihre empörteste Miene auf und wetterte: ›Sie tun, als hätte ich ›Mann‹ gesagt! Ich sagte, mein Zimmermädchen geht mir ab; ich habe sie nämlich gefeuert.‹ Ich habe mich oft gefragt, ob Barbara in einer solchen Situation wirklich so schnell reagieren konnte oder ob sie alles vorher durchgespielt und sich bereits eine Möglichkeit, sich herauszuwinden, ausgedacht hatte.«

Zwischen Barbara und Raymond Doan fand bald eine Versöhnung statt. Doan hatte seit ihrer Trennung die meiste Zeit als langhaariger Jünger in einem Ashram im südlichen Spanien verbracht. Er hatte Gedichte geschrieben und vermutlich nach dem Nirwana gesucht. Schließlich war ihm dann anscheinend klargeworden, daß Barbara Hutton das Ziel seiner Sehnsüchte war. Im Winter 1969 besuchte er Marjorie Merriweather Post in Mar-a-Lago und versicherte ihr gegenüber seine ernsten Absichten bezüglich ihrer Nichte. Nun übernahm Marjorie die Initiative. Sie wollte das Paar wieder versöhnen. 1970 lebten Barbara und Doan bereits wieder als Mann und Frau in Paris zusammen. Zunächst schien das Barbara recht gut zu gefallen. Ab und zu tauchte das Ehepaar bei kleinen Dinnerparties auf oder besuchte die Premiere eines neuen Theaterstücks. Das wiederbelebte Eheleben währte jedoch nur sehr kurz. Schon nach einigen Wochen war Barbara wieder auf dem absteigenden Ast. Graham Mattison machte sich wegen ihrer Medikamente Sorgen. Er zweifelte das Vorgehen der europäischen Ärzte, an die sie sich wandte, an, weil sie seiner Meinung nach zu viele Beruhigungsmittel verschrieben. Einer dieser Ärzte drückte die dahinterstehende Theorie so aus: Ein guter Schlaf müsse den Patienten nicht immer fit machen, aber Schlaflosigkeit mache ihn völlig fertig.

In diesem Jahr besuchten die Doans eine Hochzeitsfeier des Paschas von Taroudant für seine frischvermählte Enkelin. Am Abend des Festes hielt Barbaras Rolls-Royce vor einem großen Zelt, das mit Menschen überfüllt war. Colin Frazer hob sie aus ihrem Sitz und trug sie in den Teil des Zeltes, in dem die Drinks angeboten wurden. Aber als sie dann eingeladen wurden, sich in den Teil zu begeben, wo das Essen serviert wurde, weigerte sich Barbara. Ein Würdenträger aus der amerikanischen Botschaft versuchte, mit Barbara über diplomatische Höflichkeit zu reden. Dennoch: sie widersetzte sich. Sie hatte keine Lust, vor richtigem Essen zu sitzen. Der Diplomat war überzeugt davon, daß die Ehre seines Landes davon abhing, ob sich Barbara an ihren für sie bestimmten Platz setzte oder nicht. Obwohl sie ihn anschrie und Fußtritte verteilte, hob er sie hoch und trug sie zum Tisch. Als man die Mahlzeit beendet hatte, erschien der Diplomat wieder an Barbaras Seite. Selbstbewußt wollte er erneut seiner Pflicht nachkommen. Diesmal schaffte er es jedoch nicht, sie hochzuheben, was ihn äußerst verlegen machte. Die Hochzeitsgesellschaft begleitete die Bemühungen des amerikanischen Diplomaten mit lautem Gelächter, bis Colin Frazer zu Hilfe kam und Barbara in ein anderes Zelt trug, in dem eine temperamentvolle Tanzgruppe ihre Vorstellung gab. Als er sah, wie der Diplomat mit hängendem Kopf dastand, ging Frazer zu ihm hin und versicherte ihm, daß seine Fehlversuche nicht auf einen plötzlichen Verlust seiner männlichen Kraft oder den übermäßigen Genuß von Wein zurückzuführen seien, sondern auf Barbaras unheimliche Fähigkeit, sich so schwer zu machen, daß man sie beinahe nicht mehr tragen konnte.

Wieder in Tanger, schloß sich Barbara erneut ein. In einem Anflug von nostalgischen Erinnerungen schrieb sie ihrer Tante Marjorie und schilderte in dem Brief einen ihrer früheren Ferienaufenthalte mit Jimmy Donahue: »Ich erinnere mich daran, wie wir den ganzen Dezember am Meer verbrachten. Wir ließen uns in der Sonne bräunen und machten Strandspaziergänge, um nach Muscheln und anderen Geschenken des Ozeans zu suchen. Um fünf Uhr nachmittags lagen wir immer im noch warmen Sand und hörten den Musikklängen zu, die aus dem Club kamen und über das Meer schwebten.«

Während eines Besuches der Herkuleshöhlen mit Doan im Sommer dieses Jahres rannte Barbara plötzlich auf den Rand der jäh abfallenden hohen Klippen zu. Doan jagte hinter ihr her und konnte sie gerade noch abfangen, bevor sie die Gelegenheit hatte, sich hinunterzustürzen.

»Wieder ein Sommer vorbei«, schrieb sie in ihr Tagebuch. Mit David Herbert hatte sie sich wieder versöhnt und traf sich mit ihm jetzt ein- oder zweimal die Woche. Er empfand sie als »nervös und mürrisch, aber sonst war sie immer noch dieselbe liebenswerte Person wie eh und je«.

Ende April 1971 bekam Graf Rudi Crespi in Rom einen Telefonanruf von Graham Mattison aus Paris. Crespi, ein führender Vertreter des internationalen Jet-set, beschäftigte sich aus Liebhaberei mit Immobilien. Mattison fragte an, ob Crespi dabei helfen könne, für Barbara Hutton und Raymond Doan einen Palazzo zu erwerben. Es handle sich dabei um ein Abschiedsgeschenk von Barbara an ihren siebten Ehemann. Crespi verwirrte der Begriff »Abschiedsgeschenk«. Mattison erklärte schließlich, daß die beiden Ehepartner sich im guten trennen würden. Der Palazzo sei ein Erinnerungsgeschenk.

Rudi Crespi war Barbara noch nie begegnet, aber seine in den USA geborene Frau Consuelo O'Conner, ein früheres Powers-Modell, hatte sie schon bei mehreren Gelegenheiten getroffen. Als die Doans ein paar Tage später im Grand Hotel von Rom abstiegen, warteten die Crespis schon zur Begrüßung. In den darauffolgenden zwei Wochen zeigte Rudi Crespi Doan persönlich die besten Angebote auf dem Immobilienmarkt der Stadt. Da Preisbeschränkungen nicht vereinbart waren, bewegte sich alles, was Doan sah, im Millionendollarbereich. Doan hatte seine Wahl auf drei Palazzos beschränkt. In diesem Moment hatte Barbara einen ihrer typischen Hotelunfälle. Sie stolperte über einen Teppich und brach sich ihren rechten Oberschenkelknochen.

Sie mußte ins Krankenhaus. Ihr Bein wurde eingegipst und sie bekam einen Streckverband. Trotz dieser offensichtlichen Unannehmlichkeiten blieben ihr Interesse an den Menschen und ihre Freigebigkeit intakt. Als sie erfuhr, daß eine Krankenschwester heiraten wollte, ließ sie ihr zwei Flugtickets erster Klasse nach Venedig und einen Brief schikken, in dem sie das Angebot machte, eine zweiwöchige Hochzeitsreise in einem Hotel ihrer Wahl zu finanzieren.

Die Crespis sorgten dafür, daß bei der Rückkehr Barbaras ins Grand Hotel dort bereits eine Vollzeit-Schwester auf sie wartete, um für sie zu sorgen. Es handelte sich um eine Signora Chervata, eine anständige und ehrbare treue Seele, die zuletzt bei der Frau Dino de Laurentiis, des italienischen Filmproduzenten, gearbeitet hatte. Signora Chervata war

über die ständigen Aufwartungen römischer Kaufleute erstaunt, die so interessiert daran waren, ihre Waren an Barbara zu verkaufen, daß sie schon fast täglich bei ihr am Bett
vorsprachen. Unter ihnen war auch Gianni Bulgari, ein
Juwelier. Um ihn zufriedenzustellen, kaufte Barbara schließlich einige Saphire, die sie dann Signora Chervata anbot.
Die Schwester aber wollte den Schmuck nicht haben. Barbara fragte daraufhin Consuelo Crespi um Rat, was sie der
Schwester sonst schenken könnte. Consuelo schlug Geld
vor, da Signora Chervatas Mann dringend eine teure Operation benötige. Barbara gab ihr daraufhin einen Scheck über
5000 Dollar und schickte die Saphire an eines ihrer Zimmermädchen in Tanger.

Trotz Signora Chervatas liebevoller Pflege heilte Barbaras
rechtes Bein nicht richtig. Deshalb wurden Vorbereitungen
getroffen, sie von Rom nach Los Angeles zu überweisen.
Dort sollte im kürzlich eröffneten Cedars-Sinai Medical
Center eine ergänzende Operation durchgeführt werden.
Raymond Doan begleitete sie bis London, wo dann ihr
extra aus Kalifornien eingeflogener Arzt sie übernahm. Obwohl Barbara wegen der Medikamente ziemlich benommen
war, war es ihr klar, daß sie ihren Mann nicht wiedersehen
würde. Es war eine wortlose, schmerzhafte Trennung. Obwohl es zwischen den beiden keinen weiteren Kontakt mehr
gab, setzte sich Graham Mattison die wagemutige Aufgabe
zum Ziel, den Bund der Ehe rechtlich aufrechtzuerhalten
und damit die Möglichkeit einer weiteren verschwenderischen Heirat auszuschalten. Die Kosten für die Beibehal-
tung des Titels »Prinz« und des dazugehörigen Namens
waren sowieso schon höher als erwartet. So mußte Barbara
Doan statt eines Palazzos in Rom ihre Leeds-McCormick-
Smaragde und das Diadem, das einmal Katharina die Große
getragen hatte, übergeben. Ferner soll Mattison, so Doans
älterer Sohn, Raymond das monatliche Taschengeld weiter-
gezahlt und vereinbart haben, die Zahlung beizubehalten,
solange Doan auf eine Scheidung verzichte.

Raymond Doan selbst hat nie die Bedingungen seiner

»dauerhaften« Trennung von Barbara enthüllt, aber alle Anzeichen deuten darauf hin, daß er mit Mattison eine Art
private Vereinbarung getroffen hat. Er lebte noch nicht
lange von Barbara getrennt, da gründete Doan mit einer
jungen Französin, die er in Paris kennengelernt hatte, eine
Familie. Sie lebten in Montreal und Gibraltar und hatten
zwei Kinder. Erst nach Barbaras Tod 1979 wurden die Kinder
ehelich, weil Doan (der inzwischen als Prinz Raymond
Doan-Huè d'Annam bekannt geworden war) nun seine Partnerin heiraten konnte. Raymond Doans einzige öffentliche
Stellungnahme nach seiner endgültigen Trennung von Barbara war ausgesprochen höflich: »Sie hat mir viel mehr
gegeben als nur Geld«, meinte er. »Sie gab mir Liebe.«

Bei einem weiteren Vorgang, der ziemlich vertuscht
wurde, spielte ein Teil von Barbaras Schmuck eine Rolle,
der, um genau zu sein, fünf Millionen Dollar wert war. Weil
sie so plötzlich aus Rom abreisen mußte, entschied sich
Barbara dafür, einige Schatullen Schmuck bei einem alten
Bekannten zu hinterlassen. Es handelte sich um einen italie-
nischen Adeligen, der früher einmal zu ihren lästigeren
Freiern gehört hatte. Zu den Schätzen, die sie bei besagtem
Gentleman aufbewahren ließ, gehörten die Perlen der Marie
Antoinette, das Rubindiadem der Kaiserin Eugénie, zwei
Diamanthalsketten, ein Diamantring, eine ägyptische
Spange aus Diamanten, Korallen und Jade und ein rot email-
liertes Kosmetikdöschen aus Platin. Barbara wußte jedoch
nicht, daß ihr vertrauenswürdiger Freund Mitglied des MSI
(Movimento Sociale Italiano) war, der italienischen neofa-
schistischen Partei, die es sich zum Ziel gesetzt hat, die
politischen Prinzipien von Mussolini wiederzubeleben.

Als nun Barbara im darauffolgenden Jahr nach Rom zurückkehrte, um ihren Schmuck abzuholen, hob der befreun-
dete Titelträger bedauernd seine Arme. Davon wisse er
nichts. Barbara habe ihm nie ihren Schmuck übergeben; sie
müsse ihn mit einem anderen verwechseln. Es gab ein breites
Echo auf diesen neuesten Skandal. Chubb & Son, Barbaras
Versicherungsagentur, weigerte sich, irgendeinen Anspruch

auf Leistung anzuerkennen, weil der Schmuck weder gestohlen noch verlorengegangen sei. Das Gerücht ging um, daß der sogenannte Freund Hehlerei betrieben hatte und den Erlös an das MSI weitergab. Graham Mattison hatte zwei Alternativen: entweder gegen diesen »Freund« und das MSI gerichtlich vorzugehen oder gegen die Versicherungsgesellschaft. Es war aber beides nicht akzeptabel, weil in beiden Fällen Barbara als Zeugin auftreten mußte, was ein Kreuzverhör mit einschloß. Die Publizität, die auf etwaige Anspielungen auf ihre Alkohol- und Pillensucht folgen würde, hätte verheerende Konsequenzen haben können. Mattison war schachmatt; es gab keinen gangbaren Weg, den Verlust wiedergutzumachen.

4. Teil

Königin für einen Tag

17

Das Leben ist ein Traum,
der Tod ein Erwachen.

BARBARA HUTTON, Tagebücher 1979

Am 4. November 1971 starb Jessie Donahue im Alter von
85 Jahren in New York. Der Tod überraschte sie während
des Schlafes. Damit war die letzte noch lebende Tochter von
F. W. Woolworth gestorben. Sie wurde im Woolworth-Mausoleum im Woodlawn-Memorial-Friedhof beerdigt. Ihrem
Testament gemäß erbte Barbara Hutton zwei Perlenhalsket-
ten und ein Vigée-Lebrun-Porträt von Marie Antoinette,
das sie schon lange bewundert hatte.

Anfang 1972 flog Barbara mit 34 Vuitton-Koffern und
sieben Bediensteten, darunter Colin Frazer, nach Palm
Beach, um ihren krebskranken Cousin Woolworth Donahue
und seine dritte Frau Mary Hartline, einen Fernsehstar,
früher einmal Showgirl in Chicago, zu besuchen. Barbaras
letzter Besuch seit ihrer schiefgelaufenen Hochzeitsreise
mit Rubirosa heizte die von der Sonne braungebrannten
Bewohner dermaßen auf, daß der Bürgermeister von Palm
Beach, E. T. Smith, sich gezwungen sah, vor dem einen
Häuserblock langen Grundstück der Donahues am South
Ocean Boulevard 780 einen Polizeiwagen zu postieren. Eine
Einladung zum Lunch in das Zuhause der Donahues in
Verbindung mit einem Treffen mit Barbara am Rande des
Swimmingpools war der Geheimtip dieser Saison. Es kamen
Mary Sanford und Charlie Munn, Mary Lee Fairbanks (die

Frau von Douglas jr.) und Charles Van Rensselaer (der Bruder von Barbaras einstigem Begleiter Philip Van Rensselaer). Charles Van Rensselaer fand, daß Barbara in ihrem roten Rüschenkleid, das der spanische Modedesigner Pedro Rodriguez entworfen hatte, »großartig aussah«. Barbaras zweimonatiger Erholungsaufenthalt bewirkte Wunder, was ihren Gesundheitszustand betraf. Sie ging jetzt nicht nur im Swimmingpool der Donahues schwimmen, sondern begann wieder etwas zu essen, meistens »Cherries Jubilée«, eine Lieblings-Kirschspeise aus ihrer Kindheit. Und sie ging auch wieder einkaufen, nämlich in Martha's Salon in der Worth Avenue, besuchte Tante Marjorie in Mar-a-Lago und genoß im Everglades Club »Mimosas« (Orangensaft mit Champagner).

Obwohl ihn die Krankheit geschwächt hatte, zeigte sich Wooly Donahue – er hatte sich erst vor kurzem einen Vollbart stehenlassen, um damit Operationsnarben zu verdecken – als beherzter Kavalier, der sich um seine zerbrechliche Cousine kümmerte, als sei sie es, die tödlich an Krebs erkrankt war. Im Verlauf von Barbaras Besuch entwickelte sich zwischen ihr und ihrem Cousin eine Nähe, die früher nicht existiert hatte. Sie entdeckten viele Gemeinsamkeiten, darunter auch ein Mißtrauen gegenüber bestimmten Charakteren der Gesellschaft, die Wooly subjektiv als »Strichjungen und Huren im Sandkasten des Palmenstrandes« bezeichnete. Sowohl Barbara als auch Woolworth Donahue wiesen Charakterzüge auf, die eine einzigartige Mischung aus Naivität und Hartnäckigkeit, Zartheit und Grobheit und dazu noch einen Schuß Launenhaftigkeit beinhalteten. Beide reagierten sie sehr gefühlsbetont und konnten in ihrer Sentimentalität schnell in Tränen ausbrechen, doch gab es dann auch wieder Zeiten, in denen sie gereizt und herrschsüchtig waren.

Bei den Donahues lernte Barbara auch Bernard Gelbort kennen. Es handelte sich dabei um einen Innenarchitekten aus Beverly Hills, einen Geschäftspartner von Mary Donahues Onkel Robert Crowder. »Bob Crowder kannte Barbara schon sehr lange, praktisch seit sie erwachsen war«, berichtet Gelbort. »Er hatte mir schon so viel über Barbara erzählt, daß ich das Gefühl hatte, sie bereits gut zu kennen, als wir uns das erste Mal sahen. Sie vermittelte aristokratischen Glanz und wirkte beeindruckend, aber schnell verwundbar und einsam. Ihre wunderschönen Augen spiegelten spontan all ihre Gefühle wider.

In vielerlei Hinsicht war sie wie ein Kind, sie brauchte Lob und Anerkennung. Eines Abends hatte sie sich die Haare von Marys Hausverwalter machen lassen. Den ganzen Abend fragte sie dann immer wieder: ›Ist das so in Ordnung? Sieht es gut aus?‹ Schüchtern war sie nicht gerade. Wenn ihr Leute zu nahe kamen, die sie nur sehr entfernt kannte, war das allerdings anders. Wenn jemand sagte: ›O Barbara, wir haben uns doch schon vor Jahren im El Morocco kennengelernt‹, zog sie sich sofort zurück.«

Bei ihrem Besuch in Palm Beach sah Barbara Woolworth Donahue zum letzten Mal. Er starb Anfang April, nachdem Barbara bereits nach Kalifornien zurückgekehrt war. Im Gedenken an ihn überwies sie eine große Spende an seine Lieblingsstiftung, die Waldemar Medical Research Foundation in Woodbury, eine medizinische Stiftung in Long Island. Eines Nachmittags tauchte sie dann in Bernard Gelborts Haus am North Beverly Drive in Beverly Hills auf. Verzweifelt suchte sie Gesellschaft. Er lud sie ein, bei ihm zu wohnen, worauf sie mit ihren Pflegeschwestern einzog.

»Sie hatte drei oder vier Schwestern«, berichtet Gelbort. »Im Haus gab es gar nicht so viel Platz mehr, weshalb sie immer auf der Veranda saßen. Einige der Schwestern nutzten die Situation und ließen Schmuck mitgehen. Jedenfalls verschwanden einige Gegenstände. Der Reichtum zerstörte Barbara. So reich zu sein ist ein Fluch.«

Unter Barbaras Besuchern in Gelborts Haus waren Bill Robertson, Graham Mattison (der wie immer mit einem Berg von Papieren vorbeikam, die Barbara unterzeichnen mußte) und wie üblich eine Menge Ärzte. Wenn sie nämlich von einem Arzt nicht das gewünschte Rezept bekam, ließ sie einen zweiten rufen und, wenn nötig, sogar einen dritten.

Sie beklagte sich heftig über die Behandlung, die ihr sowohl ihre medizinischen als auch ihre juristischen Berater angedeihen ließen. Unter den Dokumenten, die ihr Graham Mattison vorlegte, war auch ein Verkaufsvertrag für ihr Appartement in Paris. Da sie sich kaum darum kümmerte, was sie da alles unterschrieb, kam es für sie wie ein Schock, als sie erfuhr, daß ihr Appartement zusammen mit den besten Gemälden und den Pferdeköpfen von Haseltine an vermögende Araber verkauft worden war. Mattison hatte auch dafür gesorgt, daß ihr Stipendienmprogramm für die amerikanische Schule in Tanger beendet wurde, was zur Folge hatte, daß Dutzende jetzt mittelloser Studenten keine finanziellen Möglichkeiten mehr hatten, um ihr Studium fortzusetzen. Als nächstes wurde ein Fonds zur Förderung der Künste gestrichen, den Barbara 1951 in Dänemark hatte einrichten lassen.

Niemand verstand so richtig, warum Mattison die meisten von Barbaras Projekten liquidieren konnte, ohne im Rampenlicht zu stehen. Mindestens ebenso mysteriös erscheint Barbaras Versagen, dem, was ihr Rechtsanwalt tat, einen Riegel vorzuschieben. »Sie beklagte sich zwar darüber«, bemerkt Mary Donahue, »aber sie unternahm nichts zu ihrem Schutz. Ich habe keine Ahnung, wie es Mattison gelingen konnte, eine solche Macht über sie auszuüben. Sie war bestimmt nicht plemplem, aber es war ziemlich dumm von ihr, sich von einem Rechtsanwalt so überfahren zu lassen. Mattison war Barbaras Bevollmächtigter, und diese Vollmacht besiegelte ihr Schicksal.«

Anfang Mai meldete sich bei Barbara wieder der Drang, ihren Aufenthaltsort zu wechseln. Sie war bald wieder in Paris, wo sie sich in den luxuriösen Örtlichkeiten des Hotels Plaza-Athenée an der Avenue Montaigne aufhielt. Noch in derselben Woche fuhr sie nach Charente, das in der Weinbrandregion Cognac liegt, um dort Silvia und Kilian Hennessy zu besuchen. Dann reiste sie weiter ins spanische Plasencia, wo sie durch die örtlichen Nachtlokale zog, um klassischen Flamenco zu sehen. Sie erfuhr dabei, daß sie für Geld die talentiertesten Tänzer zu einer Privatvorstellung in ihre Hotelsuite kommen lassen konnte.

In Plasencia lernte sie Angel Teruel kennen, einen 24jährigen Matador, der als einer der besten Stierkämpfer seit den Zeiten des legendären Dominguín galt. Teruel, mit seiner geschmeidigen, flinken Art und dem Feuer in seinen Augen hatte sich auch einen Ruf als Frauenheld erworben. Barbara interessierte sich sofort für ihn. Als er zur Feria aufbrach, dem alljährlichen Stierkampffestival in Sevilla, begleitete sie ihn. Man sah sie nun in jeder *Corrida,* in der er auftrat. Colin Frazer trug sie auf den Armen durch die Menge zu ihrem Platz in der ersten Reihe. Nichts, nicht einmal ihre Abneigung gegen die Brutalität dieses Sports konnte sie vom Zuschauen abhalten.

Ein Zeichen des Ausdrucks ihres Interesses sei, so munkelte man, die Tatsache, daß sie mehr Schmuck als sonst trug – ein Experte beobachtete an ihr an einem Tag Schmuck im Wert von mehreren Millionen Dollar. Wäre derselbe Beobachter in der Lage gewesen, zu ihrer Hotelsuite Zutritt zu erhalten, hätte er feststellen können, daß dort Dutzende eingerahmter Fotografien des Matadors aufgestellt waren, ganz zu schweigen von der Serie blutgetränkter Ohrenpaare von Stieren. Der Beobachter hätte außerdem vermerken können, daß Angel Teruel in einem nagelneuen Rolls-Royce herumfuhr und am rechten Ringfinger einen erst kürzlich erworbenen Diamantring aus Gold im Wert von 75 000 Dollar trug.

Als die Feria beendet war, machten Barbara und ihr junger Matador in Marbella an der Costa del Sol zusammen Urlaub. Sie wohnten in zwei angrenzenden Suiten im Hotel Los Monteros. Es sickerte die Nachricht durch, daß Barbaras erstes Abendessen aus einem Dutzend Flaschen Coca-Cola und einer Flasche frischer Milch bestand. Die spanische Presse schätzte diese Freundschaft recht negativ ein, bezeichnete Barbara als Hure und verurteilte sie in Bausch und Bogen, weil sie ihren zukünftigen Helden der Nation mit einem Bündel Dollarscheine verführte. Nach zwei Wochen Marbella begriff sie nur zu gut, daß ihre traurige Suche nach Glück wieder einmal mit einem Mißerfolg geendet hatte. Gegen Ende Juni kehrte Angel wieder zu den *Corridas* nach Madrid zurück. Barbara ließ sich, das Gesicht hager, die Augen versteckt hinter einer großen Sonnenbrille, nach Tanger zurückbringen.

Die Ehe zwischen Lance und Cheryl Reventlow scheiterte nicht zu einem bestimmbaren Zeitpunkt. Es gab keinen speziellen Anlaß oder Vorfall, der das Scheitern ausgelöst hätte. Lance verbrachte nur einfach mehr Zeit als vorher auf einem Schoner, mit dem er auf den Gewässern vor Hawaii kreuzte, und hielt sich in seinem neuen Haus auf, das er sich in Aspen, Colorado, hatte bauen lassen, während Cheryl in Los Angeles blieb. Sie telefonierten oft stundenlang miteinander, was entsprechende Folgen für die Telefonrechnung hatte. Zwar behielten sie eine enge Freundschaft bei, ein Zusammenleben war jedoch nicht mehr möglich.

»Ich denke, das einzige, was unserer freundschaftlichen Beziehung noch einen offiziellen Anstrich verlieh, war unsere Ehe«, teilte Cheryl später einem Reporter mit. »Lance war ansonsten mein bester Freund. Wir hatten unsere eigene Art von Beziehung, was viele Leute möglicherweise nicht verstehen können. Er wollte nun einmal nicht in L.A. leben und ich nicht in Colorado.«

Aber das war nicht der einzige Grund, der die Ehe zum Scheitern gebracht hatte. Hinter Lances Ruhelosigkeit stand die Unfähigkeit, die Lücke zu füllen, die sein Abschied vom Rennsport hinterlassen hatte. Zwar spielte er weiterhin Polo, ging skifahren und segeln und erwarb den Pilotenschein. Er versuchte sich sogar als Wohltäter und gab Spenden für den Bau der »Music Bowl« in Aspen, einer Freilufthalle für den Auftritt von Symphonieorchestern und Musikern auf Tournee. Aber ohne die ständige Herausforderung durch Autorennen war er nur einer von vielen Amateursportlern, ein frustrierter Playboy und Vergnügungssüchtiger, dessen Leben inhaltsleer und ziellos war. Um sich entspannen zu können, begann er Drogen zu nehmen, meist Haschisch und Kokain, und in Hawaii und Colorado rauschende Junggesellenparties zu geben, wie er das früher in Kalifornien gemacht hatte.

Am Nachmittag des 24. Juli 1972 startete er mit dreien seiner Freunde – Philip G. Hooker, Robert Wulf und Barbara Baker – zu einem Rundflug über ein Grundstück bei Aspen, das er zu kaufen beabsichtigte. Hooker, 27 Jahre alt (neun Jahre jünger als Lance), Pilotenschüler und früherer Spirituosenladenbesitzer, lenkte die gemietete einmotorige Cessna 206. An dem Tag herrschten in dieser Gegend in den höheren Regionen böige Winde vor, die in heftige Gewitterstürme umschlugen. Der nationalen Flugkontrollbehörde zufolge hätte das Flugzeug niemals starten dürfen und schon gar nicht mit einem Pilotenschüler am Steuerknüppel.

Bereits ein paar Minuten nach dem Start gab es bei der Cessna Probleme mit dem Motor, sie neigte sich scharf in eine Kurve und krachte in einen Bergwald, zwölf Kilometer entfernt von der nächsten Straße und 25 Kilometer nordöstlich von Aspen. Das Wrack wurde von einem anderen Flugzeug gesichtet. Eine Rettungsmannschaft erreichte die Gegend kurz nach Einbruch der Nacht und konnte nur noch den Tod der Insassen feststellen. In ihrem ersten ungestümen Ausbruch von Verzweiflung weigerte sich Barbara, Lance beerdigen zu lassen. Sie hielt sich gerade in Tanger auf und wollte seine Leiche zum Sidi Hosni fliegen lassen. Dann änderte sie ihre Meinung und verlangte, daß der Leichnam einbalsamiert und anschließend nach Tanger zum Begräbnis in der kleinen Moschee neben dem Sidi-Hosni-Palast überführt werde.

Schließlich gab sie nach und willigte ein, daß Cheryl Holdridge die Verantwortung übernahm und die Vorbereitungen für eine Beerdigung in Aspen traf.

In Übereinstimmung mit Lances Wünschen war es mehr ein Leichenschmaus als eine Beerdigung. Die Zeremonie wurde in einem großen Zelt in der »Music Bowl« abgehalten. Ein Orchester junger Leute spielte Mozart und Bach. Cary Grant kam mit dem Flugzeug aus Hollywood, mit ihm viele Menschen, die mit Lance befreundet waren. Dudley Walker und Margaret Latimer, Peggy Reventlow und ihr Sohn Richard (Lances Halbbruder) kamen ebenfalls. Graham Mattison kam anstelle von Barbara, die sich von dem Schock noch nicht soweit erholt hatte, um die Fahrt unternehmen zu können. Danach gab es in Lances Haus eine Party mit Speisen und Getränken. Lance wurde zwar in Aspen begraben, später aber exhumiert, damit eine Feuerbestattung vorgenommen werden konnte. Seine Asche wurde zum Familienmausoleum in den Woodlawn-Friedhof gebracht.

Obwohl sie zum Zeitpunkt seines Todes nicht zusammengelebt hatten, hatte Lance den Großteil seines Vermögens Cheryl vermacht. Die Zeitungen schätzten in Nachrufen die Hinterlassenschaft von Lance auf 50 bis 100 Millionen Dollar ein. Tatsächlich aber erbte Cheryl zwei Häuser, vier Wagen, ein Boot, etwas Grundbesitz und 4,8 Millionen Dollar eines Treuhandvermögens, was sich insgesamt nur auf 5 Millionen Dollar summierte. Margaret Latimer und Dudley Walker erhielten jeweils 100 000 Dollar. Einige Monate nach Lances Tod kaufte seine Mutter den Schmuck zurück, den sie ihrer Schwiegertochter geschenkt hatte, was Cheryls Erbteil immerhin auf knappe 6 Millionen Dollar hochschnellen ließ.

Ruth Hopwood erinnert sich daran, wie Barbara sich in ihrer Verlassenheit mit dem Gedanken quälte, sie sei irgendwie für Lances Tod verantwortlich. Sie erzählte Ruth immer wieder, sie sei eine schlechte Mutter gewesen und habe ihrem Sohn nicht genügend Aufmerksamkeit gewidmet. Ein andermal wieder wollte sie nicht wahrhaben, daß ihr Sohn tot war. Sie sprach dann von ihm nur in der Gegenwartsform oder im Futur (»Lance meint...«, »Lance ist...«, »Lance wird...«), so als ob er nur für ein paar Minuten aus dem Zimmer gegangen wäre.

1973 kehrte Barbara nach Amerika zurück und hielt sich in Kalifornien auf. Dort erfuhr sie, daß die betagte Marjorie Merriweather Post gestorben war. Tante Marjorie war die letzte, mit der Barbara eine enge familiäre Bindung gehabt hatte. Erneut war sie zu deprimiert, um zur Beerdigung zu gehen. Am Ende dieses Jahres tauchte Marjorie Durant auf, die Enkelin von Marjorie Merriweather Post.* Marwee, wie sie genannt wurde, besuchte Barbara im Beverly Wilshire und war verblüfft, daß Barbaras Matratze wie in einer Studentenbude auf dem Boden lag. Offensichtlich erschien ihr das als eine Möglichkeit, ihre Schlaflosigkeit zu bekämpfen.

Marwee hatte Gerüchte vernommen, daß sich Barbaras Reichtum erschöpft habe, aber sie konnte keinerlei konkrete Hinweise dafür entdecken. Es schien Marwee jedoch eher das Gegenteil richtig zu sein. Später teilte sie ihrem Biographen William Wright mit, daß sie mit Barbara ein Gespräch über Perlen geführt hatte: »Sie ließ sich eines ihrer Schmuckkästchen bringen, nahm eine Blume aus Juwelen heraus, die so groß war wie eine Faust, und schenkte sie mir. Es handelte sich um ein Gänseblümchen mit Blütenblättern aus Perlen, smaragdenen Blättern und einem Diamanten als Mittelpunkt – das waren mindestens vier Karat. Ich nahm das Geschenk zunächst an, aber bevor ich ging, gab ich es ihr wieder zurück.«

Barbara hatte immer noch die schrullige Angewohnheit, Wertsachen einfach zu verschenken. Das »Gänseblümchen« ging schließlich in den Besitz einer Pflegeschwester über, die für Barbara im Wilshire arbeitete; kurz darauf verschwand die Schwester. Man hörte nie wieder etwas von ihr. Ein ziemlich junger Pilot der Hawaiian Airlines, den Barbara in Kalifornien kennengelernt hatte, erhielt einige kleinere Schmuckstücke. Er behauptete zwar, in Barbara verliebt zu sein, aber ihr Geld schien ihn doch weit mehr zu interessieren. Charles F. Boutelle, Manager von »A La Vieille Russie«, einer russischen Kunst- und Antiquitäten-

---

* Die Mutter von Marjorie Durant ist Adelaide Close Hutton.

handlung in New York, erinnert sich daran, daß der Pilot zwei Paar Manschettenknöpfe im Wert von je 10 000 Dollar, die Barbara kurz davor im Laden hatte kaufen lassen, zurückgab. »Ich kann mich deshalb so genau daran erinnern, weil ich es seltsam fand, daß er beide Paare zurückgab. Eigentlich bin ich mir sicher, daß er sich gefragt haben muß, was er mit diesen teuren Manschettenknöpfen anfangen sollte, wenn er doch Geld brauchte. Also nahmen wir die Manschettenknöpfe als Kommissionsware zurück und erstatteten ihm nach deren Verkauf den Wert in bar.«

Der Pilot verschwand aus Barbaras Leben, und sie zog sich wieder zurück. Erst an ihrem 61. Geburtstag zeigte sie sich wieder für kurze Zeit in der Öffentlichkeit. Von Silvia und Kilian ließ sie sich in deren privatem Mystère-Düsenflugzeug von Los Angeles nach San Francisco fliegen. Dort bestand sie auf einem Geburtstagsessen aus Cheeseburgern, Pommes frites und Coca-Cola. Auf dem Rückflug erbrach sie die ganze Mahlzeit.

Im September 1974 beendete sie die Mietzahlung für ihre Luxussuite im Hotel Pierre in New York und gab sie auf. Das geschah im Rahmen des Sparprogramms von Graham Mattison. Daraufhin reiste sie nach Venedig und wohnte dort mehrere Wochen lang als Gast von Marina Luling Volpi in der Villa Barbaro.Lanfranco Rasponi, ein weiterer Gast in der Villa, hörte eine hitzige Debatte zwischen Barbara und Marina mit, die sich über Barbaras Vorliebe für Koto-Musik stritten. Barbara wollte diese mit hoher Stimme vorgetragenen Stücke Tag und Nacht spielen lassen.

»Barbara konnte richtig widerlich sein«, berichtet Rasponi, »aber sie wurde auch schlecht behandelt, als sie älter wurde – womit ich nicht nur ihre Rechtsanwälte und Ärzte meine. 1974 wurde diese früher einmal selbstbewußte Frau, die lange Zeit so vergöttert wurde, wie ein lebender Leichnam behandelt. Mit Chanelkostüm und Seidenschal bekleidet, ließ sie sich am Lido von Badezelt zu Badezelt bringen, hielt da oder dort an und versuchte, frühere Bekannte zum Teetrinken einzuladen. Aber sie erschien den Leuten so antiquiert wie das alte Venedig und sie wollten nichts mit ihr zu tun haben. Sie ließ nicht locker und suchte, gestützt auf Colin Frazers Arm, ein freundliches Gesicht in der Reihe der Sonnenzelte und versprach dabei jedem, in Tanger noch einmal eine Party steigen zu lassen, die die Welt kopfstehen lassen würde. Aber die Menge interessierte sich nicht mehr für Barbara Hutton. Sie repräsentierte die Schlagzeilen und die Welt von gestern. Das Interesse für sie war nicht mehr größer als das für einen abgesetzten Monarchen.«

Barbara kehrte nach Kalifornien zurück und konnte dort gleich ihren 62. Geburtstag feiern. Zwei kleine freundliche Gesten gaben ihr in ihrer Suite im Wilshire etwas Kraft und trösteten sie ein wenig: ein Blumenbouquet von Gottfried von Cramm und ein Brief von Cary Grant, der ihr mitteilte, wieviel sie ihm bedeutet habe. Mit Ausnahme dieser kleinen Freundlichkeiten hatte die Welt sie schon vergessen. Diesmal wurde ihr Geburtstag auch von der Presse übersehen. »Niemand interessiert sich mehr für mich, aber ich bin glücklich darüber«, sagte sie zu einer ihrer Krankenschwestern. Ihr Zustand strafte diese Aussage aber Lügen: sie befand sich jetzt ständig in einem seelischen Tief.

Die kleinste Aufgabe wurde nun zur Überbelastung. Sie aß nichts mehr, schlief nicht mehr, badete nicht mehr und wechselte ihre Kleider nicht. Am späten Nachmittag ging sie meist in den im ostindischen Stil ausgestatteten Zindabad Club des Hotels hinunter, saß dort ganz alleine und blieb, bis der Club um drei Uhr morgens schloß. Dann kehrte sie in ihr Zimmer zurück, trank Coca-Cola und wartete auf das Morgengrauen. Sie hatte entsetzliche Angst vor der Vorstellung, sie könne den Verstand verlieren, und entwickelte den Wunsch, Selbstmord zu begehen, um den quälenden Gedanken zu entkommen. Auf helles Licht reagierte sie empfindlich; deshalb mußten die Lampenschirme auf ihr Betreiben hin mit Handtüchern oder rosafarbenem Seidenpapier überdeckt und die Fenster mit Aluminiumfolie ausgekleidet werden, um das Außenlicht zu verringern.

Zu diesem Zeitpunkt kam ein neuer Arzt auf ihrer langen

Medizinerliste hinzu: Dr. Eliot Corday, ein Kardiologe aus Beverly Hills. Barbara wurde jetzt zeitweilig von Valium entwöhnt und auf Chloralhydrat umgestellt. Chloralhydrat ist eines der besseren Beruhigungsmittel und hat eine bemerkenswerte Eigenschaft: Man kann damit kaum Selbstmord begehen, da man sich als Erwachsener auf eine entsprechende Dosis hin erst einmal übergeben muß. Im großen und ganzen hatte die Umstellung bei Barbara jedoch keine Wirkung, da sie das neue Medikament mit anderen, bisweilen lebensgefährlichen Beruhigungsmitteln ergänzte. Sie war medikamentensüchtig und benommen wie eh und je.

Ihre täglichen Besuche im Zindabad Club hatten den nachteiligen Effekt, daß das Wilshire zum Magneten für die Gigolos und Glücksjäger aus ganz Südkalifornien wurde. Sie stellten sich in Zweier- oder Dreierreihen an der Bar auf und warteten auf Barbara. Manchmal, so berichtete später eine ihrer Pflegerinnen, besuchte sie die Bar in einem schwarzen Abendkleid, wobei sie Schmuck vom Hand- bis zum Ellbogengelenk trug. Sie setzte sich immer an denselben Ecktisch, bestellte einen Drink, trank ihn bedächtig und paffte dabei eine Schachtel Zigaretten. Die starrenden Blicke der männlichen Gäste ignorierte sie. Sie betrachtete sich dann manchmal stundenlang in einer vergoldeten Puderdose. Ihre Augen mit den tiefen Schatten, der an den Winkeln herabgezogene Mund und die Haut, die so dünn war wie Papier, gaben ihrem Gesicht das Aussehen einer Totenmaske. Die glühende Zigarette und der blaßblaue Rauch, der ununterbrochen nach oben stieg, waren meist die einzigen erkennbaren Lebenszeichen Barbaras.

Ihr fortschreitender Verfall schlug sich verheerend auf die Moral der beiden Männer nieder, die weitgehend für sie verantwortlich waren, nämlich Colin Frazer und Bill Robertson. Frazer nannte Barbara hinter ihrem Rücken »es«. So pflegte er beispielsweise Robertson mitzuteilen: »Es trinkt gerade etwas in der Bar.« Seine Ergebenheit Barbara gegenüber stand außer Frage, aber es kam öfter vor, daß ihm ihre Mätzchen zuviel wurden und er den dringenden

Wunsch verspürte, seinen Arbeitsplatz zu wechseln.

Bill Robertson, der sich als Barbaras Aufpasser sah, bemühte sich engagiert, sie dadurch zu kontrollieren, daß er ihr überallhin folgte. Seine wiederholten Versuche, sie dann zu stellen und auf ihre Suite zurückzubringen, wurden von ihr mit hartnäckigem Widerstand und einem verärgerten, finsteren Blick quittiert. Verschiedene Male vertrieb sie ihn dadurch, daß sie ihm drohte, sie würde die Polizei rufen, wenn er sie weiterhin belästige. Eines Abends war sie aus der Bar verschwunden. Am nächsten Morgen fand man sie in aller Frühe in einem unbesetzten Hotelzimmer. Sie war geknebelt, ihre Hände waren mit einem Gürtel auf den Rücken gebunden und die Beine ans Bett gefesselt. Ein Playboy hatte ihr die Kleider abgenommen und gestohlen, damit sie nicht die Verfolgung aufnehmen konnte. Ihr Geldbeutel und ihr Schmuck waren ebenfalls verschwunden.

Im Herbst 1975 reiste Barbara nach Tanger ab. Es sollte ihr letzter Aufenthalt in dieser Stadt werden. Statt eines bombastischen Balls für die High-Society, den sie sich noch im Vorjahr in Venedig vorgenommen hatte, gab sie dann nur eine intime Dinnerparty für acht Personen. Aber sogar ein solch kleineres Treffen überforderte sie schon, und schließlich blieben die Gäste sich selbst überlassen. Sie hatte sich in ihr Schlafzimmer zurückgezogen und hörte dort japanische Musik.

Ein paar Wochen später gab es erneut eine Dinnerparty, diesmal im Hause von David Herbert. Unter seinen Gästen befanden sich Garrett und Joan Moore sowie der Earl und die Gräfin von Drogheda. »Barbara hatte sich schon sehr darauf gefreut, sie alle wiederzusehen«, erinnert sich Herbert. »Aber am Abend der Party schaute sie aus wie eine dieser verrückten Theaterfrauen. Sie hatte sich ganze Schichten von Rouge und weißem Puder aufgelegt, hatte um die Augen herum Wimperntusche und über Mund und Kinn Lippenstift verschmiert. Als sie zu Garrett ging, um ihn zu küssen, versuchte er sie wegzustoßen und erklärte ihr, sie solle sich erst ihr Gesicht saubermachen. Das arme Ding konnte schon gar nichts mehr sehen und war zu stolz, ihre Bediensteten zu bitten, ihr das Make-up zu machen. Immerhin erlaubte sie es einem von ihnen, alles wegzuwischen, und erst jetzt gewährte ihr Garrett schließlich einen flüchtigen Kuß, der allerdings nur sehr entfernt an die Tage erinnerte, als er sie noch als sein ›Traumgirl‹ betrachtete.

Barbara verlor allerdings nie ihren Sinn für Humor, und das kam ihr zugute. Eines Tages kam ein großes Päckchen an, in Geschenkpapier eingewickelt. Es enthielt etwa ein Dutzend ineinandergestellte Päckchen und erinnerte damit an die russischen Matrjoschkas. Schließlich hatte ich das letzte ausgepackt. Darin lagen ein winziges goldenes Ei und ein handgeschriebener Zettel: ›Meinem Darling David. Von der Gans, die so viele goldene Eier gelegt hat. Barbara.‹«

Ende 1975 lernte Barbara im Plaza-Athénée in Paris den spanischen Porträtisten Alejo Vidal-Quadras und seine französische Frau Marie Charlotte kennen. Barbara gab dem Künstler ein Ölporträt in Auftrag, das auf der Grundlage einer Fotografie von ihr aus den dreißiger Jahren entstehen sollte. Vidal-Quadras empfand das als einen Versuch Barbaras, die Vergangenheit heraufzubeschwören.

»Ich führte Barbaras Auftrag natürlich aus. Aber wenn ich mir so ihr Gesicht betrachtete, das sie so um die Dreißig hatte – frisch und voller Farbe –, und das mit ihrem vierzig Jahre älteren Gesicht verglich, war das Ergebnis schockierend. Man sollte ein Foto von Barbara in ihren letzten Lebensjahren bei jeder Familie aufhängen, die die Reichen beneidet. Barbaras letzte Lebensjahre waren furchtbar. Als wir sie kennenlernten, war ihr Gemütszustand schon so miserabel, daß der kleinste Vorfall sie völlig aus dem Gleichgewicht bringen konnte. Eines Nachmittags sollten wir sie im Hotel treffen. Zur Begrüßung legte sie all ihre Rubine und Diamanten an. Wir kamen aber in einen Verkehrsstau und verspäteten uns. Als wir dann ankamen, heulte sie schon ganz hysterisch, weil sie befürchtet hatte, wir würden nicht kommen. Sie trug ein schwarzes Kleid von Dior, das vielleicht vor zwanzig Jahren modern gewesen, jetzt jedoch passé war. Barbara war ein Relikt ihrer Generation. Der Glanz, die Eleganz und der Luxus von einst waren längst verblaßt. Sie pflegte über sich zu sagen: ›Ich ähnele einer venezianischen Brücke, die niemals das andere Ufer erreicht.‹ Meiner Meinung nach meinte sie damit, daß sie es nicht geschafft hatte, die Lücke zwischen ihrer eigenen Ära und der darauffolgenden zu schließen.

Ein gutes Verhältnis hatte sie zu Hubert de Givenchy, einem Couturier, der ihre Parties in Tanger regelmäßig besuchte. Auf einer Dinnerparty, die er in seinem Haus in der Stadt für Barbara gab, lebte Barbara richtig auf und amüsierte sich prächtig.

Als wir sie aber das nächste Mal sahen, ging es ihr schon wieder schlecht. Ihr Gynäkologe hatte eine verdächtig aussehende Geschwulst an ihrem Gebärmutterhals entdeckt. Das war nicht das erste Mal, daß eine solche Wucherung auftrat, und darum plante man, sie zum Cedars-Sinai Medical Center in Los Angeles zu fliegen. Aber sie wollte nicht. Sie hatte große Angst und wollte die Biopsie in Paris vornehmen lassen. Ich ließ den Hotelmanager rufen und fragte ihn, wer denn eine Befugnis habe, sie zu diesem Flug zu zwingen. ›Monsieur Mattison hat diese Befugnis, ihr Anwalt‹, antwortete er. Dabei zuckte der Manager die Achseln. Mit dieser Geste war die Sache entschieden: sie sollte fliegen.«

Ruth Hopwood kam aus Tanger, um Barbara an Bord eines Hennessy-Jets zu begleiten. Zwei Tage später wurde sie in das Cedars-Sinai-Krankenhaus eingewiesen. Zu ihrer enormen Erleichterung erwies sich der Tumor als gutartig. Mitte Januar 1976 wohnte sie wieder in ihrer früheren Suite im Crescent-Flügel des Beverly Hills Hotels. Sie vermied das Beverly Wilshire, weil sie dort ihr Konto überzogen hatte. Sie schuldete dem Wilshire mehr als 100 000 Dollar.

Kurz danach probierte Barbara die aktuellsten Nebenprodukte der »Selbstfindungs«-Generation aus – Frage-und-Antwort-Spiele, Kokain und ständig eine Reihe 19jähriger

»Beachboys«. Sie bekamen 1000 Dollar für einen Abend, um sich mit Barbara zu unterhalten. Allerdings kann man sich nur schwer vorstellen, daß sich bei diesen Stelldicheins vernünftige Gespräche ergaben. Es entstanden Probleme, da weder Barbara noch irgendwer sonst von ihrem Personal genügend Bargeld zur Hand hatte. Ihre Besucher mußten von der Rezeption bezahlt werden, die dann Barbara eine Rechnung stellte. In wenigen Wochen hatte sie damit eine annähernd hohe Rechnung zusammengebracht wie im Wilshire. Das Hotelmanagement verlangte von ihr zumindest eine teilweise Begleichung ihrer Schulden. Zuerst beklagte sie sich darüber, zog dann aber Graham Mattison hinzu. Mattison, der die Firma Dominick & Dominick verlassen hatte, hatte bereits die New Yorker Anwaltsfirma Cahill, Gordon & Reindel beauftragt, das meiste von Barbaras juristischem Papierkram zu bearbeiten. Barbaras Konto wurde John R. Young übertragen, einem Spezialisten für Urkunden, Testamente und Kredite, dessen oberstes Ziel es war, Barbaras Finanzen in Ordnung zu bringen. Mattison war immer noch für die Regelung finanzieller Fragen zuständig, ihr offizieller Rechtsanwalt hieß jetzt jedoch Young. In dieser Eigenschaft zahlte er mit Ausnahme von 6950 Dollar Barbaras Rechnung im Beverly Hills Hotel und bereinigte ihre Schulden im Wilshire.*

Am 23. Februar erhielt Barbara einen Telefonanruf von Hernando Courtright, dem Besitzer des Beverly Wilshire. Im zehnten Stock des neuen Flügels war eine Wohnsuite frei geworden, die vorher John W. Kluge von dem Fernsehgiganten Metromedia gemietet hatte. Dieses Appartement für 10 000 Dollar hatte vier Schlafzimmer, einen Küchen- und Frühstücksbereich, ein Eßzimmer, ein Wohnzimmer, ein Ruhezimmer, Teppichböden und halbkreisförmige Terrassen. Sie boten auf der einen Seite einen prächtigen Ausblick

---

* Die Vollmacht für den Rechtsanwalt wurde am 27. März 1974 unterzeichnet. Sie mußte nicht, wie frühere Dokumente dieser Art, jedes Jahr erneut bestätigt werden, sondern war von Barbara nur schriftlich widerrufbar. Am 18. November 1976 übergab Graham Mattison das Dokument mit Barbaras Zustimmung an John R. Young.

auf die Wolkenkratzer von Los Angeles und auf der anderen auf die Santa Monica Mountains. Barbara unterzeichnete einen monatlich zu erneuernden Mietvertrag und bezog die Suite ein paar Tage später.

Barbara Woolworth Hutton, die Erbin, die sich einmal damit gebrüstet hatte, sie habe mehr Geld als sie je in ihrem Leben ausgeben könne, hatte jetzt weniger davon zur Verfügung als ihr lieb war. So schien es wenigstens, wenn man die überfälligen Rechnungen, ihre gesperrten Kreditkarten und die Mitteilungen über die Einleitung von Gerichtsverfahren in Betracht zog, die jetzt in ihre neue Suite flatterten. Als erstes meldete sich das Management des Beverly Hills Hotels, das seine Rechnung beglichen haben wollte und eine zusätzliche Zahlung von 536,50 Dollar verlangte, um die Kosten von »mehreren Blumentöpfen, Schalen und Seidenblumenarrangements« zu ersetzen, die auf geheimnisvolle Weise verschwunden waren, vermutlich, als Barbaras Personal alles zusammengepackt hatte. Diese Forderung wurde außergerichtlich beglichen.

Als nächstes meldete sich Thomas Creech, Barbaras früherer Chauffeur, der vor Gericht ging, um rückständigen Lohn in Höhe von 32 290 Dollar einzufordern. Creech behauptete in seiner schriftlichen, beeidigten Erklärung, daß er als Chauffeur »gezwungen worden war, viele Arbeiten zu verrichten, die nichts mit Fahren zu tun haben«. So habe er »die Fenster der einzelnen Hotelsuiten von Miß Hutton mit Aluminiumfolie einfassen müssen, um Sonnenlicht fernzuhalten, Lampenschirme mit rosafarbenem Seidenpapier abdecken und darauf achten müssen, daß sie nur runde Eiswürfel serviert bekam, weil sie viereckige nicht mochte«. Erst nach Jahren gewann Creech den Prozeß.

Außerdem reichten eine ganze Reihe Kaufleute und Warenhäuser, mit denen Barbara Geschäfte abgewickelt hatte, darunter Vera Medina, ihre Kaftanschneiderin in Tanger, Tiffany und Harry Winston in Beverly Hills, Klagen ein. Tiffany schuldete sie 40 000 Dollar, die Hälfte der Summe stammte aus dem Kauf kleiner Goldglocken, die ihre Pflegeschwestern tragen sollten (damit sie wußte, wann sie kamen und gingen);

Winston schuldete sie ungefähr 30 000 Dollar. Die Schmuckabteilung von I. Magnin klagte wegen 660 000 Dollar: Das war die Geldsumme, die sich aus Barbaras Bestellungen in einem Zeitraum von weniger als vier Monaten ergab. Einer ihrer Buchhalter beschrieb ihr Kreditverhalten als »tiefen Sumpf« und gab ihrem rücksichtslosen lebenslangen Drang, »ihr Geld einfach hinauszuwerfen«, die Schuld daran.

Aber das war es nicht alleine. Neben weiteren Problemen waren da auch das fragwürdige Verhalten von Graham Mattison und sein unbestreitbarer Anteil daran, daß eines von Amerikas größten Vermögen zusammenschmolz. Barbara hatte von Anfang an angenommen, vielleicht sogar zu Recht, daß Mattisons komplizierte Steuerplanung und seine Fiskalakrobatik mit einer gründlichen Kenntnis der internationalen Steuerbestimmungen zusammenhingen, die in einigen Bereichen für einen Uneingeweihten nicht verständlich sein konnten. Das Phänomenale an Mattisons Verhalten waren die Ungezwungenheit und die Offenheit, mit denen er seine Operationen durchführte. Auch wenn Barbara nicht immer wußte, worauf er hinauswollte, so war die Zielrichtung seiner Handlungen nichtsdestoweniger für jeden aufmerksamen Beobachter einsichtig.

Sein Vorgehen läßt sich vielleicht am besten durch die Art und Weise darstellen, wie er den Verkauf von Barbaras Japan-Palast in Cuernavaca, des Sumiya, organisiert hat. Ende 1976 reichten zwanzig Angestellte des Sumiya beim mexikanischen Arbeitsministerium eine offizielle Klage ein mit dem Tenor, daß sie schon seit mehr als zehn Wochen keinen Lohn mehr von Mattison bekommen hätten. Das Ministerium verfügte eine Zahlungsaufforderung und eine Geldstrafe von 800 Dollar gegen Barbara. Eine weitere Zahlungsaufforderung mit Geldstrafe kam vom Finanzministerium, weil in jenem Jahr keine Vermögenssteuern gezahlt worden seien. Mit den Zahlungsaufforderungen suchte Mattison Barbara auf und konnte sie bald davon überzeugen, daß man Sumiya abstoßen müsse, weil es ihre ohnehin zerrütteten Finanzen noch weiter belasten würde. Der Anwalt bot darüber hinaus an, selbst einen Käufer für den Sumiya zu suchen. Eine Woche später setzte er sich wieder mit Barbara in Kontakt. Fernando Hanhausen, ein Rechtsanwalt aus Mexico City, der Barbara in verschiedenen kleineren Fällen vertreten hatte, wolle ihr das Gut abkaufen. Er habe vor, aus der Residenz ein Restaurant zu machen und in der Umgebung Familienferienheime zu bauen, die er anfangs zu einem Preis von 300 000 Dollar je 0,2 Hektar Grundstück verkaufen wolle.

»Wieviel will er mir dafür zahlen?« fragte Barbara.

»Nun«, meinte Mattison, »er will uns 500 000 Dollar geben.«

Barbara schien das nicht gerade ein vielversprechendes Angebot zu sein, wenn man in Betracht zog, daß das Haus und die Einrichtung allein schon das Dreißig- oder Vierzigfache wert waren. Als sie das Angebot in Zweifel zog, erinnerte sie Mattison daran, daß es in Mexiko gerade einen Preiskrieg auf dem Immobilienmarkt gebe und daß man deshalb Jahre auf ein besseres Angebot warten müsse; noch dazu, wenn man die unerschwinglichen Unterhaltskosten für Haus und Grundstück berücksichtige. Schließlich gab Barbara nach und unterzeichnete den Kaufvertrag. Es bleibt unklar, welchen Vorteil Mattison daraus zog, daß er das Haus zu einem so lächerlich niedrigen Preis verkaufte. Allein schon die Tatsache, daß er und Hanhausen sich gut kannten, läßt die Transaktion in zweifelhaftem Licht erscheinen. Nacho de Landa, Barbaras Nachbar in Cuernavaca, behauptet steif und fest, daß Mattison bessere Angebote zurückgewiesen hat, um an Fernando Hanhausen verkaufen zu können.

Wenn er nicht gerade mit Grundstücksverkäufen zu tun hatte, verfolgte Mattison andere Geschäfte. Das ging von der Gründung von Scheinfirmen in Barbaras Namen bis zur Investition einiger ihrer schwindenden Vermögenswerte in Hamilton auf den Bermudas, einer Art Steuerparadies. Er löste ein Konto bei der Royal Bank of Canada auf und investierte das Geld in eine belgische Munitionsfirma; der Konzern wurde beinahe unter Konkursverwaltung gestellt, und Barbara erlitt Millionenverluste. Aus dem Sumiya ließ er ihren beweglichen Besitz fortschaffen. Einiges vom größeren japanischen Mobiliar ließ er zu Barbaras Suite im Beverly Wilshire transportieren; die unbezahlbare Jade-Kollektion ließ er bei Grospiron (das vormalige Pitt & Scott) in Paris einlagern, aber später verkaufte Mattison sie an private Sammler. Er konnte Silvia de Castellane Hennessy irgendwie dazu überreden, einige der wertvollen Schmuckstücke, die sie im Lauf der Jahre von Barbara bekommen hatte, zurückzugeben. Ebenso konnte er Igor Troubetzkoy dazu überreden, den Treuhandfonds zurückzuerstatten, den ihm Barbara nach ihrer Scheidung auf seinen Namen ausgeschrieben hatte. Dann stachelte er Jimmy Douglas dazu an, vier Gemälde zurückzugeben, die ihm Barbara geschenkt hatte. Schließlich wandte er sich an mehrere Leute, die Nutznießer von Barbaras Freigebigkeit gewesen waren, und bat sie, ihre Geschenke zurückzuschicken; nicht alle willigten ein.

Barbaras Bekannte empfanden die Art und Weise, wie Mattison Barbara behandelte, halsabschneiderisch und grausam. Mattison wies sie wiederholt warnend darauf hin, sie sei in Gefahr, gekidnappt zu werden, wenn sie die Hotelsuite verlassen würde, und versuchte sie davon zu überzeugen, daß nur der mit einer Pistole bewaffnete (aber sonst sanftmütige) Colin Frazer sie ausreichend beschützen könne. Auch teilte er ihr mit, daß sie »pleite« sei und kein Kapital und kein Einkommen mehr habe. Mattison untersagte ihr, auch nur den kleinsten Scheck zu unterzeichnen. Sie wurde von ihm informiert, daß kein Geld für eine Reise nach Paris vorhanden sei, ja nicht einmal für einen Abstecher nach San Francisco. Er sorgte dafür, daß potentielle Freier nicht an sie herankommen konnten, und ging sogar so weit, Barbaras Pflegeschwestern für die Überwachung ihrer Post und ihres Telefonverkehrs einzusetzen. Mattison machte sich weiterhin an ihr persönliches Eigentum heran. Um die Miete ihrer Hotelsuite, ihre Ärzte und Pflegeschwestern zu bezahlen, habe er Ausgaben von ungefähr 300 000 Dollar pro Jahr, erklärte er zum Beispiel. Dafür nahm er ihr dann Schmuck ab, der in Wirklichkeit erheblich mehr wert war. Barbaras Gefährten und Bekannte stimmen darin überein, daß Mattison ein zu großes Stück vom Kuchen haben wollte und ihm dafür praktisch kein Weg zu schmierig war. Er kaufte sich zwei großartige Häuser, eines davon im portugiesischen Estoril, das andere in Paris, in der Avenue Montaigne 56. Dazu erwarb er sich noch eine Suite mit mehreren Zimmern im vornehmen Hotel Lancaster, ebenfalls in Paris. Mattison besaß zwei Rolls-Royce in Spezialanfertigung. Ständig war er auf Reisen. Im Sommer gab er Parties für arabische Millionäre und Filmgrößen aus Hollywood, im Winter Galaessen für Leute wie die Patiños und Baron Alexis de Rédé. Auf Wohltätigkeitsveranstaltungen war er ebenfalls zu sehen; seine Frau Perla besuchte Modeschauen; beide wurden zu Truman Capotes glanzvollem Schwarz-Weiß-Maskenball eingeladen, der für Katharine Graham, Mitglied des Direktoriums bei der *Washington Post* und bei *Newsweek*, im New Yorker Plaza organisiert wurde. Mattison war Mitglied im Union Club von Manhattan und im Traveller's Club von Paris. Das alles verstärkte das Gerede und die Leute fragten sich: Woher kommt das ganze Geld?

Bei bestimmten zentralen Figuren von Barbaras Personal wurden solche Fragen nun auch immer häufiger gestellt und das erst recht, als Mattison einmal behauptete, es sei kein Geld vorhanden, um die Löhne zu bezahlen. Das war im Prinzip dieselbe Show, die er zuvor in Cuernavaca aufgezogen hatte. Colin Frazer sprach sich sogar dafür aus, auf Mattison einen Detektiv anzusetzen. Ferner erschien es Frazer angebracht, Barbaras Geschäftsbücher einer offiziellen Revision unterziehen zu lassen; das Ergebnis sollte den Angestellten zugänglich gemacht werden. Schließlich nahm Frazer zu einem Einmannaufstand Zuflucht: Er nahm einen Vuitton-Handkoffer an sich, in dem Barbaras Bilderrahmen aus echtem Gold eingepackt waren. Wenn Mattison nicht klein beigeben würde, wollte er die notwendigen Gelder für die Löhne durch den Verkauf der Bilderrahmen beschaffen. Mattison zahlte.

Im Sommer 1977 verhängte Mattison noch einmal einen ähnlichen Lohnstopp, um eine Pflegerin mit dem Spitznamen Sibylla loszuwerden, die seit Juni 1976 für Barbara gearbeitet hatte. Zu dieser Zeit mußte Barbara eine für sie kritische Periode durchleben. Ihre Probleme wurden noch weiter verschärft, als am 8. November 1976 Baron Gottfried von Cramm während einer Geschäftsreise nach Kairo bei einem Autounfall ums Leben kam. Damit war er der dritte ehemalige Ehemann von Barbara, der auf diese Weise starb. In ihrer wachsenden Isolation und Verzweiflung begann sich Barbara immer mehr auf die wenigen Leute, die noch für sie arbeiteten, zu verlassen und reagierte vor allem auf die Aufmerksamkeiten, die ihr ihr neuester Hausmeister entgegenbrachte.

Da sie nicht mehr in der Lage war, mit den Widerwärtigkeiten des Lebens fertig zu werden, das Wichtige vom weniger Wichtigen zu unterscheiden und auch nur die kleinen Probleme des täglichen Lebens zu bewältigen, zog sich Barbara in die Geborgenheit einer krankenhausähnlichen Umgebung zurück. Das machte sie vollkommen abhängig von einem völlig durchorganisierten Tagesablauf und von einem Personal, dessen einzige Funktion es war, ihre Launen jederzeit zu befriedigen und ihr vorzuspiegeln, daß ihr Leben wie das der anderen Menschen verlief. Da sie isoliert war, sich nur noch von Einbildung und Pillen nährte, erlitt sie einen Zusammenbruch psychotischer Art, der sie in ein kindliches Stadium zurückversetzte, in dem ihr ihre Zwangs- und Wahnvorstellungen als einzige Realität erschienen.

Wie ein Kleinkind in seinem Bettchen lag sie in ihrem übergroßen Bett und wollte es nicht verlassen, denn sie war überzeugt davon, daß sie nicht mehr gehen konnte. Sie weigerte sich, zu essen und zu schlafen, und wog während ihres restlichen Lebens nie wieder mehr als neunzig Pfund. Ihre Weigerung aufzustehen führte zu einer Beinmuskelatrophie, entzündeten Sehnen und wundgelegenen Stellen. Die Vorhänge in ihrem Zimmer wurden nicht mehr aufgezogen.

Sie lebte von Coca-Cola und Zigaretten. Wenn sie ihr Butanfeuerzeug benutzte, achtete sie nicht mehr auf ihre Umgebung und brannte so unzählige Löcher in die einstmals exquisite Bettwäsche und die handgemachten Spitzenbettdecken. Mehrmals zündete sie sich sogar selbst an. Als sie einmal einen ihrer Dior-Morgenröcke trug, setzte sie ihn in Brand und mußte mit einem Feuerlöscher gelöscht werden. Ihre 35 Vuitton-Handkoffer lagen in der Suite herum und waren im Flur gestapelt, damit man sie augenblicklich packen konnte. Eines der einfacheren Schlafzimmer diente als Garderobe für ihre Pelzmäntel. Das, was von ihrem Schmuck noch übriggeblieben war, bewahrte sie in drei speziell angefertigten Aktentaschen auf, die mit Kombinationsschlössern versehen waren. Diese drei Aktentaschen standen immer direkt neben ihrem Bett. Ständig trug sie ihren Diamanten des Paschas von Ägypten, einen kleineren Ring, eine Perle, die von Diamanten eingerahmt war, eine Perlenhalskette und an ihren abgemagerten Oberarmen goldene Armringe.

»Soweit ich das beurteilen kann«, berichtet Sibylla, eine geborene Kalifornierin spanischer Abstammung, »versuchte jeder, sie auszunutzen. Die Oberschwester Kathleen Murphy, eine Irin, führte laufend Buch über Barbaras Medikation. Als ich die Aufzeichnungen zum ersten Mal sah, traute ich meinen Augen nicht. Nicht einmal ein Pferd hätte so viele Medikamente überleben können. Ihre Ärzte überschwemmten sie mit Arzneimitteln. Die meisten ihrer Freunde und Bekannten hatten sie verlassen. Sie beklagte sich häufig, daß Nini Martin sie nicht mehr aus San Francisco anrufe. Silvia de Castellane sprach von ihr als *la folle* – ›die Verrückte‹! Cary Grant rief in der Zeit, als ich dort arbeitete, nur einmal an. Er wollte seine Tochter zu einem Besuch anmelden, aber er selbst zeigte kein Interesse, es ihr gleichzutun.

Zu Graham Mattison gab es viele Fragen. Keiner wußte so richtig, warum ihn Barbara nicht einfach feuerte und ihre finanziellen Probleme einem anderen Rechtsanwalt oder einer Finanzberatungsfirma mit gutem Ruf übertrug. Offensichtlich hatte sie vor Mattison Angst. Er wußte zuviel über ihren persönlichen Bereich und hätte sich dann vielleicht an die Presse gewandt. Sie schämte sich auch zuzugeben, daß sie jemand hereingelegt haben könnte. Mattison blieb, weil sonst niemand da war, der ihr Ratschläge gegeben hätte, und sie zu alt und krank war, um sich mit neuen Rechtsanwälten einzulassen.

Wie sich herausstellte, war Mattison nicht einmal der schlimmste. Diese Ehre gebührt den Kauf- und Geschäftsleuten, besonders den Juwelierläden mit gutem Namen, die Barbara die ganzen Jahre hindurch aufgesucht hatte. In ihren letzten Lebensjahren fertigten die Ladeninhaber sie schroff ab oder versuchten, ihr falschen Schmuck anzudrehen, wenn sie noch einmal jemandem ein Geschenk machen wollte. Sie konnte nämlich nicht mehr so gut sehen, um den Betrug noch erkennen zu können.

Einmal zeigte ich Daniel Ryan, dem Direktor und Vizepräsidenten von Van Cleef & Arpels, einen Armreif, den sie mir geschenkt hatte. Er schaute ihn kurz an und sagte dann: ›Den hat Barbara Ihnen gegeben? Das ist unmöglich! Diese Diamanten sind alle aus Glas.‹ Dann erzählte er mir, warum Barbara die großartigste Schmuckkollektion der Welt gehabt habe. ›Ihr Geschmack war hervorragend‹, meinte er. ›Ich weiß einiges über Schmuck, aber sie hat *mir* sogar noch etwas beigebracht. Für sie waren Schliff, Design, Aussehen, Form und Funktion wie ein aufgeschlagenes Buch. Sie konnte bei einem Ring erkennen, welcher Juwelier den Edelstein gefaßt hatte.‹

Es ging alles mit einem Schlag zu Bruch. Barbara zog sich vollkommen aus dem Leben zurück. Ihrer Überzeugung nach gab es nichts mehr, wofür es sich zu leben lohnte. Sie hatte alles verloren: ihren Sohn, ihr Geld, ihr gutes Aussehen und ihre engsten Freunde und Verwandten. Ihre Welt war reduziert auf die Begleiterscheinungen ihrer Krankheiten. Alles auf dieser Welt war für sie die Metapher für irgend etwas anderes. Daher mußte jedes Ding einen eigenen Namen haben. So taufte sie die Bettpfanne Belinda. Man durfte nicht einfach sagen: ›Wollen Sie die Bettpfanne, Kindchen?‹ Man mußte sagen: ›Wollen Sie Belinda, Prinzessin?‹ Bevor man sie benützte, mußte man sie mit Rive-Gauche-Parfüm und Babypuder vorbehandeln. Der Puder verursachte bei ihr eine Blaseninfektion, aber wenn die Bettpfanne nicht gut eingepudert war, benützte sie sie nicht. Sie ließ dann im Bett Wasser.

Wenn sie sie benützte, lag sie einfach nur flach im Bett. Sie hob keinen Finger, um zu helfen. Man mußte alles für sie machen, ihr sogar dabei helfen, sich danach den Hintern abzuwischen. Das wußte ich anfangs nicht und gab ihr deshalb nur das Toilettenpapier. Selbstverständlich durfte man nicht wagen, es Toilettenpapier zu nennen. Es hieß Clare. Fragen Sie nicht, warum. Wenn sie das Toilettenpapier allein benützte, nahm sie die Rolle in eine Hand und zog mit der anderen, so weit sie konnte, statt nur ein paar kleine Blätter abzureißen. Das tat sie vier- oder fünfmal und riß erst dann das lange Papierband ab. Dann landete das Klopapier in der Bettpfanne und schließlich in der Toilette, die daraufhin natürlich verstopft war. Nun wurde der Klempner gerufen, und Barbara schimpfte über die miserablen sanitären Einrichtungen des Hotels. Nach einer gewissen Zeit mußte ich sie schließlich selbst abwischen. Das war das zentrale Ereignis in Barbaras Tagesablauf ... Sie war immer noch, sogar jetzt gegen Ende ihres Lebens, darauf aus, nicht zuzunehmen. Deshalb wurde ich zur Verantwortlichen für ihre Darmbewegungen. Ich mußte mir dabei immer klarmachen, daß ich dafür bezahlt wurde. Aber in Wahrheit tat mir Barbara leid. Ihre letzten Tage waren freudlos und trist. Die einzige Abwechslung, die sie noch hatte, bestand darin, daß man sie saubermachte und ihr bisweilen einen Einlauf machte. Ich glaube, das war für sie eine Art sexuelles Erlebnis. Eigentlich bin ich mir da sicher. Dies ging so lange, bis Graham Mattison mir ohne Vorwarnung meinen Lohn nicht mehr weiterzahlte. Eine Woche später beendete ich mein Arbeitsverhältnis.«

Eine weitere Schwester hieß Linda Fredericks. Sie war 31

Jahre alt und arbeitete als Teilzeitlehrerin einer höheren Schule. Im Sommer 1977 fing sie bei Barbara zu arbeiten an und blieb bis zu Barbaras Tod. Linda empfand die Arbeit als anspruchsvoll, aber nicht in dem Sinne, daß es harte Arbeit gewesen wäre. »Es war ermüdend«, erläutert sie, »und es war schwierig, Barbara mit etwas zu beschäftigen. Man konnte ihr eine Zeitlang etwas vorlesen und dann versuchen, Konversation zu betreiben oder sich den Kopf zerbrechen, was man sonst tun könnte. Nachts war es im Hotel sehr ruhig. Deshalb schaltete ich dann die Klimaanlage ein in der Hoffnung, das monotone Geräusch würde sie einschläfern. Wenn sie aber mitbekam, daß jemand dasaß und darauf wartete, daß sie eindösen würde, fing sie sofort an, um irgend etwas zu bitten: ›Bringen Sie mir dies‹, ›Bringen Sie mir das‹, ein Cola, ein Glas Wasser, eine Zeitschrift. Sobald man sich wieder gesetzt hatte, fiel ihr schon wieder etwas anderes ein: ›O Miß Linda, Darling, würden Sie mir bitte meinen Lippenstift bringen?‹ Sie trug immer Make-up. Zwischendurch entschied sie sich schon einmal dafür, das Make-up wegzuwaschen. Dann machte sie eine Gesichtsmaske, ließ sie ein paar Stunden einwirken und legte wieder Make-up auf. Einmal in der Woche ließ sie sich von Marc, dem Friseur des Hotels, das Haar machen. Mattison gab Marc inzwischen kein Geld mehr, aber Marc blieb Barbara treu und kam trotzdem weiter vorbei. Ihr Haar war sehr brüchig; sie ließ es champagnerblond färben. Aber das Haar nahm die Färbung nicht gut an. Nun sah es schlechter aus als zuvor. Kathleen erinnerte uns immer daran, daß wir Barbara sagen sollten, sie sehe ganz wunderbar aus, besonders wenn sie sich gerade die Haare hatte machen lassen. Ich schrieb in das Krankenbuch: ›Es sieht aus wie eine mit Seife verschmierte Perücke‹, und Kathleen machte dann ebenfalls eine Eintragung: ›Du bist ein böses Mädchen.‹

Es gab Zeiten, da reagierte Barbara völlig irrational, ja sogar wahn- und zwanghaft und unterlag starken Stimmungsschwankungen. Sie konnte sich mit jemandem unterhalten, und im nächsten Moment war ein Bruch da. Das konnte man dann an ihren Augen sehen, die sich in ihre Höhlen zurückzogen und anschließend wieder aus den Höhlen hervortraten, so als ob sie einen Anfall hätte. In so einem Fall warf sie einen aus dem Zimmer hinaus. Wenn man dann die Türe hinter sich schloß, blies sie diese dumme Pfeife. ›Wohin wollen Sie eigentlich gehen?‹ fragte sie, worauf sie etwas murmelte und leise auf einen fluchte, bis ihr der Atem ausging. Dann stöhnte sie, daß ihr Gehirn brennend schmerze. Sie brauche ein Schmerzmittel. Also bekam sie eine Tablette. Sie wollte aber noch eine zweite haben. Dann erzählte sie einem, daß die halbe Welt sie zu ermorden trachte – unter ihren Verfolgern seien Hotelangestellte, neofaschistische Agenten aus Italien und Regierungsbeamte der USA. Ihrer Meinung nach waren ihr Telefon, ihr Bett, ihr Zimmer, ja die ganze Suite vollkommen verwanzt. Ihre Wahnvorstellungen könnte man normalerweise mit zwingender Logik zerstreuen. Einige ihrer Zwangsvorstellungen aber saßen so tief, daß es sehr schwer war, sie ihr auszureden. So klagte sie immer wieder, daß sie im Wandschrank ein lautes Schluchzen höre, Lance sei im Wandschrank. Also öffnete man den Wandschrank, um sie wieder zu beruhigen. Nach fünf Minuten ging es wieder los.

Sie verhielt sich nicht immer wie *el Zombo*; sie konnte auch richtig auf Draht, humorvoll und charmant sein. Mit Kathleen lieferte sie sich zum Beispiel witzige Auseinandersetzungen, wenn ihr Gebiß gereinigt werden sollte. Kathleen wollte es säubern; Barbara weigerte sich. Kathleen forderte sie auf, es auszuspucken; Barbara erwiderte: ›Das werde ich nicht tun.‹ Nun meinte Kathleen mit gehobener Stimme: ›Spucken Sie die Zähne aus, oder ich nehme sie Ihnen persönlich heraus.‹ Barbara schmollte dann immer wie ein kleines Mädchen. Sie schaffte es auch, sich so aufzublasen, daß es aussah, als wäre sie im neunten Monat schwanger.

Ein Arzt verschrieb ihr ein Medikament, ein anderer wieder ein anderes. Ihre Medikamentenzuteilung war alles andere als geregelt. Die Medikamente wechselten von einem Tag auf den anderen, von einer Woche zur nächsten. Auf der Liste standen auch Vitamin E und Multivitamintabletten, die sie dreimal täglich nehmen sollte, Morphium, das injiziert werden sollte, sowie Potassiumchlorid und Aldomet für die Korrektur elektrolytischer Störungen. Letztere hatten sich ergeben, weil sie jahrelang kaum mehr gegessen hatte. Barbara benützte das Abführmittel Peri-Colace und nahm davon vier Tabletten am Vormittag und vier am Nachmittag. Zweimal täglich trank sie ein Glas Meriten mit Ei. Sie bekam Gerovital-Injektionen, angeblich ein Elixier für ewige Jugend. Sie sollen den Alterungsprozeß verlangsamen. Drei Wochen lang bekam sie diese Injektionen dreimal die Woche und setzte je einen Monat die Behandlung aus.

Pro Tag nahm sie etwa zehn Beruhigungsmittel, darunter Chloralhydrat, Nembutal und Barbital. Ab und zu bekam sie Doriden, und Empirin, das Kodein enthielt.

Nach der Schmerztablette Dilaudid war sie süchtig. Zwei Milligramm Dilaudid alle vier Stunden wird in den USA als normale Dosis bezeichnet, sie aber nahm alle sechs Stunden 15 Milligramm. Schon acht Milligramm führen normalerweise zu Herzstillstand. Bei ihr setzte die Atmung ein paarmal wegen dieser Überdosis aus, aber dann entwickelte sie allmählich eine Toleranz. Auch Valium und Librium nahm sie. Sie konnte froh sein, noch am Leben zu sein, wenn man die enormen Dosen in Betracht zog, die sie zu sich nahm. Dreimal am Tag bekam sie auch noch Thorazin, manchmal in Tablettenform, manchmal als Injektion. Zunächst bekam sie nur soviel verschrieben, wie sie brauchte, um nicht überdreht zu sein. Schließlich aber nahm sie das Medikament in solchen Mengen, wie es nur zur Unterdrückung gefährlicher Fälle von Schizophrenie empfohlen wird. Wir erklärten ihr, es handle sich um ein Medikament für den Kreislauf. Ich weiß nicht, ob sie uns das abnahm. Einige scheußliche Nebenwirkungen wie etwa Gelbsucht und Zittern stellten sich ein. Um das Zittern unter Kontrolle zu bekommen, bekam sie L-Dopa verordnet, ein Medikament, das vor allem Patienten mit Parkinsonscher Krankheit verschrieben bekommen. Als Jimmy Douglas einmal Barbara besuchte, entdeckte er das L-Dopa. Er konnte nicht verstehen, warum sie L-Dopa und Thorazin bekam. Seiner Meinung nach war es falsch, ihr ein Medikament zu verabreichen und ihr dabei zu sagen, es handle sich um ein anderes. Ich stimmte ihm zu, aber es waren die Ärzte, d die diese Taktik empfahlen: Barbara sollte sich nicht unnötig aufregen.

Unter den häufigsten Besuchern Barbaras in ihren letzten Lebensjahren waren ihre Cousine Dina Merrill und Dinas Ehemann, der Schauspieler Cliff Robertson. »Immer wenn wir sie besuchten«, erinnert sich Robertson, »lag sie im Bett. Dutzende halbleerer Gläser mit Coca-Cola standen auf dem Tisch herum. Sie muß recht viel gelesen haben, denn auf dem Boden in der Nähe des Bettes lagen Bücher von Victoria Holt und Barbara Cartland. Eigentlich war sie noch ziemlich lebendig, aber man konnte auch sehen, wie gebrechlich sie war. Es war schon traurig. Sie hatte eine wunderbare Eigenschaft, die es eigentlich schon gar nicht mehr gibt: Sensibilität. Außerdem war sie immer noch entschlossen und durchsetzungsfähig. In ihrer Umgebung gab es aber nur Speichellecker. Barbara hatte sich regelrecht in ein Schneckenhaus zurückgezogen. Sie weigerte sich, das Bett zu verlassen mit der Begründung, sie habe sich das Bein verletzt und könne nicht gehen. Ihre Entschlossenheit zeigte sich hier am deutlichsten: Sie weigerte sich aufzustehen.

Ich überlegte mir, daß ein Tapetenwechsel ihr mächtig guttun würde. Deshalb meinte ich zu Dina: ›Warum will sie einfach nicht aufstehen? Man müßte sie ablenken, damit sie nicht mehr an sich denkt. Sie müßte eine Möglichkeit bekommen, anderen Leuten helfen zu können. Warum ermunterst du sie nicht zu einem Spaziergang?‹ Dina antwortete: ›Du kennst sie nicht. Sie wird es nicht tun. So war sie immer schon.‹

Während eines weiteren Besuches drängte ich Dina, ihr gegenüber entschlossen aufzutreten. ›Wir setzen sie einfach in den Wagen und fahren irgendwohin‹, schlug ich vor. Dina schüttelte den Kopf. ›Das geht nicht‹, erwiderte sie. ›Barbara ist zu entschlossen. Dieser feste Wille ist ein Charakteristikum ihrer Familie. Ihr Großvater war genauso.‹

Ziemlich schnell sah ich ein, daß es wohl nicht meine Aufgabe war, mich einzumischen. Vielleicht hatte meine Frau recht, vielleicht war es tatsächlich unmöglich, Barbara zu einer Sinnesänderung zu bewegen. Sie hatte an allem das Interesse verloren. Warum soll man sich nach einem solchen Leben auch noch um eine Zugabe bemühen? Sie war zufrieden, nur herumzuliegen und allmählich in Vergessenheit zu geraten.«

Robert Crowder war ein häufiger Besucher im Wilshire. Zwei- oder dreimal die Woche machte er ihr seine Aufwartung. Auch Ruth Hopwood kam einmal aus Tanger angereist. »Barbara wollte über den neuesten Klatsch in Marokko informiert werden«, erinnert sich Ruth. »Aber sie hörte vielleicht zwanzig Minuten aufmerksam zu und verstrickte sich dann in Träumereien und Wahnvorstellungen. Hektisch flüsternd teilte sie mir mit, daß die Wände Ohren hätten. Außerdem sei sie sich sicher, daß Mattison sie in ein Pflegeheim bringen wolle. Es war unmöglich, vernünftig mit ihr darüber zu reden. Aber gerade dann, wenn man aufgeben wollte, kam sie wieder zu sich.«

Es gab einige Leute, denen es manchmal gelang, Barbara ein Lachen zu entlocken. So einer war Jon Keating, Geschäftsführer bei Neiman-Marcus in Los Angeles und ein alter Bekannter. Er brachte etwas Humor in Barbaras Leben, als er ihr erzählte, daß er sie in seinem Testament nicht berücksichtigen würde können, wenn sie weiter so irrational daherredete. In ihren letzten Lebenstagen lebte Barbara meist in einer Traumwelt. Manchmal aber war sie Keating zufolge »so klar da, daß es zum Fürchten war. Sie erzählte dann Geschichten aus ihrem Leben, von ihren Liebhabern, von ihrem Sohn und von ihren Ehemännern. Einige Einzelheiten über ihre Ehemänner waren regelrecht schockierend – die Haare standen mir zu Berge.«

Barbara amüsierte sich über mehrere Zeitungsartikel, die der bekannte Klatschkolumnist der Westküste, Jack Martin, geschrieben hatte. Darin machte er eine Romanze Barbaras mit Anthony DePari, einem 35jährigen Blumenhändler aus Beverly Hills, aus. Sie hatten sich kennengelernt, als Barbara in seinem Laden Blumen bestellte. In besseren Tagen hatte er sie jede Woche mit Blumenarrangements im Wert von 2000 bis 3000 Dollar versorgt. Als sich dann Mattison weigerte, weiterhin so außerordentlich hohe Rechnungen zu zahlen, schickte DePari ihr die Blumen umsonst. Das war für DePari gute Publicity, und Barbara bekam so weiterhin ihre Blumen. Mehr war jedoch nicht dahinter.

1978 besuchte sie Hubert de Givenchy und brachte ihr ein Flakon seines speziell für sich selbst entwickelten Parfüms mit. »Sie müssen wieder nach Tanger zurückkommen«, sagte er zu ihr, »und im Sidi Hosni solche Parties geben wie früher.« Der nicht sehr ernst gemeinte Vorschlag schien Barbara in keiner Weise zu beeindrucken. Aber als Givenchy wieder abgereist war und sie Zeit hatte, darüber nachzudenken, entschied sie sich dafür, nach Tanger zurückzukehren. Es schien ihr eine ausgezeichnete Idee, ihre letzten Lebenstage dort zu verbringen. Sidi Hosni war außerdem ihr letzter Rückzugsort, die einzige Residenz, die ihr noch gehörte. Marokko lag ihr sehr am Herzen. Sie hatte früher schon einmal den Pascha von Marrakesch gebeten, sie nach ihrem Tod in Marokko zu beerdigen.* Wie ein alter Elefant, der sich vor seinem Tod schwankend an einen geheiligten Ort zurückzieht, wo er verenden will, war Barbara entschlossen, sich auf den Weg zum Sidi Hosni zu machen.

---

* Der Brief (ursprünglich in französischer Sprache geschrieben) war auf den 6. November 1963 datiert. Barbara schickte ihn ab, als sie sich im Hotel Mamounia in Marrakesch aufhielt:

Lieber Pascha,
da ich, Monsieur, Eure Freigebigkeit und Güte des Herzens kenne und weiß, daß Ihr, Monsieur, es mir in Eurer Güte gestatten werdet, zu äußern, daß ich Euer Land von ganzem Herzen liebe, wünsche mir dir die Erfüllung eines sehr schwierigen Wunsches. Wenn ich in Marokko aus dem Leben scheiden sollte, würden Sie dann bitte wie mein eigener Vater darauf achten, daß niemand meine Leiche sehen und berühren kann und daß ich in Marokko beerdigt werde? Denn Vornehmheit, Würde sowie ein großes Herz sind in Marokko zu Hause. Vergeben Sie mir, Monsieur, meine Kühnheit. Ich bitte Sie untertänigst, meine Verehrung entgegenzunehmen.

Sie rief Jimmy Douglas in Paris an, um ihn einzuladen, sie zu begleiten. Jimmy spürte, daß Barbara eher einsam war und nicht so sehr eine starke Sehnsucht zur Rückkehr nach Tanger verspürte, und schickte ihr einen Freund. Dieser Besucher war der junge Fotograf und Vertreter für die Mode von Zandra Rhodes namens Patrice Calmettes. Calmettes – er trug ein Kruzifix am Hals und einen diamantenen Ohrstecker – hielt sich sechs Wochen lang bei Barbara auf, sprach mit ihr Französisch, war charmant zu ihr und brachte sie zum Lachen. Offensichtlich versuchte er sie zum Gehen zu überreden, hatte aber keinen Erfolg. Es gelang ihm auch nicht, sie aus ihrer Einsamkeit zu reißen oder zum Essen zu bewegen. Calmettes war es klar, daß Barbaras Schicksal entschieden war und daß sie schon lange vor ihrem Tod jeglichen Antrieb verloren hatte.

Am 26. März 1979 wurde im Rundfunk gemeldet, daß Barbara Hutton in der Intensivstation im fünften Stock des Cedars-Sinai-Krankenhauses liege. Eine Diagnose sei gestellt worden, wonach sie an schwerer kongestiver Kardiomyopathie leide, einer Krankheit der Lunge, die durch eine Verschlechterung der Herzfunktion hervorgerufen sei. Die Sprecherin des Krankenhauses, Virginia Bohanna, gab eine irreführende Erklärung ab, derzufolge Barbara wegen Lungenentzündung behandelt werde. Jimmy Douglas wußte, daß sie sehr alleine war, und flog von Paris nach Los Angeles, um bei ihr zu sein.

Dr. Jay Schapira, Barbaras neuester Arzt, führte die Intensität ihres Anfalls auf Inaktivität, schlechte Ernährung, Zigarettensucht, schlechten allgemeinen Gesundheitszustand und Verfallserscheinungen zurück. Schon ein Jahr lang hatte sie an der Krankheit gelitten, aber sie war weiterhin nachlässig mit sich selbst umgegangen und hatte sich geweigert, Atemübungen zu machen. Im Krankenhaus schien sie sich bereitwillig aufgeben zu wollen. Festes Essen wies sie zurück und sie wollte sich auch nicht intravenös ernähren lassen. Wenn die Krankenschwestern ihr den Rücken zudrehten, riß sie die Nadel aus ihrem Arm.

Eine der Schwestern führte Jimmy Douglas zu ihrem Zimmer und ließ die beiden dann allein. Barbara lag verbraucht und unbeweglich auf dem engen Bett. An den Stellen, an denen sie sich die Haare nicht gefärbt hatte, lugten vereinzelt graue Haare hervor. Barbara öffnete die Augen und erkannte den Besucher.

»Es dauert so verdammt lange«, meinte sie.

»Was dauert so lange?« fragte Jimmy.

»Das Sterben.«

Fast die ganze Woche lang besuchte er sie und saß bei ihr, beobachtete die flackernden grünen Linien des EKG-Bildschirms über ihrem Bett und hörte dem nervtötenden Geräusch der aufgezeichneten Herztöne zu: Biep ... Biep ... Er schaffte es, sie mit Tricks zum Essen zu bringen, indem er sie mit Pantomime und Possen amüsierte und die Krankenschwester ihr inzwischen einen weiteren Löffel Apfelbrei in den geöffneten Mund schob.

Mitte April wurde sie aus der Intensivstation entlassen. Auf ihrer neuen Station schien sie manchmal sogar glücklich zu sein und auf eigenartige Weise stolz, daß Jimmy sie besuchte. Sie winkte dann die Schwestern und die anderen Krankenhausangestellten, die sich gerade auf dem Korridor befanden, herein und stellte sie ihm vor. Jeder Vorstellung folgte eine prahlerische Beschreibung seiner Fähigkeiten. Aber an anderen Tagen war sie wieder lustlos und matt, war der langweiligen, tödlichen Routine überdrüssig und sogar, wie es schien, zum Atmen zu müde. In einer solchen Stimmung war es unvermeidlich, daß sich ihre alten Wahn- und Zwangsvorstellungen wiederbelebten. Dann klagte sie Jimmy ihr Leid und ihre Ängste. Das ging von der Furcht vor Armut bis zu ihrer fixen Idee, daß »sie« vorhätten, sie in ein Pflegeheim oder Nervenkrankenhaus abzuschieben. Ihr größter Wunsch war es, nach Marokko zurückzukehren, um ihre letzten Tage in Tanger zu verbringen. Sie meinte aber, daß sie das jetzt nicht tun könne, da die Stadt von Mördern, Dieben, Agenten der Regierung und Spionen nur so wimmle.

Es gab andere recht merkwürdige Situationen, in denen sie ihren Kopf zu Jimmy neigte und diverse Besitzungen aufzählte, die sie ihren Freunden vermachen wollte. »Dir werde ich Sidi Hosni überschreiben, ob du willst oder nicht«, meinte sie zu ihm. Ihr neuestes Testament, ein dreiseitiges handgeschriebenes Dokument, das sie Bill Robertson am 8. Dezember 1976 diktiert hatte, müsse noch einmal geändert werden.* Außerdem wolle sie, wie sie Jimmy erzählte, Silvia de Castellanes Namen aus dem Dokument streichen. »Weißt du, wo sich die Hennessys gerade aufhalten?« fragte sie. »Sie sind in San Francisco. Zwei Wochen sind sie jetzt schon dort und haben mich nicht angerufen. Weißt du auch, was sie mir als Weihnachtsgeschenk geschickt haben? Eine Plastikente. Ehrenwort, eine Ente aus Plastik.«

Am Dienstag, den 3. Mai, kehrte Barbara in ihre Suite im Beverly Wilshire zurück. Douglas flog zurück nach Paris in der Überzeugung, daß schon ein Wunder geschehen müßte, wenn sie überleben sollte. Sie war ein lebendes Skelett und wog keine achtzig Pfund mehr.

Linda Fredericks pflegte sie am ersten Wochenende nach ihrer Rückkehr. »Ich glaube nicht, daß ich schon einen schlimmeren Fall von Unterernährung gesehen habe«, berichtet sie. »Zu allem Überfluß bestand sie darauf, daß Marc vorbeischauen sollte, um ihr die Haare zu färben und durchzubürsten. Es war Sonntag, eigentlich sein freier Tag. Ich mußte sie im Bett herumdrehen, damit er arbeiten konnte. Sie hielt es nicht aus. Es ging ihr gar nicht gut. Ich rief Kathleen Murphy zu Hause an und teilte ihr mit, daß sich meiner Meinung nach Barbaras Lungen wieder auffüllten; zudem atme sie nicht richtig. Kathleen schickte Dr. Schapira vorbei. Er wollte, daß sie wieder das Krankenhaus aufsuchte, aber sie lehnte kategorisch ab. ›Ich gehe nicht‹, meinte sie. ›Und dabei bleibt es.‹«

---

* Barbaras schlechter Gesundheitszustand verhinderte eine Änderung des Testaments. Schließlich wurde doch das Testament von 1976 als rechtswirksam bestätigt.

Am Anfang der Woche trat bei Barbara eine leichte Besserung ein. Sie hatte eine bessere Farbe, und ihr Atem war gleichmäßiger. Am Dienstag wurde sie im Bett aufgerichtet, um Graham Mattison empfangen zu können, der mit dem Flugzeug aus New York angekommen war. Bill Robertson war ebenfalls gerade anwesend, als Mattison bei Barbara auftauchte. Barbara hörte den beiden Männern zu, wie sie Small talk betrieben und Meinungen zur iranischen Geiselaffäre austauschten. Mattison machte Barbara gegenüber ein paar nichtssagende Bemerkungen und schaute nach wenigen Minuten auf die Uhr. »Ich gehe jetzt besser«, bemerkte er dann. Er ergriff Barbaras Hand. »Schauen Sie nicht so düster drein, Kindchen«, sagte er zu ihr. »Ich werde für Sie einige Millionen Dollar rausholen.«

Barbara lächelte. »Graham«, sagte sie mit süßer Stimme. »Habe ich Ihnen schon einmal gesagt, was ich von Ihnen denke?« Ohne eine Antwort abzuwarten, fügte sie hinzu: »Sie sind der gewiefteste Hochstapler, den ich kenne. Jetzt aber hinaus. Lassen Sie mich in Frieden sterben.«

Mattison war die Überraschung an den Augen abzulesen, aber er sagte nichts. Nachdem er gegangen war, drehte sich Barbara zu Bill Robertson hin und zwinkerte ihm zu. Robertson zwinkerte zurück.

Ihr kleiner Zwischenfall mit Mattison war so etwas wie ein letztes Aufbäumen gewesen. Mit Beginn des Nachmittags des folgenden Tages verschlechterte sich ihr Gesundheitszustand weiter. Sie wurde jetzt mit Beruhigungsmitteln stillgelegt. Als sie für einen Augenblick bei Bewußtsein war, flüsterte sie das Wort »Wasser«. Eine Schwester stützte ihren Kopf und half ihr dabei, aus einem Glas einige Schlucke zu nehmen. Barbara aber würgte und spuckte die Flüssigkeit unter Husten wieder aus.

Dr. Schapira untersuchte sie am Donnerstag morgen. Ihr Zustand war problematisch, aber momentan wenigstens stabil. Dann verschlimmerte er sich. In der Nacht von Donnerstag auf Freitag konnte sie nicht schlafen, dafür verschlief sie fast den ganzen Freitagvormittag. Am Nachmittag ging es ihr überhaupt nicht gut. Bill Robertson und Colin Frazer blieben an ihrem Bett. Kathleen Murphy, die auch anwesend war, fragte sie: »Wissen Sie noch, wer ich bin?« Barbara antwortete mit leiser Stimme: »Natürlich!«

Das waren ihre letzten Worte. Sie hörte einfach zu atmen auf. Robertson rief noch einen Krankenwagen. Gegen 16.45 Uhr kamen die Sanitäter und versuchten, sie wiederzubeleben. Kathleen fuhr mit dem Krankenwagen mit. Um 17.10 Uhr konnte man bei der Ankunft Barbara Huttons im Cedars-Sinai Medical Center nur mehr ihren Tod feststellen. Es war der 11. Mai 1979. Sie war 66 Jahre alt.

Etwas später wurde die Leiche vom Cedars-Sinai-Krankenhaus in die Leichenhalle von Westwood Village überführt. Dort wurde sie unter dem Namen Barbara Doan registriert. Die Presse wurde informiert. Am nächsten Tag erschienen dann auf den Titelseiten der Zeitungen die Nachrufe auf das bittersüße Leben des »armen reichen Mädchens« und ihre sieben gescheiterten Ehen. Am 21. Mai wurde dann ihre Leiche zum Beerdigungsinstitut von Frank E. Campbell nach New York verschifft. Als Freunde und Familienmitglieder bei John Young, dem Testamentsvollstrecker von Barbaras Vermögen, anriefen, um etwas über die Beerdigung zu erfahren, wurden sie hingehalten. Young zufolge hatte sich Barbara eine kleine, private und nichtöffentliche Beerdigungsfeier gewünscht, und es war seine Absicht, ihr diesen letzten Wunsch zu erfüllen. Wenn er gefragt wurde, warum Barbara zwei Wochen nach ihrem Tod noch nicht beerdigt sei, gab der Rechtsanwalt nur sehr vage Antworten: Es habe etwas mit den Schwierigkeiten zu tun, einen Leichnam von Kalifornien nach New York zu überführen. Young zeigte sich nur entgegenkommend, wenn er nach dem eigentlichen Grund von Barbaras Tod gefragt wurde: Herzversagen.

Das Begräbnis fand schließlich am 25. Mai im Woodlawn-Memorial-Friedhof in der Bronx statt. Zehn Trauergäste waren gekommen: John Young, Mr. und Mrs. Graham Mattison, Mr. und Mrs. Frazier McCann, Cliff Robertson und

Dina Merrill, Bill Robertson, Colin Frazer und Kathleen Murphy. Pressevertreter waren keine anwesend, weil die Presse nicht informiert worden war. Ein Geistlicher fehlte ebenfalls. »Ich will nicht, daß irgend so ein Priester, den ich überhaupt nicht kenne, irgend etwas an meinem Grab faselt«, hatte Barbara einmal zu ihrem Cousin Jimmy Donahue gesagt, der auch im Woolworth-Mausoleum beigesetzt worden war.

Barbaras einfacher Sarg aus Kastanie war mit roten und gelben Rosen bedeckt. Es war eine kurze Zeremonie. Höhepunkt dabei war das Vorlesen von zwei Gedichten durch Cliff Robertson; das eine war *von* Barbara, das andere *für* sie. Das erste (»Wirst du dich erinnern?«) stammte aus Barbaras 1934 veröffentlichtem Band *Verzaubert:*

> *Wirst Du Dich erinnern, den Tag*
> *meines Abschieds im Herzen wahren?*
> *Wirst Du ganz für Dich*
> *in stillem Schmerz verharren?*

Das zweite (»Vornehme Lady«) war ein Gedicht von Cliff Robertson:

> *Vornehme Lady*
> *Du jagtest so lange*
> *dem trügerischen Traum hinterher*
> *der scheinbar*
> *für immer bleiben wollte*
> *und doch für immer verschwand.*

> *Vornehme Lady*
> *Du suchtest so lange*
> *einen*
> *der Dein zerbrechliches Herz*
> *vor Unbill schützt*
> *und Dich versteht.*

Vornehme Lady
allein und verlassen
suchtest Du nur
nach wahrer Liebe.

Vornehme Lady
tröste Dein Herz
da es nun schläft
kann es sanft
in Frieden ruhen.

Ihre Gruft lag in derselben Reihe wie die ihrer Mutter (Edna Woolworth) und die ihres Sohnes (Lance Reventlow). Sie wurde nicht mit einer Grabinschrift versehen. Nur Name, Geburts- und Todesdatum sind in Zierschrift vermerkt:

BARBARA WOOLWORTH HUTTON
1912–1979

Epilog

Letzter Wille und Testament

Epilog

Das »Epuisement« – der Ausverkauf – von Barbaras Vermögen war mit Barbaras Tod nicht zu Ende. Im Gegenteil heizte ihr Tod diesen Prozeß weiter an. Bill Robertson ließ den Inhalt ihrer Suite innerhalb von 48 Stunden packen und ausräumen. Die Garderobe, die Pelze, die goldenen Schatullen, Schnupftabakdosen, russischen Ikonen, japanischen Imperialmöbel und die verschiedenen Kunstgegenstände wurden in das Lager von Grospiron in Paris verschifft. Als am 14. Mai, drei Tage nach Barbaras Tod, Beamte des kalifornischen Finanzamts das Beverly Wilshire heimsuchten, um die Zimmer von Barbara Hutton zu versiegeln und ihre Besitztümer zu beschlagnahmen, wie das in einigen Staaten üblich ist, fanden sie nur mehr ein ausgeräumtes Appartement vor. Robertson, dessen größtes Problem seine Angst vor Graham Mattison war, teilte den Finanzbeamten mit, er wisse nichts über Barbaras persönliche Geschäftsbeziehungen und verwies sie auf John Young von Cahill, Gordon & Reindel. Später gestand Robertson Roderick Coupe, einem Pariser Freund von Jimmy Douglas, daß er »einfach nichts damit zu tun haben« wollte.

Aber Robertson hatte damit sehr wohl etwas zu tun und sollte sogar noch mehr damit zu tun bekommen. Zum einen war er der einzige außer Young und Mattison, der den Inhalt von Barbaras Testament kannte. Zum anderen kannte nur er die Schlösserkombination der drei Schmuckkästchen von Barbara. Er hatte sich, gleich nach Barbaras Tod, aber noch vor dem Transport ihrer Leiche, die Freiheit genommen, ihr den Diamanten des Paschas von Ägypten vom Finger abzuziehen und ihn in eine ordinäre braune Papiertüte zu stekken. Nun schüttete er den Inhalt der drei Schmuckkästchen in dieselbe Tüte. Einige Tage später traf er sich mit Graham Mattison und übergab ihm die gefüllte Papiertüte. Dann bestiegen die beiden Männer ein Flugzeug zu den Bermudas. Mattison äußerte die Absicht, den Schmuck und das Original von Barbaras Testament (das Robertson Mattison ebenfalls übergeben hatte) bei der Bank N. T. Butterfield & Sohn in der Front Street in Hamilton, einer der beiden wichtigsten Banken auf den Bermudas, in einem Tresor zu deponieren. Ob er diesen Plan tatsächlich in die Tat umsetzte, erfuhr Robertson nie. Kaum waren sie nämlich auf den Bermudas gelandet, schickte Mattison Robertson nach Tanger, damit er im Sidi Hosni das tun konnte, was er schon im Beverly Wilshire gemacht hatte: Barbaras Einrichtungsgegenstände einzupacken und zu Grospiron nach Paris zu verschiffen.

Robertson war nun im wesentlichen ausgebootet, und Mattison hatte jetzt die Sache in der Hand. Er und Young hatten sich mit der auf den Bermudas ansässigen Anwaltsfirma Conyers, Dill und Pearson arrangiert. Barbaras Testament sollte bei der Nachlaßabteilung des Obersten Gerichtshofes der Bermudas gerichtlich bestätigt werden. Das war bemerkenswert, wenn man in Betracht zog, daß die Verstorbene zu ihren Lebzeiten niemals auf den Bermudas gewesen war. Aber es gab zwei Gründe für eine gerichtliche Bestätigung des Testaments an diesem Ort: Erstens konnte man unerwünschte Publicity, die üblicherweise dem Tod einer bekannten Persönlichkeit auf dem Fuße folgt, aus dem Weg gehen. Damit erfüllte man zugleich einen Wunsch, der im Testament der Verstorbenen geäußert wurde. (Das Tohuwabohu, das sich nach dem Tod von Howard Hughes bei der Suche nach einem Testament entwickelte, unterstreicht die Berechtigung einer solchen Befürchtung.) Zweitens war da die Frage der Erbschaftssteuer, die auf den Bermudas erheblich niedriger war als in fast jedem anderen Land außerhalb der Vereinigten Staaten.

John Young rechtfertigt die Entscheidung, ihr Testament auf den Bermudas gerichtlich bestätigen zu lassen, folgendermaßen: »Bei ihrem Tod war sie immer noch dänische Staatsbürgerin. In Amerika lebte sie als Ausländerin, die ihren Wohnort dorthin verlegt hatte. Ihr eigentlicher Wohnort, in dem sie angemeldet war, war Tanger in Marokko. Da sie aber Vermögenswerte auf den Bermudas hatte und die Gesetzgebung bezüglich der Bestätigung von Testamenten auf den Bermudas (selbstverwaltete britische Kronkolonie) ähnlich ist wie in den Vereinigten Staaten, haben wir uns dafür entschieden, die rechtlichen Fragen lieber hier zu klären als in Marokko.«

Leider läßt diese Erklärung Youngs mindestens so viele Fragen offen wie sie beantwortet. Wie kommt es zum Beispiel, daß die Regierung der Bermudas, die angeblich in solchen Fragen sehr genau war, sich als zuständig erachtete, das Testament einer Person zu bestätigen, die die Insel nie besucht hatte? Wie war es möglich, daß Barbara nicht als Einwohnerin Kaliforniens angesehen wurde, wenn sie doch die letzten drei Jahre ihres Lebens in Beverly Hills gewohnt hatte? Warum war es notwendig, Barbaras Schmuck auf so verstohlene Weise aus den Vereinigten Staaten herauszubringen? Es war noch vorsichtig ausgedrückt, wenn man die ganze Operation als dunkel und mysteriös bezeichnete.

Am 26. November 1979 wurde Barbara Huttons Testament in Bermuda bestätigt. Wenn man die vermutliche Schrumpfung ihres Vermögens in Betracht zog, war ihre Hinterlassenschaft doch noch recht umfangreich:

Erstens: Ich überlasse dem Pasadena Museum (das jetzt Norton-Simon-Museum heißt) die vier Truhen in meinem Hotelschlafzimmer und alle lackierten Gegenstände im Wohnzimmer, die aus drei Tischen und vielen goldenen Schatullen – die meisten davon tragen das Wappen der Tokogawa – bestehen. Ebenso überlasse ich dem Pasadena Museum den wunderschönen Papierkorb in meinem Zimmer ...

Zweitens: Ich überlasse meine zwei goldlackierten spanischen Wände, eine davon zeigt unten den Vogel Phönix und die goldene Chrysantheme als Zeichen des Kaisers, dem Ehren-

legion-Kunstmuseum in San Francisco (das auch als M.H. De Young Memorial Museum bekannt ist). Ebenso überlasse ich diesem Museum meine Jade-Stellwände, von denen zwei existieren, und den ganzen Rest meiner Jade-Kollektion, die sich zur Zeit verpackt bei Pitt und Scott (Grospiron) in Paris, Frankreich, befindet.

Drittens: Mr. und Mrs. (Kilian) Hennessy aus Charente, Frankreich, überlasse ich mein ganzes Tafelsilber, die venezianischen Gläser und zwölf Silberteller mit dem Wappen der Romanows...

Viertens: Frau Mrs. Silvia Hennessy überlasse ich den exquisiten Ring mit dem Rubin, der von Diamanten eingerahmt wird, zwei dazu passende Armreife und die dazu passenden Ohrringe.

Fünftens: Der jungen Madame Gilles (Barbara) Hennessy überlasse ich meinen Golcondaring (den Diamanten des Paschas) und das meiste meines restlichen Schmucks...

Das M.H. De Young Memorial Museum wurde zusätzlich zu den Stellwänden und der Jade-Kollektion auch noch mit einem Gemälde von Alejo Vidal-Quadras bedacht, nämlich dem Porträt Barbaras. Eine ihrer Krankenschwestern bekam ein Paar rosaroter Perlen- und Diamantohrringe. Kathleen Murphy sollte zwei Paar Perlenohrringe bekommen, das eine Paar weiß, das andere schwarz. Nini Martin vermachte sie ihre ganzen »ausgesprochen schönen« Seidendecken (aus China und Persien) und zwei Gebetsteppiche aus Seide. Barbara Hennessy (Silvias Tochter) erhielt zu dem Schmuck einen Bergkristallkronleuchter.

Zwei weitere Erbanteile wurden noch zusätzlich erwähnt:

Sollte auf meinen Namen noch Geld vorhanden sein, überlasse ich je die Hälfte davon Mr. William Robertson sowie Mr. Colin Frazer. Mr. Robertson überlasse ich schließlich ein Porträt von mir, das Meister Savely Sorine angefertigt hat.

Meinen treuen Bediensteten Antonia und José Gonzales überlasse ich je 50000 Dollar.

Die Formulierung ihrer Hinterlassenschaft an Robertson und Frazer (»*Sollte* auf meinen Namen noch Geld vorhanden sein ...«) macht deutlich, daß es nicht einmal Barbara klar war, ob noch irgend etwas von ihrem Kapitalvermögen übriggeblieben war. Zum Zeitpunkt ihres Todes waren auf ihren kalifornischen Spar- und Girokonten weniger als 3500 Dollar. Bill Robertson und Colin Frazer mußten deshalb mit Graham Mattison eine Übereinkunft treffen, welche bescheidenen Schmuckstücke er ihnen als eine Art »Belohnung« für die vielen Jahre ihres ergebenen Dienstes zu geben bereit war. Es ist ausgesprochen seltsam, daß (bis Dezember 1983) als einzige Vermächtnisnehmer Antonia und José Gonzales eine gesetzliche Mitteilung darüber bekommen haben, daß sie im Testament bedacht worden waren. Keine der anderen Vermächtnisnehmer, auch nicht die Direktoren der beiden kalifornischen Museen, bekamen eine solche Mitteilung.

Während John Young versuchte, Barbaras finanzielle Situation zu erfassen, war Graham Mattison sehr rührig, soviel von Barbara Huttons persönlichem Eigentum wie möglich bei Auktionen versteigern zu lassen und zu verkaufen. Im Juni 1979 ließ er ihren Damenschreibtisch aus dem 18. Jahrhundert, der als Werk des Meisterschreiners Jean-François Oeben galt, bei einer Akram-Ojjeh-Auktion in Monte Carlo versteigern. Der Tisch, der einmal Madame de Pompadour gehört hatte, brachte 228 000 Dollar. Im selben Herbst wurde in der New Yorker Armory Antique Show ein ähnlicher Schreibtisch für 275 000 Dollar versteigert. Anfang 1980 wurden offensichtlich zwei von Barbaras unbezahlbaren japanischen Paravents, die sie dem De Young Memorial Museum vermacht hatte, von dem Pariser Auktionshaus Drouot versteigert. Am 24. März 1980 fiel der Hammer bei Sotheby's in London. Fünf von Barbaras äußerst wertvollen goldenen Schnupftabaksdosen brachten insgesamt 350 000 Dollar ein.

Das, was von Barbaras Schmuck, Teppichen, Pelzen, Möbeln, der Jade-Kollektion, den goldenen Kästchen und seltenen Stellwänden übrigblieb, verkaufte Mattison privat und oft zu sehr ungünstigen Bedingungen. Das Geschmeide aus Rubinen und Diamanten, das einst eine portugiesische Königin getragen hatte – Barbara hatte es Silvia de Castellane Hennessy vermacht – wurde Berichten zufolge für 800 000 Dollar versteigert. Das war ein Viertel des geschätzten Werts. Als Silvia von Freunden von dieser Versteigerung erfuhr, drohte sie angeblich mit rechtlichen Schritten gegen die Nachlaßverwaltung. Graham Mattison verteidigte das Vorgehen mit dem Argument, die Schulden Barbaras seien noch längst nicht bezahlt. Er konnte sich mit den Hennessys einigen, indem er ihnen Schmuck überließ, den Barbara eigentlich anderen Vermächtnisnehmern zukommen lassen wollte, und auch die Übertragungsurkunde für Sidi Hosni, obwohl Barbara den Palast doch Jimmy Douglas versprochen hatte (allerdings nicht schriftlich). Die Hennessys waren somit die einzigen im Testament genannten Personen, die einen echten Gegenwert für das eigentlich vorgesehene Erbteil erhielten. Das war insofern eine ausgesprochene Ironie des Schicksals, als Barbara für sie am Schluß nur mehr Verachtung übrig gehabt hatte und ihnen wahrscheinlich am liebsten gar nichts mehr vermacht hätte.

Was ihre Anwälte betraf, hatte Barbara ein solches Dilemma schon vor Jahren vorausgesehen. In einer Unterhaltung mit Cecil Beaton hatte sie behauptet: »Rechtsanwälte sind der Abschaum der Menschheit. Wenn man nicht gerade jemandem schwere Körperverletzungen zugefügt oder Totschlag begangen hat, ist man ohne sie besser dran. Sie nehmen dir nur das Geld und erschöpfen deine Geduld.« Es war das große Dilemma im Leben der Barbara Hutton, daß sie zwar die Zukunft erahnen, aber nichts dazu beitragen konnte, sie zu verändern.

Danksagung

Mein Dank geht natürlich zuallererst an die verstorbene Barbara Hutton, ohne die dieses Buch aus mehreren Gründen nicht möglich gewesen wäre.

Weiterhin danke ich meinem Literaturagenten Peter H. Matson, seiner Gesellschafterin Victoria Pryor und seiner Assistentin Elizabeth Grossman.

Der Spezialistin für Public Relations in Gesellschaftsfragen Marianne Strong von der Marianne Strong Gesellschaft in New York spreche ich meinen Dank aus für beständigen und großzügigen Rat und Ermutigung, ebenso meinem Herausgeber in England Paul Sidey.

Für dieses Buch stellen die Hunderte von Stunden an Interviews eine Primärquelle dar. Viele davon wurden auf Band aufgenommen. Sie wurden in neun Sprachen mit mehr als vierhundert Leuten geführt, die in etwa fünfunddreißig Ländern auf vier Kontinenten zu Hause sind. Viele dieser Interviews wurden von einem vielsprachigen Recherchenteam durchgeführt, unter anderem von Vincent Alfieri, Robin Lynn, Madeleine Nicklin, Kathleen O'Brien, Theresa Stanton und Ellen Uter. Jedem einzelnen von ihnen danke ich. Eine weitere Recherchen-Mitarbeiterin, Monica Fritz, trug die Verantwortung für das Ausfindigmachen der Fotografien, die in diesem Buch enthalten sind. Mein spezieller Dank geht an meinen Freund und Kollegen Robert Singer, der nicht nur dabei half, Nachforschungen zu betreiben und Interviews zu führen, sondern auch großzügige moralische und psychologische Unterstützung gewährte, immer dann, wenn sie am meisten nötig war.

Und schließlich danke ich Jeanne, Chloe und Renee Heymann – meiner Frau, meiner Tochter und meiner Mutter – denen dieses Buch gewidmet ist.